第一个百年目标后中国产业发展新征程

——中国工业经济学会2021年年会优秀论文集

主　编/ 史　丹　吴国生

副主编/ 郭爱君

经济管理出版社

ECONOMY & MANAGEMENT PUBLISHING HOUSE

图书在版编目（CIP）数据

第一个百年目标后中国产业发展新征程：中国工业经济学会 2021 年年会优秀论文集/史丹，吴国生主编 . —北京：经济管理出版社，2022.8

ISBN 978-7-5096-8685-0

Ⅰ.①第⋯ Ⅱ.①史⋯ ②吴⋯ Ⅲ.①产业发展—中国—2021—文集 Ⅳ.①F269.2-53

中国版本图书馆 CIP 数据核字（2022）第 156691 号

责任编辑：高 娅 詹 静
责任印制：黄章平
责任校对：董杉珊 蔡晓臻

出版发行：经济管理出版社
　　　　　（北京市海淀区北蜂窝 8 号中雅大厦 A 座 11 层 100038）
网　　址：www. E-mp. com. cn
电　　话：（010）51915602
印　　刷：北京晨旭印刷厂
经　　销：新华书店
开　　本：880mm×1230mm/16
印　　张：29.5
字　　数：833 千字
版　　次：2022 年 8 月第 1 版 2022 年 8 月第 1 次印刷
书　　号：ISBN 978-7-5096-8685-0
定　　价：198.00 元

目 录

产业规制与产业政策

技术创新

绿色发展

开放与区域经济

产业规制与产业政策

供需结构优化与分配结构演化

——兼论 2035 年共同富裕远景目标

郭凯明　　王钰冰

[摘　要] 共同富裕是社会主义的本质要求，中国推动经济社会发展，归根结底是要实现全体人民共同富裕。新发展阶段，中国既要优化供需结构以加快构建新发展格局，又要改善分配结构以全面贯彻新发展理念，而供需结构优化与分配结构演化又是紧密关联的。本文建立了一个包含供给结构、需求结构和分配结构的多部门动态一般均衡模型，把分配结构演化分解到供给结构与需求结构转型上，提出了需求结构通过影响供给结构进而影响分配结构的理论机制。本文对近 30 年全球40 余个经济体劳动收入份额和技能溢价的演化趋势进行了发展核算，展示了中国分配结构演化的特征事实和供需动因并进行了国际比较。研究发现，中国分配结构演化道路是有明显特殊性的：一方面，劳动收入份额转为上升，在供需两侧，最主要的推动力分别是劳动密集型产业的劳动密集程度和消费的劳动密集程度提高；另一方面，技能溢价持续扩大，在供需两侧，最主要的推动力分别是产业内部的技能密集程度和消费的技能密集程度提高，供需结构转型在其中也发挥了重要作用。本文还基于历史趋势定量预测了未来中国分配结构的演化趋势，为实现 2035 年共同富裕目标提供了现实依据、决策参考和政策建议。

[关键词] 收入分配；共同富裕；经济转型；劳动收入份额；技能溢价

一、引言

习近平总书记指出："共同富裕是社会主义的本质要求，是人民群众的共同期盼。我们推动经济社会发展，归根结底是要实现全体人民共同富裕。"[①] "实现共同富裕不仅是经济问题，而且是关系党的执政基础的重大政治问题。"[②] 当前，中国发展不平衡不充分问题仍然突出，城乡区域发展和收入分配差距较大。党的十九大报告六次提到共同富裕，把逐步实现全体人民的共同富裕界定为中国发展新的历史方位（范从来，2017）。习近平总书记强调："在全面建设社会主义现代化国家新征程中，我们必须把促进全体人民共同富裕摆在更加重要的位置，脚踏实地、久久为功，向着这个目标更加积极有为地进行努力。"[③] 2021 年 8 月中央财经委员会第十次会议再次强调，"我们正在向第

[基金项目] 国家自然科学基金面上项目"人口和劳动力的规模、年龄结构和质量转变对产业结构转型升级的影响"（批准号：71973156）、广东省自然科学基金面上项目"基础设施投资结构转型对产业结构升级和要素收入分配的影响研究"（批准号：2019A1515011287）、国家社会科学基金重大项目"实质性减税降费与经济高质量发展研究"（批准号：19ZDA069）。

[作者简介] 郭凯明，中山大学岭南学院副教授，博士生导师，经济学博士；王钰冰，中山大学岭南学院博士研究生。

① 习近平. 关于《中共中央关于制定国民经济和社会发展第十四个五年规划和二〇三五年远景目标的建议》的说明 [EB/OL]. 新华网，2020-11-03.

② 习近平在省部级主要领导干部学习贯彻党的十九届五中全会精神专题研讨班开班式上发表重要讲话 [EB/OL]. 新华网，2021-01-11.

③ 习近平. 在全国脱贫攻坚总结表彰大会上的讲话 [EB/OL]. 新华网，2021-02-25.

二个百年奋斗目标迈进，适应我国社会主要矛盾的变化，更好满足人民日益增长的美好生活需要，必须把促进全体人民共同富裕作为为人民谋幸福的着力点，不断夯实党长期执政基础。"[①] 应当看到，经济发展过程中分配结构的演化与供给和需求结构的转型是紧密关联的，中国在新发展阶段构建新发展格局过程中，供给结构和需求结构都会发生显著的转型升级，因此也会推动收入分配结构发生深刻变化，需要加强对系统观念的全面认识。

值得注意的是，近 30 年来，全球主要经济体的供给结构、需求结构与分配结构并不是稳定不变的，都在发生着快速而深刻的变化。图 1 对比了全球一些主要经济体在不同年份的供给结构、需求结构与分配结构。下文将详细介绍其数据处理过程。从供给结构看，图 1（a）显示，2000～2014年，过半经济体呈现出劳动密集型产业的产出比重下降、资本密集型产业的产出比重上升趋势，这段时间中国和美国劳动密集型产业的产出比重分别下降了 4.54 个和 1.99 个百分点；图 1（b）显示，1995～2009 年，绝大多数经济体技能密集型产业的产出比重都明显上升，这段时间中国和美国技能密集型产业的产出比重分别上升了 8.83 个和 5.19 个百分点。从需求结构看，图 1（c）显示，1995～2014 年，绝大多数经济体消费率都有所下降，这段时间中国消费率下降了 7.24 个百分点，但美国则上升了 0.64 个百分点；图 1（d）显示，部分经济体投资率有所上升，部分经济体投资率有所下降，并没有集中于一种变化趋势，这段时间中国和美国的投资率分别上升了 5.34 个和 1.18个百分点。从分配结构看，图 1（e）显示，2000～2014 年，部分经济体劳动收入份额有所上升，部分经济体劳动收入份额有所下降，并没有集中于一种变化趋势，这段时间中国劳动收入份额上升了 5.98 个百分点，美国则下降了 4.11 个百分点；图 1（f）显示，1995～2009 年，部分经济体技能溢价有所上升，部分经济体技能溢价有所下降，也没有集中于一种变化趋势，这段时间中国和美国技能溢价对数值分别上升了 0.412 个和 0.112 个百分点。

因此从全球视角和历史视角看，多数经济体的供给结构、需求结构与分配结构虽然变化方向可能有差别，但都呈现趋势性变化，中国也不例外。而现有文献还较少从宏观层面关注经济供给结构与需求结构的转型过程如何影响分配结构，本文在理论和定量上研究了供给和需求结构转型对收入分配结构演化的影响，展示了供需结构与分配结构的经济逻辑联系，并进行了定量发展核算。本文关注到从供给结构看，不同产业的生产要素密集程度存在差别，产业比重也会发生变化，从需求结构看，消费品、投资品和净出口产品的生产要素密集程度也存在差别，三大需求比重也会发生变化，因此供给结构和需求结构的转型过程都会影响整体经济对不同生产要素的相对需求，进而影响收入分配结构。由此出发，本文建立了一个包含供给结构、需求结构和分配结构的多部门动态一般均衡模型，展示了供给结构和需求结构影响分配结构的理论机制，以此对全球主要经济体劳动收入份额和技能溢价的变化进行了发展核算，并就中国未来分配结构演化趋势做了模拟预测。

本文发展了从经济结构转型视角解释收入分配演化的研究。现有文献在解释收入分配结构时主要强调了技术进步和全球化的影响（Katz and Murphy, 1992；Krusell et al., 2000；Acemoglu, 2002；徐舒，2010；Karabarbounis and Neiman, 2014；董直庆等，2014；Burstein and Vogel, 2017；杨飞，2017），但是这些经典文献没有专门关注供给结构与需求结构转型的影响。事实上，一些研究指出，技术进步和全球化也会深刻影响供给结构转型（Ngai and Pissarides, 2007；Uy et al., 2013；Swiecki, 2017），因此可能是通过影响供给结构转型这一渠道进而影响分配结构。从这一视角出发，很多研究先后指出供给结构转型对收入分配也产生了重要影响，而供给结构转型又取决于技术进步、资本深化和国际贸易等因素（Acemoglu and Guerrieri, 2008；Buera and Kaboski, 2012；Alvarez-Cuadrado et al., 2017；Buera et al., 2021；吴万宗等，2018；Cravino and Sotelo, 2019；郭

---

① 习近平主持召开中央财经委员会第十次会议强调　在高质量发展中促进共同富裕　统筹做好重大金融风险防范化解工作　李克强汪洋王沪宁韩正出席［EB/OL］. 新华网，2021-08-17.

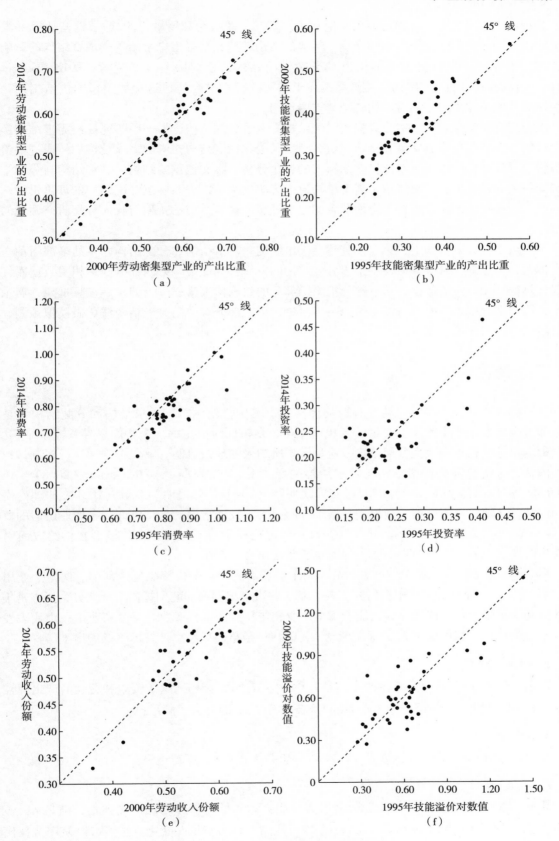

图1 全球主要经济体供需结构与分配结构的变化

凯明，2019；郭凯明等，2020；杨飞和范从来，2020；郭凯明和罗敏，2021）。这些研究并没有直接关注需求结构尤其是投资结构的影响。经典的结构转型文献指出供给结构受消费结构的影响，而最新一些研究进一步提出投资结构也是影响供给结构的重要因素（颜色等，2018；Guo et al.，2021；Herrendorf et al.，2021），因此影响需求结构的因素也会通过这一渠道影响供给结构，这使相关研究开始关注需求结构对结构转型的重要作用。

综合现有文献来看，一些研究提出供给结构影响了分配结构，另一些研究提出需求结构影响了供给结构，但目前还没有文献直接研究包含消费结构与投资结构在内的需求结构如何通过供给结构渠道影响分配结构，也没有对此做全面深入的量化分析。本文把供给结构、需求结构与分配结构纳入到同一个分析框架，首次展示了需求结构通过影响供给结构进而影响分配结构的理论机制，并对劳动收入份额和技能溢价进行了全面综合的定量核算，这是对结构转型与收入分配研究领域的重要贡献。

本文余下部分安排如下：第二部分建立供给结构、需求结构和分配结构内生的多部门动态一般均衡模型，第三部分基于理论模型给出分配结构的发展核算框架，第四部分使用相关数据库计算与发展核算框架相对应的数据，第五部分把第四部分的数据代入第三部分的发展核算框架，展示定量结果，第六部分引入政府消费需求做进一步讨论，第七部分对中国分配结构演化做模拟预测，第八部分给出结论与政策建议。

二、理论模型

这一部分建立一个多部门动态一般均衡模型，其中供给结构、需求结构和分配结构均是内生的，随着全要素生产率等外生变量的变化而变化，是被同时决定的。一些因素导致需求结构变化，也会影响供给结构进而改变分配结构，这是模型所纳入的理论机制。下文将基于这一机制，把分配结构的变化分解核算到供给结构与需求结构的变化上。与 Acemoglu 和 Guerrieri（2008）、Alvarez-Cuadrado 等（2017）、Buera 等（2021）、郭凯明等（2020）、郭凯明和罗敏（2021）的理论模型所不同的是，多部门动态一般均衡模型在需求方面引入了投资结构，并且允许存在产业层面的贸易差额。与 Guo 等（2021）、Herrendorf 等（2021）的理论模型所不同的是，该模型在供给方面引入了三类生产要素，并且生产要素的密集程度在产业层面可以存在差异。

用下标 t 区分时期。模型生产方面分为两个产业部门和一个投资品生产部门。两个产业用下标 j，$j'=\{1,2\}$ 区分。下文将根据研究需要，基于要素密集程度的差别把两个产业分为资本密集型产业和劳动密集型产业，或者分为技能密集型产业和非技能密集型产业。每个产业由一个代表性企业在完全竞争市场下租用资本 K_{jt}、雇用劳动 N_{jt}，柯布-道格拉斯型生产技术生产产出 Y_{jt} 为：

$$Y_{jt}=A_{jt}K_{jt}^{\alpha_{jt}^K}N_{jt}^{\alpha_{jt}^N} \tag{1}$$

其中，变量 A_{jt} 表示全要素生产率，参数 $0<\alpha_{jt}^K$，$\alpha_{jt}^N<1$，分别衡量了资本和劳动的产出弹性，满足 $\alpha_{jt}^K+\alpha_{jt}^N=1$。劳动 N_{jt} 是高技能劳动 H_{jt} 和低技能劳动 L_{jt} 的复合，满足：

$$N_{jt}=H_{jt}^{\gamma_{jt}^H}L_{jt}^{\gamma_{jt}^L} \tag{2}$$

其中，参数 $0<\gamma_j^H$，$\gamma_{jt}^L<1$，满足 $\gamma_j^H+\gamma_j^L=1$。于是，式（1）可转化为：

$$Y_{jt}=A_{jt}K_{jt}^{\alpha_{jt}^K}H_{jt}^{\alpha_{jt}^H}L_{jt}^{\alpha_{jt}^L} \tag{3}$$

其中，参数 $0<\alpha_{jt}^H$，$\alpha_{jt}^L<1$，分别衡量了高技能劳动和低技能劳动的产出弹性，满足 $\alpha_{jt}^H=\gamma_j^H\alpha_{jt}^N$，$\alpha_{jt}^L=\gamma_{jt}^L\alpha_{jt}^N$，$\alpha_{jt}^K+\alpha_{jt}^H+\alpha_{jt}^L=1$。参数 α_{jt}^K、α_{jt}^H、α_{jt}^L 均可能随着时间变化而变化。虽然可以使用常替代弹性生产函数来内生化 α_{jt}^K、α_{jt}^H、α_{jt}^L，但由于下文采用发展核算方法直接从数据中计算得到 α_{jt}^K、α_{jt}^H、α_{jt}^L

后代入模型，因此使用式（3）可以简化模型设定。

用 P_{jt}、R_t、W_{jt}^N、W_{jt}^H 和 W_{jt}^L 分别表示产出价格、资本租金、劳动工资、高技能劳动工资和低技能劳动工资。企业利润最大化问题的一阶最优性条件如下：

$$R_t K_{jt} = \alpha_{jt}^K P_{jt} Y_{jt} \tag{4}$$

$$W_{jt}^N N_{jt} = \alpha_{jt}^N P_{jt} Y_{jt} \tag{5}$$

$$W_{jt}^H H_{jt} = \alpha_{jt}^H P_{jt} Y_{jt} \tag{6}$$

$$W_{jt}^L L_{jt} = \alpha_{jt}^L P_{jt} Y_{jt} \tag{7}$$

现实数据中同一技能劳动力在两个产业的工资水平存在差别，这通常被归因于一些非市场因素形成的劳动力流动壁垒。为此，这里借鉴 Cao 和 Birchenall（2013）、Cai（2015）、Cheremukhin 等（2017）等文献常用设定，假设劳动力市场摩擦可以使不同产业的劳动工资存在差别，即：

$$W_{1t}^H = \xi_t^H W_{2t}^H \tag{8}$$

$$W_{1t}^L = \xi_t^L W_{2t}^L \tag{9}$$

其中，变量 ξ_t^H、ξ_t^L 表示劳动力市场摩擦因子。

每个产业的产出用于消费 C_{jt}、生产投资品 I_{jt} 或净出口 X_{jt}，即产品市场出清条件为：

$$Y_{jt} = C_{jt} + I_{jt} + X_{jt} \tag{10}$$

由于产出 Y_{jt} 使用增加值衡量，这里消费 C_{jt}、投资 I_{jt} 和净出口 X_{jt} 均使用增加值衡量。

投资品生产部门由一个代表性企业在完全竞争市场购买两个产业的产品 I_{jt} 作为中间投入，以常替代弹性技术生产投资品 I_t，生产函数满足：

$$I_t = A_{It} \left[\theta_1^{1/\rho} I_{1t}^{(\rho-1)/\rho} + \theta_2^{1/\rho} I_{2t}^{(\rho-1)/\rho} \right]^{\rho/(\rho-1)} \tag{11}$$

其中，参数 $\rho > 0$ 为常数，表示投资品生产部门生产过程中两个产业的产品替代弹性。变量 A_{It} 表示全要素生产率。参数 $\theta_j > 0$，满足 $\theta_1 + \theta_2 = 1$。注意到式（11）中并没有资本和劳动等生产要素投入，意味着投资品生产部门没有创造增加值，这是为了与投入产出表数据完全匹配而采用的设定。因为使用投入产出表计算的投资的产业增加值构成，也只是把投资分解到了不同行业的增加值，投资品生产部门本身并没有新的增加值投入。

用 P_{It} 表示投资品 I_t 的价格。投资品生产企业利润最大化问题的一阶最优性条件如下：

$$\frac{P_{jt} I_{jt}}{\sum_{j'} P_{j't} I_{j't}} = \frac{P_{jt} I_{jt}}{P_{It} I_t} = \frac{\theta_j P_{jt}^{1-\rho}}{\sum_{j'} \theta_{j'} P_{j't}^{1-\rho}} \tag{12}$$

$$P_{It} = A_{It}^{-1} \left(\sum_j \theta_j P_{jt}^{1-\rho} \right)^{\frac{1}{1-\rho}} \tag{13}$$

模型需求方面由一个代表性家庭的动态跨期最优化问题来刻画。在每一期，这个家庭持有经济中所有资本 K_t，获得租金收入 $R_t K_t$；为每个产业同时提供高技能劳动力 H_{jt} 和低技能劳动力 L_{jt}，获得工资收入 $\sum_j W_{jt}^H H_{jt} + \sum_j W_{jt}^L L_{jt}$。参照结构转型模型的常用设定，这里设定两种技能劳动供给总量是外生无弹性的（Herrendorf et al.，2014）。郭凯明等（2020）、Buera 等（2021）在研究结构转型对技能溢价的影响时，也采用了两类技能劳动供给总量外生的设定，本文模型与之类似。家庭把总收入用于消费和储蓄。家庭以 P_{jt} 的价格购买两个产业生产的消费品 C_{jt}，剩余部分用于储蓄。储蓄的一部分用于以 P_{It} 的价格购买投资品 I_t，而投资又增加了家庭持有的总资本；另一部分用于对外净投资，与净出口总量 $\sum_j P_{jt} X_{jt}$ 相等。储蓄中用于对外净投资的比例是外生的。家庭预算约束方程为：

$$P_{It} I_t + \sum_j P_{jt} C_{jt} + \sum_j P_{jt} X_{jt} = R_t K_t + \sum_j W_{jt}^H H_{jt} + \sum_j W_{jt}^L L_{jt} \tag{14}$$

$$K_{t+1} = (1-\delta) K_t + I_t \tag{15}$$

其中，参数 $0<\delta<1$ 表示资本折旧率。

在每一期，家庭从两个产业的消费 C_{jt} 上获得即期效用 C_t。假设家庭偏好为非位似常替代弹性偏好（Comin et al.，2021），形式上满足：

$$\left[\ \sum_j (\omega_j C_t^{\varepsilon_j})^{\frac{1}{\sigma}} C_{jt}^{\frac{\sigma-1}{\sigma}} \right] = 1 \tag{16}$$

其中，参数 $\omega_j>0$、$\sigma>0$ 且和 ε_j 均为常数，满足 $(\sigma-1)\varepsilon_j<0$。参数 σ 表示两个产业消费品的替代弹性，参数 ε_j 影响了消费品的需求收入弹性。如果参数 ε_j 在产业之间无差异，则式（16）即为位似偏好。

家庭生存无穷期，在式（14）和式（15）的约束下，最大化一生效用：

$$\max_{C_t,\ I_t,\ K_{t+1}} \sum_{t=1}^{\infty} \beta^{t-1} \frac{C_t^{1-\eta}-1}{1-\eta} \tag{17}$$

其中，参数 $0<\beta<1$，表示时间偏好因子；参数 $\eta>0$ 为常数，表示跨期替代弹性的倒数。

把每一期的即期效用 C_t 视为复合消费品，其价格设定为 P_{Ct}。求解家庭动态最优化问题，可以得到每一期消费结构和复合消费品价格：

$$\frac{P_{jt}C_{jt}}{\sum_{j'} P_{j't}C_{j't}} = \frac{P_{jt}C_{jt}}{P_{Ct}C_t} = (\omega_j C_t^{\varepsilon_j})^{\frac{1}{\sigma}} C_{jt}^{\frac{\sigma-1}{\sigma}} \tag{18}$$

$$P_{Ct} = C_t^{-1} \left(\sum_j \omega_j C_t^{\varepsilon_j} P_{jt}^{1-\sigma} \right)^{\frac{1}{1-\sigma}} \tag{19}$$

以及欧拉方程：

$$\left(\frac{C_{t+1}}{C_t}\right)^{\eta} = \beta \frac{P_{Ct}}{P_{Ct+1}} \frac{(1-\delta)P_{It+1}+R_{t+1}}{P_{It}} \tag{20}$$

在每一期，生产要素市场出清，即：

$$\sum_j K_{jt}=K_t, \quad \sum_j H_{jt}=H_t, \quad \sum_j L_{jt}=L_t \tag{21}$$

三、发展核算框架

前一部分理论模型是建立一个系统综合的逻辑框架，其中需求结构、供给结构与分配结构都是模型均衡同时决定的内生变量。这一部分基于需求结构、供给结构与分配结构的现实数据，通过发展核算把模型中需求结构影响供给结构进而影响分配结构的理论机制进行量化分解。在发展核算过程中，需求结构、供给结构与分配结构都直接代入了现实数据，从而可以更直接地把分配结构的变化依次分解核算到供给结构与需求结构的变化。① 这一部分首先明确定义模型中的供给结构、需求结构与分配结构，以便定量分析时与现实数据一一对应；然后把劳动收入份额和技能溢价的变化依次分解到供给层面和需求层面，从而建立起关于分配结构的发展核算框架。

（一）供给结构、需求结构与分配结构的定义

（1）供给结构。本文使用产业的产出比重及要素密集程度来衡量供给结构。其中，产业 j 的产

---

① 在本文动态一般均衡中，供给结构、需求结构与分配结构是同时内生决定的，由全要素生产率等外生变量决定。但是，由于这些结构均可以对应到现实数据中，本文就沿用发展核算的通用做法，把供给结构和需求结构的变化直接取自现实数据，然后借助模型给出的关系进行分解核算。即使把理论模型的内生变量全部求解然后进行数值模拟，也需要把模型预测的供给结构和需求结构与现实数据拟合好，相对而言，直接使用现实数据进行发展核算更为直观。因此，虽然模型中供给结构、需求结构与分配结构都是内生的，相对而言，发展核算直接代入了现实数据，但模型所展示的这些结构之间的逻辑关系并没有发生本质变化，而且可以更清楚地展示其定量关系。

出比重由该产业的名义产出占总产出比重来衡量，用 y_j 表示，满足：

$$y_j = \frac{P_j Y_j}{\sum_{j'} P_{j'} Y_{j'}} \tag{22}$$

变量 y_j 变化，即为产业结构转型过程。

产业 j 的要素密集程度由该产业的劳动收入份额、高技能劳动收入份额和低技能劳动收入份额来衡量。要素密集程度既可以用要素收入份额来衡量，也可以用要素数量比重来衡量，在相关文献中都有应用。因为根据式（4）~（7），如果要素收入在不同产业之间都相等，那么要素收入份额越高的产业，该要素的相对数量越高。即使同一要素的收入在不同产业之间存在差别，只要这一差别相对有限，要素收入份额越高的产业，该要素的相对数量就越高。事实上，下文定量分析时发现现实数据基本符合这一规律，因此使用要素收入份额和使用要素相对数量划分产业，结果没有太大变化。基于此，产业 j 的劳动密集程度由 α_j^N 衡量，因为由式（5）可知，α_j^N 决定了产业 j 的劳动收入份额，即：

$$\alpha_j^N = \frac{W_j^N N_j}{P_j Y_j} \tag{23}$$

产业 j 的技能密集程度和非技能密集程度分别由 α_j^H 和 α_j^L 衡量，因为根据式（6）和式（7），α_j^H 和 α_j^L 分别决定了产业 j 中的高技能劳动收入份额和低技能劳动收入份额，即：

$$\alpha_j^H = \frac{W_j^H H_j}{P_j Y_j}, \qquad \alpha_j^L = \frac{W_j^L L_j}{P_j Y_j} \tag{24}$$

（2）需求结构。本文使用消费、投资和净出口占总产出比重，消费、投资和净出口的产业增加值构成，以及消费、投资和净出口的要素密集程度来衡量需求结构。其中，消费、投资和净出口占总产出比重即为消费率、投资率和净出口率，分别用 z^C、z^I、z^X 表示，满足：

$$z^C = \frac{\sum_j P_j C_j}{\sum_j P_j Y_j}, \qquad z^I = \frac{\sum_j P_j I_j}{\sum_j P_j Y_j}, \qquad z^X = \frac{\sum_j P_j X_j}{\sum_j P_j Y_j} \tag{25}$$

易知 $z^C + z^I + z^X = 1$。

从生产来源上看，消费、投资和净出口的产业增加值构成由产业 j 的增加值在消费、投资和净出口中所占比重衡量，分别用 c_j、i_j、x_j 表示，满足：

$$c_j = \frac{P_j C_j}{\sum_{j'} P_{j'} C_{j'}}, \qquad i_j = \frac{P_j I_j}{\sum_{j'} P_{j'} I_{j'}}, \qquad x_j = \frac{P_j X_j}{\sum_{j'} P_{j'} X_{j'}} \tag{26}$$

由式（10）可知，产业 j 的产出比重 y_j 与消费、投资、净出口的比重及其产业增加值构成的关系满足：

$$y_j = c_j \cdot z^C + i_j \cdot z^I + x_j \cdot z^X \tag{27}$$

即产业的产出比重等于消费、投资和净出口中该产业增加值比重以消费率、投资率和净出口率为权重的加权平均。

消费、投资和净出口的要素密集程度由消费、投资和净出口中的劳动密集程度和技能密集程度来衡量。用 α^{NC}、α^{NI}、α^{NX} 分别表示消费、投资和净出口的劳动密集程度，即从生产来源上看，劳动收入在生产消费品、投资品和净出口产品过程中所占份额。根据式（22）、式（23）、式（26）和式（27），有：

$$\alpha^{NC} = \alpha_1^N c_1 + \alpha_2^N c_2, \qquad \alpha^{NI} = \alpha_1^N i_1 + \alpha_2^N i_2, \qquad \alpha^{NX} = \alpha_1^N x_1 + \alpha_2^N x_2 \tag{28}$$

用 α^{HC}、α^{HI}、α^{HX} 分别表示消费、投资和净出口的技能密集程度，即从生产来源上看，高技能劳动收入在生产消费品、投资品和净出口产品过程中所占份额。根据式（22）、式（24）、式（26）和式（27），有：

$$\alpha^{HC}=\alpha_1^H c_1+\alpha_2^H c_2, \qquad \alpha^{HI}=\alpha_1^H i_1+\alpha_2^H i_2, \qquad \alpha^{HX}=\alpha_1^H x_1+\alpha_2^H x_2 \tag{29}$$

用 α^{LC}、α^{LI}、α^{LX} 分别表示消费、投资和净出口的非技能密集程度，即从生产来源上看，低技能劳动收入在生产消费品、投资品和净出口产品过程中所占份额。根据式（22）、式（24）、式（26）和式（27），有：

$$\alpha^{LC}=\alpha_1^L c_1+\alpha_2^L c_2, \qquad \alpha^{LI}=\alpha_1^L i_1+\alpha_2^L i_2, \qquad \alpha^{LX}=\alpha_1^L x_1+\alpha_2^L x_2 \tag{30}$$

即消费、投资和净出口中的劳动密集程度或技能密集程度等于不同产业的劳动密集程度或技能密集程度以消费、投资和净出口中该产业增加值比重为权重的加权平均。

（3）分配结构。本文使用整体经济的劳动收入份额和技能溢价衡量分配结构。其中，用 α^N 表示整体经济中劳动收入份额，满足：

$$\alpha^N=\frac{WN}{PY}=\frac{\sum_j W_j^N N_j}{\sum_j P_j Y_j} \tag{31}$$

由式（22）和式（23）进一步得到：

$$\alpha^N=\alpha_1^N y_1+\alpha_2^N y_2 \tag{32}$$

即劳动收入份额等于不同产业的劳动收入份额以产出比重为权重的加权平均。

用 α^H 和 α^L 分别表示整体经济中高技能劳动收入份额和低技能劳动收入份额，即：

$$\alpha^H=\frac{W^H H}{PY}=\frac{\sum_j W_j^H H_j}{\sum_j P_j Y_j}, \qquad \alpha^L=\frac{W^L L}{PY}=\frac{\sum_j W_j^L L_j}{\sum_j P_j Y_j} \tag{33}$$

变量 α^H 和 α^L 分别衡量了整体经济的技能密集程度和非技能密集程度。由式（22）式（24）进一步得到：

$$\alpha^H=\alpha_1^H y_1+\alpha_2^H y_2, \qquad \alpha^L=\alpha_1^L y_1+\alpha_2^L y_2 \tag{34}$$

即高（低）技能劳动收入份额等于不同产业的高（低）技能劳动收入份额以产出比重为权重的加权平均。

技能溢价是高低技能劳动工资之比，用整体经济中高技能劳动平均工资（用 W^H 表示）和低技能劳动平均工资（用 W^L 表示）的比值衡量，用 w 表示，满足：

$$w=\frac{W^H}{W^L}=\frac{\left(\sum_j W_j^H H_j\right)/H}{\left(\sum_j W_j^L L_j\right)/L} \tag{35}$$

由式（33）和式（34）进一步得到：

$$w=\frac{\alpha^H L}{\alpha^L H} \tag{36}$$

即整体经济的技能密集程度与非技能密集程度之比越高，技能溢价越大；高低技能劳动供给之比越高，技能溢价越小。

（二）劳动收入份额发展核算框架

劳动收入份额决定了资本和劳动的收入分配结构，这里通过发展核算方法把劳动收入份额变化依次分解到供给结构的变化和需求结构的变化。

（1）核算到供给结构。用 x' 表示变量 x 变化后的取值，用 $\Delta x=x'-x$ 表示变量 x 的变化。由式（32）易知：

$$\alpha^{N'}=\alpha_1^{N'} y_1'+\alpha_2^{N'} y_2' \tag{37}$$

把式（37）与式（32）相减，等号左边即劳动收入份额的变化，等号右边即供给结构的变化。可以用以下三种核算方法对等号右边进行分解核算：

核算方法 1： $\Delta\alpha^N = \Delta\alpha_1^N \cdot y_1 + \Delta\alpha_2^N \cdot y_2 + \Delta y_1 \cdot \alpha_1^{N'} + \Delta y_2 \cdot \alpha_2^{N'}$ （38）

核算方法 2： $\Delta\alpha^N = \Delta\alpha_1^N \cdot y_1' + \Delta\alpha_2^N \cdot y_2' + \Delta y_1 \cdot \alpha_1^N + \Delta y_2 \cdot \alpha_2^N$ （39）

核算方法 3： $\Delta\alpha^N = \Delta\alpha_1^N \cdot y_1 + \Delta\alpha_2^N \cdot y_2 + \Delta y_1 \cdot \alpha_1^N + \Delta y_2 \cdot \alpha_2^N + \Delta\alpha_1^N \cdot \Delta y_1 + \Delta\alpha_2^N \cdot \Delta y_2$ （40）

可以看到，劳动收入份额等于不同产业的劳动收入份额以产出比重为权重的加权平均，因此劳动收入份额的变化要么源于不同产业的劳动收入份额变化，即劳动密集程度变化，要么源于产业的产出比重变化，即产业结构转型过程。由于劳动密集程度变化的影响大小取决于产业的产出比重，产业结构转型过程的影响大小又取决于产业的劳动收入份额，在把这两个影响渠道做定量分解时就需要在初期或末期固定产业的产出比重或劳动收入份额，由此也就可以给出上述三种分解核算方法，即分别固定在初期或末期，或均固定在初期。虽然这三种分解核算方法的处理过程不尽相同，但其经济含义均是为了把两个经济机制的影响分解开来，定量结果的差别通常也在可以接受的范围内。为求全面，下文定量分析采用了全部三种核算方法。

结论 1：其他因素不变，如果产业内部的劳动密集程度提高，那么整体经济的劳动收入份额就会扩大；如果劳动密集程度较高的产业产出比重提高，那么整体经济的劳动收入份额就会扩大，反之亦然。

式（38）和式（39）分别给出了核算方法 1 和核算方法 2。其中，等号右边第一项和第二项分别给出了两个产业劳动密集程度变化（$\Delta\alpha_1^N$ 和 $\Delta\alpha_2^N$）的影响，第三项和第四项共同给出了产业产出比重变化（Δy_1 和 Δy_2）的影响。式（40）给出了核算方法 3。其中，等号右边前四项的经济含义与式（38）和式（39）相同，但第五项和第六项还包括了两个产业劳动密集程度变化与产出比重变化的交互项的影响。

（2）核算到需求结构。式（27）把产业的产出比重分解到了需求结构层面，代入式（32），可以进一步把劳动收入份额分解到需求结构层面，即：

$$\alpha^N = \alpha^{NC} z^C + \alpha^{NI} z^I + \alpha^{NX} z^X \tag{41}$$

即劳动收入份额等于消费、投资和净出口的劳动密集程度分别以消费率、投资率和净出口率为权重的加权平均。由式（41）易知：

$$\alpha^{N'} = \alpha^{NC'} z^{C'} + \alpha^{NI'} z^{I'} + \alpha^{NX'} z^{X'} \tag{42}$$

把式（42）与式（41）相减，等号左边即为劳动收入份额的变化，等号右边即为需求结构的变化。类似地，可以用以下三种核算方法对等号右边进行分解核算：

核算方法 1： $\Delta\alpha^N = \Delta\alpha^{NC} \cdot z^C + \Delta\alpha^{NI} \cdot z^I + \Delta\alpha^{NX} \cdot z^X + \Delta z^C \cdot \alpha^{NC'} + \Delta z^I \cdot \alpha^{NI'} + \Delta z^X \cdot \alpha^{NX'}$ （43）

核算方法 2： $\Delta\alpha^N = \Delta\alpha^{NC} \cdot z^{C'} + \Delta\alpha^{NI} \cdot z^{I'} + \Delta\alpha^{NX} \cdot z^{X'} + \Delta z^C \cdot \alpha^{NC} + \Delta z^I \cdot \alpha^{NI} + \Delta z^X \cdot \alpha^{NX}$ （44）

核算方法 3： $\Delta\alpha^N = \Delta\alpha^{NC} \cdot z^C + \Delta\alpha^{NI} \cdot z^I + \Delta\alpha^{NX} \cdot z^X + \Delta z^C \cdot \alpha^{NC} + \Delta z^I \cdot \alpha^{NI} + \Delta z^X \cdot \alpha^{NX} +$

$$\Delta\alpha^{NC} \cdot \Delta z^C + \Delta\alpha^{NI} \cdot \Delta z^I + \Delta\alpha^{NX} \cdot \Delta z^X \tag{45}$$

可以看到，劳动收入份额等于消费、投资和净出口的劳动密集程度分别以消费率、投资率和净出口率为权重的加权平均，因此劳动收入份额的变化要么源于消费、投资和净出口的劳动密集程度变化，要么源于三大需求比重的变化。

结论 2：其他因素不变，如果三大需求中任一需求的劳动密集程度提高，那么整体经济的劳动收入份额就会扩大；如果劳动密集程度较高的需求在总需求中所占比重提高，那么整体经济的劳动收入份额就会扩大，反之亦然。

式（43）和式（44）分别给出了核算方法 1 和核算方法 2。其中，等号右边第一、第二、第三项分别给出了消费、投资和净出口的劳动密集程度变化（$\Delta\alpha^{NC}$、$\Delta\alpha^{NI}$ 和 $\Delta\alpha^{NX}$）的影响，第四、第

五、第六项共同给出了三大需求比重变化（Δz^C、Δz^I 和 Δz^X）的影响。式（45）给出了核算方法3。其中，等号右边前六项的经济含义与式（43）和式（44）相同，但最后三项还包括了两类变化的交互项的影响。

（三）技能溢价发展核算框架

技能溢价决定了不同技能劳动力的收入分配结构，这里通过发展核算方法把技能溢价变化依次分解到供给结构的变化和需求结构的变化。对式（36）取自然对数，可以得到：

$$\Delta \log w = \Delta \log \frac{\alpha^H}{\alpha^L} - \Delta \log \frac{H}{L} \tag{46}$$

技能溢价的变化，要么源于整体经济技能密集程度与非技能密集程度之比（α^H/α^L）的变化，要么源于高低技能劳动相对供给（H/L）的变化。下面将 $\Delta \log(\alpha^H/\alpha^L)$ 依次分解到供给结构层面和需求结构层面。

（1）核算到供给结构。由式（34）易知：

$$\alpha^H = \alpha_1^H y_1' + \alpha_2^H y_2', \qquad \alpha^L = \alpha_1^L y_1' + \alpha_2^L y_2' \tag{47}$$

把式（47）与式（34）相减，可用以下三种核算方法对 $\Delta \log(\alpha^H/\alpha^L)$ 进行分解核算：

$$核算方法1：\Delta \log \frac{\alpha^H}{\alpha^L} = \Delta \phi_1 \cdot y_1 + \Delta \phi_2 \cdot y_2 + \Delta y_1 \cdot \phi_1' + \Delta y_2 \cdot \phi_2' \tag{48}$$

$$核算方法2：\Delta \log \frac{\alpha^H}{\alpha^L} = \Delta \phi_1 \cdot y_1' + \Delta \phi_2 \cdot y_2' + \Delta y_1 \cdot \phi_1 + \Delta y_2 \cdot \phi_2 \tag{49}$$

$$核算方法3：\Delta \log \frac{\alpha^H}{\alpha^L} = \Delta \phi_1 \cdot y_1 + \Delta \phi_2 \cdot y_2 + \Delta y_1 \cdot \phi_1 + \Delta y_2 \cdot \phi_2 + \Delta y_1 \cdot \Delta \phi_1 + \Delta y_2 \cdot \Delta \phi_2 \tag{50}$$

其中，用变量 ϕ_j 衡量两个产业的技能密集程度与非技能密集程度的差别，满足：

$$\phi_j = \alpha_j^H \frac{\Delta \log \alpha^H}{\Delta \alpha^H} - \alpha_j^L \frac{\Delta \log \alpha^L}{\Delta \alpha^L} \tag{51}$$

可以看到，整体经济技能密集程度与非技能密集程度之比的变化，要么源于不同产业内部技能密集程度的变化，要么源于产业产出比重的变化，即产业结构转型过程。

结论3：其他因素不变，如果产业内部的技能密集程度与非技能密集程度的差别扩大，那么整体经济的技能溢价就会扩大；如果技能密集程度与非技能密集程度的差别较大的产业产出比重提高，那么整体经济的技能溢价就会扩大，反之亦然。

式（48）和式（49）分别给出了核算方法1和核算方法2。其中，等号右边第一项和第二项分别给出了两个产业的技能密集程度与非技能密集程度差别的变化（$\Delta \phi_1$ 和 $\Delta \phi_2$）的影响，第三项和第四项共同给出了产业产出比重变化（Δy_1 和 Δy_2）的影响。式（50）给出了核算方法3。其中，等号右边前四项的经济含义与式（48）和式（49）相同，但第五项和第六项还包括了两类变化的交互项的影响。

（2）核算到需求结构。把式（27）代入式（34），可以建立整体经济技能密集程度和需求结构之间的关系，即：

$$\alpha^H = \alpha^{HC} z^C + \alpha^{HI} z^I + \alpha^{HX} z^X, \qquad \alpha^L = \alpha^{LC} z^C + \alpha^{LI} z^I + \alpha^{LX} z^X \tag{52}$$

可以看到，整体经济的技能密集程度（非技能密集程度）等于消费、投资和净出口的技能密集程度（非技能密集程度）分别以消费率、投资率和净出口率为权重的加权平均。由式（52）易知：

$$\alpha^H = \alpha^{HC} z^{C'} + \alpha^{HI} z^{I'} + \alpha^{HX} z^{X'}, \qquad \alpha^L = \alpha^{LC} z^{C'} + \alpha^{LI} z^{I'} + \alpha^{LX} z^{X'} \tag{53}$$

把式（53）与式（52）相减，同样可以用以下三种核算方法对 $\Delta \log(\alpha^H/\alpha^L)$ 进行分解核算：

核算方法 1：$\Delta \log \dfrac{\alpha^H}{\alpha^L} = \Delta\phi^C \cdot z^C + \Delta\phi^I \cdot z^I + \Delta\phi^X \cdot z^X + \Delta z^C \cdot \phi^{C\prime} + \Delta z^I \cdot \phi^{I\prime} + \Delta z^X \cdot \phi^{X\prime}$ （54）

核算方法 2：$\Delta \log \dfrac{\alpha^H}{\alpha^L} = \Delta\phi^C \cdot z^{C\prime} + \Delta\phi^I \cdot z^{I\prime} + \Delta\phi^X \cdot z^{X\prime} + \Delta z^C \cdot \phi^C + \Delta z^I \cdot \phi^I + \Delta z^X \cdot \phi^X$ （55）

核算方法 3：$\Delta \log \dfrac{\alpha^H}{\alpha^L} = \Delta\phi^C \cdot z^C + \Delta\phi^I \cdot z^I + \Delta\phi^X \cdot z^X + \Delta z^C \cdot \phi^C + \Delta z^I \cdot \phi^I + \Delta z^X \cdot \phi^X +$

$$\Delta z^C \cdot \Delta\phi^C + \Delta z^I \cdot \Delta\phi^I + \Delta z^X \cdot \Delta\phi^X \quad （56）$$

其中，用变量 ϕ^C、ϕ^I、ϕ^X 分别衡量消费、投资、净出口的技能密集程度与非技能密集程度的差别，满足：

$$\phi^C = \alpha^{HC}\frac{\Delta\log\alpha^H}{\Delta\alpha^H} - \alpha^{LC}\frac{\Delta\log\alpha^L}{\Delta\alpha^L}, \qquad \phi^I = \alpha^{HI}\frac{\Delta\log\alpha^H}{\Delta\alpha^H} - \alpha^{LI}\frac{\Delta\log\alpha^L}{\Delta\alpha^L}, \qquad \phi^X = \alpha^{HX}\frac{\Delta\log\alpha^H}{\Delta\alpha^H} - \alpha^{LX}\frac{\Delta\log\alpha^L}{\Delta\alpha^L}$$

可以看到，整体经济技能密集程度与非技能密集程度之比的变化，要么源于消费品、投资品和净出口的技能密集程度的变化，要么源于三大需求比重，即消费率、投资率和净出口率的变化。

结论 4：其他因素不变，如果三大需求中任一需求的技能密集程度与非技能密集程度的差别扩大，那么整体经济的技能溢价就会扩大；如果技能密集程度与非技能密集程度的差别较大的需求在总需求中所占比重提高，那么整体经济的技能溢价就会扩大，反之亦然。

式（54）和式（55）给出了核算方法 1 和核算方法 2。其中，等号右边第一、第二、第三项分别给出了消费、投资和净出口的技能密集程度与非技能密集程度差别的变化（$\Delta\phi^C$、$\Delta\phi^I$ 和 $\Delta\phi^X$）的影响，第四、第五、第六项共同给出了消费率、投资率和净出口率变化（Δz^C、Δz^I 和 Δz^X）的影响。式（56）给出了核算方法 3。其中，等号右边前六项的经济含义与式（54）和式（55）相同，但最后三项还包括了两类变化的交互项的影响。

四、数据

上一部分给出了把分配结构分解到供给结构与需求结构的发展核算框架，这一部分基于相关数据库计算出对应的现实数据，以便于下一部分进行定量分析。本文使用世界投入产出数据库（World Input-Output Database，WIOD）的数据计算供给结构、需求结构与分配结构数据，之后以此进行发展核算。具体地，使用该数据库的国家投入产出表（National Input-Output Tables，NIOT）数据计算需求结构；使用该数据库的社会经济账户（Socio-Economic Accounts，SEA）数据计算供给结构与分配结构。NIOT 和 SEA 均在 2013 年和 2016 年先后发布了 1995~2011 年、2000~2014 年两个版本数据（以下简称 NIOT13、SEA13、NIOT16、SEA16），前者涵盖了 40 个经济体 35 个行业数据，后者涵盖了 43 个经济体 56 个行业数据，数据指标也存在差别。部分经济体在个别年份的部分行业数据缺失。基于数据可得性，本文对劳动收入份额进行发展核算时，使用的是 NIOT16 和 SEA16 数据，对技能溢价进行发展核算时，使用的是 NIOT13 和 SEA13 数据。

（一）资本密集型产业和劳动密集型产业的划分

使用 SEA16 数据中分行业的资本收入和劳动收入数据。SEA16 包括 56 个细分行业。本文以劳动收入份额为基准，将每个经济体的 56 个细分行业分别划分为资本密集型产业和劳动密集型产业。具体地，计算劳动收入在两类收入之和中所占比重，作为该行业的劳动收入份额 α_j^N。同时计算所有劳动收入在总收入中所占比重，作为整体经济的劳动收入份额 α^N。这些劳动收入份额在 2000~2014 年的样本期取均值后进行比较，把劳动收入份额均值高于整体经济的行业归类为劳动密集型产业，把劳动收入份额均值低于整体经济的行业归类为资本密集型产业。

以中国为例进行说明，由于中国缺乏机器设备的修理和安装，汽车和摩托车的批发、零售及修理，出版活动，电影、录像和电视节目的制作、录音及音乐作品出版活动、广播和节目制作活动，金融服务及保险活动的辅助活动，建筑和工程活动、技术测试和分析，广告业和市场调研，家庭作为雇主的活动、家庭自用、未加区分的物品生产及服务的活动，国际组织和机构的活动这9个行业的数据，因此中国仅包含47个细分行业。行业划分的具体步骤如下：第一步，计算47个细分行业每年的劳动收入份额，得到各行业2000~2014年的劳动收入份额均值；第二步，计算整体经济每年的劳动收入份额均值，得到整体经济2000~2014年的劳动收入份额均值，为0.498；第三步，以整体经济的均值数据为基准，将劳动收入份额均值低于0.498的29个行业归类为资本密集型产业，将高于0.498的18个行业归类为劳动密集型产业。使用下文构造的c_j、i_j、x_j数据和式（28）计算消费、投资和净出口的劳动密集程度α^{NC}、α^{NI}、α^{NX}。表1给出了中国所有细分行业劳动收入份额均值从低到高排序的汇总结果。

表1还给出了中国所有细分行业资本劳动之比的两个汇总结果。其中，资本劳动之比1是名义资本存量与劳动之比，考虑到资本质量难以度量，参照文献中的常用做法，用资本收入直接衡量资本数量。资本劳动之比2即以资本收入来衡量资本，计算资本劳动比。可以看到，以资本劳动比和以劳动收入份额作为划分标准，产业分类没有太大区别。除了个别行业外，资本密集型产业的资本劳动比普遍高于劳动密集型产业。

表 1　中国所有细分行业劳动收入份额均值（NIOT16 和 SEA16）

NIOT16 和 SEA16 细分行业	本文划分的产业	劳动收入份额	资本劳动之比 1	资本劳动之比 2
房地产业	资本密集型产业	0.170	3441.7	201.9
电信业	资本密集型产业	0.203	267.7	81.7
电力、燃气、蒸汽和空调供应业	资本密集型产业	0.268	1084.8	159.1
焦炭、精炼石油产品制造业	资本密集型产业	0.280	1361.6	288.0
家具制造业；其他制造业	资本密集型产业	0.304	95.0	28.8
食品、酒水饮料和烟草制品制造业	资本密集型产业	0.315	170.0	59.6
金融服务活动（保险除外）	资本密集型产业	0.324	18.0	89.5
化学品和化学制品制造业	资本密集型产业	0.327	257.0	76.6
基本医药产品和医药制剂制造业	资本密集型产业	0.350	252.7	71.8
运输的储藏和辅助活动	资本密集型产业	0.354	70.6	42.4
基本金属制造业	资本密集型产业	0.358	262.3	123.1
批发贸易业	资本密集型产业	0.378	14.6	21.7
零售贸易业	资本密集型产业	0.378	20.0	21.7
纸和纸制品业	资本密集型产业	0.381	97.5	31.5
电力设备制造业	资本密集型产业	0.387	83.3	31.0
汽车、挂车和半挂车制造业	资本密集型产业	0.397	167.1	70.6
水上运输业	资本密集型产业	0.398	248.4	40.4
航空运输业	资本密集型产业	0.400	269.2	37.6
采矿和采石业	资本密集型产业	0.420	188.8	63.6
橡胶和塑料制品业	资本密集型产业	0.421	76.1	21.2

NIOT16 和 SEA16 细分行业	本文划分的产业	劳动收入份额	资本劳动之比 1	资本劳动之比 2
木材、木材制品及软木制品业（家具除外）；草编制品及编制材料物品制品业	资本密集型产业	0.424	55.5	20.7
金属产品制造业，机械设备除外	资本密集型产业	0.436	64.0	24.9
计算机、电子产品和光学产品制造业	资本密集型产业	0.443	124.8	42.1
其他非金属矿物制品业	资本密集型产业	0.448	88.7	37.7
未另分类的机械设备制造业	资本密集型产业	0.470	131.2	38.0
印刷和记录媒介复制业	资本密集型产业	0.473	96.6	26.7
行政和辅助服务活动	资本密集型产业	0.490	116.7	48.4
法律和会计活动；总部经济活动；管理咨询活动	资本密集型产业	0.493	124.4	48.6
集水、水处理与水供应	资本密集型产业	0.497	1086.1	108.3
纺织、服装和皮革制品制造业	劳动密集型产业	0.501	52.9	13.4
陆路运输和管道运输业	劳动密集型产业	0.504	215.7	31.9
住宿和餐饮业	劳动密集型产业	0.532	23.9	10.7
其他运输设备制造业	劳动密集型产业	0.572	168.6	49.9
建筑业	劳动密集型产业	0.588	17.3	13.1
其他服务活动	劳动密集型产业	0.619	69.4	3.5
其他专业、科学和技术活动；兽医活动	劳动密集型产业	0.624	120.9	36.2
计算机程序设计、咨询及相关活动；信息服务活动	劳动密集型产业	0.647	104.9	33.1
保险、再保险（社会保障除外）	劳动密集型产业	0.649	18.4	42.9
污水处理；废物的收集、处理和处置活动；材料回收；整治活动和其他废物管理服务	劳动密集型产业	0.665	1102.8	72.7
科学研究与发展	劳动密集型产业	0.729	120.9	28.3
卫生和社会工作	劳动密集型产业	0.740	18.5	5.9
邮政业	劳动密集型产业	0.768	158.5	15.4
教育	劳动密集型产业	0.813	35.3	4.3
公共管理和国防；社会保障	劳动密集型产业	0.843	91.5	5.7
渔业和水产业	劳动密集型产业	0.878	10.8	1.2
作物与牲畜生产、狩猎及相关服务活动	劳动密集型产业	0.880	10.9	1.1
林业与伐木业	劳动密集型产业	0.881	10.9	1.1

　　SEA13 包括 35 个细分行业。本文在进一步讨论中以劳动收入份额为基准，将每个国家或地区的 35 个细分行业划分为资本密集型产业和劳动密集型产业。以中国为例说明行业划分方法。由于中国缺乏机动车销售维修和拥有雇员的私人家庭这 2 个行业的数据，因此中国仅包含 33 个细分行业。行业划分的具体步骤如下：第一步，计算 33 个细分行业每年的劳动收入份额，得到各行业 1995~2009 年的劳动收入份额均值；第二步，计算整体经济每年的劳动收入份额均值，得到整体经济 1995~2009 年的劳动收入份额均值，为 0.484；第三步，以整体经济的均值数据为基准，将劳动收入份额均值低于 0.484 的行业归类为资本密集型产业，将高于 0.484 的行业归类为劳动密集型产业。表 2 给出了中国所有细分行业劳动收入份额均值从低到高排序的汇总结果。表 2 还给出了中国所有细分行业资本劳动之比的两个汇总结果，其中，资本劳动之比 1 是名义资本存量与劳动之比，

资本劳动之比 2 以资本收入来衡量资本，比值为资本收入与劳动之比。

表 2　中国所有细分行业劳动收入份额均值（NIOT13 和 SEA13）

NIOT13 和 SEA13 细分行业	本文划分的产业	劳动收入份额	资本劳动之比 1	资本劳动之比 2
房地产业	资本密集型产业	0.157	4948.8	439.9
邮政电信业	资本密集型产业	0.227	67.7	43.9
电力、热力、燃气及水生产和供应业	资本密集型产业	0.255	354.5	93.8
航空运输业	资本密集型产业	0.257	157.8	44.7
焦炭、精炼石油和核燃料加工业	资本密集型产业	0.268	235.1	120.9
食品、酒水饮料和烟草制造业	资本密集型产业	0.283	72.2	34.5
金融中介	资本密集型产业	0.284	49.8	114.7
制造业，电气；回收	资本密集型产业	0.292	9.0	8.8
化学原料和化学制品制造业	资本密集型产业	0.328	85.3	49.6
其他辅助运输活动、旅行社及相关服务	资本密集型产业	0.341	105.8	40.2
住宿和餐饮业	资本密集型产业	0.354	12.5	14.3
水上运输业	资本密集型产业	0.371	105.8	55.6
电气和光学设备制造业	资本密集型产业	0.374	60.6	40.5
橡胶和塑料制品业	资本密集型产业	0.380	29.5	15.6
批发贸易业（汽车、摩托车除外）	资本密集型产业	0.387	52.2	49.2
零售贸易业（汽车、摩托车除外）；家居用品修理	资本密集型产业	0.387	4.2	4.8
交通运输设备制造业	资本密集型产业	0.402	61.3	40.5
金属冶炼和压延加工业	资本密集型产业	0.403	99.5	53.7
木材加工和木、竹、藤、棕、草制品业	资本密集型产业	0.412	21.3	11.1
采矿和采石业	资本密集型产业	0.415	125.8	42.7
内陆运输业	资本密集型产业	0.420	71.9	18.9
造纸和纸制品业、印刷和记录媒介复制业、出版业	资本密集型产业	0.424	34.3	16.4
机械、电气制造业	资本密集型产业	0.431	50.9	30.3
其他非金属矿物制品业	资本密集型产业	0.448	58.9	25.3
纺织业、纺织服装、服饰业	资本密集型产业	0.452	28.9	14.2
皮革、毛皮、羽毛及其制品和制鞋业	资本密集型产业	0.478	23.2	10.5
租赁和其他商务服务业	资本密集型产业	0.478	106.6	84.8
其他社区、社会和个人服务	劳动密集型产业	0.518	10.3	2.1
建筑业	劳动密集型产业	0.598	10.4	8.3
卫生和社会工作	劳动密集型产业	0.751	18.5	11.1
公共管理和国防；社会保障	劳动密集型产业	0.829	61.0	6.6
教育	劳动密集型产业	0.843	16.4	4.4
农、林、牧、渔业	劳动密集型产业	0.875	5.9	0.6

（二）技能密集型产业和非技能密集型产业的划分

使用 SEA13 数据中分行业分技能的劳动投入和收入数据，以及资本收入数据。SEA13 数据包括

35 个细分行业。本文以高技能劳动收入份额为基准，将每个国家或地区的 35 个细分行业划分为技能密集型产业和非技能密集型产业。具体地，把 SEA13 中高技能劳动（大学及以上学历）工作小时数对应为本文模型的高技能劳动，把 SEA13 中低技能劳动（高中及以下学历）工作小时数对应为本文模型的低技能劳动。计算高技能劳动收入在资本收入和劳动收入之和中所占比重，作为该行业的高技能劳动收入份额和技能密集程度 α_j^H；计算低技能劳动收入在资本收入和劳动收入之和中所占比重，作为该行业的低技能劳动收入份额和非技能密集程度 α_j^L。同时计算所有高技能劳动收入或所有低技能劳动收入在总收入中所占比重，作为整体经济中高技能劳动收入份额 α^H 和低技能劳动收入份额 α^L。这些劳动收入份额在 1995～2009 年的样本期取均值后进行比较，把高技能劳动收入份额均值高于整体经济的行业归类为技能密集型产业，把高技能劳动收入份额均值低于整体经济的行业归类为非技能密集型产业。

以中国为例进行说明，由于中国缺乏机动车销售维修和拥有雇员的私人家庭这 2 个行业的数据，因此中国仅包含 33 个细分行业。行业划分的具体步骤如下：第一步，计算 33 个细分行业每年的高技能劳动收入份额，得到各行业 1995～2009 年的高技能劳动收入份额均值；第二步，计算整体经济每年的高技能劳动收入份额均值，得到整体经济 1995～2009 年的高技能劳动收入份额均值为 0.040；第三步，以整体经济的均值数据为基准，将高技能劳动收入份额均值低于 0.040 的 24 个行业归类为非技能密集型产业，将高于 0.040 的 9 个行业归类为技能密集型产业。使用下文构造的 c_j、i_j、x_j 数据和式（29）与式（30）计算消费、投资和净出口的技能密集程度 α^{HC}、α^{HI}、α^{HX} 和非技能密集程度 α^{LC}、α^{LI}、α^{LX}。

把所有行业高低技能劳动投入加总，即可以计算整体经济的高低技能劳动投入。用不同技能劳动的收入除以工作小时数，即可计算对应行业、产业或整体经济的劳动工资，进而也可以直接计算整体经济的技能溢价。

表 3 给出了中国所有细分行业高技能劳动收入份额，按照从低到高排序。表 3 还给出了高技能劳动收入占总劳动收入份额以及高低技能劳动之比的汇总结果。可以看到，以高技能劳动收入份额和以高低技能劳动之比作为划分标准，产业分类没有太大区别。除了个别行业外，技能密集型产业的高低技能劳动之比普遍高于非技能密集型产业。

表 3　中国所有细分行业高技能劳动收入份额均值

NIOT13 和 SEA13 细分行业	本文划分的产业	高技能劳动收入份额	高技能劳动收入占总劳动收入份额	高低技能劳动之比
农、林、牧、渔业	非技能密集型产业	0.001	0.001	0.001
皮革、毛皮、羽毛及其制品和制鞋业	非技能密集型产业	0.005	0.011	0.008
制造业，电气；回收	非技能密集型产业	0.005	0.019	0.013
纺织业、纺织服装服饰业	非技能密集型产业	0.006	0.014	0.010
木材加工和木、竹、藤、棕、草制品业	非技能密集型产业	0.007	0.017	0.011
其他非金属矿物制品业	非技能密集型产业	0.008	0.018	0.012
住宿和餐饮业	非技能密集型产业	0.010	0.030	0.021
橡胶和塑料制品业	非技能密集型产业	0.010	0.027	0.019
造纸和纸制品业、印刷和记录媒介复制业、出版业	非技能密集型产业	0.011	0.027	0.019
食品、酒水饮料和烟草制造业	非技能密集型产业	0.012	0.042	0.030
采矿和采石业	非技能密集型产业	0.014	0.035	0.024
内陆运输业	非技能密集型产业	0.016	0.039	0.028

NIOT13 和 SEA13 细分行业	本文划分的产业	高技能劳动收入份额	高技能劳动收入占总劳动收入份额	高低技能劳动之比
金属冶炼和压延加工业	非技能密集型产业	0.017	0.046	0.034
房地产业	非技能密集型产业	0.019	0.121	0.094
焦炭、精炼石油和核燃料加工业	非技能密集型产业	0.021	0.075	0.058
建筑业	非技能密集型产业	0.021	0.036	0.026
化学原料和化学制品制造业	非技能密集型产业	0.024	0.074	0.057
机械、电气制造业	非技能密集型产业	0.025	0.059	0.044
其他辅助运输活动、旅行社及相关服务	非技能密集型产业	0.028	0.091	0.068
零售贸易业（汽车、摩托车除外）；家居用品修理	非技能密集型产业	0.029	0.084	0.064
水上运输业	非技能密集型产业	0.029	0.085	0.062
交通运输设备制造业	非技能密集型产业	0.029	0.073	0.056
电气和光学设备制造业	非技能密集型产业	0.030	0.084	0.065
电力、热力、燃气及水生产和供应业	非技能密集型产业	0.034	0.133	0.113
批发贸易业（汽车、摩托车除外）	技能密集型产业	0.052	0.151	0.125
金融中介	技能密集型产业	0.057	0.203	0.191
邮政电信业	技能密集型产业	0.071	0.310	0.331
航空运输业	技能密集型产业	0.078	0.301	0.316
其他社区、社会和个人服务	技能密集型产业	0.079	0.162	0.135
租赁和其他商务服务业	技能密集型产业	0.117	0.249	0.237
卫生和社会工作	技能密集型产业	0.149	0.203	0.185
公共管理和国防；社会保障	技能密集型产业	0.166	0.199	0.177
教育	技能密集型产业	0.273	0.330	0.377

（三）其他数据

把 SEA13 和 SEA16 的行业名义增加值数据加总到已经分类的产业，计算每个产业的名义增加值占总名义增加值的比重，即产业的产出比重 y_j。

之后计算消费、投资和净出口在生产来源上的产业增加值构成数据，以及消费率、投资率和净出口率。NIOT13 和 NIOT16 提供了对应时期每一年的消费、投资和净出口的投入产出信息，参考 Guo 等（2021），把每一类需求追踪到每个行业的增加值上。按照已经分类的产业进行加总，可以计算出消费、投资和净出口中产业 j 的增加值所占比重，即 c_j、i_j、x_j。把整体经济的消费、投资和净出口除以总增加值，直接得到消费率、投资率和净出口率 z^C、z^I、z^X。表 4 汇总了样本中主要指标的统计描述。

表 4 数据统计描述

变量	定义	样本量	均值	标准差	最小值	最大值
		SEA16、NIOT16				
α^N	整体经济的劳动收入份额	630	0.561	0.075	0.322	0.775
y_1	资本密集型产业的产出比重	630	0.443	0.093	0.265	0.671
y_2	劳动密集型产业的产出比重	630	0.557	0.093	0.329	0.735

续表

变量	定义	样本量	均值	标准差	最小值	最大值
z^C	消费率	630	0.787	0.110	0.473	1.166
z^I	投资率	630	0.251	0.057	0.115	0.479
z^X	净出口率	630	−0.038	0.106	−0.434	0.258
SEA13、NIOT13						
w	技能溢价	600	2.008	0.852	0.021	6.059
α^H	整体经济中高技能劳动收入份额	600	0.187	0.076	0.021	0.454
α^L	整体经济中低技能劳动收入份额	600	0.407	0.086	0.236	0.870
y_1	技能密集型产业的产出比重	600	0.329	0.080	0.134	0.566
y_2	非技能密集型产业的产出比重	600	0.671	0.080	0.434	0.866
z^C	消费率	600	0.813	0.102	0.473	1.077
z^I	投资率	600	0.243	0.059	0.074	0.480
z^X	净出口率	600	−0.056	0.099	−0.349	0.270

五、发展核算结果

这一部分把第四部分计算的现实数据代入第三部分的发展核算框架，从而把分配结构分解到供给结构和需求结构上。其中，"（一）"给出劳动收入份额分解到供给层面与需求层面的发展核算结果，"（二）"给出技能溢价的发展核算结果。由于核算方法1和核算方法2的结果与核算方法3的结果部分重复，这一部分只汇报核算方法1和核算方法2的结果，并且只选择了G20主要经济体①的核算结果进行讨论。关于所有经济体所有发展核算结果见附录。

（一）劳动收入份额发展核算结果

（1）整体变化。表5和图2汇总了2000~2014年部分经济体劳动收入份额的变化量、供给侧不同产业的劳动密集程度的变化量和需求侧消费品与投资品的劳动密集程度的变化量。可以看到，2000~2014年，中国劳动收入份额上升了6.0个百分点。从供给侧看，资本密集型产业和劳动密集型产业的劳动密集程度分别上升了3.5个和13.3个百分点，后者上升幅度大于整体经济；从需求侧看，消费品和投资品的劳动密集程度分别上升了7.6个和6.5个百分点，前者上升幅度大于后者。与之对比，美国劳动收入份额下降了4.1个百分点。从供给侧看，资本密集型产业和劳动密集型产业的劳动密集程度分别下降了6.0个和1.5个百分点，前者下降幅度大于整体经济；从需求侧看，消费品和投资品的劳动密集程度分别下降了3.8个和4.4个百分点，后者下降幅度大于整体经济。因此，中国劳动收入份额上升更突出表现在劳动密集型产业和消费品的劳动密集程度，美国劳动收入份额下降更突出表现在资本密集型产业和投资品的劳动密集程度。这段时期，中国劳动收入份额上升与现有相关研究并不矛盾，因为分阶段看，2000~2007年中国劳动收入份额是下降的，但2007~2014年又转为上升，这种变化趋势是一致的。但是在SEA16数据中，后一段时期劳动收入份

---

① 即二十国集团（G20）的成员，但限于数据可得性，不包括阿根廷、南非、沙特阿拉伯和欧盟。

额的上升幅度高于之前的下降幅度，从整个时期看是上升的。为此，下文将分阶段做进一步讨论。[①]

表5 2000~2014 年部分经济体劳动收入份额与劳动密集程度的变化

	劳动收入份额	资本密集型产业的劳动密集程度	劳动密集型产业的劳动密集程度	消费品的劳动密集程度	投资品的劳动密集程度
	$\Delta\alpha^N$	$\Delta\alpha_1^N$	$\Delta\alpha_2^N$	$\Delta\alpha^{NC}$	$\Delta\alpha^{NI}$
新兴市场和发展中国家					
中国	0.060	0.035	0.133	0.076	0.065
印度	-0.019	-0.028	0.039	-0.018	-0.015
印度尼西亚	-0.023	0.013	-0.061	-0.045	-0.015
俄罗斯	0.142	0.092	0.211	0.138	0.158
土耳其	-0.041	-0.049	-0.002	-0.041	-0.036
巴西	0.051	0.043	0.047	0.056	0.045
墨西哥	-0.033	-0.034	-0.020	-0.034	-0.031
发达经济体					
美国	-0.041	-0.060	-0.015	-0.038	-0.044
德国	-0.019	-0.003	-0.022	-0.019	-0.014
法国	0.039	-0.005	0.050	0.043	0.030
意大利	0.033	-0.035	0.084	0.026	0.045
英国	-0.011	-0.024	0.015	-0.019	0.016
加拿大	-0.016	0.007	-0.022	-0.011	-0.021
日本	-0.024	-0.059	0.015	-0.033	-0.006
澳大利亚	-0.031	-0.047	-0.021	-0.032	-0.006
韩国	-0.010	0.036	-0.050	-0.013	0.021

在新兴市场和发展中国家中，除了中国、俄罗斯和巴西的劳动收入份额上升外，其他经济体均是下降的；在发达经济体中，除了法国和意大利的劳动收入份额上升外，其他国家均是下降的。因此，与现有文献一致，劳动收入份额下降是较为普遍的。而且从供给侧看不同产业和从需求侧看消费与投资，其内部的劳动密集程度的变化方向和程度也不尽相同。

（2）核算到供给结构。按照式（38）~（40）把劳动收入份额进一步分解到供给结构层面。表6和图3汇总了部分经济体的发展核算结果。可以看到，从核算方法1/核算方法2看，2000~2014年中国劳动收入份额上升的 6.0 个百分点中，资本密集型产业和劳动密集型产业的劳动密集程度变化的贡献分别是 2.0 个/2.2 个百分点和 5.8 个/5.2 个百分点，产业产出比重变化的贡献是

---

① 实际上，SEA16 对中国劳动收入份额的计算借鉴了 Bai 和 Qian（2010）的方法，使用投入产出表中的劳动者报酬数据进行计算。在 2004 年全国经济普查之前，个体经营者及其雇员的收入均被计为劳动报酬，SEA16 认为 2004 年之前投入产出表中的劳动者报酬最接近增加值中的劳动收入的定义。2004 年之后，收入法 GDP 的两个变化导致按行业划分的劳动收入份额时间序列出现中断（Bai and Qian, 2010）。首先，国有和集体农场的利润包括在劳动者报酬中，从而导致农业劳动力份额的上升。其次，雇员的收入仍然包括在劳动者报酬中，但个体经营者的收入被视为营业盈余。因此，Bai 和 Qian（2010）为了量化 2004 年统计方法变化对总劳动收入份额的影响，在 2004 年获得国有和集体农场的营业盈余和个体经济所有者的混合收入两项的估计，并将其按照 2004 年的方法重新分类。SEA16 使用 Bai 和 Qian（2010）的行业层面的调整系数，采用 2007 年和 2012 年投入产出表进行计算，得到与 2004 年经济普查前劳动收入份额定义最为接近的时间序列。SEA16 首先使用 2002 年、2007 年和 2012 年投入产出表计算当年数据，然后令 2000~2001 年劳动收入份额等于 2002 年，2013~2014 年劳动收入份额等于 2012 年。

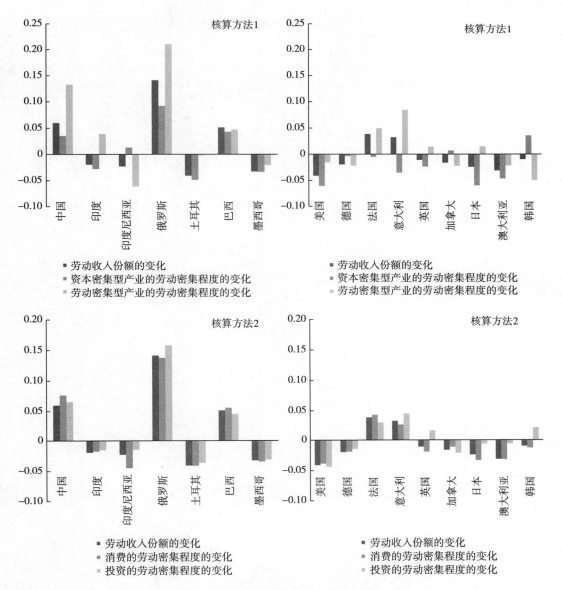

图2　2000~2014年部分经济体劳动收入份额与劳动密集程度的变化量

−1.8个/−1.4个百分点。与之对比,美国劳动收入份额下降的4.1个百分点中,资本密集型产业和劳动密集型产业的劳动密集程度变化的贡献分别是2.2个/2.3个百分点和1.0个/0.9个百分点,产业产出比重变化的贡献是0.9个/0.8个百分点。两种核算方法的结果基本一致。

因此,供给侧推动中国劳动收入份额上升的最主要因素是劳动密集型产业的劳动密集程度提高,推动美国劳动收入份额下降的最主要因素是资本密集型产业的劳动密集程度降低,在两个国家,产业结构转型都降低了劳动收入份额。特别在中国,产业结构转型与资本密集型产业的劳动密集程度变化对劳动收入份额上升也都产生了比较显著的影响,按核算方法1计算,贡献率分别达到了−30.0%(−0.018/0.060)和33.3%(0.020/0.060),按核算方法2计算,贡献率分别达到了−23.3%(−0.014/0.060)和36.7%(0.022/0.060)。其他国家中,俄罗斯、巴西、法国和意大利劳动收入份额上升的主要推动力也是劳动密集型产业的劳动密集程度提高,并且多数国家产业结构转型也都降低了劳动收入份额。

表6 2000~2014年部分经济体劳动收入份额变化的分解核算结果（供给层面）

	劳动收入份额	核算方法1			核算方法2		
		资本密集型产业的劳动密集程度	劳动密集型产业的劳动密集程度	产业产出比重	资本密集型产业的劳动密集程度	劳动密集型产业的劳动密集程度	产业产出比重
	$\Delta\alpha^N$	$\Delta\alpha_1^N \cdot y_1$	$\Delta\alpha_2^N \cdot y_2$	$\Delta y_1 \cdot \alpha_1^{N'}$ $+\Delta y_2 \cdot \alpha_2^{N'}$	$\Delta\alpha_1^N \cdot y_1'$	$\Delta\alpha_2^N \cdot y_2'$	$\Delta y_1 \cdot \alpha_1^N+$ $\Delta y_2 \cdot \alpha_2^N$
新兴市场和发展中国家							
中国	0.060	0.020	0.058	-0.018	0.022	0.052	-0.014
印度	-0.019	-0.015	0.018	-0.023	-0.017	0.015	-0.017
印度尼西亚	-0.023	0.007	-0.029	-0.001	0.007	-0.029	-0.001
俄罗斯	0.142	0.057	0.080	0.004	0.056	0.083	0.003
土耳其	-0.041	-0.031	-0.001	-0.009	-0.032	-0.001	-0.008
巴西	0.051	0.018	0.028	0.006	0.017	0.029	0.006
墨西哥	-0.033	-0.020	-0.008	-0.005	-0.020	-0.008	-0.004
发达经济体							
美国	-0.041	-0.022	-0.010	-0.009	-0.023	-0.009	-0.008
德国	-0.019	-0.001	-0.015	-0.003	-0.001	-0.015	-0.004
法国	0.039	-0.001	0.036	0.005	-0.001	0.036	0.004
意大利	0.033	-0.011	0.058	-0.014	-0.012	0.055	-0.010
英国	-0.011	-0.008	0.010	-0.013	-0.009	0.009	-0.012
加拿大	-0.016	0.003	-0.014	-0.005	0.003	-0.014	-0.005
日本	-0.024	-0.028	0.008	-0.004	-0.028	0.008	-0.004
澳大利亚	-0.031	-0.018	-0.013	0.000	-0.018	-0.013	0.000
韩国	-0.010	0.017	-0.027	0.000	0.017	-0.027	0.000

注：表中第3~8列为相应因素对劳动收入份额的影响。

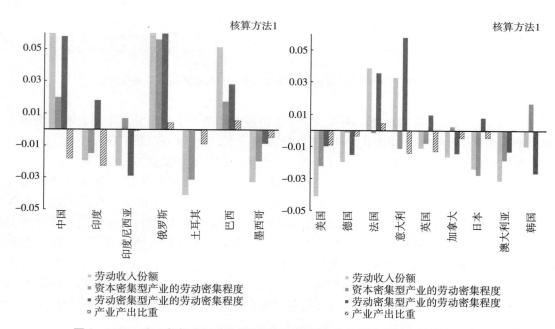

图3 2000~2014年部分经济体劳动收入份额变化的分解核算结果（供给层面）

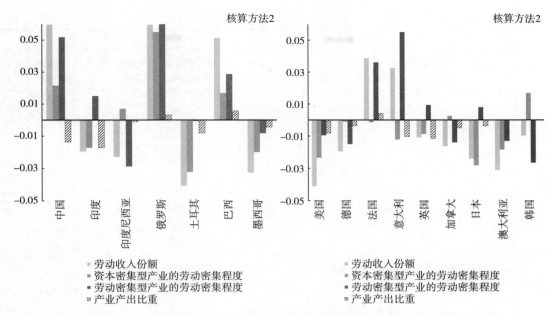

图3 2000~2014年部分经济体劳动收入份额变化的分解核算结果（供给层面）（续）

（3）核算到需求结构。按照式（43）~（45）把劳动收入份额进一步分解到需求结构层面。表7和图4汇总了部分经济体的发展核算结果。可以看到，从核算方法1/核算方法2看，2000~2014年中国劳动收入份额上升的6.0个百分点中，消费和投资的劳动密集程度变化的贡献分别是4.8个/2.3个百分点和3.7个/3.0个百分点，三大需求比重变化的贡献是−0.8个/−0.3个百分点。与之对比，美国劳动收入份额下降的4.1个百分点中，消费和投资的劳动密集程度变化的贡献分别是3.1个/3.2个百分点和1.0个/0.9个百分点，三大需求比重变化的贡献是0.1个/0.1个百分点。两种核算方法的结果基本一致。

表7 2000~2014年部分经济体劳动收入份额变化的分解核算结果（需求层面）

	劳动收入份额	核算方法1				核算方法2			
		消费的劳动密集程度	投资的劳动密集程度	净出口的劳动密集程度	三大需求比重	消费的劳动密集程度	投资的劳动密集程度	净出口的劳动密集程度	三大需求比重
	$\Delta\alpha^N$	$\Delta\alpha^{NC}z^C$	$\Delta\alpha^{NI}z^I$	$\Delta\alpha^{NX}z^X$	$\Delta z^C\alpha^{NC'}$ $+\Delta z^I\alpha^{NI'}$ $+\Delta z^X\alpha^{NX'}$	$\Delta\alpha^{NC}z^{C'}$	$\Delta\alpha^{NI}z^{I'}$	$\Delta\alpha^{NX}z^{X'}$	$\Delta z^C\alpha^{NC}$ $+\Delta z^I\alpha^{NI}$ $+\Delta z^X\alpha^{NX}$
新兴市场和发展中国家									
中国	0.060	0.048	0.023	−0.002	−0.008	0.037	0.030	−0.005	−0.003
印度	−0.019	−0.015	−0.004	0.001	−0.002	−0.014	−0.004	0.001	−0.002
印度尼西亚	−0.023	−0.029	−0.004	0.112	−0.102	−0.029	−0.005	−0.005	0.016
俄罗斯	0.142	0.089	0.029	−0.186	0.209	0.107	0.032	−0.026	0.029
土耳其	−0.041	−0.032	−0.008	0.005	−0.006	−0.033	−0.008	0.016	−0.016
巴西	0.051	0.050	0.009	−0.006	−0.002	0.049	0.010	−0.007	−0.001
墨西哥	−0.033	−0.026	−0.007	0.007	−0.005	−0.026	−0.007	−0.002	0.003
发达经济体									
美国	−0.041	−0.031	−0.010	0.001	−0.001	−0.032	−0.009	0.001	−0.001
德国	−0.019	−0.014	−0.003	−0.003	0.001	−0.014	−0.003	−0.057	0.054
法国	0.039	0.034	0.007	−0.003	0.001	0.036	0.007	−0.008	0.005

续表

劳动收入份额	核算方法 1				核算方法 2			
	消费的劳动密集程度	投资的劳动密集程度	净出口的劳动密集程度	三大需求比重	消费的劳动密集程度	投资的劳动密集程度	净出口的劳动密集程度	三大需求比重
$\Delta\alpha^N$	$\Delta\alpha^{NC}z^C$	$\Delta\alpha^{NI}z^I$	$\Delta\alpha^{NX}z^X$	$\Delta z^C\alpha^{NC'}$ $+\Delta z^I\alpha^{NI'}$ $+\Delta z^X\alpha^{NX'}$	$\Delta\alpha^{NC}z^{C'}$	$\Delta\alpha^{NI}z^{I'}$	$\Delta\alpha^{NX}z^{X'}$	$\Delta z^C\alpha^{NC}$ $+\Delta z^I\alpha^{NI}$ $+\Delta z^X\alpha^{NX}$
意大利	0.033	0.022	0.010	0.242	−0.241	0.022	0.008	0.009	−0.006
英国	−0.011	−0.016	0.003	0.004	−0.002	−0.017	0.003	0.004	−0.001
加拿大	−0.016	−0.008	−0.004	0.503	−0.507	−0.008	−0.005	−0.015	0.013
日本	−0.024	−0.024	−0.002	−0.013	0.015	−0.027	−0.001	0.022	−0.018
澳大利亚	−0.031	−0.025	−0.001	0.003	−0.008	−0.024	−0.002	0.005	−0.011
韩国	−0.010	−0.008	0.007	0.001	−0.009	−0.008	0.006	0.009	−0.016

注：表中第 3~10 列为相应因素对劳动收入份额的影响。

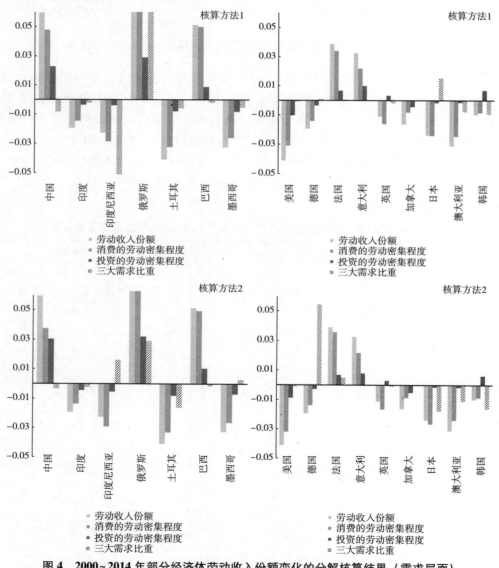

图4　2000~2014 年部分经济体劳动收入份额变化的分解核算结果（需求层面）

因此，需求侧拉动中国劳动收入份额上升的最主要因素是消费的劳动密集程度提高，拉动美国劳动收入份额下降的最主要因素是消费的劳动密集程度降低，在两个国家，三大需求比重变化都降低了劳动收入份额。特别在中国，投资的劳动密集程度上升也产生了比较显著的影响，按核算方法1和核算方法2计算，贡献率分别达到了38.3%（0.023/0.060）和50.0%（0.030/0.060）。其他经济体劳动收入份额变化的主要拉动力基本都是消费的劳动密集程度变化，并且新兴市场和发展中国家中多数国家三大需求比重变化也都降低了劳动收入份额。

不同于其他多数经济体，在供给侧推动中国劳动收入份额上升的最主要因素是劳动密集型产业的劳动密集程度提高，在需求侧的最主要因素是消费的劳动密集程度提高，投资的劳动密集程度提高也产生了比较显著的影响。这是因为中国劳动密集型产业比重、消费率和投资率均保持较高水平，而且所有产业和产品的生产过程中劳动密集程度都在提高。考虑到同期持续上涨的劳动成本，这可能反映了中国较低的资本与劳动的替代弹性，或者同期更快的劳动扩展型技术进步。

（4）进一步讨论。21世纪以来，中国劳动收入份额并非单调变化的，为此这里把中国2000~2014年的劳动收入份额分为2000~2007年、2007~2014年两个时期分别进行发展核算。为了更加深入地理解中国劳动收入份额在第一个时期的下降趋势，进一步使用SEA13数据对中国1995~2009年的劳动收入份额进行发展核算。

表8汇报了不同时期中国劳动收入份额的变化量、供给侧不同产业的劳动密集程度的变化量和需求侧消费品与投资品的劳动密集程度的变化量。可以看到，2000~2007年中国劳动收入份额下降了3.7个百分点。从供给侧看，资本密集型产业和劳动密集型产业的劳动密集程度分别下降和上升了4.2个和1.2个百分点，前者下降的幅度大于整体经济；从需求侧看，消费品和投资品的劳动密集程度分别下降了2.3个和3.5个百分点，后者下降幅度大于前者。2007~2014年，中国劳动收入份额上升了9.6个百分点。从供给侧看，资本密集型产业和劳动密集型产业的劳动密集程度分别上升了7.8个和12.1个百分点，后者上升的幅度大于整体经济；从需求侧看，消费品和投资品的劳动密集程度分别上升了9.9个和10.1个百分点，后者上升幅度大于前者。1995~2009年，中国劳动收入份额下降了12.8个百分点。从供给侧看，资本密集型产业和劳动密集型产业的劳动密集程度分别下降了11.6个和8.7个百分点，前者下降的幅度大于后者；从需求侧看，消费品和投资品的劳动密集程度分别下降了11.3个和12.1个百分点，后者下降幅度大于前者。

表8　分时期中国劳动收入份额与劳动密集程度的变化

	劳动收入份额	资本密集型产业的劳动密集程度	劳动密集型产业的劳动密集程度	消费品的劳动密集程度	投资品的劳动密集程度
	$\Delta\alpha^N$	$\Delta\alpha_1^N$	$\Delta\alpha_2^N$	$\Delta\alpha^{NC}$	$\Delta\alpha^{NI}$
SEA16					
2000~2007年	−0.037	−0.042	0.012	−0.023	−0.035
2007~2014年	0.096	0.078	0.121	0.099	0.101
SEA13					
1995~2009年	−0.128	−0.116	−0.087	−0.113	−0.121

因此，2000~2007年和1995~2009年中国劳动收入份额下降更突出表现在资本密集型产业和投资品的劳动密集程度，而2007~2014年中国劳动收入份额上升更突出表现在劳动密集型产业和投资品的劳动密集程度。总体来看，2000~2014年，中国资本密集型产业的劳动密集程度先下降后上升，劳动密集型产业的劳动密集程度一直上升，后者上升幅度大于前者；消费品和投资品的劳动密

集程度均先下降后上升，前者上升幅度大于后者。下降的幅度抵消了上升的幅度，导致劳动收入份额呈先下降后上升的趋势。因此，整体而言，中国劳动收入份额上升更突出表现在劳动密集型产业和消费品的劳动密集程度。这与前文结论一致。

表9汇报了中国劳动收入份额核算到供给结构层面的结果。可以看到，从核算方法1/核算方法2看，2000~2007年，中国劳动收入份额下降的3.7个百分点中，资本密集型产业和劳动密集型产业的劳动密集程度变化的贡献分别是2.4个/2.6个百分点和-0.5个/-0.4个百分点；2007~2014年，中国劳动收入份额上升的9.6个百分点中，资本密集型产业和劳动密集型产业的劳动密集程度变化的贡献分别是4.8个/4.7个百分点和4.7个/4.7个百分点；1995~2009年，中国劳动收入份额下降的12.8个百分点中，资本密集型产业和劳动密集型产业的劳动密集程度变化的贡献分别是7.8个/8.4个百分点和2.8个/2.4个百分点。两种核算方法的结果基本一致。

表9　分时期中国劳动收入份额变化的发展核算结果（供给层面）

	劳动收入份额	核算方法1			核算方法2		
		资本密集型产业的劳动密集程度	劳动密集型产业的劳动密集程度	产业产出比重	资本密集型产业的劳动密集程度	劳动密集型产业的劳动密集程度	产业产出比重
	$\Delta\alpha^N$	$\Delta\alpha_1^N \cdot y_1$	$\Delta\alpha_2^N \cdot y_2$	$\Delta y_1 \cdot \alpha_1^{N'} + \Delta y_2 \cdot \alpha_2^{N'}$	$\Delta\alpha_1^N \cdot y'$	$\Delta\alpha_2^N \cdot y_2'$	$\Delta y_1 \cdot \alpha_1^N + \Delta y_2 \cdot \alpha_2^N$
SEA16							
2000~2007年	-0.037	-0.024	0.005	-0.018	-0.026	0.004	-0.015
2007~2014年	0.096	0.048	0.047	0.002	0.047	0.047	0.002
SEA13							
1995~2009年	-0.128	-0.078	-0.028	-0.021	-0.084	-0.024	-0.020

注：表中第3~8列为相应因素对劳动收入份额的影响。

供给侧推动中国劳动收入份额下降的最主要因素是资本密集型产业的劳动密集程度下降。此外，产业结构转型对劳动收入份额下降也产生了比较显著的影响，按核算方法1和核算方法2计算，2000~2007年的贡献率分别达到了48.6%（-0.018/-0.037）和40.5%（-0.015/-0.037），1995~2009年的贡献率分别达到了16.4%（-0.021/-0.128）和15.6%（-0.020/-0.128）。而资本密集型产业和劳动密集型产业劳动密集程度的提高均为推动中国劳动收入份额上升的主要因素。总体来看，供给侧劳动密集型产业的劳动密集程度在加速提高，同时资本密集型产业的劳动密集程度先下降后提高，两个因素共同导致了劳动收入份额呈先下降后上升的趋势，这与前文结论是一致的。

表10汇报了中国劳动收入份额核算到需求结构层面的结果。可以看到，从核算方法1/核算方法2看，2000~2007年，中国劳动收入份额下降的3.7个百分点中，消费和投资的劳动密集程度变化的贡献分别是1.4个/1.1个百分点和1.2个/1.5个百分点；2007~2014年，中国劳动收入份额上升的9.6个百分点中，消费和投资的劳动密集程度变化的贡献分别是4.9个/4.9个百分点和4.2个/4.7个百分点；1995~2009年，中国劳动收入份额下降的12.8个百分点中，消费和投资的劳动密集程度变化的贡献分别是6.3个/5.3个百分点和5.0个/5.8个百分点。两种核算方法的结果基本一致。

表 10　分时期中国劳动收入份额变化的发展核算结果（需求层面）

	劳动收入份额	核算方法 1				核算方法 2			
		消费的劳动密集程度	投资的劳动密集程度	净出口的劳动密集程度	三大需求比重	消费的劳动密集程度	投资的劳动密集程度	净出口的劳动密集程度	三大需求比重
	$\Delta\alpha^N$	$\Delta\alpha^{NC}z^C$	$\Delta\alpha^{NI}z^I$	$\Delta\alpha^{NX}z^X$	$\Delta z^C\alpha^{NC'}$ $+\Delta z^I\alpha^{NI'}$ $+\Delta z^X\alpha^{NX'}$	$\Delta\alpha^{NC}z^{C'}$	$\Delta\alpha^{NI}z^{I'}$	$\Delta\alpha^{NX}z^{X'}$	$\Delta z^C\alpha^{NC}$ $+\Delta z^I\alpha^{NI}$ $+\Delta z^X\alpha^{NX}$
SEA16									
2000~2007 年	−0.037	−0.014	−0.012	−0.004	−0.006	−0.011	−0.015	−0.015	0.004
2007~2014 年	0.096	0.049	0.042	0.006	0.000	0.049	0.047	0.003	−0.002
SEA13									
1995~2009 年	−0.128	−0.063	−0.050	−0.007	−0.008	−0.053	−0.058	−0.012	−0.005

注：表中第 3~10 列为相应因素对劳动收入份额的影响。

需求侧拉动中国劳动收入份额下降或上升的主要因素是消费的劳动密集程度的下降或提高。特别地，投资的劳动密集程度的同向变化也产生了比较显著的影响，按核算方法 1 和核算方法 2 计算，2000~2007 年的贡献率分别达到了 32.4%（−0.012/−0.037）和 40.5%（−0.015/−0.037），2007~2014 年的贡献率分别达到了 43.8%（0.042/0.096）和 49.0%（0.047/0.096），1995~2009 年的贡献率分别达到了 39.1%（−0.050/−0.128）和 45.3%（−0.058/−0.128）。总体来看，需求侧消费和投资的劳动密集程度均先下降后提高，其中消费的劳动密集程度提高的幅度更大，共同促使劳动收入份额呈先下降后上升的趋势，这与前文结论是一致的。

（二）技能溢价发展核算结果

（1）整体变化。表 11 和图 5 汇总了 1995~2009 年部分经济体技能溢价的自然对数变化量、技能密集程度与非技能密集程度之比的自然对数变化量、高技能劳动与低技能劳动之比的自然对数变化量。可以看到，1995~2009 年，中国技能溢价自然对数上升了 0.413。其中，技能密集程度与非技能密集程度之比的自然对数上升了 1.388，高技能劳动与低技能劳动之比的自然对数上升了 0.975，前者上升幅度大于后者。因此，尽管中国劳动力供给结构改善降低了技能溢价自然对数 0.975，但技能密集程度上升又提高了技能溢价自然对数 1.388，最终导致技能溢价自然对数上升了 0.413（1.388−0.975）。与之对比，美国技能密集程度与非技能密集程度之比的自然对数上升了 0.430，高技能劳动与低技能劳动之比的自然对数上升了 0.318，前者上升幅度也大于后者，二者相减使技能溢价自然对数上升了 0.112（0.430−0.318）。因此，中国和美国的技能溢价上升均突出表现在技能密集程度的变化上。

表 11　1995~2009 年部分经济体劳动供给与技能密集程度的变化

	技能溢价的自然对数	技能密集程度与非技能密集程度之比的自然对数	高低技能劳动相对供给的自然对数
	$\Delta\log w$	$\Delta\log(\alpha^H/\alpha^L)$	$\Delta\log(H/L)$
新兴市场和发展中国家			
中国	0.413	1.388	0.975
印度	0.004	0.558	0.553

	技能溢价的自然对数	技能密集程度与非技能密集程度之比的自然对数	高低技能劳动相对供给的自然对数
	$\Delta \log w$	$\Delta \log (\alpha^H / \alpha^L)$	$\Delta \log (H/L)$
印度尼西亚	0.217	0.952	0.735
俄罗斯	0.214	0.461	0.247
土耳其	−0.265	0.657	0.922
巴西	−0.356	0.218	0.574
墨西哥	−0.114	−0.166	−0.053
发达经济体			
美国	0.112	0.430	0.318
德国	0.050	0.372	0.322
法国	−0.157	0.403	0.560
意大利	−0.204	0.519	0.723
英国	−0.040	0.562	0.602
加拿大	0.066	0.409	0.343
日本	−0.024	0.418	0.441
澳大利亚	0.029	0.394	0.365
韩国	−0.054	0.665	0.719

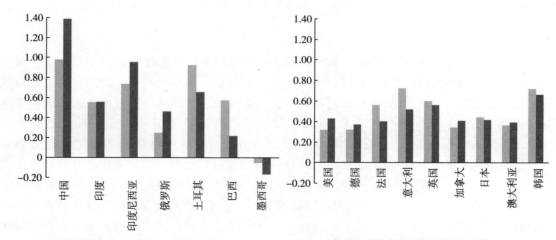

■ 高低技能劳动相对供给的自然对数
■ 技能密集程度与非技能密集程度之比的自然对数

图5　1995~2009年部分经济体劳动供给与技能密集程度的变化

在其他经济体中，除墨西哥外，所有经济体技能密集程度与非技能密集程度之比、高技能劳动与低技能劳动之比均是上升的。因此，各个主要经济体技能溢价的变化方向取决于技能密集程度变化的影响是否强于劳动力供给结构改善的影响。当前者上升幅度大于后者时，技能溢价就会上升，反之则会下降。由于本文主要关注供需结构变化如何影响了技能密集程度，而劳动力供给结构的变化直接取自数据，下文只汇报技能密集程度变化的发展核算结果。

表12 和图6 汇总了1995~2009 年部分经济体技能密集程度的变化情况。可以看到，1995~2009 年，中国技能密集程度与非技能密集程度之比的自然对数上升了1.388。从供给侧看，技能密集型产业的技能密集程度与非技能密集程度的差别上升了2.578，非技能密集型产业上升了0.664，前者上升幅度大于整体经济；从需求侧看，消费的技能密集程度与非技能密集程度的差别上升了1.711，投资上升了1.105，前者上升幅度大于整体经济。与之对比，美国技能密集程度与非技能密集程度之比的自然对数上升了0.430。从供给侧看，技能密集型产业的技能密集程度与非技能密集程度的差别上升了0.577，非技能密集型产业上升了0.206，前者上升幅度大于整体经济；从需求侧看，消费的技能密集程度与非技能密集程度的差别上升了0.422，投资上升了0.388，前者上升幅度略大于后者。因此，中国和美国的技能密集程度上升都更加突出地表现在技能密集型产业和消费上。

表12 1995~2009 年部分经济体技能密集程度的变化

	技能密集程度与非技能密集程度之比的自然对数	技能密集型产业的技能密集程度	非技能密集型产业的技能密集程度	消费的技能密集程度	投资的技能密集程度
	$\Delta \log (\alpha^H / \alpha^L)$	$\Delta \phi_1$	$\Delta \phi_2$	$\Delta \phi^C$	$\Delta \phi^I$
新兴市场和发展中国家					
中国	1.388	2.578	0.664	1.711	1.105
印度	0.558	0.596	0.365	0.574	0.419
印度尼西亚	0.952	3.681	0.394	1.063	0.802
俄罗斯	0.461	0.580	0.233	0.469	0.421
土耳其	0.657	1.198	0.269	0.634	0.477
巴西	0.218	0.620	0.009	0.232	0.139
墨西哥	-0.166	-0.564	0.018	-0.187	-0.144
发达经济体					
美国	0.430	0.577	0.206	0.422	0.388
德国	0.372	0.467	0.239	0.367	0.412
法国	0.403	0.330	0.378	0.399	0.387
意大利	0.519	0.743	0.255	0.520	0.403
英国	0.562	0.993	0.475	0.573	0.475
加拿大	0.409	0.474	0.331	0.408	0.347
日本	0.418	0.586	0.278	0.411	0.508
澳大利亚	0.394	0.420	0.270	0.423	0.396
韩国	0.665	0.713	0.629	0.686	0.694

其他经济体中，除了墨西哥和法国外，所有经济体技能密集程度上升也都更加突出地表现在技能密集型产业上。德国、日本和韩国投资的技能密集程度上升更加明显，其他经济体消费的技能密集程度上升更加明显。

（2）核算到供给结构。按照式（48）~（50）把技能密集程度与非技能密集程度之比的自然对数变化量进一步分解到供给结构层面。表13 和图7 汇总了部分经济体的发展核算结果。可以看到，从核算方法1/核算方法2 看，1995~2009 年，中国技能密集程度与非技能密集程度之比的自然对数上升的1.388 中，技能密集型产业和非技能密集型产业技能密集程度的变化分别贡献了0.538/0.766 和0.526/0.467，产业产出比重变化贡献了0.324/0.155。与之对比，美国技能密集程度与非

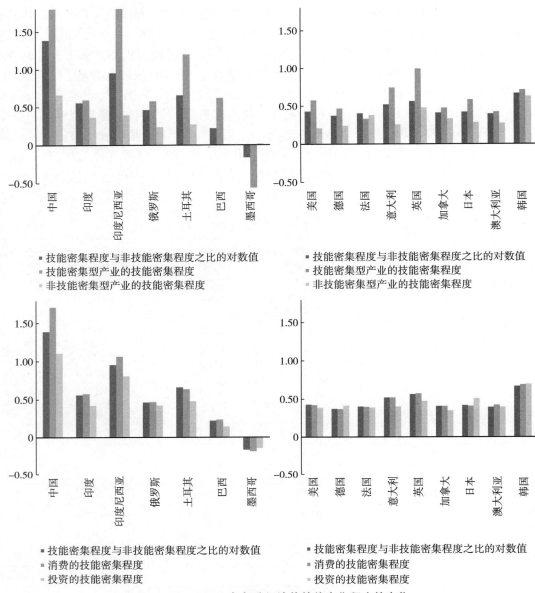

图6 1995～2009 年部分经济体技能密集程度的变化

技能密集程度之比的自然对数上升的 0.430 中，技能密集型产业和非技能密集型产业技能密集程度的变化分别贡献了 0.245/0.275 和 0.118/0.108，产业产出比重变化贡献了 0.067/0.047。两种核算方法的结果也比较接近。

因此，供给侧推动中国和美国技能密集程度上升的最主要因素均是技能密集型产业的技能密集程度提高。同时，产业结构转型与非技能密集型产业的技能密集程度提高也都产生了比较显著的正向影响，按核算方法 1 计算，在中国二者的贡献率分别达到了 23.3%（0.324/1.388）和 37.9%（0.526/1.388），在美国分别达到了 15.6%（0.067/0.430）和 27.4%（0.118/0.430）；按核算方法 2 计算，在中国二者的贡献率分别达到了 11.2%（0.155/1.388）和 33.6%（0.467/1.388），在美国分别达到了 10.9%（0.047/0.430）和 25.1%（0.108/0.430）。其他国家中，印度尼西亚、巴西、墨西哥、德国、意大利和日本技能密集程度的变化也主要来源于技能密集型产业的技能密集程度变化，并且多数国家产业结构转型都产生正向影响。

表13 1995~2009年部分经济体技能密集程度变化的分解核算结果（供给层面）

	技能密集程度之比的自然对数	核算方法1			核算方法2		
		技能密集型产业的技能密集程度	非技能密集型产业的技能密集程度	产业产出比重	技能密集型产业的技能密集程度	非技能密集型产业的技能密集程度	产业产出比重
	$\Delta\log\frac{\alpha^H}{\alpha^L}$	$\Delta\phi_1\cdot y_1$	$\Delta\phi_2\cdot y_2$	$\Delta y_1\cdot\phi_1'$ $+\Delta y_2\cdot\phi_2'$	$\Delta\phi_1\cdot y_1'$	$\Delta\phi_2\cdot y_2'$	$\Delta y_1\cdot\phi_1$ $+\Delta y_2\cdot\phi_2$
新兴市场和发展中国家							
中国	1.388	0.538	0.526	0.324	0.766	0.467	0.155
印度	0.558	0.151	0.273	0.134	0.183	0.253	0.122
印度尼西亚	0.952	0.668	0.322	-0.038	0.641	0.325	-0.015
俄罗斯	0.461	0.148	0.174	0.139	0.203	0.151	0.106
土耳其	0.657	0.197	0.225	0.235	0.271	0.209	0.178
巴西	0.218	0.230	0.006	-0.018	0.225	0.006	-0.013
墨西哥	-0.166	-0.218	0.011	0.041	-0.248	0.010	0.072
发达经济体							
美国	0.430	0.245	0.118	0.067	0.275	0.108	0.047
德国	0.372	0.259	0.106	0.006	0.263	0.104	0.005
法国	0.403	0.126	0.234	0.043	0.139	0.219	0.045
意大利	0.519	0.211	0.183	0.125	0.252	0.169	0.099
英国	0.562	0.236	0.362	-0.037	0.207	0.376	-0.021
加拿大	0.409	0.170	0.212	0.027	0.178	0.206	0.025
日本	0.418	0.282	0.144	-0.008	0.277	0.146	-0.006
澳大利亚	0.394	0.138	0.181	0.075	0.156	0.170	0.069
韩国	0.665	0.266	0.395	0.005	0.268	0.393	0.004

注：表中第3~8列为相应因素对技能密集程度与非技能密集程度之比变化的影响。

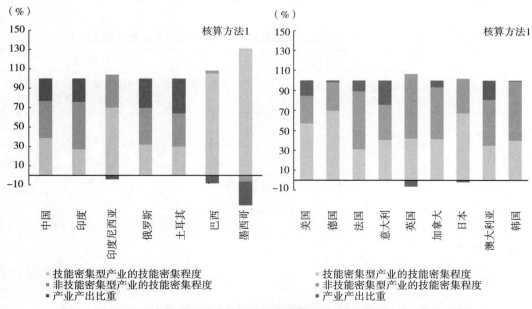

图7 1995~2009年部分经济体技能密集程度变化的分解核算结果（供给层面）

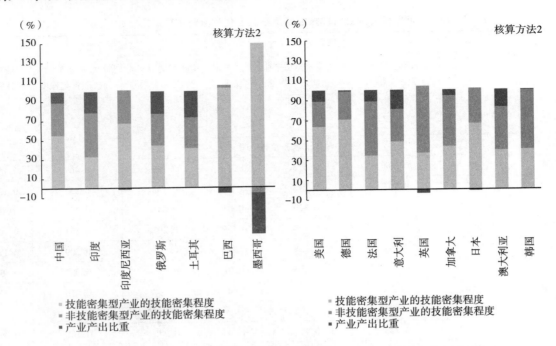

图7 1995~2009年部分经济体技能密集程度变化的分解核算结果（供给层面）（续）

注：图中结果表示相应因素对技能密集程度与非技能密集程度之比变化的贡献率。

（3）核算到需求结构。按照式（54）~（56）把技能密集程度与非技能密集程度之比的自然对数变化量进一步分解到需求结构层面。表14和图8汇总了部分经济体的发展核算结果。可以看到，从核算方法1/核算方法2看，1995~2009年中国技能密集程度与非技能密集程度之比的自然对数上升的1.388中，消费和投资的技能密集程度的变化分别贡献了0.963/0.810和0.454/0.530，三大需求比重变化贡献了-0.065/-0.016。与之对比，美国技能密集程度与非技能密集程度之比的自然对数上升的0.430中，消费和投资的技能密集程度的变化分别贡献了0.349/0.372和0.072/0.058，三大需求比重变化贡献了0.011/0.007。两种核算方法的结果基本一致。

表14 1995~2009年部分经济体技能密集程度变化的分解核算结果（需求层面）

技能密集程度之比的对数值	核算方法1				核算方法2			
	消费的技能密集程度	投资的技能密集程度	净出口的技能密集程度	三大需求比重	消费的技能密集程度	投资的技能密集程度	净出口的技能密集程度	三大需求比重
$\Delta \log \frac{\alpha^H}{\alpha^L}$	$\Delta\phi^C \cdot z^C$	$\Delta\phi^I \cdot z^I$	$\Delta\phi^X \cdot z^X$	$\Delta z^C \cdot \phi^{C'}$ $+\Delta z^I \cdot \phi^{I'}$ $+\Delta z^X \cdot \phi^{X'}$	$\Delta\phi^C \cdot z^{C'}$	$\Delta\phi^I \cdot z^{I'}$	$\Delta\phi^X \cdot z^{X'}$	$\Delta z^C \cdot \phi^C$ $+\Delta z^I \cdot \phi^I$ $+\Delta z^X \cdot \phi^X$
新兴市场和发展中国家								
中国	1.388	0.963	0.454	0.036	-0.065	0.810	0.530	0.064	-0.016
印度	0.558	0.447	0.121	0.001	-0.011	0.413	0.154	0.002	-0.011
印度尼西亚	0.952	0.659	0.308	0.019	-0.035	0.723	0.231	-0.130	0.127
俄罗斯	0.461	0.352	0.093	-0.007	0.022	0.376	0.078	-0.004	0.011
土耳其	0.657	0.521	0.132	-0.052	·0.056	0.599	0.078	-0.057	0.037
巴西	0.218	0.208	0.026	-0.023	0.007	0.210	0.024	-0.021	0.005

	技能密集程度之比的对数值	核算方法 1				核算方法 2			
		消费的技能密集程度	投资的技能密集程度	净出口的技能密集程度	三大需求比重	消费的技能密集程度	投资的技能密集程度	净出口的技能密集程度	三大需求比重
	$\Delta\log\dfrac{\alpha^H}{\alpha^L}$	$\Delta\phi^C \cdot z^C$	$\Delta\phi^I \cdot z^I$	$\Delta\phi^X \cdot z^X$	$\Delta z^C \cdot \phi^{C'} + \Delta z^I \cdot \phi^{I'} + \Delta z^X \cdot \phi^{X'}$	$\Delta\phi^C \cdot z^{C'}$	$\Delta\phi^I \cdot z^{I'}$	$\Delta\phi^X \cdot z^{X'}$	$\Delta z^C \cdot \phi^C + \Delta z^I \cdot \phi^I + \Delta z^X \cdot \phi^X$
墨西哥	-0.166	-0.140	-0.036	0.024	-0.015	-0.148	-0.034	10.589	-10.573
发达经济体									
美国	0.430	0.349	0.072	-0.003	0.011	0.372	0.058	-0.007	0.007
德国	0.372	0.289	0.094	-0.011	0.000	0.294	0.071	0.021	-0.013
法国	0.403	0.333	0.073	-0.008	0.006	0.348	0.075	-0.024	0.005
意大利	0.519	0.424	0.084	-0.004	0.016	0.449	0.080	-0.010	0.001
英国	0.562	0.494	0.084	-0.023	0.007	0.524	0.066	-0.032	0.004
加拿大	0.409	0.326	0.066	0.051	-0.034	0.336	0.074	-0.159	0.158
日本	0.418	0.285	0.145	0.012	-0.024	0.324	0.102	0.006	-0.014
澳大利亚	0.394	0.330	0.103	-0.031	-0.007	0.314	0.112	-0.021	-0.011
韩国	0.665	0.461	0.264	-0.303	0.244	0.505	0.188	-0.037	0.010

注：表中第 3～10 列为相应因素对技能密集程度与非技能密集程度之比变化的影响。

因此，需求侧拉动中国和美国上升的最主要因素均是消费的技能密集程度提高，在中国，三大需求比重变化降低了技能密集程度，而在美国则提高了技能密集程度。特别是在中国，投资的技能密集程度也产生了比较显著的影响，按核算方法 1 和核算方法 2 计算，贡献率分别达到了 32.7%（0.454/1.388）和 38.2%（0.530/1.388）。其他经济体技能密集程度上升的主要拉动力都是消费的技能密集程度提高，但投资的技能密集程度提高的贡献也很显著，在除巴西以外的新兴市场和发展中国家贡献率均高于 20%，在发达经济体基本高于 15%。

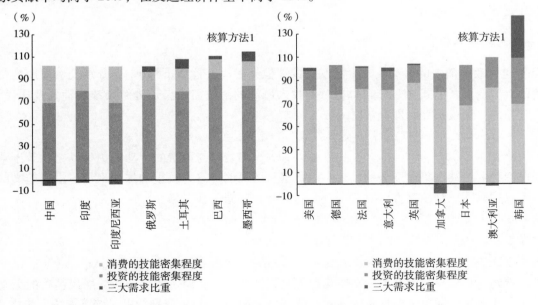

图 8 1995~2009 年部分经济体技能密集程度变化的分解核算结果（需求层面）

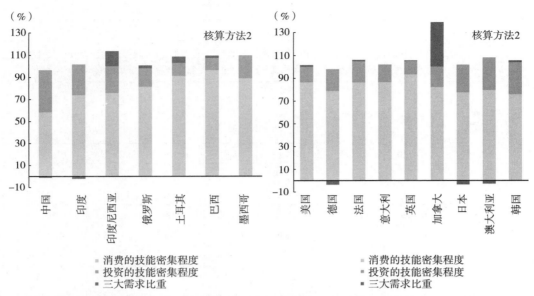

图 8　1995~2009 年部分经济体技能密集程度变化的分解核算结果（需求层面）（续）
注：图中结果表示相应因素对技能密集程度与非技能密集程度之比变化的贡献率。

不同于其他多数经济体，非技能密集型产业技能密集程度提高和投资品技能密集程度提高都是推动中国技能溢价上升的重要因素。这是因为中国非技能密集型产业比重和投资率均保持较高水平，而且也反映出技能偏向型技术进步在非技能密集型产业和投资品生产部门同样显著存在。

六、进一步讨论

这一部分把消费需求分解为政府消费及居民消费，为此拓展第三部分发展核算框架做进一步定量核算，依次主要关注劳动收入份额和技能溢价中关于消费渠道的发展核算结果。这里只汇总核算方法 1 和核算方法 2 的结果。

（一）发展核算框架

（1）包含政府消费的劳动收入份额发展核算框架。用上标或下标 g，p 分别表示政府消费和居民消费的对应变量，由式（41）可以把劳动收入份额的消费需求渠道分解为政府消费及居民消费，而投资和净出口渠道不变，即：

$$\alpha^{NC} z^C = (\alpha_1^N c_1^g + \alpha_2^N c_2^g) z_g^C + (\alpha_1^N c_1^p + \alpha_2^N c_2^p) z_p^C = \alpha_g^{NC} z_g^C + \alpha_p^{NC} z_p^C \tag{57}$$

其中，$\alpha_g^{NC} = \alpha_1^N c_1^g + \alpha_2^N c_2^g$，$\alpha_p^{NC} = \alpha_1^N c_1^p + \alpha_2^N c_2^p$。可以看到，消费率与消费的劳动密集程度之积等于政府消费和居民消费的劳动密集程度分别以政府消费率和居民消费率为权重的加权平均。沿用前文的推导过程，可以用以下三种核算方法对式（43）~（45）做进一步分解：

核算方法 1：$\Delta(\alpha^{NC} z^C) = \Delta\alpha_g^{NC} \cdot z_g^C + \Delta\alpha_p^{NC} \cdot z_p^C + \Delta z_g^C \cdot \alpha_g^{NC'} + \Delta z_p^C \cdot \alpha_p^{NC'}$　（58）

核算方法 2：$\Delta(\alpha^{NC} z^C) = \Delta\alpha_g^{NC} \cdot z_g^{C'} + \Delta\alpha_p^{NC} \cdot z_p^{C'} + \Delta z_g^C \cdot \alpha_g^{NC} + \Delta z_p^C \cdot \alpha_p^{NC}$　（59）

核算方法 3：$\Delta(\alpha^{NC} z^C) = \Delta\alpha_g^{NC} \cdot z_g^C + \Delta\alpha_p^{NC} \cdot z_p^C + \Delta z_g^C \cdot \alpha_g^{NC} + \Delta z_p^C \cdot \alpha_p^{NC} + \Delta\alpha_g^{NC} \cdot \Delta z_g^C + \Delta\alpha_p^{NC} \cdot \Delta z_p^C$　（60）

可以看到，消费率与消费的劳动密集程度之积的变化要么源于政府消费、居民消费的劳动密集程度变化，要么源于两类消费比重的变化。式（58）和式（59）分别给出了核算方法 1 和核算方法 2。其中，等号右边第一和第二项分别给出了政府消费和居民消费的劳动密集程度变化（$\Delta\alpha_g^{NC}$ 和

$\Delta\alpha_p^{NC}$）的影响，第三和第四项共同给出了两类消费比重变化（Δz_g^C 和 Δz_p^C）的影响。式（60）给出了核算方法3。其中，等号右边前四项的经济含义与式（58）和式（59）相同，但最后三项还包括两类变化的交互项的影响。

（2）包含政府消费的技能溢价发展核算框架。由式（52）可以分别把消费率与消费的技能密集程度之积与消费的非技能密集程度之积进一步分解为：

$$\alpha^{HC}z^C = \alpha_g^{HC}z_g^C + \alpha_p^{HC}z_p^C, \qquad \alpha^{LC}z^C = \alpha_g^{LC}z_g^C + \alpha_p^{LC}z_p^C, \qquad (61)$$

即消费率与消费的技能密集程度（或消费的非技能密集程度）之积等于政府消费和居民消费的技能密集程度（非技能密集程度）分别以政府消费率和居民消费率为权重的加权平均。沿用前文的推导过程，可以用以下三种核算方法对式（54）~（56）做进一步分解：

核算方法1：$\Delta(\phi^C z^C) = \Delta\phi_g^C \cdot z_g^C + \Delta\phi_p^C \cdot z_p^C + \Delta z_g^C \cdot \phi_g^{C'} + \Delta z_p^C \cdot \phi_p^{C'}$ （62）

核算方法2：$\Delta(\phi^C z^C) = \Delta\phi_g^C \cdot z_g^{C'} + \Delta\phi_p^C \cdot z_p^{C'} + \Delta z_g^C \cdot \phi_g^C + \Delta z_p^C \cdot \phi_p^C$ （63）

核算方法3：$\Delta(\phi^C z^C) = \Delta\phi_g^C \cdot z_g^C + \Delta\phi_p^C \cdot z_p^C + \Delta z_g^C \cdot \phi_g^C + \Delta z_p^C \cdot \phi_p^C + \Delta\phi_g^C \cdot \Delta z_g^C + \Delta\phi_p^C \cdot \Delta z_p^C$ （64）

可以看到，消费品技能密集程度的变化，要么源于政府消费或居民消费的技能密集程度与非技能密集程度的差别的变化，要么源于两类消费比重的变化。式（62）和式（63）分别给出了核算方法1和核算方法2。其中，等号右边第一、第二项分别给出了政府消费和居民消费的技能密集程度与非技能密集程度的差别变化（$\Delta\phi_g^C$ 和 $\Delta\phi_p^C$）的影响，第三、第四项共同给出了两类消费比重变化（Δz_g^C 和 Δz_p^C）的影响。式（64）给出了核算方法3。其中，等号右边前四项的经济含义与式（62）和式（63）相同，但最后三项还包括了两类变化的交互项的影响。

（二）发展核算结果

NIOT13 和 NIOT16 也提供了政府消费和居民消费的行业结构数据，同样参考 Guo 等（2021），把政府消费和居民消费追踪到每个行业的增加值上。按照已经分类的产业进行加总，可以计算出政府消费和居民消费中每个产业的增加值比重。把政府消费和居民消费总量除以总增加值，也可以直接计算得到政府消费率和居民消费率。然后就可以按照上述方法进行发展核算，结果如下：

（1）劳动收入份额发展核算结果。表15汇报了主要经济体的发展核算结果。从核算方法1/核算方法2看，2000~2014年中国劳动收入份额上升的6.0个百分点中，政府消费和居民消费的劳动密集程度变化的贡献分别是1.7个/1.5个百分点和2.9个/2.2个百分点。与之对比，美国劳动收入份额下降的4.1个百分点中，政府消费和居民消费的劳动密集程度变化的贡献分别是0.4个/0.4个百分点和2.7个/2.8个百分点。两种核算方法的结果基本一致。

表15 2000~2014年部分经济体劳动收入份额变化的分解核算结果（消费渠道）

	核算方法1		核算方法2	
	政府消费的劳动密集程度	居民消费的劳动密集程度	政府消费的劳动密集程度	居民消费的劳动密集程度
	$\Delta\alpha_g^{NC}z_g^C$	$\Delta\alpha_p^{NC}z_p^C$	$\Delta\alpha_g^{NC}z_g^{C'}$	$\Delta\alpha_p^{NC}z_p^{C'}$
新兴市场和发展中国家				
中国	0.017	0.029	0.015	0.022
印度	0.000	−0.015	0.000	−0.014
印度尼西亚	−0.004	−0.027	−0.005	−0.026
俄罗斯	0.029	0.059	0.037	0.069
土耳其	−0.003	−0.037	−0.004	−0.036

续表

	核算方法 1		核算方法 2	
	政府消费的劳动 密集程度	居民消费的劳动 密集程度	政府消费的劳动 密集程度	居民消费的劳动 密集程度
	$\Delta\alpha_g^{NC}z_g^C$	$\Delta\alpha_p^{NC}z_p^C$	$\Delta\alpha_g^{NC}z_g^{C'}$	$\Delta\alpha_p^{NC}z_p^{C'}$
巴西	0.011	0.037	0.012	0.036
墨西哥	−0.003	−0.026	−0.003	−0.026
发达经济体				
美国	−0.004	−0.027	−0.004	−0.028
德国	−0.005	−0.010	−0.006	−0.010
法国	0.013	0.020	0.014	0.020
意大利	0.012	0.007	0.013	0.006
英国	0.001	−0.021	0.001	−0.020
加拿大	−0.005	−0.005	−0.006	−0.005
日本	−0.005	−0.019	−0.006	−0.021
澳大利亚	−0.004	−0.021	−0.004	−0.021
韩国	−0.004	−0.010	−0.005	−0.009

注：表中第 2~5 列为相应因素对劳动收入份额的影响。

消费渠道上拉动中国劳动收入份额上升的最主要因素是居民消费的劳动密集程度提高，而拉动美国劳动收入份额下降的最主要因素是居民消费的劳动密集程度降低。特别是在中国，政府消费的劳动密集程度也产生了比较显著的影响，按照核算方法 1 和核算方法 2 计算，贡献率分别达到了28.3%（0.017/0.060）和25%（0.015/0.060），普遍高于其他国家。其他经济体在消费渠道上劳动收入份额变化的主要拉动力基本都是居民消费的劳动密集程度。

（2）技能溢价发展核算结果。表 16 汇报了主要经济体的发展核算结果。从核算方法 1/核算方法 2 看，1995~2009 年中国技能密集程度与非技能密集程度之比的自然对数上升的 1.388 中，政府消费和居民消费的技能密集程度的变化分别贡献了 0.270/0.269 和 0.663/0.527。与之对比，美国技能密集程度与非技能密集程度之比的自然对数上升的 0.430 中，政府消费和居民消费的技能密集程度的变化分别贡献了 0.077/0.086 和 0.268/0.283。两种核算方法的结果基本一致。

表 16 1995~2009 年部分经济体技能密集程度变化的分解核算结果（消费渠道）

	核算方法 1		核算方法 2	
	政府消费的技能 密集程度	居民消费的技能 密集程度	政府消费的技能 密集程度	居民消费的技能 密集程度
	$\Delta\phi_g^C z_g^C$	$\Delta\phi_p^C z_p^C$	$\Delta\phi_g^C z_g^{C'}$	$\Delta\phi_p^C z_p^{C'}$
新兴市场和发展中国家				
中国	0.270	0.663	0.269	0.527
印度	0.075	0.345	0.081	0.310
印度尼西亚	0.145	0.458	0.213	0.482
俄罗斯	0.125	0.225	0.136	0.238

	核算方法 1		核算方法 2	
	政府消费的技能密集程度	居民消费的技能密集程度	政府消费的技能密集程度	居民消费的技能密集程度
	$\Delta\phi_g^C z_g^C$	$\Delta\phi_p^C z_p^C$	$\Delta\phi_g^C z_g^{C'}$	$\Delta\phi_p^C z_p^{C'}$
土耳其	0.126	0.283	0.229	0.303
巴西	0.105	0.093	0.110	0.092
墨西哥	−0.049	−0.098	−0.060	−0.101
发达经济体				
美国	0.077	0.268	0.086	0.283
德国	0.096	0.193	0.097	0.197
法国	0.098	0.222	0.113	0.224
意大利	0.125	0.266	0.150	0.271
英国	0.153	0.326	0.181	0.333
加拿大	0.089	0.238	0.091	0.246
日本	0.073	0.204	0.096	0.222
澳大利亚	0.087	0.234	0.088	0.218
韩国	0.082	0.356	0.118	0.362

注：表中第 2~5 列为相应因素对技能密集程度与非技能密集程度之比变化的影响。

因此，消费渠道上拉动中国和美国上升的最主要因素均是居民消费的技能密集程度提高。在中国和美国，政府消费的技能密集程度也产生了比较显著的影响，按核算方法 1 和核算方法 2 计算，在中国的贡献率分别达到了 19.5%（0.270/1.388）和 19.4%（0.269/1.388），在美国的贡献率分别达到了 17.9%（0.077/0.430）和 20%（0.086/0.430）。除巴西外的其他经济体在消费渠道上技能密集程度上升的主要拉动力都是居民消费的技能密集程度提高，但政府消费的技能密集程度提高的贡献也很显著，在除印度以外的新兴市场和发展中国家均高于 15%，在除日本、韩国以外的发达经济体均高于 20%。相对而言，中国政府消费的技能密集程度提高的贡献普遍低于其他国家。

七、模拟预测

如果中国的供需结构转型保持历史发展趋势，那么到 2035 年分配结构将会有怎样的演化路径？如果中国的供需结构转型出现方向性调整，那么到 2035 年分配结构将会发生多大变化？这一部分基于样本期内供给结构和需求结构的转型发展趋势，模拟了中国收入分配结构到 2035 年的演化路径。

（1）关注供给结构对劳动收入份额的影响，表 17 和图 9 左图给出了此时的模拟预测结果。在样本期 2000~2014 年内，中国资本密集型产业的产出比重年均提高 0.003，资本密集型产业和劳动密集型产业的劳动密集程度年均分别提高 0.003 和 0.009。假定到 2035 年这段时期供给结构仍然按照这一平均趋势变化，将这一情形定义为基准情形。可以看到，此时劳动收入份额将会维持上升趋势，到 2035 年提高到 0.624。

表 17　不同供给结构和需求结构变化下的中国劳动收入份额预测

供给结构变化	基准情形	产业产出比重变化 1	产业产出比重变化 2	产业劳动密集程度变化 1	产业劳动密集程度变化 2
2035 年劳动收入份额	0.624	0.604	0.547	0.572	0.446
资本密集型产业产出比重的年均变化量	0.003	0.005	0.010	基准情形	基准情形
劳动密集型产业产出比重的年均变化量	−0.003	−0.005	−0.010	基准情形	基准情形
资本密集型产业劳动密集程度的年均变化量	0.003	基准情形	基准情形	0.001	−0.005
劳动密集型产业劳动密集程度的年均变化量	0.009	基准情形	基准情形	0.005	−0.001

需求结构变化	基准情形	三大需求比重变化 1	三大需求比重变化 2	三大需求劳动密集程度变化 1	三大需求劳动密集程度变化 2
2035 年劳动收入份额	0.622	0.654	0.662	0.517	0.433
消费率的年均变化量	−0.010	0.005	0.010	基准情形	基准情形
投资率的年均变化量	0.008	−0.005	−0.010	基准情形	基准情形
净出口率的年均变化量	0.002	0	0	基准情形	基准情形
消费的劳动密集程度年均变化量	0.005	基准情形	基准情形	−0.001	−0.005
投资的劳动密集程度年均变化量	0.005	基准情形	基准情形	−0.001	−0.005
净出口的劳动密集程度年均变化量	−0.007	基准情形	基准情形	−0.001	−0.005

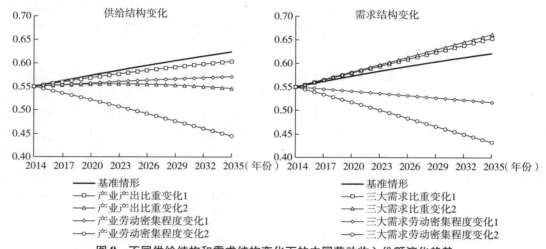

图 9　不同供给结构和需求结构变化下的中国劳动收入份额演化趋势

为了衡量产业结构转型的影响，令资本密集型产业和劳动密集型产业的劳动密集程度仍然按照基准情形变化，但资本密集型产业的产出比重年均分别提高 0.005 和 0.010，重新进行模拟。可以看到，资本密集型产业比重更快提高，到 2035 年劳动收入份额将会低于基准情形，在后一种情形下，劳动收入份额甚至呈现下降趋势，到 2035 年仅为 0.547。

考虑到包括美国在内的一些经济体产业内部的劳动密集程度是下降的，而且新一代技术革命和产业变革可能会促使资本在产业内部替代劳动，因此这里令资本密集型产业的产出比重按照基准情形变化，但资本密集型产业和劳动密集型产业的劳动密集程度变为年均分别提高 0.001 和 0.005，或年均分别下降 0.005 和 0.001，重新进行模拟。可以看到，在前一情形下，到 2035 年劳动收入份额相对基准情形下降了 0.077，只比 2014 年高 0.021，此时产业内部劳动密集程度的提高与资本密集型产业比重的提高基本相互抵消；在后一种情形下，在产业内部劳动密集程度的降低与资本密集型产业比重的提高相互叠加的影响下，到 2035 年劳动收入份额显著下降，仅为 0.446，比 2014 年低 0.105。

（2）关注需求结构对劳动收入份额的影响，表 17 和图 9 右图给出了此时的模拟预测结果。在样本期 2000~2014 年内，中国消费率年均下降 0.010，投资率和净出口率年均分别提高 0.008 和 0.002；消费和投资的劳动密集程度年均分别提高 0.005 和 0.005，净出口的劳动密集程度年均下降 0.007。假定到 2035 年这段时期需求结构仍然按照这一平均趋势变化，将这一情形定义为基准情形。可以看到，此时劳动收入份额将会维持上升趋势，到 2035 年提高到 0.622。

考虑到中国近几年消费率有所上升而投资率有所下降，国际贸易更趋平衡，这里令三大需求的劳动密集程度仍然按照基准情形变化，净出口率保持不变，消费率年均分别上升 0.005 或 0.010，相应的投资率年均分别下降 0.005 或 0.010，重新进行模拟。可以看到，在消费率转为上升时，劳动收入份额将会上升，在后一种情形下消费率更快上升，劳动收入份额也会更大幅度提高，到 2035 年达到 0.662。

考虑到包括美国在内的一些经济体三大需求的劳动密集程度是下降的，这里令三大需求比重仍然按照基准情形变化，但三大需求的劳动密集程度年均分别下降 0.001 或 0.005，重新进行模拟。可以看到，此时劳动收入份额转为下降趋势，在后一种情形下三大需求的劳动密集程度更快下降，劳动收入份额也会更大幅度降低，到 2035 年达到 0.433。

（3）关注供给结构对技能溢价的影响，表 18 和图 10 左图给出了此时的模拟预测结果。在样本期 1995~2009 年内，中国技能密集型产业的产出比重年均提高 0.006，技能密集型产业和非技能密集型产业的技能密集程度年均分别提高 0.006 和 0.001，技能密集型产业和非技能密集型产业的非技能密集程度年均分别下降 0.014 和 0.010，高低技能劳动相对供给对数值年均提高 0.070。假定到 2035 年这段时期供给结构和高低技能劳动相对供给仍然按照这一平均趋势变化，将这一情形定义为基准情形。可以看到，此时技能溢价将会维持上升趋势，到 2035 年其对数值将提高到 1.668。

表 18　不同供给结构和需求结构变化下的中国技能溢价预测

供给结构变化	基准情形	产业产出比重变化1	产业产出比重变化2	产业技能密集程度变化1	产业技能密集程度变化2	高低技能劳动相对供给对数变化1	高低技能劳动相对供给对数变化2
2035 年技能溢价自然对数	1.668	1.195	2.005	2.206	0.315	0.879	0.359
技能密集型产业产出比重的年均变化量	0.006	0.001	0.010	基准情形	基准情形	基准情形	基准情形
非技能密集型产业产出比重的年均变化量	−0.006	−0.001	−0.010				
技能密集型产业技能密集程度的年均变化量	0.006	基准情形	基准情形	0.010	0.001		
非技能密集型产业技能密集程度的年均变化量	0.001			0.005	0.0005		
技能密集型产业非技能密集程度的年均变化量	−0.014			−0.020	−0.010		
非技能密集型产业非技能密集程度的年均变化量	−0.010			−0.010	−0.005		
高低技能劳动相对供给自然对数年均变化量	0.070			基准情形	基准情形	0.100	0.120

续表

需求结构变化	基准情形	三大需求比重变化1	三大需求比重变化2	三大需求技能密集程度变化1	三大需求技能密集程度变化2	高低技能劳动相对供给对数变化1	高低技能劳动相对供给对数变化2
2035年技能溢价自然对数	1.400	1.805	2.013	2.030	0.506	0.611	0.091
消费率的年均变化量	−0.006	0.005	0.010				
投资率的年均变化量	0.005	−0.005	−0.010	基准情形	基准情形		
净出口率的年均变化量	0.001	0	0				
消费的技能密集程度年均变化量	0.003			0.005	0.001		
投资的技能密集程度年均变化量	0.002	基准情形	基准情形	0.005	0.001	基准情形	基准情形
净出口的技能密集程度年均变化量	0.003			0.005	0.001		
消费的非技能密集程度年均变化量	−0.012			−0.012	−0.010		
投资的非技能密集程度年均变化量	−0.011			−0.012	−0.010		
净出口的非技能密集程度年均变化量	−0.012			−0.012	−0.010		
高低技能劳动相对供给自然对数年均变化量	0.070			基准情形	基准情形	0.100	0.120

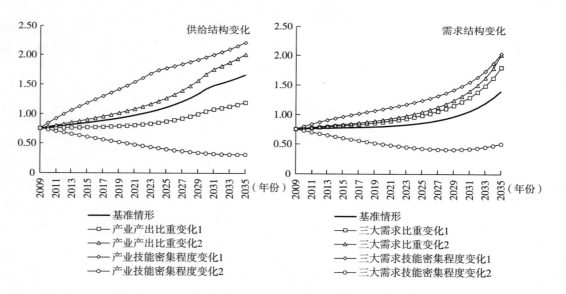

图10　不同供给结构和需求结构变化下的中国技能溢价演化趋势

为了衡量产业结构转型的影响，令技能密集型产业和非技能密集型产业的技能密集程度和非技能密集程度以及高低技能劳动力相对供给仍然按照基准情形变化，但技能密集型产业的产出比重年均分别提高0.001和0.010，相应地，非技能密集型产业的产出比重年均分别下降0.001和0.010，重新进行模拟。可以看到，如果技能密集型产业产出比重更快（更慢）提高，那么到 2035 年技能溢价将会高于（低于）基准情形，因此在后一种情形下到 2035 年技能溢价的自然对数将会达到 2.005，但在前一种情形下仅为 1.195。

为了衡量产业内部技能密集程度的影响，令技能密集型产业的产出比重和高低技能劳动相对供给按照基准情形变化，但技能密集型产业和非技能密集型产业的技能密集程度年均分别提高 0.010 和 0.005（或 0.001 和 0.0005），技能密集型产业和非技能密集型产业的非技能密集程度年均分别下降 0.020 和 0.010（或 0.010 和 0.005）。可以看到，前一种情形产业内部的技能密集程度更快上升，非技能密集程度更快下降，会导致技能溢价更快上升，到 2035 年技能溢价的自然对数达到 2.206；但后一种情形产业内部的技能密集程度更慢上升，非技能密集程度更慢下降，会导致技能溢价下降，到 2035 年技能溢价的自然对数仅为 0.315。

（4）关注需求结构对技能溢价的影响，表 18 和图 10 右图给出了此时的模拟预测结果。在样本期 1995~2009 年内，中国消费率年均下降 0.006，投资率和净出口率年均分别提高 0.005 和 0.001；消费、投资和净出口的技能密集程度年均分别提高 0.003、0.002 和 0.003，非技能密集程度年均分别下降 0.012、0.011 和 0.012。假定到 2035 年这段时期需求结构和高低技能劳动相对供给仍然按照这一平均趋势变化，将这一情形定义为基准情形。可以看到，此时技能溢价将会维持上升趋势，到 2035 年其自然对数提高到 1.400。

同样考虑到中国近几年消费率有所上升而投资率有所下降，国际贸易更趋平衡，这里令三大需求的技能密集程度和非技能密集程度以及高低技能劳动相对供给仍然按照基准情形变化，净出口率保持不变，消费率年均上升 0.005 或 0.010，相应的投资率年均下降 0.005 或 0.010，重新进行模拟。可以看到，在消费率转为上升时，技能溢价将会更快上升，在后一种情形下消费率更快上升，技能溢价也会更大幅度提高，到 2035 年其自然对数达到 2.013。

为了衡量三大需求技能密集程度变化的影响，这里令三大需求比重和高低技能劳动相对供给仍然按照基准情形变化，但三大需求的技能密集程度年均提高 0.005 或 0.001，非技能密集程度年均下降 0.012 或 0.010，重新进行模拟。可以看到，相对基准情形，第一种情形下三大需求的技能密集程度更快上升，非技能密集程度更快下降，因而技能溢价也会更大幅度提高，到 2035 年其自然对数达到 2.030；第二种情形下三大需求的技能密集程度更慢上升，非技能密集程度更慢下降，因而技能溢价反而呈现下降趋势，到 2035 年其自然对数仅为 0.506。

（5）在关注技能溢价的变化趋势时，高低技能劳动相对供给的变化也会产生重要影响，现在直接关注这一影响，表 17 和图 11 也给出了此时的模拟预测结果。首先在评估供给结构变化的基准情形下把高低技能劳动相对供给对数值年均变化量从 0.070 分别提高到 0.100 和 0.120，同时保持其他变量不变。此时相对基准情形，技能溢价明显降低，甚至可能出现下降趋势，在后一种情形下，到 2035 年技能溢价的自然对数仅为 0.359。其次在评估需求结构变化的基准情形下把高低技能劳动相对供给对数值年均变化量从 0.070 分别提高到 0.100 和 0.120，同时保持其他变量不变。此时相对基准情形，技能溢价也会明显降低，在后一种情形下到 2035 年技能溢价的自然对数仅为 0.091。

八、总结与政策建议

促进共同富裕是实现效率和公平双重目标平衡、推动生产和分配关系协调发展的重要保障，也是贯彻新发展理念、构建新发展格局的重要途径。本文利用一个多部门动态一般均衡模型建立了把分配结构分解到供给结构与需求结构的核算框架，并以此量化了中国收入分配结构演化的历史事实、供需动因与国际比较，同时模拟了中国收入分配结构到 2035 年的发展趋势，为中国共同富裕道路提供了前景展望。主要发现如下：

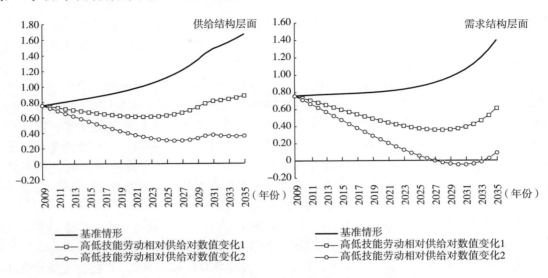

图11 不同劳动力供给结构变化下的中国技能溢价演化趋势

首先，近30年中国收入分配结构演化趋势喜忧参半，发展路径与供需动因均与其他经济体存在一定程度的差异。一方面，劳动收入份额有所上升，从2000年到2014年提高了6.0个百分点，说明提高劳动报酬在初次分配中的比重取得了积极效果；但另一方面，劳动者内部不同技能劳动收入差距有所扩大，从1995年到2009年技能溢价的自然对数提高了0.412，说明劳动报酬更集中在高技能和高学历的劳动群体。

其次，供给侧推动中国劳动收入份额上升的最主要因素是劳动密集型产业的劳动密集程度提高，贡献率超过了90%，而产业结构转型与资本密集型产业的劳动密集程度提高也产生了比较显著的影响，前者是负向影响，贡献率超过了-20%，后者贡献率超过了30%；需求侧拉动中国劳动收入份额上升的最主要因素是消费品的劳动密集程度提高，贡献率超过了60%，而投资品的劳动密集程度提高也发挥了重要作用，贡献率超过了1/3。在供给侧推动中国技能溢价上升的最主要因素是技能密集型和非技能密集型产业内部的技能密集程度都在提高，对整体经济技能密集程度提高的贡献率都超过了1/3，而产业结构转型也起着非常重要的影响，贡献率也超过了10%；在需求侧拉动中国技能溢价上升的最主要因素是消费品的技能密集程度提高，贡献率超过了一半，投资品的技能密集程度提高也起着重要作用，贡献率超过了30%。

最后，展望未来中国共同富裕道路，如果中国供需结构延续之前的转型趋势，那么劳动收入份额与技能溢价仍会呈现上升趋势，到2035年劳动收入份额将会超过60%，高低技能劳动工资之比将会超过4倍。但是值得注意的是，新一代技术革命和产业变革可能会推动资本替代劳动过程，使产业内部的劳动密集程度、消费品和投资品的劳动密集程度可能会由上升转为下降，从而降低劳动收入份额，到2035年劳动收入份额甚至可能低于50%。扩大消费有助于提高劳动收入份额，但却会进一步扩大技能溢价。一个有效降低技能溢价的途径是优化劳动力结构，通过持续提升高技能劳动在总劳动供给中所占比重，完全可能对冲结构转型对技能溢价的不利影响，甚至可以使2035年技能溢价降到当前水平以下。

上述结论表明，从发展历史与国际比较看，中国供给结构与需求结构的快速转型对分配结构演化产生了显著影响，与其他主要经济体相比也有明显独特性。考虑到未来供求结构转型的长期趋势与新一代技术革命的可能影响，如果政策不做出重大调整，那么中国收入分配格局可能不会很快发生本质变化。因此，本文为党的十九大特别是党的十九届五中全会后中央把促进共同富裕摆在更加重要位置提供了理论与现实依据。基于研究结论与现实政策，本文提出促进共同富裕仍需要通过深化改革使市场在生产要素初次分配中发挥决定性作用，但同时还应更好发挥政府作用，采取更积极政策措施有效缩小收入差距、维护社会公平。基于本文研究发现，具体提出如下政策建议：

一方面，继续深化和创新资本、技术、数据要素市场改革，保障劳动者从中分享收益，稳定劳动收入份额。本文发现在供给侧和需求侧推动劳动收入份额上升的最主要力量分别是劳动密集型产业的劳动密集程度和消费品的劳动密集程度提高，而现有文献表明要素密集程度变化的最直接因素是要素禀赋结构与生产技术的变化。从这一视角出发，应当看到在制度和法律还不完善的背景下，新一代技术革命和产业变革所催生的新产业、新业态和新模式有可能会扩大资本收入份额，甚至损害劳动者和消费者利益。为此，建议政府应在此过程中以劳动密集型产业和消费品企业为重点，采取更积极的措施稳定劳动收入份额。比如，可以逐步扩大国有企业中的劳动者持股比重，在因研发和应用新技术而享受了政府补贴的大型企业中规定最低劳动收入比重。深化金融供给侧结构性改革，完善监管制度，避免资本市场大幅波动和资金炒作，保障中小投资者权益。加大对数字经济和平台经济反垄断力度，加强对金融科技领域监管，防范资本无序扩张。探索引入数字税，明晰数据所有权和使用权，建立数据市场的制度规范，保障人民分享数据收益。

另一方面，以促进人的全面发展为目标，提升公共服务共享水平，优化劳动力供给结构形成人才红利。本文发现在供给侧和需求侧推动技能溢价上升的最主要力量分别是各个产业内部的技能密集程度和消费品的技能密集程度提高，而现有文献表明技能密集程度变化的最直接因素是劳动力结构与生产技术的变化，本文进一步发现优化劳动力结构的确能够有效对冲结构转型对技能溢价的不利影响。从这一视角出发，建议政府在推动技术创新和产业升级提升生产效率的同时，还应当以消费品企业为重点，积极优化劳动力供给结构与之协调匹配。比如，加大各级公共教育投入力度，缩小区域城乡家庭之间和不同收入群体之间的教育服务差距，发挥人口基数优势形成人才红利。大力发展劳动力技能培训和在职教育，提高劳动力对新产业、新业态、新模式的适应性，做好失业和再就业保障工作，缓冲技术革命和产业变革对就业市场的冲击。提高低收入群体的社会保障水平，做好对脱贫人群的劳动技能培训，减少相对贫困人群，巩固脱贫攻坚成果。建立整合高效的全国统一市场，降低劳动力和人才在城乡区域和不同所有制之间的流动壁垒，提高劳动力与产业的匹配效率。

本文的研究视角还可以从以下五个方面做进一步拓展：第一，本文提出的理论机制和核算框架还可以应用于分析其他生产要素的分配结构演化，如自然资源、知识或数据等生产要素相对其他生产要素的收入份额变化。第二，本文发现的中国分配结构与其他国家不同的演化趋势的经济动因是什么，还可以使用更详细的数据做进一步检验。第三，本文只是关注了政府消费的作用，政府投资和其他政府政策既可能直接影响分配结构，也可能通过影响需求结构或供给结构间接影响分配结构，这可以在本文框架中进一步引入做量化分析。第四，本文模型中劳动供给总量是外生无弹性的，下一步可以引入劳动力供给内生机制，来分析劳动力年龄结构或人力资本投资异质性等因素如何影响了生产要素供给结构，进而影响了分配结构和产业结构。第五，如何考虑不同生产部门的市场结构对生产要素分配的影响，特别是引入垄断利润影响技术创新等机制，也是非常值得研究的一个方向。

参考文献

[1] 董直庆，蔡啸，王林辉. 技能溢价：基于技术进步方向的解释 [J]. 中国社会科学，2014（10）：22-40，205-206.

[2] 范从来. 益贫式增长与中国共同富裕道路的探索 [J]. 经济研究，2017（12）：14-16.

[3] 郭凯明. 人工智能发展、产业结构转型升级与劳动收入份额变动 [J]. 管理世界，2019（7）：60-77，202-203.

[4] 郭凯明，杭静，颜色．资本深化、结构转型与技能溢价［J］．经济研究，2020（9）：90-105.

[5] 郭凯明，罗敏．有偏技术进步、产业结构转型与工资收入差距［J］．中国工业经济，2021（3）：24-41.

[6] 吴万宗，刘玉博，徐琳．产业结构变迁与收入不平等——来自中国的微观证据［J］．管理世界，2018（2）：22-33.

[7] 徐舒．技术进步、教育收益与收入不平等［J］．经济研究，2010（9）：79-92，108.

[8] 颜色，郭凯明，杭静．需求结构变迁、产业结构转型和生产率提高［J］．经济研究，2018（12）：83-96.

[9] 杨飞．市场化、技能偏向性技术进步与技能溢价［J］．世界经济，2017（2）：78-100.

[10] 杨飞，范从来．产业智能化是否有利于中国益贫式发展？［J］．经济研究，2020（5）：150-165.

[11] Acemoglu D. Technical Change, Inequality, and The Labor Market ［J］. Journal of Economic Literature, 2002, 40 (1): 7-72.

[12] Acemoglu D., and V. Guerrieri. Capital Deepening and Non-balanced Economic Growth ［J］. Journal of Political Economy, 2008, 116 (3): 467-498.

[13] Alvarez-Cuadrado F., N. Long, and M. Poschke. Capital-Labor Substitution, Structural Change, and Growth ［J］. Theoretical Economics, 2017, 12 (3): 1229-1266.

[14] Bai C. -E., and Z. Qian. The Factor Income Distribution in China: 1978-2007 ［J］. China Economic Review, 2010, 21: 650-670.

[15] Buera F. J., and J. P. Kaboski. The Rise of the Service Economy ［J］. American Economic Review, 2012, 102 (6): 2540-2569.

[16] Buera F. J., J. P. Kaboski, R. Rogerson, and J. I Vizcaino. Skill Biased Structural Change ［J］. Review of Economic Studies, 2021 (0): 1-34.

[17] Burstein A., and J. Vogel. International Trade, Technology, and the Skill Premium ［J］. Journal of Political Economy, 2017, 125 (5): 1356-1412.

[18] Cai W. Structural Change Accounting with Labor Market Distortions ［J］. Journal of Economic Dynamic and Control, 2015, 57 (8): 54-64.

[19] Cao K., and J. A. Birchenall. Agricultural Productivity, Structural Change, and Economic Growth in Post-reform China ［J］. Journal of Development Economics, 2013 (104): 165-180.

[20] Cheremukhin A., M. Golosov, S. Guriev, and A. Tsyvinski. The Industrialization and Economic Development of Russia through the Lens of a Neoclassical Growth Model ［J］. Review of Economics Studies, 2017 (84): 613-649.

[21] Cravino J., and S. Sotelo. Trade-Induced Structural Change and the Skill Premium ［J］. American Economic Journal: Macroeconomics, 2019, 11 (3): 289-326.

[22] Comin D., D. Lashkari, and M. Mestieri. Structural Change with Long Run Income and Price Effects ［J］. Econometrica, 2021, 89 (1): 311-374.

[23] Herrendorf B., R. Rogerson, and Á. Valentinyi. Growth and Structural Transformation ［M］// Philippe Aghion, Steven N. Durlauf. Handbook of Economic Growth, 2014.

[24] Herrendorf B., R. Rogerson, and A. Valentinyi. Structural Change in Investment and Consumption—A Unified Analysis ［J］. Review of Economic Studies, 2021, 88: 1311-1346.

[25] Karabarbounis L., and B. Neiman. The Global Decline of the Labor Share ［J］. The Quarterly

Journal of Economics, 2014, 129 (1): 61-103.

[26] Katz L. F., and K. M. Murphy. Changes in Relative Wages, 1963-1987: Supply and Demand Factors [J]. The Quarterly Journal of Economics, 1992, 107 (1): 35-78.

[27] Krusell P., L. E. Ohanian, J. Rios-Rull, and G. L. Violante. Capital-Skill Complementarity and Inequality: A Macroeconomic Analysis [J]. Econometrica, 2000, 68 (5): 1029-1053.

[28] Guo K., J. Hang, and S. Yan. Servicification of Investment and Structural Transformation: The Case of China [J]. China Economic Review, 2021, 67 (3): 101621.

[29] Ngai L. R., and C. A. Pissarides. Structural Change in a Multisector Model of Growth [J]. American Economic Review, 2007, 97 (1): 429-443.

[30] Swiecki T. Determinants of Structural Change [J]. Review of Economic Dynamics, 2017 (24): 95-131.

[31] Uy T., K. M. Yi, and J. Zhang. Structural Change in an Open Economy [J]. Journal of Monetary Economics, 2013 (60): 667-682.

附录1 所有经济体劳动收入份额的发展核算结果

1. 整体变化

附表1汇报了2000~2014年42个经济体劳动收入份额的变化量、供给侧不同产业的劳动密集程度的变化量和需求侧消费与投资的劳动密集程度的变化量。其中，把42个经济体按照PWT 10.0 (Penn World Table version 10.0) 给出的PPP计算的实际GDP从高到低进行排序，下同。

附表1   2000~2014年所有经济体劳动收入份额与劳动密集程度的变化

	劳动收入份额	资本密集型产业的劳动密集程度	劳动密集型产业的劳动密集程度	消费品的劳动密集程度	投资品的劳动密集程度
	$\Delta\alpha^N$	$\Delta\alpha_1^N$	$\Delta\alpha_2^N$	$\Delta\alpha^{NC}$	$\Delta\alpha^{NI}$
美国	-0.041	-0.060	-0.015	-0.038	-0.044
中国	0.060	0.035	0.133	0.076	0.065
印度	-0.019	-0.028	0.039	-0.018	-0.015
日本	-0.024	-0.059	0.015	-0.033	-0.006
德国	-0.019	-0.003	-0.022	-0.019	-0.014
俄罗斯	0.142	0.092	0.211	0.138	0.158
印度尼西亚	-0.023	0.013	-0.061	-0.045	-0.015
巴西	0.051	0.043	0.047	0.056	0.045
英国	-0.011	-0.024	0.015	-0.019	0.016
法国	0.039	-0.005	0.050	0.043	0.030
意大利	0.033	-0.035	0.084	0.026	0.045
墨西哥	-0.033	-0.034	-0.020	-0.034	-0.031

续表

	劳动收入份额	资本密集型产业的劳动密集程度	劳动密集型产业的劳动密集程度	消费品的劳动密集程度	投资品的劳动密集程度
	$\Delta\alpha^N$	$\Delta\alpha_1^N$	$\Delta\alpha_2^N$	$\Delta\alpha^{NC}$	$\Delta\alpha^{NI}$
土耳其	−0.041	−0.049	−0.002	−0.041	−0.036
韩国	−0.010	0.036	−0.050	−0.013	0.021
西班牙	−0.035	−0.058	0.007	−0.030	−0.031
加拿大	−0.016	0.007	−0.022	−0.011	−0.021
澳大利亚	−0.031	−0.047	−0.021	−0.032	−0.006
波兰	−0.061	−0.024	−0.123	−0.058	−0.034
荷兰	−0.011	−0.012	−0.023	−0.007	−0.027
瑞士	−0.024	−0.054	0.010	−0.012	−0.021
罗马尼亚	−0.063	−0.122	0.027	−0.045	−0.063
瑞典	0.026	0.015	0.007	0.020	0.015
比利时	0.019	0.005	0.015	0.024	0.020
爱尔兰	−0.030	−0.013	0.017	0.013	−0.083
奥地利	0.002	−0.001	0.010	0.001	0.008
捷克	0.025	0.008	0.045	0.033	0.038
挪威	0.026	0.048	−0.008	−0.006	−0.047
葡萄牙	−0.073	−0.071	−0.040	−0.067	−0.045
丹麦	0.023	0.016	0.050	0.026	0.030
希腊	0.019	−0.066	0.116	0.024	0.055
匈牙利	−0.040	−0.049	−0.028	−0.031	−0.042
芬兰	0.048	−0.007	0.040	0.032	0.035
斯洛伐克	−0.016	−0.032	−0.014	−0.012	−0.015
保加利亚	0.095	0.079	0.131	0.087	0.093
克罗地亚	−0.117	−0.037	−0.180	−0.114	−0.123
立陶宛	−0.012	−0.020	0.014	−0.009	0.088
斯洛文尼亚	−0.016	0.025	−0.028	−0.002	−0.001
拉脱维亚	0.015	0.001	0.024	0.019	0.013
卢森堡	0.057	0.010	0.089	0.086	0.087
爱沙尼亚	0.022	0.008	0.012	0.015	0.015
塞浦路斯	0.004	0.071	−0.056	−0.001	−0.059
马耳他	0.032	−0.004	0.067	0.037	0.033

2. 核算到供给结构

附表2汇报了42个经济体全部三种核算方法的发展核算结果。

附表2　2000~2014年所有经济体劳动收入份额变化的分解核算结果（供给层面）

	劳动收入份额	核算方法1			核算方法2			核算方法3			
	$\Delta\alpha^N$	资本密集型产业的劳动密集程度 $\Delta\alpha_1^N \cdot y_1$	劳动密集型产业的劳动密集程度 $\Delta\alpha_2^N \cdot y_2$	产业产出比重 $\Delta y_1 \cdot \alpha_1^N + \Delta y_2 \cdot \alpha_2^N$	资本密集型产业的劳动密集程度 $\Delta\alpha_1^N \cdot y_1$	劳动密集型产业的劳动密集程度 $\Delta\alpha_2^N \cdot y_2$	产业产出比重 $\Delta y_1 \cdot \alpha_1^N + \Delta y_2 \cdot \alpha_2^N$	资本密集型产业的劳动密集程度 $\Delta\alpha_1^N \cdot y_1$	劳动密集型产业的劳动密集程度 $\Delta\alpha_2^N \cdot y_2$	产业产出比重 $\Delta y_1 \cdot \alpha_1^N + \Delta y_2 \cdot \alpha_2^N$	交互项 $\Delta\alpha_1^N \cdot \Delta y_1 + \Delta\alpha_2^N \cdot \Delta y_2$
美国	-0.041	-0.022	-0.010	-0.009	-0.023	-0.009	-0.008	-0.022	-0.010	-0.008	-0.001
中国	0.060	0.020	0.058	-0.018	0.022	0.052	-0.014	0.020	0.058	-0.014	-0.004
印度	-0.019	-0.015	0.018	-0.023	-0.017	0.015	-0.017	-0.015	0.018	-0.017	-0.006
日本	-0.024	-0.028	0.008	-0.004	-0.028	0.008	-0.004	-0.028	0.008	-0.004	-0.001
德国	-0.019	-0.001	-0.015	-0.003	-0.001	-0.015	-0.004	-0.001	-0.015	-0.004	0.000
俄罗斯	0.142	0.057	0.080	0.004	0.056	0.083	0.003	0.057	0.080	0.003	0.001
印度尼西亚	-0.023	0.007	-0.029	-0.001	0.007	-0.029	-0.001	0.007	-0.029	-0.001	0.000
巴西	0.051	0.018	0.028	0.006	0.017	0.029	0.006	0.018	0.028	0.006	0.000
英国	-0.011	-0.008	0.010	-0.013	-0.009	0.009	-0.012	-0.008	0.010	-0.012	-0.001
法国	0.039	-0.001	0.036	0.005	-0.001	0.036	0.004	-0.001	0.036	0.004	0.001
意大利	0.033	-0.011	0.058	-0.014	-0.012	0.055	-0.010	-0.011	0.058	-0.010	-0.004
墨西哥	-0.033	-0.020	-0.008	-0.005	-0.020	-0.008	-0.004	-0.020	-0.008	-0.004	0.000
土耳其	-0.041	-0.031	-0.001	-0.009	-0.032	-0.001	-0.008	-0.031	-0.001	-0.008	-0.001
韩国	-0.010	0.017	-0.027	0.000	0.017	-0.027	0.000	0.017	-0.027	0.000	0.000
西班牙	-0.035	-0.021	0.004	-0.019	-0.023	0.004	-0.016	-0.021	0.004	-0.016	-0.003
加拿大	-0.016	0.003	-0.014	-0.005	0.003	-0.014	-0.005	0.003	-0.014	-0.005	0.000
澳大利亚	-0.031	-0.018	-0.013	0.000	-0.018	-0.013	0.000	-0.018	-0.013	0.000	0.000
波兰	-0.061	-0.014	-0.051	0.004	-0.014	-0.053	0.006	-0.014	-0.051	0.006	-0.001
荷兰	-0.011	-0.005	-0.013	0.007	-0.005	-0.014	0.007	-0.005	-0.013	0.007	0.000
瑞士	-0.024	-0.026	0.005	-0.003	-0.027	0.005	-0.002	-0.026	0.005	-0.002	-0.001

续表

劳动收入份额	核算方法 1			核算方法 2			核算方法 3			
$\Delta\alpha^N$	资本密集型产业的劳动密集程度 $\Delta\alpha_1^N \cdot y_1$	劳动密集型产业的劳动密集程度 $\Delta\alpha_2^N \cdot y_2$	产业产出比重 $\Delta y_1 \cdot \alpha_1^N + \Delta y_2 \cdot \alpha_2^N$	资本密集型产业的劳动密集程度 $\Delta\alpha_1^N \cdot y_1'$	劳动密集型产业的劳动密集程度 $\Delta\alpha_2^N \cdot y_2'$	产业产出比重 $\Delta y_1 \cdot \alpha_1^N + \Delta y_2 \cdot \alpha_2^N$	资本密集型产业的劳动密集程度 $\Delta\alpha_1^N \cdot y_1$	劳动密集型产业的劳动密集程度 $\Delta\alpha_2^N \cdot y_2$	产业产出比重 $\Delta y_1 \cdot \alpha_1^N + \Delta y_2 \cdot \alpha_2^N$	交互项 $\Delta\alpha_1^N \cdot \Delta y_1 + \Delta\alpha_2^N \cdot \Delta y_2$
罗马尼亚 -0.063	-0.054	0.015	-0.023	-0.062	0.013	-0.014	-0.054	0.015	-0.014	-0.010
瑞典 0.026	0.006	0.004	0.016	0.005	0.005	0.016	0.006	0.004	0.016	0.000
比利时 0.019	0.002	0.009	0.008	0.002	0.009	0.008	0.002	0.009	0.008	0.000
爱尔兰 -0.030	-0.007	0.008	-0.031	-0.008	0.007	-0.030	-0.007	0.008	-0.030	-0.002
奥地利 0.002	0.000	0.005	-0.003	0.000	0.005	-0.002	0.000	0.005	-0.002	0.000
捷克 0.025	0.003	0.030	-0.008	0.003	0.029	-0.007	0.003	0.030	-0.007	-0.001
挪威 0.026	0.019	-0.005	0.011	0.018	-0.005	0.012	0.019	-0.005	0.012	-0.001
葡萄牙 -0.073	-0.029	-0.023	-0.021	-0.033	-0.022	-0.019	-0.029	-0.023	-0.019	-0.001
丹麦 0.023	0.004	0.037	-0.018	0.005	0.035	-0.016	0.004	0.037	-0.016	-0.001
希腊 0.019	-0.027	0.068	-0.021	-0.030	0.063	-0.014	-0.027	0.068	-0.014	-0.008
匈牙利 -0.040	-0.022	-0.016	-0.003	-0.022	-0.015	-0.002	-0.022	-0.016	-0.002	0.000
芬兰 0.048	-0.003	0.024	0.026	-0.002	0.026	0.024	-0.003	0.024	0.024	0.002
斯洛伐克 -0.016	-0.015	-0.007	0.007	-0.015	-0.007	0.006	-0.015	-0.007	0.006	0.000
保加利亚 0.095	0.034	0.075	-0.014	0.036	0.071	-0.012	0.034	0.075	-0.012	-0.001
克罗地亚 -0.117	-0.016	-0.101	0.001	-0.016	-0.102	0.001	-0.016	-0.101	0.001	0.000
立陶宛 -0.012	-0.009	0.008	-0.011	-0.009	0.007	-0.010	-0.009	0.008	-0.010	-0.001
斯洛文尼亚 -0.016	0.007	-0.019	-0.004	0.008	-0.019	-0.005	0.007	-0.019	-0.005	0.001
拉脱维亚 0.015	0.001	0.013	0.002	0.001	0.013	0.002	0.001	0.013	0.002	0.000
卢森堡 0.057	0.004	0.048	0.004	0.004	0.049	0.004	0.004	0.048	0.004	0.001
爱沙尼亚 0.022	0.003	0.007	0.011	0.003	0.007	0.011	0.003	0.007	0.011	0.000
塞浦路斯 0.004	0.032	-0.031	0.003	0.031	-0.031	0.004	0.032	-0.031	0.004	-0.001
马耳他 0.032	-0.002	0.035	-0.001	-0.002	0.035	-0.001	-0.002	0.035	-0.001	0.000

注：表中第 3~12 列为相应因素对劳动收入份额的影响。

3. 核算到需求结构

附表3汇报了42个经济体全部三种核算方法的发展核算结果。

附表3　2000~2014年部分经济体劳动收入份额变化的分解核算结果（需求层面）

	劳动收入份额	核算方法1				核算方法2				核算方法3				
	$\Delta\alpha^N$	消费的劳动密集程度 $\Delta\alpha^{NC}z^C$	投资的劳动密集程度 $\Delta\alpha^{NI}z^I$	净出口的劳动密集程度 $\Delta\alpha^{NX}z^X$	三大需求比重 $\Delta z^C\alpha^{NC}+\Delta z^I\alpha^{NI}+\Delta z^X\alpha^{NX}$	消费的劳动密集程度 $\Delta\alpha^{NC}z^C$	投资的劳动密集程度 $\Delta\alpha^{NI}z^I$	净出口的劳动密集程度 $\Delta\alpha^{NX}z^X$	三大需求比重 $\Delta z^C\alpha^{NC}+\Delta z^I\alpha^{NI}+\Delta z^X\alpha^{NX}$	消费的劳动密集程度 $\Delta\alpha^{NC}z^C$	投资的劳动密集程度 $\Delta\alpha^{NI}z^I$	净出口的劳动密集程度 $\Delta\alpha^{NX}z^X$	三大需求比重 $\Delta z^C\alpha^{NC}+\Delta z^I\alpha^{NI}+\Delta z^X\alpha^{NX}$	交互项 $\Delta\alpha^{NC}\Delta z^C+\Delta\alpha^{NI}\Delta z^I+\Delta\alpha^{NX}\Delta z^X$
美国	-0.041	-0.031	-0.010	0.001	-0.001	-0.032	-0.009	0.001	-0.001	-0.031	-0.010	0.001	-0.001	0.000
中国	0.060	0.048	0.023	-0.002	-0.008	0.037	0.030	-0.005	-0.003	0.048	0.023	-0.002	-0.003	-0.005
印度	-0.019	-0.015	-0.004	0.001	-0.002	-0.014	-0.004	0.001	-0.002	-0.015	-0.004	0.001	-0.002	0.000
日本	-0.024	-0.024	-0.002	-0.013	0.015	-0.027	-0.001	0.022	-0.018	-0.024	-0.002	-0.013	-0.018	0.033
德国	-0.019	-0.014	-0.003	-0.003	0.001	-0.014	-0.003	-0.057	0.054	-0.014	-0.003	-0.003	0.054	-0.054
俄罗斯	0.142	0.089	0.029	-0.186	0.209	0.107	0.032	-0.026	0.029	0.089	0.029	-0.186	0.029	0.180
印度尼西亚	-0.023	-0.029	-0.004	0.112	-0.102	-0.029	-0.005	-0.005	0.016	-0.029	-0.004	0.112	0.016	-0.118
巴西	0.051	0.050	0.009	-0.006	-0.002	0.049	0.010	-0.007	-0.001	0.050	0.009	-0.006	-0.001	0.000
英国	-0.011	-0.016	0.003	0.004	-0.002	-0.017	0.003	0.004	-0.001	-0.016	0.003	0.004	-0.001	-0.001
法国	0.039	0.034	0.007	-0.003	0.001	0.036	0.007	-0.008	0.005	0.034	0.007	-0.003	0.005	-0.004
意大利	0.033	0.022	0.010	0.242	-0.241	0.022	0.008	0.009	-0.006	0.022	0.010	0.242	-0.006	-0.235
墨西哥	-0.033	-0.026	-0.008	0.007	-0.005	-0.026	-0.007	-0.002	0.003	-0.026	-0.008	0.007	0.003	-0.008
土耳其	-0.041	-0.032	-0.008	0.005	-0.006	-0.033	-0.008	0.016	-0.016	-0.032	-0.008	0.005	-0.016	0.010
韩国	-0.010	-0.008	0.007	0.001	-0.009	-0.008	0.006	0.009	-0.016	-0.008	0.007	0.001	-0.016	0.007
西班牙	-0.035	-0.025	-0.008	0.006	-0.008	-0.024	-0.006	0.002	-0.006	-0.025	-0.008	0.006	-0.006	-0.002
加拿大	-0.016	-0.008	-0.004	0.503	-0.507	-0.008	-0.005	-0.015	0.013	-0.008	-0.004	0.503	0.013	-0.520
澳大利亚	-0.031	-0.025	-0.001	0.003	-0.008	-0.024	-0.002	0.005	-0.011	-0.025	-0.001	0.003	-0.011	0.003
波兰	-0.061	-0.051	-0.009	-0.042	0.042	-0.047	-0.007	-0.005	-0.001	-0.051	-0.009	-0.042	-0.001	0.043
荷兰	-0.011	-0.005	-0.007	0.009	-0.009	-0.005	-0.005	0.059	-0.061	-0.005	-0.007	0.009	-0.061	0.052
瑞士	-0.024	-0.009	-0.005	0.003	-0.012	-0.008	-0.005	0.008	-0.019	-0.009	-0.005	0.003	-0.019	0.007

续表

	劳动收入份额	核算方法1				核算方法2				核算方法3				交互项
		消费的劳动密集程度	投资的劳动密集程度	净出口的劳动密集程度	三大需求比重	消费的劳动密集程度	投资的劳动密集程度	净出口的劳动密集程度	三大需求比重	消费的劳动密集程度	投资的劳动密集程度	净出口的劳动密集程度	三大需求比重	
	$\Delta\alpha^N$	$\Delta\alpha^{NC}z^C$	$\Delta\alpha^{NI}z^I$	$\Delta\alpha^{NX}z^X$	$\Delta z^C\alpha^{NC}+\Delta z^I\alpha^{NI}+\Delta z^X\alpha^{NX}$	$\Delta\alpha^{NC}z^C$	$\Delta\alpha^{NI}z^I$	$\Delta\alpha^{NX}z^X$	$\Delta z^C\alpha^{NC}+\Delta z^I\alpha^{NI}+\Delta z^X\alpha^{NX}$	$\Delta\alpha^{NC}z^C$	$\Delta\alpha^{NI}z^I$	$\Delta\alpha^{NX}z^X$	$\Delta z^C\alpha^{NC}+\Delta z^I\alpha^{NI}+\Delta z^X\alpha^{NX}$	$\Delta\alpha^{NC}\Delta z^C+\Delta\alpha^{NI}\Delta z^I+\Delta\alpha^{NX}\Delta z^X$
罗马尼亚	-0.063	-0.040	-0.013	-0.032	0.023	-0.034	-0.017	-0.011	0.000	-0.040	-0.013	-0.032	0.000	0.023
瑞典	0.026	0.015	0.003	0.000	0.008	0.015	0.004	0.000	0.008	0.015	0.003	0.000	0.008	0.001
比利时	0.019	0.018	0.005	0.019	-0.022	0.018	0.005	-0.005	0.002	0.018	0.005	0.019	0.002	-0.024
爱尔兰	-0.030	0.008	-0.020	0.013	-0.032	0.008	-0.017	0.022	-0.044	0.008	-0.020	0.013	-0.044	0.012
奥地利	0.002	0.001	0.002	0.039	-0.040	0.001	0.002	-0.003	0.003	0.001	0.002	0.039	0.003	-0.042
捷克	0.025	0.025	0.012	0.011	-0.023	0.023	0.010	-0.006	-0.002	0.025	0.012	0.011	-0.002	-0.021
挪威	0.026	-0.004	-0.010	-0.036	0.075	-0.004	-0.014	-0.018	0.062	-0.004	-0.010	-0.036	0.062	0.014
葡萄牙	-0.073	-0.064	-0.014	0.021	-0.016	-0.063	-0.007	0.008	-0.011	-0.064	-0.014	0.021	-0.011	-0.005
丹麦	0.023	0.019	0.007	-0.005	0.003	0.019	0.006	-0.004	0.001	0.019	0.007	-0.005	0.001	0.001
希腊	0.019	0.023	0.015	-0.041	0.022	0.024	0.007	-0.021	0.010	0.023	0.015	-0.041	0.010	0.012
匈牙利	-0.040	-0.026	-0.013	-0.014	0.013	-0.023	-0.010	0.001	-0.007	-0.026	-0.013	-0.014	-0.007	0.020
芬兰	0.048	0.021	0.009	0.041	-0.024	0.026	0.008	-0.026	0.040	0.021	0.009	0.041	0.040	-0.064
斯洛伐克	-0.016	-0.011	-0.004	-0.116	0.116	-0.009	-0.003	0.004	-0.007	-0.011	-0.004	-0.116	-0.007	0.123
保加利亚	0.095	0.100	0.019	0.038	-0.062	0.077	0.022	0.013	-0.017	0.100	0.019	0.038	-0.017	-0.045
克罗地亚	-0.117	-0.101	-0.027	0.018	-0.007	-0.098	-0.024	0.010	-0.004	-0.101	-0.027	0.018	-0.004	-0.003
立陶宛	-0.012	-0.009	0.016	-0.255	0.237	-0.007	0.016	-0.004	-0.016	-0.009	0.016	-0.255	-0.016	0.253
斯洛文尼亚	-0.016	-0.001	0.000	-0.408	0.394	-0.001	0.000	-0.010	-0.005	-0.001	0.000	-0.408	-0.005	0.399
拉脱维亚	0.015	0.018	0.003	-0.015	0.009	0.016	0.003	-0.005	0.002	0.018	0.003	-0.015	0.002	0.008
卢森堡	0.057	0.052	0.020	0.013	-0.028	0.048	0.017	0.018	-0.028	0.052	0.020	0.013	-0.028	-0.001
爱沙尼亚	0.022	0.014	0.005	0.009	-0.007	0.011	0.005	0.002	0.004	0.014	0.005	0.009	0.004	-0.011
塞浦路斯	0.004	-0.001	-0.013	0.011	0.006	-0.001	-0.008	0.005	0.007	-0.001	-0.013	0.011	0.007	-0.001
马耳他	0.032	0.043	0.009	0.049	-0.068	0.032	0.006	0.006	-0.012	0.043	0.009	0.049	-0.012	-0.057

注：表中第3～15列为相应因素对劳动收入份额的影响。

附录2 所有经济体技能溢价的发展核算结果

1. 整体变化

附表4汇报了1995~2009年40个经济体技能溢价的自然对数变化量、技能密集程度与非技能密集程度之比的自然对数变化量、高技能劳动与低技能劳动之比的自然对数变化量。附表5汇报了1995~2009年所有经济体技能密集程度的变化情况。

附表4 1995~2009年所有经济体劳动供给与技能密集程度的变化

	技能溢价的自然对数	技能密集程度与非技能密集程度之比	高低技能劳动相对供给
	$\Delta \log w$	$\Delta \log (\alpha^H / \alpha^L)$	$\Delta \log (H/L)$
美国	0.112	0.430	0.318
中国	0.412	1.388	0.975
印度	0.004	0.558	0.553
日本	-0.024	0.418	0.441
德国	0.050	0.372	0.322
俄罗斯	0.214	0.461	0.247
印度尼西亚	0.217	0.952	0.735
巴西	-0.356	0.218	0.574
英国	-0.040	0.562	0.602
法国	-0.157	0.403	0.560
意大利	-0.204	0.519	0.723
墨西哥	-0.114	-0.166	-0.053
土耳其	-0.265	0.657	0.922
韩国	-0.054	0.665	0.719
西班牙	-0.215	0.460	0.676
加拿大	0.066	0.409	0.343
澳大利亚	0.029	0.394	0.365
波兰	0.112	1.077	0.965
中国台湾	-0.146	0.669	0.815
荷兰	0.071	0.673	0.601
罗马尼亚	0.039	0.545	0.506
瑞典	-0.063	0.615	0.678
比利时	-0.076	0.485	0.561

	技能溢价的自然对数	技能密集程度与非技能密集程度之比	高低技能劳动相对供给
	$\Delta \log w$	$\Delta \log (\alpha^H/\alpha^L)$	$\Delta \log (H/L)$
爱尔兰	0.087	0.976	0.889
奥地利	−0.037	0.504	0.541
捷克	−0.006	0.472	0.477
葡萄牙	−0.185	0.437	0.623
丹麦	0.014	0.432	0.418
希腊	−0.080	0.423	0.503
匈牙利	0.132	0.619	0.487
芬兰	0.104	0.403	0.299
斯洛伐克	0.081	0.429	0.349
保加利亚	0.261	0.575	0.314
立陶宛	−0.094	0.299	0.393
斯洛文尼亚	−0.098	0.566	0.664
拉脱维亚	0.116	0.408	0.293
卢森堡	0.323	0.947	0.624
爱沙尼亚	−0.245	−0.041	0.204
塞浦路斯	−0.017	0.148	0.165
马耳他	0.042	0.472	0.430

附表 5　1995~2009 年所有经济体技能密集程度的变化

	技能密集程度与非技能密集程度之比的自然对数	技能密集型产业的技能密集程度	非技能密集型产业的技能密集程度	消费品的技能密集程度	投资品的技能密集程度
	$\Delta \log (\alpha^H/\alpha^L)$	$\Delta \phi_1$	$\Delta \phi_2$	$\Delta \phi^C$	$\Delta \phi^I$
美国	0.430	0.577	0.206	0.422	0.388
中国	1.388	2.578	0.664	1.711	1.105
印度	0.558	0.596	0.365	0.574	0.419
日本	0.418	0.586	0.278	0.411	0.508
德国	0.372	0.467	0.239	0.367	0.412
俄罗斯	0.461	0.580	0.233	0.469	0.421
印度尼西亚	0.952	3.681	0.394	1.063	0.802
巴西	0.218	0.620	0.009	0.232	0.139

	技能密集程度与非技能密集程度之比的自然对数	技能密集型产业的技能密集程度	非技能密集型产业的技能密集程度	消费品的技能密集程度	投资品的技能密集程度
	$\Delta\log\,(\alpha^{H}/\alpha^{L})$	$\Delta\phi_1$	$\Delta\phi_2$	$\Delta\phi^{C}$	$\Delta\phi^{I}$
英国	0.562	0.993	0.475	0.573	0.475
法国	0.403	0.330	0.378	0.399	0.387
意大利	0.519	0.743	0.255	0.520	0.403
墨西哥	−0.166	−0.564	0.018	−0.187	−0.144
土耳其	0.657	1.198	0.269	0.634	0.477
韩国	0.665	0.713	0.629	0.686	0.694
西班牙	0.460	0.112	0.443	0.468	0.432
加拿大	0.409	0.474	0.331	0.408	0.347
澳大利亚	0.394	0.420	0.270	0.423	0.396
波兰	1.077	2.521	0.510	1.181	0.618
中国台湾	0.669	0.741	0.539	0.713	0.551
荷兰	0.673	0.698	0.487	0.680	0.610
罗马尼亚	0.545	1.096	0.271	0.613	0.313
瑞典	0.615	0.697	0.392	0.620	0.565
比利时	0.485	0.634	0.217	0.475	0.404
爱尔兰	0.976	1.045	0.685	0.961	0.845
奥地利	0.504	0.497	0.460	0.501	0.535
捷克	0.472	0.979	0.095	0.544	0.353
葡萄牙	0.437	0.429	0.255	0.408	0.345
丹麦	0.432	0.502	0.261	0.443	0.373
希腊	0.423	0.874	0.067	0.421	0.240
匈牙利	0.619	0.762	0.481	0.643	0.601
芬兰	0.403	0.468	0.287	0.382	0.366
斯洛伐克	0.429	0.686	0.175	0.439	0.289
保加利亚	0.575	0.347	0.571	0.602	0.541
立陶宛	0.299	0.415	0.102	0.288	0.219
斯洛文尼亚	0.566	0.856	0.340	0.629	0.452
拉脱维亚	0.408	0.397	0.221	0.444	0.402
卢森堡	0.947	1.204	0.762	1.055	1.010
爱沙尼亚	−0.041	−0.195	−0.147	−0.036	−0.080
塞浦路斯	0.148	0.325	−0.048	0.144	−0.008
马耳他	0.472	0.548	0.228	0.477	0.414

2. 核算到供给结构

附表6汇报了40个经济体全部三种核算方法的发展核算结果。

附表6　1995~2009年所有经济体技能密集程度变化的分解核算结果（供给层面）

	技能密集程度之比的自然对数 $\Delta\log\dfrac{\alpha^H}{\alpha^L}$	核算方法1			核算方法2			核算方法3			
		技能密集型产业的技能密集程度 $\Delta\phi_1 \cdot y_1$	非技能密集型产业的技能密集程度 $\Delta\phi_2 \cdot y_2$	产业产出比重 $\Delta y_1 \cdot \phi'_1 + \Delta y_2 \cdot \phi'_2$	技能密集型产业的技能密集程度 $\Delta\phi_1 \cdot y'_1$	非技能密集型产业的技能密集程度 $\Delta\phi_2 \cdot y'_2$	产业产出比重 $\Delta y_1 \cdot \phi_1 + \Delta y_2 \cdot \phi_2$	技能密集型产业的技能密集程度 $\Delta\phi_1 \cdot y_1$	非技能密集型产业的技能密集程度 $\Delta\phi_2 \cdot y_2$	产业产出比重 $\Delta y_1 \cdot \phi_1 + \Delta y_2 \cdot \phi_2$	交互项 $\Delta y_1 \cdot \Delta\phi_1 + \Delta y_2 \cdot \Delta\phi_2$
美国	0.430	0.245	0.118	0.067	0.275	0.108	0.047	0.245	0.118	0.047	0.019
中国	1.388	0.538	0.526	0.324	0.766	0.467	0.155	0.538	0.526	0.155	0.169
印度	0.558	0.151	0.273	0.134	0.183	0.253	0.122	0.151	0.273	0.122	0.012
日本	0.418	0.282	0.144	-0.008	0.277	0.146	-0.006	0.282	0.144	-0.006	-0.002
德国	0.372	0.259	0.106	0.006	0.263	0.104	0.005	0.259	0.106	0.005	0.002
俄罗斯	0.461	0.148	0.174	0.139	0.203	0.151	0.106	0.148	0.174	0.106	0.033
印度尼西亚	0.952	0.668	0.322	-0.038	0.641	0.325	-0.015	0.668	0.322	-0.015	-0.024
巴西	0.218	0.230	0.006	-0.018	0.225	0.006	-0.013	0.230	0.006	-0.013	-0.005
英国	0.562	0.236	0.362	-0.037	0.207	0.376	-0.021	0.236	0.362	-0.021	-0.015
法国	0.403	0.126	0.234	0.043	0.139	0.219	0.045	0.126	0.234	0.045	-0.002
意大利	0.519	0.211	0.183	0.125	0.252	0.169	0.099	0.211	0.183	0.099	0.027
墨西哥	-0.166	-0.218	0.011	0.041	-0.248	0.010	0.072	-0.218	0.011	0.072	-0.031
土耳其	0.657	0.197	0.225	0.235	0.271	0.209	0.178	0.197	0.225	0.178	0.057
韩国	0.665	0.266	0.395	0.005	0.268	0.393	0.004	0.266	0.395	0.004	0.000
西班牙	0.460	0.030	0.323	0.107	0.037	0.296	0.127	0.030	0.323	0.127	-0.021
加拿大	0.409	0.170	0.212	0.027	0.178	0.206	0.025	0.170	0.212	0.025	0.003
澳大利亚	0.394	0.138	0.181	0.075	0.156	0.170	0.069	0.138	0.181	0.069	0.006
波兰	1.077	0.741	0.360	-0.024	0.682	0.372	0.023	0.741	0.360	0.023	-0.047
中国台湾	0.669	0.239	0.365	0.065	0.266	0.346	0.057	0.239	0.365	0.057	0.007

续表

国家	$\Delta\log\frac{\alpha^H}{\alpha^L}$	核算方法 1			核算方法 2			核算方法 3			
	技能密集程度之比的自然对数	技能密集型产业的技能密集程度 $\Delta\phi_1 \cdot y_1$	非技能密集型产业的技能密集程度 $\Delta\phi_2 \cdot y_2$	产业产出比重 $\Delta y_1 \cdot \phi_1' + \Delta y_2 \cdot \phi_2'$	技能密集型产业的技能密集程度 $\Delta\phi_1 \cdot y_1'$	非技能密集型产业的技能密集程度 $\Delta\phi_2 \cdot y_2'$	产业产出比重 $\Delta y_1 \cdot \phi_1 + \Delta y_2 \cdot \phi_2$	技能密集型产业的技能密集程度 $\Delta\phi_1 \cdot y_1$	非技能密集型产业的技能密集程度 $\Delta\phi_2 \cdot y_2$	产业产出比重 $\Delta y_1 \cdot \phi_1 + \Delta y_2 \cdot \phi_2$	交互项 $\Delta y_1 \cdot \Delta\phi_1 + \Delta y_2 \cdot \Delta\phi_2$
荷兰	0.673	0.294	0.282	0.097	0.337	0.252	0.084	0.294	0.282	0.084	0.013
罗马尼亚	0.545	0.264	0.205	0.075	0.294	0.198	0.053	0.264	0.205	0.053	0.022
瑞典	0.615	0.219	0.269	0.127	0.277	0.237	0.102	0.219	0.269	0.102	0.025
比利时	0.485	0.242	0.134	0.109	0.291	0.117	0.077	0.242	0.134	0.077	0.032
爱尔兰	0.976	0.390	0.429	0.157	0.496	0.360	0.121	0.390	0.429	0.121	0.037
奥地利	0.504	0.155	0.316	0.032	0.167	0.306	0.031	0.155	0.316	0.031	0.001
捷克	0.472	0.280	0.068	0.124	0.345	0.061	0.065	0.280	0.068	0.065	0.059
葡萄牙	0.437	0.147	0.168	0.123	0.173	0.152	0.112	0.147	0.168	0.112	0.011
丹麦	0.432	0.146	0.185	0.101	0.178	0.168	0.086	0.146	0.185	0.086	0.015
希腊	0.423	0.236	0.049	0.138	0.281	0.046	0.096	0.236	0.049	0.096	0.041
匈牙利	0.619	0.233	0.334	0.052	0.258	0.319	0.043	0.233	0.334	0.043	0.009
芬兰	0.403	0.137	0.203	0.063	0.157	0.191	0.055	0.137	0.203	0.055	0.008
斯洛伐克	0.429	0.162	0.134	0.133	0.207	0.123	0.100	0.162	0.134	0.100	0.033
保加利亚	0.575	0.073	0.451	0.051	0.084	0.433	0.058	0.073	0.451	0.058	-0.007
立陶宛	0.299	0.105	0.076	0.118	0.132	0.070	0.098	0.105	0.076	0.098	0.020
斯洛文尼亚	0.566	0.308	0.218	0.041	0.334	0.208	0.025	0.308	0.218	0.025	0.016
拉脱维亚	0.408	0.132	0.147	0.129	0.168	0.127	0.113	0.132	0.147	0.113	0.016
卢森堡	0.947	0.281	0.584	0.082	0.352	0.539	0.056	0.281	0.584	0.056	0.026
爱沙尼亚	-0.041	-0.068	-0.096	0.123	-0.088	-0.081	0.128	-0.068	-0.096	0.128	-0.005
塞浦路斯	0.148	0.085	-0.035	0.098	0.105	-0.032	0.075	0.085	-0.035	0.075	0.023
马耳他	0.472	0.169	0.158	0.146	0.215	0.139	0.119	0.169	0.158	0.119	0.027

注：表中第 3~12 列为相应因素对技能密集程度与非技能密集程度之比变化的影响。

3. 核算到需求结构

附表7汇报了40个经济体全部三种核算方法的发展核算结果。

附表7 1995～2009年所有经济体技能密集程度变化的分解核算结果（需求层面）

	技能密集程度之比的自然对数 $\Delta\log\frac{\alpha^H}{\alpha^L}$	核算方法1				核算方法2				核算方法3				
		消费的技能密集程度 $\Delta\phi^C \cdot z^C$	投资的技能密集程度 $\Delta\phi^I \cdot z^I$	净出口的技能密集程度 $\Delta\phi^X \cdot z^X$	三大需求比重 $\Delta z^C \cdot \phi^C + \Delta z^I \cdot \phi^I + \Delta z^X \cdot \phi^X$	消费的技能密集程度 $\Delta\phi^C \cdot z^C$	投资的技能密集程度 $\Delta\phi^I \cdot z^I$	净出口的技能密集程度 $\Delta\phi^X \cdot z^X$	三大需求比重 $\Delta z^C \cdot \phi^C + \Delta z^I \cdot \phi^I + \Delta z^X \cdot \phi^X$	消费的技能密集程度 $\Delta\phi^C \cdot z^C$	投资的技能密集程度 $\Delta\phi^I \cdot z^I$	净出口的技能密集程度 $\Delta\phi^X \cdot z^X$	三大需求比重 $\Delta z^C \cdot \phi^C + \Delta z^I \cdot \phi^I + \Delta z^X \cdot \phi^X$	交互项 $\Delta z^C \cdot \Delta\phi^C + \Delta z^I \cdot \Delta\phi^I + \Delta z^X \cdot \Delta\phi^X$
美国	0.430	0.349	0.072	-0.003	0.011	0.372	0.058	-0.007	0.007	0.349	0.072	-0.003	0.007	0.004
中国	1.388	0.963	0.454	0.036	-0.065	0.810	0.530	0.064	-0.016	0.963	0.454	0.036	-0.016	-0.049
印度	0.558	0.447	0.121	0.001	-0.011	0.413	0.154	0.002	-0.011	0.447	0.121	0.001	-0.011	0.000
日本	0.418	0.285	0.145	0.012	-0.024	0.324	0.102	0.006	-0.014	0.285	0.145	0.012	-0.014	-0.010
德国	0.372	0.289	0.094	-0.011	0.000	0.294	0.071	0.021	-0.013	0.289	0.094	-0.011	-0.013	0.013
俄罗斯	0.461	0.352	0.093	-0.007	0.022	0.376	0.078	-0.004	0.011	0.352	0.093	-0.007	0.011	0.011
印度尼西亚	0.952	0.659	0.308	0.019	-0.035	0.723	0.231	-0.130	0.127	0.659	0.308	0.019	0.127	-0.162
巴西	0.218	0.208	0.026	-0.023	0.007	0.210	0.024	-0.021	0.005	0.208	0.026	-0.023	0.005	0.002
英国	0.562	0.494	0.084	-0.023	0.007	0.524	0.066	-0.032	0.004	0.494	0.084	-0.023	0.004	0.003
法国	0.403	0.333	0.073	-0.008	0.006	0.348	0.075	-0.024	0.005	0.333	0.073	-0.008	0.005	0.001
意大利	0.519	0.424	0.084	-0.004	0.016	0.449	0.080	-0.010	0.001	0.424	0.084	-0.004	0.001	0.015
墨西哥	-0.166	-0.140	-0.036	0.024	-0.015	-0.148	-0.034	10.589	-10.573	-0.140	-0.036	0.024	-10.573	10.558
土耳其	0.657	0.521	0.132	-0.052	0.056	0.599	0.078	-0.057	0.037	0.521	0.132	-0.052	0.037	0.019
韩国	0.665	0.461	0.264	-0.303	0.244	0.505	0.188	-0.037	0.010	0.461	0.264	-0.303	0.010	0.233
西班牙	0.460	0.395	0.098	-0.028	-0.004	0.390	0.109	-0.035	-0.004	0.395	0.098	-0.028	-0.004	0.000
加拿大	0.409	0.326	0.066	0.051	-0.034	0.336	0.074	-0.159	0.158	0.326	0.066	0.051	0.158	-0.192
澳大利亚	0.394	0.330	0.103	-0.031	-0.007	0.314	0.112	-0.021	-0.011	0.330	0.103	-0.031	-0.011	0.004
波兰	1.077	0.993	0.122	-0.036	-0.003	0.991	0.133	-0.051	0.003	0.993	0.122	-0.036	0.003	-0.006
中国台湾	0.669	0.530	0.140	-0.014	0.013	0.532	0.096	-0.334	0.375	0.530	0.140	-0.014	0.375	-0.362

续表

	技能密集程度之比的自然对数 $\Delta\log\frac{\alpha^H}{\alpha^L}$	核算方法 1				核算方法 2				核算方法 3				
		消费的技能密集程度 $\Delta\phi^C\cdot z^C$	投资的技能密集程度 $\Delta\phi^I\cdot z^I$	净出口的技能密集程度 $\Delta\phi^X\cdot z^X$	三大需求比重 $\Delta z^C\cdot\phi^C+\Delta z^I\cdot\phi^I+\Delta z^X\cdot\phi^X$	消费的技能密集程度 $\Delta\phi^C\cdot z^C$	投资的技能密集程度 $\Delta\phi^I\cdot z^I$	净出口的技能密集程度 $\Delta\phi^X\cdot z^X$	三大需求比重 $\Delta z^C\cdot\phi^C+\Delta z^I\cdot\phi^I+\Delta z^X\cdot\phi^X$	消费的技能密集程度 $\Delta\phi^C\cdot z^C$	投资的技能密集程度 $\Delta\phi^I\cdot z^I$	净出口的技能密集程度 $\Delta\phi^X\cdot z^X$	三大需求比重 $\Delta z^C\cdot\phi^C+\Delta z^I\cdot\phi^I+\Delta z^X\cdot\phi^X$	交互项 $\Delta z^C\cdot\Delta\phi^C+\Delta z^I\cdot\Delta\phi^I+\Delta z^X\cdot\Delta\phi^X$
荷兰	0.673	0.517	0.128	0.009	0.019	0.536	0.115	0.007	0.015	0.517	0.128	0.009	0.015	0.004
罗马尼亚	0.545	0.513	0.073	-0.024	-0.017	0.522	0.085	-0.042	-0.021	0.513	0.073	-0.024	-0.021	0.003
瑞典	0.615	0.498	0.102	-0.002	0.017	0.509	0.096	-0.001	0.011	0.498	0.102	-0.002	0.011	0.006
比利时	0.485	0.368	0.081	-0.008	0.043	0.384	0.083	0.005	0.013	0.368	0.081	-0.008	0.013	0.030
爱尔兰	0.976	0.677	0.152	0.142	0.006	0.698	0.116	0.167	-0.004	0.677	0.152	0.142	-0.004	0.010
奥地利	0.504	0.406	0.137	-0.049	0.011	0.398	0.120	-0.015	0.001	0.406	0.137	-0.049	0.001	0.010
捷克	0.472	0.416	0.122	-0.402	0.334	0.422	0.082	-0.033	0.000	0.416	0.122	-0.402	0.000	0.334
葡萄牙	0.437	0.364	0.092	-0.045	0.027	0.390	0.074	-0.049	0.022	0.364	0.092	-0.045	0.022	0.005
丹麦	0.432	0.355	0.074	0.008	-0.004	0.371	0.066	0.771	-0.775	0.355	0.074	0.008	-0.775	0.771
希腊	0.423	0.419	0.046	-0.056	0.014	0.432	0.041	-0.058	0.009	0.419	0.046	-0.056	0.009	0.005
匈牙利	0.619	0.576	0.144	-0.151	0.049	0.538	0.126	-0.052	0.007	0.576	0.144	-0.151	0.007	0.042
芬兰	0.403	0.297	0.072	0.057	-0.023	0.323	0.072	-0.086	0.094	0.297	0.072	0.057	0.094	-0.117
斯洛伐克	0.429	0.351	0.073	-0.013	0.018	0.370	0.060	-0.013	0.012	0.351	0.073	-0.013	0.012	0.006
保加利亚	0.575	0.537	0.083	0.007	-0.053	0.508	0.178	0.028	-0.139	0.537	0.083	0.007	-0.139	0.086
立陶宛	0.299	0.266	0.056	-0.004	-0.018	0.269	0.027	-0.001	0.004	0.266	0.056	-0.004	0.004	-0.022
斯洛文尼亚	0.566	0.544	0.114	-0.106	0.014	0.521	0.110	-0.065	0.000	0.544	0.114	-0.106	0.000	0.014
拉脱维亚	0.408	0.414	0.065	-0.036	-0.034	0.374	0.089	-0.025	-0.030	0.414	0.065	-0.036	-0.030	-0.004
卢森堡	0.947	0.678	0.202	0.129	-0.062	0.591	0.171	0.221	-0.036	0.678	0.202	0.129	-0.036	-0.025
爱沙尼亚	-0.041	-0.032	-0.024	-4.350	4.365	-0.029	-0.016	0.002	0.001	-0.032	-0.024	-4.350	0.001	4.364
塞浦路斯	0.148	0.147	-0.002	-0.003	0.007	0.147	-0.001	-0.003	0.005	0.147	-0.002	-0.003	0.005	0.001
马耳他	0.472	0.496	0.128	-0.136	-0.016	0.475	0.065	-0.059	-0.008	0.496	0.128	-0.136	-0.008	-0.008

注：表中第 3~15 列为相应因素对技能密集程度与非技能密集程度之比变化的影响。

非对称数字平台独家交易的经济效应

于　左　王昊哲

[摘　要] 本文研究了非对称数字平台实施独家交易行为的动机以及对市场竞争的影响。在 Armstrong 和 Wright（2007）双边平台的竞争模型基础上，引入非对称竞争，构建平台商家和消费者决策模型，对比独家交易前后的市场均衡。研究发现：①当平台惩罚和奖励额度较低时，具有市场势力的平台有动机实施独家交易行为；②平台无论通过惩罚还是奖励实施独家交易行为都会损害市场竞争；③平台不对称程度越高，平台惩罚或奖励的额度越大，对竞争损害越严重。因此，建议反垄断执法部门重点关注数字平台领域的独家交易行为，并依据平台市场份额、惩罚或奖励的额度对相关数字平台进行执法。

[关键词] 独家交易；数字平台；经济效应；反垄断

一、问题提出

随着互联网经济的发展和互联网平台企业市场势力的不断增长，平台针对用户实施的独家交易行为日渐增加，"二选一"等独家交易行为曾在中国互联网平台中一度成为较为常见的行为模式。例如，网络零售平台天猫商城实施"二选一"，要求商家与其进行独家交易，不能与其竞争对手（如京东或拼多多）交易；互联网餐饮外卖平台美团亦实施了类似的"二选一"，要求商家只能与其进行交易，不能与竞争对手（如饿了么）交易；字节跳动称微信无理由封禁和限制了多款飞书小程序；抖音称腾讯通过微信和 QQ 限制用户分享来自抖音的内容。但随着《国务院反垄断委员会关于平台经济领域的反垄断指南》（以下简称《指南》）的出台和市场监督管理总局对阿里巴巴网络零售平台实施"二选一"垄断行为作出行政处罚，数字平台领域"二选一"行为逐渐减少。

《指南》中规定分析行为是否构成限定交易，应重点考虑惩罚性措施实施的限制和奖励性措施实施的限制两种情形。尽管市场监督管理总局在对阿里巴巴的行政处罚书中分析阿里网络零售平台通过惩罚和奖励实施独家交易行为，但行政处罚书以定性分析为主，缺少经济学定量分析，尚未解释平台实施独家交易行为的动机。对于阿里网络零售平台"二选一"是否具有排除限制竞争效应以及是否应当对阿里网络零售平台进行反垄断执法，现实中仍存在争议。

数字平台实施的"二选一"等独家交易行为对市场竞争有何影响？平台的独家交易行为是否需要纳入监管？在何种情况下，平台的独家交易行为需要进行反垄断执法？这些问题是当前学术界、执法机构和平台企业关注的热点和难点问题。

[作者简介] 于左，东北财经大学产业与企业组织研究中心，经济学博士，研究员，博士生导师；王昊哲，东北财经大学产业与企业组织研究中心，博士研究生，电子邮箱：478473997@ qq. com。

二、文献综述

数字平台独家交易的竞争效应具有两面性，既可能带来促进竞争的积极效果，也可能带来排除、限制竞争的消极效果。经济学者对于双边市场下互联网平台独家交易行为的竞争效应认识并未达成一致。Wright（2009）认为当规模经济足够大时，独家交易阻碍市场公平竞争；Doganoglu 和 Wright（2010）认为双边市场中的独家交易阻碍了更有效率的竞争进入市场，损害消费者福利和社会总福利。Iurkov（2013）研究发现，在搜索引擎市场，平台独家交易行为将竞争对手平台排除在市场外，进而导致垄断平台缺少监控质量的动机和出现操纵搜索结果。Halaburda 和 Yehezkel（2013）认为多归属（Multi-homing）有利于解决双边平台市场中信息不对称导致的市场失灵，平台的独家交易协议或技术不兼容不利于多归属，排除、限制市场竞争。Bruehn 和 Gotz（2018）基于双边市场理论分析独家交易的竞争效应，研究发现市场竞争越激烈，交叉网络外部性越强，独家交易造成的社会福利损失越大。董维刚和林鑫（2018）提出 B2C 平台的独家交易行为在一定程度上阻碍了市场竞争，提高了实施独家交易平台的市场份额和利润。唐要家和杨越（2020）认为双边平台的独家交易行为封锁竞争对手、损害商家利益和社会总福利，此外具有市场支配地位的数字平台企业独家交易行为在封锁竞争对手后必然损害消费者长期福利。

Evans（2013）认为独家交易协议能够减少需求的不确定性，促使平台企业投资相关业务，有利于平台交易效率的提升。Lee（2013）研究发现电子游戏行业的硬件商和软件商之间签订的独家协议有利于提高游戏质量，增加消费者剩余。Stennek（2014）认为电视节目的独家分销能够激励内容提供商进行高质量投资。Ater（2015）认为购物中心与商家签订独家交易协议能够显著提高购物中心和商家的效率，最终转化为商家更高的销售额。Amelio 等（2018）提出在双边市场中，包括独家交易协议在内的排他行为能够限制低效率的潜在竞争者进入市场，具有促进竞争效应。

还有部分学者认为独家交易对竞争的影响是不确定的。高洁等（2014）将平台消费者划分为广告偏好厌恶和广告偏好无差异类型，当平台与供应商签署独家协议时，社会福利水平的变化是不确定的，只有当所有消费者都是广告偏好厌恶者时，社会福利才会增加。Weeds（2016）研究发现在付费电视市场，电视节目独家发行能够提高平台的市场份额。Prieger 和 Hu（2012）指出游戏平台与游戏软件企业签订独家交易协议会提高市场进入壁垒。但游戏平台通过独家交易获得的游戏软件质量较低时，独家交易对竞争的限制有限。乔岳和杨锡（2021）研究发现，互联网餐饮外卖平台独家交易协议对商家福利的影响取决于平台的交叉网络外部性、平台企业服务成本等因素。随着外卖平台交叉网络外部性提高，平台独家交易协议有利于促进平台间竞争，但随着平台服务成本的增加，独家交易协议会阻碍市场竞争，损害商家福利。

已有文献对传统单边市场和双边市场中独家交易产生的竞争影响进行了研究，提出了一些有价值的观点与建议，但国内外关于数字平台独家交易的研究仍存在以下不足：首先，现有研究主要关注平台对称竞争情形下独家交易的经济效应，如经典文献 Armstrong 和 Wright（2007）的竞争模型假设两家平台同质，而现实中能够实施独家交易的数字平台（如"阿里集团""谷歌"）在各自相关市场均具有市场支配地位，属于非对称竞争。其次，现有研究缺乏对数字平台独家交易行为所依赖的激励或惩罚手段的关注。实际上，数字平台通过搜索降权、流量限制等惩罚措施以及服务费折扣、平台补贴、流量资源支持等激励措施实施独家交易，不同的激励或惩罚手段会产生不同的经济效应，而现有关于数字平台独家交易经济效应研究理论模型的假设条件并未建立在上述事实基础之上。最后，现有研究在什么情况下对数字平台独家交易行为会产生反竞争效应，现有研究并没有给出令人信服的理论阐释。基于以上情况，本文在 Armstrong 和 Wright（2007）双边平台的竞争模型基础上，引入非对称竞争，构建数字平台商家和消费者决策模型，研究在何种情况下数字平台有动机通过惩罚或奖励实施独家交易行为以及数字平台独家交易行为对市场均衡结果的影响。

三、理论模型求解

互联网平台与商家签订独家交易协议的根本目的在于通过独占商家，吸引更多的消费者加入平台，在排除限制竞争对手的同时获得更高的垄断利润。因此，独家交易协议的达成在一定程度上取决于独家交易与非独家交易两种情形下平台的利润水平。本文基于互联网平台的特征（交叉网络外部性、商家多归属），研究未签订独家交易协议以及通过惩罚、奖励实施独家交易协议的市场均衡，对比独家交易前后的市场份额、平台收费、平台利润、消费者剩余、商家剩余、社会总福利，重点分析平台不对称程度、惩罚奖励的额度对平台独家交易前后均衡结果的影响，研究互联网平台通过惩罚和奖励实施独家交易行为的动机以及独家交易行为的反竞争效应。

（一）模型描述

市场中存在两家平台，平台 1 和平台 2，其中平台 1 在竞争中占据优势地位，拥有更高的市场份额。借鉴 Hotelling 模型，假设存在一个线性城市，平台 1 位于线性城市的 0 端，平台 2 位于线性城市的 1 端。平台 1 和平台 2 向双边用户（商家/消费者）收取固定会员费①获取利润。平台 1 向消费者和商家收取的服务费表示为 p_1^a 和 p_1^b，平台 2 向消费者和商家收取的服务费表示为 p_2^a 和 p_2^b。相应地，加入平台 1 的消费者和商家数量表示为 n_1^a 和 n_1^b，加入平台 2 的消费者和商家数量表示为 n_2^a 和 n_2^b。

具有市场势力的平台为了更高的利润/排除限制竞争对手，通过向多归属商家进行惩罚（惩罚额度记为 f，$f>0$）或者向单归属于平台 1 的商家提供奖励（奖励额度记为 Ω，$\Omega>0$），与部分平台商家签订独家交易协议，如阿里网络零售平台（见表 1）。与具有市场势力的平台 1 签订独家交易协议的商家退出竞争平台 2，在交叉网络外部性的影响下，消费者从平台 2 退出转而使用平台 1。一方面，具有市场势力的平台 1 通过独家交易协议吸引更多的商家和消费者加入平台，获取更高的利润；另一方面，竞争平台 2 为了避免商家和消费者转向使用平台 1 需要提供更低的服务费，其利润水平受损，在与平台 1 的竞争中处于更加不利的地位。

表 1　阿里网络零售平台"二选一"行为

	2012 年	2013～2015 年	2016～2022 年
奖励手段	活动奖励	流量等资源支持	流量等资源支持
惩罚手段	无	无法获得之后的活动资源，包括"双十一"	关闭所有流量；搜索降权；搜索结果异常
行为要求	不参加京东"11.11"活动	不参加京东"6.18"活动	撤出京东会场、关闭京东店铺、发微博诋毁京东商城

资料来源：《中国超级电商平台竞争与垄断研究报告》。

（二）模型假设

在此基础上，本文为模型构建作以下基本假设：

---

① 实际中，平台通常按比例向商家收取服务费。但平台收费模式不是本文分析的重点，为简化分析，假设平台向商家收取固定服务费。

假设 1：平台消费者单归属①，使用平台 1 和平台 2 的消费者数量分别记为 n_1^a 和 n_2^a。商家部分多归属，商家只要在任意一个平台的效用非负，就会选择同时入驻两家平台，其中使用平台 1 和平台 2 的商家数量分别记为 n_1^b 和 n_2^b，多归属商家数量记为 x。消费者和商家总人数均标准化为 1，均匀分布在线性城市之间。

假设 2：本文通过交叉网络外部性系数 $\alpha(0<\alpha)$ 衡量交叉网络外部性的大小。假设平台两边用户交叉网络外部性相同，均为 α。②

假设 3：在 Hotelling 模型中，单位交通成本的经济学含义为两个平台的差异化水平。单位交通成本并非模型考察的重点，假设消费者和商家到平台 1、平台 2 的单位交通成本均为 $t(\alpha<t)$。

假设 4：平台 1 和平台 2 向消费者和商家提供的服务为同质服务。

假设 5：平台 1 对拒绝独家交易协议的商家进行惩罚，惩罚额度为 f；对接受交易协议的商家进行奖励，奖励额度为 Ω。因为，本文重点分析惩罚额度和奖励额度对独家交易前后市场均衡结果的影响。

（三）模型求解

本文的博弈：在博弈的第一阶段，平台 1 和平台 2 决定向消费者和商家收取费用，为简化分析，假设平台 1 和平台 2 进行的博弈为完全信息静态博弈，即平台 1、平台 2 同时根据利润最大化原则决定对消费者和商家的收费水平。在博弈的第二阶段，消费者和商家根据平台 1、平台 2 制定的价格决定加入平台 1 还是平台 2。

为分析具有市场势力的平台通过惩罚、奖励实施独家交易行为对竞争的影响，本文在第三部分主要研究了平台 1 未实施独家交易行为（None Exclusive Dealing，NE），平台 1 通过惩罚实施独家交易行为（具体分为三种情况，分别为 Exclusive Dealing1、Exclusive Dealing2 和 Exclusive Dealing3，简称 E1、E2 和 E3），平台 1 通过奖励实施独家交易行为（具体分为两种情况，分别为 Exclusive Dealing4 和 Exclusive Dealing5，简称 E4 和 E5），平台 1 同时通过惩罚和奖励实施独家交易行为（Exclusive Dealing6，简称 E6）四种情况下的市场均衡条件。其中，平台 1 未实施独家交易行为时的模型为本文的基础模型（Benchmark Model）。

1. 基础模型（NE）——平台 1 未实施独家交易行为

本文根据在平台 1、平台 2 利润最大化条件下，加入平台 1 和平台 2 的商家数量是否同时小于 1（内部解）或同时为 1（边角解）将基础模型（NE）区分为基础模型 1（NE1）和基础模型 2（NE2）。

（1）基础模型 1（NE1）。

平台 1 未实施独家交易行为时，商家只要在任意一个平台的效用非负，就会选择同时入驻两家平台，即商家部分多归属，数量为 $n_1^b(0<n_1^b<1)$ 的商家加入平台 1，数量为 $n_2^b(0<n_2^b<1)$ 的商家加入平台 2。消费者单归属，数量为 n_1^a 的消费者加入平台 1，数量为 n_2^a 的消费者加入平台 2（见图 1）。

本文假设消费者从平台 1 和平台 2 获得的基础效用分别为 $v+\Delta v$ 和 v，商家从平台 1 和平台 2 获得的基础效用均为 v。具有市场势力的平台通常仅针对部分商家提出独家交易要求（如淘宝、天猫商城主要针对服装类目的商家提出独家交易要求），这部分商家定义为可竞争商家。具有市场势力的平台占据更高的市场份额，在可竞争商家范围外，注册商家数量更多，在交叉网络外部性的影响下，选择使用具有市场势力平台的消费者能够获得更多效用。在这一基础上，假设消费者选择使用

---

① 实际中，平台消费者通常使用多个平台购买商品和服务。但消费者每次购买行为仅在一家平台发生，即每次消费行为发生时，消费者单归属于其使用的平台。平台市场份额统计数据主要来源于消费者每次购买行为。因此，可以假设消费者单归属。

② 互联网平台经济学研究中普遍假设平台两边交叉网络外部性大小不同。本文主要分析平台不对称程度、惩罚奖励的额度对平台独家交易前后均衡结果的影响，为简化分析，假设平台两边交叉网络外部性大小相同。

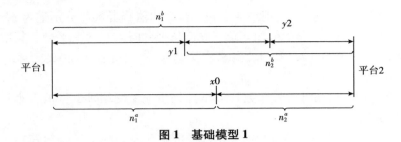

图1 基础模型1

具有实施势力的平台1能够获得额外固定基础效用 Δv，Δv 即为本文衡量平台1、平台2不对称程度的指标。

博弈的第二阶段，在线性城市位置为 $x0$ 的商家消费者用户加入平台1和平台2的效用分别记为：

$$\begin{cases} U_1^{a^{NE1}} = v + \Delta v + \alpha \times n_1^{b^{NE1}} - p_1^{a^{NE1}} - t \times n_1^{a^{NE1}} \\ U_2^{a^{NE1}} = v + \alpha \times n_2^{b^{NE1}} - p_2^{a^{NE1}} - t \times n_2^{a^{NE1}} \end{cases} \tag{1}$$

通过求解 $U_1^{a^{NE1}} = U_2^{a^{NE1}}$ 可以求得加入平台1和平台2无差异消费者的位置 $x0$，进而求得使用平台1和平台2的消费者数量分别为：

$$\begin{cases} n_1^{a^{NE1}} = \dfrac{1}{2} + \dfrac{\Delta v + \alpha(n_1^{b^{NE1}} - n_2^{b^{NE1}}) - p_1^{a^{NE1}} + p_2^{a^{NE1}}}{2t} \\ n_2^{a^{NE1}} = \dfrac{1}{2} + \dfrac{-\Delta v + \alpha(n_2^{b^{NE1}} - n_1^{b^{NE1}}) - p_2^{a^{NE1}} + p_1^{a^{NE1}}}{2t} \end{cases} \tag{2}$$

加入平台1和平台2商家的效用分别记为：

$$\begin{cases} U_1^{b^{NE1}} = v + \alpha \times n_1^{a^{NE1}} - p_1^{b^{NE1}} - t \times n_1^{b^{NE1}} \\ U_2^{b^{NE1}} = v + \alpha \times n_2^{a^{NE1}} - p_2^{b^{NE1}} - t \times n_2^{b^{NE1}} \end{cases} \tag{3}$$

通过求解 $U_1^{b^{NE1}} = 0$ 和 $U_2^{b^{NE1}} = 0$ 可以求得使用平台1和平台2的商家数量分别为：

$$\begin{cases} n_1^{b^{NE1}} = \dfrac{\alpha n_1^{a^{NE1}} - p_1^{b^{NE1}} + v}{t} \\ n_2^{b^{NE1}} = \dfrac{\alpha n_2^{a^{NE1}} - p_2^{b^{NE1}} + v}{t} \end{cases} \tag{4}$$

联立式（2）和式（4）求得平台1、平台2用户数量关于价格的函数表达式：

$$\begin{cases} n_1^{a^{NE1}} = \dfrac{1}{2} + \dfrac{t(p_2^{a^{NE1}} - p_1^{a^{NE1}} + \Delta v) - \alpha(p_1^{b^{NE1}} - p_2^{b^{NE1}})}{-2\alpha^2 + 2t^2} \\ n_2^{a^{NE1}} = \dfrac{1}{2} + \dfrac{t(p_1^{a^{NE1}} - p_2^{a^{NE1}} - \Delta v) + \alpha(p_1^{b^{NE1}} - p_2^{b^{NE1}})}{-2\alpha^2 + 2t^2} \\ n_1^{b^{NE1}} = \dfrac{-\alpha^3 + \alpha^2(-2v + p_1^{b^{NE1}} + p_2^{b^{NE1}}) + \alpha t(t - p_1^{a^{NE1}} + p_2^{a^{NE1}} + \Delta v) + 2t^2(v - p_1^{b^{NE1}})}{-2\alpha^2 t + 2t^3} \\ n_2^{b^{NE1}} = \dfrac{-\alpha^3 + \alpha^2(-2v + p_1^{b^{NE1}} + p_2^{b^{NE1}}) + \alpha t(t + p_1^{a^{NE1}} - p_2^{a^{NE1}} - \Delta v) + 2t^2(v - p_2^{b^{NE1}})}{-2\alpha^2 t + 2t^3} \end{cases} \tag{5}$$

博弈的第一阶段，平台1和平台2在利润最大化原则下决定对消费者和商家的收费水平。平台1、平台2利润最大化的模型为：

$$\pi_1^{NE1^*} = \max_{p_1^{a^{NE1}} p_1^{b^{NE1}}} n_1^{a^{NE1}} \times p_1^{a^{NE1}} + n_1^{b^{NE1}} \times p_1^{b^{NE1}}$$

$$\pi_2^{NE1^*} = \max_{\substack{p_2^{a^{NE1}} \\ p_2^{b^{NE1}}}} n_2^{a^{NE1}} \times p_2^{a^{NE1}} + n_2^{b^{NE1}} \times p_2^{b^{NE1}} \tag{6}$$

s. t. $0 < n_1^{a^{NE1}} < 1$；$0 < n_2^{a^{NE1}} < 1$；$0 < n_1^{b^{NE1}} < 1$；$0 < n_2^{b^{NE1}} < 1$

求解式（6），可得平台 1 在未实施独家交易时基础模型 1 的均衡结果（包括均衡价格、均衡用户数量、均衡利润、消费者剩余和商家剩余），具体见定理 1。

定理 1：当满足 $0 < \alpha < t$、$0 < \Delta v < \dfrac{3(-\alpha^2 + t^2)}{t}$ 和 $0 < v < 2t - 2\alpha$ 三个条件时，均衡存在且有效。平台 1 对消费者和商家的最优定价为 $p_1^{a^{NE1}} = t + \dfrac{\Delta v}{3} - \dfrac{\alpha(2\alpha + v)}{2t}$ 和 $p_1^{b^{NE1}} = \dfrac{v}{2}$，平台 2 对消费者和商家的最优定价为 $p_2^{a^{NE1}} = t + \dfrac{\Delta v}{3} - \dfrac{\alpha(2\alpha + v)}{2t}$ 和 $p_2^{b^{NE1}} = \dfrac{v}{2}$。均衡时平台 1 消费者和商家的数量分别为 $n_1^{a^{NE1}} = \dfrac{1}{2} + \dfrac{\Delta vt}{-6\alpha^2 + 6t^2}$ 和 $n_1^{b^{NE1}} = \dfrac{v + \alpha}{2t} + \dfrac{\alpha \Delta v}{-6\alpha^2 + 6t^2}$，平台 2 消费者和商家的数量分别为 $n_2^{a^{NE1}} = \dfrac{1}{2} - \dfrac{\Delta vt}{-6\alpha^2 + 6t^2}$ 和 $n_2^{b^{NE1}} = \dfrac{v + \alpha}{2t} - \dfrac{\alpha \Delta v}{-6\alpha^2 + 6t^2}$。平台 1 和平台 2 均衡最大化利润分别为 $\pi_1^{NE1} = \dfrac{\Delta v}{3} + \dfrac{v^2}{4t} + \dfrac{(-\alpha^2 + t^2)^2}{-2\alpha^2 t + 2t^3} + \dfrac{t \Delta v^2}{-18\alpha^2 + 18t^2}$ 和 $\pi_2^{NE1} = -\dfrac{\Delta v}{3} + \dfrac{v^2}{4t} + \dfrac{(-\alpha^2 + t^2)^2}{-2\alpha^2 t + 2t^3} + \dfrac{t \Delta v^2}{-18\alpha^2 + 18t^2}$。平台 1 和平台 2 消费者剩余为 $CS^{NE1} = -\dfrac{5t}{4} + v + \dfrac{\Delta v}{2} + \dfrac{\alpha(3\alpha + 2v)}{2t} + \dfrac{t^3 \Delta v^2}{36(-\alpha^2 + t^2)^2}$。平台 1 和平台 2 商家剩余为 $CV^{NE1} = \dfrac{\alpha^2 \Delta v^2 t}{36(-\alpha^2 + t^2)^2} + \dfrac{(v + \alpha)^2}{4t}$。

命题 1：平台 1 未实施独家交易且满足 $0 < \alpha < t$、$0 < \Delta v < \dfrac{3(-\alpha^2 + t^2)}{t}$ 和 $0 < v < 2t - 2\alpha$ 三个条件时，Δv 越大，均衡时平台 1 消费者和商家数量越大，平台 2 商家和消费者数量越小；平台 1 的最大化利润 π_1^{NE1} 越大，平台 2 的最大化利润 π_2^{NE1} 越小。

证明：$\dfrac{\partial n_1^{a^{NE1}}}{\partial \Delta v} = \dfrac{t}{-6\alpha^2 + 6t^2} > 0$；$\dfrac{\partial n_1^{b^{NE1}}}{\partial \Delta v} = \dfrac{\alpha}{-6\alpha^2 + 6t^2} > 0$；$\dfrac{\partial n_2^{a^{NE1}}}{\partial \Delta v} = \dfrac{-t}{-6\alpha^2 + 6t^2} < 0$；$\dfrac{\partial n_2^{b^{NE1}}}{\partial \Delta v} = \dfrac{-\alpha}{-6\alpha^2 + 6t^2} < 0$；$\dfrac{\partial \pi_1^{NE1}}{\partial \Delta v} = \dfrac{1}{3} + \dfrac{2t \Delta v}{-18\alpha^2 + 18t^2} > 0$；$\dfrac{\partial \pi_2^{NE1}}{\partial \Delta v} = -\dfrac{1}{3} - \dfrac{2t \Delta v}{-18\alpha^2 + 18t^2} < 0$。

根据命题 1，代表平台不对称程度的 Δv 越大，具有市场势力的平台 1 在拥有更多商家和消费者的同时能够获得更高的利润。这在一定程度上证明 Δv 能够很好地反映平台不对称程度。

（2）基础模型 2（NE2）。

基础模型 2 与基础模型 1 的唯一区别在于均衡条件下加入平台 2 的商家数量均为 1（即存在边角解），需同时满足 $n_1^{b^{NE1}} = \dfrac{v + \alpha}{2t} + \dfrac{\alpha \Delta v}{-6\alpha^2 + 6t^2} > 1$ 和 $n_2^{b^{NE1}} = \dfrac{v + \alpha}{2t} - \dfrac{\alpha \Delta v}{-6\alpha^2 + 6t^2} \geq 1$ 两个条件。证得在 $v \geq 2t$ 时，$n_1^{b^{NE1}} > 1$ 和 $n_2^{b^{NE1}} \geq 1$ 恒成立。所有商家同时使用平台 1 和平台 2，均为多归属（见图 2）。

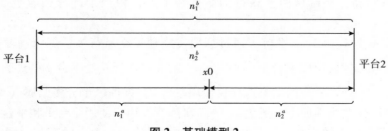

图 2　基础模型 2

博弈的第二阶段，求得使用平台1和平台2的消费者数量分别为：

$$\begin{cases} n_1^{a^{NE2}} = \dfrac{1}{2} + \dfrac{\Delta v - p_1^{a^{NE2}} + p_2^{a^{NE2}}}{2t} \\ n_2^{a^{NE2}} = \dfrac{1}{2} + \dfrac{-\Delta v - p_2^{a^{NE1}} + p_1^{a^{NE1}}}{2t} \end{cases} \tag{7}$$

博弈的第一阶段，平台1和平台2在利润最大化原则下决定对消费者和商家的收费水平。对于多归属商家，只要使用平台效用非负，他们就会加入平台。因此平台1和平台2制定的最高价格分别为商家愿意支付的最高价格：$p_1^{b^{NE2}} = \alpha \times n_1^{a^{NE2}} - t + v$ 和 $p_2^{b^{NE2}} = \alpha \times n_2^{a^{NE2}} - t + v$。平台1、平台2利润最大化的模型为：

$$\begin{aligned} \pi_1^{NE2^*} &= \max_{p_1^{a^{NE2}}} n_1^{a^{NE2}} \times p_1^{a^{NE2}} + p_1^{b^{NE2}} \\ \pi_2^{NE2^*} &= \max_{p_2^{a^{NE2}}} n_2^{a^{NE2}} \times p_2^{a^{NE2}} + p_2^{b^{NE2}} \end{aligned} \tag{8}$$

s. t. $0 < n_1^{a^{NE1}} < 1$；$0 < n_2^{a^{NE1}} < 1$

求解式（8），可得平台1在未实施独家交易时基础模型2的均衡结果（包括均衡价格、均衡用户数量、均衡利润、消费者剩余和商家剩余），具体见定理2。

定理2：当满足 $0 < \alpha < t$、$0 < \Delta v < 3t$ 和 $v > 2t$ 三个条件时，均衡存在且有效。平台1对消费者和商家的最优定价为 $p_1^{a^{NE2}} = t + \dfrac{\Delta v}{3} - \alpha$ 和 $p_1^{b^{NE2}} = \alpha\left(\dfrac{1}{2} + \dfrac{\Delta v}{6t}\right) - t + v$，平台2对消费者和商家的最优定价为 $p_2^{a^{NE2}} = t - \dfrac{\Delta v}{3} - \alpha$ 和 $p_2^{b^{NE2}} = \alpha\left(\dfrac{1}{2} - \dfrac{\Delta v}{6t}\right) - t + v$。均衡时平台1和平台2的消费者数量分别为 $n_1^{a^{NE2}} = \dfrac{1}{2} + \dfrac{\Delta v}{6t}$ 和 $n_2^{a^{NE2}} = \dfrac{1}{2} - \dfrac{\Delta v}{6t}$。平台1和平台2均衡最大化利润分别为 $\pi_1^{NE2} = v - t + \dfrac{(3t + \Delta v)^2}{18t}$ 和 $\pi_2^{NE2} = v - t + \dfrac{(3t - \Delta v)^2}{18t}$。平台1和平台2消费者剩余为 $CS^{NE2} = -\dfrac{5t}{4} + v + 2\alpha + \dfrac{\Delta v}{2} + \dfrac{\Delta v^2}{36t}$。平台1和平台2商家剩余为 $CV^{NE2} = t$。

2. 平台1通过惩罚实施独家交易行为

平台1通过惩罚实施独家交易行为分为三种情况。首先，在独家交易模型1（E1）的情形下，平台1惩罚额度较低，部分商家接受平台1的惩罚，同时使用平台1和平台2，即商家部分多归属。其次，在独家交易模型2（E2）的情形下，平台1惩罚额度较高，没有商家选择接受平台1的惩罚，所有商家均选择使用平台1或平台2，即商家全部单归属。最后，独家交易模型3（E3）与独家交易模型1（E1）的区别在于，在独家交易模型3的情形下，平台1能够部分回收平台惩罚造成的损失，回收比例为 $\beta(0 < \beta < 1)$。以网络零售平台为例，具有市场支配地位的平台——天猫商城对拒绝退出竞争对手平台（如京东、拼多多）进行惩罚，如搜索降权。被惩罚的商家交易额下降，平台从商家获得的服务费（按比例收取）随之降低。但搜索降权往往伴随着其他商家搜索升权，搜索升权的商家销售额提高，平台从商家获得的服务费上升，相当于部分回收惩罚造成的平台收入损失。

（1）独家交易模型1（E1）。平台1通过惩罚实施独家交易行为，惩罚额度 f 较低时，数量为 $n_1^{b0^{E1}} = n_1^{b^{E1}} - x^{E1}$ 的商家选择仅使用平台1，数量为 x^{E1} 的商家选择接受平台1的惩罚，同时使用平台1和平台2，数量为 $n_2^{b0^{E1}} = n_2^{b^{E1}} - x^{E1}$ 的商家选择仅使用平台2，即商家部分多归属（见图3）。

博弈的第二阶段，在线性城市位置为 $x0$ 的商家消费者用户使用平台1和平台2的效用，位于线性城市为 $y1$ 仅使用平台1的商家、位于线性城市为 $y2$ 仅使用平台2的商家、同时使用平台1和平台 2 的商家效用分别为：

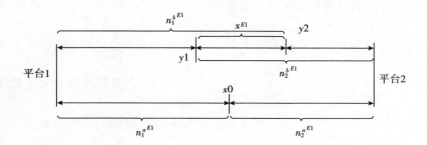

图 3　独家交易模型 1

$$\begin{cases} U_1^{a^{E1}} = v + \Delta v + \alpha \times n_1^{b^{E1}} - p_1^{a^{E1}} - t \times n_1^{a^{E1}} \\ U_2^{a^{E1}} = v + \alpha \times n_2^{b^{E1}} - p_2^{a^{E1}} - t \times n_1^{a^{E1}} \\ U_1^{b0^{E1}} = v + \alpha \times n_1^{a^{E1}} - p_1^{b^{E1}} - t \times n_1^{b0^{E1}} \\ U_2^{b0^{E1}} = v + \alpha \times n_2^{a^{E1}} - p_2^{b^{E1}} - t \times n_2^{b0^{E1}} \\ U_2^{x^{E1}} = 2v + \alpha - p_1^{b^{E1}} - p_2^{b^{E1}} - t - f \end{cases} \tag{9}$$

通过求解 $U_1^{a^{E1}} = U_2^{a^{E1}}$ 和 $U_1^{b0^{E1}} = U_2^{b0^{E1}} = U_2^{x^{E1}}$ 可以求得使用平台 1、平台 2 的消费者数量，单归属平台 1 的商家、单归属平台 2 的商家，同时使用平台 1 和平台 2 的商家数量分别为：

$$\begin{cases} n_1^{a^{E1}} = \dfrac{1}{2} + \dfrac{(f - p_1^{b^{E1}} + p_2^{b^{E1}})\alpha - (p_1^{a^{E1}} - p_2^{a^{E1}} - \Delta v)t}{-2\alpha^2 + 2t^2} \\[2mm] n_2^{a^{E1}} = \dfrac{1}{2} + \dfrac{(-f + p_1^{b^{E1}} - p_2^{b^{E1}})\alpha + (p_1^{a^{E1}} - p_2^{a^{E1}} - \Delta v)t}{-2\alpha^2 + 2t^2} \\[2mm] n_1^{b0^{E1}} = \dfrac{2t + f - v - \alpha}{2t} + \dfrac{(f - v + 2p_2^{b^{E1}})t^2 - \alpha(p_1^{a^{E1}} - p_2^{a^{E1}} - \Delta v)t + \alpha^2(v - p_1^{b^{E1}} - p_2^{b^{E1}})}{-2\alpha^2 t + 2t^3} \\[2mm] n_2^{b0^{E1}} = \dfrac{2t - v - \alpha}{2t} + \dfrac{(-f + v - p_1^{b^{E1}} - p_2^{b^{E1}})\alpha^2 + \alpha(p_1^{a^{E1}} - p_2^{a^{E1}} - \Delta v)t - t^2(v - 2p_1^{b^{E1}})}{-2\alpha^2 t + 2t^3} \\[2mm] x^{E1} = \dfrac{2v + \alpha - p_1^{b^{E1}} - p_2^{b^{E1}} - t - f}{t} \end{cases} \tag{10}$$

博弈的第一阶段，平台 1 和平台 2 在利润最大化原则下决定对消费者和商家的收费水平。平台 1、平台 2 利润最大化的模型为：

$$\begin{aligned} \pi_1^{E1^*} &= \max_{p_1^{a^{E1}}, p_1^{b^{E1}}} n_1^{a^{E1}} \times p_1^{a^{E1}} + n_1^{b^{E1}} \times p_1^{b^{E1}} \\ \pi_2^{E1^*} &= \max_{p_2^{a^{E1}}, p_2^{b^{E1}}} n_2^{a^{E1}} \times p_2^{a^{E1}} + n_2^{b^{E1}} \times p_2^{b^{E1}} \end{aligned} \tag{11}$$

s. t. $0 < n_1^{a^{E1}} < 1$; $\quad 0 < n_2^{a^{E1}} < 1$; $\quad 0 < n_1^{b^{E1}} < 1$; $\quad 0 < n_2^{b^{E1}} < 1$; $\quad 0 < x^{E1} < 1$

求解式（11），可得平台 1 通过惩罚实施独家交易协议时独家交易模型 1 的均衡结果（包括均衡价格、均衡用户数量、均衡利润、消费者剩余和商家剩余），具体见定理 3。

定理3：当满足 $0<\alpha<t$、$0<\Delta v<-\dfrac{3\alpha^2+\alpha f-3t^2}{t}$、$t-\alpha+\dfrac{f}{2}<v<2t-2\alpha$ 和 $0<f<2t-2\alpha$ 四个条件时，均衡存在且有效。平台1对消费者和商家的最优定价为 $p_1^{a^{E1}}=t+\dfrac{\Delta v}{3}-\dfrac{\alpha(6\alpha-2f+3v)}{6t}$ 和 $p_1^{b^{E1}}=\dfrac{v}{2}$，平台2对消费者和商家的最优定价为 $p_2^{a^{E1}}=t-\dfrac{\Delta v}{3}+\dfrac{\alpha(-6\alpha+f-3v)}{6t}$ 和 $p_2^{b^{E1}}=\dfrac{v}{2}-\dfrac{f}{2}$。均衡时平台1消费者和商家的数量分别为 $n_1^{a^{E1}}=\dfrac{1}{2}+\dfrac{\alpha f+t\Delta v}{-6\alpha^2+6t^2}$ 和 $n_1^{b^{E1}}=\dfrac{v+\alpha}{2t}+\dfrac{\alpha(\alpha f+t\Delta v)}{-6\alpha^2 t+6t^3}$，平台2消费者和商家的数量分别为 $n_2^{a^{E1}}=\dfrac{1}{2}-\dfrac{\alpha f+t\Delta v}{-6\alpha^2+6t^2}$ 和 $n_2^{b^{E1}}=\dfrac{v+\alpha-f}{2t}-\dfrac{\alpha(\alpha f+t\Delta v)}{-6\alpha^2 t+6t^3}$。同时使用平台1和平台2的商家数量为 $x^{E1}=\dfrac{2v+2\alpha-f-2t}{2t}$。平台1和平台2均衡最大化利润分别为 $\pi_1^{E1}=\dfrac{\Delta v}{3}+\dfrac{v^2}{4t}+\dfrac{(-\alpha^2+t^2)^2}{-2\alpha^2 t+2t^3}+\dfrac{t\Delta v^2}{-18\alpha^2+18t^2}+\dfrac{\alpha f}{3t}+\dfrac{\alpha f(\alpha f+2t\Delta v)}{-18\alpha^2 t+18t^3}$ 和 $\pi_2^{E1}=-\dfrac{\Delta v}{3}+\dfrac{v^2}{4t}+\dfrac{(-\alpha^2+t^2)^2}{-2\alpha^2 t+2t^3}+\dfrac{t\Delta v^2}{-18\alpha^2+18t^2}-\dfrac{\alpha f}{3t}-\dfrac{fv}{2t}+\dfrac{\alpha f(\alpha f+2t\Delta v)}{-18\alpha^2 t+18t^3}$。平台1和平台2消费者剩余为 $CS^{E1}=-\dfrac{5t}{4}+v+\dfrac{\Delta v}{2}+\dfrac{\alpha(3\alpha+2v)}{2t}+\dfrac{t^3\Delta v^2}{36(-\alpha^2+t^2)^2}-\dfrac{\alpha f}{2t}+\dfrac{\alpha ft(\alpha f+2t\Delta v)}{36(\alpha^2-t^2)^2}$。平台1和平台2商家剩余为 $CV^{E1}=v+\alpha-t+\dfrac{f}{2}-\dfrac{(v+\alpha)f}{2t}-\dfrac{(\alpha f+t\Delta v)f\alpha}{-6\alpha^2 t+6t^3}$。

（2）独家交易模型2（E2）。平台1通过惩罚实施独家交易协议，惩罚额度 f 较高时，数量为 $n_1^{b^{E2}}$ 的商家选择仅使用平台1，数量为 $n_2^{b^{E2}}$ 的商家选择仅使用平台2，即全部商家单归属（见图4）。

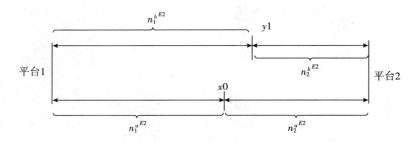

图4　独家交易模型2

博弈的第二阶段，在线性城市位置为 $x0$ 的商家消费者用户使用平台1和平台2的效用，位于线性城市为 $y1$ 仅使用平台1的商家和仅使用平台2的商家效用分别为：

$$\begin{cases} U_1^{a^{E2}}=v+\Delta v+\alpha\times n_1^{b^{E2}}-p_1^{a^{E2}}-t\times n_1^{a^{E2}} \\ U_2^{a^{E2}}=v+\alpha\times n_2^{b^{E2}}-p_2^{a^{E2}}-t\times n_1^{a^{E2}} \\ U_1^{b^{E2}}=v+\alpha\times n_1^{a^{E2}}-p_1^{b^{E2}}-t\times n_1^{b^{E2}} \\ U_2^{b^{E2}}=v+\alpha\times n_2^{a^{E2}}-p_2^{b^{E2}}-t\times n_2^{b^{E2}} \end{cases} \tag{12}$$

通过求解 $U_1^{a^{E2}}=U_2^{a^{E2}}$ 和 $U_1^{b^{E2}}=U_2^{b^{E2}}$ 可以求得使用平台1、平台2的消费者数量，单归属平台1的商家、单归属平台2的商家数量分别为：

$$\begin{cases} n_1^{a^{E2}} = \dfrac{1}{2} + \dfrac{(-p_1^{a^{E2}} + p_2^{a^{E2}} + \Delta v)t - \alpha(p_1^{b^{E2}} - p_2^{b^{E2}})}{-2\alpha^2 + 2t^2} \\[3mm] n_2^{a^{E2}} = \dfrac{1}{2} + \dfrac{(p_1^{a^{E2}} - p_2^{a^{E2}} - \Delta v)t + \alpha(p_1^{b^{E2}} - p_2^{b^{E2}})}{-2\alpha^2 + 2t^2} \\[3mm] n_1^{b^{E2}} = \dfrac{1}{2} + \dfrac{(-p_1^{a^{E2}} + p_2^{a^{E2}} + \Delta v)\alpha - t(p_1^{b^{E2}} - p_2^{b^{E2}})}{-2\alpha^2 + 2t^2} \\[3mm] n_2^{b^{E2}} = \dfrac{1}{2} + \dfrac{(p_1^{b^{E2}} - p_2^{b^{E2}} - \Delta v)\alpha + t(p_1^{b^{E2}} - p_2^{b^{E2}})}{-2\alpha^2 + 2t^2} \end{cases} \tag{13}$$

博弈的第一阶段，平台 1 和平台 2 在利润最大化原则下决定对消费者和商家的收费水平。平台 1、平台 2 利润最大化的模型为：

$$\pi_1^{E2*} = \max_{p_1^{aE2} p_1^{bE2}} n_1^{a^{E2}} \times p_1^{a^{E2}} + n_1^{b^{E2}} \times p_1^{b^{E2}}$$

$$\pi_2^{E2*} = \max_{p_2^{aE2} p_2^{bE2}} n_2^{a^{E2}} \times p_2^{a^{E2}} + n_2^{b^{E2}} \times p_2^{b^{E2}} \tag{14}$$

s. t. $0 < n_1^{a^{E2}} < 1$；$0 < n_2^{a^{E2}} < 1$；$0 < n_1^{b^{E2}} < 1$；$0 < n_2^{b^{E2}} < 1$

求解式（14），可得平台 1 通过惩罚实施独家交易协议时独家交易模型 2 的均衡结果（包括均衡价格、均衡用户数量、均衡利润、消费者剩余和商家剩余），具体见定理 4。

定理 4：当满足 $0 < \alpha < t$、$0 < \Delta v < -\dfrac{3\alpha^2 - 3t^2}{t}$、$\dfrac{3}{2}(t - \alpha) < v$ 三个条件时，均衡存在且有效。平台 1 对消费者和商家的最优定价为 $p_1^{a^{E2}} = -\alpha + t + \dfrac{\Delta v}{3}$ 和 $p_1^{b^{E2}} = -\alpha + t$，平台 2 对消费者和商家的最优定价为 $p_2^{a^{E2}} = -\alpha + t - \dfrac{\Delta v}{3}$ 和 $p_2^{b^{E2}} = -\alpha + t$。均衡时平台 1 消费者和商家的数量分别为 $n_1^{a^{E2}} = \dfrac{1}{2} + \dfrac{\Delta vt}{-6\alpha^2 + 6t^2}$ 和 $n_1^{b^{E2}} = \dfrac{1}{2} + \dfrac{\Delta v\alpha}{6\alpha^2 - 6t^2}$，平台 2 消费者和商家的数量分别为 $n_2^{a^{E2}} = \dfrac{1}{2} - \dfrac{\Delta vt}{-6\alpha^2 + 6t^2}$ 和 $n_2^{b^{E2}} = \dfrac{1}{2} - \dfrac{\Delta v\alpha}{6\alpha^2 - 6t^2}$。平台 1 和平台 2 均衡最大化利润分别为 $\pi_1^{E2} = \dfrac{\Delta v}{3} + \dfrac{v^2}{4t} + \dfrac{(-\alpha^2 + t^2)^2}{-2\alpha^2t + 2t^3} + \dfrac{t\Delta v^2}{-18\alpha^2 + 18t^2}$ 和 $\pi_2^{E2} = -\dfrac{\Delta v}{3} + \dfrac{v^2}{4t} + \dfrac{(-\alpha^2 + t^2)^2}{-2\alpha^2t + 2t^3} + \dfrac{t\Delta v^2}{-18\alpha^2 + 18t^2}$。平台 1 和平台 2 消费者剩余为 $CS^{E2} = -\dfrac{5t}{4} + v + \dfrac{3\alpha}{2} + \dfrac{\Delta v}{2} + \dfrac{\Delta v^2}{36t} + \dfrac{\alpha^2\Delta v^2}{36t(-\alpha^2 + t^2)} + \dfrac{\alpha^2\Delta v^2 t}{36(\alpha^2 - t^2)^2}$。平台 1 和平台 2 商家剩余为 $CV^{E2} = \dfrac{3\alpha}{2} - \dfrac{5t}{4} + v + \dfrac{\alpha^2 t\Delta v^2}{36(-\alpha^2 + t^2)^2}$。

（3）独家交易模型 3（E3）。独家交易模型 3 与独家交易模型 1 的区别仅在于：在独家交易模型 3 的情形下，平台 1 能够部分回收平台惩罚造成的损失，回收比例为 β（$0 < \beta < 1$）。因此在博弈的第二阶段，在线性城市位置为 $x0$ 的商家消费者用户使用平台 1 和平台 2 的效用，位于线性城市为 $y1$ 仅使用平台 1 的商家、位于线性城市为 $y2$ 仅使用平台 2 的商家、同时使用平台 1 和平台 2 的商家效用可以参考独家交易模型 1 中的式（9）；使用平台 1、平台 2 的消费者数量，单归属平台 1 的商家、单归属平台 2 的商家，同时使用平台 1 和平台 2 的商家数量可以参考独家交易模型 1 中的式（10）。

博弈的第一阶段，平台 1 和平台 2 在利润最大化原则下决定对消费者和商家的收费水平。平台 1、平台 2 利润最大化的模型为：

$$\pi_1^{E3*} = \max_{p_1^{aE3} p_1^{bE3}} n_1^{a^{E3}} \times p_1^{a^{E3}} + n_1^{b^{E3}} \times p_1^{b^{E3}} + f \times \beta \times x^{E3}$$

$$\pi_2^{E1^*} = \max_{p_2^{a^{E3}} p_2^{b^{E3}}} n_2^{a^{E3}} \times p_2^{a^{E3}} + n_2^{b^{E3}} \times p_2^{b^{E3}} \tag{15}$$

s. t. $0 < n_1^{a^{E3}} < 1$; $0 < n_2^{a^{E3}} < 1$; $0 < n_1^{b^{E3}} < 1$; $0 < n_2^{b^{E3}} < 1$; $0 < x^{E3} < 1$

求解式（15），可得平台 1 通过惩罚实施独家交易协议时独家交易模型 3 的均衡结果（包括均衡价格、均衡用户数量、均衡利润、消费者剩余和商家剩余），具体见定理 5。

定理 5：当满足 $0 < \alpha < t$、$0 < \Delta v < -\dfrac{3\alpha^2 + \alpha f - 3t^2}{t}$、$-\alpha - \dfrac{f\beta}{2} + \dfrac{f}{2} + t < v < 2t - \dfrac{f\beta}{2} - \alpha + \dfrac{f}{2}$ 和 $0 < f < \dfrac{2(t - \alpha)}{\beta + 1}$ 四个

条件时，均衡存在且有效。平台 1 对消费者和商家的最优定价为 $p_1^{a^{E3}} = t + \dfrac{\Delta v}{3} - \dfrac{\alpha(6\alpha - 2f + 3v)}{6t}$ 和 $p_1^{b^{E3}} = \dfrac{v}{2} - \dfrac{f\beta}{2}$，平台 2 对消费者和商家的最优定价为 $p_2^{a^{E3}} = t - \dfrac{\Delta v}{3} + \dfrac{\alpha(-6\alpha + f - 3v)}{6t}$ 和 $p_2^{b^{E3}} = \dfrac{v}{2} - \dfrac{f}{2}$。均衡时平台 1 消费者和商家的数量分别为 $n_2^{a^{E3}} = \dfrac{1}{2} + \dfrac{\alpha f + t\Delta v}{-6\alpha^2 + 6t^2}$ 和 $n_1^{b^{E3}} = \dfrac{f\beta + \alpha + v}{2t} + \dfrac{\alpha(\alpha f + t\Delta v)}{-6\alpha^2 t + 6t^3}$，平台 2 消费者和商家的数量分别为 $n_2^{a^{E3}} = \dfrac{1}{2} - \dfrac{\alpha f + t\Delta v}{-6\alpha^2 + 6t^2}$ 和 $n_2^{b^{E3}} = \dfrac{\alpha + v - f}{2t} - \dfrac{\alpha(\alpha f + t\Delta v)}{-6\alpha^2 t + 6t^3}$。同时使用平台 1 和平台 2 的商家数量为 $x^{E3} = \dfrac{(\beta - 1)f - 2t + 2v + 2\alpha}{2t}$。平台 1 和平台 2 均衡最大化利润分别为 $\pi_1^{E3} = \dfrac{\Delta v}{3} + \dfrac{v^2}{4t} + \dfrac{(-\alpha^2 + t^2)^2}{-2\alpha^2 t + 2t^3} + \dfrac{t\Delta v^2}{-18\alpha^2 + 18t^2} + \dfrac{\alpha f}{3t} + \dfrac{\alpha f(\alpha f + 2t\Delta v)}{-18\alpha^2 t + 18t^3} + \dfrac{\beta f((\beta - 2)f - 4t + 4v + 4\alpha)}{4t}$ 和 $\pi_2^{E3} = -\dfrac{\Delta v}{3} + \dfrac{f^2 + v^2}{4t} + \dfrac{(-\alpha^2 + t^2)^2}{-2\alpha^2 t + 2t^3} + \dfrac{t\Delta v^2}{-18\alpha^2 + 18t^2} - \dfrac{\alpha f}{3t} - \dfrac{fv}{2t} + \dfrac{\alpha f(\alpha f + 2\Delta vt)}{-18\alpha^2 t + 18t^3}$。平台 1 和平台 2 消费者剩余为 $CS^{E3} = -\dfrac{5t}{4} + v + \dfrac{\Delta v}{2} + \dfrac{\alpha(3\alpha + 2v)}{2t} + \dfrac{t^3 \Delta v^2}{36(-\alpha^2 + t^2)^2} - \dfrac{\alpha f}{2t} + \dfrac{\alpha ft(\alpha f + 2\Delta vt)}{36(\alpha^2 - t^2)^2}$。平台 1 和平台 2 商家剩余为 $CV^{E3} = v + \alpha - t + \dfrac{f}{2} - \dfrac{(\alpha + v)f}{2t} - \dfrac{(\alpha f + \Delta vt)f\alpha}{-6\alpha^2 t + 6t^3} - \dfrac{(f - t)\beta f}{2t}$。

3. 平台 1 通过奖励实施独家交易行为

平台 1 通过奖励实施独家交易行为分为两种情况。在独家交易模型 4（E4）的情形下，平台 1 奖励额度较低，部分商家接受平台 1 的奖励，单归属平台 1；部分商家拒绝平台 1 的奖励，同时使用平台 1 和平台 2；还有一部分商家拒绝平台 1 的奖励，单归属平台 2。在独家交易模型 5（E5）的情形下，平台 1 奖励额度较高，商家选择接受平台 1 的奖励仅使用平台 1 或拒绝平台 1 的奖励仅使用平台 2，即商家全部单归属。

（1）独家交易模型 4（E4）。

平台 1 通过奖励实施独家交易协议，奖励额度 Ω 较低时，数量为 $n_1^{b0^{E4}} = n_1^{b^{E4}} - x^{E4}$ 的商家选择仅使用平台 1，数量为 x^{E4} 的商家选择接受平台 1 的惩罚，同时使用平台 1 和平台 2，数量为 $n_2^{b0^{E4}} = n_2^{b^{E4}} - x^{E4}$ 的商家选择仅使用平台 2，即商家部分多归属（见图 5）。

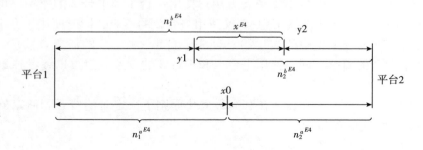

图 5 独家交易模型 4

博弈的第二阶段，在线性城市位置为 $x0$ 的商家消费者用户使用平台 1 和平台 2 的效用，位于线性城市为 $y1$ 仅使用平台 1 的商家、位于线性城市为 $y2$ 仅使用平台 2 的商家、同时使用平台 1 和平台 2 的商家效用分别为：

$$\begin{cases} U_1^{a^{E4}} = v + \Delta v + \alpha \times n_1^{b^{E4}} - p_1^{a^{E4}} - t \times n_1^{a^{E4}} \\ U_2^{a^{E4}} = v + \alpha \times n_2^{b^{E4}} - p_2^{a^{E4}} - t \times n_1^{b^{E4}} \\ U_1^{b0^{E4}} = v + \alpha \times n_1^{a^{E4}} - p_1^{b^{E4}} - t \times n_1^{b0^{E4}} + \Omega \\ U_2^{b0^{E4}} = v + \alpha \times n_2^{a^{E4}} - p_2^{b^{E4}} - t \times n_2^{b0^{E4}} \\ U_2^{x^{E4}} = 2v + \alpha - p_1^{b^{E4}} - p_2^{b^{E4}} - t \end{cases} \quad (16)$$

通过求解 $U_1^{a^{E4}} = U_2^{a^{E4}}$ 和 $U_1^{b0^{E4}} = U_2^{b0^{E4}} = U_2^{x^{E4}}$ 可以求得使用平台 1、平台 2 的消费者数量，单归属平台 1 的商家、单归属平台 2 的商家，同时使用平台 1 和平台 2 的商家数量分别为：

$$\begin{cases} n_1^{a^{E4}} = \dfrac{1}{2} + \dfrac{(-p_1^{b^{E4}} + p_2^{b^{E4}} + \Omega)\alpha - t(p_1^{a^{E4}} - p_2^{a^{E4}} - \Delta v)}{-2\alpha^2 + 2t^2} \\[2ex] n_2^{a^{E4}} = \dfrac{1}{2} + \dfrac{(p_1^{b^{E4}} - p_2^{b^{E4}} - \Omega)\alpha + t(p_1^{a^{E4}} - p_2^{a^{E4}} - \Delta v)}{-2\alpha^2 + 2t^2} \\[2ex] n_1^{b0^{E4}} = \dfrac{2t + \Omega - v - \alpha}{2t} + \dfrac{(-v + 2p_2^{b^{E4}} + \Omega)t^2 - \alpha(p_1^{a^{E4}} - p_2^{a^{E4}} - \Delta v)t + \alpha^2(v - p_1^{b^{E4}} - p_2^{b^{E4}})}{-2\alpha^2 t + 2t^3} \\[2ex] n_2^{b0^{E4}} = \dfrac{2t - v - \alpha}{2t} + \dfrac{(v - p_1^{b^{E4}} - p_2^{b^{E4}} - \Omega)\alpha^2 + \alpha(p_1^{a^{E4}} - p_2^{a^{E4}} - \Delta v)t - t^2(v - 2p_1^{b^{E4}})}{-2\alpha^2 t + 2t^3} \\[2ex] x^{E4} = -\dfrac{\Omega - \alpha + p_1^{b^{E4}} + p_2^{b^{E4}} + t - 2v}{t} \end{cases} \quad (17)$$

博弈的第一阶段，平台 1 和平台 2 在利润最大化原则下决定对消费者和商家的收费水平。平台 1、平台 2 利润最大化的模型为：

$$\pi_1^{E4\,*} = \max_{p_1^{a^{E4}}\, p_1^{b^{E4}}} n_1^{a^{E4}} \times p_1^{a^{E4}} + n_1^{b^{E4}} \times p_1^{b^{E4}} - \Omega \times n_1^{b0^{E4}}$$

$$\pi_2^{E4\,*} = \max_{p_2^{a^{E4}}\, p_2^{b^{E4}}} n_2^{a^{E4}} \times p_2^{a^{E4}} + n_2^{b^{E4}} \times p_2^{b^{E4}} \quad (18)$$

s. t. $0 < n_1^{a^{E4}} < 1$；$0 < n_2^{a^{E4}} < 1$；$0 < n_1^{b^{E4}} < 1$；$0 < n_2^{b^{E4}} < 1$；$0 < x^{E4} < 1$

求解式（18），可得平台 1 通过惩罚实施独家交易协议时独家交易模型 4 的均衡结果（包括均衡价格、均衡用户数量、均衡利润、消费者剩余和商家剩余），具体见定理 6。

定理 6：当满足 $0 < \alpha < t$、$0 < \Delta v < -\dfrac{3\alpha^2 - 3t^2}{t}$、$t - \alpha + \dfrac{\Omega}{2} < v < 2t - 2\alpha$ 和 $0 < \Omega < 2t - 2\alpha$ 四个条件时，均衡存在且有效。平台 1 对消费者和商家的最优定价为 $p_1^{a^{E4}} = t + \dfrac{\Delta v}{3} + \dfrac{\alpha(2\Omega - 2\alpha - v)}{2t}$ 和 $p_1^{b^{E4}} = \dfrac{v}{2}$，平台 2 对消费者和商家的最优定价为 $p_2^{a^{E4}} = t - \dfrac{\Delta v}{3} + \dfrac{\alpha(\Omega - 2\alpha - v)}{2t}$ 和 $p_2^{b^{E4}} = \dfrac{v}{2} - \dfrac{\Omega}{2}$。均衡时平台 1 消费者和商家的数量分别为 $n_1^{a^{E4}} = \dfrac{1}{2} + \dfrac{t\Delta v}{-6\alpha^2 + 6t^2}$ 和 $n_1^{b^{E4}} = \dfrac{v + \alpha}{2t} + \dfrac{\alpha \Delta v}{-6\alpha^2 + 6t^2}$，平台 2 消费者和商家的数量分别为 $n_2^{a^{E4}} = \dfrac{1}{2} - \dfrac{t\Delta v}{-6\alpha^2 + 6t^2}$ 和 $n_2^{b^{E4}} = \dfrac{-\Omega + \alpha + v}{2t} - \dfrac{\alpha \Delta v}{-6\alpha^2 + 6t^2}$。同时使用平台 1 和平台 2 的商家数量为 $x^{E4} = \dfrac{-\Omega + 2\alpha + 2v - 2t}{2t}$。

平台 1 和平台 2 均衡最大化利润分别为 $\pi_1^{E4}=\dfrac{\Delta v}{3}+\dfrac{v^2}{4t}+\dfrac{(-\alpha^2+t^2)^2}{-2\alpha^2t+2t^3}+\dfrac{t\Delta v^2}{-18\alpha^2+18t^2}-\Omega-\dfrac{(\Omega-2\alpha-v)\Omega}{2t}$ 和

$\pi_2^{E4}=-\dfrac{\Delta v}{3}+\dfrac{v^2}{4t}+\dfrac{(-\alpha^2+t^2)^2}{-2\alpha^2t+2t^3}+\dfrac{t\Delta v^2}{-18\alpha^2+18t^2}+\dfrac{(\Omega-2v)\Omega}{4t}$。平台 1 和平台 2 消费者剩余为 $CS^{E4}=-\dfrac{5t}{4}+v+\dfrac{\Delta v}{2}+$

$\dfrac{\alpha(3\alpha+2v)}{2t}+\dfrac{t^3\Delta v^2}{36(-\alpha^2+t^2)^2}-\dfrac{\Omega\alpha}{t}$。平台 1 和平台 2 商家剩余为 $CV^{E4}=v+\alpha+\dfrac{\Omega}{2}-t$。

（2）独家交易模型 5（E5）。平台 1 通过惩罚实施独家交易行为，奖励额度 Ω 较高时，数量为 $n_1^{b^{E5}}$ 的商家选择仅使用平台 1，数量为 $n_2^{b^{E5}}$ 的商家选择仅使用平台 2，即全部商家单归属（见图 6）。

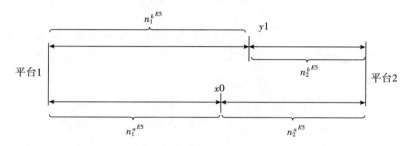

图 6　独家交易模型 5

博弈的第二阶段，在线性城市位置为 $x0$ 的商家消费者用户使用平台 1 和平台 2 的效用，位于线性城市为 $y1$ 仅使用平台 1 的商家和仅使用平台 2 的商家效用分别为：

$$\begin{cases} U_1^{a^{E5}}=v+\Delta v+\alpha\times n_1^{b^{E5}}-p_1^{a^{E5}}-t\times n_1^{a^{E5}} \\ U_2^{a^{E5}}=v+\alpha\times n_2^{b^{E5}}-p_2^{a^{E5}}-t\times n_1^{b^{E5}} \\ U_1^{b^{E5}}=v+\alpha\times n_1^{a^{E5}}-p_1^{b^{E5}}-t\times n_1^{b^{E5}}+\Omega \\ U_2^{b^{E5}}=v+\alpha\times n_2^{a^{E5}}-p_2^{b^{E5}}-t\times n_2^{b^{E5}} \end{cases} \tag{19}$$

通过求解 $U_1^{a^{E5}}=U_2^{a^{E5}}$ 和 $U_1^{b^{E5}}=U_2^{b^{E5}}$ 可以求得使用平台 1、平台 2 的消费者数量，单归属平台 1 的商家、单归属平台 2 的商家数量分别为：

$$\begin{cases} n_1^{a^{E5}}=\dfrac{1}{2}+\dfrac{(-p_1^{b^{E5}}+p_2^{b^{E5}}+\Omega)\alpha-t(p_1^{a^{E5}}-p_2^{a^{E5}}-\Delta v)}{-2\alpha^2+2t^2} \\[3mm] n_2^{a^{E5}}=\dfrac{1}{2}+\dfrac{(p_1^{b^{E5}}-p_2^{b^{E5}}-\Omega)\alpha+t(p_1^{a^{E5}}-p_2^{a^{E5}}-\Delta v)}{-2\alpha^2+2t^2} \\[3mm] n_1^{b^{E5}}=\dfrac{1}{2}+\dfrac{(-p_1^{a^{E5}}+p_2^{a^{E5}}+\Delta v)\alpha-t(p_1^{b^{E5}}-p_2^{b^{E5}}-\Omega)}{-2\alpha^2+2t^2} \\[3mm] n_2^{b^{E5}}=\dfrac{1}{2}+\dfrac{(p_1^{a^{E5}}-p_2^{a^{E5}}-\Delta v)\alpha+t(p_1^{b^{E5}}-p_2^{b^{E5}}-\Omega)}{-2\alpha^2+2t^2} \end{cases} \tag{20}$$

博弈的第一阶段，平台 1 和平台 2 在利润最大化原则下决定对消费者和商家的收费水平。平台 1、平台 2 利润最大化的模型为：

$$\pi_1^{E5^*}=\max_{p_1^{a^{E5}}\,p_1^{b^{E5}}} n_1^{a^{E5}}\times p_1^{a^{E5}}+n_1^{b^{E5}}\times p_1^{b^{E5}}-n_1^{b^{E5}}\times\Omega$$

$$\pi_2^{E5^*}=\max_{p_2^{a^{E5}}\,p_2^{b^{E5}}} n_2^{a^{E5}}\times p_2^{a^{E2}}+n_2^{b^{E5}}\times p_2^{b^{E5}} \tag{21}$$

s. t. $0<n_1^{aE5}<1$；$0<n_2^{aE5}<1$；$0<n_1^{bE5}<1$；$0<n_2^{bE5}<1$

求解式（21），可得平台1通过惩罚实施独家交易协议时独家交易模型5的均衡结果（包括均衡价格、均衡用户数量、均衡利润、消费者剩余和商家剩余），具体见定理7。

定理7：当满足 $0<\alpha<t$、$0<\Delta v<-\dfrac{3\alpha^2-3t^2}{t}$、$\dfrac{3}{2}(t-\alpha)<v$ 三个条件时，均衡存在且有效。平台1对

消费者和商家的最优定价为 $p_1^{aE5}=-\alpha+t+\dfrac{\Delta v}{3}$ 和 $p_1^{bE5}=-\alpha+t+\Omega$，平台2对消费者和商家的最优定价为

$p_2^{aE5}=-\alpha+t-\dfrac{\Delta v}{3}$ 和 $p_2^{bE5}=-\alpha+t$。均衡时平台1消费者和商家的数量分别为 $n_1^{aE5}=\dfrac{1}{2}+\dfrac{\Delta vt}{-6\alpha^2+6t^2}$ 和 $n_1^{bE5}=$

$\dfrac{1}{2}+\dfrac{\Delta v\alpha}{6\alpha^2-6t^2}$，平台2消费者和商家的数量分别为 $n_2^{aE5}=\dfrac{1}{2}-\dfrac{\Delta vt}{-6\alpha^2+6t^2}$ 和 $n_2^{bE5}=\dfrac{1}{2}-\dfrac{\Delta v\alpha}{6\alpha^2-6t^2}$。平台1和平

台2均衡最大化利润分别为 $\pi_1^{E5}=t-\alpha+\dfrac{\Delta v}{3}+\dfrac{t\Delta v^2}{-18\alpha^2+18t^2}$ 和 $\pi_2^{E5}=t-\alpha-\dfrac{\Delta v}{3}+\dfrac{t\Delta v^2}{-18\alpha^2+18t^2}$。平台1和平台2

消费者剩余为 $CS^{E5}=-\dfrac{5t}{4}+v+\dfrac{3\alpha}{2}+\dfrac{\Delta v}{2}+\dfrac{\Delta v^2}{36t}+\dfrac{\alpha^2\Delta v^2}{36t(-\alpha^2+t^2)}+\dfrac{\alpha^2\Delta v^2 t}{36(\alpha^2-t^2)^2}$。平台1和平台2商家剩余为

$CV^{E5}=\dfrac{3\alpha}{2}-\dfrac{5t}{4}+v+\dfrac{\alpha^2 t\Delta v^2}{36(-\alpha^2+t^2)^2}$。

4. 平台1同时通过奖励和惩罚实施独家交易行为

平台1同时通过奖励和惩罚实施独家交易行为。为简化分析，假设奖励和惩罚额度均为 Ω。在独家交易模型6（E6）情形下，数量为 $n_{10}^{bE6}=n_1^{bE6}-x^{E6}$ 的商家选择接受平台1的奖励，仅使用平台1；数量为 x^{E6} 的商家选择接受平台1的惩罚，同时使用平台1和平台2；数量为 $n_2^{b0E6}=n_2^{bE6}-x^{E6}$ 的商家选择仅使用平台2，即商家部分多归属（见图7）。

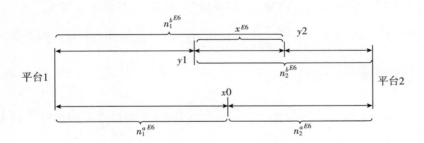

图7 独家交易模型6

博弈的第二阶段，在线性城市位置为 $x0$ 的商家消费者用户使用平台1和平台2的效用，位于线性城市为 $y1$ 仅使用平台1的商家、位于线性城市为 $y2$ 仅使用平台2的商家、同时使用平台1和平台2的商家效用分别为：

$$\begin{cases} U_1^{aE6}=v+\Delta v+\alpha\times n_1^{bE6}-p_1^{aE6}-t\times n_1^{aE6} \\ U_2^{aE6}=v+\alpha\times n_2^{bE6}-p_2^{aE6}-t\times n_1^{bE6} \\ U_1^{b0E6}=v+\alpha\times n_1^{aE6}-p_1^{bE6}-t\times n_1^{b0E6}+\Omega \\ U_2^{b0E6}=v+\alpha\times n_2^{aE6}-p_2^{bE6}-t\times n_2^{b0E6} \\ U_2^{xE6}=2v+\alpha-p_1^{bE6}-p_2^{bE6}-t-\Omega \end{cases} \quad (22)$$

通过求解 $U_1^{a^{E6}} = U_2^{a^{E6}}$ 和 $U_1^{b0^{E6}} = U_2^{b0^{E6}} = U_2^{x^{E6}}$ 可以求得使用平台 1、平台 2 的消费者数量，单归属平台 1 的商家、单归属平台 2 的商家，同时使用平台 1 和平台 2 的商家数量分别为：

$$
\begin{cases}
n_1^{a^{E6}} = \dfrac{1}{2} + \dfrac{(-p_1^{b^{E6}} + p_2^{b^{E6}} + \Omega)\alpha - t(p_1^{a^{E6}} - p_2^{a^{E6}} - \Delta v)}{-2\alpha^2 + 2t^2} \\[2mm]
n_2^{a^{E6}} = \dfrac{1}{2} + \dfrac{(p_1^{b^{E6}} - p_2^{b^{E6}} - \Omega)\alpha + t(p_1^{a^{E6}} - p_2^{a^{E6}} - \Delta v)}{-2\alpha^2 + 2t^2} \\[2mm]
n_1^{b0^{E6}} = \dfrac{2t + 2\Omega - v - \alpha}{2t} + \dfrac{(v - p_1^{b^{E6}} - p_2^{b^{E6}} - \Omega)\alpha^2 - t(p_1^{a^{E6}} - p_2^{a^{E6}} - \Delta v)\alpha - t^2(v - 2p_2^{b^{E6}} - 2\Omega)}{-2\alpha^2 t + 2t^3} \\[2mm]
n_2^{b0^{E6}} = \dfrac{2t - v - \alpha}{2t} + \dfrac{(v - p_1^{b^{E6}} - p_2^{b^{E6}} - 3\Omega)\alpha^2 + t(p_1^{a^{E6}} - p_2^{a^{E6}} - \Delta v)\alpha - t^2(v - 2p_1^{b^{E6}} - 2\Omega)}{-2\alpha^2 t + 2t^3} \\[2mm]
x^{E6} = -\dfrac{3\Omega - \alpha + p_1^{b^{E6}} + p_2^{b^{E6}} + t - 2v}{t}
\end{cases} \tag{23}
$$

博弈的第一阶段，平台 1 和平台 2 在利润最大化原则下决定对消费者和商家的收费水平。为简化分析，假设平台需要为奖励支付 $n_1^{b0^{E6}} \times \Omega$，惩罚的部分 $x^{E6} \times \Omega$ 能够全部回收。平台 1、平台 2 利润最大化的模型为：

$$
\begin{aligned}
\pi_1^{E1^*} &= \max_{p_1^{a^{E6}}, p_1^{b^{E6}}} n_1^{a^{E6}} \times p_1^{a^{E6}} + n_1^{b^{E6}} \times p_1^{b^{E6}} - n_1^{b0^{E6}} \times \Omega + x^{E6} \times \Omega \\[2mm]
\pi_2^{E1^*} &= \max_{p_2^{a^{E6}}, p_2^{b^{E6}}} n_2^{a^{E6}} \times p_2^{a^{E6}} + n_2^{b^{E6}} \times p_2^{b^{E6}}
\end{aligned} \tag{24}
$$

s. t. $0 < n_1^{a^{E6}} < 1$；$0 < n_2^{a^{E6}} < 1$；$0 < n_1^{b^{E6}} < 1$；$0 < n_2^{b^{E6}} < 1$；$0 < x^{E6} < 1$

求解式（24），可得平台 1 通过惩罚实施独家交易协议时独家交易模型 1 的均衡结果（包括均衡价格、均衡用户数量、均衡利润、消费者剩余和商家剩余），具体见定理 8。

定理 8：当满足 $0 < \alpha < t$、$0 < \Delta v < -\dfrac{3\alpha^2 - 3t^2}{t}$、$\Omega - \alpha + t < v < 2t - 2\alpha$ 和 $0 < \Omega < t - \alpha$ 四个条件时，均衡存在且有效。平台 1 对消费者和商家的最优定价为 $p_1^{a^{E6}} = t + \dfrac{\Delta v}{3} - \dfrac{\alpha(-4\Omega + 2\alpha + v)}{2t}$ 和 $p_1^{b^{E6}} = -\Omega + \dfrac{v}{2}$，平台 2 对消费者和商家的最优定价为 $p_2^{a^{E6}} = t - \dfrac{\Delta v}{3} - \dfrac{\alpha(-2\Omega + 2\alpha + v)}{2t}$ 和 $p_2^{b^{E6}} = -\Omega + \dfrac{v}{2}$。均衡时平台 1 消费者和商家的数量分别为 $n_1^{a^{E6}} = \dfrac{1}{2} + \dfrac{t\Delta v}{-6\alpha^2 + 6t^2}$ 和 $n_1^{b^{E6}} = \dfrac{v + \alpha}{2t} + \dfrac{\alpha\Delta v}{-6\alpha^2 + 6t^2}$，平台 2 消费者和商家的数量分别为 $n_2^{a^{E6}} = \dfrac{1}{2} - \dfrac{t\Delta v}{-6\alpha^2 + 6t^2}$ 和 $n_2^{b^{E6}} = \dfrac{v - 2\Omega + \alpha}{2t} - \dfrac{\alpha\Delta v}{-6\alpha^2 + 6t^2}$。同时使用平台 1 和平台 2 的商家数量为 $x^{E6} = \dfrac{-\Omega + \alpha + v - t}{t}$。平台 1 和平台 2 均衡最大化利润分别为 $\pi_1^{E6} = \dfrac{\Delta v}{3} + \dfrac{v^2}{4t} + \dfrac{(-\alpha^2 + t^2)^2}{-2\alpha^2 t + 2t^3} + \dfrac{t\Delta v^2}{-18\alpha^2 + 18t^2} - 2\Omega + \dfrac{(-2\Omega + 2\alpha + v)\Omega}{t}$ 和 $\pi_2^{E6} = -\dfrac{\Delta v}{3} + \dfrac{v^2}{4t} + \dfrac{(-\alpha^2 + t^2)^2}{-2\alpha^2 t + 2t^3} + \dfrac{t\Delta v^2}{-18\alpha^2 + 18t^2} + \dfrac{(\Omega - v)\Omega}{t}$。平台 1 和平台 2 消费者剩余为 $CS^{E6} = -\dfrac{5t}{4} + v + \dfrac{\Delta v}{2} + \dfrac{\alpha(3\alpha + 2v)}{2t} + \dfrac{t^3\Delta v^2}{36(-\alpha^2 + t^2)^2} - \dfrac{2\Omega\alpha}{t}$。平台 1 和平台 2 商家剩余为 $CV^{E6} = v + \alpha + \Omega - t$。

四、理论模型结果对比：平台独家交易动机与经济效应

本文第四部分主要分析具有市场势力的平台实施独家交易行为的动机与平台独家交易的经济效应。首先，在第三部分基础上对比平台通过惩罚实施独家交易（E1、E2和E3）、通过奖励实施独家交易（E4、E5）、同时通过惩罚和奖励实施独家交易（E6）和平台未实施独家交易（NE1和NE2）的利润，分析具有市场势力的平台是否有动机通过惩罚或奖励实施独家交易行为。其次，对比独家交易前后的市场均衡（平台收费、平台消费者/商家数量、平台利润、消费者剩余、商家剩余、社会总福利）分析平台通过惩罚或激励实施独家交易的经济效应，其中重点分析平台不对称程度、惩罚奖励的额度对平台独家交易前后均衡结果的影响。

（一）平台独家交易的动机

1. 独家交易模型1（E1）对比基础模型1（NE1）

当满足 $0<\alpha<t$、$0<\Delta v<\dfrac{3(-\alpha^2+t^2)}{t}$ 和 $0<v<2t-2\alpha$ 三个条件时，基础模型1（NE1）均衡存在且有

效，平台1的均衡利润为 $\pi_1^{NE1}=\dfrac{\Delta v}{3}+\dfrac{v^2}{4t}+\dfrac{(-\alpha^2+t^2)^2}{-2\alpha^2t+2t^3}+\dfrac{t\Delta v^2}{-18\alpha^2+18t^2}$。当满足 $0<\alpha<t$、$0<\Delta v<-\dfrac{3\alpha^2+\alpha f-3t^2}{t}$、

$t-\alpha+\dfrac{f}{2}<v<2t-2\alpha$ 和 $0<f<2t-2\alpha$ 四个条件时，独家交易模型1（E1）均衡存在且有效，平台1的均衡

利润为 $\pi_1^{E1}=\dfrac{\Delta v}{3}+\dfrac{v^2}{4t}+\dfrac{(-\alpha^2+t^2)^2}{-2\alpha^2t+2t^3}+\dfrac{t\Delta v^2}{-18\alpha^2+18t^2}+\dfrac{\alpha f}{3t}+\dfrac{\alpha f(\alpha f+2t\Delta v)}{-18\alpha^2t+18t^3}$。综上分析，当满足 $0<\alpha<t$、$0<\Delta v<-$

$\dfrac{3\alpha^2+\alpha f-3t^2}{t}$、$t-\alpha+\dfrac{f}{2}<v<2t-2\alpha$ 和 $0<f<2t-2\alpha$ 四个条件时，实施独家交易前后平台1的利润差 $\pi_{1m}^{E1}=$

$\pi_1^{E1}-\pi_1^{NE1}=\dfrac{\alpha f}{3t}+\dfrac{\alpha f(\alpha f+2t\Delta v)}{-18\alpha^2t+18t^3}$。$\pi_{1m}^{E1}=\dfrac{\alpha f}{3t}+\dfrac{\alpha f(\alpha f+2t\Delta v)}{-18\alpha^2t+18t^3}>0$、$\dfrac{\partial \pi_{1m}^{E1}}{\partial f}=\dfrac{\alpha}{3t}+\dfrac{\alpha(\alpha f+\Delta vt)}{-9\alpha^2t+9t^3}>0$ 和 $\dfrac{\partial \pi_{1m}^{E1}}{\partial \Delta v}=\dfrac{\alpha f}{-9\alpha^2+9t^2}>0$

恒成立，可得命题2。

命题2：当 $0<\alpha<t$、$0<\Delta v<-\dfrac{3\alpha^2+\alpha f-3t^2}{t}$、$t-\alpha+\dfrac{f}{2}<v<2t-2\alpha$ 和 $0<f<2t-2\alpha$ 时，具有市场势力的

平台1通过惩罚实施独家交易后，平台1利润水平上升，存在通过惩罚实施独家交易的动机。在一定范围内，平台不对称程度 Δv 越大、平台惩罚额度 f 越高，平台1利润增加幅度越大，通过惩罚实施独家交易协议的动机越强。

2. 独家交易模型2（E2）对比基础模型（NE1和NE2）

当满足 $0<\alpha<t$、$0<\Delta v<\dfrac{3(-\alpha^2+t^2)}{t}$ 和 $0<v<2t-2\alpha$ 三个条件时，基础模型1（NE1）均衡存在且有

效，平台1的均衡利润为 $\pi_1^{NE1}=\dfrac{\Delta v}{3}+\dfrac{v^2}{4t}+\dfrac{(-\alpha^2+t^2)^2}{-2\alpha^2t+2t^3}+\dfrac{t\Delta v^2}{-18\alpha^2+18t^2}$。当满足 $0<\alpha<t$、$0<\Delta v<3t$ 和 $v>2t$ 三

个条件时，基础模型2（NE2）均衡存在且有效，平台1均衡最大化利润为 $\pi_1^{NE2}=v-t+\dfrac{(3t+\Delta v)^2}{18t}$。当满

足 $0<\alpha<t$、$0<\Delta v<-\dfrac{3\alpha^2-3t^2}{t}$、$\dfrac{3}{2}(t-\alpha)<v$ 三个条件时，独家交易模型2（E2）均衡存在且有效。平台1

均衡最大化利润为 $\pi_1^{E2}=\dfrac{\Delta v}{3}+\dfrac{v^2}{4t}+\dfrac{(-\alpha^2+t^2)^2}{-2\alpha^2t+2t^3}+\dfrac{t\Delta v^2}{-18\alpha^2+18t^2}$。综上分析，当 $0<\alpha<t$、$0<\Delta v<\dfrac{3(-\alpha^2+t^2)}{t}$ 和

$\frac{3}{2}(t-\alpha)<v<2t-2\alpha$ 时，实施独家交易前后平台1的利润差 $\pi_{1m}^{E2}=\pi_1^{E2}-\pi_1^{NE1}=t-\alpha-\frac{v^2}{4t}-\frac{(-\alpha^2+t^2)^2}{-2\alpha^2t+2t^3}$；当 $0<\alpha<t$、$0<\Delta v<-\frac{3\alpha^2-3t^2}{t}$ 和 $v>2t$ 时，实施独家交易前后平台1的利润差 $\pi_{1m^*}^{E2}=\pi_1^{E2}-\pi_1^{NE2}=2t-\alpha+\frac{\Delta v}{3}+\frac{t\Delta v^2}{-18\alpha^2+18t^2}-v-\frac{(3t+\Delta v)^2}{18t}$。

当 $0<\alpha<t$、$0<\Delta v<\frac{3(-\alpha^2+t^2)}{t}$ 和 $0<\frac{3}{2}(t-\alpha)<v<2t-2\alpha$ 时，实施独家交易前后平台1的利润差 π_{1m}^{E2} 关于 v 的一阶导 $\frac{\partial \pi_{1m}^{E2}}{\partial v}=-\frac{v}{2t}<0$ 恒成立，即 v 越大 π_{1m}^{E2} 越小，求解 $\pi_{1m}^{E2}=0$ 可求得 $0<v<\sqrt{2}(t-\alpha)$ 时，$\pi_{1m}^{E2}>0$ 恒成立。$0<v<\sqrt{2}(t-\alpha)$ 与已知条件 $\frac{3}{2}(t-\alpha)<v$ 矛盾，因此 $\pi_{1m}^{E2}<0$ 恒成立。当 $0<\alpha<t$、$0<\Delta v<-\frac{3\alpha^2-3t^2}{t}$ 和 $v>2t$ 时，实施独家交易前后平台1的利润差 $\pi_{1m^*}^{E2}$ 关于 Δv 的一阶导 $\frac{\pi_{1m^*}^{E2}}{\partial \Delta v}=\frac{\alpha^2\Delta v}{-9\alpha^2t+9t^3}>0$ 恒成立，若 $\pi_{1m^*}^{E2}>0$ 恒成立，需要在 $\Delta v=0$，即 $\pi_{1m^*}^{E2}$ 取最小值时，仍满足 $\pi_{1m^*}^{E2}>0$。当 $\Delta v=0$ 时，若 $\pi_{1m^*}^{E2}>0$，需满足 $v<\frac{3}{2}(t-\alpha)$，与已知条件 $v>2t$ 矛盾，因此 $\pi_{1m^*}^{E2}>0$ 并非恒成立。除此之外，无论在基础模型1（NE1）、基础模型2（NE2）还是独家交易模型2（E2）情形下，平台1和平台2均衡利润差 $\pi_1-\pi_2$ 均为 $\frac{3\Delta v}{2}$。综上分析，可得命题3。

命题3：平台1的惩罚额度较高时（全部商家单归属），无论在 $0<\alpha<t$、$0<\Delta v<\frac{3(-\alpha^2+t^2)}{t}$ 和 $\frac{3}{2}(t-\alpha)<v<2t-2\alpha$，还是在 $0<\alpha<t$、$0<\Delta v<-\frac{3\alpha^2-3t^2}{t}$ 和 $v>2t$ 的情况下，平台1通过惩罚实施独家交易后，其利润水平下降。具有市场势力的平台缺少通过较高惩罚（全部商家单归属）实施独家交易行为的动机。

3. 独家交易模型3（E3）对比基础模型1（NE1）

当满足 $0<\alpha<t$、$0<\Delta v<\frac{3(-\alpha^2+t^2)}{t}$ 和 $0<v<2t-2\alpha$ 三个条件时，基础模型1（NE1）均衡存在且有效，平台1的均衡利润为 $\pi_1^{NE1}=\frac{\Delta v}{3}+\frac{v^2}{4t}+\frac{(-\alpha^2+t^2)^2}{-2\alpha^2t+2t^3}+\frac{t\Delta v^2}{-18\alpha^2+18t^2}$。当满足 $0<\alpha<t$、$0<\Delta v<-\frac{3\alpha^2+\alpha f-3t^2}{t}$、$-\alpha-\frac{f\beta}{2}+\frac{f}{2}+t<v<2t-\frac{f\beta}{2}-\alpha+\frac{f}{2}$ 和 $0<f<\frac{2(t-\alpha)}{\beta+1}$ 四个条件时，独家交易模型3（E3）均衡存在且有效。平台1均衡最大化利润为 $\pi_1^{E3}=\frac{\Delta v}{3}+\frac{v^2}{4t}+\frac{(-\alpha^2+t^2)^2}{-2\alpha^2t+2t^3}+\frac{t\Delta v^2}{-18\alpha^2+18t^2}+\frac{\alpha f}{3t}+\frac{\alpha f(\alpha f+2t\Delta v)}{-18\alpha^2t+18t^3}+\frac{\beta f((\beta-2)f-4t+4v+4\alpha)}{4t}$。综上分析，当满足 $0<\alpha<t$、$0<\Delta v<-\frac{3\alpha^2+\alpha f-3t^2}{t}$、$-\alpha-\frac{f\beta}{2}+\frac{f}{2}+t<v<2t-2\alpha$ 和 $0<f<\frac{2(t-\alpha)}{\beta+1}$ 四个条件时，实施独家交易前后平台1的利润差 $\pi_{1m}^{E3}=\pi_1^{E3}-\pi_1^{NE1}=\frac{\alpha f}{3t}+\frac{\alpha f(\alpha f+2t\Delta v)}{-18\alpha^2t+18t^3}+\frac{\beta f((\beta-2)f-4t+4v+4\alpha)}{4t}$。

$\pi_{1m}^{E3}=\frac{\alpha f}{3t}+\frac{\alpha f(\alpha f+2t\Delta v)}{-18\alpha^2t+18t^3}+\frac{\beta f((\beta-2)f-4t+4v+4\alpha)}{4t}$，已知 $\frac{\alpha f}{3t}$ 和 $\frac{\alpha f(\alpha f+2t\Delta v)}{-18\alpha^2t+18t^3}$ 恒大于0，证得 $-\frac{f\beta}{4}-\alpha+$

$\frac{f}{2}+t<v$ 时，$0<\frac{\beta f((\beta-2)f-4t+4v+4\alpha)}{4t}$ 恒成立，与已知条件 $-\alpha-\frac{f\beta}{2}+\frac{f}{2}+t<v$ 相符，最终证得 $\pi_{1m}^{E3}>0$ 恒

成立。平台 1 的利润差 π_{1m}^{E3} 关于平台惩罚额度 f 的一阶导为 $\frac{\partial \pi_{1m}^{E3}}{\partial f}=\frac{\alpha}{3t}+\frac{\alpha(\alpha f+\Delta vt)}{-9\alpha^2 t+9t^3}+$

$\frac{\beta((\beta-2)f-2t+2v+2\alpha)}{2t}$，其中 $\frac{\alpha}{3t}$ 和 $\frac{\alpha(\alpha f+\Delta vt)}{-9\alpha^2 t+9t^3}$ 大于 0 恒成立，证得 $-\frac{\beta f}{2}-\alpha+f+t<v$ 时，$0<$

$\frac{\beta((\beta-2)f-2t+2v+2\alpha)}{2t}$ 恒成立，与已知条件 $-\alpha-\frac{f\beta}{2}+\frac{f}{2}+t<v$ 相符，最终证得 $\frac{\partial \pi_{1m}^{E3}}{\partial f}>0$ 恒成立。平台 1

的利润差 π_{1m}^{E3} 关于平台不对称程度 Δv 的一阶导 $\frac{\partial \pi_{1m}^{E3}}{\partial \Delta v}=\frac{\alpha f}{-9\alpha^2+9t^2}>0$。综上分析，可得命题 4。

命题 4：当 $0<\alpha<t$、$0<\Delta v<-\frac{3\alpha^2+\alpha f-3t^2}{t}$、$-\alpha-\frac{f\beta}{2}+\frac{f}{2}+t<v<2t-2\alpha$ 和 $0<f<\frac{2(t-\alpha)}{\beta+1}$ 时，若平台 1 能

够部分回收平台惩罚造成的收入损失且惩罚额度较低 $\left(0<f<\frac{2(t-\alpha)}{\beta+1}\right)$，具有市场势力的平台 1 通过

惩罚实施独家交易后，平台 1 利润水平上升，存在通过惩罚实施独家交易的动机。在一定范围内，

平台不对称程度 Δv 越大、平台惩罚额度 f 越高，平台 1 利润增加幅度越大，通过惩罚实施独家交易

协议的动机越强。

4. 独家交易模型 4（E4）对比基础模型 1（NE1）

当满足 $0<\alpha<t$、$0<\Delta v<\frac{3(-\alpha^2+t^2)}{t}$ 和 $0<v<2t-2\alpha$ 三个条件时，基础模型 1（NE1）均衡存在且有

效，平台 1 和平台 2 均衡最大化利润分别为 $\pi_1^{NE1}=\frac{\Delta v}{3}+\frac{v^2}{4t}+\frac{(-\alpha^2+t^2)^2}{-2\alpha^2 t+2t^3}+\frac{t\Delta v^2}{-18\alpha^2+18t^2}$ 和 $\pi_2^{NE1}=-\frac{\Delta v}{3}+\frac{v^2}{4t}+$

$\frac{(-\alpha^2+t^2)^2}{-2\alpha^2 t+2t^3}+\frac{t\Delta v^2}{-18\alpha^2+18t^2}$。当满足 $0<\alpha<t$、$0<\Delta v<-\frac{3\alpha^2-3t^2}{t}$、$t-\alpha+\frac{\Omega}{2}<v<2t-2\alpha$ 和 $0<\Omega<2t-2\alpha$ 四个条

件时，独家交易模型 4（E4）均衡存在且有效，平台 1 和平台 2 均衡最大化利润分别为 $\pi_1^{E4}=\frac{\Delta v}{3}+\frac{v^2}{4t}+$

$\frac{(-\alpha^2+t^2)^2}{-2\alpha^2 t+2t^3}+\frac{t\Delta v^2}{-18\alpha^2+18t^2}-\Omega-\frac{(\Omega-2\alpha-v)\Omega}{2t}$ 和 $\pi_2^{E4}=-\frac{\Delta v}{3}+\frac{v^2}{4t}+\frac{(-\alpha^2+t^2)^2}{-2\alpha^2 t+2t^3}+\frac{t\Delta v^2}{-18\alpha^2+18t^2}+\frac{(\Omega-2v)\Omega}{4t}$。综上

分析，当满足 $0<\alpha<t$、$0<\Delta v<-\frac{3\alpha^2+\alpha f-3t^2}{t}$、$t-\alpha+\frac{\Omega}{2}<v<2t-2\alpha$ 和 $0<\Omega<2t-2\alpha$ 四个条件时，实施独家

交易后平台 1 的利润差 $\pi_{1m}^{E4}=\pi_1^{E4}-\pi_1^{NE1}=-\Omega-\frac{(\Omega-2\alpha-v)\Omega}{2t}$，实施独家交易前后平台 2 的利润差 $\pi_{2m}^{E4}=$

$\pi_2^{E4}-\pi_2^{NE1}=\frac{(\Omega-2v)\Omega}{4t}$，实施独家交易前后平台 1 利润差和平台 2 利润差的差值 $\pi_m^{E4}=\pi_{1m}^{E4}-\pi_{2m}^{E4}=-\Omega-$

$\frac{(\Omega-2\alpha-v)\Omega}{2t}-\frac{(\Omega-2v)\Omega}{4t}$。

求解 $\pi_{1m}^{E4}=-\Omega-\frac{(\Omega-2\alpha-v)\Omega}{2t}$，求得 $2t+\Omega-2\alpha<v$ 时，满足 $\pi_{1m}^{E4}>0$，与已知条件 $v<2t-2\alpha$ 矛盾，因

此 $\pi_{1m}^{E4}<0$ 恒成立。求解 $\pi_m^{E4}=0$，求得 $t+\frac{3\Omega}{4}-\alpha<v$ 时，满足 $\pi_m^{E4}>0$。证得满足 $t+\frac{3\Omega}{4}-\alpha<v<2t-2\alpha$ 和 $0<$

$\Omega<\frac{4}{3}(t-\alpha)$ 两个条件时，实施独家交易前后平台 1 利润差和平台 2 利润差的差值 $\pi_m^{E4}>0$ 恒成立。平

台 1 利润差和平台 2 利润差的差值 π_m^{E4} 关于平台惩罚额度 Ω 的一阶导为 $\dfrac{\partial \pi_m^{E4}}{\partial \Omega}=\dfrac{-2t-3\Omega+2\alpha+2v}{2t}$，证

得 $t+\dfrac{3\Omega}{2}-\alpha<v$ 和 $0<\Omega<\dfrac{2}{3}(t-\alpha)$ 时，$0<\dfrac{-2t-3\Omega+2\alpha+2v}{2t}$ 恒成立，在已知 $\pi_m^{E4}>0$ 的条件 $t+\dfrac{3\Omega}{4}-\alpha<v<2t-$

2α 和 $0<\Omega<\dfrac{4}{3}(t-\alpha)$ 范围内，最终证得 $\dfrac{\partial \pi_m^{E4}}{\partial \Omega}>0$ 恒成立，可得命题 5。

命题 5：当 $0<\alpha<t$、$0<\Delta v<-\dfrac{3\alpha^2-3t^2}{t}$、$t+\dfrac{3\Omega}{2}-\alpha<v<2t-2\alpha$ 和 $0<\Omega<\dfrac{2}{3}(t-\alpha)$ 且平台奖励额度较小

$\left(0<\Omega<\dfrac{2}{3}(t-\alpha)\right)$ 时，具有市场势力的平台 1 通过奖励实施独家交易后，尽管平台 1 的利润水平下

降，但平台 1 利润差和平台 2 利润差的差值上升，即独家交易后平台 2 利润水平下降幅度更大，平

台 1 仍存在通过奖励实施独家交易的动机。在一定范围内，平台奖励额度 Ω 越高，相对平台 1，平

台 2 利润下降幅度越大，平台 1 通过奖励实施独家交易协议的动机越强。

5. 独家交易模型 5（E5）对比基础模型（NE1 和 NE2）

当满足 $0<\alpha<t$、$0<\Delta v<\dfrac{3(-\alpha^2+t^2)}{t}$ 和 $0<v<2t-2\alpha$ 三个条件时，基础模型 1（NE1）均衡存在且有

效，平台 1 的均衡利润为 $\pi_1^{NE1}=\dfrac{\Delta v}{3}+\dfrac{v^2}{4t}+\dfrac{(-\alpha^2+t^2)^2}{-2\alpha^2t+2t^3}+\dfrac{t\Delta v^2}{-18\alpha^2+18t^2}$。当满足 $0<\alpha<t$、$0<\Delta v<3t$ 和 $v>2t$ 三

个条件时，基础模型 2（NE2）均衡存在且有效。平台 1 均衡最大化利润为 $\pi_1^{NE2}=v-t+\dfrac{(3t+\Delta v)^2}{18t}$。当满

足 $0<\alpha<t$、$0<\Delta v<-\dfrac{3\alpha^2-3t^2}{t}$、$\dfrac{3}{2}(t-\alpha)<v$ 三个条件时，独家交易模型 5（E5）均衡存在且有效。平台 1

均衡最大化利润为 $\pi_1^{E5}=t-\alpha+\dfrac{\Delta v}{3}+\dfrac{t\Delta v^2}{-18\alpha^2+18t^2}$。综上分析，当 $0<\alpha<t$、$0<\Delta v<\dfrac{3(-\alpha^2+t^2)}{t}$ 和 $\dfrac{3}{2}(t-\alpha)<$

$v<2t-2\alpha$ 时，实施独家交易前后平台 1 的利润差 $\pi_{1m}^{E5}=\pi_1^{E5}-\pi_1^{NE1}=t-\alpha-\dfrac{v^2}{4t}-\dfrac{(-\alpha^2+t^2)^2}{-2\alpha^2t+2t^3}$；当 $0<\alpha<t$、$0<$

$\Delta v<-\dfrac{3\alpha^2-3t^2}{t}$ 和 $v>2t$ 时，实施独家交易前后平台 1 的利润差 $\pi_{1m*}^{E5}=\pi_1^{E5}-\pi_1^{NE2}=2t-\alpha+\dfrac{\Delta v}{3}+\dfrac{t\Delta v^2}{-18\alpha^2+18t^2}-$

$v-\dfrac{(3t+\Delta v)^2}{18t}$。

当 $0<\alpha<t$、$0<\Delta v<\dfrac{3(-\alpha^2+t^2)}{t}$ 和 $0<\dfrac{3}{2}(t-\alpha)<v<2t-2\alpha$ 时，实施独家交易前后平台 1 的利润差 π_{1m}^{E2}

关于 v 的一阶导 $\dfrac{\partial \pi_{1m}^{E5}}{\partial v}=-\dfrac{v}{2t}<0$ 恒成立，即 v 越大 π_{1m}^{E5} 越小，求解 $\pi_{1m}^{E5}=0$ 可求得 $0<v<\sqrt{2}(t-\alpha)$ 时，

$\pi_{1m}^{E5}>0$ 恒成立。$0<v<\sqrt{2}(t-\alpha)$ 与已知条件 $\dfrac{3}{2}(t-\alpha)<v$ 矛盾，因此 $\pi_{1m}^{E5}<0$ 恒成立。当 $0<\alpha<t$、$0<\Delta v<$

$-\dfrac{3\alpha^2-3t^2}{t}$ 和 $v>2t$ 时，实施独家交易前后平台 1 的利润差 π_{1m*}^{E5} 关于 Δv 的一阶导 $\dfrac{\pi_{1m*}^{E5}}{\partial \Delta v}=\dfrac{\alpha^2\Delta v}{-9\alpha^2t+9t^3}>0$ 恒

成立，若 $\pi_{1m*}^{E5}>0$ 恒成立，需要在 $\Delta v=0$，即 π_{1m*}^{E5} 取最小值时，仍满足 $\pi_{1m*}^{E5}>0$。$\Delta v=0$ 时，若 $\pi_{1m*}^{E5}>$

0，需满足 $v<\dfrac{3}{2}(t-\alpha)$，与已知条件 $v>2t$ 矛盾，因此 $\pi_{1m*}^{E5}>0$ 并非恒成立。除此之外，无论在基础模

型 1（NE1）、基础模型 2（NE2）还是独家交易模型 5（E5）的情形下，平台 1 和平台 2 均衡利润

差 $\pi_1 - \pi_2$ 均为 $\frac{3\Delta v}{2}$。综上分析，可得命题6。

命题6：平台1的奖励额度较高时（全部商家单归属），无论在 $0<\alpha<t$、$0<\Delta v<\frac{3(-\alpha^2+t^2)}{t}$ 和 $0<\frac{3}{2}(t-\alpha)<v<2t-2\alpha$，还是在 $0<\alpha<t$、$0<\Delta v<-\frac{3\alpha^2-3t^2}{t}$ 和 $v>2t$ 的情况下，平台1通过奖励实施独家交易后，其利润水平下降。具有市场势力的平台缺少通过较高奖励（全部商家单归属）实施独家交易行为的动机。

6. 独家交易模型6（E6）对比基础模型1（NE1）

当满足 $0<\alpha<t$、$0<\Delta v<\frac{3(-\alpha^2+t^2)}{t}$ 和 $0<v<2t-2\alpha$ 三个条件时，基础模型1（NE1）均衡存在且有效，平台1和平台2的均衡利润分别为 $\pi_1^{NE1}=\frac{\Delta v}{3}+\frac{v^2}{4t}+\frac{(-\alpha^2+t^2)^2}{-2\alpha^2 t+2t^3}+\frac{t\Delta v^2}{-18\alpha^2+18t^2}$ 和 $\pi_2^{NE1}=-\frac{\Delta v}{3}+\frac{v^2}{4t}+\frac{(-\alpha^2+t^2)^2}{-2\alpha^2 t+2t^3}+\frac{t\Delta v^2}{-18\alpha^2+18t^2}$。当满足 $0<\alpha<t$、$0<\Delta v<-\frac{3\alpha^2-3t^2}{t}$、$\Omega-\alpha+t<v<2t-2\alpha$ 和 $0<\Omega<t-\alpha$ 四个条件时，独家交易模型（E6）均衡存在且有效。平台1和平台2均衡最大化利润分别为 $\pi_1^{E6}=\frac{\Delta v}{3}+\frac{v^2}{4t}+\frac{(-\alpha^2+t^2)^2}{-2\alpha^2 t+2t^3}+\frac{t\Delta v^2}{-18\alpha^2+18t^2}-2\Omega+\frac{(-2\Omega+2\alpha+v)\Omega}{t}$ 和 $\pi_2^{E6}=-\frac{\Delta v}{3}+\frac{v^2}{4t}+\frac{(-\alpha^2+t^2)^2}{-2\alpha^2 t+2t^3}+\frac{t\Delta v^2}{-18\alpha^2+18t^2}+\frac{(\Omega-v)\Omega}{t}$。综上分析，当满足 $0<\alpha<t$、$0<\Delta v<\frac{3(-\alpha^2+t^2)}{t}$、$\Omega-\alpha+t<v<2t-2\alpha$ 和 $0<\Omega<t-\alpha$ 四个条件时，实施独家交易前后平台1的利润差 $\pi_{1m}^{E6}=\pi_1^{E6}-\pi_1^{NE1}=-2\Omega+\frac{(-2\Omega+2\alpha+v)\Omega}{t}$，实施独家交易前后平台2的利润差 $\pi_{2m}^{E6}=\pi_2^{E6}-\pi_2^{NE1}=\frac{(\Omega-v)\Omega}{t}$，实施独家交易前后平台1利润差和平台2利润差的差值 $\pi_m^{E4}=\pi_{1m}^{E4}-\pi_{2m}^{E4}=-2\Omega+\frac{(-2\Omega+2\alpha+v)\Omega}{t}-\frac{(\Omega-v)\Omega}{t}$。

求解 $\pi_{1m}^{E6}=-2\Omega+\frac{(-2\Omega+2\alpha+v)\Omega}{t}$，求得 $2t+\Omega-2\alpha<v$ 时，满足 $\pi_{1m}^{E6}>0$，与已知条件 $v<2t-2\alpha$ 矛盾，因此 $\pi_{1m}^{E6}<0$ 恒成立。求解 $\pi_m^{E6}=0$，求得 $t+\frac{3\Omega}{2}-\alpha<v$ 时，满足 $\pi_m^{E6}>0$。证得满足 $t+\frac{3\Omega}{2}-\alpha<v<2t-2\alpha$ 和 $0<\Omega<\frac{2}{3}(t-\alpha)$ 两个条件时，实施独家交易前后平台1利润差和平台2利润差的差值 $\pi_m^{E6}>0$ 恒成立。平台1利润差和平台2利润差的差值 π_m^{E6} 关于平台惩罚额度 Ω 的一阶导为 $\frac{\partial \pi_m^{E6}}{\partial \Omega}=\frac{-2t-6\Omega+2\alpha+2v}{t}$，证得 $t+3\Omega-\alpha<v$ 和 $0<\Omega<\frac{1}{3}(t-\alpha)$ 时，$0<\frac{-2t-6\Omega+2\alpha+2v}{t}$ 恒成立，在已知 $\pi_m^{E6}>0$ 的条件 $t+\frac{3\Omega}{2}-\alpha<v<2t-2\alpha$ 和 $0<\Omega<\frac{2}{3}(t-\alpha)$ 范围内，最终证得 $\frac{\partial \pi_m^{E6}}{\partial \Omega}>0$ 恒成立，可得命题7。

命题7：当 $0<\alpha<t$、$0<\Delta v<-\frac{3\alpha^2-3t^2}{t}$、$t+\frac{3\Omega}{2}-\alpha<v<2t-2\alpha$ 和 $0<\Omega<\frac{1}{3}(t-\alpha)$ 且平台奖励额度较小 $\left(0<\Omega<\frac{1}{3}(t-\alpha)\right)$ 时，具有市场势力的平台1通过奖励实施独家交易后，尽管平台1的利润水平下

降，但平台 1 利润差和平台 2 利润差的差值上升，即独家交易后平台 2 利润水平下降幅度更大，平台 1 仍存在通过奖励实施独家交易的动机。在一定范围内，平台奖励额度 Ω 越高，相对平台 1，平台 2 利润下降幅度越大，平台 1 通过奖励实施独家交易协议的动机越强。

（二）平台独家交易前后均衡对比

根据命题 2 至命题 7，具有市场势力的平台 1 在独家交易模型 1（E1）、独家交易模型 3（E3）、独家交易模型 4（E4）、独家交易模型 6（E6）四种情形下有动机通过惩罚或激励实施独家交易行为。通过对比独家交易前后的市场均衡研究具有市场势力的平台通过惩罚和激励实施独家交易的经济效应。

1. 独家交易模型 1（E1）对比基础模型 1（NE1）

当满足 $0<\alpha<t$、$0<\Delta v<-\dfrac{3\alpha^2+\alpha f-3t^2}{t}$、$t-\alpha+\dfrac{f}{2}<v<2t-2\alpha$ 和 $0<f<2t-2\alpha$ 四个条件时，对比独家交易模型 1（E1）和基础模型 1（NE1）的均衡结果，独家交易模型 1 和基础模型 1 均衡结果的差值如表 2 所示：

表 2　独家交易模型 1 和基础模型 1 均衡结果对比

价格	$p_{1m}^{E1}=p_1^{a\,E1}-p_1^{a\,NE1}=\dfrac{\alpha f}{3t}$；$p_{2m}^{a\,E1}=p_2^{a\,E1}-p_2^{a\,NE1}=\dfrac{\alpha f}{6t}$ $p_{1m}^{b\,E1}=p_1^{b\,E1}-p_1^{b\,NE1}=0$；$p_{2m}^{b\,E1}=p_2^{b\,E1}-p_2^{b\,NE1}=-\dfrac{f}{2}$
数量	$n_{1m}^{a\,E1}=n_1^{a\,E1}-n_1^{a\,NE1}=\dfrac{\alpha f}{-6\alpha^2+6t^2}$；$n_{1m}^{b\,E1}=n_1^{b\,E1}-n_1^{b\,NE1}=-\dfrac{\alpha f}{-6\alpha^2+6t^2}$ $n_{2m}^{a\,E1}=n_2^{a\,E1}-n_2^{a\,NE1}=\dfrac{\alpha^2 f}{-6\alpha^2 t+6t^3}$；$n_{2m}^{b\,E1}=n_2^{b\,E1}-n_2^{b\,NE1}=\dfrac{2\alpha^2 f-3ft^2}{-6\alpha^2 t+6t^3}$
利润	$\pi_{1m}^{E1}=\pi_1^{E1}-\pi_1^{NE1}=\dfrac{\alpha f}{3t}+\dfrac{\alpha f(\alpha f+2\Delta vt)}{-18\alpha^2 t+18t^3}$ $\pi_{2m}^{E1}=\pi_2^{E1}-\pi_2^{NE1}=-\dfrac{fv}{2t}+\dfrac{f^2}{4t}-\dfrac{\alpha f}{3t}+\dfrac{\alpha f(\alpha f+2\Delta vt)}{-18\alpha^2 t+18t^3}$
消费者剩余	$CS_m^{E1}=CS^{E1}-CS^{NE1}=-\dfrac{\alpha f}{2t}+\dfrac{\alpha ft(\alpha f+2\Delta vt)}{36(\alpha^2-t^2)^2}$
商家剩余	$CV_m^{E1}=v+\alpha-t+\dfrac{f}{2}-\dfrac{(\alpha+v)f}{2t}-\dfrac{(\alpha f+\Delta vt)f\alpha}{-6\alpha^2+6t^3}-\dfrac{\alpha^2\Delta v^2 t}{36(-\alpha^2+t^2)^2}-\dfrac{(\alpha+v)^2}{4t}$
社会总福利	$U_m^{E1}=-\dfrac{\alpha f}{2t}+2\dfrac{\alpha f(\alpha f+2\Delta vt)}{-18\alpha^2 t+18t^3}+\dfrac{f^2+v^2}{4t}-\dfrac{fv}{2t}-\dfrac{v^2}{4t}+\dfrac{\alpha ft(\alpha f+2\Delta vt)}{36(\alpha^2-t^2)^2}+v+\alpha-t+\dfrac{f}{2}-\dfrac{(\alpha+v)f}{2t}-\dfrac{(\alpha f+\Delta vt)f\alpha}{-6\alpha^2+6t^3}-\dfrac{\alpha^2\Delta v^2 t}{36(-\alpha^2+t^2)^2}$ $\quad-\dfrac{(\alpha+v)^2}{4t}$

平台 1 通过奖励实施独家交易后，平台 1 对消费者收取的价格提高 $\dfrac{\alpha f}{3t}$，平台 2 对消费者收取的价格提高 $\dfrac{\alpha f}{6t}$，对商家收取的价格下降 $\dfrac{f}{2}$。使用平台 1 的消费者数量增加 $\dfrac{\alpha f}{-6\alpha^2+6t^2}$，商家数量增加 $\dfrac{\alpha^2 f}{-6\alpha^2 t+6t^3}$；使用平台 2 的消费者数量下降 $\dfrac{\alpha f}{-6\alpha^2+6t^2}$，商家数量下降 $\dfrac{3ft^2-2\alpha^2 f}{-6\alpha^2 t+6t^3}$。

实施独家交易后平台 1 的利润差 $\pi_{1m}^{E1}=\pi_1^{E1}-\pi_1^{NE1}=\dfrac{\alpha f}{3t}+\dfrac{\alpha f(\alpha f+2\Delta vt)}{-18\alpha^2t+18t^3}$，平台 2 的利润差 $\pi_{2m}^{E1}=\pi_2^{E1}-$

$\pi_2^{NE1}=-\dfrac{fv}{2t}+\dfrac{f^2}{4t}-\dfrac{\alpha f}{3t}+\dfrac{\alpha f(\alpha f+2\Delta vt)}{-18\alpha^2t+18t^3}$。$\pi_{1m}^{E1}>0$ 恒成立。求解 $\pi_{2m}^{E1}=0$，求得 $v<\dfrac{f(-11\alpha^2+9t^2)}{-18\alpha^2+18t^2}<f$ 时，$\pi_{2m}^{E1}>0$

恒成立，与已知条件 $f<t-\alpha+\dfrac{f}{2}<v$ 矛盾，因此 $\pi_{2m}^{E1}<0$ 恒成立。平台 1 和平台 2 的利润差关于平台惩

罚额度 f 的一阶导分别为 $\dfrac{\partial\pi_{1m}^{E1}}{\partial f}=\dfrac{\alpha}{3t}+\dfrac{\alpha(\alpha f+\Delta vt)}{-9\alpha^2t+9t^3}$ 和 $\dfrac{\partial\pi_{2m}^{E1}}{\partial f}=-\dfrac{\alpha}{3t}-\dfrac{v-f}{2t}+\dfrac{\alpha(\alpha f+\Delta vt)}{-9\alpha^2t+9t^3}$，$t-\alpha+\dfrac{f}{2}<v<2t-2\alpha$ 时，

$\dfrac{\partial\pi_{1m}^{E4}}{\partial f}>0$ 和 $\dfrac{\partial\pi_{2m}^{E4}}{\partial f}<0$ 恒成立。平台 1 和平台 2 的利润差关于平台不对称程度 Δv 的一阶导分别为

$\dfrac{\partial\pi_{1m}^{E1}}{\partial\Delta v}=\dfrac{\alpha f}{-9\alpha^2+9t^2}$ 和 $\dfrac{\partial\pi_{2m}^{E1}}{\partial\Delta v}=\dfrac{\alpha f}{-9\alpha^2+9t^2}$，$\dfrac{\partial\pi_{1m}^{E1}}{\partial\Delta v}>0$ 和 $\dfrac{\partial\pi_{2m}^{E1}}{\partial\Delta v}>0$ 恒成立。

平台 1 实施独家交易后，消费者剩余变动 CS_m^{E1} 和商家剩余变动 CV_m^{E1} 并非恒大于 0 或恒小于 0，唯

一确定的是商家剩余变动 CV_m^{E1} 关于平台不对称程度 Δv 的一阶导 $\dfrac{\partial CV_m^{E1}}{\partial\Delta v}=\dfrac{\alpha}{6(-\alpha^2+t^2)^2}\left(\alpha^2f-ft^2-\dfrac{\alpha\Delta vt}{3}\right)$ 小

于 0 恒成立。社会总福利变动 U_m^{E1} 在 $v=2t-2\alpha$ 和 $f=0$ 的时候取最大值，此时 $U_m^{E1}=-\dfrac{\alpha^2}{4(-\alpha^2+t^2)^2t}\cdot$

$\left(t^4+\left(-2\alpha^2+\dfrac{\Delta v^2}{9}\right)t^2+\alpha^4\right)$，且恒小于 0，可得命题 8。

命题 8：当满足 $0<\alpha<t$、$0<\Delta v<-\dfrac{3\alpha^2+\alpha f-3t^2}{t}$、$t-\alpha+\dfrac{f}{2}<v<2t-2\alpha$ 和 $0<f<2t-2\alpha$ 且惩罚额度较小

时，具有市场势力的平台 1 通过惩罚实施独家交易后，平台 1 和平台 2 对消费者收取的价格上升；平台 2 对商家收取的价格下降；使用平台 1 的消费者和商家数量上升，使用平台 2 的消费者和商家数量下降；平台 1 的利润水平提高，平台 2 的利润水平下降；社会总福利水平下降。平台 1 的惩罚额度 f 越大，平台 1、平台 2 对消费者收取的价格提高幅度越大；平台 2 对商家收取的价格下降幅度越大；使用平台 1 的消费者数量和商家数量提高幅度越大；使用平台 2 的消费者数量和商家数量下降幅度越大；平台 1 的利润水平提高幅度越大，平台 2 的利润水平下降幅度越大。平台不对称程度 Δv 越大，平台 1 利润水平提高幅度越大，但商家剩余水平下降幅度越大。

2. 独家交易模型 3（E3）对比基础模型 1（NE1）

当满足 $0<\alpha<t$、$0<\Delta v<-\dfrac{3\alpha^2+\alpha f-3t^2}{t}$、$-\alpha-\dfrac{f\beta}{2}+\dfrac{f}{2}+t<v<2t-2\alpha$ 和 $0<f<\dfrac{2(t-\alpha)}{\beta+1}$ 四个条件时，对比

独家交易模型 3（E3）和基础模型 1（NE1）的均衡结果，独家交易模型 1 和基础模型 1 均衡结果的差值如表 3 所示。

表 3　独家交易模型 3 和基础模型 1 均衡结果对比

价格	$p_{1m}^{aE3}=p_1^{aE3}-p_1^{aNE1}=\dfrac{\alpha f(3\beta+2)}{6t}$；$p_{2m}^{aE3}=p_2^{aE3}-p_2^{aNE1}=\dfrac{\alpha f}{6t}$ $p_{1m}^{bE3}=p_1^{bE3}-p_1^{bNE1}=-\dfrac{f\beta}{2}$；$p_{2m}^{bE3}=p_2^{bE3}-p_2^{bNE1}=-\dfrac{f}{2}$
数量	$n_{1m}^{aE3}=n_1^{aE3}-n_1^{aNE1}=\dfrac{\alpha f}{-6\alpha^2+6t^2}$；$n_{1m}^{bE3}=n_1^{bE3}-n_1^{bNE1}=-\dfrac{\alpha f}{-6\alpha^2+6t^2}$ $n_{2m}^{aE3}=n_2^{aE3}-n_2^{aNE1}=\dfrac{f(-3\alpha^2\beta+3\beta t^2+\alpha^2)}{-6\alpha^2t+6t^3}$；$n_{2m}^{bE3}=n_2^{bE3}-n_2^{bNE1}=\dfrac{2\alpha^2f-3ft^2}{-6\alpha^2t+6t^3}$

利润	$\pi_{1m}^{E3} = \pi_1^{E3} - \pi_1^{NE1} = \dfrac{\alpha f}{3t} + \dfrac{\alpha f(\alpha f + 2\Delta vt)}{-18\alpha^2 t + 18t^3} + \dfrac{\beta f((\beta-2)f - 4t + 4v + 4\alpha)}{4t}$
	$\pi_{2m}^{E3} = \pi_2^{E3} - \pi_2^{NE1} = \dfrac{f^2}{4t} - \dfrac{\alpha f}{3t} - \dfrac{fv}{2t} + \dfrac{\alpha f(\alpha f + 2\Delta vt)}{-18\alpha^2 t + 18t^3}$
消费者剩余	$CS_m^{E3} = CS^{E3} - CS^{NE1} = -\dfrac{\alpha f}{2t} + \dfrac{\alpha ft(\alpha f + 2\Delta vt)}{36(\alpha^2 - t^2)^2}$
商家剩余	$CV_m^{E3} = v + \alpha - t + \dfrac{f}{2} - \dfrac{(v+\alpha)f}{2t} - \dfrac{(\alpha f + \Delta vt)f\alpha}{-6\alpha^2 t + 6t^3} - \dfrac{(f-t)\beta f}{2t} - \dfrac{\alpha^2 \Delta v^2 t}{36(-\alpha^2 + t^2)^2} - \dfrac{(v+\alpha)^2}{4t}$
社会总福利	$U_m^{E3} = -\dfrac{\alpha f}{2t} + 2\dfrac{\alpha f(\alpha f + 2\Delta vt)}{-18\alpha^2 t + 18t^3} + \dfrac{\beta f((\beta-2)f - 4t + 4v + 4\alpha)}{4t} + \dfrac{f^2 + v^2}{4t} - \dfrac{fv}{2t} - \dfrac{v^2}{4t} + \dfrac{\alpha ft(\alpha f + 2\Delta vt)}{36(\alpha^2 - t^2)^2} + v + \alpha - t + \dfrac{f}{2} - \dfrac{(v+\alpha)f}{2t} - \dfrac{(\alpha f + \Delta vt)f\alpha}{-6\alpha^2 t + 6t^3} - \dfrac{(f-t)\beta f}{2t} - \dfrac{\alpha^2 \Delta v^2 t}{36(-\alpha^2 + t^2)^2} - \dfrac{(v+\alpha)^2}{4t}$

平台 1 通过奖励实施独家交易后，平台 1 对消费者收取的价格提高 $\dfrac{\alpha f(3\beta+2)}{6t}$，对商家收取的价格下降 $\dfrac{f\beta}{2}$；平台 2 对消费者收取的价格提高 $\dfrac{\alpha f}{6t}$，对商家收取的价格下降 $\dfrac{f}{2}$。使用平台 1 的消费者数量增加 $\dfrac{\alpha f}{-6\alpha^2 + 6t^2}$，商家数量增加 $\dfrac{f(-3\alpha^2\beta + 3\beta t^2 + \alpha^2)}{-6\alpha^2 t + 6t^3}$；使用平台 2 的消费者数量下降 $\dfrac{\alpha f}{-6\alpha^2 + 6t^2}$，商家数量下降 $\dfrac{3ft^2 - 2\alpha^2 f}{-6\alpha^2 t + 6t^3}$。

实施独家交易后平台 1 的利润差 $\pi_{1m}^{E3} = \pi_1^{E3} - \pi_1^{NE1} = \dfrac{\alpha f}{3t} + \dfrac{\alpha f(\alpha f + 2\Delta vt)}{-18\alpha^2 t + 18t^3} + \dfrac{\beta f((\beta-2)f - 4t + 4v + 4\alpha)}{4t}$，平台 2 的利润差 $\pi_{2m}^{E3} = \pi_2^{E3} - \pi_2^{NE1} = \dfrac{f^2}{4t} - \dfrac{\alpha f}{3t} - \dfrac{fv}{2t} + \dfrac{\alpha f(\alpha f + 2\Delta vt)}{-18\alpha^2 t + 18t^3}$。$\pi_{1m}^{E3} = \dfrac{\alpha f}{3t} + \dfrac{\alpha f(\alpha f + 2t\Delta v)}{-18\alpha^2 t + 18t^3} + \dfrac{\beta f((\beta-2)f - 4t + 4v + 4\alpha)}{4t}$，已知 $\dfrac{\alpha f}{3t}$ 和 $\dfrac{\alpha f(\alpha f + 2t\Delta v)}{-18\alpha^2 t + 18t^3}$ 恒大于 0，证得 $-\dfrac{f\beta}{4} - \alpha + \dfrac{f}{2} + t < v$ 时，$0 < \dfrac{\beta f((\beta-2)f - 4t + 4v + 4\alpha)}{4t}$ 恒成立，与已知条件 $-\alpha - \dfrac{f\beta}{2} + \dfrac{f}{2} + t < v$ 相符，最终证得 $\pi_{1m}^{E3} > 0$ 恒成立。求解 $\pi_{2m}^{E3} = 0$，求得 $v < \dfrac{f(-11\alpha^2 + 9t^2)}{-18\alpha^2 + 18t^2} < f$ 时，$\pi_{2m}^{E1} > 0$ 恒成立，与已知条件 $f < t - \alpha + \dfrac{f}{2} < v$ 矛盾，因此 $\pi_{2m}^{E3} < 0$ 恒成立。平台 1 和平台 2 的利润差关于平台惩罚额度 f 的一阶导分别为 $\dfrac{\partial \pi_{1m}^{E3}}{\partial f} = \dfrac{\alpha}{3t} + \dfrac{\alpha(\alpha f + \Delta vt)}{-9\alpha^2 t + 9t^3} + \dfrac{\beta((\beta-2)f - 2t + 2v + 2\alpha)}{2t}$ 和 $\dfrac{\partial \pi_{2m}^{E3}}{\partial f} = -\dfrac{\alpha}{3t} - \dfrac{v-f}{2t} + \dfrac{\alpha(\alpha f + \Delta vt)}{-9\alpha^2 t + 9t^3}$。$\dfrac{\alpha}{3t}$ 和 $\dfrac{\alpha(\alpha f + \Delta vt)}{-9\alpha^2 t + 9t^3}$ 大于 0 恒成立，$-\dfrac{\beta f}{2} - \alpha + f + t < v$ 时，$0 < \dfrac{\beta((\beta-2)f - 2t + 2v + 2\alpha)}{2t}$ 恒成立，与已知条件 $-\alpha - \dfrac{f\beta}{2} + \dfrac{f}{2} + t < v$ 相符，最终证得 $\dfrac{\partial \pi_{1m}^{E3}}{\partial f} > 0$ 恒成立。$t - \alpha + \dfrac{f}{2} < v < 2t - 2\alpha$ 时，$\dfrac{\partial \pi_{1m}^{E4}}{\partial f} > 0$ 和 $\dfrac{\partial \pi_{2m}^{E4}}{\partial f} < 0$ 恒成立。平台 1 和平台 2 的利润差关于平台不对称程度 Δv 的一阶导分别为 $\dfrac{\partial \pi_{1m}^{E1}}{\partial \Delta v} = \dfrac{\alpha f}{-9\alpha^2 + 9t^2}$ 和 $\dfrac{\partial \pi_{2m}^{E1}}{\partial \Delta v} = \dfrac{\alpha f}{-9\alpha^2 + 9t^2}$，$\dfrac{\partial \pi_{1m}^{E1}}{\partial \Delta v} > 0$ 和 $\dfrac{\partial \pi_{2m}^{E1}}{\partial \Delta v} > 0$ 恒成立。

平台 1 实施独家交易后，消费者剩余变动 CS_m^{E3} 和商家剩余变动 CV_m^{E3} 并非恒大于 0 或恒小于 0，唯一确定的是商家剩余变动 CV_m^{E1} 关于平台不对称程度 Δv 的一阶导 $\frac{\partial CV_m^{E3}}{\partial \Delta v} = \frac{\alpha}{6(-\alpha^2+t^2)^2}(\alpha^2 f - ft^2 -$

$\frac{\alpha \Delta vt}{3})$ 小于 0 恒成立。社会总福利变动 U_m^{E1} 在 $v = 2\beta f - \alpha - 2f + 2t$ 和 $f = 0$ 的时候取最大值，此时 $U_m^{E1} =$

$-\frac{\alpha^2 \Delta v^2 t}{36(\alpha^2 t^2)^2}$ 恒小于 0，可得命题 9。

命题 9：当满足 $0 < \alpha < t$、$0 < \Delta v < -\frac{3\alpha^2 + \alpha f - 3t^2}{t}$、$-\alpha - \frac{f\beta}{2} + \frac{f}{2} + t < v < 2t - 2\alpha$ 和 $0 < f < \frac{2(t-\alpha)}{\beta+1}$ 且能够部分回收惩罚造成的平台损失时，具有市场势力的平台 1 通过惩罚实施独家交易后，平台 1 和平台 2 对消费者收取的价格上升；平台 1 和平台 2 对商家收取的价格下降；使用平台 1 的消费者和商家数量上升，使用平台 2 的消费者和商家数量下降；平台 1 的利润水平提高，平台 2 的利润水平下降；社会总福利水平下降。平台 1 的惩罚额度 f 越大，平台 1、平台 2 对消费者收取的价格提高幅度越大；平台 1、平台 2 对商家收取的价格下降幅度越大；使用平台 1 的消费者数量和商家数量提高幅度越大；使用平台 2 的消费者数量和商家数量下降幅度越大；平台 1 的利润水平提高幅度越大，平台 2 的利润水平下降幅度越大。平台不对称程度 Δv 越大，平台 1 利润水平提高幅度越大，但商家剩余水平下降幅度越大。

3. 独家交易模型 4（E4）对比基础模型 1（NE1）

当满足 $0 < \alpha < t$、$0 < \Delta v < -\frac{3\alpha^2 - 3t^2}{t}$、$t - \alpha + \frac{\Omega}{2} < v < 2t - 2\alpha$ 和 $0 < \Omega < 2t - 2\alpha$ 四个条件时，对比独家交易模型 4（E4）和基础模型 1（NE1）的均衡结果，独家交易模型 4 和基础模型 1 均衡结果的差值如表 4 所示。

表 4　独家交易模型 4 和基础模型 1 均衡结果对比

价格	$p_{1m}^{a\,E4} = p_1^{a\,E4} - p_1^{a\,NE1} = \frac{\alpha\Omega}{t}$；$p_{2m}^{a} = p_2^{a\,E4} - p_2^{a\,NE1} = \frac{\alpha\Omega}{2t}$
	$p_{1m}^{b\,E4} = p_1^{b\,E4} - p_1^{b\,NE1} = 0$；$p_{2m}^{b} = p_2^{b\,E4} - p_2^{b\,NE1} = -\frac{\Omega}{2}$
数量	$n_{1m}^{a\,E4} = n_1^{a\,E4} - n_1^{a\,NE1} = 0$；$n_{1m}^{b} = n_1^{b\,E4} - n_1^{b\,NE1} = 0$
	$n_{2m}^{a\,E4} = n_2^{a\,E4} - n_2^{a\,NE1} = 0$；$n_{2m}^{b} = n_2^{b\,E4} - n_2^{b\,NE1} = -\frac{\Omega}{2t}$
利润	$\pi_{1m}^{E4} = \pi_1^{E4} - \pi_1^{NE1} = -\Omega - \frac{(\Omega - 2\alpha - v)\Omega}{2t}$
	$\pi_{2m}^{E4} = \pi_2^{E4} - \pi_2^{NE1} = \frac{(\Omega - 2v)\Omega}{4t}$
消费者剩余	$CS_m^{E4} = CS^{E4} - CS^{NE1} = -\frac{\alpha\Omega}{t}$
商家剩余	$CV_m^{E4} = v + \alpha - t + \frac{\Omega}{2} - \frac{\alpha^2 \Delta v^2 t}{36(-\alpha^2 + t^2)^2} - \frac{(v+\alpha)^2}{4t}$
社会总福利	$U_m^{E4} = -\frac{\Omega}{2} - \frac{(\Omega - 2\alpha - v)\Omega}{2t} + \frac{(\Omega - 2v)\Omega}{4t} - \frac{\alpha\Omega}{t} + v + \alpha - t - \frac{\alpha^2 \Delta v^2 t}{36(-\alpha^2 + t^2)^2} - \frac{(v+\alpha)^2}{4t}$

平台 1 通过奖励实施独家交易后，平台 1 对消费者收取的价格提高 $\frac{\alpha\Omega}{t}$，平台 2 对消费者收取的价格提高 $\frac{\alpha\Omega}{2t}$，对商家收取的价格下降 $\frac{\Omega}{2}$。使用平台 1 的商家和消费者数量均未变化，平台 2 商家数量下降 $\frac{\Omega}{2t}$。

实施独家交易后平台 1 的利润差 $\pi_{1m}^{E4}=\pi_1^{E4}-\pi_1^{NE1}=-\Omega-\dfrac{(\Omega-2\alpha-v)\Omega}{2t}$，平台 2 的利润差 $\pi_{2m}^{E4}=\pi_2^{E4}-$

$\pi_2^{NE1}=\dfrac{(\Omega-2v)\Omega}{4t}$。求解 $\pi_{1m}^{E4}=0$，求得 $2t+\Omega-2\alpha<v$ 时，满足 $\pi_{1m}^{E4}>0$，与已知条件 $v<2t-2\alpha$ 矛盾，因此

$\pi_{1m}^{E4}<0$ 恒成立。求解 $\pi_{2m}^{E4}=0$，求得 $v<\dfrac{\Omega}{2}$ 时，满足 $\pi_{1m}^{E4}>0$，与已知条件 $t-\alpha+\dfrac{\Omega}{2}<v$ 矛盾，因此 $\pi_{2m}^{E4}<0$ 恒

成立。平台 1 和平台 2 的利润差关于平台奖励额度 Ω 的一阶导分别为 $\dfrac{\partial\,\pi_{1m}^{E4}}{\partial\Omega}=\dfrac{-2t-2\Omega+2\alpha+v}{2t}$ 和 $\dfrac{\partial\,\pi_{2m}^{E4}}{\partial\Omega}=$

$\dfrac{(\Omega-2v)\Omega}{4t}$，$t-\alpha+\dfrac{\Omega}{2}<v<2t-2\alpha$ 时，$\dfrac{\partial\,\pi_{1m}^{E4}}{\partial\Omega}<0$ 和 $\dfrac{\partial\,\pi_{2m}^{E4}}{\partial\Omega}<0$ 恒成立。

实施独家交易后，消费者剩余下降 $\dfrac{\alpha\Omega}{t}$，平台 1 的奖励额度 Ω 越大，消费者剩余下降幅度越大。

商家剩余前后变动关于平台不对称程度 Δv 和奖励额度 Ω 的一阶导分别为 $\dfrac{\partial CV_m^{E4}}{\partial\Delta v}=-\dfrac{\alpha^2\Delta vt}{18(\alpha^2-t^2)^2}$ 和

$\dfrac{\partial CV_m^{E4}}{\partial\Omega}=\dfrac{1}{2}$，$\dfrac{\partial CV_m^{E4}}{\partial\Delta v}<0$ 和 $\dfrac{\partial CV_m^{E4}}{\partial\Omega}>0$ 均恒成立。社会总福利差值关于平台不对称程度 Δv 和奖励额度 Ω

的一阶导分别为 $\dfrac{\partial U_m^{E4}}{\partial\Delta v}=-\dfrac{\alpha^2\Delta vt}{18(\alpha^2-t^2)^2}$ 和 $\dfrac{\partial U_m^{E4}}{\partial\Omega}=\dfrac{-\Omega-t}{2t}$，均恒小于 0。在 $v=2t-2\alpha$ 和 $\Delta v=0$ 时，U_m^{E4} 取极

大值为 $\dfrac{-\Omega^2-2\Omega t-\alpha^2}{4t}<0$，可得命题 10。

命题 10：当满足 $0<\alpha<t$、$0<\Delta v<-\dfrac{3\alpha^2-3t^2}{t}$、$t+\dfrac{3\Omega}{2}-\alpha<v<2t-2\alpha$ 和 $0<\Omega<2t-2\alpha$ 且平台奖励额度较

小（$0<\Omega<2t-2\alpha$）时，具有市场势力的平台 1 通过奖励实施独家交易后，平台 1 对消费者收取的价格提高，平台 2 对消费者收取的价格提高，对商家收取的价格下降；使用平台 2 的商家数量下降；平台 1 和平台 2 的利润水平下降；消费者福利水平下降，社会总福利水平下降。随着平台不对称程度 Δv 增加，商家剩余和社会总福利水平逐渐降低。随着平台奖励额度 Ω 增加，平台 1 和平台 2 的利润水平逐渐降低，消费者剩余和社会总福利逐渐降低但商家剩余逐渐增加。

4. 独家交易模型 6（E6）对比基础模型 1（NE1）

当满足 $0<\alpha<t$、$0<\Delta v<\dfrac{3(-\alpha^2+t^2)}{t}$、$\Omega-\alpha+t<v<2t-2\alpha$ 和 $0<\Omega<t-\alpha$ 四个条件时，对比独家交易模型 6（E6）和基础模型 1（NE1）的均衡结果，独家交易模型 6 和基础模型 1 均衡结果的差值如表 5 所示。

表 5　独家交易模型 6 和基础模型 1 均衡结果对比

价格	$p_{1m}^{aE6}=p_1^{aE6}-p_1^{aNE1}=\dfrac{2\alpha\Omega}{t}$；$p_{2m}^{aE6}=p_2^{aE6}-p_2^{aNE1}=\dfrac{\alpha\Omega}{t}$ $p_{1m}^{bE6}=p_1^{bE6}-p_1^{bNE1}=-\dfrac{\Omega}{2}$；$p_{2m}^{bE6}=p_2^{bE6}-p_2^{bNE1}=-\dfrac{\Omega}{2}$
数量	$n_{1m}^{aE6}=n_1^{aE6}-n_1^{aNE1}=0$；$n_{1m}^{bE6}=n_1^{bE6}-n_1^{bNE1}=0$ $n_{2m}^{aE6}=n_2^{aE6}-n_2^{aNE1}=0$；$n_{2m}^{bE6}=n_2^{bE6}-n_2^{bNE1}=-\dfrac{\Omega}{2t}$

续表

利润	$\pi_{1m}^{E6}=\pi_1^{E6}-\pi_1^{NE1}=-2\Omega+\dfrac{(-2\Omega+2\alpha+v)\,\Omega}{t}$
	$\pi_{2m}^{E6}=\pi_2^{E6}-\pi_2^{NE1}=\dfrac{(\Omega-v)\,\Omega}{t}$
消费者剩余	$CS_m^{E6}=CS^{E6}-CS^{NE1}=-\dfrac{2\alpha\Omega}{t}$
商家剩余	$CV_m^{E6}=v+\alpha-t+\Omega-\dfrac{\alpha^2\Delta v^2 t}{36\,(-\alpha^2+t^2)^2}-\dfrac{(v+\alpha)^2}{4t}$
社会总福利	$U_m^{E6}=-\Omega+\dfrac{(-2\Omega+2\alpha+v)\,\Omega}{t}+\dfrac{(\Omega-v)\,\Omega}{t}-2\,\dfrac{\alpha\Omega}{t}+v+\alpha-t-\dfrac{\alpha^2\Delta v^2 t}{36\,(-\alpha^2+t^2)^2}-\dfrac{(v+\alpha)^2}{4t}$

平台 1 通过奖励实施独家交易后，平台 1 对消费者收取的价格提高 $\dfrac{2\alpha\Omega}{t}$，平台 2 对消费者收取的价格提高 $\dfrac{\alpha\Omega}{t}$。平台 1 和平台 2 对商家收取的价格均下降 $\dfrac{\Omega}{2}$。使用平台 1 的商家和消费者数量均未变化，平台 2 商家数量下降 $\dfrac{\Omega}{2t}$。

实施独家交易后平台 1 的利润差 $\pi_{1m}^{E6}=\pi_1^{E6}-\pi_1^{NE1}=-2\Omega+\dfrac{(-2\Omega+2\alpha+v)\,\Omega}{t}$，平台 2 的利润差 $\pi_{2m}^{E6}=\pi_2^{E6}-\pi_2^{NE1}=\dfrac{(\Omega-v)\,\Omega}{4t}$。求解 $\pi_{1m}^{E6}=0$，求得 $2t+\Omega-2\alpha<v$ 时，满足 $\pi_{1m}^{E6}>0$，与已知条件 $v<2t-2\alpha$ 矛盾，因此 $\pi_{1m}^{E6}<0$ 恒成立。求解 $\pi_{2m}^{E4}=0$，求得 $v<\Omega$ 时，满足 $\pi_{1m}^{E6}>0$，与已知条件 $t-\alpha+\dfrac{\Omega}{2}<v$ 和 $0<\Omega<t-\alpha$ 矛盾，因此 $\pi_{2m}^{E6}<0$ 恒成立。平台 1 和平台 2 的利润差关于平台奖励额度 Ω 的一阶导分别为 $\dfrac{\partial\,\pi_{1m}^{E6}}{\partial\Omega}=\dfrac{-2t-4\Omega+2\alpha+v}{2t}$ 和 $\dfrac{\partial\,\pi_{2m}^{E6}}{\partial\Omega}=\dfrac{(\Omega-2v)\,\Omega}{4t}$，$t-\alpha+\dfrac{\Omega}{2}<v<2t-2\alpha$ 时，$\dfrac{\partial\,\pi_{1m}^{E6}}{\partial\Omega}<0$ 和 $\dfrac{\partial\,\pi_{2m}^{E6}}{\partial\Omega}<0$ 恒成立。

实施独家交易后，消费者剩余下降 $\dfrac{2\alpha\Omega}{t}$，平台 1 的奖励额度 Ω 越大，消费者剩余下降幅度越大。商家剩余前后变动关于平台不对称程度 Δv 和奖励额度 Ω 的一阶导分别为 $\dfrac{\partial CV_m^{E6}}{\partial\Delta v}=-\dfrac{\alpha^2\Delta vt}{18\,(\alpha^2-t^2)^2}$ 和 $\dfrac{\partial CV_m^{E6}}{\partial\Omega}=\dfrac{1}{2}$，$\dfrac{\partial CV_m^{E6}}{\partial\Delta v}<0$ 和 $\dfrac{\partial CV_m^{E6}}{\partial\Omega}>0$ 均恒成立。社会总福利差值关于平台不对称程度 Δv 和奖励额度 Ω 的一阶导分别为 $\dfrac{\partial U_m^{E6}}{\partial\Delta v}=-\dfrac{\alpha^2\Delta vt}{18\,(\alpha^2-t^2)^2}$ 和 $\dfrac{\partial U_m^{E6}}{\partial\Omega}=\dfrac{-2\Omega-t}{2t}$，均恒小于 0。在 $v=2t-2\alpha$ 和 $\Delta v=0$ 时，U_m^{E6} 取极大值为 $\dfrac{-4\Omega^2-4\Omega t-\alpha^2}{4t}<0$，可得命题 11。

命题 11：当满足 $0<\alpha<t$、$0<\Delta v<-\dfrac{3\alpha^2-3t^2}{t}$、$t+\dfrac{3\Omega}{2}-\alpha<v<2t-2\alpha$ 和 $0<\Omega<2t-2\alpha$ 且平台奖励额度较小（$0<\Omega<2t-2\alpha$）时，具有市场势力的平台 1 通过奖励实施独家交易后，平台 1 对消费者收取的价格提高，平台 2 对消费者收取的价格提高；平台 1 和平台 2 对商家收取的价格下降；使用平台 2 商家数量下降；平台 1 和平台 2 的利润水平下降；消费者福利水平下降，社会总福利水平下降。随着

平台不对称程度 Δv 增加，商家剩余和社会总福利水平逐渐降低。随着平台奖励额度 Ω 增加，平台 1 和平台 2 的利润水平逐渐降低，消费者剩余和社会总福利逐渐降低但商家剩余逐渐增加。

五、结论及政策启示

本文研究具有市场势力的数字平台通过惩罚或激励实施独家交易行为的动机和经济效应，得出以下结论：①在惩罚额度或奖励额度较低，平台商家部分多归属的情形下，具有市场势力的平台有动机通过对拒绝独家交易协议的商家进行惩罚或对接受独家交易协议的商家提供奖励实施独家交易行为。②平台通过惩罚实施独家交易的目的主要在于吸引更多商家和消费者加入平台（具有市场势力的平台通过惩罚实施独家交易行为后，消费者和商家数量增加），获得更高的利润水平。平台通过奖励实施独家交易的目的主要在于提高竞争对手吸引商家的难度（竞争对手平台需要向商家提供更低的价格吸引商家加入），降低竞争对手的利润水平，使其在竞争中处于不利地位。③平台不对称程度越高，具有市场势力的平台通过惩罚实施独家交易行为的动机越强。④平台通过惩罚或奖励实施独家交易后，消费者需要支付更高的价格水平获得平台提供的服务。平台通过奖励实施独家交易后，消费者剩余降低，消费者福利受损。⑤平台无论通过惩罚或奖励还是通过同时实施惩罚和奖励实施独家交易行为，社会总福利水平均下降。

以上研究结论对中国相关反垄断立法和执法的启示是：①中国反垄断执法部门应重点关注市场份额较大的平台是否存在独家交易行为，对实施独家交易行为的垄断数字平台进行反垄断执法。②对垄断数字平台通过惩罚或奖励实施独家交易行为造成的竞争损害进行分析时，应将惩罚和奖励的额度作为重要考量因素。一般情况下，惩罚或奖励额度越高，造成的竞争损害程度越大。因此，反垄断执法机构对于数字平台独家交易行为的处罚力度需要重点参考惩罚和奖励的额度。③垄断数字平台通常以消费者从中获利为由对其通过奖励实施的独家交易行为进行辩护。本文证明垄断平台通过奖励实施独家交易后，消费者需要支付更高的费用使用平台提供的服务，消费者福利水平最终受损。由此可见，消费者获利仅仅是垄断数字平台通过奖励实施独家交易行为的借口。即使出于消费者福利的考虑，反垄断执法机构也应当对垄断数字平台通过奖励实施的独家交易行为进行反垄断执法。

参考文献

[1] 董维刚，林鑫. 中国 B2C 市场独家交易的竞争效应 [J]. 产业经济评论（山东大学），2018，17（2）：18-37.

[2] 高洁，蒋传海，王宇. 平台竞争与独家交易 [J]. 财经研究，2014，40（2）：67-74.

[3] 乔岳，杨锡. 平台独家交易妨碍公平竞争吗？：以互联网外卖平台"二选一"为例 [J]. 山东大学学报（哲学社会科学版），2021（2）：98-109.

[4] 唐要家，杨越. 双边市场平台独占交易协议的反竞争效应 [J]. 首都经济贸易大学学报，2020，22（4）：62-69.

[5] Amelio A., Karlinger L., Valletti T. Exclusionary Practices and Two-sided Platforms [J]. Rethinking Antitrust Tools for Multi-Sided Platforms, 2018：131-147.

[6] Armstrong M., Wright J. Two-sided Markets, Competitive Bottlenecks and Exclusive Contracts [J]. Economic Theory, 2007（32）：353-380.

[7] Armstrong M. Competition in Two-sided Markets [J]. The RAND Journal of Economics, 2006, 37（3）：668-691.

[8] Ater I. Vertical Foreclosure Using Exclusivity Clauses：Evidence from Shopping Malls [J]. Jour-

nal of Economics & Management Strategy, 2015, 24 (3): 620-642.

[9] Brühn T. , Götz G. Exclusionary Practices in Two-sided Markets: The Effect of Radius Clauses on Competition between Shopping Centers [J]. Managerial and Decision Economics, 2018, 39 (5): 577-590.

[10] Doganoglu T. , Wright J. Exclusive Dealing with Network Effects [J]. International Journal of Industrial Organization, 2010, 28 (2): 145-154.

[11] Evans D. S. Economics of Vertical Restraints for Multi-sided Platforms [J]. University of Chicago Institute for Law & Economics Olin Research Paper, 2013, 9 (1): 66-89.

[12] Halaburda H. , Yehezkel Y. Platform Competition under Asymmetric Information [J]. American Economic Journal: Microeconomics, 2013, 5 (3): 22-68.

[13] Iurkov V. Competition, Mergers and Exclusive Dealing in Two-sided Markets with Zero-price Constraints: The Case of Search Engines [D]. Venezia: Università Ca' Foscari Venezia, 2013.

[14] Lee R. S. Vertical Integration and Exclusivity in Platform and Two-sided Markets [J]. American Economic Review, 2013, 103 (7): 2960-3000.

[15] Prieger J. E. , Hu W. Applications Barrier to Entry and Exclusive Vertical Contracts in Platform Markets [J]. Economic Inquiry, 2012, 50 (2): 435-452.

[16] Rochet J. C. , Tirole J. Platform Competition in Two-sided Markets [J]. Journal of the European Economic Association, 2003, 1 (4): 990-1029.

[17] Stennek J. Exclusive Quality-Why Exclusive Distribution May Benefit the TV-viewers [J]. Information Economics and Policy, 2014, 26: 42-57.

[18] Weeds H. TV Wars: Exclusive Content and Platform Competition in Pay TV [J]. The Economic Journal, 2016, 126 (594): 1600-1633.

[19] Wright J. Exclusive Dealing and Entry, When Buyers Compete: Comment [J]. American Economic Review, 2009, 99 (3): 1070-1081.

企业势力向劳动市场扩展：关联机理识别及竞争政策优化

赵伟光 李 伟 李 凯

[摘 要] 近年来，企业侵蚀员工利益现象引发社会各界广泛关注。当企业在产品与劳动力市场都具有势力时，企业可以根据市场竞争环境调节双边市场中市场势力的分配。这种市场势力调节行为，不仅会使竞争政策实施效果大打折扣，也会引发劳资冲突等一系列社会问题。为此，本文以《反垄断法》正式实施构建准自然实验，基于 1998~2013 年中国反垄断诉讼数据、工企数据和员工数据的合并样本，对企业向劳动力市场扩展势力以规避产品市场规制这一研究假说进行实证识别与检验，兼论竞争政策的优化。结论表明：①企业不仅在产品市场获取垄断租金，也会通过压低员工收入的方式获取劳动租金，即市场势力扩展行为确实存在；②"企业—员工"私人议价机制是决定双边市场关联的重要因素，在私人议价下，企业对不同技能员工具有不同的势力，企业支付给高技能员工更高的工资，并且更倾向于向高技能劳动力扩展势力；③竞争法与劳动保障法的协同监管是阻止市场势力扩展的有力举措。本文启示是：促进竞争法与劳动保障法的协同监管，加快推进竞争法在劳动力市场中的应用是完善中国社会主义市场经济环境下强化竞争政策基础地位的应有之义。

[关键词] 竞争政策；产品市场势力；劳动力市场势力；市场势力关联

一、问题提出

营造更加公平的市场竞争环境，是当前以及未来我国社会主义市场经济改革的重要内容之一，关系到增长新动能的培育以及经济运行效率的进一步提高。2020 年 12 月 11 日中央政治局会议要求，"强化反垄断和防止资本无序扩张，提升反垄断工作效能"。自《反垄断法》实施以来，执法机构对奶粉、汽车、原料药等行业中出现的企业竞争损害行为进行查处和处罚，有效规范了产品市场秩序（王彦超和蒋亚含，2020）。[①]与此同时，近年来在劳动力市场也出现企业将经营压力转变为工作强度、劳动者工作强度过大等企业侵蚀员工利益现象。[②]那么劳动力市场中出现的企业侵蚀员工利益现象是否与产品市场存在联系？进一步地，竞争政策在这样的关联市场环境中执行效力如何？

[基金项目] 国家自然科学基金青年项目"企业市场势力向劳动力市场扩展：关联机理识别及竞争政策优化"（72103181）、国家自然科学基金青年项目"跨国公司滥用市场支配地位的作用机理、经济效应和规制研究——基于市场势力细分的理论视角"（71903196）、国家自然科学基金面上项目"企业纵向控制策略的识别、机理及效应的实证研究"（71873026）。

[作者简介] 赵伟光，浙江工商大学经济学院，邮政编码：310018，电子邮箱：zhaoweiguangzwg@126.com；李伟，中国社会科学院工业经济研究所，邮政编码：100006，电子邮箱：weili_ne@126.com；李凯，东北大学工商管理学院，邮政编码：110169，电子邮箱：likai@mail.neu.edu.cn。

① 自 2013 年以来，反垄断执法机构对汽车、白酒、原料药等行业中出现的企业竞争损害行为进行处罚，有效规范了市场竞争秩序，罚单已累计开出约 15 亿元。

② 互联网企业出现的"996"工作制，工程技术行业、科研高校等其他行业出现的劳动者过劳现象。在劳资关系中，企业处于绝对的优势地位，独占制定规则的权力，将经营压力转变为工作强度。

实际上，企业市场势力不仅体现在产品市场，其在劳动力市场也具有一定的势力（简泽等，2016）。这就决定了企业可以根据市场竞争环境自发调节其在产品与劳动力市场中的势力分配，从而使双边市场中的市场势力存在关联性。在这样的市场环境中，竞争政策的执行效果具有天然复杂性：企业可以向劳动力市场扩展势力来规避产品市场规制的影响。一方面，使建立在劳动力市场完全竞争假设基础上的市场势力评估出现偏误，进而影响对企业行为引发竞争损害程度的判断。另一方面，在市场势力关联的假定下，政府机构在产品市场中的竞争促进政策，会使企业向劳动力市场扩展势力来抵消产品市场规制对其自身垄断势力的影响。这不仅使竞争政策的实施效果大打折扣，也会进一步引发企业侵蚀员工利益、劳资冲突等一系列社会问题。有学者研究表明，1996～2010年，中国劳动报酬比重从1996年的53.4%下滑到2010年的37.6%。简泽等（2016）基于中国工业企业数据的研究表明，存在企业利润侵蚀工资的现象。如果上述机制真的存在，那么意味着反垄断执法在很大程度上应当重视产品与劳动力市场势力的关联问题。

从理论层面来看，当前国内执法实践对于竞争行为发生场景的界定往往框定于产品市场，对于诸如劳动力市场中发生的竞争行为予以忽视，实践中亟须突破对反竞争行为存在领域之范围的认知。近年来，欧美国家出现的企业固定薪资协议、"互不挖角"协议等侵蚀员工利益现象，促使反垄断执法视域逐渐向劳动力市场扩展（Benmelech et al.，2018；Azar et al.，2020）。在政策实践上，美国司法部、联邦贸易委员会也于2016年联合颁布《针对人力资源专业人士的反垄断指南》，引导雇主在雇用劳动力过程中恪守反垄断界限，切实维护劳动力市场良性竞争秩序。然而，从政策实践结果来看，相应诉讼鲜有成功（Hafiz，2020）。究其原因，从表面来看是竞争政策在劳动力市场中的执法经验不足，但实际上，最根本的原因还在于，已有建立在芝加哥学派基础上的竞争政策理论及其形成的消费者福利执法标准，天然割裂了产品与劳动力市场的关联性，即现实执法实践与"产品—劳动力"市场监管理论分离之间的矛盾引发政策执行的偏失（Steinbaum，2021）。就当前我国经济发展过程中出现的过劳现象和"996"加班文化而言，虽然有学者从劳动者自我实现（吴要武，2020）、员工忽视健康问题（杨河清和王欣，2015）等社会学视角分析过劳的成因，但是已有文献并没有从产品与劳动力市场关联的视角对这一现象进行深入研究。

那么，企业向劳动力市场扩展势力来规避产品市场反垄断规制的现象是否存在？进一步地，产品与劳动力市场势力的内在关联机理如何？呈现出哪些关键特征？对上述问题进行深入探析，不仅可以补充中国竞争政策研究领域有关产品与劳动力市场势力关联理论研究的不足，从而为竞争政策进一步优化提供理论与经验参考，也可以有效缓解劳资冲突等一系列社会问题，提升政府社会治理能力。为此，本文尝试构建劳动者与企业进行单独议价的理论模型，揭示产品与劳动力市场中企业市场势力的关联机理。基于2008～2013年的反垄断诉讼数据、工业企业数据和员工数据的合并样本，对企业在产品与劳动力市场中的市场势力进行测算。在此基础上，实证考察竞争政策在市场势力关联市场中的政策执行效果。如果上述机制真的存在，那么将意味着只有构建起反垄断法与劳动法之间的监管协同体系，才能达到最优的政策监管效果。

二、文献综述

近年来，随着企业规模的进一步扩大，企业不仅在产品市场具有很强的市场势力，其在劳动力市场也具有一定的势力（Manning，2011）。例如，De Loecker等（2020）的研究结果表明，美国企业的边际成本加成从1980年的1.21提高到2016年的1.61。Azar等（2020）发现大多数美国本地劳动力市场高度集中，赫芬达尔指数高于2500，实际工资明显低于劳动的边际产出价值。为此，一些学者呼吁学术界要重视劳动力市场中的垄断问题（Benmelech et al.，2018；Azar et al.，2020）。在政策实践上，欧美等反垄断执法机构也纷纷就竞争法在劳动力市场中的应用发表了指导意见或报告。例如，美国颁布了《针对人力资源专业人士的反垄断指南》，引导雇主在雇用劳动力过程中恪守反垄断界限。日本公平贸易委员会也公布了人力资源和竞争政策研究小组的相关报告，阐明了研究组关于日本《反垄断法》在人力资源竞争中的理论应用意见。现实中出现的企业固定薪资协议、"互不挖角"协议等侵蚀员工利益现象，促使有关劳动力市场反垄断研究成为产业组织理论关注的前沿研究问题。

针对劳动力市场中的垄断问题，现有研究可归纳概括为两种观点：一种观点认为，垄断既折损作为消费者的人，又戕害作为劳动者的人，促进竞争法在劳动力市场中的应用，是规制雇主滥用市场势力的有效举措。例如，Benmelech 等（2018）和 Azar 等（2020）发现劳动力市场集中度与工资水平呈现出显著的负相关关系，后者对前者的弹性为-0.127。另一种观点则认为，劳动力市场的竞争执法并不能从本质上缓解劳资冲突问题。劳动力市场中出现的企业侵蚀员工利益现象并不是企业在劳动力市场中滥用势力造成的，而是劳动力市场供给弹性降低和员工议价能力缺失引起的（Hafiz，2020）。例如，Marinescu 等（2021）的理论模型证明，在竞争性的劳动力市场中，劳动力无限供给，工资率必然等于劳动的边际产出价值。Manning（2011）则进一步对美国劳动供给弹性进行了估计，发现美国劳动供给弹性取值在 0.1~4，大部分企业的劳动供给弹性低于 2。最新的研究发现，即使是在企业滥用市场势力的假定下，如果企业可以对员工进行歧视性定薪，市场势力的滥用虽然会损害职工福利，但并不会损害消费者福利（Azar et al.，2020）。这就使建立在芝加哥学派基础上的竞争政策理论及其形成的消费者福利执法标准不再适用于劳动力市场（Steinbaum，2021）。实际上，造成两种观点存在分歧的本质原因在于，传统竞争政策理论及消费者福利执法标准天然割裂了产品与劳动力市场的关联性，即现实执法实践与"产品—劳动力"市场监管理论分离之间的矛盾引发政策执行的偏失和理论分歧。

实际上，已有文献已经注意到产品与劳动力市场的关联问题。但是这类文献并没有关注"产品—劳动力"市场关联对竞争政策执行效力可能产生的影响。例如，Manning（2003）最早指出，忽视劳动力市场的不完全竞争性会导致建立在劳动力市场完全竞争假设基础上的企业产品市场势力有偏。Benmelech 等（2018）和 Azar 等（2020）的研究进一步表明，企业的产品市场势力会影响工资制定决策，这意味着企业可以将其在产品市场的势力向劳动力市场扩展。随着我国社会主义市场经济的高速发展，特别是数字经济新模式的兴起，企业规模逐渐趋于扩大（谢富胜等，2019）。这就使企业不仅可以运用其市场势力影响产品市场，也可以将其势力向劳动力市场扩展。简泽等（2016）、盛丹和陆毅（2017）基于中国工业企业数据的实证研究表明，确实存在企业利润侵蚀工资的现象。一些研究也表明，1996~2010 年，中国劳动报酬比重也呈现下降趋势，从 1996 年的53.4%下滑到 2010 年的 37.6%（赵伟光和李凯，2020）。上述证据似乎都表明，中国存在企业向劳动力市场扩展势力现象。那么，企业势力的扩展，或者说员工势力的减弱是否由中国劳动力市场供给弹性降低造成？实际上，相关研究表明，中国劳动力市场就业率和区域间劳动力流动都比较稳定，并不存在明显的劳动供给弹性下降现象（吴要武，2020）。[①] 因此，在"产品—劳动力"市场的统一框架下，探析企业向劳动力市场扩展势力的内在机理，并实证检验竞争政策的实施是否会促使企业向劳动力市场扩展势力来规避产品市场规制对其自身势力的影响研究，具有重要的现实与理论意义。

研究视角的转换对研究方法的设计也提出了更高的要求。就企业在产品与劳动力市场中的市场势力量化识别而言，已有研究大多基于 De Loecker 和 Warzynski（2012）的研究框架，通过测算企业边际成本加成，对市场势力进行测量（尹恒和张宇尧，2019；许明和李逸飞，2020）。然而，De Loecker 和 Warzynski（2012）对市场势力的估算建立在劳动力市场完全竞争的假定基础上，显然无

---

① 吴要武（2020）的研究表明，2003 年之后，中国劳动力从过剩开始转变为短缺。

法有效应用于本文。为此，有必要对这一识别框架进行扩展。Dobbelaere 和 Mairesse（2013）在假定产品与劳动力市场都呈现不完全竞争的基础上，将产品与劳动力市场的关联机制设定为三种形式，并构建产品与劳动力市场联合识别参数，对企业市场势力进行识别。由于 Dobbelaere 和 Mairesse（2013）对于联合识别参数的测算建立在生产函数估计基础上，使其无法体现劳动力市场中的员工异质性。Tortarolo 和 Zarate（2018）则提供了另一种识别产品与劳动力市场势力的思路，其在 De Loecker 和 Warzynski（2012）构建的框架下将企业市场势力进一步细分为产品市场势力（Markup）与劳动力市场势力（Markdown），进而借鉴实证产业组织中的随机离散选择模型①，对劳动供给弹性进行估算，识别两类市场的竞争不完全程度。值得注意的是，Tortarolo 和 Zarate（2018）构建的识别框架是建立在企业与工会组织进行集体议价假定基础上的。汤灿晴和董志强（2020）的研究结论表明，中国企业中的工会作用极其有限，并不存在真正意义上代表员工与资方进行谈判的工会组织，使得集体议价机制不能有效发挥作用。②

相较已有文献，本文的边际贡献主要体现在以下三点：一是在研究视角上，本文尝试构建劳动者与企业进行单独议价的理论模型，揭示产品与劳动力市场中企业势力的关联机理。进一步地，据此发展出一种识别方法，对竞争政策实施是否会促使企业向劳动力市场扩展势力这一核心研究假说进行实证检验，并实证考察产品与劳动力市场势力的内在关联机理及其呈现出的关键特征。二是在研究方法上，本文借鉴并改进 Tortarolo 和 Zarate（2018）的方法，在考虑企业和员工异质性的基础上，对中国制造企业产品与劳动力市场势力进行测量。这一指标识别方法显然更符合中国产品与劳动力市场的现实情况，也在一定程度上深化了有关市场势力识别的文献研究。三是在政策启示上，本文的研究结论有助于弥补中国竞争政策研究领域有关产品与劳动力市场势力关联理论研究的不足，从而为竞争政策进一步优化提供理论与经验参考。具体来讲，一方面，中国的竞争政策要限制企业向劳动力市场扩展势力，推进竞争法在劳动力市场中的应用；另一方面，有必要构建起反垄断法与劳动法之间的监管协同体系，避免竞争法仅考虑消费者福利可能引起的执法偏失。

三、理论模型与研究假说的提出

本部分在谢申祥等（2019）构建的产品市场垄断竞争模型基础上，通过引入劳动力市场竞争不完全，建立企业与员工进行单独议价的理论模型，对企业产品与劳动力市场势力关联关系进行说明。

假定企业 f 在 t 时刻雇用一组劳动者 L_{ft}，每个劳动者 j 提供 L_{fjt} 的劳动投入，企业 f 的总劳动投入则可表示为 $L_{ft} = \sum_{j \in Lft} L_{fjt}$。假定每个劳动者与企业进行单独谈判。企业在生产过程中的要素投入由资本 K 和劳动 L 组成。

企业在生产过程中的总利润函数可以表示为：

$$\pi_{ft} = P_{ft}(Q_{ft})Q_{ft} - r_t K_{ft} - \sum_{j \in L_{ft}} w_{fjt}(L_{fjt})L_{fjt} \tag{1}$$

其中，P_{ft}、Q_{ft} 分别表示企业 f 在 t 时刻生产的产品价格和产量；r_t、K_{ft} 分别表示企业在 t 时刻投入的资本价格和数量；$\sum_{j \in L_{ft}} w_{fjt}(L_{fjt})L_{fjt}$ 表示企业支付给员工的总报酬。值得注意的是，由于假定

---

① 随机离散选择模型基于员工"效用最大化原理"，运用企业层面员工数量的加总数据，估计并计算劳动供给弹性。通过在回归分析中加入企业统计特征数据，使模型估计的回归系数成为服从一定分布的随机变量，因此可以有效识别员工选择企业的随机偏好异质性。

② 欧美工会的活动核心是为其成员争取工资、福利和劳动环境进行集体谈判。中国工会采取自上而下的领导和组织方式，工会在很大程度上同时承担着维护职工权益、维持社会稳定和生产动员的职能。

劳动力市场具有竞争不完全性，因此企业可以影响工资水平。根据式（1），企业不雇用员工 j 的总利润可以表示为：

$$\pi_{ft}(-j) = R_{ft}(-j) - \sum_{j \in L_{ft} \setminus j} w_{fjt}(L_{fjt})L_{fjt} \tag{2}$$

其中，$R_{ft} = P_{ft}(Q_{ft})Q_{ft} - r_t K_{ft}$，$R_{ft}(-j) = P_{ft}((Q)(-j))Q_{ft}(-j) - r_t K_{ft}(-j)$。企业最优化决策过程可分解为两个步骤：企业 f 先决策资本投入 K_{ft}，再与员工 j 进行谈判，决定 L_{fjt} 和 w_{fjt}。按照逆向归纳原则，在第二阶段的工资谈判中，员工 j 获得的工资收入为：

$$w_{fjt}L_{fjt} = \min \left\{ \begin{array}{l} \dfrac{\beta_{fjt}}{1-\beta_{fjt}}\left(R_{ft} - \sum_{j \in L_{ft}} w_{fjt}(L_{fjt})L_{fjt}\right) + w_{afjt}(L_{fjt})L_{fjt} \\ \beta_{fjt}(R_{ft} - R_{ft}(-j)) + (1-\beta_{fjt})w_{afjt}(L_{fjt})L_{fjt} \end{array} \right\} \tag{3}$$

其中，β 是员工 j 与企业 f 进行工资谈判时的议价能力，w_{afjt} 表示员工 j 的保留工资。假定信息完全，保留工资等于员工实际工资。由于所有员工与企业之间的谈判都是独立进行的，没有一个员工具有足够的讨价还价能力来影响企业决策。因此，员工的工资必定满足：

$$\frac{\beta_{fjt}}{1-\beta_{fjt}}\left(R_{ft} - \sum_{j \in L_{ft}} w_{fjt}(L_{fjt})L_{fjt}\right) + w_{afjt}(L_{fjt})L_{fjt} >$$
$$\beta_{fjt}(R_{ft} - R_{ft}(-j)) + (1-\beta_{fjt})w_{afjt}(L_{fjt})L_{fjt} \tag{4}$$

在私人议价模式下，员工 j 接受或者拒绝合约都不会影响均衡条件下其他劳动者的工资。给定企业最优的工资与雇佣数量 $\{w_{fkt}^*\}_{k \in L_{ft} \setminus j}$ 和 $\{L_{fkt}^*\}_{k \in L_{ft} \setminus j}$，企业利润可以表示为：

$$\pi_{ft}(w_{fjt}L_{fjt}, \{w_{fkt}^*L_{fkt}^*\}_{k \in L_{ft} \setminus j}) = (1-\beta_{fjt})R_{ft} + \beta_{fjt}R_{ft}(-j) - \sum_{k \in L_{ft} \setminus j} w_{fkt}^*L_{fkt}^* - (1-\beta_{fjt})w_{fjt}(L_{fjt})L_{fjt} \tag{5}$$

由一阶最大化条件可得：

$$\frac{\partial \pi_{ft}}{\partial L_{fjt}} = \frac{\partial P_{ft}}{\partial Q_{ft}}\frac{\partial Q_{ft}}{\partial L_{fjt}}Q_{ft} + P_{ft}\frac{\partial Q_{ft}}{\partial L_{fjt}} - w_{fjt} - L_{fjt}\frac{\partial w_{fjt}}{\partial L_{fjt}} = 0 \tag{6}$$

进一步可得：

$$\left(1 + \frac{1}{\epsilon_{fjt}^{Lw}}\right) = \frac{P_{ft}Q_{ft}}{w_{fjt}L_{fjt}}\left|\left(1 + \frac{1}{\epsilon_{ft}^p}\right)\right|\left|\frac{\partial Q_{ft}L_{fjt}}{\partial L_{fjt}Q_{ft}}\right| \tag{7}$$

其中，$\epsilon_{fjt}^{Lw} = (\partial L_{fjt}/\partial w_{fjt}) \times (w_{fjt}/L_{fjt})$ 表示劳动供给弹性；$\epsilon_{ft}^p = (\partial Q_{ft}/\partial P_{ft}) \times (P_{ft}/Q_{ft})$ 表示需求价格弹性。式（7）等号左边是企业在劳动力市场中势力（$Markdown$）的倒数；等号右边 $\left|1 + \dfrac{1}{\epsilon_{ft}^p}\right|$ 是企业在产品市场中势力（$Markup$）的倒数。参照 De Loecker 和 Warzynski（2012）的研究，企业整体市场势力（$Markpower$）可以表示为劳动产出弹性 θ_{ft}^L 与可变要素产出份额 α_{ft}^L 的比值，则式（7）可以进一步表示为：

$$Markpower_{ft} = \frac{\theta_{ft}^L}{\alpha_{ft}^L} = \frac{Markup_{ft}}{Markdown_{ft}} \tag{8}$$

其中，$\theta_{ft}^L = (\partial Q_{ft}/\partial L_{ft}) \times (L_{ft}/Q_{ft})$ 为劳动产出弹性；$\alpha_{ft}^L = (w_{ft} \times L_{ft})/(P_{ft} \times Q_{ft})$ 为劳动报酬在产值中的份额。从式（8）可以看出，企业产品与劳动力市场势力取值大小分别取决于产品市场中的需求价格弹性，以及劳动力市场中的劳动供给弹性。具体而言，产品需求价格弹性越小表示企业间的产品替代性越低，则企业产品市场势力越大；劳动供给越缺乏弹性表示员工对现有工作的依赖性越强，则企业在劳动力市场中的势力越大。式（8）进一步表明，企业市场势力可以表示为产品市场势力与劳动力市场势力的比值。这意味着企业可以根据市场竞争环境的变化，通过调整其在产品与劳动力市场中的市场势力分配，以维持企业整体势力不变。根据上述模型推导，提出本文待检验的研究假说：

研究假说：当企业在产品市场面临反垄断处罚时，企业可以向劳动力市场扩展势力以规避竞争政策对其势力的影响。

企业实现市场势力向劳动力市场扩展的机制在于：当企业在产品市场面临反垄断处罚时，为了应对行政处罚导致的产品市场势力（Markup）下降，企业可以根据式（8）揭示的"产品—劳动力"市场势力关系式，通过向劳动力市场扩展势力（Markdown）的方式来维持企业整体市场势力（Markpower）不变。值得注意的是，由于劳动力市场势力是工资与劳动边际产出价值之比，因此理论上企业在劳动力市场中势力的扩大表现为 Markdown 系数值变小。企业向劳动力市场扩展势力的必要条件在于以下两点：一是在劳动力市场中劳动供给缺乏弹性，即员工对企业提供的工作岗位具有依赖性；二是在"企业—职工"私人议价模式下，企业具有较强的议价能力。在后面的实证检验部分，本文也会进一步证明，相对于直接降低工资而言，企业主要通过增加工时的方式实现向劳动力市场扩展势力。

四、政策背景、实证模型设计与典型事实

（一）政策背景

作为竞争政策的重要组成部分，《中华人民共和国反垄断法》（以下简称《反垄断法》）于 2008 年正式实施。自实施以来，执法部门查结垄断协议案 163 件，滥用市场支配地位案 54 件，累计罚款金额超过 110 亿元人民币，有效维护了市场公平。但是，当前我国《反垄断法》在推动和实施过程中仍存在多元目标权衡不当、制度设计不完善等问题（王彦超和蒋亚含，2020）。这其中，忽视企业产品与劳动力市场势力的关联性，很可能造成企业向劳动力市场扩展势力来规避产品市场规制的现象发生。实际上，即使确实存在竞争政策实施导致的企业向劳动力市场扩展势力行为，实证检验产品市场势力与劳动力市场势力的关联机制也并非易事。这主要在于难以寻找到合适的识别方法，测度企业市场势力对劳动力市场的影响。一些影响产品市场的因素，可能也会影响劳动力市场，从而引发内生性问题造成的识别偏误。

《反垄断法》的实施为识别产品与劳动力市场势力的关联机制提供了一个准自然实验窗口。《反垄断法》作为产品市场的外生冲击，旨在对产品市场中的垄断行为进行规制，其政策初衷并不涉及劳动力市场。理论上，当企业在产品市场面临反垄断规制时，其产品市场势力会趋于下降，为了规避竞争法对其自身势力的影响，企业会倾向于向劳动力市场扩展势力，从而维持企业整体市场势力不变。《反垄断法》作为国家层面的法治顶层设计，也使劳动力市场因素不能反向影响产品市场中的竞争政策执行，即互为因果引发的内生性问题不存在。此外，DID 估计结果的准确性还依赖于合适的对照组的选取。为此，本文做了如下工作：我们手工收集了 2008~2015 年反垄断执法机构发布的行政处罚和垄断民事诉讼决定书、公告等反垄断执法信息。发现反垄断行政处罚仅在中国某些省份发生。[①] 实际上，自 2008 年以来，中国形成了反垄断执法事权归属中央，再由中央执法部门根据具体情况和条件，授权省级政府执法部门在本行政区划范围内进行反垄断执法的权力架构（王彦超和蒋亚含，2020）。这就使中国的反垄断执法在省域层面具有自主性和独立性。2008~2015 年中国反垄断行政处罚情况统计如表 1 所示。

---

① 截至 2015 年，出现反垄断处罚的省份包括：内蒙古、辽宁、北京、江苏、浙江、江西、宁夏、河南、湖北、湖南、广东、四川、重庆、云南、海南。未出现反垄断处罚的省份包括：黑龙江、吉林、河北、天津、山东、陕西、山西、甘肃、安徽、上海、广西、贵州、福建、青海、新疆、西藏。

表1　2008~2015年中国反垄断行政与民事诉讼案件汇总　　　　　　单位：起

	行政诉讼案件			民事诉讼案件
	商务部 （反垄断局）	国家发改委 （价格监督检查司）	国家工商总局 （反垄断与不正当竞争执法局）	中央及地方反垄断执法部门
2008~2009年	—	—	94	6
2010年	7	2	118	23
2011年	1	5	185	24
2012年	22	3	188	49
2013年	20	52	212	69
2014年	17	43	246	79
2015年	34	85	338	116
案件合计	101	190	1381	366
罚金合计	0.43亿元	103.97亿元	5.57亿元	0.2亿元

注：商务部（反垄断局）负责非价格垄断协议、非价格滥用市场支配地位、滥用行政权力排除限制竞争行为的反垄断执法案件审查；国家发改委（价格监督检查司）负责价格垄断案件审查；国家工商总局（反垄断与不正当竞争执法局）负责经营者集中案件审查。2018年，原国家发改委、商务部、工商总局等反垄断执法职责进行整合，新组建国家市场监管总局负责反垄断统一执法。

（二）实证模型设计

本文参照并改进王彦超和蒋亚含（2020）的思路，构建如下DID识别系统：

$$mulp_{ft} = \alpha_1 AAC + X'_{ft}\delta + \overline{\omega}_r + \overline{\omega}_t + \varepsilon_{ft} \tag{9}$$

具体而言，首先构建式（9）用来检验企业产品市场势力在《反垄断法》实施前后的变化。下标f表示企业，t表示时间；$mulp_{ft}$表示企业在产品市场中的市场势力；$AAC = Post \times treat$，为产品市场的外生冲击，即《反垄断法》实施，$Post$为时间虚拟变量，当$t \geq 2008$时取值为1，否则为0；$treat$为虚拟变量，如果自《反垄断法》实施以来被行政诉讼或处罚的省份企业所在行业为1[①]，未被反垄断行政诉讼或处罚的其他省份企业为0。这样设置实验分组的理由在于《反垄断法》主要通过执法威慑力对行政区划范围的企业竞争行为进行规范。这既会对涉事企业产品市场势力造成影响，也会通过竞争效应给所在辖区内除该企业之外的行业内其他企业产品市场势力带来影响。

最后，在式（9）的基础上，构建式（10）以检验《反垄断法》实施造成的企业产品市场势力下降，是否会促使企业向劳动力市场扩展势力来规避竞争法的影响：

$$mdlp_{ft} = \beta_1 \Delta mulp_{ft} + \beta_2 AAC \times \Delta mulp_{ft} + X'_{ft}\delta + \overline{\omega}_h + \overline{\omega}_r + \overline{\omega}_t + \varepsilon_{ft} \tag{10}$$

其中，$\Delta mulp_{ft}$表示企业所在行业市场势力的下降程度，以《反垄断法》执行年份2008年为分界点，计算每个企业所在行业在2008年前后产品市场势力均值差。核心变量为AAC和$\Delta mulp_{ft}$的交乘项，β_2是本文关注的重点。X'是影响劳动力市场势力的其他因素。$\overline{\omega}_h$、$\overline{\omega}_r$、$\overline{\omega}_t$分别表示行业、区域和时间固定效应，ε_{ft}为随机扰动项。

进一步地，本文对控制变量的设定说明如下：企业规模（scale），用企业工业总产值的对数值衡量；技术距离（tfpgap），用企业TFP与所在行业效率最高企业的TFP差值衡量，全要素生产率衡量采用半参数LP方法；劳动生产率（lnlv），用对数形式的劳均增加值衡量；融资约束（fin），

---

① 2008~2013年，反垄断处罚行业包括：盐加工（1494）、白酒制造（1512）、烟草制品（16）、乳制品制造（144）、医药制造（27）、水泥和建筑材料制造（30）、眼镜制造（3587）、汽车制造业（36）。

用企业总负债与总资产之比衡量；企业年龄（lnage），用企业年龄对数值衡量；职称特征变量（pro），用企业内部中级及以上技术人员占比衡量；学历特征变量（edu），用高中及以上学历员工占比衡量。为了控制市场竞争环境的影响，本文还加入行业层面的赫芬达尔指数（hhi）、樊纲市场化指数（market）。

（三）核心指标测度

测度产品与劳动力市场中的企业市场势力是实证研究的关键。实际上，式（8）已经给出了企业市场势力（Markpower）的测度公式，其等于劳动投入的产出弹性（θ_{ft}^L）与劳动收入占企业增加值的份额（α_{ft}^L）之比。其中 α_{ft}^L 可以根据工业企业数据库直接计算[1]，θ_{ft}^L 可以通过估计企业层面的生产函数获取其系数值。为了体现企业异质性，本文采用 LP 半参数法估算具有超越对数生产技术的生产函数。[2] 关键在于如何根据式（8）测度企业在产品与劳动力市场中的势力。本文参照 Tortarolo 和 Zarate（2018）建立在 De Loecker 和 Warzynski（2012）基础上的扩展模型，在统一的框架下，对企业在产品与劳动力市场中的势力进行测度。根据产品与劳动力市场势力的定义，可以将产品与劳动力市场势力表示为如下形式：

$$Markup_{ft} = \frac{p_{ft}}{mc_{ft}} = \left| \frac{\epsilon_{ft}^p}{\epsilon_{ft}^p + 1} \right| \tag{11}$$

$$Markdown_{ft} = \frac{w_{ft}}{MRPL_{ft}} = \frac{|\epsilon_{ft}^{Lw}|}{|\epsilon_{ft}^{Lw}| + 1} \tag{12}$$

其中，p_{ft} 表示价格，mc_{ft} 表示边际成本；w_{ft} 表示企业支付给员工的真实工资，$MRPL_{ft}$ 表示劳动的边际产出收益；ϵ_{ft}^p 表示产品需求弹性，ϵ_{ft}^{Lw} 表示劳动供给弹性。从式（11）可以看出，企业产品市场势力表现为价格与边际成本之比，该比值越大表示企业在产品市场中的势力越大。从式（12）可以看出，企业劳动力市场势力表现为实际工资与劳动边际产出收益之比，该比值越小表示工资与劳动边际产出差距越大，即企业劳动力市场势力越大。

首先，就企业在劳动力市场中的势力测度而言，本文借鉴实证产业组织中的员工对企业具有异质性偏好的择业模型 $\ln s_{ft} = \beta w_{ft} + x_{ft}\gamma + \overline{\omega}_h + \overline{\omega}_r + \overline{\omega}_t + \delta_{jt}$，计算劳动供给弹性 ϵ_{ft}^{Lw}[3]，其中 $\ln s_{ft}$ 表示企业 f 在 t 年的对数形式的员工总人数占社会总就业人数的比重，x_{ft} 表示企业特征向量组[4]，$\overline{\omega}_t$、$\overline{\omega}_h$、$\overline{\omega}_r$ 表示时间、行业、省份哑变量。为了避免不可观测的外部冲击对员工就业选择产生的内生性问题，参考 Card 等（2018）的研究用企业中间投入品以及滞后两期的平均工资作为 w_{ft} 的工具变量。依据工

---

① 工业企业数据库给出了分企业的劳动报酬和企业增加值数据，增加值缺失数据利用"工业增加值＝工业总产值－工业中间投入＋增值税"进行补齐，并根据出厂价格指数进行平减。

② 生产函数的基本形式为 $\ln y_{ft} = \beta_l \ln L_{ft} + \beta_{ll} \ln L_{ft}^2 + \beta_k \ln k_{ft} + \beta_{kk} \ln k_{ft}^2 + \beta_{lk} \ln lk_{ft} + \overline{\omega}_h + \overline{\omega}_r + \overline{\omega}_t + \varepsilon_{ft}$，其中 lny 表示企业总产值，lnk 表示资本投入，lnl 为企业劳动投入对数。超越对数生产函数识别出的要素产出弹性可以体现企业异质性。

③ 假定员工 j 选择在企业 f 工作的效用函数可以表示为：

$$U_{jft} = \beta w_{ft} + x_{ft}\gamma + \delta_{jt} + \varepsilon_{jft}$$

其中，δ_{jt} 表示研究人员无法观测到的影响员工效用的其他因素，如企业特有的文化特征、职位特征。假定 ε_{jft} 服从 I 型极值分布，可将上式转化为服从 Logit 分布的表示员工选择在企业 f 工作概率的回归式：

$$s_{ft} = \frac{\exp(\beta w_{ft} + x_{ft}\gamma + \delta_{jt})}{\sum_k \exp(\beta w_{kt} + x_{kt}\gamma + \delta_{jt})}$$

对上式等号两边取对数可以求出可计量的员工择业模型：

$$\ln s_{ft} = \beta w_{ft} + x_{ft}\gamma + \overline{\omega}_h + \overline{\omega}_r + \overline{\omega}_t + \delta_{jt}$$

④ 企业特征向量组 x_{ft} 主要包括企业是否出口、研发投入、所有制性质、企业规模哑变量。本文根据国家统计局 2011 年制定的《中小企业划型标准规定》划分企业规模。

业企业数据库给出的相关数据可以对择业模型进行估计，并得到 β 的系数值。根据 $\epsilon_{ft}^{Lw} = (ds_{ft}/s_{ft})/(dw_{ft}/w_{ft}) = \beta w_{ft}(1-s_{ft})$ 可以计算劳动供给弹性 ϵ_{ft}^{Lw}，并根据式（12）测算出企业在劳动力市场中的势力（*Markdown*）。

之后，给定 *Markpower* 与 *Markdown*，可以依据式（8）计算出企业在产品市场中的势力（*Markup*），从而完成对核心指标的构建。

（四）数据说明

本文数据主要来源于以下三部分：①1998～2013 年中国工业企业数据库的全部制造业行业数据。本文参考已有文献对行业代码、企业规模口径、缺失值、明显统计错误及不符合会计准则的样本进行处理。②2008～2013 年中国反垄断执法机构发布的全部行政处罚和垄断民事诉讼决定书、公告等反垄断执法信息数据。其中，行政处罚数据来源于中国反垄断执法机构官网发布的全部行政处罚决定书、公告、案件新闻；民事诉讼数据来源于中国裁判文书网。本文按照企业名称、法人代表、地址等信息与工业企业数据库匹配。③本文也从《中国统计年鉴》中手工收集了各地区的农村个人劳动收入数据（l_income）、最低工资数据（m_income）和教育统计数据。值得注意的是，工业企业数据仅在 2004 年给出了企业员工学历构成信息。因此，本文将 1998～2013 年的各企业技能与非技能员工比例固定在 2004 年，并按照不同省份的各阶段教育人数增长情况进行调整，用以计算企业内部低技能与高技能员工面临的企业劳动力市场势力。

（五）典型事实：产品市场反垄断与企业市场势力演变趋势

本文利用上述构建的核心指标并结合中国工业企业数据库，测算了 1998～2013 年处理组和控制组的制造企业在产品与劳动力市场中的市场势力，结果如图 1 所示。总体上中国制造企业不仅在产品市场获取垄断租金，也会通过压低员工收入的方式，进一步获取劳动租金，这意味着企业在产品与劳动力市场都具有一定的市场势力。这与简泽等（2016）的分析是一致的。平均而言，企业在产品市场获取高于边际成本 66.13% 的价格加成，在劳动力市场支付低于劳动边际产品收益 24.31% 的工资。从时间趋势来看，1998～2008 年，企业产品市场势力呈现出上升趋势，从 1998 年的 1.36 上

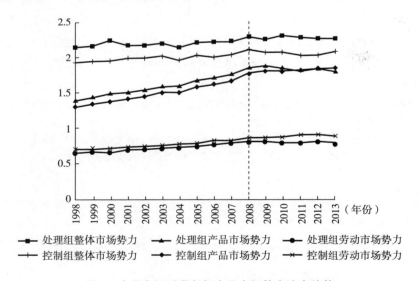

图 1　产品市场反垄断与企业市场势力演变趋势

资料来源：笔者根据 Stata 软件计算所得。

升到 2008 年的 1.82。与之对应的是，企业劳动力市场势力呈现出下降趋势，即工资低于劳动边际产品价值率由 1998 年的 35.10% 缩小到 2008 年的 19.52%。然而，在 2008 年之后，处理组和控制组企业产品与劳动力市场势力呈现出较为明显的变动。具体表现为：没有受到《反垄断法》影响的控制组其产品与劳动力市场势力变动趋势与 2008 年之前基本一致；处理组在受到《反垄断法》影响后，企业产品市场势力呈现出明显的下降趋势，与此同时，企业在劳动力市场的势力却呈现出增长趋势，即工资低于劳动边际产品价值率由 2008 年的 19.19% 扩大到 2013 年的 20.53%。图 1 实际上也给出了企业向劳动力市场扩展势力的两个可能性条件：一是相对于实验组而言，处理组企业在产品市场更具有势力；二是相对于实验组而言，处理组企业在劳动力市场也更具有势力。这两个特征事实意味着，产品与劳动力市场中势力越大的企业，越可能向劳动力市场扩展势力以规避反垄断处罚的影响。在后面的实证分析部分，本文将采用 DID 方法并结合多种稳健性检验对上述典型事实进行更为细致的经验分析。

本文也在两位数制造业分类代码基础上，对中国行业层面产品与劳动力市场势力进行了测算，结果如图 2 所示。图 2（a）报告了中国两位数制造业部门在产品市场中的势力分布情况。统计发现，中国制造业产品市场势力在不同行业间表现出明显的差异，产品市场势力大的行业主要包括农副食品加工业、食品制造业、饮料制造业、石油加工炼焦及核燃料加工业、化学原料及化学制品制造业、医药制造业、化学纤维制造业等部门。与此同时，在同一两位数制造业部门内部，不同企业的产品市场势力也表现出很大的差异。图 2（b）报告了中国两位数制造业部门在劳动力市场中的势力分布情况。统计发现，中国制造业劳动力市场势力在不同行业间表现出明显的差异，劳动力市场势力大的行业主要包括烟草制品业、家具制造业、造纸及纸制品业、医药制造业、橡胶制品业、非金属矿物制品业等部门。与此同时，在同一两位数制造业部门内部，不同企业的劳动力市场势力也表现出很大的差异。

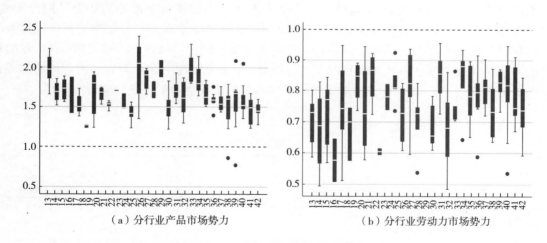

（a）分行业产品市场势力　　　　　（b）分行业劳动力市场势力

图 2　分行业产品与劳动力市场势力

注：13 为农副食品加工业、14 为食品制造业、15 为饮料制造业、16 为烟草制品业、17 为纺织业、18 为纺织服装鞋帽制造业、19 为皮革毛皮羽毛及其制品业、20 为木材加工及木竹藤棕草制品业、21 为家具制造业、22 为造纸及纸制品业、23 为印刷业和记录媒介的复制、24 为文教体育用品制造业、25 为石油加工炼焦及核燃料加工业、26 为化学原料及化学制品制造业、27 为医药制造业、28 为化学纤维制造业、29 为橡胶制品业、30 为塑料制品业、31 为非金属矿物制品业、32 为黑色金属冶炼及压延加工业、33 为有色金属冶炼及压延加工业、34 为金属制品业、35 为通用设备制造业、36 为专用设备制造业、37 为交通运输设备制造业、39 为电器机械及器械制造业、40 为通信设备、计算机及其他电子设备制造业、41 为仪器仪表及文化办公用机械制造业、42 为工艺品及其制造业。

五、计量结果分析

(一) 基准回归

表 2 第（1）列给出了式（9）的回归结果。结果表明反垄断处罚确实使涉事企业所在省份行业的产品市场势力呈现出下降趋势。第（2）~（6）列给出了式（10）的回归结果。其中，第（1）列仅考虑政策处理效应 $AAC \times \Delta mulp$。第（2）列进一步控制影响劳动力市场势力的企业规模、企业间技术距离、劳动生产率、企业年龄、融资约束、职称特征变量、学历特征变量、赫芬达尔指数控制变量，第（3）列在第（2）列的基础上进一步加入时间、省份、行业固定效应，以控制不可观测因素的影响。我们发现，处理效应 $AAC \times \Delta mulp$ 的系数符号和显著性水平没有发生根本性变化，说明回归结果具有较好的稳健性。从第（4）列完整回归结果可以看出，处理效应 $AAC \times \Delta mulp$ 估计系数为 -0.0081 且显著，说明平均而言《反垄断法》实施造成的涉事省份行业产品市场势力下降，使劳动力市场中实际工资低于劳动边际产出价值 0.0081%。初步表明企业向劳动力市场扩展势力来规避产品市场规制的现象确实存在，意味着仅关注消费者福利的现有反垄断执法体系可能存在执法偏失。第（5）列进一步考察政策效果的时间变动趋势。回归结果显示，政策处理效应在 2009~2013 年呈现上升趋势，说明《反垄断法》实施引致的企业向劳动力市场扩展势力程度逐年增加。从控制变量回归结果来看，$\Delta mulp$ 估计系数为 -0.0154 且显著，说明企业产品与劳动力市场势力确实存在如理论模型部分式（8）揭示出的关联关系，即企业可以通过压低自身产品市场势力并扩展劳动力市场势力的方式来维持企业整体势力不变。$post \times \Delta mulp$ 系数显著为负，说明这种产品市场势力下降引发的企业劳动力市场势力上升现象发生在 2008 年之后。这也可能意味着存在一些潜在因素既作用于企业产品市场势力也作用于劳动力市场势力，使两个市场的势力共同出现变动。$treat \times \Delta mulp$ 系数为正，说明在反垄断处罚前，相对于控制组而言，处理组市场势力扩展效应并不明显。我们在稳健性检验部分，将控制金融危机和新《劳动合同法》实施两个发生于 2008 年的外生事件冲击，检验《反垄断法》实施引致的企业市场势力扩展行为是否依然存在。上述检验结果也进一步证明了处理效应 $AAC \times \Delta mulp$ 表示的反垄断处罚引发的市场势力扩展净效应确实存在。

表 2　基准回归结果

	(1)	(2)	(3)	(4)	(5)
	mdlp	mdlp	mdlp	mdlp	mdlp
AAC	-0.4181 ***				
	(0.0010)				
$AAC \times \Delta mulp$		-0.0384 ***	-0.0119 ***	-0.0081 **	
		(0.0045)	(0.0041)	(0.0039)	
$post \times \Delta mulp$		-0.1708 ***	-0.0682 ***	-0.0529 ***	-0.0514 ***
		(0.0020)	(0.0020)	(0.0019)	(0.0017)
$treat \times \Delta mulp$		0.0542 ***	0.0118 ***	0.0203 ***	0.0330 ***
		(0.0037)	(0.0031)	(0.0029)	(0.0021)
$\Delta mulp$		-0.0286 ***	-0.0109 ***	-0.0201 ***	-0.0154 ***
		(0.0010)	(0.0010)	(0.0009)	(0.0009)

	（1）	（2）	（3）	（4）	（5）
	mdlp	*mdlp*	*mdlp*	*mdlp*	*mdlp*
*AAC*2009					−0.0474 ***
					（0.0024）
*AAC*2011					−0.0346 ***
					（0.0096）
*AAC*2013					−0.1518 ***
					（0.0040）
控制变量	Yes	No	Yes	Yes	Yes
三项固定效应	Yes	No	No	Yes	Yes
样本量	1747145	2595343	1761132	1761129	1761129
R-squared	0.658	0.006	0.385	0.453	0.453

注：①***、**、*分别表示在1%、5%、10%水平上显著；②括号中数值为标准误；③限于篇幅，表中没有给出常数项与控制变量结果，如有需要可联系笔者，余表同。

（二）稳健性检验

（1）政策干预外生性假定。DID 估计结果的准确性依赖于政策干预的外生性。如果企业是否受到反垄断处罚与企业的劳动力市场势力有关，那么表明劳动力市场因素可以反向影响《反垄断法》的实施，即存在互为因果引发的内生性识别偏差。为此，本文以企业是否受到反垄断处罚为被解释变量，以企业劳动力市场势力作为解释变量。表 3 第（1）列回归发现，企业的劳动力市场势力并不显著影响企业是否受到反垄断处罚，估计系数为 0.0082，满足政策干预的外生性假定。

表 3　稳健性检验结果

	treat	*mplp*	*mdlp*	*mdlp*	*mdlp*	*mdlp_city*
	（1）	（2）	（3）	（4）	（5）	（6）
mdlp	0.0082 *					
	（0.0043）					
AAC×Δmulp		0.0285	−0.0189 **	−0.0189 **	−0.0175 ***	−0.0168 *
		（0.1298）	（0.0092）	（0.0092）	（0.0052）	（0.0089）
*AAC*1			0.0133 ***	0.0121 ***	0.0089 ***	0.0053 ***
			（0.0031）	（0.0022）	（0.0009）	（0.0012）
*AAC*2				−0.0045	−0.0026 **	−0.0050 **
				（0.0039）	（0.0013）	（0.0022）
控制变量	Yes	Yes	Yes	Yes	Yes	Yes
固定效应	No	Yes	Yes	Yes	Yes	Yes
样本量	1761132	1808906	1761132	1761132	186828	1654549
R-squared	0.037	0.123	0.425	0.425	0.507	0.344

（2）企业联合市场势力不变假定。如果确实存在企业向劳动力市场扩展势力以规避产品市场规制的现象，那么企业在产品与劳动力市场中的联合市场势力应该不变或者变动很小。为了检验这一假说，本文将式（10）的被解释变量替换为企业的整体市场势力 $mplp$，并进行重新回归。如果这一假说成立，回归结果中的政策处理效应估计系数将不显著。表 3 第（2）列报告了回归结果，表明《反垄断法》实施虽然有效削弱了企业的产品市场势力，但对企业整体市场势力的影响则不显著。

（3）剔除"四万亿"计划的影响。实际上，2008 年不仅是《反垄断法》实施的年份，也是次贷危机和"四万亿"计划的开始年份。为了应对 2008 年金融危机，中央政府推出"四万亿"计划，这也会对企业产品与劳动力市场势力的关联机制产生影响。为此，本文将涉出口、基建、家电、汽车企业样本设置为实验组，其他企业为对照组，将其与 $post$ 交乘，以此组成政策冲击变量 $AAC1$，加入回归模型式（10）中。结果如表 3 第（3）列所示，结论表明，即使在控制次贷危机和 4 万亿计划影响后，处理效应估计系数依然显著为负，说明在控制其他政策冲击后，《反垄断法》实施导致的企业向劳动力市场扩展势力现象依然存在。

（4）剔除新《劳动合同法》的影响。2008 年不仅爆发了金融危机，新《劳动合同法》也于该年实施。DID 需要排除重叠政策的影响。根据已有文献，相对于国有企业和外资企业，私营企业中劳动合同执行效果较差（李波和杨先明，2021）。因此，相比于国有企业和外资企业而言，在受到劳动法约束程度不高的私营企业中，企业市场势力的扩展效应更为显著。本文将私营企业设置为实验组，国有企业和外资企业设置为对照组，将其与 $post$ 交乘，以此组成反映《劳动合同法》政策冲击的变量 $AAC2$，加入回归模型式（10）中。估计结果如表 3 第（4）列所示，结论表明，即使在控制新《劳动合同法》冲击后，处理效应 $AAC \times \Delta mulp$ 估计系数依然显著为负，也在一定程度上表明新《劳动合同法》不能有效阻止企业向劳动力市场扩展势力行为。

（5）剔除省份间差异。虽然授权省级政府执法部门在本行政区划范围内进行反垄断执法的权力架构为构建 DID 准自然实验创造了条件，但是，各省份间的经济发展程度、法制基础存在较大差异，如果不对其进行控制，必然使识别的政策处理效应系数有偏。为此，本文选择跨省份边界的地级市内企业样本对式（10）进行重新回归。我们认为位于省份边界的企业在经济发展程度、法制基础等方面面临的差异最小，可以有效排除省份间差异对回归结论的影响。表 3 第（5）列结果表明，处理效应 $AAC \times \Delta mulp$ 系数显著为负，说明在考虑省份间差异后，产品与劳动力市场势力的关联机理依然存在。

（6）劳动力市场势力的其他识别方法。企业劳动力市场势力的测算依赖于劳动力市场范围的界定。为了进一步检验结论的稳健性，我们参照 Azar 等（2020），采用实证产业组织中的嵌套 Logit 模型[①]，在考虑到劳动者对工作区域及行业偏好异质性的基础上，对三位数城市和行业代码层面的企业劳动力市场势力进行测度，并生成劳动力市场势力替代变量 $mdlp\_city$，以检验劳动力市场界定范围变动对研究结论的影响。结论如表 3 第（6）列所示，表明即使考虑到劳动力市场范围界定的影响，产品与劳动力市场势力的关联机理依然存在。

（7）平行趋势检验。为了进一步检验结论的稳健性，本文还进行了平行趋势检验。平行趋势检验的时间跨度为 2005~2012 年，以 2008 年为界，2005~2007 年为政策执行前，2009~2012 为政策执行后。平行趋势检验结果如图 3（a）所示。由图 3 可知，2005~2007 年的政策处理效应估计系数不显著，因此趋势一致性假设成立。

（8）安慰剂检验。为了进一步检验 DID 模型是否满足政策干预的独立性，本文进行了安慰剂检验。本文通过随机抽样的方式构建虚假实验组与对照组，以此生成虚拟政策处理效应，对式（9）回归并记录估计系数，循环 500 次，考察估计系数均值是否为 0。由图 3（b）可以看出，安慰剂检

---

① 嵌套 Logit 模型形式及劳动供给弹性测算如有需要请联系笔者。

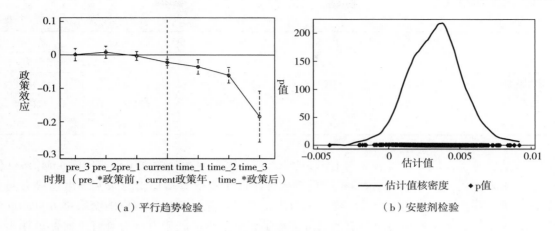

（a）平行趋势检验　　　　　　　　　（b）安慰剂检验

图3　平行趋势检验与安慰剂检验

注：笔者根据 Stata 软件计算所得。

验得到的估计系数均值接近于 0，说明《反垄断法》仅对涉事企业及所在细分行业中的其他企业产生影响，满足政策干预的独立性假定。

（三）企业向劳动力市场扩展势力的机理分析

本部分进一步对企业向劳动力市场扩展市场势力的内在机理进行实证检验分析。

首先，我们将前文测算的劳动供给弹性 $M\_\epsilon_{fit}^{l}$ 作为被解释变量，将取对数后的平均工资 $\ln M\_wage$ 以及取对数后的周工作小时数 $\ln M\_time$ 作为核心解释变量，以检验劳动供给弹性是否对工资与工时的变动敏感。理论上，如果劳动供给弹性对工资与工时的变动不敏感，则表明企业压低工资以及提高工时的行为不会引发劳动供给弹性的大幅变动，从而实现市场势力向劳动力市场的扩展。工资和工时数据来源于历年《中国劳动统计年鉴》，为了保持指标的一致性，我们将劳动供给弹性、取对数后的平均工资和取对数后的周工作小时数加总为全国层面均值。回归结论如表4第（1）列所示。结果表明，相对于压低工资而言，劳动供给弹性对工时的变动更为不敏感。这说明企业可以在保持工资不变的前提下，通过增加工时来提高其在劳动力市场中的市场势力。同时，政策处理效应估计系数为负，说明相对于控制组而言，受到《反垄断法》冲击的处理组劳动供给弹性更低，这意味着低劳动供给弹性是企业向劳动力市场扩展势力的必要条件。

表4　企业向劳动力市场扩展势力的机制检验

	$M\_\epsilon_{fit}^{l}$	M_mdlp	$\ln M\_time$	$\ln M\_wage$	M_mdlp
	（1）	（2）	（3）	（4）	（5）
$\ln M\_time$	0.0395 ***				−0.3088 ***
	（0.0003）				（0.0006）
$\ln M\_wage$	2.5625 ***				0.0860 ***
	（0.0021）				（0.0001）
$firmbargain$		−0.0162 ***	0.0383 ***	−0.0466 ***	−0.0094 ***
		（0.0001）	（0.0010）	（0.0001）	（0.0001）
$AAC×\Delta mulp$	−2.6745 ***	−0.0964 ***	0.1410 ***	−0.0108 ***	−0.0765 ***
	（0.0097）	（0.0007）	（0.0051）	（0.0005）	（0.0003）

续表

	$M\_\epsilon_{fl}^{L}$	M_mdlp	$\ln M\_time$	$\ln M\_wage$	M_mdlp
	（1）	（2）	（3）	（4）	（5）
控制变量	Yes	Yes	Yes	Yes	Yes
样本量	1712978	1973379	1973379	1712978	1712978
R-squared	0.794	0.558	0.603	0.244	0.820

进一步地，本文以取对数后的平均工资 $\ln M\_wage$ 以及取对数后的周工作小时数 $\ln M\_time$ 作为中介变量，引入到式（10），以此检验企业是否通过压低工资或者增加工时来实现市场势力向劳动力市场的扩展。我们也在上述中介效应模型中引入企业议价能力与处理效应的交乘项 $firmbargain$[①]，以检验私人议价模式下企业相对于员工的议价优势是否对企业扩展势力行为具有正向促进作用。中介效应回归结论如表4第（2）～（5）列所示。结论表明，反垄断执法引发的企业产品市场势力下降，会使企业员工平均工资下降约 0.01%，使员工每周工作时间增加约 0.14%，这说明企业主要通过增加员工工时的方式，行使其劳动力市场势力。同时，企业议价能力会正向调节企业通过工资与工时机制向劳动力市场扩展势力。实际上，"十二五"规划纲要提出的"两个同步"政策以及最低工资制度使中国 2008~2017 年平均工资增加了近 1 倍。企业不大可能通过直接压低工资的方式向劳动力市场行使市场势力。就增加工时而言，虽然新《劳动合同法》第三十六条规定员工平均每周工作时间不超过 44 小时。但中国制造业员工每周工作时间却从 2008 年的 47.9 小时增加到 2019 年的 48.9 小时[②]，这说明《劳动合同法》没有有效规范企业通过增加工时方式间接压低工资的行为。由于企业通过增加工时间接压低工资行为，本质上是企业在劳动力市场滥用市场势力的表现，其产生及作用机理已经超出劳动法保障范畴，因此需要竞争法的介入。

（四）异质性分析

（1）区分员工技能差异。企业向劳动力市场扩展势力行为对于不同技能员工将会呈现出怎样的差异呢？为此，本文利用中国工业企业数据库给出的平均工资数据以及企业员工学历构成数据和各省份的农村个人劳动收入数据，按照第三部分指标识别方法计算了企业内部高技能员工与低技能员工的劳动力市场势力。平均而言，企业在高技能劳动力市场中势力为 0.82，在低技能劳动力市场中势力为 0.77，表明企业在不同技能劳动力市场具有不同的市场势力。进一步地，本文以计算的高技能劳动力市场势力 $skillmdlp$ 与低技能劳动力市场势力 $uskillmdlp$ 作为被解释变量，重新对式（10）进行回归，结果如表5第（1）～（2）列所示。从回归结果可以看出，在面临产品市场反垄断处罚时，相对于低技能劳动力市场，高技能劳动力市场中产品与劳动力市场势力的关联效应更强。这意味着虽然企业支付给高技能员工更高的工资，但企业更倾向于向高技能劳动力扩展势力来规避产品市场规制的影响。可能的原因在于以下两点：一是相对于高技能员工而言，低技能员工更多地受到最低工资政策保护，阻止了企业向低技能劳动力市场扩展势力的行为；二是企业对高技能劳动力市场势力扩展更多地表现为增加工作任务，而非压低工资。

（2）区分最低工资约束。理论上，受到最低工资政策约束的企业更难将其势力向劳动力市场扩展。为了检验这一假说，本文收集了 1998~2013 年各省份的最低工资标准数据并将其与工业企业样本匹配。参照 Tortarolo 和 Zarate（2018）的做法，构建最低工资标准哑变量（$binding$）：$r_{rt} = minwage_{rt}/w_{ft}$，其中 w_{ft} 表示企业的平均工资，$minwage_{rt}$ 表示最低工资，将 $r_{rt} \geqslant 60\%$ 的企业视为受最低工

---

① 用企业员工数量占细分行业内劳动总量之比代理企业相对于员工的议价能力。
② 资料来源：2009~2020 年《中国劳动统计年鉴》。

资标准约束的企业（*binding* = 1），将 $r_n \leqslant 40\%$ 的企业视为不受最低工资标准约束的企业（*binding* = 0）。将两组样本按照式（10）进行分样本回归，回归结论如表 5 第（3）~（4）列所示。从回归结果可以看出，受到最低工资政策约束的企业样本，政策处理效应 *AAC×Δmulp* 系数不再显著。说明在反垄断法执行过程中配合劳动保障政策，可以有效阻止企业市场势力扩展行为，从而达到最优的政策效果。对于没有受到最低工资政策约束的企业样本而言，企业市场势力扩展行为依然存在，需要竞争法的介入，以规范企业在劳动力市场中的滥用势力行为。

（3）区分企业规模差异。本文也按照样本企业的规模差异，进一步对产品与劳动力市场势力的关联机理进行异质性分析。回归结论如表 5 第（5）~（7）列所示。回归结果表明，相对于大中型企业而言，规模小的企业更倾向于向劳动力市场扩展势力来规避产品市场反垄断的影响。实际上，相对于外资企业和国有企业完善的用工制度而言，小型企业中企业与员工私人议价模式更为普遍。因此，上述结论也证明了私人议价模式下企业拥有的议价优势，是影响企业向劳动力市场扩展势力程度的重要因素。

表 5　异质性分析结果

	skillmdlp	uskillmdlp	mdlp	mdlp	mdlp	mdlp	mdlp
	（1）	（2）	（3）	（4）	（5）	（6）	（7）
AAC×Δmulp	−0.0301***	0.0015	−0.0165***	0.0013	0.0282***	−0.0177***	−0.0115***
	(0.0087)	(0.0091)	(0.0023)	(0.0021)	(0.0055)	(0.0024)	(0.0061)
控制变量	Yes	Yes	Yes	Yes	Yes	Yes	Yes
固定效应	Yes	Yes	Yes	Yes	Yes	Yes	Yes
样本量	1748857	1928910	477486	676317	652301	977599	131232
R−squared	0.341	0.832	0.755	0.677	0.396	0.447	0.563

六、进一步分析：消除市场势力的效率提高

消除企业产品与劳动力市场势力的政策优化改革会给中国经济运行效率带来多大提升？本文借鉴 Tortarolo 和 Zarate（2018）的研究思路，对这一问题进行探讨。

假定经济体的最终整体产出表现为 CES 的产品组合形式，那么行业 s 的全要素生产率（TFP_s）可以表示为如下形式：

$$TFP_s \equiv \left[\sum_{f=1}^{M_s} \left(\varphi_{sf}^* \frac{\overline{TFPR_s}}{TFPR_{sf}} \right)^{\sigma-1} \right]^{\frac{1}{\sigma-1}} \tag{13}$$

其中，M_s 表示在行业 s 中的企业数量，φ^* 表示企业 f 的全要素生产率，σ 表示相同行业的不同企业间的替代弹性。$TFPR_{sf} \equiv p_{sf} \varphi_{sf}^*$ 表示企业生产率，在资源配置最优时，其在相同行业的企业间取值相同。$\overline{TFPR_s}$ 表示行业 s 的平均生产效率，当存在产品和劳动力市场势力时，可以将企业层面的总生产效率表示为：

$$TFP_s = \frac{\left[\sum_{f=1}^{M_s} \varphi_{sf}^{*\,\sigma-1} \left(\frac{Markdown_{sf}}{Markup_{sf}} \right)^{\sigma-1} \right]^{\frac{\sigma}{\sigma-1}}}{\left[\sum_{f=1}^{M_s} \varphi_{sf}^{*\,\sigma-1} \left(\frac{Markdown_{sf}}{Markup_{sf}} \right)^{\sigma} \right]} \tag{14}$$

从式（14）可以看出，企业在产品与劳动力市场中的市场势力也是决定资源配置效率的重要因素。市场势力引致的资源错配主要体现在两个方面：一是市场势力会使均衡时的价格过高、产量过低从而引发资源错配；二是企业间市场势力的取值差异也会引致要素价格扭曲进而引发资源错配（Tortarolo and Zarate，2018）。假定企业的 $TFPR_{sf}$ 和 φ_{sf}^{*} 服从联合对数正态分布，则全要素生产率可以表示为：

$$\log TFP_s = \gamma - \frac{\sigma}{2}\text{Var}\left(\frac{Markdown_{sf}}{Markup_{sf}}\right) \tag{15}$$

其中，γ 是一个跨行业的值，它对行业内的投入要素边际产出价值的方差并不产生影响，因此，设定 $\gamma=1$。σ 表示产品间的替代弹性，已有文献认为 σ 在竞争性制造业的取值在 3~10，本文设定 σ 为 3。在已知企业产品市场势力（Markup）和劳动力市场势力（Markdown）的情况下，可以根据式（15）测算出消除企业市场势力带来的效率提升。在具体反事实测算时，本文将三位数行业产品市场势力与劳动力市场势力设置为各自的均值，结论如表 6 所示。

从表 6 第（3）~（5）列可以看出，若仅消除企业产品市场势力会使中国 1998~2013 年全要素生产率提高约 4.41%。若同时消除企业在产品与劳动力市场中的势力，会使 1998~2013 年中国全要素生产率提高约 14.87%，平均每年提高约 1.19%。说明只有同时推动消除企业产品与劳动力市场势力的政策改革才能达到最优的政策效果。现有竞争政策仅关注产品市场中的垄断行为、注重维护消费者福利，忽视了企业竞争行为可能对劳动者福利的影响。上述研究结论意味着推动《反垄断法》与《劳动保障法》的协同监管，加快推进竞争法在劳动力市场中的运用，可以实现最优的政策效果。区分企业性质来看，相对于外资企业与私营企业，国有企业的全要素生产率提升效应更为明显。区分企业规模来看，相对于小型企业，中大型企业的全要素生产率提升效应更为显著。

表 6　反事实分析：消除市场势力的生产效率提高

	观测值	Counteltfp1	Counteltfp2	Counteltfp3
全部样本	3487430	4.41%	9.82%	14.87%
其中：国有企业	331624	4.35%	10.03%	14.88%
外资企业	363398	4.47%	9.73%	14.89%
私营企业	1396636	4.41%	9.81%	14.85%
其中：小型企业	1730349	4.42%	9.81%	14.86%
中型企业	1094328	4.39%	9.83%	14.85%
大型企业	662753	4.44%	9.83%	14.90%

注：Counteltfp1、Counteltfp2、Counteltfp3 均表示消除产品市场势力带来的 TFP 提高。

七、结论与启示

企业向劳动力市场扩展势力来规避产品市场规制的行为，不仅使竞争政策的实施效果大打折扣，也会引发劳资冲突等一系列社会问题。本文从产品与劳动力市场势力关联视角出发，以《反垄断法》实施构建准自然实验，对企业向劳动力市场扩展势力以规避产品市场规制这一核心研究假说进行实证检验，并揭示产品与劳动力市场势力的关联机理及关联特征，突破了反竞争行为存在领域之范围的认知。研究结论如下：①本文构建了一个在统一框架下识别企业产品与劳动力市场势力的实证框架，发现企业不仅在产品市场获取垄断租金，也会通过隐性压低员工收入的方式获取劳动租金，结论扩展了有关企业市场势力识别的理论研究；②在现有竞争政策体系下，产品市场实施的《反垄断法》，确实使企业向劳动力市场扩展势力来规避竞争法的影响；③在现有劳动保障体系下，滥用议价优势地位提高工时，是企业向劳动力市场扩展市场势力的主要方式；④从区分员工技能差异来看，企业对不同技能员工具有不同的势力，企业支付给高技能员工更高的工资，并且更倾向于向高技能劳动力扩展市场势力；⑤促进竞争法与劳动保障法的协同监管、加快推进竞争法在劳动力市场中的应用是应对企业向劳动力市场扩展势力的有力举措。

由此，本文可以得到以下三点启示：①竞争政策在实践过程中亟须突破对于反竞争行为存在领域之范围的认知。近年来，劳动力市场中出现的企业将经营压力转变为工作强度、劳动者工作强度过大等企业侵蚀员工利益现象逐渐成为社会各界关注的热点话题。建立在芝加哥学派基础上的传统竞争政策理论体系及其形成的消费者福利执法标准，只关注产品市场中的企业垄断行为，其构建的理论体系天然割裂了产品与劳动力市场的关联性。这就造成在现实执法实践过程中，出现了"产品—劳动力"市场监管理论分离之间的矛盾，并引发政策执行的偏差。针对近年来中国劳动力市场出现的企业侵害员工利益行为，有必要加强关于产品与劳动力市场势力关联的理论研究，并出台针对劳动力市场的反垄断指南。②促进竞争法与劳动保障法的协同监管是应对企业向劳动力市场扩展势力的有力举措。协同监管模式有两点好处：一是竞争法与劳动保障法在职责上的独立保证了各自制度的一致性、可管理性和可预测性；二是竞争法与劳动保障法在职能上的协同既有助于反垄断监管集中于最大化产出以造福消费者，也有利于劳动保障法介入以实现确保职工福利的目标。③加快推进竞争法在劳动力市场中的应用是进一步完善竞争性政策基础地位的应有之义。垄断既折损消费者的利益，又戕害劳动者。随着企业势力的不断扩大，特别是伴随数字经济和数字平台等非传统商业模式发展出现的企业固定薪资协议、"互不挖角"协议等侵蚀员工利益现象，使传统劳动保障法在处理类似问题时缺乏违法性判断标准，适应性以及可操作性不强。加快推进竞争法在劳动力市场中的应用是进一步完善竞争性政策基础地位的应有之义。

参考文献

[1] 简泽，黎德福，沈筠彬，吕大国. 不完全竞争的收入分配效应研究：一个融合产品—劳动力市场的视角 [J]. 中国工业经济，2016（1）：21-36.

[2] 李波，杨先明. 劳动保护与企业出口产品质量：基于《劳动合同法》实施的准自然实验 [J]. 经济学动态，2021（7）：99-115.

[3] 盛丹，陆毅. 国有企业改制降低了劳动者的工资议价能力吗？[J]. 金融研究，2017（1）：69-82.

[4] 汤灿晴，董志强. 工会能促进员工—企业"双赢"吗：理论与来自"雇主—员工"匹配数据的经验证据 [J]. 学术研究，2020（1）：94-102.

[5] 王彦超，蒋亚含. 竞争政策与企业投资：基于《反垄断法》实施的准自然实验 [J]. 经济研究，2020，55（8）：137-152.

[6] 吴要武. 70年来中国的劳动力市场 [J]. 中国经济史研究，2020（4）：30-48.

[7] 谢富胜，吴越，王生升. 平台经济全球化的政治经济学分析 [J]. 中国社会科学，2019（12）：62-81，200.

[8] 谢申祥，陆毅，蔡熙乾. 开放经济体系中劳动者的工资议价能力 [J]. 中国社会科学，2019（9）：40-59.

[9] 许明，李逸飞. 最低工资政策、成本不完全传递与多产品加成率调整 [J]. 经济研究，2020，55（4）：167-183.

[10] 杨河清，王欣. 过劳问题研究的路径与动向 [J]. 经济学动态，2015（8）：152-160.

［11］尹恒，张子尧. 需求异质与企业加成率估计［J］. 中国工业经济，2019（12）：60-77.

［12］赵伟光，李凯. 市场竞争不完全与企业内部工资差距：基于产品与劳动力市场融合视角的分析［J］. 经济理论与经济管理，2020（4）：39-54.

［13］Azar J. , Marinescu L. , Steinbaum M. Labor Market Concentration［R］. NBER Working Paper, No. 24147, 2020.

［14］Benmelech E. , Bergman N. , Kim H. Strong Employers and Weak Employees：How does Employer Concentration Affect Wages?［R］. NBER Working Papers, No. 24307, 2018.

［15］Card D. , Cardoso A. R. , Heining J. Firms and Labor Market Inequality：Evidence and Some Theory［J］. Journal of Labor Economics, 2018, 36（S1）：S13-S70.

［16］De Loecker J. , Eeckhout J. , Unger G. The Rise of Market Power and the Macroeconomic Implications［J］. Quarterly Journal of Economics, 2020, 135（2）：561-644.

［17］De Loecker J. , Warzynski F. Markups and Firm-level Export Status［J］. American Economic Review, 2012, 102（6）：2437-2471.

［18］Dobbelaere S. , Mairesse J. Panel Data Estimates of the Production Function and Product and Labor Market Imperfections［J］. Journal of Applied Econometrics, 2013, 28（1）：1-46.

［19］Hafiz H. Labor Antitrust's Paradox［J］. The University of Chicago Law Review, 2020, 87（2）：381-412.

［20］Manning A. Monopsony in Motion：Imperfect Competition in Labor Markets［M］. Princeton：Princeton University Press, 2003.

［21］Manning A. Imperfect Competition in the Labor Market［J］. Handbook of Labor Economics, 2011（4）：973-1041.

［22］Marinescu L. , Ouss L. , Pape L. D. Wages, Hires, and Labor Market Concentration［J］. Journal of Economic Behavior & Organization, 2021, 184（2）：506-605.

［23］Steinbaum M. Common Ownership and the Corporate Governance Channel for Employer Power in Labor Markets［J］. The Antitrust Bulletin, 2021, 66（1）：123-139.

［24］Tortarolo D. , Zarate R. D. Measuring Imperfect Competition in Product and Labor Markets—An Empirical Analysis Using Firm-level Production Data［R］. CAF Working Paper, No. 03, 2018.

产能利用率对制造业企业影子银行行为的影响研究：来自中国上市公司委托贷款数据的经验证据

钱雪松　张嘉辉　杜　立

[摘　要] 在中国经济高质量发展背景下，如何有效发挥金融服务实体经济的能力具有重要意义。特别是，作为国民经济的支柱力量，制造业企业如何运用委托贷款等影子银行机制、其作用机理如何等问题受到学术界和政府部门的广泛关注。基于此，本文运用手工搜集整理的中国制造业上市企业委托贷款这一独特的影子银行数据，实证考察了行业产能利用率对制造业企业影子银行行为的影响。检验结果显示，行业产能利用率越高，制造业上市企业委托贷款行为越活跃：随着行业产能利用率提升，企业发放委托贷款的概率和规模都显著增加，特别是制造业上市企业更倾向于向同行业企业提供委托贷款。机制检验结果表明，在产能利用率较高的行业内，拥有融资优势的制造业上市企业更倾向于运用委托贷款渠道向同行业其他企业提供资金，实现资本再配置。进一步基于借贷条款检验发现，上市企业向同行业企业发放的委托贷款表现出实际借贷利率相对更低、借贷期限相对更长的特点，这表明产能利用率较高行业的制造业企业会通过委托贷款渠道对同行业企业进行资金支持。本文研究从行业产能利用率视角切入，深入剖析了制造业企业的影子银行行为，揭示了委托贷款这一典型影子银行机制的微观作用机理，在边际上拓展了中国影子银行相关问题的研究。本文实证研究还揭示出制造业企业通过委托贷款渠道向同行业企业提供资金支持，这为委托贷款等影子银行机制支持实体经济发展提供了直接的经验证据，对认识影子银行这一非正规金融机制是正规金融体系的有益补充具有启示意义。

[关键词] 影子银行；委托贷款；产能利用率；企业投融资；资本再配置

一、引言

自党的十八大以来，中央政府积极推进金融市场化改革，金融业保持快速发展，金融产品日益丰富，金融服务普惠性不断增强。然而，必须清楚认识到，当前我国金融业的市场结构和服务水平还不能完全适应经济高质量发展的要求，实体经济需求和金融供给之间仍然存在着深层次的结构性矛盾。"十四五"期间，我国将由全面建成小康社会转向全面建设社会主义现代化国家，处于转变发展方式、优化经济结构、转换增长动力的攻关期。如何有效发挥金融服务实体经济的能力，对推动现代化经济体系建设具有重要意义。特别地，制造业在国内生产总值中的比重接近30%，是推动国民经济增长的主导力量。因此，全面提升金融服务制造业发展的能力和水平必将关系到经济高质量发展的全局。

[作者简介] 钱雪松，1977 年生，男，经济学博士，华中科技大学经济学院教授，博士生导师，经济系主任；张嘉辉，1996年生，（通讯作者），男，华中科技大学经济学院硕士研究生，邮箱：zhangjh103@ hust. edu. cn；杜立，1990 年生，男，经济学博士，华中科技大学经济学院讲师。

实际上，在我国以银行为主导的金融体系中，银行信贷长期以来都是制造业企业资金的重要来源，是部分企业得到正规金融支持的主要途径（He et al.，2015；吕劲松，2015；王立国和赵婉妤，2019）。但是，近年来制造业企业从银行系统得到的正规信贷支持呈现下降趋势，制造业贷款占银行总信贷的比例从 2012 年的 22.15% 持续下降至 2019 年的 12.24%，降幅达到近一倍，如图 1 所示。而且，由于银行系统对中小企业和民营企业等部分企业存在所有制歧视和规模歧视，大量银行信贷流向国有企业和大型企业，民营企业特别是中小民营企业从正规金融部门获得信贷满足融资需求存在巨大的障碍（He et al.，2015；陈斌开和林毅夫，2012）。

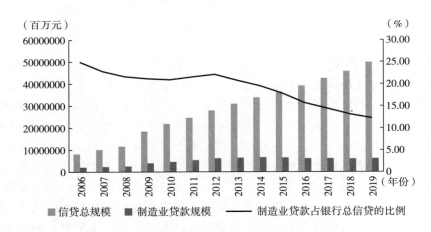

图 1　2006~2019 年制造业得到的银行信贷规模及占比

资料来源：根据五大银行年报整理。

在此背景下，大量无法通过正规金融渠道满足资金需求的制造业企业转向运用非正规金融渠道融通资金，这促使以委托贷款为代表的影子银行①在中国快速发展。中国银保监会发布的《中国影子银行报告》显示，中国的影子银行体量与同期银行信贷规模基本相当，并且增速远超贷款增速。截至 2019 年底，中国广义影子银行规模为 84.80 万亿元，占 2019 年国内生产总值的 86%，相当于同期银行业总资产的 29%。狭义影子银行规模为 39.14 万亿元，占广义影子银行的 46.2%。其中委托贷款是规模最大、增长较为迅速的项目，2009 年初，委托贷款规模不到 3 万亿元，但 2010~2015 年增长迅猛，连续 6 年的增速超过 30%。截至 2019 年底，委托贷款仍有 11.44 万亿元的规模，在中国狭义影子银行中占据最大的规模，占比达到 29.23%。委托贷款作为中国独有的贷款安排（Yu et al.，2021），无论是从增量还是从存量角度，它都是我国影子银行最大的组成部分（Allen et al.，2019；Liu，2017），并且在社会融资中占据重要地位（Gupta and Caporin，2018）。2011~2015 年，委托贷款在其与银行贷款合计中占比连年超过 10%，成为继传统银行贷款之后的第二大贷款融资来源（Chen et al.，2018）。根据我们搜集整理的委托贷款交易数据，如表 1 和图 2 所示，不论是从提供规模视角还是接收规模视角，制造业企业都是委托贷款交易的主要参与主体，占据着 60% 左右的份额。委托贷款机制为大量制造业企业提供了配置资金的渠道，有效地促进了企业之间的资金调配和流动。

---

① 影子银行是指常规银行体系以外的各种金融中介业务，通常以非银行金融机构为载体，对金融资产的信用、流动性和期限等风险因素进行转换，扮演着"类银行"的角色。

表1　2004~2015年委托贷款在各行业的规模及占比

行业	提供规模（亿元）	提供规模占比（%）	接收规模（亿元）	接收规模占比（%）
金融	372.95	12.63	37.56	1.27
公用事业	178.64	6.05	158.38	5.36
房地产	258.76	8.76	888.73	30.09
综合	199.88	6.77	73.05	2.47
工业	1785.11	60.44	1742.64	59.01
商业	157.96	5.35	52.94	1.79
总计	2953.30	100	2953.30	100

资料来源：搜集数据整理得到。

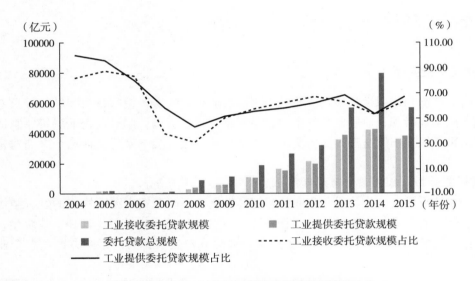

图2　2004~2015年工业行业委托贷款的规模及占比

资料来源：搜集数据整理得到。

　　总的来说，制造业作为中国经济的支柱性产业在迅速发展的情况下，以银行为主导的正规金融体系提供的信贷支持规模却在逐年下降，又由于中国正规金融体系发展不完善且存在融资歧视现象，所以不同企业面临的融资难易程度存在差异性，部分企业尤其是中小企业和民营企业无法通过正规信贷渠道满足融资需求。这样一来，企业之间就存在通过借贷交易再配置资金的空间。在中国的委托贷款实践中，制造业企业是主要的参与主体，通过委托贷款机制进行了相当规模的资金配置，因此影子银行充当金融中介的作用，为企业之间资本重新配置提供了渠道。

　　基于此，运用制造业企业间委托贷款微观数据，本文从行业产能利用率视角切入，实证考察了制造业企业委托贷款运作问题。具体而言，本文旨在回答以下问题：从企业投融资维度看，行业产能利用率如何影响制造业企业委托贷款行为？如何影响制造业企业委托贷款资金流向？其背后的运作机理是怎样的？从借贷条款维度分析，委托贷款交易对参与企业产生了什么经济后果，是支持作用还是消极作用？

　　本文实证检验结果表明，行业产能利用率越高，行业内企业进行委托贷款交易越活跃，具体表现为：①随着产能利用率的提升，行业内企业发放委托贷款，且向同行业企业发放委托贷款的概率和规模显著增加；②在产能利用率较高的行业中，那些拥有融资优势表现为具有较高现金流水平和银行信贷水平的企业，委托贷款行为更活跃；③处于产能利用率较高行业内的制造业企业，更多地向具有股权关联关系的制造业企业发放委托贷款进行资金再配置。行业产能利用率对制造业企业影子银行行为产生的丰富影响说明：在中国金融市场发展还有待完善的背景下，委托贷款等影子银行机制是企业进行资本再配置的重要手段。进一步地，基于借贷条款的扩展性检验表明，向同行业的企业，尤其是股权关联企业发放的委托贷款样本具有实际借贷利率相对更低、借贷期限相对更长的特点，表现出对借款企业具有资金支持的经济效应。

本文的可能贡献主要有：第一，得益于委托贷款数据，本文首次从微观企业层面考察中国非正规金融制度安排，将从边际上拓展有关新兴转轨经济体非正规金融机制的相关研究；第二，本文从行业产能利用率视角切入考察制造业企业的影子银行行为，为非正规金融对中国经济增长的推动作用提供了新的解释和间接的经验证据，有助于我们理解中国经济为何在正规金融发展还不完善的情况下取得快速增长这一问题，以及拓展有关非正规金融与经济增长的相关研究。

二、文献回顾与理论分析

（一）相关文献回顾

本文从行业产能利用率视角切入，研究中国制造业企业的影子银行行为问题，并且考虑企业的投融资问题，期望在微观企业层面考察中国金融制度安排。所以，制造业企业融资、制造业产能利用率以及中国影子银行问题这三方面的文献与本文直接相关，接下来将从这三个方面对相关文献进行梳理。

1. 中国制造业企业投融资的相关研究

制造业企业的投融资行为关系到企业的生存和发展，不同融资来源所构成的融资结构对企业的投资决策和经营发展有显著的差异影响（杨畅和庞瑞芝，2017；李洁等，2016；鞠晓生，2013；解维敏和方红星，2011）。现有研究分别从企业融资渠道和对投资行为的影响方面考察企业投融资相关问题。

其一，在制造业企业融资方面，我国企业尤其是中小企业融资难的问题是经济发展中的顽疾，融资需求无法得到满足（杨龙见等，2021；于文领等，2020；吕劲松，2015；郭丽虹和王硕，2013），因而拓宽企业的融资渠道从而缓解企业的融资约束问题一直是重要的研究课题。现有研究认为，企业内部融资是企业尤其是中小型企业和非上市民营企业进行研发投入和投资等重大决策的首要资金来源（He and Ciccone，2020；Himmelberg and Petersen，1994；岳怡廷和张西征，2017；解维敏和方红星，2011）。相较于外部融资，企业内部自有资金具有成本低、风险小、约束少等优势，而且有助于克服资金使用过程中的信息不对称问题（Kamien and Schwartz，1978），在满足企业融资需要的同时更有利于企业经营活动。但是由于企业自身发展等诸多限制，仅靠企业内部融资很多时候无法弥补资金缺口，需要从外部获取资金支持，外部融资资源的获取就成为影响企业的关键因素（龚强等，2014；张杰等，2012；解维敏和方红星，2011）。企业依赖的外部融资包括银行信贷等主导的正规融资体系和商业信用、民间借贷等主导的非正规金融体系（Du et al.，2012）。但是在中国以银行为主导的金融体系中（王立国和赵婉好，2019）存在明显的"所有制歧视"和规模歧视（Boyreau and Wei，2005；Brandt and Li，2003；Gordon and Li，2003），大部分银行信贷主要向国有企业或大型民营企业集中，而其他企业从正规金融部门获得融资存在巨大障碍（He et al.，2015；陈斌开和林毅夫，2012）。所以，虽然中国的银行信贷有利于缓解企业融资约束（温军等，2011），但这并没有成为非国有企业的主要融资渠道（张杰等，2012）。这样一来，当内部融资和正规外部融资无法满足企业发展所需时，非正规金融体系就在我国企业融资中发挥了重要作用。以商业信用、民间借贷等主导的非正规金融在一定程度上替代银行信贷（Uesugi and Yamashiro，2008；Danielson and Scott，2004），成为中国大量的中小企业及民营企业缓解融资约束的重要选择（Ge and Qiu，2007；Allen et al.，2005；张盼盼等，2020；战明华和李欢，2018；张杰和冯俊新，2011）。

其二，在制造业企业投资方面，融资是投资的基础，融资可得性显著影响企业投资决策，更强的融资能力和更低的融资成本必然推动企业投资动力和能力的上升，而企业面临融资约束会扭曲企业的投融资决策（Bolton et al.，2019），制约经济整体发展。经验证据表明，中国企业的留存收益与利润再投资率之间是正相关关系，即内部资金的可用性会促进企业投资，并提高制造业企业的投资效率（于文领等，2020），而企业的融资成本提高会降低固定资产投资率。张杰等（2012）研究企业的融资渠道与 R&D 投资，发现企业内部的现金流和非正规金融中的商业信用是研发投入的重要资金来源。通过缓解企业的融资约束和弥补企业的现金不足，非正规金融渠道的融资显著促进了企业的创新投资（刘政和杨先明，2017）。

2. 中国制造业产能利用率的相关研究

产能利用率问题受到国内外各界广泛的关注，对产能利用相关问题的研究首先要考虑如何对其进行测度，目前主要的测度方法有四种：①调查法。白让让（2016）和世界银行投资环境调查（2012，2005）等选取部分企业实地勘察企业和行业的产能利用率。②峰值法。即将"峰年"的产值作为潜在生产能力。每个生产单位（或行业）的产出水平显著高于前、后年的年份被称为"峰年"。运用一定时期内峰值产量和实际产量的比较就可测算产能利用情况（Kirkley and Squires，1998；Garcia and Newton，1995），代表性的有沃顿商学院公布的"沃顿指数"。③数据包络分析法。由 Fare 等（1989）提出，该框架下对产能的定义源于 Johansen（1968）。并被于斌斌和陈露（2019）、黄秀路等（2018）、董敏杰等（2015）用于测量中国工业行业的产能利用率；包群等（2017）、张少华和蒋伟杰（2017）、贾润崧和胡秋阳（2016）等用来测量中国企业的产能利用率。④函数法。由 Berndt 和 Morrison（1981）提出，由 Morrison（1985）、Nelson（1989）等发展。并被余淼杰等（2018）、马红旗等（2018）、余东华和吕逸楠（2015）等用来测量中国工业企业的产能利用率；繁茂请（2017）、韩国高等（2011）用来测量中国工业行业的产能利用率。与本文研究内容直接相关的是关于产能利用率影响企业运作和投融资的相关文献。其一，产能利用率过低不仅对企业的银行信贷规模具有显著的负向影响（吴成颂等，2015），而且造成企业信贷资源配置的扭曲和降低配置效率（黄俊等，2019；王立国和赵婉妤，2019）。其二，产能利用率对企业经营具有显著影响，产能利用率过低会降低企业的利润率（马红旗等，2018；马红旗，2017）、降低投资回报率同时提高债务风险（国务院发展研究中心课题组，2015）、提高上市企业的债券信用利差（杨志强，2019）。其三，产能利用率对投资会产生影响，Abel（1981）在假定资本和劳动之间不能完全替代的基础上、Greenwood 等（1988）基于 RBC 模型将产能利用率内生化、Christiano 等（2005）将产能利用率纳入 DSGE 模型中分别从理论上研究了产能利用水平和投资之间的关系。龚刚和林毅夫（2007）以及 Gong（2013）构建包含产能利用率变量的函数，指出产能利用率对投资具有正向作用，孙巍等（2009）利用制造业行业面板数据研究了产能利用率和固定资产投资之间的关系，王自锋和白玥明（2017）实证研究发现产能利用率提高有利于扩张企业的海外直接投资。

3. 中国影子银行的相关研究

作为新兴转轨经济体，中国的金融市场还在发展和完善之中（He et al.，2015；Allen et al.，2005），以影子银行为代表的非正规金融成为金融体系的重要组成部分（Acharya et al.，2013）对中国金融体系和经济体系的稳定运转具有重要的影响，受到学术界的广泛关注。关于影子银行这一非正规金融机制对中国金融体系发展和经济增长的影响现有研究发现，一方面，影子银行发挥了积极作用，影子银行的发展可以提高金融系统稳定性（Allen et al.，2019；Liu，2017；杜立等，2020）、弥补中国正规信贷的不足（钱雪松等，2018；张盼盼等，2020）、促进区域均衡发展（钱雪松等，2017），以及影子银行机制为企业间配置资金提供渠道，满足企业融资需求，提高实体经济中的金融可及性，有力支持中国民营企业和实体经济的发展（Gupta and Caporin，2018；Allen et al.，2005；钱雪松和李晓阳，2013）。另一方面，影子银行也具有消极影响。在微观层面上，企业从事委托贷款等影子银行这些类金融业务是脱实向虚的表现，不利于企业发展（Yu et al.，2021；He et al.，2015；公衍磊等，2020；余琰和李怡宗，2016）。在宏观层面上，影子银行由于缺乏健全的安全机制和监管机制（Li and Lin，2016）、自身的高杠杆性和债务期限错配特征会增加风险，影响金融系统稳定性（He et al.，2015；Tucker，2010），并且其具有的信用创造功能会影响货币政策传导的有效性（Xiao，2020；Chen et al.，2018；高然等，2018；裘翔和周强龙，2014；李向前等，2013；李波和伍戈，2011）。不仅如此，影子银行与商业银行之间的联系也会对金融系统稳定性造成负面影响，进而影响实体经济（Plantin，2015；Gennaioli et al.，2013；Jeffers and Baicu，2013）。

作为中国非正规金融的重要组成部分，影子银行对中国金融体系和经济发展产生的影响如何莫衷一是，但有一点共识是影子银行确实有着不可忽视的影响。所以为了全面深入地认识影子银行这一创新金融工具，现有文献对其成因和运作机理进行了研究。其一，现有研究从宏观政策和制度层面对中国影子银行的快速增长给出了解释。理论分析和实证研究发现，作为新兴转轨经济体，中国货币政策工具的调控作用（Yu et al.，2021；Chen et al.，2018；Liu，2017；高然，2018；钱雪松等，2018；裘翔和周强龙，2014）、金融体系发展不完善不协调（Gupta and Caporin，2018；Allen et al.，2005；钱雪松等，2017）等会导致企业这类市场主体面临着融资约束，融资需求得不到满足，影子银行行为是企业、银行等参与主体应对此情况的内生市场反应，可以规避监管并满足各主体的投融资需求（钱雪松等，2017），这就导致影子银行在中国出现并取得快速发展。

其二，关于中国影子银行运行机理的现有研究发现，中国以委托贷款为代表的影子银行机制具有显著的逆信贷周期特点（高然等，2018；钱雪松等，2018）、跨区域流动特点（钱雪松等，2017）以及股权关联机制特点（公衍磊等，2020；钱雪松等，2017；钱雪松和李晓阳，2013）。在影子银行的参与主体方面，具有融资优势的企业利用超出正常需求的资金开展类金融业务成为影子银行业务的重要参与主体（刘珺等，2014），这些非金融企业的"再放贷"活动提供了信用转化、期限转化和流动性转化，部分代替商业银行的职能，实际上发挥了金融中介的作用（Tucker，2010；Pozsar et al.，2010）。

其三，关于影子银行借贷条款设计的现有研究发现，中国以委托贷款为代表的影子银行机制在契约设计尤其是利率设定上是有效率的，反映出中国某些非正规金融市场的效率（杜立等，2020），不仅如此，中国的非金融企业参与影子银行活动是一种"自下而上"的利率市场化形式，客观上有利于市场化利率形成机制的构建以及为货币政策向价格型转变创造条件，在一定程度上可以加速中国利率市场化的进程。但是也有研究指出，当借贷双方存在股权关联关系时，大多数委托贷款是行业内部贷款并且借贷利率无法反映市场利率（Allen et al.，2019），因为提供的融资具有优惠条件，表现为利率更低、规模更大且期限更长（钱雪松等，2018），不过这时非关联贷款的利率可以有效反映市场利率。

通过梳理文献发现，虽然目前分别研究制造业融资问题、制造业产能利用率问题以及影子银行相关问题的文献已经较为丰富，但是将这三个问题纳入同一框架下进行研究，从行业产能利用率视角切入，在微观企业层面研究以委托贷款为代表的影子银行行为从而考察中国金融制度安排的文献还非常稀缺。而且，目前已有文献依然存在不足之处，主要体现在两个方面：其一，影子银行机制对经济发展的影响效应依然不明确，尤其是微观企业层面的实证证据较为稀缺；其二，行业产能利用率对企业融资行为的影响以及与中国影子银行运作之间关系的实证研究更为稀缺，其内在机制亟待剖析。

（二）理论分析

基于以上对相关制度背景和现有文献的梳理，本文接下来对行业产能利用率对制造业企业的影子银行行为进行理论分析。作为实体经济的重要组成部分，制造业是典型的资金需求量大、回报周期长的行业，这些特点也决定了制造业企业的发展离不开资金的支持，所以企业的融资可得性就尤为重要。企业的融资可以分为内部融资和外部融资，内部融资主要指的是依靠企业内部自有资金进行筹资，外部融资则是指企业从外部金融市场上获取融资。就外部融资渠道而言，包括以银行信贷为主的正规金融体系和以影子银行活动为主的非正规金融体系。由于当前中国金融市场并不发达，间接融资仍然占据主导地位，除了上市公司以外，广大中小企业和民营企业借助直接融资途径获取的外部资金规模十分有限，在正规金融体系中获取外部资金支持主要的融资来源就是银行信贷。

作为行业发展的"晴雨表"，产能利用率发挥着行业运行情况"指示器"的功能，对投资起到引导作用（张前程和杨光，2016）。对于产能利用率较高的行业，其整体发展更为健康，行业内各企业的运转状况整体更好，企业的经营活动更为活跃。一方面，从融资需求来看，在正规金融体系资金支持力度不足和发展不完善导致制造业企业普遍面临融资约束的背景下，相较于产能利用率较低的行业，产能利用率较高的制造业行业内的企业普遍面临更高的融资需求，需要融得资金支持自身经营和扩大再生产，提高自身在产业内的竞争力。另一方面，从资金供给来看，产能利用率较高的行业发展相对健康，通常是一个地区的重点产业甚至是支柱型产业，与地区经济增长和就业水平关系重大，影响着经济的平稳运行和长远发展，所以会受到政府的高度重视，甚至会出台产业政策支持其更好地发展。产能利用率较高的行业往往会得到银行等金融机构的融资优待和资金倾斜，行业整体会得到更充足的信贷资金。因此，产能利用率较高的行业单个企业面临的融资约束程度将取决于其融资可得性是否能够满足其融资需求。

需要指出的是，产能利用率较高行业内部不同性质企业之间的融资可得性往往存在着较大的差异性。具体而言，一方面，在产能利用率较高的行业中，以上市企业为代表的行业龙头企业本身的经济效益良好、吸纳就业能力强，对整个行业的带动作用强，成为地区经济发展的重要代表，地方政府也往往会通过资金支持和政策倾斜支持其发展。因而，这些企业会具有更高的信用担保预期，银行等金融部门在贷款方面会给予优待，其外部融资可得性较高。而且，这些作为龙头企业的上市公司，其自身的经营运转良好，内部的资金链稳健，自有资金较为充足，所以内部融资可得性也较高。因此，无论外部融资渠道还是内部融资渠道，产能利用率较高行业内的上市公司可以凭借其自身融资优势获取充裕的资金，满足企业融资需求。另一方面，在产能利用率较高的行业中，与政府和银行等金融机构重点关注的龙头企业形成鲜明对比的是，部分中小企业和民营企业等没有得到足够的关注，从银行等金融机构得到贷款支持的难度较大，自身就面临着融资约束。不仅如此，由于中国正规金融体系的不完善，在提供贷款等金融服务时存在没有触及的盲区，无法惠及所有的市场主体。所以，这些不具有融资优势的企业难以得到与融资需求相匹配的信贷资金，无法从外部正规金融渠道获得充足的资金支持。由于制造业企业自身发展的特点，对于融资可得性较低的企业而言，资金需求得不到满足会影响其生产经营，甚至陷入资金周转的麻烦中，严重时存在资金链断裂的风险，所以它们的融资需求自然就会非常强烈。这样一来，由于行业内不同企业之间融资可得性存在的巨大差异，具有融资优势的企业可以获得充足的资金满足融资需求，而其他企业的融资需求未得到满足，行业内的企业之间就存在着再配置资金的空间。

虽然行业内不同企业融资可得性的差异使资金在企业间配置成为可能，但是在中国现行的金融制度安排下，中国《贷款通则》的明确规定限制了非金融企业之间的直接借贷，所以对于这些融资可得性存在差异而又有资金再配置需求的企业而言，它们就有充足的激励运用创新型金融工具以实现资金再配置的目的。委托贷款这一典型影子银行机制为这些企业提供了资金再配置的便利渠道，满足了它们的资金再配置诉求。

实际上，在中国的经济实践中，委托贷款等影子银行机制作为金融工具的创新，是贷款企业、借款企业和金融中介等参与主体的市场化行为，完全满足了各方的利益诉求。尤其是制造业行业作为典型的资金需求量大的行业，在银行信贷等正规金融体系对部分企业提供的资金支持力度不足存在较大资金缺口的情况下，企业之间通过委托贷款渠道进行资金配置，更能满足借贷双方的诉求，达到共赢。一方面，对于借款企业而言，委托贷款机制为其提供了融通资金的渠道。具体地，作为非上市企业尤其是中小企业，由于自身条件的限制，相较于以上市公司为代表的龙头企业，其在行业内受到各方的关注不足，不仅从银行等正规金融机构得到信贷支持较为困难，而且由于中国正规金融体系的不完善，正规金融机构提供的金融服务也难以惠及。所以，这些企业难以从外部正规金融渠道获得充足的资金支持，融资需求得不到满足。由于制造业企业自身的特点，其发展离不开充足的资金支持，所以存在的资金缺口不仅会影响其正常的生产经营，造成资金周转的问题，甚至存在着资金链断裂的风险。在正规金融体系无法满足企业融资需求的情况下，企业急需资金时，它们会寻找非正规金融渠道解决资金问题。作为补充性的融资机制，委托贷款为其提供了向具有融资优势的上市企业融通资金的渠道，这有助于弥补中国正规金融体系的不完善，缓解融资可得性较低企业面临的融资约束，满足其融资需求。另一方面，对于贷款企业而言，委托贷款也可以满足其诉求。具体地，作为上市企业其通常是行业内的龙头企业，具有较高的融资可得性，可以获得满足自身经营发展所需的充足资金。在此基础上，为了达到降低经营风险、扩大自身在产业链内的竞争力以及提高行业整体的生产力水平等目的，具有融资优势的上市企业倾向于合理配置自身的超额资金，将自身的融资优势传递给其他企业，委托贷款这一影子银行机制为其提供了资金再配置的渠道。不仅如此，这些上市企业配置资金是为了传递自身融资优势、有效运用盈余资金等，是理性的投资行为。所以，对于自身所在的产能利用率较高的行业，一方面，该行业发展前景良好并且市场空间广阔，产能利用率较高也表明该行业需要加大投资，进一步提高行业整体的生产力水平进而扩大市场规模。基于对本行业的充分了解和长远发展的考量，它们倾向于将资金用于支持本行业发展。另一方面，行业中部分企业还面临着融资约束问题，严重影响企业的发展，进而不利于行业整体生产力的提高和发展，所以这些具有融资优势的上市企业也会倾向于运用自身优势支持其发展，提高行业的生产力。这样一来，这些处于较高产能利用率行业中具有融资优势的制造业上市企业就会倾向于选择向同行业其他企业发放委托贷款。

基于此，本文归纳出在制造业企业融资可得性存在差异时行业产能利用率影响具有融资优势的企业通过委托贷款渠道在同行业企业间进行资金再配置的作用机制，如图3所示。

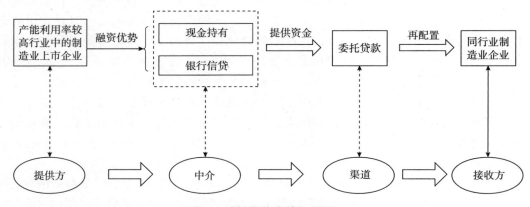

图3　委托贷款发放机制图示

基于以上分析，本文提出研究假设 1：

H1：行业产能利用率越高，行业内企业的委托贷款行为越活跃，发放委托贷款尤其是向同行业企业发放委托贷款的概率越高，规模越大。

三、样本、数据和研究设计

（一）研究样本和数据

为了清晰识别出行业产能利用率对企业委托贷款发放的作用机制，本文手工搜集整理了 2006～2015 年中国沪深交易所 A 股上市公司披露的委托贷款公告数据，并通过上市公司公告、年报、网络等多种渠道完善了借款企业年龄、所处行业、借贷双方是否存在股权关联关系和所有制属性等企业特征数据。根据本文研究的需要，在剔除贷款方为非制造业企业和信息披露不全的样本后，得到由 204 家制造业企业披露的共 1084 个样本观测值。在此基础上，根据实证研究需要，为了从广延边际和集约边际视角考察制造业企业的产能利用率对委托贷款发放的影响，本文挑选出委托贷款交易中贷款方为制造业上市企业的委托贷款样本，将其与沪深 A 股制造业上市企业年度财务数据进行匹配得到非平衡面板数据，在剔除信息披露不全的样本后，得到 1572 家制造业上市企业共 10957 个企业—年度观测值。

本文主要使用两方面的数据：一方面是用于测度历年制造业各行业产能利用率的数据，主要来自国务院发展研究中心信息网站的统计数据库（http://www.drcnet.com.cn），并利用历年《中国统计年鉴》和《中国工业统计年鉴》等进行补充。另一方面是委托贷款相关的数据，包括贷款方的企业信息、委托贷款契约条款、借款方的企业特征、货币政策、金融市场化程度等。其中，贷款方的企业信息（主要是财务指标数据、融资数据及企业特征信息）来自 CSMAR 数据库和 Wind 数据库；利率、期限、规模、抵押担保等委托贷款契约条款来自上市公司发布的委托贷款公告；年龄、所有制属性和行业等借款方的企业特征数据通过上市公司公告、年报、网络等多种渠道搜集整理获得；货币政策来自中国人民银行网站；金融市场化程度和法律环境程度来自樊纲等（2011）编制的《中国市场化指数》；国内生产总值、消费者价格指数、通货膨胀率等来自国家统计局网站。

（二）变量定义

1. 核心解释变量的测度说明和结果

（1）产能利用率的测算说明。

在产能利用率这一核心解释变量的测度方面，国内外学术界主要采用调查法、峰值法、函数法和数据包络分析法（DEA）对产能利用率进行测度。在这些方法中，调查法不仅实际操作难度大，而且所选取的调查企业是有限的，调查结果容易受到样本选择的影响。峰值法的测算结果依赖不同时期产能的可比性以及历史时期峰值产能的特殊性。函数法中不论是成本函数法还是生产函数法，都必须提前预设函数形式，测算结果很容易受到函数形式设定的影响。相比于这些方法，DEA 方法作为一种非参数估计，摒弃了参数方法研究中需要事先假定的函数形式、参数估计有效性等，通过可观察到的投入和产出数据构建生产前沿面，从而估计其他生产点相对效率，被广泛用于测度中国工业行业的产能利用率（包群等，2017；张少华和蒋伟杰，2017；贾润崧和胡秋阳，2016；董敏杰等，2015）以及其他层面的产能利用率（Lindebo et al.，2007；Kirkley et al.，2002）。

一方面，选取 DEA 方法测度本文所需的制造业各行业产能利用率是基于理论层面对产能利用率的科学定义。在 DEA 框架下，Fare（1989）在 Johanson（1968）对产能定义的基础上，认为生产能力是"可变投入不受限制时生产设备的最大生产能力"，引入线性规划的思想，利用非参数方法估计生产前沿。所以，利用 DEA 方法测算得到的生产能力主要是指当前的固定资本存量被用来购置生产能力最大的设备并且这些设备达到充分利用时的生产能力，可理解为技术意义上的生产能力（Technological Capacity）（董敏杰等，2015）。产能利用率定义为实际产出（或给定投入下最大的潜在产出）与给定固定投入，可变投入自由变动时最大产出的比值（余淼杰等，2018）。

另一方面，选择 DEA 方法也是基于我国经济实际的考量，与发达经济体不同，我国作为发展中的经济体由于非市场和政策因素等，工程意义上产能利用率的技术有效假设、经济学意义上生产能力的企业生产成本最小化或者利润最大化假设可能并不完全适用，所以使用技术意义上生产能力测算的产能利用率可能更符合我国经济实际，采用 DEA 方法测算技术意义上的产能利用率更为合适。

在 DEA 框架下，其对具有多输入、多输出的"单位"或"部门"（DMU）间相对有效性进行评价，不受具体函数形式的限制，且测度原理更加符合中国工业行业产能利用率的实际情况。其基本思想为：假定有 n 个 DMU，有两类要素：投入要素和产出要素，分别用两个向量来表示：$x \in R^m$，$y \in R^n$，其中 m 和 n 分别代表两类要素的数量。相应地，定义矩阵 $X = [x_1, \cdots, x_N] \in R^{m \times N}$，$Y = [y_1, \cdots, y_N] \in R^{m \times N}$。令 λ 为权重向量，假定 $X>0$，$Y>0$，则生产可行集为：$P = \{(X, Y) \mid x \geq X\lambda, y \leq Y\lambda, \lambda \geq 0\}$。

当 DMU$_K$ 是有效率的决策单元时，在规模报酬可变的假设下，通过求解下列超效率 SBM 模型，得到目标函数值，从而给出非径向 SBM 效率值。

$$\min \rho_{se} = \frac{1 + \dfrac{1}{m} \sum_{i=1}^{m} (s_i^- / x_{ik})}{1 - \dfrac{1}{q} \sum_{r=1}^{q} (s_y^+ / y_{rk})}$$

$$\text{s.t.} \sum_{j=1, j \neq k}^{n} \lambda_j x_{ij} - s_i^- \leq x_{ik}$$

$$\sum_{j=1, j \neq k}^{n} \lambda_j y_{rj} + s_i^+ \geq y_{rk}$$

$$\lambda, s^-, s^+ \geq 0$$

$$i = 1, 2, \cdots, m; r = 1, 2, \cdots, q; j = 1, 2, \cdots, n(j \neq k)$$

其中，x 为投入要素变量，y 为产出要素变量，s^- 代表投入调整变量，s^+ 代表期望产出调整变量。

利用 MaxDEA 软件得到上述 SBM 模型的可行解，给出 SBM 超效率值。从而使本文测算出行业的产能利用率（CU），并将其定义为实际产出（Y）与潜在产出（Y^*）的比率，即 $CU = Y/Y^*$。

本文使用一种产出：工业总产值，三种投入——固定资本、劳动、中间投入，其中，除固定资本为固定投入外，其余均为可变投入，从而构建 2006~2015 年 28 个制造业行业的投入—中间投入—产出数据集。具体变量说明如下：

工业总产值，选取经各行业工业品出厂价格指数调整后的工业总产值作为衡量指标；

固定资本存量，采用永续盘存法计算，即 $K_t = K_{t-1}(1-\delta_t) + I_t/P_t$；

劳动投入，各行业从业人员年平均人数；

中间投入，采用公式计算，即 $M_t = (TV_t - AV_t + T_t)/PPIRM_t$。

其中，M_t、TV_t、AV_t、T_t、$PPIRM_t$ 分别表示 t 期的中间投入、工业总产值、工业增加值、应交增值税及原材料购进价格指数。

此外，本文选取中国制造业 28 个行业 2005~2015 年的面板数据作为测算产能利用率的样本。

选择以上年份区间和行业种类的主要原因为：其一，在 2012 年中国工业行业统计对象和口径进行了调整，因此本文先对行业口径进行调整，使得前后一致，并且筛选出数据相对完整的 28 个行业作为测度对象。其二，行业统计数据在 2008 年、2012 年和 2014 年均发生较大变化，行业工业总产值、工业增加值等关键数据 2005~2015 年相对完整，并且许多文献中同样截至 2015 年，对于数据的处理相对一致，本文参照文献对中间投入数据和缺失数据进行处理，从而保证产能利用率测算结果的准确性。其三，我国委托贷款在 2004 年和 2005 年的相关数据都极少，参考意义较小，所以为了实证结果的可靠性，本文将委托贷款的研究起始时间设定在 2006 年。但是考虑到产能利用率这一核心解释变量在回归中需取滞后一期值，所以本文选取 2005~2015 年的行业数据来测度产能利用率。

（2）产能利用率测算结果。

利用 DEA 方法测度的制造业各行业产能利用率是行业—年度的面板数据，即对于制造业中的每一个行业每年都有一个对应的产能利用率值。根据测算结果，可以发现，不管是在横截面维度还是时间维度，制造业行业的产能利用率都表现出很强的异质性。

在横截面维度，本文计算了每个行业在 2006~2015 年的产能利用率平均值，如图 4 所示。可以看出，在所有行业中，烟草制造业和通信设备、计算机及其他电子设备制造业的产能利用率均值较高，而化学纤维制造业和医药制造业的产能利用率均值较低。

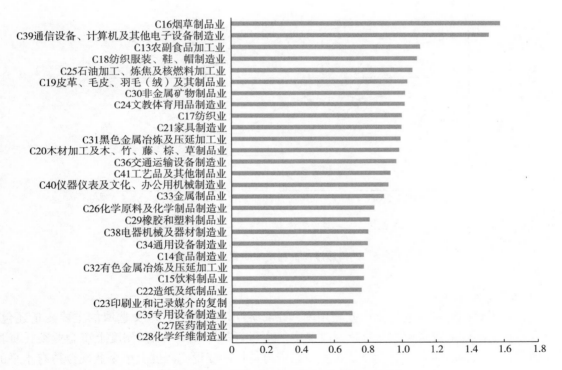

图 4　横截面维度制造业各行业产能利用率值

在时间维度，本文将所有行业中在 2006~2015 年产能利用率波动较大的行业筛选出来进行展示，首先是产能利用率明显提高的行业，其中产能利用率提高较为明显的行业包括化学原料及化学制品制造业、黑色金属冶炼及压延加工业、有色金属冶炼及压延加工业、工艺品及其他制品业等，如图 5 所示；其次是产能利用率明显下降的行业，其中产能利用率降低较为明显的行业包括仪器仪表及文化、办公用机械制造业，石油加工、炼焦及核燃料加工业，印刷业及纸制品业，家具制造业等，如图 6 所示。

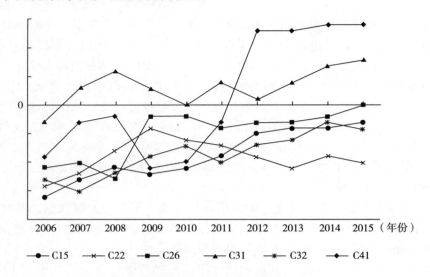

图5　时间维度产能利用率明显提高的行业

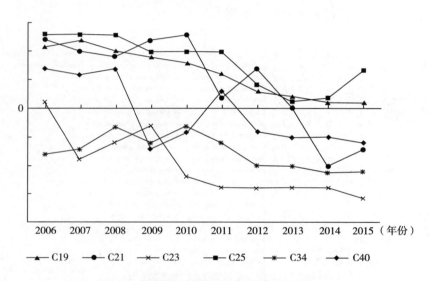

图6　时间维度产能利用率明显下降的行业

2. 其他变量定义说明

首先，除了核心解释变量行业产能利用率（$Lender\_ICU$）之外，本文选取的主要变量还包括：①被解释变量。测度上市企业委托贷款发放概率的变量（$Entrusted$）以及测度上市企业委托贷款发放规模的变量（ln_Amount）。②测度上市企业融资可得性的变量。测度上市企业现金持有水平的变量（$Lender\_Cash$）以及测度上市企业银行信贷水平的变量（$Lender\_Bnakdebt$）。③委托贷款的微观条款变量。委托贷款的借贷利率（$Interest$）、借贷期限（$Maturity$）、借贷规模（$Amount$）以及抵押担保变量（$Collateral$），具体定义及说明如表2所示。

表2　主要变量定义说明

变量	定义
被解释变量	
Entrusted	上市企业当年发放至少一笔委托贷款时取1，否则取0

变量	定义
ln_Amount	若上市企业当年发放至少一笔委托贷款，则为该年内发放委托贷款的总额，加1取自然对数；未发放委托贷款取0
核心解释变量	
Lender_ICU	上市企业所处大类行业的产能利用率，参照董敏杰等（2015）采用的 DEA 方法测得
中介变量	
Lender_Cash	上市企业滞后一期年末所持有的现金和现金等价格，加1取自然对数
Lender_Bankdebt	上市企业得到的滞后一期银行信贷规模，加1取自然对数
委托贷款条款变量	
Interest	单笔委托贷款借贷的实际利率，即名义借贷利率扣除通货膨胀率
Maturity	单笔委托贷款的借贷年限
Amount	单笔委托贷款的接收规模加1，取自然对数
Collateral	单笔委托贷款交易中需要抵押担保时取值为1，否则为0

其次，在控制变量方面，本文从借贷双方选取相关的控制变量：

（1）贷款方的企业特征变量（Lender_characteristics）[①]。包括：①贷款企业的基础特征变量（Lender_Base）。测度贷款企业年龄的变量（Lender_Age）、测度贷款企业所有制属性的变量（Lender_SOE）、测度贷款企业规模的变量（Lender_Size）。②贷款企业的财务特征变量（Lender_Finance）。测度贷款企业资产收益率的变量（Lender_ROA）、测度贷款企业营业利润率的变量（Lender_Profit）、测度贷款企业销售费用率的变量（Lender_Exprt）、测度贷款企业现金持有的变量（Lender_Cashholding）、测度贷款企业杠杆率的变量（Lender_Lev）、测度贷款企业负债增长的变量（Lender_Debtgrowth）。与贷款企业相关的宏观经济条件变量（Lender_Macroeconomics），包括：衡量国内生产总值增长率的变量（GDP_Growth）和衡量消费者物价的变量（CPI）。具体定义及说明如表3所示。

表3 贷款方企业特征变量定义说明

控制变量		定义
Lender_Base	Lender_Age	委托贷款交易发生时间减去上市企业成立时间得到贷款企业年龄，加1取自然对数
	Lender_Size	上市企业年末总资产规模，加1取自然对数
	Lender_SOE	当上市企业为国有企业（SOE）时取值为1，否则为0
Lender_Finance	Lender_ROA	上市企业净利润与资产总额的比率
	Lender_Profit	上市企业年末营业利润与销售收入的比率
	Lender_Exprt	上市企业年末销售费用总额与营业收入总额的比率
	Lender_Cashholding	上市企业年末现金及现金等价物余额与资产总额的比率
	Lender_Lev	上市企业年末负债总额与资产总额的比率
	Lender_Debtgrowth	上市企业年末负债总额减去上年末负债总额与资产总额的比率

---

① 在贷款方的企业特征变量选择上，本文主要借鉴 Allen 等（2018）、Chen（2018）、Yu 等（2021）、饶品贵和姜国华（2013）、钱雪松等（2013；2017；2018）等文献中的变量。

续表

控制变量		定义
Lender_Macro-economics	*CPI*	消费者物价指数
	GDP_Growth	GDP 年度同比增长率
Lender_Industry		CSMAR 中对于上市企业所属的大类行业分类

（2）借款方的企业特征变量（Borrower_characteristics），包括：①贷款企业的基本特征变量（*Borrower_Base*）。测度借款企业年龄的变量（*Borrower_Age*）、借款企业所有制属性变量（*Borrower_SOE*）、借款企业是否上市变量（*Borrower_Public*）、测度借款企业规模的变量（*Borrower_Size*）。②借贷双方关系变量（*Borrower_Correlation*）。测度借贷双方的股权关联关系的变量（*Borrower_Relate*）以及测度借贷双方是否位于同一区域的变量（*Same_Province*）。与借款企业相关的宏观经济条件变量（*Borrower_Macroeconomics*），包括：测度借款企业所处地区金融化程度的变量（*Borrower_Fin*）、测度借款企业所处地区法律环境的变量（*Borrower_Law*）以及测度法定存款准备金率的变量（*Rrr*）。具体定义及说明如表 4 所示。

表4　借款方企业特征变量定义说明

控制变量		定义
Borrower_Base	*Borrower_Age*	委托贷款交易发生时间减去借款企业成立时间得到借款企业年龄，加 1 取自然对数
	Borrower_SOE	当借款企业为国有企业（SOE）时取值为 1，否则为 0
	Borrower_Public	借款企业为上市公司取值为 1，否则为 0
	Borrower_Size	借款企业总资产规模，加 1 取自然对数
Borrower_Correlation	*Borrower_Relate*	借贷双方存在股权关联关系时取值为 1，否则为 0
	Same_Province	借贷双方位于同一省份时取值为 1，否则为 0
Borrower_Macro-economics	*Borrower_Fin*	借款企业所处地区的金融市场化指数
	Borrower_Law	借款企业所处地区的法律环境指数
	Rrr	法定存款准备金率
Borrower_Industry		根据中国证监会 2012 年公布的《上市公司行业分类指引》，本文将借款企业行业划分为工业、商业、房地产、公共事业和综合等六类

3. 主要变量的描述性统计

表 5 给出了主要变量的描述性统计。其一，贷款企业所处行业的产能利用率均值为 0.9166，标准差为 0.2666，分布在 0.4503~2.7286。其二，从委托贷款流向行业的产能利用率来看，本文手工收集整理的 2006~2015 年委托贷款年度面板数据中共有 319 条年度—企业的委托贷款交易记录，其中向处于相同产能利用率行业的企业发放的委托贷款记录共 143 条，向处于不同产能利用率行业的企业发放的委托贷款记录共 215 条，同时向处于相同产能利用率行业和不同产能利用率行业的企业发放委托贷款的记录共 39 条。在向处于相同产能利用率行业的企业发放的委托贷款中，向具有股权关联的借款企业发放的委托贷款记录有 137 条（占比为 95.8042%），向不具有股权关联的借款企业发放的委托贷款记录仅有 7 条（占比为 4.8951%），同时向股权关联企业和非股权关联企业发放委托贷款的记录共 1 条。这表明了，委托贷款这一影子银行机制在借款方的产能利用率方面具有丰富的特征，这为本文从行业的产能利用率视角研究委托贷款的流动和运作机制提供了很好的素材。其三，从企业特征维度看，借款企业大多为非上市公司和国有企业，还有很多委托贷款交易中借款

企业与贷款企业之间具有股权关联关系。具体地,在本文涉及的制造业相关的委托贷款样本中,借款企业为非上市企业的样本有 987 笔,占总量的 91.0517%;借贷双方具有股权关联关系的样本有 823 笔,占总量的 75.9225%;借款企业为国有企业的样本为 729 笔,占总量的 67.2509%。另外,*Size*、*ROA*、*Profit*、*Exprt*、*Cashholding*、*Lev*、*Debtgrowth* 等上市企业特征变量的标准差较大。这些数据表明,无论从贷款企业特征还是从借款企业特征来看,委托贷款在流向行业的产能利用率方面均表现出丰富的差异性。

表5　主要变量的描述性统计

变量	数量	均值	标准差	中值	最小值	最大值
被解释变量						
Entrusted	10957	0.0291	0.1681	0.0000	0.0000	1.0000
ln_*Amount*	10956①	0.1407	0.8440	0.0000	0.0000	9.2104
核心解释变量						
Lender_ICU	10957	0.9166	0.2666	0.8368	0.4503	2.7286
中介变量						
Lender_Cash	10948	19.5649	1.4386	19.5890	7.4211	25.0718
Lender_Bnakdebt	9214	5.9121	1.7932	6.0036	0.0000	11.21347
贷款方企业特征						
Lender_Age	10957	2.6078	0.3895	2.6391	0.6931	3.2958
Lender_SOE	10957	0.4295	0.4950	0.0000	0.0000	1.0000
Lender_Size	10957	7.8957	1.1790	7.7784	2.7583	13.1454
Lender_ROA	10957	4.0497	6.6350	3.7000	−23.8955	24.3686
Lender_Profit	10957	5.6101	17.1288	5.9102	−93.8469	48.1429
Lender_Exprt	10957	7.1688	7.7011	4.5463	0.0000	40.7262
Lender_Cashholding	10957	16.3768	13.0891	12.6129	0.4841	69.1112
Lender_Lev	10957	44.1704	22.2221	43.9648	5.1767	112.7650
Lender_Debtgrowth	10957	2.1290	8.0047	1.0501	−9.7470	65.0151
借款方企业特征						
Borrower_Age	1084	8.9312	6.6176	7.6843	0.0800	46.3300
Borrower_SOE	1084	0.6725	0.4695	0.0000	0.0000	1.0000
Borrower_Public	1084	0.0895	0.2856	0.0000	0.0000	1.0000
Borrower_Size	1084	5.3495	2.8127	5.7847	0.0000	12.8613
Borrower_Fin	1084	10.6932	1.1423	10.5100	5.7600	12.8400
Borrower_Law	1084	10.1795	5.7512	7.3900	0.1800	19.8900
Borrower_Relate	1084	0.7592	0.4278	0.0000	0.0000	1.0000
Same_Province	1084	0.7491	0.4337	0.0000	0.0000	1.0000
委托贷款借贷条款						
EL_Amount	1084	4.2744	1.3131	4.3944	0.0050	8.3151

---

① 被解释变量 ln_*Amount* 相比 *Entrusted* 数量少了 1,是因为有一个样本,公告中只说明该企业今年发了一笔委托贷款,但是没有公布具体的金额、利息等条款信息,所以金额为空值。

续表

变量	数量	均值	标准差	中值	最小值	最大值
EL_Maturity	1084	1. 3902	1. 0980	1. 0000	0. 0800	10. 0000
EL_Interest	1084	4. 5488	3. 2911	4. 0000	−8. 3000	21. 3259
EL_Collateral	1084	0. 3404	0. 4741	0. 0000	0. 0000	1. 0000
宏观经济条件变量						
GDP_Growth	10957	9. 0125	2. 0633	7. 9000	6. 9000	14. 2000
CPI	10957	102. 7760	1. 7652	102. 6000	99. 3000	105. 9000
Rrr	1084	18. 2440	1. 6548	19. 0000	7. 5000	20. 5000
		计数 = 0			计数 = 1	
Entrusted	10957	10638			319	
Lender_SOE	1084	350			734	
Borrower_SOE	1084	355			729	
Borrower_Public	1084	987			97	
Borrower_Relate	1084	261			823	
Same_Province	1084	272			812	
EL_Collateral	1084	715			369	

（三）研究设计

1. 研究思路

本文主要从以下几个方面展开实证检验：①从广延边际和集约边际视角切入，运用多元回归方法实证检验贷款企业所处行业的产能利用率对委托贷款发放概率和发放规模的影响。进一步地，从委托贷款交易中借贷双方所处行业异同出发，从广延边际和集约边际视角实证检验行业产能利用率对于委托贷款向同行业制造业企业和异行业制造业企业发放概率和发放规模的影响。②从借贷双方视角切入进行机制检验，首先利用中介效应检验考察行业产能利用率是否通过影响制造业上市企业融资而对企业发放委托贷款施加作用，从而识别出哪类制造业企业更倾向于发放委托贷款；其次从委托贷款借贷双方是否存在股权关联视角切入，实证检验行业产能利用率对股权关联委托贷款和非股权关联委托贷款发放的影响，从而识别出制造业上市企业更倾向于向哪类企业发放委托贷款。③从产能利用率和股权关联视角实证检验向同行业制造业企业发放的委托贷款在借贷利率、期限等微观条款的差异，以揭示委托贷款这一影子银行向同行业企业进行资金配置发挥的作用。

2. 模型设定

（1）产能利用率对企业发放委托贷款影响的模型。为了实证检验贷款企业所处行业的产能利用率对于企业发放委托贷款的影响，本文采用以下两个实证模型。一方面，基于广延边际视角，运用面板 Logit 模型实证检验贷款企业所处行业的产能利用率对上市制造业企业委托贷款发放概率的影响，回归方程如式（1）；另一方面，基于集约边际视角，运用面板 Tobit 模型实证检验贷款企业所处行业的产能利用率对于上市制造业企业委托贷款发放规模的影响，回归方程如式（2）。

$$Pr(Entrusted_{it}=1) = C+\beta_1 Lender\_ICU_{it-1}+\beta_2 Lender\_Characteristics_{it-1}+\beta_3 Macroeconomics_t+\epsilon_{it} \tag{1}$$

$$\ln\_Amount_{it} = \begin{cases} C+\beta^T X_{it-1}+\epsilon_{it}, & C+\beta^T X_{it-1}+\epsilon_{it}>0 \\ 0, & C+\beta^T X_{it-1}+\epsilon_{it} \leqslant 0 \end{cases} \tag{2}$$

其中，下标 i 表示贷款方上市企业，下标 t 表示委托贷款交易发生的年份；式（1）的被解释变量为测度制造业上市企业委托贷款发放概率的变量（*Entrusted*）；式（2）的被解释变量为制造业上市企业该年发放委托贷款的总额变量（ln_*Amount*）。

模型式（1）和式（2）的核心解释变量是采用 DEA 方法测度的贷款企业所处行业的产能利用率（*Lender_ICU*）。借款方的企业特征变量（*Lender_Characteristic*）包括：①贷款方企业的基础特征变量（*Lender_Base*），包括贷款企业的年龄（*Lender_Age*）、贷款企业的所有制属性（*Lender_SOE*）、贷款企业的资产规模（*Lender_Size*）。②贷款方企业的财务特征变量（*Lender_Finance*），包括贷款企业的资产收益率（*Lender_ROA*）、贷款企业的营业利润率（*Lender_Profit*）、贷款企业的销售费用率（*Lender_Exprt*）、贷款企业的现金持有量（*Lender_Cashholding*）、贷款企业的杠杆率（*Lender_Lev*）、贷款企业的负债增长率（*Lender_Debtgrowth*）。贷款方宏观经济条件变量（*Lender_Macroeconomics*）包括：国内生产总值增长率（*GDP_Growth*）和消费者物价指数（*CPI*）。另外，模型式（1）和式（2）在回归过程中都加入了控制行业效应的行业虚拟变量（*Lender_Industry*）、控制年度效应的年度虚拟变量（*Year*）以及控制年度和行业的交互固定效应变量（*Lender_Industry×Year*），并且行业产能利用率变量和企业特征变量均取滞后一期值，以及为避免极端值的影响，对连续变量进行了 1% 的双边缩尾处理。

紧接着，本文实证考察了行业产能利用率对委托贷款行业流向的影响。具体地，①根据借贷双方是否处于同行业对样本进行分组：流向同行业的委托贷款样本、流向异行业的委托贷款样本、未发放委托贷款样本即控制组样本。②构造两组样本：同行业委托贷款样本和控制组样本、异行业委托贷款样本和控制组样本。③分别进行回归：利用模型式（1）和模型式（2）分别考察行业产能利用率对制造业上市企业向同行业制造业企业以及向异行业制造业企业发放委托贷款概率和规模的影响。

（2）产能利用率影响企业委托贷款行为的机制模型。为了进一步研究行业产能利用率影响制造业企业发放委托贷款的机制，本文从两个方面进行实证检验。其一，将"提供方现金持有水平"和"提供方银行信贷水平"作为中介变量进行中介效应检验，从而识别出哪类制造业企业更倾向于发放委托贷款。

需要指出的是，中介效应的检验方法众多，在统计检验错误和检验功效方面各有优劣，单一方法的适用性较低。温忠麟等（2004）在结合不同检验方法的基础上，构造了一个综合的中介效应检验程序，能在较高统计功效的基础上控制第一类和第二类错误的概率。因此，本文将采用该检验程序进行中介效应检验。具体而言，方程如式（3）至式（5）所示，检验程序见图 7。

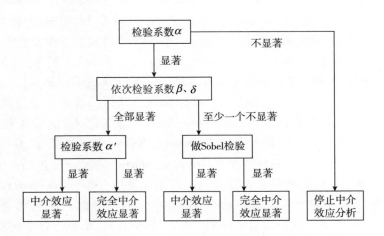

图 7　中介效应检验

$$Entrusted \mid \ln\_Amount = C + \alpha Lender\_ICU + \beta_2 L\_Cash \mid L\_Bankdebt + \beta_3 Lender\_Characteristics +$$
$$\beta_4 Macroeconomics + \mu_1 \tag{3}$$

$$L\_Cash \mid L\_Bankdebt = C + \beta Lender\_ICU + \mu_2 \tag{4}$$

$$Entrusted \mid \ln\_Amount = C + \alpha' Lender\_ICU + \delta L\_Cash \mid L\_Bankdebt + \beta_3 Lender\_Characteristics +$$
$$\beta_4 Macroeconomics + \mu_3 \tag{5}$$

其中，中介效应由 $\beta \times \delta = \alpha - \alpha'$ 来衡量，Sobel 检验统计量为 $Z = \hat{\beta}\hat{\delta}/S_{\beta\delta}$（$\hat{\beta}$、$\hat{\delta}$ 分别是 β 和 δ 的估计量，$S_{\beta\delta} = \sqrt{\hat{\beta}^2 S_\delta^2 + \hat{\delta}^2 S_\beta^2}$，$S_\beta$ 和 S_δ 分别是 $\hat{\beta}$ 和 $\hat{\delta}$ 的标准误），而且由于 Sobel 检验统计量与标准正态分布不同，其在 5% 显著性水平上的临界值为 0.97 左右。

其二，从借贷双方股权关系视角切入，构造两组不同的样本，考察行业产能利用率对企业发放委托贷款的影响，从而识别出制造业上市企业更倾向于向哪类制造业企业发放委托贷款。中国作为新兴市场国家，企业集团化经营是重要特征，上市企业在企业集团内部的资本再配置现象十分普遍。很多委托贷款是企业集团内部股权关联企业之间的借贷行为，以委托贷款为代表的影子银行机制已经是一种典型的企业内部资金配置机制。所以，从借贷双方股权关联视角切入，可以有效识别出行业产能利用率对制造业上市企业向哪类企业发放委托贷款的影响。具体地，①根据借贷双方是否存在股权关联进一步将样本划分为流向同行业且股权关联的委托贷款样本、流向同行业且非股权关联的委托贷款样本。②构造两组不同的样本：流向同行业且股权关联的委托贷款样本和控制组样本、流向同行业且非股权关联的委托贷款样本和控制组样本。③分别进行回归：利用模型式（1）和模型式（2）分别考察行业产能利用率对制造业上市企业向同行业且股权关联制造业企业发放委托贷款概率和规模的影响以及行业产能利用率对制造业上市企业向同行业且非股权关联制造业企业发放委托贷款概率和规模的影响。

（3）产能利用率影响企业委托贷款行为的扩展研究模型。

运用多元回归模型式（6）实证检验委托贷款微观条款在委托贷款行业流向和股权关联维度的差异，以识别制造业上市企业通过委托贷款机制在同行业和股权关联企业之前进行资本再配置的效应。

$$Contract = C + \beta_1 SCU\_Entrusted + \beta_2 SCU\_Entrusted \times Borrower\_Relate + \beta_3 Borrower\_Characteristics +$$
$$\beta_4 Entrusted\ Loan\ Terms + \beta_5 Macroeconomics + \epsilon \tag{6}$$

其中，被解释变量为制造业企业发放的委托贷款的微观条款变量（Contract），具体包括单笔委托贷款的实际借贷利率（Borrower_Interest）和单笔委托贷款的借贷期限（Borrower_Maturity）。核心解释变量为制造业企业委托贷款向处于相同产能利用率行业的企业发放概率的变量（SCU_Entrusted）、制造业企业委托贷款向处于相同产能利用率行业的企业发放概率的变量与借贷双方股权关联变量的交互项（SCU_Entrusted × Borrower_Relate）。借款方的企业特征变量（Borrower_characteristics）包括：①贷款企业的基本特征变量（Borrower_Base），包括借款企业的年龄（Borrower_Age）、借款企业的所有制属性（Borrower_SOE）、借款企业是否为上市公司变量（Borrower_Public）、借款企业的资产规模（Borrower_Size）。②借贷双方的关联变量（Borrower_Correlation），包括借贷双方股权关联变量（Borrower_Relate）以及借贷双方区域关系变量（Same_Province）。借款方宏观经济条件变量（Borrower_Macroeconomics）包括：借款企业所处地区的金融化程度（Borrower_Fin）、借款企业所处地区的法律环境（Borrower_Law）、法定存款准备金率（Rrr）。其他委托贷款变量（Entrusted Loan Terms）包括：借款方接收的委托贷款实际利率（EL_Interest）、借款方接收的委托贷款借贷期限（EL_Maturity）、借款方接收的委托贷款借贷规模（EL_Amount）、借款方接收的委托贷款是否存在抵押担保变量（EL_Collateral）。另外，模型（5）在回归过程中加入了控制行业效应的行业虚拟变量（Borrower_Industry）、控制年度效应的年度虚拟变量（*Year*）以及控制年度和行业的交互固定效应变量（*Borrower_Industry×Year*）。

四、行业产能利用率影响企业委托贷款行为的实证检验

为了实证检验贷款企业所处行业的产能利用率是否以及如何影响企业委托贷款这一典型影子银行行为，本文利用匹配后的制造业上市企业委托贷款面板数据，首先从广延边际和集约边际视角切入，实证考察行业产能利用率对制造业企业委托贷款发放概率和发放规模的影响；其次考察行业产能利用率对委托贷款向同行业的制造业企业和异行业的制造业企业发放概率和发放规模的影响；最后从借贷双方视角切入进行机制检验。首先利用中介效应检验考察行业产能利用率是否通过影响制造业上市企业融资而对企业发放委托贷款施加作用，从而识别出哪类制造业企业更倾向于发放委托贷款；其次从委托贷款借贷双方是否存在股权关联视角切入，实证检验行业产能利用率对股权关联委托贷款和非股权关联委托贷款发放的影响，从而识别出制造业上市企业更倾向于向哪类企业发放委托贷款。

（一）产能利用率对制造业企业发放委托贷款的影响

为了检验贷款企业所处行业的产能利用率是否以及如何影响委托贷款的发放，基于广延边际视角，本文利用回归模型式（1）检验行业产能利用率对委托贷款发放概率的影响；基于集约边际视角，本文利用回归模型式（2）检验行业产能利用率对委托贷款发放规模的影响。回归结果如表6所示。

表6 行业产能利用率对企业委托贷款发放概率和发放规模的影响

变量	*Entrusted*				ln_*Amount*			
	（1）	（2）	（3）	（4）	（5）	（6）	（7）	（8）
Lender_ICU	2.157***	2.279***	2.411***	2.411***	0.128**	0.129**	0.132***	0.132***
	(0.003)	(0.002)	(0.001)	(0.001)	(0.012)	(0.012)	(0.010)	(0.010)
Lender_Age		−0.171	0.101	0.101		−0.003	0.015	0.015
		(0.655)	(0.798)	(0.799)		(0.938)	(0.666)	(0.666)
Lender_SOE		0.256	0.411	0.411		0.047*	0.046	0.046
		(0.391)	(0.186)	(0.186)		(0.094)	(0.104)	(0.104)
Lender_Size		0.676***	0.835***	0.835***		0.058***	0.070***	0.070***
		(0.000)	(0.000)	(0.000)		(0.000)	(0.000)	(0.000)
Lender_ROA			−0.024	−0.024			−0.003*	−0.003*
			(0.196)	(0.196)			(0.058)	(0.058)
Lender_Profit			0.007	0.007			−0.000	−0.000
			(0.410)	(0.410)			(0.436)	(0.436)
Lender_Exprt			−4.948**	−4.949**			−0.364**	−0.364**
			(0.021)	(0.021)			(0.042)	(0.042)
Lender_Cashholding			0.001	0.001			0.000	0.000
			(0.909)	(0.909)			(0.748)	(0.748)
Lender_Lev			−0.028***	−0.028***			−0.002***	−0.002***
			(0.000)	(0.000)			(0.002)	(0.002)

变量	Entrusted				ln_Amount			
	(1)	(2)	(3)	(4)	(5)	(6)	(7)	(8)
Lender_Debtgrowth		0.005	0.005				−0.001	−0.001
		(0.607)	(0.607)				(0.399)	(0.399)
CPI				1.275				−0.001
				(0.823)				(0.974)
GDP_Growth				−0.911				−0.034***
				(0.756)				(0.000)
C	−7.623***	−12.855***	−13.483***	−136.522	−0.226*	−0.649***	−0.661***	−0.084
	(0.000)	(0.000)	(0.000)	(0.807)	(0.051)	(0.000)	(0.000)	(0.985)
Year Fixed Effects	Yes	Yes	Yes	Yes	Yes	Yes	Yes	Yes
Industry Fixed Effects	Yes	Yes	Yes	Yes	Yes	Yes	Yes	Yes
Year×Industry Fixed Effects	Yes	Yes	Yes	Yes	Yes	Yes	Yes	Yes
Obs.	8382	8382	8382	8382	10956	10956	10956	10956
lnsig2u	2.245***	2.304***	2.293***	2.293***				
	(0.000)	(0.000)	(0.000)	(0.000)				
sigma_u					0.452***	0.447***	0.445***	0.445***
					(0.000)	(0.000)	(0.000)	(0.000)
sigma_e					0.715***	0.715***	0.715***	0.715***
					(0.000)	(0.000)	(0.000)	(0.000)

注：括号中给出了 p-values；* 表示 p<0.1，** 表示 p<0.05，*** 表示 p<0.01，余表同。

表6的第（1）～（4）列展示了基于广延边际视角考察贷款企业所处行业的产能利用率如何影响委托贷款发放概率的检验结果，第（5）～（8）列展示了基于集约边际视角考察贷款企业所处行业的产能利用率如何影响委托贷款发放规模的检验结果。其中第（1）列、第（5）列是在回归中仅加入核心解释变量"Lender_ICU"并且控制行业固定效应、年份固定效应以及两者的交互固定效应的检验结果；在此基础上，第（2）列、第（6）列是在回归中又加入上市企业的基础特征变量（Lender_Base）的检验结果；第（3）列、第（7）列是在回归中进一步加入上市企业的财务特征变量（Lender_Finance）的检验结果；第（4）列、第（8）列是在回归中又加入上市企业所处的宏观经济环境变量（Lender_Macroeconomics）的检验结果。检验结果显示，在未加入控制变量时，行业产能利用率与企业委托贷款的发放概率在1%的水平上显著正相关、与企业委托贷款的发放规模至少在5%的水平上显著正相关，在逐步加入一系列控制变量之后依然成立。

这些结果表明，贷款企业所处行业的产能利用率对委托贷款的发放概率和发放规模施加了显著影响，即行业产能利用率越高，制造业上市企业发放委托贷款的概率越高，且发放委托贷款的规模越大。

在上文行业产能利用率影响委托贷款发放概率和发放规模检验结果的基础上，本文进一步从借贷企业双方行业异同视角切入，实证检验贷款企业所处行业的产能利用率对于委托贷款行业流向的影响。基于广延边际视角，本文利用回归模型式（1）检验行业产能利用率对委托贷款向同行业制造业企业和向异行业制造业企业发放概率的影响；基于集约边际视角，文本利用回归模型式（2）

检验行业产能利用率对委托贷款向同行业制造业企业和向异行业制造业企业发放规模的影响。回归结果如表 7 所示。

表 7　行业产能利用率对企业委托贷款行业流向的影响

变量	Panel A：广延边际视角							
	同行业委托贷款样本+控制组样本				异行业委托贷款样本+控制组样本			
	（1）	（2）	（3）	（4）	（5）	（6）	（7）	（8）
Lender_ICU	4.078***	4.578***	4.823***	4.823***	−1.524	−1.422	−1.279	−1.278
	（0.004）	（0.002）	（0.001）	（0.001）	（0.354）	（0.354）	（0.440）	（0.440）
Lender_Age		−0.727	−0.426	−0.427		−0.159	0.053	0.052
		（0.209）	（0.478）	（0.478）		（0.707）	（0.907）	（0.908）
Lender_SOE		0.830*	1.072**	1.073**		0.058	0.207	0.207
		（0.066）	（0.029）	（0.029）		（0.863）	（0.562）	（0.561）
Lender_Size		0.929***	1.267***	1.266***		0.446***	0.555***	0.553***
		（0.000）	（0.000）	（0.000）		（0.003）	（0.002）	（0.002）
Lender_ROA			−0.090***	−0.090***			0.002	0.002
			（0.003）	（0.003）			（0.934）	（0.935）
Lender_Profit			0.011	0.011			0.008	0.008
			（0.458）	（0.458）			（0.386）	（0.386）
Lender_Exprt			−4.532	−4.548			−5.724**	−5.713**
			（0.162）	（0.161）			（0.028）	（0.028）
Lender_Cashholding			0.038**	0.038**			−0.019	−0.019
			（0.012）	（0.012）			（0.109）	（0.108）
Lender_Lev			−0.034***	−0.034***			−0.024***	−0.024***
			（0.005）	（0.005）			（0.007）	（0.007）
Lender_Debtgrowth			0.010	0.010			−0.004	−0.004
			（0.565）	（0.564）			（0.792）	（0.791）
CPI				−0.675**				−5.666
				（0.031）				（0.152）
GDP_Growth				−0.095				7.954
				（0.680）				（0.131）
C	−12.112***	−18.879***	−21.888***	47.224	−7.106***	−8.892***	−9.046***	510.577
	（0.000）	（0.000）	（0.000）	（0.122）	（0.002）	（0.001）	（0.002）	（0.162）
Year Fixed Effects	Yes	Yes	Yes	Yes	Yes	Yes	Yes	Yes
Industry Fixed Effects	Yes	Yes	Yes	Yes	Yes	Yes	Yes	Yes
Year×Industry Fixed Effects	Yes	Yes	Yes	Yes	Yes	Yes	Yes	Yes
Obs.	7011	7011	7011	7011	8555	8555	8555	8555
lnsig2u	2.497***	2.654***	2.807***	2.808***	2.741***	2.218***	2.221***	2.218***
	（0.000）	（0.000）	（0.000）	（0.000）	（0.000）	（0.000）	（0.000）	（0.000）

变量	Panel B：集约边际视角							
	同行业委托贷款样本+控制组样本				异行业委托贷款样本+控制组样本			
	（1）	（2）	（3）	（4）	（5）	（6）	（7）	（8）
Lender_ICU	0.105***	0.106***	0.106***	0.106***	0.074	0.038	0.046	0.046
	（0.004）	（0.003）	（0.003）	（0.003）	（0.930）	（0.964）	（0.957）	（0.957）
Lender_Age		-0.004	0.006	0.006		-0.005	0.002	0.002
		（0.869）	（0.821）	（0.821）		（0.858）	（0.930）	（0.930）
Lender_SOE		0.052***	0.046**	0.046**		0.016	0.016	0.016
		（0.009）	（0.023）	（0.023）		（0.460）	（0.469）	（0.469）
Lender_Size		0.046***	0.057***	0.057***		0.022**	0.027***	0.027***
		（0.000）	（0.000）	（0.000）		（0.011）	（0.004）	（0.004）
Lender_ROA			-0.003***	-0.003***			-0.001	-0.001
			（0.001）	（0.001）			（0.418）	（0.418）
Lender_Profit			-0.001	-0.001			-0.000	-0.000
			（0.200）	（0.200）			（0.723）	（0.723）
Lender_Exprt			-0.188	-0.188			-0.269*	-0.269*
			（0.137）	（0.137）			（0.055）	（0.055）
Lender_Cashholding			0.001*	0.001*			-0.001	-0.001
			（0.059）	（0.059）			（0.376）	（0.376）
Lender_Lev			-0.001**	-0.001**			-0.001**	-0.001**
			（0.025）	（0.025）			（0.024）	（0.024）
Lender_Debtgrowth			-0.001	-0.001			-0.001	-0.001
			（0.257）	（0.257）			（0.421）	（0.421）
CPI				0.030				0.160
				（0.310）				（0.665）
GDP_Growth				-0.018***				-0.038
				（0.001）				（0.550）
C	-0.207**	-0.542***	-0.587***	-3.453	-0.028	-0.136	-0.128	-15.880
	（0.011）	（0.000）	（0.000）	（0.260）	（0.978）	（0.892）	（0.898）	（0.670）
Year Fixed Effects	Yes	Yes	Yes	Yes	Yes	Yes	Yes	Yes
Industry Fixed Effects	Yes	Yes	Yes	Yes	Yes	Yes	Yes	Yes
Year×Industry Fixed Effects	Yes	Yes	Yes	Yes	Yes	Yes	Yes	Yes
Obs.	10780	10780	10780	10780	10853	10853	10853	10853
sigma_u	0.320***	0.316***	0.316***	0.316***	0.342***	0.341***	0.339***	0.339***
	（0.000）	（0.000）	（0.000）	（0.000）	（0.000）	（0.000）	（0.000）	（0.000）
sigma_e	0.499***	0.499***	0.498***	0.498***	0.555***	0.555***	0.555***	0.555***
	（0.000）	（0.000）	（0.000）	（0.000）	（0.000）	（0.000）	（0.000）	（0.000）

表 7 的 Panel A 中第（1）～（4）列展示了基于广延边际视角考察贷款企业所处行业的产能利用率如何影响委托贷款向同行业制造业企业发放概率的检验结果，第（5）～（8）列展示了基于广延边际视角考察贷款企业所处行业的产能利用率如何影响委托贷款向处于异行业制造业企业发放概率的检验结果。其中第（1）列、第（5）列是在回归中仅加入核心解释变量"Lender_ICU"并且控制行业固定效应、年份固定效应以及两者的交互固定效应的检验结果；在此基础上，第（2）列、第（6）列是在回归中又加入上市企业的基础特征变量（Lender_Base）的检验结果；第（3）列、第（7）列是在回归中进一步加入上市企业的财务特征变量（Lender_Finance）的检验结果；第（4）列、第（8）列是在回归中又加入上市企业所处的宏观经济环境变量（Lender_Macroeconomics）的检验结果。检验结果显示，对于向同行业制造业企业发放的委托贷款样本而言，在加入控制变量前后，行业产能利用率与委托贷款的发放概率至少在 1% 的水平上显著正相关；与之形成鲜明对比，对于向处于异行业制造业企业发放的委托贷款样本而言，在加入控制变量前后，行业产能利用率与委托贷款的发放概率为负相关同时不显著，而且这一组样本的回归系数绝对值相比另一组要小得多。

表 7 的 Panel B 中第（1）～（4）列展示了基于集约边际视角考察贷款企业所处行业的产能利用率如何影响委托贷款向同行业制造业企业发放规模的检验结果，第（5）～（8）列展示了基于集约边际视角考察贷款企业所处行业的产能利用率如何影响委托贷款向外于异行业制造业企业发放规模的检验结果。其中第（1）列、第（5）列是在回归中仅加入核心解释变量"Lender_ICU"并且控制行业固定效应、年份固定效应以及两者的交互固定效应的检验结果；在此基础上，第（2）列、第（6）列是在回归中又加入上市企业的基础特征变量（Lender_Base）的检验结果；第（3）列、第（7）列是在回归中进一步加入上市企业的财务特征变量（Lender_Finance）的检验结果；第（4）列、第（8）列是在回归中又加入上市企业所处的宏观经济环境变量（Lender_Macroeconomics）的检验结果。检验结果显示，对于向同行业制造业企业发放的委托贷款样本而言，在加入控制变量前后，行业产能利用率与委托贷款的发放规模至少在 1% 的水平上显著正相关；与之形成鲜明对比，对于向处于异行业制造业企业发放的委托贷款样本而言，在加入控制变量前后，行业产能利用率与委托贷款的发放规模为正相关同时不显著，同样这一组样本的回归系数绝对值相比另一组要小得多。

这些结果表明，贷款企业所处行业的产能利用率对向同行业制造业企业发放委托贷款的概率和规模施加了显著的影响，但是对向异行业制造业企业发放委托贷款的概率和规模不存在显著的影响甚至存在负向影响，即行业的产能利用率越高，制造业上市企业向同行业制造业企业发放委托贷款的概率越高，且发放委托贷款的规模也越大。

（二）产能利用率影响企业委托贷款行为的机制研究

上文实证研究表明，贷款企业所处行业的产能利用率越高，不仅行业内制造业企业的影子银行行为更活跃，而且向同行业制造业企业发放委托贷款的概率和规模都更大，充分表明委托贷款是制造业企业进行资金再配置的重要渠道。那么，一个自然的问题是，处于较高产能利用率行业的制造业企业是如何使用委托贷款这一影子银行渠道实现资本再配置的呢？要回答这个问题，本文需要从借贷双方视角展开实证考察，有效识别出：①哪类制造业上市企业更倾向于发放委托贷款；②制造业上市企业更倾向于向哪类企业发放委托贷款，从而揭示出产能利用率影响企业委托贷款行为的作用机制。

其一，为了考察行业产能利用率是否通过影响制造业上市企业融资而对企业发放委托贷款施加作用，本文进一步选取提供方"现金持有水平"和"银行信贷水平"作为中介变量进行中介效应检验，从而识别出哪类制造业企业更倾向于发放委托贷款，结果如表 8 所示。

表8　行业产能利用率通过制造业上市企业融资影响企业发放委托贷款的中介检验

变量	Panel A：委托贷款提供方现金持有					
	同行业委托贷款样本+控制组样本					
	(1)	(2)	(3)	(4)	(5)	(6)
	Entrusted	Lender_Cash	Entrusted	ln_Amount	Lender_Cash	ln_Amount
Lender_ICU	0.008*	0.188***	0.007	0.039*	0.206***	0.033
	(0.083)	(0.000)	(0.144)	(0.097)	(0.000)	(0.163)
Lender_Cash			0.007***			0.030***
			(0.000)			(0.000)
Lender_Age	−0.002	−0.067***	−0.002	−0.005	−0.070***	−0.003
	(0.519)	(0.000)	(0.613)	(0.752)	(0.000)	(0.851)
Lender_SOE	0.006**	0.055***	0.006**	0.038***	0.051***	0.036***
	(0.015)	(0.000)	(0.021)	(0.004)	(0.001)	(0.006)
Lender_Size	0.007***	0.893***	0.001	0.042***	0.892***	0.015*
	(0.000)	(0.000)	(0.518)	(0.000)	(0.000)	(0.100)
Lender_ROA	−0.000**	0.029***	−0.001***	−0.002**	0.029***	−0.003***
	(0.028)	(0.002)	(0.000)	(0.020)	(0.000)	(0.002)
Lender_Profit	0.000	0.004***	−0.000	−0.000	0.004***	−0.000
	(0.825)	(0.000)	(0.927)	(0.941)	(0.000)	(0.727)
Lender_Exprt	−0.028	0.702	−0.033	−0.193**	0.768***	−0.216**
	(0.109)	(0.000)	(0.063)	(0.032)	(0.000)	(0.017)
Lender_Lev	−0.000	−0.009***	−0.000	−0.000	−0.009***	−0.000
	(0.112)	(0.000)	(0.472)	(0.272)	(0.000)	(0.735)
Lender_Debtgrowth	0.000	−0.005***	0.000	−0.000	−0.005***	−0.000
	(0.852)	(0.000)	(0.685)	(0.509)	(0.000)	(0.640)
CPI	0.000	0.020***	−0.000	−0.000	0.021	−0.002
	(0.893)	(0.000)	(0.955)	(0.803)	(0.000)	(0.674)
GDP_Growth	−0.004***	0.021***	−0.004***	−0.020***	0.020***	−0.021***
	(0.000)	(0.001)	(0.000)	(0.000)	(0.001)	(0.000)
C	−0.017	−5.570***	0.019	−0.012	−5.632***	0.157
	(0.817)	(0.000)	(0.793)	(0.975)	(0.000)	(0.683)
Year Fixed Effects	Yes	Yes	Yes	Yes	Yes	Yes
Industry Fixed Effects	Yes	Yes	Yes	Yes	Yes	Yes
Obs.	10775	10775	10775	10774	10774	10774
Adj. R²	0.0118	0.7178	0.0132	0.0134	0.7166	0.0145
Sobel 检验	Z=3.496>0.97，中介效应显著			Z=3.248>0.97，中介效应显著		
中介检验	中介效应=0.001227			中介效应=0.006167		
	中介效应/总效应=15.42%			中介效应/总效应=15.66%		

变量	Panel B：委托贷款提供方银行信贷					
	同行业委托贷款样本+控制组样本					
	(1)	(2)	(3)	(4)	(5)	(6)
	Entrusted	Lender_Bankdebt	Entrusted	ln_Amount	Lender_Bankdebt	ln_Amount
Lender_ICU	0.016*	0.445***	0.015*	0.081*	0.421***	0.073
	(0.064)	(0.000)	(0.090)	(0.073)	(0.000)	(0.106)
Lender_Cash			0.003**			0.019**
			(0.031)			(0.011)
Lender_Age	-0.001	-0.080***	-0.001	-0.003	-0.098***	-0.001
	(0.727)	(0.002)	(0.779)	(0.876)	(0.000)	(0.956)
Lender_SOE	0.010***	-0.214***	0.011***	0.056***	-0.195***	0.059***
	(0.000)	(0.000)	(0.000)	(0.000)	(0.000)	(0.000)
Lender_Size	0.007***	0.938***	0.004**	0.042***	0.932***	0.025***
	(0.000)	(0.000)	(0.023)	(0.000)	(0.000)	(0.009)
Lender_ROA	-0.000**	-0.032***	-0.000	-0.002**	-0.031***	-0.002
	(0.040)	(0.000)	(0.115)	(0.040)	(0.000)	(0.132)
Lender_Profit	-0.000	0.007***	-0.000	-0.000	0.007***	-0.000
	(0.838)	(0.000)	(0.663)	(0.648)	(0.000)	(0.466)
Lender_Exprt	-0.024	-1.593***	-0.019	-0.165	-1.685***	-0.133
	(0.236)	(0.000)	(0.349)	(0.118)	(0.000)	(0.211)
Lender_Lev	-0.000	0.022***	-0.000**	-0.000	0.022***	-0.001**
	(0.123)	(0.000)	(0.025)	(0.258)	(0.000)	(0.045)
Lender_Debtgrowth	0.000	0.004***	0.000	-0.000	0.004***	-0.000
	(0.566)	(0.001)	(0.620)	(0.675)	(0.001)	(0.613)
CPI	0.000	0.002	0.000	-0.000	0.004	-0.001
	(0.711)	(0.703)	(0.717)	(0.916)	(0.458)	(0.900)
GDP_Growth	-0.003***	0.051***	-0.004***	-0.017***	0.057***	-0.018***
	(0.000)	(0.000)	(0.000)	(0.000)	(0.000)	(0.000)
C	-0.054	-5.186***	-0.038	-0.130	-5.317***	-0.029
	(0.522)	(0.000)	(0.652)	(0.766)	(0.000)	(0.947)
Year Fixed Effects	Yes	Yes	Yes	Yes	Yes	Yes
Industry Fixed Effects	Yes	Yes	Yes	Yes	Yes	Yes
Obs.	9077	9077	9077	9076	9076	9076
Adj. R²	0.0132	0.7208	0.0136	0.0147	0.7179	0.0153
Sobel 检验	Z=2.06>0.97，中介效应显著			Z=2.382>0.97，中介效应显著		
中介检验	中介效应=0.001355			中介效应=0.00801		
	中介效应/总效应=8.521%			中介效应/总效应=9.860%		

　　表 8 的 Panel A 展示了以"委托贷款提供方现金持有水平"作为中介变量进行的中介效应检验结果，其中第（1）～（3）列是行业产能利用率通过影响制造业上市企业现金持有水平而对委托贷款发放概率施加作用的检验结果；第（4）～（6）列是行业产能利用率通过影响制造业上市企业现金持有水平而对委托贷款发放规模施加作用的检验结果。检验结果显示，在行业产能利用率通过影响制造业上市企业的现金持有水平而对委托贷款发放概率施加作用的过程中，Sobel 检验中的 Z 统计量为 3.496，大于 5% 显著性水平上的临界值为 0.97，因而存在以"提供方现金持有水平"为中介变量的中介效应，该中介效应在总效应中所占比例为 15.42%。类似地，在行业产能利用率通过影响制造业上市企业的现金持有水平而对委托贷款发放规模施加作用的过程中，Sobel 检验中的 Z 统计量为 3.248，大于 5% 显著性水平上的临界值为 0.97，因而存在以"提供方现金持有水平"为中介变量的中介效应，该中介效应在总效应中所占比例为 15.66%。

　　表 8 的 Panel B 展示了以"委托贷款提供方银行信贷水平"作为中介变量进行的中介效应检验结果，其中第（1）～（3）列是行业产能利用率通过影响制造业上市企业银行信贷水平而对委托贷款发放概率施加作用的检验结果；第（4）～（6）列是行业产能利用率通过影响制造业上市企业银行信贷水平而对委托贷款发放规模施加作用的检验结果。检验结果显示，在行业产能利用率通过影响制造业上市企业的银行信贷水平而对委托贷款发放概率施加作用的过程中，Sobel 检验中的 Z 检验量为 2.06，大于 5% 显著性水平上的临界值为 0.97，因而存在以"提供方银行信贷水平"为中介变量的中介效应，该中介效应在总效应中所占比例为 8.521%；类似地，在行业产能利用率通过影响制造业上市企业的银行信贷水平而对委托贷款发放规模施加作用的过程中，Sobel 检验中的 Z 检验量为 2.382，大于 5% 显著性水平上的临界值为 0.97，因而存在以"提供方银行信贷水平"为中介变量的中介效应，该中介效应在总效应中所占比例为 9.86%。

　　中介检验的结果表明，在行业产能利用率影响制造业企业委托贷款发放概率和发放规模的过程中，提供方的现金持有水平和银行信贷水平发挥了重要作用。具体而言，行业产能利用率越高，该行业内的制造业上市企业也会有较高的现金持有水平和银行信贷水平，在此基础上，委托贷款提供方会利用自身较高的资金水平，提高委托贷款的发放概率和发放规模。

　　综合来看，基于中介检验的实证检验清晰地揭示出，对于处于产能利用率较高行业的制造业上市企业而言，自身的融资优势使其具有较高的现金持有水平和银行信贷水平，从而通过委托贷款渠道向同行业的制造业企业提供贷款，进行资金的再配置。同时，以"提供方现金持有水平"和"银行信贷水平"为中介变量的中介效应作用效果显著，说明其作为中介发挥了重要作用。

　　其二，为了识别出制造业上市企业更倾向于向哪类企业发放委托贷款，本文以提供方制造业上市企业向处于同行业的企业提供的委托贷款样本为研究对象，从委托贷款借贷双方是否存在股权关联视角切入，实证检验行业产能利用率对股权关联委托贷款和非股权关联委托贷款发放的影响。基于广延边际视角，本文利用回归模型式（1）检验行业产能利用率对委托贷款向同行业且股权关联企业和非股权关联企业发放概率的影响；基于集约边际视角，本文利用回归模型式（2）检验行业产能利用率对委托贷款向同行业且股权关联企业和非股权关联企业发放规模的影响。回归结果如表 9 所示。

表 9　行业产能利用率影响企业发放委托贷款的机制研究：基于股权关联视角的检验

变量	Panel A：广延边际视角							
	同行业且股权关联型委托贷款样本+控制组样本				同行业且非股权关联型委托贷款样本+控制组样本			
	(1)	(2)	(3)	(4)	(5)	(6)	(7)	(8)
Lender_ICU	4.285***	5.054***	5.465***	5.472***	6.127	−9.273	13.246	0.986
	(0.004)	(0.001)	(0.001)	(0.001)	(0.981)	(0.973)	(0.969)	(0.980)

变量	Panel A：广延边际视角							
	同行业且股权关联型委托贷款样本+控制组样本				同行业且非股权关联型委托贷款样本+控制组样本			
	（1）	（2）	（3）	（4）	（5）	（6）	（7）	（8）
Lender_Age		−1.064	−0.726	−0.726		−1.785	−2.571	−2.548
		(0.216)	(0.443)	(0.443)		(0.499)	(0.545)	(0.549)
Lender_SOE		1.216*	1.616**	1.620**		1.156	5.023	4.997
		(0.070)	(0.034)	(0.034)		(0.597)	(0.261)	(0.265)
Lender_Size		1.468***	1.958***	1.963***		−0.484	−0.193	−0.192
		(0.000)	(0.000)	(0.000)		(0.590)	(0.899)	(0.899)
Lender_ROA			−0.123***	−0.124***			0.189	0.189
			(0.001)	(0.001)			(0.561)	(0.560)
Lender_Profit			0.012	0.012			0.049	0.049
			(0.508)	(0.508)			(0.743)	(0.742)
Lender_Exprt			−5.404	−5.409			−63.181	−62.721
			(0.227)	(0.228)			(0.260)	(0.265)
Lender_Cashholding			0.053***	0.053***			0.062	0.062
			(0.009)	(0.009)			(0.613)	(0.610)
Lender_Lev			−0.043***	−0.043***			−0.121	−0.120
			(0.007)	(0.007)			(0.303)	(0.306)
Lender_Debtgrowth			0.012	0.012			−0.081	−0.080
			(0.546)	(0.546)			(0.656)	(0.654)
CPI				−0.671*				7.029
				(0.053)				(0.841)
GDP_Growth				−0.057				−10.205
				(0.824)				(0.818)
C	−15.380***	−25.949***	−30.376***	37.993	−23.294	−4.467	−19.549	−651.672
	(0.000)	(0.000)	(0.000)	(0.269)	(0.912)	(0.984)	(0.947)	(0.840)
Year Fixed Effects	Yes	Yes	Yes	Yes	Yes	Yes	Yes	Yes
Industry Fixed Effects	Yes	Yes	Yes	Yes	Yes	Yes	Yes	Yes
Year×Industry Fixed Effects	Yes	Yes	Yes	Yes	Yes	Yes	Yes	Yes
Obs.	6977	6977	6977	6977	607	607	607	607
lnsig2u	3.297***	3.335***	3.458***	3.463***	4.092***	4.399***	4.422***	4.414***
	(0.000)	(0.000)	(0.000)	(0.000)	(0.000)	(0.000)	(0.000)	(0.000)
变量	Panel B：集约边际视角							
	同行业且股权关联型委托贷款样本+控制组样本				同行业且非股权关联型委托贷款样本+控制组样本			
	（1）	（2）	（3）	（4）	（5）	（6）	（7）	（8）
Lender_ICU	0.102***	0.102***	0.102***	0.102***	−0.001	−0.001	−0.001	−0.001
	(0.004)	(0.004)	(0.004)	(0.004)	(0.849)	(0.838)	(0.857)	(0.857)
Lender_Age		−0.002	0.006	0.006		0.002	0.002	0.002
		(0.925)	(0.799)	(0.799)		(0.770)	(0.817)	(0.817)

变量	Panel B：集约边际视角							
	同行业且股权关联型委托贷款样本+控制组样本				同行业且非股权关联型委托贷款样本+控制组样本			
	（1）	（2）	（3）	（4）	（5）	（6）	（7）	（8）
Lender_SOE		0.053 ***	0.046 **	0.046 **		0.002	0.002	0.002
		（0.007）	（0.020）	（0.020）		（0.730）	（0.704）	（0.704）
Lender_Size		0.048 ***	0.058 ***	0.058 ***		−0.002	−0.002	−0.002
		（0.000）	（0.000）	（0.000）		（0.294）	（0.291）	（0.291）
Lender_ROA			−0.003 ***	−0.003 ***			0.000	0.000
			（0.001）	（0.001）			（0.667）	（0.667）
Lender_Profit			−0.001	−0.001			0.000	0.000
			（0.203）	（0.203）			（0.832）	（0.832）
Lender_Exprt			−0.170	−0.170			−0.015	−0.015
			（0.172）	（0.172）			（0.545）	（0.545）
Lender_Cashholding			0.001 **	0.001 **			−0.000	−0.000
			（0.042）	（0.042）			（0.355）	（0.355）
Lender_Lev			−0.001 **	−0.001 **			−0.000	−0.000
			（0.047）	（0.047）			（0.826）	（0.826）
Lender_Debtgrowth			−0.001	−0.001			−0.000	−0.000
			（0.256）	（0.256）			（0.582）	（0.582）
CPI				0.036				−0.002
				（0.225）				（0.964）
GDP_Growth				−0.016 ***				−0.001
				（0.001）				（0.932）
C	−0.200 **	−0.550 ***	−0.598 ***	−4.045	0.002	0.009	0.013	0.258
	（0.013）	（0.000）	（0.000）	（0.182）	（0.971）	（0.853）	（0.787）	（0.961）
Year Fixed Effects	Yes	Yes	Yes	Yes	Yes	Yes	Yes	Yes
Industry Fixed Effects	Yes	Yes	Yes	Yes	Yes	Yes	Yes	Yes
Year×Industry Fixed Effects	Yes	Yes	Yes	Yes	Yes	Yes	Yes	Yes
Obs.	10775	10775	10775	10775	10645	10645	10645	10645
sigma_u	0.315 ***	0.310 ***	0.310 ***	0.310 ***	0.116 ***	0.116 ***	0.116 ***	0.116 ***
	（0.000）	（0.000）	（0.000）	（0.000）	（0.000）	（0.000）	（0.000）	（0.000）
sigma_e	0.493 ***	0.493 ***	0.492 ***	0.492 ***	0.074 ***	0.074 ***	0.074 ***	0.074 ***
	（0.000）	（0.000）	（0.000）	（0.000）	（0.000）	（0.000）	（0.000）	（0.000）

表9的 Panel A 中第（1）～（4）列展示了基于广延边际视角考察贷款企业所处行业的产能利用率如何影响委托贷款向同行业且股权关联企业发放概率的检验结果，第（5）～（8）列展示了基于广延边际视角考察贷款企业所处行业的产能利用率如何影响委托贷款向同行业且非股权关联企业发放概率的检验结果。其中第（1）列、第（5）列是在回归中仅加入核心解释变量"Lender_ICU"并且控制行业固定效应、年份固定效应以及两者的交互固定效应的检验结果；在此基础上，第（2）

列、第（6）列是在回归中又加入上市企业的基础特征变量（*Lender_Base*）的检验结果；第（3）列、第（7）列是在回归中进一步加入上市企业的财务特征变量（*Lender_Finance*）的检验结果；第（4）列、第（8）列是在回归中又加入上市企业所处的宏观经济环境变量（*Lender_Macroeconomics*）的检验结果。检验结果显示，对于向同行业且股权关联企业发放的委托贷款样本而言，在加入控制变量前后，行业产能利用率与委托贷款的发放概率至少在1%的水平上显著正相关；与之形成鲜明对比，对于向同行业且非股权关联企业发放的委托贷款样本而言，在加入控制变量前后，行业产能利用率与委托贷款发放概率的相关性不确定且不显著。

表9的 Panel B 中第（1）~（4）列展示了基于集约边际视角考察贷款企业所处行业的产能利用率如何影响委托贷款向同行业且股权关联企业发放规模的检验结果，第（5）~（8）列展示了基于集约边际视角考察贷款企业所处行业的产能利用率如何影响委托贷款向同行业且非股权关联企业发放规模的检验结果。其中第（1）列、第（5）列是在回归中仅加入核心解释变量"*Lender_ICU*"并且控制行业固定效应、年份固定效应以及两者的交互固定效应的检验结果；在此基础上，第（2）列、第（6）列是在回归中又加入上市企业的基础特征变量（*Lender_Base*）的检验结果；第（3）列、第（7）列是在回归中进一步加入上市企业的财务特征变量（*Lender_Finance*）的检验结果；第（4）列、第（8）列是在回归中又加入上市企业所处的宏观经济环境变量（*Lender_Macroeconomics*）的检验结果。检验结果显示，对于向同行业且股权关联企业发放的委托贷款样本而言，在加入控制变量前后，行业产能利用率与委托贷款的发放规模至少在1%的水平上显著正相关；与之形成鲜明对比，对于向同行业且非股权关联企业发放的委托贷款样本而言，在加入控制变量前后，行业产能利用率与委托贷款发放规模为负相关且不显著，并且这一组样本的回归系数绝对值相比另一组要小得多。

这些结果表明，贷款方企业所处行业的产能利用率对向同行业且股权关联制造业企业发放委托贷款的概率和规模施加了显著的影响，但是对向同行业且非股权关联制造业企业发放委托贷款的概率和规模不存在显著的影响，即行业的产能利用率越高，制造业上市企业向同行业且股权关联制造业企业发放委托贷款的概率越高，且发放委托贷款的规模也越大，表明企业间的股权关联机制是行业产能利用率影响制造业上市企业向同行业企业发放委托贷款的重要作用机制。

五、产能利用率影响企业委托贷款行为的扩展研究

在中国金融市场发展还有待完善的背景下，委托贷款等影子银行机制是企业进行资本再配置的重要手段。前文实证结果充分表明，行业产能利用率越高，行业内企业委托贷款交易越活跃：①产能利用率越高，行业内的制造业企业发放委托贷款，且向同行业企业发放委托贷款的概率和规模越大；②在产能利用率较高的行业中，那些拥有较高现金流水平和银行信贷水平的企业，委托贷款行为更活跃；③处于产能利用率较高行业内的制造业上市企业，通过委托贷款机制向具有股权关联关系的企业进行借款，实现资本的再配置。

那么在厘清了行业产能利用率对制造业企业委托贷款行为的影响和作用机制之后，一个自然的问题是，处于较高产能利用率行业的制造业上市企业运用委托贷款机制在股权关联企业之间进行资本再配置，目的是资金支持还是资本投资？为了回答这个问题，本文对委托贷款条款进行具体分析。如果借贷条款具有更低的利率、更长的期限特征，那么委托贷款就表现出资金支持的效果；相反，如果借贷条款具有更高的利率、更短的期限，那么委托贷款便显出资本投资的效果。为了识别出委托贷款的影响效应，本文首先对委托贷款的微观条款进行描述性统计和单变量检验，在此基础上，进一步从行业异同和股权关联维度实证检验委托贷款微观条款的差异。

（1）对委托贷款的微观条款进行单变量检验，如表10所示。表10的结果显示：①从委托贷款借贷规模看，整体样本均值为4.2744，向同行业制造业企业发放的委托贷款样本均值为4.3469，向

异行业制造业企业发放的委托贷款样本均值为 4.2062，两者的差值为 0.1443，在 5% 的水平上显著；在向同行业制造业企业发放的委托贷款样本中，向具有股权关联制造业企业发放的委托贷款样本均值为 4.4366，向非股权关联制造业企业发放的委托贷款样本均值为 4.1270，两者的差值为 0.3095，在 1% 的水平上显著。②从委托贷款借贷利率来看，整体样本均值为 4.5488%，向同行业制造业企业发放的委托贷款样本均值为 3.4488%，向异行业制造业企业发放的委托贷款样本均值为 5.6367%，两者的差值为 -2.1879%，在 1% 的水平上显著；在向同行业制造业企业发放的委托贷款样本中，向具有股权关联制造业企业发放的委托贷款样本均值为 3.3889%，向非股权关联制造业企业发放的委托贷款样本均值为 5.6026%，两者的差值为 -2.2137%，在 1% 的水平上显著。③从委托贷款借贷期限来看，整体样本均值为 1.3902 年，向同行业制造业企业发放的委托贷款样本均值为 1.5164 年，向异行业制造业企业发放的委托贷款样本均值为 1.2654 年，两者的差值为 0.2510 年，在 1% 的水平上显著；在向同行业制造业企业发放的委托贷款样本中，向具有股权关联制造业企业发放的委托贷款样本均值为 1.4441 年，向非股权关联制造业企业发放的委托贷款样本均值为 1.3412 年，两者的差值为 0.1029 年，在 10% 的水平上显著。这些结果初步揭示，与向异行业制造业企业发放的委托贷款相比，对于向同行业制造业企业发放的委托贷款而言，其借贷规模更大、借贷利率更低、借贷期限更长；在向同行业制造业企业发放的委托贷款样本中，与向非股权关联制造业企业发放的委托贷款相比，向股权关联制造业企业发放的委托贷款在微观条款方面具有一致的关系。

表 10　委托贷款微观条款的描述性统计和单变量检验

变量		全样本	同行业样本	异行业样本	t test	同行业且股权关联样本	同行业且非股权关联样本	t test
		(1)	(2)	(3)	(2) - (3)	(4)	(5)	(4) - (5)
Terms	Amount	4.2744 (1.3131)	4.3469 (1.4008)	4.2026 (1.2173)	0.1443 **	4.4366 (1.3483)	4.1270 (1.2636)	0.3095 ***
	Borrower_Interest	4.5488 (3.2911)	3.4488 (1.7325)	5.6367 (4.0261)	-2.1879 ***	3.3889 (1.7169)	5.6026 (3.9590)	-2.2137 ***
	Maturity	1.3902 (1.0980)	1.5164 (1.2762)	1.2654 (0.8707)	0.2510 ***	1.4441 (1.2195)	1.3412 (0.9732)	0.1029 *

注：小括号内数值为标准差；* 表示 p<0.1，** 表示 p<0.05，*** 表示 p<0.01。

（2）运用回归模型式（6）进一步检验委托贷款微观条款在行业流向和股权关联维度上的差异，回归结果如表 11 所示。表 11 的第（1）～（4）列和第（5）～（8）列分别是委托贷款借贷利率和借贷期限在同异行业流向和股权关联维度差异的回归结果。

表 11　委托贷款借贷利率和借贷期限的差异

变量	Panel A：Borrower_Interest							
	(1)	(2)	(3)	(4)	(5)	(6)	(7)	(8)
SCU_Entrusted	-0.612 *** (0.000)	-0.465 *** (0.003)	-0.257 ** (0.043)	-0.282 ** (0.026)	-2.073 *** (0.000)	-1.927 *** (0.001)	-1.902 *** (0.002)	-1.799 *** (0.001)
SCU_Entrusted× Relate					-2.019 *** (0.001)	-1.806 *** (0.006)	-1.764 *** (0.008)	-1.627 *** (0.008)

变量	Panel A：Borrower_Interest							
	(1)	(2)	(3)	(4)	(5)	(6)	(7)	(8)
Borrower_Relate			−1.745***	−1.945***	−1.030***	−0.222	−0.283	−0.583
			(0.001)	(0.001)	(0.001)	(0.705)	(0.643)	(0.329)
Borrower_Age		−0.017	−0.021*	−0.018*		−0.027**	−0.026**	−0.022*
		(0.138)	(0.056)	(0.092)		(0.024)	(0.033)	(0.052)
Borrower_SOE		−0.940***	−0.646***	−0.760***		−0.674***	−0.662***	−0.767***
		(0.000)	(0.002)	(0.001)		(0.003)	(0.003)	(0.002)
Borrower_Public		−0.777**	−0.638**	−0.589**		−0.587*	−0.536*	−0.495*
		(0.021)	(0.030)	(0.028)		(0.066)	(0.093)	(0.091)
Borrower_Size		0.083	0.086	0.090*		0.085	0.084	0.088
		(0.133)	(0.113)	(0.097)		(0.141)	(0.131)	(0.114)
Same_Province			−0.318**	−0.172			−0.298**	−0.161
			(0.037)	(0.315)			(0.037)	(0.320)
Borrower_Fin				0.033				0.019
				(0.747)				(0.845)
Borrower_Law				−0.054*				−0.049*
				(0.074)				(0.091)
Borrower_Maturity		−0.165**	−0.202**	−0.176*		−0.141*	−0.147*	−0.126
		(0.030)	(0.035)	(0.058)		(0.077)	(0.063)	(0.103)
Borrower_Amount		0.075	0.092	0.070		0.048	0.050	0.032
		(0.401)	(0.292)	(0.457)		(0.561)	(0.536)	(0.714)
Borrower_Collateral		1.484***	0.847*	0.860*		0.854*	0.851*	0.863*
		(0.000)	(0.065)	(0.064)		(0.060)	(0.063)	(0.062)
Rrr				0.273				0.276
				(0.172)				(0.167)
C	1.026	1.027	0.806	−0.987	0.885	0.918	1.258	−0.505
	(0.335)	(0.456)	(0.406)	(0.622)	(0.254)	(0.448)	(0.280)	(0.814)
Year Fixed Effects	Yes	Yes	Yes	Yes	Yes	Yes	Yes	Yes
Industry Fixed Effects	Yes	Yes	Yes	Yes	Yes	Yes	Yes	Yes
Year×Industry Fixed Effects	Yes	Yes	Yes	Yes	Yes	Yes	Yes	Yes
Obs.	1084	1084	1084	1084	1084	1084	1084	1084
Adj. R^2	0.441	0.523	0.541	0.547	0.516	0.544	0.545	0.550
变量	Panel B：Borrower_Maturity							
	(1)	(2)	(3)	(4)	(5)	(6)	(7)	(8)
SCU_Entrusted	0.174**	0.181**	0.221***	0.232***	1.995***	2.254***	2.256***	2.235***
	(0.039)	(0.031)	(0.010)	(0.006)	(0.000)	(0.000)	(0.000)	(0.000)
SCU_Entrusted× Relate					1.936***	2.238***	2.247***	2.215***
					(0.001)	(0.000)	(0.000)	(0.001)

变量	Panel B：Borrower_Maturity							
	（1）	（2）	（3）	（4）	（5）	（6）	（7）	（8）
Borrower_Relate			−0.384 ***	−0.321 **	−1.669 **	−2.207 ***	−2.227 ***	−2.145 ***
			(0.003)	(0.016)	(0.012)	(0.002)	(0.002)	(0.003)
Borrower_Age		−0.011 **	−0.012 **	−0.012 **		−0.003	−0.002	−0.003
		(0.049)	(0.030)	(0.023)		(0.825)	(0.850)	(0.787)
Borrower_SOE		0.081	0.125	0.172 **		0.156	0.159 *	0.186 **
		(0.315)	(0.135)	(0.044)		(0.106)	(0.095)	(0.049)
Borrower_Public		−0.046	−0.006	−0.045		−0.271	−0.250	−0.263
		(0.721)	(0.966)	(0.731)		(0.195)	(0.212)	(0.210)
Borrower_Size		−0.019	−0.019	−0.018		−0.012	−0.012	−0.013
		(0.139)	(0.134)	(0.160)		(0.555)	(0.549)	(0.504)
Same_Province			−0.095	−0.138 *			−0.123	−0.160
			(0.228)	(0.086)			(0.195)	(0.122)
Borrower_Fin				0.019 **				0.009
				(0.041)				(0.429)
Borrower_Law				−0.015				0.017
				(0.733)				(0.855)
Borrower_Interest		−0.020	−0.033 **	−0.032 **		−0.030 **	−0.032 **	−0.028 *
		(0.129)	(0.022)	(0.024)		(0.046)	(0.038)	(0.083)
Borrower_Amount		0.143 ***	0.146 ***	0.151 ***		0.192 **	0.193 **	0.198 ***
		(0.000)	(0.000)	(0.000)		(0.011)	(0.011)	(0.009)
Borrower_Collateral		0.067	−0.049	−0.048		−0.049	−0.049	−0.055
		(0.438)	(0.618)	(0.625)		(0.662)	(0.660)	(0.619)
Rrr				−0.063 **				−0.119 **
				(0.048)				(0.042)
C	1.781 **	0.531	0.792 **	1.812 **	1.402 *	0.296	0.437	1.044
	(0.022)	(0.102)	(0.020)	(0.021)	(0.084)	(0.756)	(0.639)	(0.478)
Year Fixed Effects	Yes	Yes	Yes	Yes	Yes	Yes	Yes	Yes
Industry Fixed Effects	Yes	Yes	Yes	Yes	Yes	Yes	Yes	Yes
Year×Industry Fixed Effects	Yes	Yes	Yes	Yes	Yes	Yes	Yes	Yes
Obs.	1084	1084	1084	1084	1084	1084	1084	1084
Adj. R^2	0.013	0.033	0.035	0.042	0.063	0.115	0.116	0.119

表11 Panel A 的被解释变量为委托贷款借贷利率，第（1）～（4）列结果显示，在逐步加入借款方企业特征变量、借贷条款变量和宏观经济条件变量后 SCU_ Entrusted 与 Borrower_ Interest 在至少5%的水平上显著负相关。进一步地，第（5）～（8）列同时引入了 SCU_ Entrusted、Relate 和两者交互项，结果显示，SCU_ Entrusted 及 SCU_ Entrusted×Relate 与 Borrower_ Interest 都在1%的水平上显著负相关。这表明，与向异行业制造业企业发放的委托贷款样本相比，对于向同行业制造业企

业发放的委托贷款样本而言，其借贷利率显著更低。更进一步，在考虑借贷双方是否存在股权关联关系因素后，与借贷双方不存在股权关联关系的委托贷款样本相比，对于借贷双方存在股权关联关系的委托贷款样本而言，其借贷利率显著更低。

类似地，表 11 Panel B 的被解释变量为委托贷款借贷期限，第（1）～（4）列结果显示，在逐步加入借款方企业特征变量、借贷条款变量和宏观经济条件变量后，*SCU_ Entrusted* 与 *Borrower_ Maturity* 在 1% 的水平上显著正相关。进一步地，第（5）～（8）列同时引入了 *SCU_ Entrusted*、*Relate* 和两者交互项，结果显示，*SCU_ Entrusted* 及 *SCU_ Entrusted×Relate* 与 *Borrower_ Maturity* 都在 1% 的水平上显著正相关。这表明，与向异行业制造业企业发放的委托贷款样本相比，对于向同行业制造业企业发放的委托贷款样本而言，其借贷期限显著更长。更进一步，在考虑借贷双方是否存在股权关联关系因素后，与借贷双方不存在股权关联关系的委托贷款样本相比，对于借贷双方存在股权关联关系的委托贷款样本而言，其借贷期限显著更长。

这些结果表明，委托贷款微观条款在制造业上市企业通过委托贷款机制配置资金在同异行业和股权关联维度表现出了系统差异。与向异行业制造业企业发放的委托贷款样本相比，向同行业制造业企业发放的委托贷款样本表现出实际借贷利率相对更低、借贷期限相对更长的特征。更进一步，考虑借贷双方是否存在股权关联关系因素，本文发现借贷双方存在股权关联关系可以显著降低委托贷款实际借贷利率、延长委托贷款借贷期限。实证结果表明，处于较高产能利用率行业的制造业上市企业运用委托贷款在同行业以及股权关联企业之间进行资本再配置，是出于对借款企业提供资金支持的目的。

六、研究结论

探寻中国经济取得的快速增长一直是学术界关注的焦点之一。现有研究已在要素投入、制度改革、金融发展和企业行为等方面进行相关解释，然而，由于受到数据可得性问题的限制，这些证据对于中国非正规金融发展在中国经济增长过程中起到的作用缺乏深入的考察，相关的实证研究更是十分稀少。值得指出的是，中国经济实践中大量活跃的非正规金融活动作为正规金融发展不完善的有益补充，微观企业在非正规金融中的行为必然会对中国金融发展和经济增长带来重要影响，但是目前学术界对于其运作机制的研究有待深入。本文运用手工搜集整理的中国上市企业委托贷款这一独特数据，从行业产能利用率视角切入研究中国制造业企业的影子银行行为问题，在微观企业层面实证考察中国金融制度安排。将中国金融发展和企业行为相结合，为理解中国经济为何在正规金融发展还不完善的情况下取得快速增长这一问题提供新的解释和间接的经验证据。

本文利用中国 2006～2015 年的委托贷款交易数据，实证考察行业的产能利用率对上市企业发放委托贷款的影响和运作机理，结果表明，制造业行业的产能利用率对制造业上市企业的委托贷款行为施加了显著影响，行业产能利用率越高，制造业上市企业委托贷款行为越活跃，即行业产能利用率越高，制造业上市企业发放委托贷款的概率和规模越大。不仅如此，行业产能利用率对企业委托贷款的行业流向也施加显著影响，行业产能利用率越高，制造业上市企业更倾向于向同行业企业提供委托贷款。进一步地，在产能利用率较高的行业内，一方面，拥有融资优势的制造业上市企业会获得更多资本，他们会通过委托贷款机制向同行业内其他企业提供资金；另一方面，制造业上市企业更倾向于向具有股权关联关系的企业提供委托贷款，以实现资本再配置。在中国金融市场发展还有待完善的背景下，委托贷款等影子银行机制是企业进行资本再配置的重要手段。

本文进一步研究发现，制造业上市企业通过委托贷款机制向同行业尤其是股权关联企业进行资金支持。利用委托贷款的微观借贷条款，实证结果表明，向同行业的企业，尤其是股权关联企业发放的委托贷款样本表现出实际借贷利率相对更低、借贷期限相对更长的特点，从而通过资金再配置对借款企业发挥了支持作用。

本文首次从微观企业层面考察中国非正规金融制度安排，将从边际上拓展有关新兴转轨经济体非正规金融机制的相关研究。中国以影子银行为代表的非正规金融为中国制造业企业进行资金配置提供了重要渠道，支持了中国制造业企业和行业发展。本文从行业产能利用率视角切入对制造业企业影子银行行为的考察，为非正规金融对中国经济增长的推动作用提供了新的解释和间接的经验证据，对我国非正规金融的发展和认识具有一定的启示意义，同时对企业尤其是制造业企业集团的组建决策具有一定的参考价值。

参考文献

［1］白让让．竞争驱动、政策干预与产能扩张：兼论"潮涌现象"的微观机制［J］．经济研究，2016，51（11）：56-69.

［2］包群，唐诗，刘碧．地方竞争、主导产业雷同与国内产能过剩［J］．世界经济，2017，40（10）：144-169.

［3］陈斌开，林毅夫．金融抑制、产业结构与收入分配［J］．世界经济，2012，35（1）：3-23.

［4］董敏杰，梁泳梅，张其仔．中国工业产能利用率：行业比较、地区差距及影响因素［J］．经济研究，2015，50（1）：84-98.

［5］杜立，屈伸，钱雪松，金芳吉．地理距离、契约设计与企业内部资本市场借贷风险防控：来自中国企业集团内部借贷交易的证据［J］．金融研究，2020（8）：130-148.

［6］樊茂清．中国产业部门产能利用率的测度以及影响因素研究［J］．世界经济，2017，40（9）：3-26.

［7］高然，陈忱，曾辉，等．信贷约束、影子银行与货币政策传导［J］．经济研究，2018，53（12）：68-82.

［8］公衍磊，邓辛，杨金强．全要素生产率、产能利用率与企业金融资源配置：基于中国上市企业委托贷款公告数据的经验分析［J］．金融研究，2020（7）：57-74.

［9］龚刚，林毅夫．过度反应：中国经济"缩长"之解释［J］．经济研究，2007（4）：53-66.

［10］龚强，张一林，林毅夫．产业结构、风险特性与最优金融结构［J］．经济研究，2014，49（4）：4-16.

［11］郭丽虹，王硕．融资缺口、市场化程度与中小企业信贷可得性：基于非上市制造业企业面板数据的分析［J］．财经研究，2013，39（12）：115-125.

［12］国务院发展研究中心《进一步化解产能过剩的政策研究》课题组，赵昌文，许召元，等．当前我国产能过剩的特征、风险及对策研究：基于实地调研及微观数据的分析［J］．管理世界，2015（4）：1-10.

［13］韩国高，高铁梅，王立国，齐鹰飞，王晓姝．中国制造业产能过剩的测度、波动及成因研究［J］．经济研究，2011，46（12）：18-31.

［14］黄俊，陈信元，丁竹．产能过剩、信贷资源挤占及其经济后果的研究［J］．会计研究，2019（2）：65-70.

［15］黄秀路，葛鹏飞，武宵旭．中国工业产能利用率的地区行业交叉特征与差异分解［J］．数量经济技术经济研究，2018，35（9）：60-77.

［16］贾润崧，胡秋阳．市场集中、空间集聚与中国制造业产能利用率：基于微观企业数据的实证研究［J］．管理世界，2016（12）：25-35.

[17] 鞠晓生，卢荻，虞义华. 融资约束、营运资本管理与企业创新可持续性 [J]. 经济研究，2013，48（1）：4-16.

[18] 鞠晓生. 中国上市企业创新投资的融资来源与平滑机制 [J]. 世界经济，2013，36（4）：138-159.

[19] 李波，伍戈. 影子银行的信用创造功能及其对货币政策的挑战 [J]. 金融研究，2011（12）：77-84.

[20] 李洁，张天顶，黄璟. 融资约束与中国制造业企业成长动态 [J]. 产业经济研究，2016（2）：62-73.

[21] 李向前，诸葛瑞英，黄盼盼. 影子银行系统对我国货币政策和金融稳定的影响 [J]. 经济学动态，2013（5）：81-87.

[22] 刘政，杨先明. 非正规金融促进了本土企业产品创新吗?：来自中国制造业的证据 [J]. 经济学动态，2017（8）：88-98.

[23] 卢锋. 治理产能过剩问题（1999-2009）[C]//北京大学国家发展研究院. 二〇〇九年秋季 CCER 中国经济观察（总第 19 期）. 2009：18.

[24] 吕劲松. 关于中小企业融资难、融资贵问题的思考 [J]. 金融研究，2015（11）：115-123.

[25] 马红旗，黄桂田，王韧，申广军. 我国钢铁企业产能过剩的成因及所有制差异分析 [J]. 经济研究，2018，53（3）：94-109.

[26] 马红旗. 产能利用率、企业性质与经营效益：基于钢铁企业的实证分析 [J]. 上海财经大学学报，2017，19（6）：31-45.

[27] 钱雪松，李晓阳. 委托贷款操作机理与金融风险防范：源自 2004~2013 年上市公司公告数据 [J]. 改革，2013（10）：125-134.

[28] 钱雪松，谢晓芬，杜立. 金融发展、影子银行区域流动和反哺效应：基于中国委托贷款数据的经验分析 [J]. 中国工业经济，2017（6）：60-78.

[29] 钱雪松，徐建利，杜立. 中国委托贷款弥补了正规信贷不足吗? [J]. 金融研究，2018（5）：82-100.

[30] 裘翔，周强龙. 影子银行与货币政策传导 [J]. 经济研究，2014，49（5）：91-105.

[31] 孙巍，李何，王文成. 产能利用与固定资产投资关系的面板数据协整研究：基于制造业28 个行业样本 [J]. 经济管理，2009，31（3）：38-43.

[32] 王立国，赵婉妤. 产能过剩对信贷资源配置效率的影响：基于金融供给侧结构性改革的背景 [J]. 改革，2019（12）：133-145.

[33] 王自锋，白玥明. 产能过剩引致对外直接投资吗?：2005~2007 年中国的经验研究 [J]. 管理世界，2017（8）：27-35+63.

[34] 温军，冯根福，刘志勇. 异质债务、企业规模与 R&D 投入 [J]. 金融研究，2011（1）：167-181.

[35] 温忠麟，张雷，侯杰泰，等. 中介效应检验程序及其应用 [J]. 心理学报，2004（5）：614-620.

[36] 吴成颂，周炜，黄送钦. 产能过剩下银行信贷资源配置行为研究：基于控股股东的持股结构视角 [J]. 科学决策，2015（5）：15-34.

[37] 解维敏，方红星. 金融发展、融资约束与企业研发投入 [J]. 金融研究，2011（5）：171-183.

[38] 杨畅，庞瑞芝. 契约环境、融资约束与"信号弱化"效应：基于中国制造业企业的实证研究 [J]. 管理世界，2017（4）：60-69.

［39］杨振兵．有偏技术进步视角下中国工业产能过剩的影响因素分析［J］．数量经济技术经济研究，2016，33（8）：30-46．

［40］杨志强，袁梦，石水平．产能利用率与债券信用利差：基于随机前沿函数的分析［J］．财贸研究，2019，30（7）：79-97．

［41］于斌斌，陈露．新型城镇化能化解产能过剩吗？［J］．数量经济技术经济研究，2019，36（1）：22-41．

［42］于文领，张力派，吴怡霖，等．融资约束下企业现金持有与投资效率的互动关系研究：来自中国制造业2013~2017年上市企业的经验证据［J］．工业技术经济，2020，39（3）：48-56．

［43］余东华，吕逸楠．政府不当干预与战略性新兴产业产能过剩：以中国光伏产业为例［J］．中国工业经济，2015（10）：53-68．

［44］余淼杰，金洋，张睿．工业企业产能利用率衡量与生产率估算［J］．经济研究，2018，53（5）：56-71．

［45］余琰，李怡宗．高息委托贷款与企业创新［J］．金融研究，2016（4）：99-114．

［46］岳怡廷，张西征．异质性企业创新投入资金来源差异及其变迁研究［J］．科学学研究，2017，35（1）：125-138+160．

［47］战明华，李欢．金融市场化进程是否改变了中国货币政策不同传导渠道的相对效应？［J］．金融研究，2018（5）：20-36．

［48］张杰，冯俊新．中国企业间货款拖欠的影响因素及其经济后果［J］．经济理论与经济管理，2011（7）：87-98．

［49］张杰，芦哲，郑文平，等．融资约束、融资渠道与企业R&D投入［J］．世界经济，2012，35（10）：66-90．

［50］张盼盼，张胜利，陈建国．融资约束、金融市场化与制造业企业出口国内增加值率［J］．金融研究，2020（4）：48-69．

［51］张前程，杨光．产能利用、信贷扩张与投资行为：理论模型与经验分析［J］．经济学（季刊），2016，15（4）：1507-1532．

［52］张少华，蒋伟杰．中国的产能过剩：程度测算与行业分布［J］．经济研究，2017，52（1）：89-102．

［53］张亚斌，贺唯唯，张滨沙．技术水平、市场结构与产能利用率［J］．改革，2019（4）：60-69．

［54］中国银保监会政策研究局课题组，中国银保监会统计信息与风险监测部课题组．中国影子银行报告［J］．金融监管研究，2020（11）：1-23．

［55］Abel Andrew B. A Dynamic Model of Investment and Capacity Utilization［J］. The Quarterly Journal of Economics，1981，96（3）：379-403．

［56］Acharya Viral V．，Hemal Khandwala T. Sabri Öncü. The Growth of a Shadow Banking System in Emerging Markets：Evidence from India［J］. Journal of International Money and Finance，2013，39：207-230．

［57］Allen Franklin，Jun Qian，Meijun Qian. Law，Finance，and Economic Growth in China［J］. Journal of Financial Economics，2005，77（1）：57-116．

［58］Allen Franklin，Qian Y．，Yu G．，et al. Entrusted Loans：A Close Look at China's Shadow Banking System［J］. Journal of Financial Economics，2019，133（1）：18-41．

［59］Allen Franklin，Yiming Qian，Guoqian Tu，et al. Entrusted Loans：A Close Look at China's Shadow Banking System［J］. Journal of Financial Economics，2019，133（1）：18-41．

［60］ Berndt Ernst R. , Catherine J. Morrison. Capacity Utilization Measures： Underlying Economic Theory and an Alternative Approach ［J］. The American Economic Review, 1981, 71 （2）： 48-52.

［61］ Boyreau-Debray, Genevieve, Shang-Jin Wei. Pitfalls of a State-dominated Financial System： The case of China ［Z］. 2005.

［62］ Brandt Loren, Hongbin Li. Bank Discrimination in Transition Economies： Ideology, Information, or Incentives? ［J］. Journal of Comparative Economics, 2003, 31 （3）： 387-413.

［63］ Bye Torstein, Annegrete Bruvoll, Jan Larsson. Capacity Utilization in a Generalized Malmquist Index Including Environmental Factors： A Decomposition Analysis ［J］. Land Economics, 2009, 85 （3）： 529-538.

［64］ Chen Kaiji, Jue Ren, Tao Zha. The Nexus of Monetary Policy and Shadow Banking in China ［J］. The American Economic Review, 2018, 108 （12）： 3891-3936.

［65］ Christiano Lawrence J. , Martin Eichenbaum, Charles L Evans. Nominal Rigidities and the Dynamic Effects of a Shock to Monetary Policy ［J］. Journal of Political Economy, 2005, 113 （1）： 1-45.

［66］ Danielson Morris G. , Jonathan A. Scott. Bank Loan Availability and Trade Credit Demand ［J］. Financial Review, 2004, 39 （4）： 579-600.

［67］ Du Julan, Yi Lu, Zhigang Tao. Bank Loans Vs. Trade Credit： Evidence from China ［J］. The Economics of Transition, 2012, 20 （3）： 457-480.

［68］ Elliott Douglas, Arthur Kroeber, Yu Qiao. Shadow Banking in China： A Primer ［J］. Economic Studies at Brookings, 2015, 3： 1-7.

［69］ Fare Rolf, Shawna Grosskopf, Edward C. Kokkelenberg. Measuring Plant Capacity, Utilization and Technical Change： A Nonparametric Approach ［J］. International Economic Review, 1989, 30 （3）： 655-666.

［70］ Garcia Serge M. , Christopher Newton. Current Situation, Trends and Prospects in World Capture Fisheries ［Z］. 1995.

［71］ Ge Ying, Jiaping Qiu. Financial Development, Bank Discrimination and Trade Credit ［J］. Journal of Banking & Finance, 2007, 31 （2）： 513-530.

［72］ Gennaioli Nicola, Andrei Shleifer, Robert W. Vishny. A Model of Shadow Banking ［J］. The Journal of Finance, 2013, 68 （4）： 1331-1363.

［73］ Gong Gang. Growth and Development in a Harrodian Economy： With Evidence from China ［J］. Metroeconomica, 2013, 64 （1）： 73-102.

［74］ Gordon Roger H. , Wei Li. Government as a Discriminating Monopolist in the Financial Market： The Case of China ［J］. Journal of Public Economics, 2003, 87 （2）： 283-312.

［75］ Greenwood Jeremy, Zvi Hercowitz, Gregory W. Huffman. Investment, Capacity Utilization, and the Real Business Cycle ［J］. The American Economic Review, 1988, 78： 402-417.

［76］ Gupta Mayank, Massimiliano Caporin. The Evolution of Shadow Banking System in Emerging Economies： The Role of Entrusted Loans in China's Capital Market ［Z］. 2018.

［77］ He Qing, Liping Lu, Steven Ongena. Who Gains from Credit Granted between Firms? Evidence from Inter-Corporate Loan Announcements Made in China ［J］. BOFIT Discussion Papers, 2015 （1）： 1-48.

［78］ He Zhaozhao, Stephen Ciccone. Too Much Liquidity? Seemingly Excess Cash for Innovative Firms ［J］. Financial Review, 2020, 55 （1）： 121-144.

［79］ Himmelberg Charles P. , Bruce C. Petersen. R & D and Internal Finance： A Panel Study of

Small Firms in High-Tech Industries [J]. The Review of Economics and Statistics, 1994, 76 (1): 38-51.

[80] Jeffers Esther, Claudia Baicu. The Interconnections between the Shadow Banking System and the Regular Banking System: Evidence from the Euro area [Z]. 2013.

[81] Johansen Leif. Production Functions and the Concept of Capacity [J]. Recherches Récentes Sur La Fonction de Production, Collection, Economie MathéMatique et économétrie, 1968 (2): 52.

[82] Kamien Morton I., Nancy L. Schwartz. Self-Financing of an R and D Project [J]. The American Economic Review, 1978, 68 (3): 252-261.

[83] Karagiannis Roxani. A System-of-equations two-stage DEA Approach for Explaining Capacity Utilization and Technical Efficiency [J]. Annals of Operations Research, 2015, 227 (1): 25-43.

[84] Kirkley James, Catherine J. Morrison Paul, Dale Squires. Capacity and Capacity Utilization in Common-pool Resource Industries [J]. Environmental and Resource Economics, 2002, 22 (1): 71-97.

[85] Kirkley James, Dale Squires, Ivar E. Strand. Characterizing Managerial Skill and Technical Efficiency in a Fishery [J]. Journal of Productivity Analysis, 1998, 9 (2): 145-160.

[86] Li Xuelian, Jyh-Horng Lin. Shadow-banking Entrusted Loan Management, Deposit Insurance Premium, and Capital Regulation [J]. International Review of Economics & Finance, 2016 (41): 98-109.

[87] Lindebo Erik, Ayoe Hoff, Niels Vestergaard. Revenue-based Capacity Utilisation Measures and Decomposition: The Case of Danish North Sea Trawlers [J]. European Journal of Operational Research, 2007, 180 (1): 215-227.

[88] Liu Ying. An Equilibrium Model of Entrusted Loans [Z]. 2017.

[89] Morrison Catherine J. On the Economic Interpretation and Measurement of Optimal Capacity Utilization with Anticipatory Expectations [J]. The Review of Economic Studies, 1985, 52 (2): 295-309.

[90] Nelson Randy A. On the Measurement of Capacity Utilization [J]. The Journal of Industrial Economics, 1989, 37 (3): 273-286.

[91] Plantin Guillaume. Shadow Banking and Bank Capital Regulation [J]. The Review of Financial Studies, 2015, 28 (1): 146-175.

[92] Pozsar Zoltan, Adrian Tobias, Ashcraft Adam, et al. Shadow Banking [J]. New York, 2010, 458: 3-9.

[93] Tucker Paul. Shadow Banking, Financing Markets and Financial Stability [Z]. 2010.

[94] Uesugi Iichiro, Guy M. Yamashiro. The Relationship between Trade Credit and Loans: Evidence from Small Businesses in Japan [J]. International Journal of Business, 2008, 13 (2): 141-161.

[95] Yu Yan, Yi-Tsung Lee, Robert C. W. Fok. The Determinants of high-interest Entrusted Loans in China [J]. Journal of Business Finance & Accounting, 2021, 48 (1-2): 405-430.

技术创新

"弯道超车"：国家产业投资基金与企业全要素生产率

佟　岩　李　鑫　田　原

[摘　要] 学者们围绕产业政策的"有效性"展开了大量研究，但并未形成一致结论。产业政策可以弥补和矫正市场失灵、提高社会福利，但也因政府过度干预而备受诟病。因此，寻求政府指导与市场化运作相结合的产业政策工具、让产业政策"更有效"，成为摆在学术界和实务界面前的重要问题。本文借助 2014 年中国设立国家集成电路产业投资基金作为准自然实验，以 2008~2019 年沪深 A 股上市公司为样本，采用双重差分法考察国家集成电路产业投资基金对企业全要素生产率的影响。研究结果表明，国家集成电路产业投资基金显著提升了企业全要素生产率、有助于企业实现高质量发展。通过分析其背后的传导机制发现，国家集成电路产业投资基金是通过发挥"融资纾困效应""创新促进效应"以及"信息治理效应"，进而促进企业全要素生产率的提升。横截面检验发现，在规模较小、产权性质为民营、高技能人才占比较低、公司治理较为薄弱的企业，以及地处中西部，金融市场化程度、知识产权保护水平、社会信任水平较低的地区中，国家集成电路产业投资基金对企业全要素生产率的影响较为明显。进一步研究还发现，在中美贸易争端爆发后，国家集成电路产业投资基金对企业全要素生产率的促进作用表现得更为突出，特别是对于那些对外依存度较高的企业来说更是如此。研究结果拓展了从政府与市场功能优势互补的视角探究产业政策有效性的研究范围，为量化评估国家集成电路产业投资基金的政策效果提供了全新视角，丰富了企业全要素生产率影响因素的相关研究。研究结果还有助于为中国集成电路产业如何实现"弯道超车"、实现高质量发展提供理论支持和决策参考。

[关键词] 国家产业投资基金；全要素生产率；集成电路；企业创新；信息不对称

一、问题提出

在"双循环"新发展格局下，提高全要素生产率是实现微观企业、地区乃至国家经济持续发展的重要源泉[1]。一直以来，产业政策是否有助于提升全要素生产率是理论界和实务界探讨和争论的热点话题。一方面，产业政策"无效论"基于新古典经济学理论，认为政府失灵和因追求"社会目

[基金项目] 国家自然科学基金面上项目"企业集团的债券管理模式：影响因素与经济后果"（批准号：72072012）；国家自然科学基金面上项目"创新驱动型并购的影响因素与经济后果研究"（批准号：71672007）；国家自然科学基金青年项目"企业金融化与投资行为研究：基于产业公司设立私募基金的分析"（批准号：71902028）；教育部人文社会科学研究青年基金项目"企业投融资期限结构错配的经济后果研究——基于企业风险视角的分析"（批准号：19YJC630232）。

[作者简介] 佟岩，北京理工大学管理与经济学院教授，博士生导师；李鑫（通讯作者），北京理工大学管理与经济学院博士研究生，E-mail：bitlx2020@ yeah. net；田原，北京理工大学管理与经济学院博士研究生。

① 全要素生产率通常可以解释为：除要素投入外，企业技术升级、产品质量提高、管理模式改进等导致的总产出增加（Baier et al.，2006）。全要素生产率在宏观层面表现为经济增长的质量，而在微观层面体现为企业将投入转化为最终产出的总体效率（鲁晓东和连玉君，2012；张莉等，2019）。

标"带来的效率损失，会导致产业政策无法促进全要素生产率的提高（侯方宇和杨瑞龙，2019），这一结论得到了大量的经验支持（Lee，1996；钱雪松等，2018；张莉等，2019）。但随着"无效论"难以与现实相契合，如"东亚奇迹"的出现，产业政策"有效论"应运而生。该理论从市场失灵的角度，认为可以通过实施产业政策来修正市场失灵，提高资源配置效率。Aghion 等（2015）、宋凌云和王贤彬（2013）、林毅夫等（2018）研究均发现产业政策对全要素生产率的提升具有显著的促进作用。鉴于产业政策实施效果的不确定性，探索如何实现政府与市场功能的优势互补、让产业政策"更有效"成为当前亟待解决的重要问题。值得注意的是，作为我国重要的产业政策工具，国家产业投资基金可以将"政府作用"与"市场机制"有机结合，有序引导社会资金积极参与国家战略性新兴产业的发展布局（刘光明，2019；李宇辰，2021；张果果和郑世林，2021），成为一种产融结合的新范式（郑联盛等，2020），有助于相关企业缓解融资困境、加强创新投入，最终实现高质量发展。近年来，我国国家产业投资基金进入快速发展阶段，但其是否真正发挥出预期的政策效果仍有待实证检验。基于此，本文基于 2014 年中国设立国家集成电路产业投资基金这一研究情景，通过评估其成立对微观企业全要素生产率的影响，为政府设立国家产业投资基金以支持相关产业发展提供理论支持和决策参考，亦为一直以来关于产业政策的辩论提供新的经验证据。

作为现代信息技术产业的基石，集成电路产业是典型的知识密集型、资本密集型产业，其所派生出的物联网、大数据、云计算等新兴产业已经成为全球科技竞争的焦点，因此被认为是维护国家安全、促进信息化建设以及实现经济高质量发展的关键力量（杨道州等，2021；张果果和郑世林，2021）。近年来，在国家政策体系、社会各界的支持下，中国集成电路产业进入了发展的快车道。中国半导体行业协会数据显示，2015～2020 年集成电路市场规模呈现出逐年增长的态势，在 2020 年更是达到 8848 亿元，同比增长 17.00%。但是，由于以美国为首的西方发达国家对集成电路采取技术封锁，导致中国集成电路产业长期受制于人。特别是中美贸易争端爆发以来，美国企图通过对中国集成电路重点企业实施"长臂管辖"、主导修订《瓦森纳协定》等一系列"卡脖子"措施来全面遏制我国集成电路产业的发展。在此背景下，"国产替代"成为中国集成电路产业新的发展趋势，如何支持集成电路产业实现跨越式发展已上升至国家战略层面。2020 年 8 月，国务院印发《新时期促进集成电路产业和软件产业高质量发展的若干政策》，对今后如何从财税、投融资、研究开发、进出口、人才、国际合作等方面支持集成电路产业发展作出了总体部署。2021 年，集成电路正式被写入"十四五"规划[①]，这正是党和政府要带领全国人民打好关键核心技术攻坚战、推动集成电路产业实现"弯道超车"的坚定决心的体现。由此可见，在"双循环"新格局下，不断探索构建社会主义市场经济条件下关键核心技术攻关新型举国体制、加快集成电路产业自主创新进程具有重要的现实意义。

"融资难"是制约我国高新技术产业发展的关键因素（卢馨等，2013）。集成电路产业具有技术含量高、资金需求量大、回收周期长等特点，使政府资金的投资过程难以被有效监督、投资成效难以被量化（张果果和郑世林，2021），也让社会资本"望而却步"。例如，"汉芯一号"事件导致国家亿万元研发经费被骗，对中国芯片研制造成了极为恶劣的影响。加之以美国为首的西方发达国家长期以来的技术封锁，我国集成电路产业发展之路更是"举步维艰"。因此，寻求政府指导与市场化运作相结合的产业政策工具来缓解集成电路产业融资困境、助力突破关键技术难关迫在眉睫。为纾解我国集成电路产业所面临的"内忧外患"的处境、加快实现"国产替代"，2014 年 9 月 24

---

① "十四五"规划全称为《中华人民共和国国民经济和社会发展第十四个五年规划和 2035 年远景目标纲要》，其中强调要"瞄准人工智能、量子信息、集成电路、生命健康、脑科学、生物育种、空天科技、深地深海等前沿领域，实施一批具有前瞻性、战略性的国家重大科技项目"，"培育先进制造业集群，推动集成电路、航空航天、船舶与海洋工程装备、机器人、先进轨道交通装备、先进电力装备、工程机械、高端数控机床、医药及医疗设备等产业创新发展"。

日，财政部联合国开金融、中国烟草、亦庄国投、中国移动、上海国盛、中国电科、紫光通信、华芯投资共同发起"国家集成电路产业投资基金"；同年 12 月，武汉金控、中国电信、中国联通、中国电子、大唐电信、武岳峰资本、赛伯乐投资 7 家机构参与增资扩股。该产业投资基金重点投资集成电路芯片制造业，兼顾芯片设计、封装测试设备和材料等产业，并通过择机退出所投资项目来避免造成产能过剩。本文正是利用这一政策实践展开研究，并试图回答以下问题：①国家集成电路产业投资基金对企业全要素生产率的影响及其背后的传导机制是什么？②这一影响在公司和地区特征维度是否存在明显差异？③中美贸易争端爆发后，国家集成电路产业投资基金对企业全要素生产率的作用会产生何种变化？

为回答这些问题，本文以 2014 年中国设立国家集成电路产业投资基金作为准自然实验，利用2008~2019 年沪深 A 股上市公司数据，将主营产品类型是"集成电路"的上市公司设定为处理组（"集成电路企业"所在二位数行业的其他企业设定为控制组），使用企业全要素生产率来表征企业高质量发展水平，采用双重差分法考察国家集成电路产业投资基金对企业全要素生产率的影响及作用路径。研究表明，国家集成电路产业投资基金显著提升了企业全要素生产率，即国家集成电路产业投资基金的设立有助于企业实现高质量发展。通过分析其背后的传导机制，本文发现国家集成电路产业投资基金是通过发挥"融资纾困效应"（缓解企业融资约束）、"创新促进效应"（提高企业创新投入和创新产出）和"信息治理效应"（降低外部投资者与企业之间的信息不对称）促进企业全要素生产率提升的。横截面检验发现，在规模较小、产权性质为民营、高技能人才占比较低、公司治理较为薄弱的企业，以及地处中西部，金融市场化程度、知识产权保护水平、社会信任水平较低的地区中，国家集成电路产业投资基金对企业全要素生产率的影响较为明显。除此之外，本文还发现在中美贸易争端爆发后，国家集成电路产业投资基金对企业全要素生产率的促进作用更为明显，特别是对于那些对外依存度较高的企业来说更是如此。

本文的边际贡献主要体现在三个方面：①长期以来学术界围绕"产业政策是否有效"产生了广泛讨论，本文针对国家产业投资基金这一重要的产业政策工具展开研究，拓展了当前从政府与市场功能优势互补的视角探究产业政策有效性的相关文献，亦为政府通过设立国家产业投资基金来支持重点产业建设提供了理论依据。②基于企业全要素生产率的视角，本文为量化评估国家集成电路产业投资基金的政策效果做出了有益补充，相关结论不仅可以为第二期国家集成电路产业投资基金提供直接的参考价值，也为我国集成电路产业突破关键技术难关、实现"国产替代"提供有益借鉴。③本文将国家产业投资基金纳入到企业全要素生产率分析框架，拓展了企业全要素生产率影响因素的研究范畴，并从融资约束、企业创新、信息不对称三个角度揭示其背后的影响机理，从而为推进中国企业转型升级、提高国际竞争优势提供了新的思路。

二、理论分析与研究假设

作为产业政策的重要形式，政府补助在国家经济转型发展过程中得以广泛运用，然而目前学术界对政府补助与全要素生产率之间的关系并未得出一致结论（邵敏和包群，2012；宋凌云和王贤彬，2013；胡春阳和余泳泽，2019）。一方面，当企业面临融资困境时，政府补助促进了企业研发投入的增加和投资规模的扩大，从而获得生产率水平的提升（Aghion et al.，2015）。另一方面，由于信息不对称在政府与企业之间普遍存在，企业在申请政府补助时可能通过释放"虚假信号"来欺骗政策制定者（事前逆向选择问题），而在获得政府补助后，受超额获利能力、缺乏有效监督以及"寻租"等因素的影响，管理层积极改善经营管理、降低生产成本的动机削弱（Leibenstein，1966），反而会给企业全要素生产率的提升带来损害（事后道德风险问题）。基于此，部分文献认为相较于讨论产业政策是否有效，探寻产业政策有效的条件、设计更有效的产业政策更值得关注（戴小勇和成力为，2019）。

作为政府补贴的"演化"形式，国家产业投资基金以国有资本形成产业基金池，通过市场化运作、专业化管理，同时吸引社会资本积极参与到相关产业的建设当中，成为当前我国重要的产业政策实施工具（张果果和郑世林，2021）。而已有研究发现，稳定的资金支持（陈海强等，2015；段梅和李志强，2019）、持续创新的能力（Comin and Hobijn，2010；郑宝红和张兆国，2018）以及公开透明的信息环境（陶锋等，2017；宋敏等，2021）是提升企业全要素生产率的关键所在。国家集成电路产业投资基金以股权融资的形式将资金注入目标企业，为其开展资本性支出、研发创新等经营活动提供强有力支持，同时亦能够以机构投资者的身份在目标企业的公司治理中发挥有效监督作用，从而有利于提高目标企业优化资源配置的效率。鉴于此，本文认为国家集成电路产业投资基金之所以能够有效地提升企业全要素生产率，其作用机理主要源于"融资纾困效应""创新促进效应"以及"信息治理效应"：

第一，国家集成电路产业投资基金可能会通过缓解企业融资约束，从而提升企业全要素生产率，即"融资纾困效应"。一方面，国家集成电路产业投资基金为相关企业直接提供了所需资金。东方财富网资料显示，2014年国家集成电路产业投资基金一期总规模达到1387.2亿元，广泛投资在芯片设计、晶圆制造、封装测试、专用装备和核心零部件、关键材料、生态系统等全产业链投资项目，2019年国家集成电路产业投资基金二期仅注册资本就高达2041.5亿元。另一方面，国家资本投向是资本市场的风向标，这意味着国家集成电路产业投资基金在金融市场上会释放"积极信号"，即政府产业投资基金的加盟可以起到良好的认证功能和声誉效应（Lerner and Watson，2008），有助于调动多元化投资主体的积极性（刘光明，2019；高玥，2020；张果果和郑世林，2021）。东方财富网资料显示，2014年国家集成电路产业投资基金一期带动的地方和社会资本达到5145亿元，而2019年国家集成电路产业投资基金二期预计也同样具备撬动作用①，这意味着集成电路产业将迎来新一轮的资金扶持，而融资困境的缓解，有助于集成电路企业开展更多的资本性支出，如购置固定资产、无形资产用以技术改进和效率提升（陈海强等，2015；胡海峰等，2020）。

第二，国家集成电路产业投资基金会通过促进企业创新，从而对全要素生产率起到积极作用，即"创新促进效应"。Comin和Hobijn（2010）、郑宝红和张兆国（2018）的研究指出，研发创新能力的增强可以减少企业对资本和劳动要素的依赖、降低生产成本，因而是提升企业全要素生产率的重要驱动力。当面临融资困境时，公司缺乏足够的资金开展净现值大于零抑或存在高风险高回报的项目，损害了公司价值（肖文和薛天航，2019），而这一效应对于技术含量高、更新换代快、投资密度大的集成电路产业尤为凸显。前述分析表明，国家产业投资基金的设立通过直接投资和撬动社会资本，可以缓解集成电路企业的融资困境，为其积累人力资本、提高生产效率、实现技术进步提供必要的资金支持（Bonfiglioli，2008）。与此同时，国家集成电路产业投资基金还会通过释放强烈的"政策支持信号"来吸引更多的企业参与，加剧了集成电路产业的市场竞争状况（张果果和郑世林，2021）。2015~2019年，我国新增35488家集成电路相关企业，是2015年集成电路企业总数量的2.63倍②。在此背景下，在位企业为保持竞争优势就不得不加快"卡脖子"技术攻关，以获得不可复制的资源和能力，这最终有助于提升企业全要素生产率。

第三，国家集成电路产业投资基金可以缓解信息不对称程度，进而提升企业全要素生产率，即"信息治理效应"。信息不对称也是企业之间全要素生产率存在显著差异的重要原因（陶锋等，2017；宋敏等，2021）。根据股东积极主义理论，机构投资者会凭借其信息比较优势，有效监督管理层做出的经营决策，从而发挥改善公司治理的作用（Pound，2006；Franks，2020）。基于上述

---

① 东方财富网资料显示，2019年国家集成电路产业投资基金二期预计可带动5250亿~7000亿元的地方及社会资金。
② 资料来源：《2020年中国集成电路行业前景分析报告——市场深度分析与未来趋势预测》。

"有效监督假说"，王瑶和郭泽光（2021）研究发现机构投资者会通过缓解代理冲突、激发创新动力来提升企业全要素生产率。当集成电路企业定向增发、协议转让、战略融资或 IPO 前增资时，国家集成电路产业投资基金会以私募股权、基金投资、夹层投资等形式投入资金，成为目标企业的股东（张果果和郑世林，2021）。从现实情况看，国家集成电路产业投资基金及其附属公司已成为集成电路产业链各环节骨干企业的主要股东，拥有较高的话语权①。另外，相较于证券公司、保险公司、养老基金等金融机构，国家集成电路产业投资基金背后的中国移动、中国电子、中国电科等企业可以凭借其丰富的行业发展经验，深度把握集成电路产业的前沿技术动向。因此，国家集成电路产业投资基金既有动机也有能力在参与公司重大决策时提供合理化建议，并对管理层进行更有效的激励和监督、提高公司的信息透明度，从而减少由信息不对称导致的效率损失。

根据以上分析，本文提出研究假设 1：

H1：其他条件不变的情况下，国家集成电路产业投资基金能够显著提升企业全要素生产率。

三、研究数据与研究设计

（一）样本选择和数据来源

本文以 2008～2019 年中国沪深 A 股上市公司为研究对象，并按照如下流程对初始样本进行筛选：剔除在样本期间被 ST 和 *ST 处理的上市公司样本、剔除金融类上市公司样本、剔除既发行 A 股又发行 B 股的上市公司样本、剔除 IPO 当年的上市公司样本、剔除非"集成电路企业"所在的两位数行 4 业样本以及剔除财务数据和公司治理数据缺失的样本，最终得到 7762 个公司—年度观测值。公司财务数据和治理数据来源于国泰安数据库（CSMAR），创新专利数据来源于中国研究数据服务平台（CNRDS），上市公司海外经营数据来源于 Wind 数据库。除此之外，为消除极端值的干扰，本文对所有连续变量在前后两端进行 1% 的 Winsorize 缩尾处理，并对统计标准误在行业层面进行了聚类（Cluster）调整，数据处理和分析采用 Stata16 计量分析软件进行。

（二）变量定义

（1）企业全要素生产率。现有研究对企业全要素生产率的测度方法有：最小二乘法、固定效应法、半参数法以及广义矩估计法。其中，半参数法应用较为广泛，其包括 Olley 和 Pakes（1996）提出的 OP 法以及 Levinsohn 和 Petrin（2003）提出的 LP 法。鲁晓东和连玉君（2012）认为 OP 法无法估计投资额为零的样本，而 LP 法通过替换变量则可以解决这一样本损失问题。鉴于此，本文参考陶锋等（2017）、任胜钢等（2019）的研究，选用 LP 法来测算企业全要素生产率（TFP）。具体地，LP 法中涉及的产出变量以营业收入取自然对数表示，劳动投入以企业职工人数取自然对数表示，资本投入以购建固定资产、无形资产支付的现金与资产总额的比值表示，中间投入以购买商品、接受劳务支付的现金与资产总额的比值表示。本文对用 LP 法测算出的数值取自然对数，用以反映企业全要素生产率水平，以 TFP 表示。此外，本文还利用 OP 法计算的全要素生产率开展稳健性检验。

（2）国家集成电路产业投资基金。参考张果果和郑世林（2021）的研究，本文将主营产品类型是"集成电路"的上市公司作为处理组，而将"集成电路企业"所在二位数行业的其他企业作为控制组。其中，"集成电路企业"所在二位数行业是指通用设备制造业，专用设备制造业，软件

---

① 东方财富网数据显示，截至 2021 年 5 月 24 日，国家集成电路产业投资基金及其附属公司是中芯国际的第三大股东（持股比例 11.41%）、长电科技的第二大股东（持股比例 7.19%）、华虹半导体的第二大股东（持股比例 18.68%）。

和信息技术服务业，电气机械及器材制造业，计算机、通信和其他电子设备制造业，电力、热力生产和供应业六大行业①。基于此，本文首先设置企业分组变量 *Treat*，当企业属于处理组时取值为 1，而属于控制组时取值为 0；其次，设置时间分组变量 *Post*，将 2014 年及之后取值为 1，否则为 0；最后，设置 *Treat* 和 *Post* 的交乘项 *Treat×Post*，用来衡量国家集成电路产业投资基金设立所产生的政策效应。

（3）控制变量。参考王桂军和卢潇潇（2019）、胡海峰等（2020）、宋敏等（2021）的研究，本文的控制变量包括：公司规模（*Size*）、财务杠杆（*Lev*）、盈利能力（*ROA*）、现金流量（*Cashflow*）、股权集中度（*First*）、产权性质（*State*）、董事会规模（*Board*）、董事会独立性（*Indep*）和企业年龄（*Age*）。此外，本文还控制了企业和年份虚拟变量。模型各变量定义如表 1 所示。

表 1　主要变量定义及说明

变量名称	变量符号	变量定义
全要素生产率	*TFP*	基于 LP 法计算的企业全要素生产率
企业分组变量	*Treat*	虚拟变量，若企业主营产品类型为"集成电路"取值为 1，否则为 0
时间分组变量	*Post*	虚拟变量，2014 年及之后取值为 1，否则为 0
公司规模	*Size*	总资产的自然对数
财务杠杆	*Lev*	总负债/总资产
盈利能力	*ROA*	净利润/总资产
现金流量	*Cashflow*	经营活动产生的现金流净额/总资产
股权集中度	*First*	第一大股东持股比例
产权性质	*State*	虚拟变量，若企业为国有企业取值为 1，否则为 0
董事会规模	*Board*	董事会人数的自然对数
董事会独立性	*Indep*	独立董事人数/董事会人数
企业年龄	*Age*	企业上市年数加 1 取自然对数
企业固定效应	*Firm*	企业虚拟变量
年度固定效应	*Year*	根据 2008~2019 年设置的虚拟变量

（三）模型设计

本文构建式（1）来检验 H1，具体模型为：

$$TFP_{i,t} = \beta_0 + \beta_1 Treat_{i,t} \times Post_{i,t} + X_{i,t} + \varphi_i + \delta_t + \varepsilon_{i,t} \tag{1}$$

其中，i 为企业，t 为年份，β_0 表示截距项。$TFP_{i,t}$ 是企业 i 在 t 年的全要素生产率；$Treat_{i,t} \times Post_{i,t}$ 是本文所关注的核心解释变量，其系数 β_1 表示政策效应，若 β_1 显著为正，表明国家集成电路产业投资基金的设立能够显著提升企业全要素生产率，H1 成立；$X_{i,t}$ 表示控制变量集；φ_i 和 δ_t 分别表示企业和年度固定效应②，$\varepsilon_{i,t}$ 为随机扰动项。

---

① 本文的样本内包含 71 家处理组企业和 1012 家控制组企业。

② 在模型（1）中，控制企业固定效应（φ_i）、年度固定效应（δ_t）可以比企业分组变量（$Treat_{i,t}$）、时间分组变量（$Post_{i,t}$）更为详细地区分样本，因而仅加入交乘项（$Treat_{i,t} \times Post_{i,t}$）即可，不必加入 $Treat_{i,t}$ 和 $Post_{i,t}$。

四、实证结果及分析

（一）描述性统计

从表 2 中可以看到主要变量在全样本下的描述性统计分析结果：采用 LP 法得到的全要素生产率（*TFP*）的均值为 7.844，中位数为 7.749，表明数据结构无明显的偏态；企业分组变量（*Treat*）的均值为 0.064，说明样本企业中属于"集成电路"行业的企业占比为 6.4%；样本中有 35.2% 的公司为国有企业。其他控制变量的数据分布总体合理，与以往研究相近（郑宝红和张兆国，2018；宋敏等，2021）。

表 2　描述性统计结果

变量	均值	标准差	最小值	25 分位数	中位数	75 分位数	最大值
TFP	7.844	0.889	6.011	7.241	7.749	8.364	10.486
Treat	0.064	0.245	0.000	0.000	0.000	0.000	1.000
Post	0.650	0.477	0.000	0.000	1.000	1.000	1.000
Size	21.853	1.164	19.830	21.026	21.685	22.492	25.744
Lev	0.407	0.197	0.052	0.251	0.402	0.552	0.867
ROA	0.032	0.068	−0.329	0.013	0.035	0.062	0.178
Cashflow	0.038	0.063	−0.139	0.003	0.037	0.074	0.212
First	0.322	0.140	0.085	0.213	0.299	0.414	0.698
State	0.352	0.478	0.000	0.000	0.000	1.000	1.000
Board	2.118	0.196	1.609	1.946	2.197	2.197	2.639
Indep	0.376	0.054	0.333	0.333	0.357	0.429	0.571
Age	1.968	0.728	0.693	1.386	2.079	2.565	3.219

（二）单变量分析

表 3 汇报了企业全要素生产率（*TFP*）在国家集成电路产业投资基金设立前后的差异变化。其中，处理组和控制组的定义与模型（1）相同，处理组为主营产品类型是"集成电路"的企业，控制组为"集成电路企业"所在二位数行业的其他企业；设立前（Before）表示 2008~2013 年，设立后（After）表示 2014~2019 年。从表 3 中可以看出，在国家集成电路产业投资基金设立前，处理组和控制组企业的 *TFP* 存在显著差异，处理组企业的 *TFP* 均值比控制组企业的要低 0.480，这说明在设立前控制组企业的全要素生产率要显著高于处理组，可能的原因在于：我国集成电路产业作为维护国家经济安全的重资产行业，资金需求量较高，加之长期以来受到美国的技术封锁，致使出现自主创新能力较低、产业生态环境较差、市场竞争性较弱等问题（刘雯等，2015），生产效率较低。在国家集成电路产业投资基金设立后，处理组企业和控制组企业的 *TFP* 均值都有所上升，且处理组企业的 *TFP* 均值依然显著低于控制组企业，但两者的差额由设立前的 0.480 已缩小至 0.268，说明国家集成电路产业投资基金的设立确实对处理组企业起到了正向作用，缩小了处理组企业和控制组

企业之间全要素生产率的差距，但这种差距是否在统计上显著还需利用双重差分模型（DID）来加以检验。

表3　单变量检验结果

	处理组（1）	控制组（2）	Difference（1）－（2）	t-Test（1）－（2）
Before	7.320	7.800	−0.480	6.691***
After	7.633	7.901	−0.268	5.363***

注：***表示在1%统计水平下显著。

（三）DID 估计结果：国家产业投资基金与企业全要素生产率

为更为精确地估计国家集成电路产业投资基金设立对企业全要素生产率的影响效应，本文进一步使用 DID 模型进行估计分析，相应结果如表4所示。每列回归均控制了企业个体和年度固定效应，并且使用行业聚类效应对标准误进行了修正。第（1）列报告的是在不考虑其他影响因素结果的情况下，发现本文所关心的交乘项（$Treat \times Post$）的系数为正且在5%的水平下显著；第（2）列进一步控制公司规模、财务杠杆、盈利能力、现金流等财务特征，发现交乘项（$Treat \times Post$）的系数为正且在1%的水平下显著，且当公司规模越大、资产负债率越高、盈利能力越强、现金流越充足时，企业全要素生产率越高，与宋敏等（2021）的结果一致；第（3）列进一步控制股权集中度、产权性质、董事会规模、董事会独立性、企业年龄等公司特征，发现交乘项（$Treat \times Post$）的系数为正且依然在1%的水平下显著，在国有企业、董事会规模越大时，企业全要素生产率越高，与段梅和李志强（2019）、胡海峰等（2020）的结果相近。从经济意义分析，国家集成电路产业投资基金设立后，集成电路企业的全要素生产率比非集成电路企业平均高13.10%，相当于样本期间内所有样本企业全要素生产率变动的14.7%（0.1310/0.889＝0.147）。这说明本文所得基本结论不仅具有统计意义，也具有显著的经济意义，至此 H1 得以验证。

表4　国家产业投资基金与企业全要素生产率的回归结果

变量	（1）	（2）	（3）
	TFP	TFP	TFP
$Treat \times Post$	0.179**	0.122***	0.131***
	(2.738)	(3.692)	(3.852)
Size		0.478***	0.470***
		(11.236)	(10.971)
Lev		0.615***	0.599***
		(14.554)	(16.738)
ROA		1.605***	1.620***
		(10.103)	(10.168)
Cashflow		0.359***	0.354***
		(4.577)	(4.725)
First			−0.088
			(−0.604)

变量	(1)	(2)	(3)
	TFP	*TFP*	*TFP*
State			0.058 ***
			(5.592)
Board			0.173 *
			(2.009)
Indep			-0.169
			(-1.625)
Age			0.033
			(1.549)
_cons	7.836 ***	-2.913 ***	-3.110 ***
	(1850.346)	(-3.165)	(-4.606)
Firm	控制	控制	控制
Year	控制	控制	控制
观测值	7762	7762	7762
R^2	0.841	0.908	0.909

注：***、**、* 分别表示在 1%、5%、10% 统计水平下显著，括号内数值为聚类到行业层面的 t 值，余表同。

(四) 稳健性检验

1. 样本选择偏误问题

考虑到可能存在的样本选择偏误问题，本文采用熵平衡匹配和倾向得分匹配加以缓解。熵平衡匹配（Entropy Balancing，EB）最早由 Hainmueller（2012）提出，相较于倾向得分匹配（Propensity Score Matching，PSM），熵平衡匹配通过对处理组观测与控制组观测的各个协变量的一阶矩、二阶交叉矩和三阶矩进行多维度调整，从而实现精确匹配，更适合用于处理高维度数据。参考张果果和郑世林（2021）的研究，本文选取公司规模（*Size*）、财务杠杆（*Lev*）、盈利能力（*ROA*）、现金流量（*CF*）、流动比率（*Liqui*）、账面市值比（*MB*）、企业年龄（*Age*）作为协变量。表 5 Panel A 列示出熵平衡匹配的平衡性测试结果，可以看出在匹配前处理组和控制组特征变量的均值差距较大，在匹配后差距缩小，说明数据的平衡效果较好。表 6 第 (1) 列示了经过熵平衡匹配后的回归结果，*Treat×Post* 的回归系数在 1% 的水平下显著为正。同时，为确保上述结果的稳健性，本文也采取了倾向得分匹配法来缓解可能存在的选择性偏误问题①。表 5 Panel B 列示出 PSM 前后的样本平衡性检验结果，在匹配之后，各协变量均值在处理组和控制组中均不存在显著差异，并且标准偏差大幅降低（绝对值全部在 5% 以内）；从表 5 Panel C 可以看出，样本总体均值偏差也不再显著，从而满足了"平衡性假设"。表 6 第 (2) 列列示了经过倾向得分匹配后的回归结果，*Treat×Post* 的回归系数在 5% 的水平下显著为正。综合来看，在消除企业特征差异的影响后，本文所得基本结论依然成立。

---

① 本文首先使用 Logit 模型计算倾向得分，采用"最近邻匹配"法构建控制组，并按 1∶2 的比例进行配对，最终得到 71 家处理组公司，494 个处理组"公司—年度"观测值；206 家控制组公司，539 个控制组"公司—年度"观测值；合计 277 家公司，1033 个"公司—年度"观测值。

表 5　平衡性测试

Panel A：熵平衡匹配

变量	处理组			控制组（匹配前）			控制组（匹配后）		
	均值	方差	偏度	均值	方差	偏度	均值	方差	偏度
Size	21.500	1.033	0.656	21.880	1.367	0.900	21.500	1.033	0.656
Lev	0.312	0.031	0.492	0.413	0.039	0.181	0.312	0.031	0.492
ROA	0.034	0.003	-2.457	0.032	0.005	-2.398	0.034	0.003	-2.458
CF	0.041	0.004	0.084	0.038	0.004	0.011	0.041	0.004	0.084
Liqui	3.910	13.700	2.096	2.569	6.129	3.025	3.916	13.700	2.096
MB	0.502	0.049	0.206	0.576	0.059	2.192	0.502	0.050	0.207
Age	1.918	0.522	-0.073	1.972	0.530	-0.195	1.918	0.522	-0.074

Panel B：倾向得分匹配

变量	样本	均值（处理组）	均值（控制组）	%bias	t-Test
Size	匹配前	21.503	21.877	-34.1	-6.95***
	匹配后	21.503	21.527	-2.2	-0.38
Lev	匹配前	0.312	0.413	-54.1	-11.18***
	匹配后	0.312	0.312	0.0	-0.00
ROA	匹配前	0.034	0.032	3.6	0.73
	匹配后	0.034	0.034	-0.3	-0.04
CF	匹配前	0.041	0.038	4.0	0.84
	匹配后	0.041	0.040	1.1	0.17
Liqui	匹配前	3.916	2.569	42.8	11.28***
	匹配后	3.916	4.063	-4.7	-0.61
MB	匹配前	0.502	0.576	-32.2	-6.71***
	匹配后	0.502	0.511	-4.1	-0.68
Age	匹配前	1.918	1.972	-7.4	-1.59
	匹配后	1.918	1.919	-0.2	-0.03

Panel C：样本总体均值偏差检验

样本	LR chi^2	Mean Bias	p>chi^2
匹配前	168.27	25.5	0.000
匹配后	1.25	1.8	0.990

表 6　熵平衡匹配和倾向得分匹配回归结果

变量	(1)	(2)
	EB	PSM
Treat×Post	0.088***	0.087**
	(3.333)	(2.252)
Size	0.488***	0.514***
	(20.087)	(19.581)
Lev	0.734***	0.564***
	(7.499)	(5.915)

变量	(1)	(2)
	EB	PSM
ROA	1.597 ***	1.434 ***
	(8.610)	(10.900)
Cashflow	0.235	0.299
	(1.318)	(1.224)
First	0.139	0.143
	(0.929)	(0.553)
State	−0.060	−0.084
	(−1.235)	(−1.503)
Board	0.063	0.012
	(1.080)	(0.226)
Indep	0.082	−0.033
	(0.511)	(−0.091)
Age	−0.020	0.119 **
	(−0.539)	(2.599)
_cons	−3.753 ***	−4.058 ***
	(−6.632)	(−7.462)
Firm	控制	控制
Year	控制	控制
观测值	7762	1033
R^2	0.841	0.894

2. 平行趋势检验

"平行趋势假设"是 DID 得到无偏估计量的关键前提,即如果没有国家集成电路产业投资基金这一外生冲击,处理组和控制组的全要素生产率(TFP)应该保持相同的变化趋势。鉴于此,本文参考 Bertrand 和 Mullainathan(2003)、宋敏等(2021)的方法,通过将模型(1)中的 $Treat \times Post$ 替换为 $Treat$ 与各年度虚拟变量的交乘项来判断研究样本是否满足"平行趋势假设"。具体回归模型如下:

$$TFP_{i, t} = \omega_0 + \sum_{j=2008}^{2019} \omega_j (Treat_{i, t} \times Year_j) + X_{i, t} + \varphi_i + \delta_t + \varepsilon_{i, t} \tag{2}$$

其中,$Year_j$ 为虚拟变量,当样本观测年度为 j 年度时取值为 1,否则为 0,如 $Year_{2008}$ 表示在 2008 年取值为 1,其他年份取值为 0。ω_j 为本文重点关注的系数,用来识别设立国家集成电路产业投资基金对全要素生产率的动态效应和变化趋势,相应结果如表 7 所示。其中,第(1)列是未加入其他影响因素的回归结果,第(2)列则是加入控制变量集的回归结果,可以看出 ω_j 在 2008~2013 年均不显著,说明处理组和控制组在国家集成电路产业投资基金设立前不存在显著差异,满足"平行趋势假设"。此外,估计系数 ω_j 从设立后的第二年(2016 年)开始显著并逐渐增大,说明 2014 年设立的国家集成电路产业投资基金对全要素生产率的影响滞后两年,且其影响逐渐加大。可能的原因在于:首先,由于 2014 年属于调整期,国家集成电路产业投资基金并未进行实质性投资(张果果和郑世林,2021),因而处理组的 TFP 在当年并没有出现明显提升;其次,根据前文所得结论,技术创新是提升全要素生产率的重要途径,但这一过程往往具有周期长、结果不可预测、投资风险较高的特点（Holmstrom，1989；任胜钢等，2019）。国家集成电路产业投资基金在2015年进入快速投资期，张果果和郑世林（2021）发现集成电路企业在当年研发费用显著增加，但这一效果最终反映在全要素生产率上尚需一定时间，故直到2016年政策效果才逐渐显现。

表7 平行趋势检验

变量	(1)	(2)
	TFP	TFP
$Treat \times Year_{2008}$	0.096	0.267
	(0.537)	(1.167)
$Treat \times Year_{2009}$	0.148	0.345
	(0.879)	(1.514)
$Treat \times Year_{2010}$	0.161	0.302
	(0.957)	(1.305)
$Treat \times Year_{2011}$	0.192	0.316
	(1.230)	(1.347)
$Treat \times Year_{2012}$	0.192	0.318
	(1.271)	(1.387)
$Treat \times Year_{2013}$	0.138	0.288
	(0.904)	(1.260)
$Treat \times Year_{2014}$	0.197	0.324
	(1.325)	(1.414)
$Treat \times Year_{2015}$	0.293**	0.362
	(2.000)	(1.604)
$Treat \times Year_{2016}$	0.335**	0.412*
	(2.205)	(1.784)
$Treat \times Year_{2017}$	0.325**	0.420*
	(2.151)	(1.847)
$Treat \times Year_{2018}$	0.366**	0.420*
	(2.304)	(1.725)
$Treat \times Year_{2019}$	0.400***	0.431*
	(2.650)	(1.866)
Size		0.486***
		(20.148)
Lev		0.736***
		(7.515)
ROA		1.594***
		(8.647)
Cashflow		0.224
		(1.256)
First		0.132
		(0.880)

变量	(1)	(2)
	TFP	*TFP*
State		−0.056
		(−1.157)
Board		0.058
		(1.000)
Indep		0.072
		(0.442)
Age		−0.020
		(−0.544)
_cons	5.789***	−3.996***
	(132.706)	(−8.572)
Firm	控制	控制
Year	控制	控制
观测值	7762	7762
R^2	0.847	0.919

3. 安慰剂检验

为检验前述基准回归结果是否由某些偶然因素驱动，本文借鉴 Li 等（2016）和 Cantoni 等（2017）的处理办法，采用随机生成的虚拟国家集成电路产业投资基金设立事件来构造安慰剂检验。具体地，本文将总样本中的 *Treat×Post* 随机分配到每个公司一年度观测当中并重复进行了 1000 次回归，做出相应被解释变量下虚拟 *Treat×Post* 变量的 t 值的核密度图，并与表 4 中 *Treat×Post* 的 t 值（3.85）进行对比。通过观察图 1 发现，仅有极少数回归的 t 值大于真实回归系数的 t 值。由此，可以认为国家集成电路产业投资基金的确发挥了提高企业全要素生产率的作用，而非某些偶然因素所引起的。

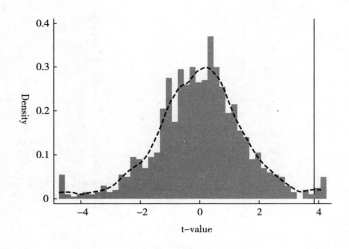

图 1 安慰剂检验

4. 其他稳健性检验

（1）更换全要素生产率的衡量指标。基于 Olley 和 Pakes（1996）的研究，参考鲁晓东和连玉君（2012）的做法，本文使用 OP 法对企业全要素生产率进行测算，得到 *TFP_OP* 作为被解释变量重新对模型（1）回归，相应结果如表 8 第（1）列所示。可以看到 *Treat×Post* 在 10% 的水平下显著为正，进一步验证了假设 1 成立。

表 8 其他稳健性检验

变量	（1）	（2）	（3）	（4）	（5）	（6）	（7）
	TFP_OP	*TFP*	*TFP*	*TFP*	*TFP*	*TFP*	*TFP*
Treat×Post	0.070 *	0.102 **	0.102 ***	0.133 ***	0.137 ***	0.111 **	0.118 ***
	(1.933)	(2.467)	(6.610)	(3.667)	(4.866)	(2.646)	(3.382)
Size	0.198 ***	0.445 ***	0.520 ***	0.478 ***	0.488 ***	0.474 ***	0.496 ***
	(9.154)	(9.657)	(46.610)	(13.373)	(18.504)	(13.090)	(20.418)
Lev	0.460 ***	0.737 ***	0.603 ***	0.623 ***	0.574 ***	0.608 ***	0.589 ***
	(10.303)	(9.428)	(7.656)	(10.039)	(17.157)	(15.977)	(10.036)
ROA	1.638 ***	2.012 ***	1.747 ***	1.488 ***	1.641 ***	1.543 ***	1.606 ***
	(11.003)	(12.538)	(7.451)	(9.493)	(10.921)	(9.764)	(13.294)
Cashflow	0.319 ***	0.360 ***	0.539 ***	0.374 ***	0.325 ***	0.339 ***	0.303 ***
	(3.109)	(4.198)	(3.934)	(6.904)	(6.858)	(4.054)	(4.033)
First	-0.075	-0.079	-0.094	-0.231 **	-0.057	-0.096	-0.115
	(-0.698)	(-0.476)	(-0.703)	(-2.250)	(-0.300)	(-0.807)	(-0.728)
State	0.028	0.033 *	-0.005	0.050 ***	0.060 ***	0.051 **	0.049 **
	(0.961)	(1.800)	(-0.233)	(3.313)	(3.422)	(2.549)	(2.921)
Board	0.067	0.132	0.031	0.185	0.114 *	0.159 *	0.071 *
	(1.124)	(1.311)	(0.368)	(1.761)	(2.149)	(1.938)	(1.919)
Indep	-0.152	-0.143	-0.325 **	-0.168	-0.199 *	-0.090	-0.296 ***
	(-1.725)	(-1.469)	(-2.566)	(-1.506)	(-2.166)	(-0.902)	(-3.699)
Age	-0.051 **	0.068 ***	0.066 ***	0.010	0.030 ***	0.030	0.032 **
	(-2.229)	(3.136)	(5.875)	(0.384)	(3.552)	(1.504)	(2.334)
Loan		-0.044					
		(-0.801)					
Tax		0.026					
		(0.335)					
Subsidy		0.005					
		(0.759)					
_cons	-1.164 **	-2.672 ***	-3.880 ***	-3.213 ***	-3.354 ***	-3.164 ***	-3.374 ***
	(-2.954)	(-4.050)	(-40.833)	(-6.800)	(-8.874)	(-5.928)	(-7.956)
Firm	控制	控制	控制	控制	控制	控制	控制
Year	控制	控制	控制	控制	控制	控制	控制
Industry×Year	未控制	未控制	未控制	未控制	控制	未控制	未控制
Province×Year	未控制	未控制	未控制	未控制	未控制	控制	未控制

变量	(1)	(2)	(3)	(4)	(5)	(6)	(7)
	TFP_OP	*TFP*	*TFP*	*TFP*	*TFP*	*TFP*	*TFP*
Industry×Province	未控制	未控制	未控制	未控制	未控制	未控制	控制
观测值	7762	5785	3450	6825	7731	7711	7710
R^2	0.816	0.919	0.909	0.915	0.915	0.912	0.916

（2）控制其他产业政策工具的影响。钱雪松等（2018）研究发现产业政策是影响全要素生产率的重要因素。2014 年 6 月，国务院印发的《国家集成电路产业发展推进纲要》除了提出要设立国家产业投资基金外，还强调使用金融支持、税收优惠、政府采购等传统产业政策工具来推动集成电路产业实现跨越式发展。考虑到本文所发现的国家集成电路产业投资基金促进全要素生产率提升的结论可能是传统产业政策工具带来的影响，为此我们在模型（1）中进一步加入企业信贷融资（*Loan*）、税收优惠（*Tax*）、政府补助（*Subsidy*）。其中，企业信贷融资（*Loan*）使用企业取得借款收到的现金与总资产的比值衡量（李建军和李俊成，2020）；税收优惠（*Tax*）使用"收到的各项税费返还/（收到的各项税费返还+支付的各项税费）"衡量（柳光强，2016）；政府补助（*Subsidy*）使用政府补助加 1 取自然对数衡量（胡海峰等，2020），相应结果如表 8 第（2）列所示，可以看到在控制产业政策的影响后，*Treat×Post* 的系数依然在 5% 的水平下显著。

（3）剔除特定样本。第一，本文在模型（1）中的对照组包含"通用设备制造业，专用设备制造业，软件和信息技术服务业，电气机械及器材制造业，计算机、通信和其他电子设备制造业，电力、热力生产和供应业"六大行业。为进一步提高处理组和控制组之间的可比性，本文仅保留集成电路企业数量排名前两位的"计算机、通信和其他电子设备制造业以及专用设备制造业"作为对照组重新回归，结果如表 8 第（3）列所示，*Treat×Post* 依然在 1% 的水平下显著。第二，考虑全球金融危机的影响。本文剔除 2008 年、2009 年的样本重新对模型（1）回归，结果如表 8 第（4）列所示，*Treat×Post* 依然在 1% 的水平下显著。

（4）控制高阶固定效应。考虑到国家集成电路产业投资基金对企业全要素生产率的作用可能会受到行业层面政策趋势变化、地区层面政策趋势变化、地区层面行业政策差异的影响，本文在模型（1）中分别加入行业与年度的交乘项（*Industry×Year*）、省份与年度的交乘项（*Province×Year*）、省份与行业的交乘项（*Industry×Province*）进行检验，回归结果如表 8 第（5）～（7）列所示，可以看到 *Treat×Post* 至少在 5% 的水平下显著，说明在控制高阶固定效应后，本文所得基本结论依然是稳健的。

五、进一步分析

（一）传导机制分析

接下来，本文将重点分析国家集成电路产业投资基金影响企业全要素生产率的潜在机制。前文已述及，国家集成电路产业投资基金会通过发挥"融资纾困效应""创新促进效应"和"信息治理效应"，进而提升企业全要素生产率。为此，本文借鉴温忠麟等（2004）提出的中介效应检验方法，考察上述两种作用路径是否成立。

1. 融资纾困效应

国家产业投资基金的设立，为集成电路企业注入了大量的外部资金，同时也通过"信号引导效应"吸引社会资金进入集成电路领域（高玥，2020；张果果和郑世林，2021），从而缓解了企业融资约束。融资困境的纾解，有利于企业选择最优资本结构、增加研发创新和生产项目的资本性支出（胡海峰等，2020），提高资源优化配置的效率（陈海强等，2015）。基于此，本文选择融资成本（$Cost$）和WW指数（WW）来衡量企业融资约束（FC）。其中，借鉴肖文和薛天航（2019）的研究，融资成本（$Cost$）使用财务费用率（财务费用/营业收入）来衡量，$Cost$ 值越大，企业财务负担越重；同时，使用WW指数（$-0.091 \times Cashflow - 0.062 \times Div + 0.021 \times Debt - 0.044 \times Size + 0.102 \times Indgrowth - 0.035 \times Growth$）构建融资约束指标。其中，$Div$ 为虚拟变量，若公司当年支付股利取值为1，否则为0；$Debt$ 为长期有息负债与期末总资产的比值；$Indgrowth$ 为行业销售收入增长率，$Growth$ 为企业销售收入增长率，其他变量定义与前文一致。WW指数越大表示公司面临的融资约束越严重。具体地，在模型（1）中 β_1 显著的前提下，使用模型（3）检验交乘项（$Treat \times Post$）对融资约束（FC）的影响；若系数 a_1 显著，则用模型（4）同时加入交乘项（$Treat \times Post$）与融资约束（FC）对企业全要素生产率（TFP）进行回归分析，若系数 γ_1 显著且 γ_2 不显著，则为完全中介效应，表明国家集成电路产业投资基金对全要素生产率的影响仅依赖于融资约束的渠道；但若系数 γ_1 和 γ_2 都显著则为部分中介效应，表明国家集成电路产业投资基金对全要素生产率的影响通过融资约束发挥一定的中介作用。

$$FC_{i,t} = \alpha_0 + \alpha_1 Treat_{i,t} \times Post_{i,t} + X_{i,t} + \varphi_i + \delta_t + \varepsilon_{i,t} \tag{3}$$

$$TFP_{i,t} = \gamma_0 + \gamma_1 FC_{i,t} + \gamma_2 Treat_{i,t} \times Post_{i,t} + X_{i,t} + \varphi_i + \delta_t + \varepsilon_{i,t} \tag{4}$$

如表9所示，第（1）、（2）列以融资成本（$Cost$）作为衡量融资约束（FC）的代理变量，第（1）列结果显示 $Treat \times Post$ 与 $Cost$ 在5%的水平下显著负相关，说明国家集成电路产业投资基金缓解了企业融资约束，第（2）列结果显示 $Treat \times Post$ 与 TFP 在1%的水平下显著正相关，且其绝对值小于表4第（3）列中 $Treat \times Post$ 系数（0.131），同时 $Cost$ 的系数在1%的水平下显著为负，说明融资成本在国家集成电路产业投资基金与企业全要素生产率之间存在部分中介效应；同理，从第（3）、（4）列结果也可以得出类似的结论。本文同时还进行了 Sobel 检验，Z 统计量分别达到1.685和2.293，分别在10%和5%的水平下显著。综合来看，融资约束可能是国家集成电路产业投资基金影响全要素生产率的作用机制之一。

表9　传导机制检验结果：融资纾困效应

变量	（1） $Cost$	（2） TFP	（3） WW	（4） TFP
$Treat \times Post$	-0.004 ** (-2.443)	0.115 *** (3.369)	-0.009 *** (-3.071)	0.122 *** (3.893)
$Cost$		-4.350 *** (-8.410)		
WW				-0.976 * (-1.940)
$Size$	0.003 (0.824)	0.484 *** (18.428)	-0.056 *** (-39.569)	0.416 *** (10.867)
Lev	0.080 *** (20.219)	0.946 *** (24.069)	0.003 (0.503)	0.601 *** (16.374)
ROA	-0.085 *** (-6.268)	1.249 *** (8.042)	-0.085 *** (-3.348)	1.537 *** (14.337)

变量	(1) Cost	(2) TFP	(3) WW	(4) TFP
Cashflow	0.008	0.390***	-0.090***	0.266**
	(1.537)	(4.423)	(-8.657)	(2.695)
First	-0.004	-0.107	-0.011	-0.099
	(-0.877)	(-0.828)	(-1.134)	(-0.644)
State	-0.001	0.052***	0.006***	0.064***
	(-1.313)	(4.064)	(7.230)	(7.214)
Board	-0.012**	0.121*	-0.004**	0.169*
	(-2.404)	(1.944)	(-2.706)	(1.933)
Indep	0.024**	-0.063	0.001	-0.168
	(2.517)	(-0.567)	(0.065)	(-1.648)
Age	0.009***	0.070***	0.014***	0.046**
	(3.331)	(3.843)	(6.590)	(2.445)
_cons	-0.081	-3.463***	0.228***	-2.888***
	(-1.173)	(-9.538)	(5.367)	(-4.658)
Firm	控制	控制	控制	控制
Year	控制	控制	控制	控制
观测值	7762	7762	7762	7762
R^2	0.721	0.919	0.720	0.911

2. 创新促进效应

国家产业投资基金的设立不仅为相关企业提供了研发所需资金，还通过释放强烈的"政策支持信号"来吸引更多企业参与到集成电路产业当中，市场竞争加剧也会迫使相关企业加快"卡脖子"技术攻关（Gilbert and Newbery，1982；Aghion et al.，2015）。本文参考孟庆斌等（2019）、李春涛等（2020）的研究，选择创新投入（RD）和创新产出（Patent）来衡量企业创新（Innovation）。其中，创新投入（RD）采用研发支出与总资产的比值衡量，创新产出（Patent）使用企业专利申请数量加1取自然对数衡量。具体地，在模型（1）中β_1显著的前提下，使用模型（5）检验交乘项（Treat×Post）对企业创新（Innovation）的影响；若系数δ_1显著，则用模型（6）同时加入交乘项（Treat×Post）与企业创新（Innovation）对企业全要素生产率（TFP）进行回归分析，若系数θ_1显著且θ_2不显著，则为完全中介效应，表明国家集成电路产业投资基金对全要素生产率的影响仅依赖于企业创新的渠道，但若系数θ_1和θ_2都显著则为部分中介效应，表明国家集成电路产业投资基金对全要素生产率的影响通过企业创新发挥一定的中介作用。

$$Innovation_{i,t} = \delta_0 + \delta_1 Treat_{i,t} \times Post_{i,t} + X_{i,t} + \varphi_i + \delta_t + \varepsilon_{i,t} \tag{5}$$

$$TFP_{i,t} = \theta_0 + \theta_1 Innovation_{i,t} + \theta_2 Treat_{i,t} \times Post_{i,t} + X_{i,t} + \varphi_i + \delta_t + \varepsilon_{i,t} \tag{6}$$

表10列示了回归检验结果。第（1）、（2）列以创新投入（RD）作为衡量企业创新（Innovation）的代理变量，第（1）列结果显示Treat×Post与RD在1%的水平下显著正相关，说明国家集成电路产业投资基金会提高企业创新投入，第（2）列结果显示Treat×Post与TFP在1%的水平下显著正相关，且其绝对值小于表4第（3）列中Treat×Post的系数（0.131），同时RD的系数在5%的水平下显著为正，说明创新投入在国家集成电路产业投资基金与企业全要素生产率之间存在部分中介

效应；同理，从第（3）、（4）列结果可以看出创新产出（Patent）也具有部分中介作用。本文同时还进行了 Sobel 检验，Z 统计量分别达到 4.668 和 3.022，均在 1% 的水平下显著。综合来看，企业创新可能是国家集成电路产业投资基金影响全要素生产率的作用机制之一。

表 10　传导机制检验结果：创新促进效应

变量	（1）	（2）	（3）	（4）
	RD	TFP	Patent	TFP
Treat×Post	0.006***	0.109***	0.078**	0.130***
	(3.205)	(3.892)	(2.223)	(3.880)
RD		3.749**		
		(2.352)		
Patent				0.008*
				(1.865)
Size	−0.002*	0.478***	0.087*	0.470***
	(−1.933)	(10.530)	(1.817)	(10.950)
Lev	0.004**	0.585***	0.016	0.599***
	(2.228)	(14.222)	(0.100)	(16.625)
ROA	−0.003	1.632***	0.249	1.618***
	(−0.698)	(10.596)	(0.991)	(10.280)
Cashflow	0.001	0.348***	−0.236	0.356***
	(1.011)	(4.375)	(−0.884)	(4.666)
First	−0.002	−0.081	−0.089	−0.087
	(−0.544)	(−0.553)	(−0.594)	(−0.595)
State	0.000	0.056***	0.152***	0.057***
	(0.508)	(4.649)	(6.507)	(5.352)
Board	0.006***	0.151	0.057	0.173*
	(4.747)	(1.627)	(0.557)	(2.009)
Indep	0.003	−0.181	−0.457	−0.165
	(1.392)	(−1.738)	(−1.557)	(−1.589)
Age	−0.006**	0.057***	0.012	0.033
	(−2.388)	(3.416)	(0.212)	(1.537)
_cons	0.0704**	−3.3745***	−0.1801	−3.1091***
	(2.65)	(−4.54)	(−0.18)	(−4.64)
Firm	控制	控制	控制	控制
Year	控制	控制	控制	控制
观测值	7762	7762	7762	7762
R^2	0.775	0.911	0.723	0.909

3. 信息治理效应

基于"有效监督假说"，机构投资者既有意愿也有能力参与到公司治理当中，从而发挥提高资源配置效率的重要作用（Pound，2006；Franks，2020；王瑶和郭泽光，2021）。国家集成电路产业投资基金以机构投资者的身份参与被投资企业的经营管理和决策过程（张果果和郑世林，2021），凭借其具有的信息优势对管理层形成有效监督、提高企业管理水平，有助于改善外部投资者和公司之间的信息不对称、提升公司价值。基于此，本文选择信息不对称指标（ASY）和会计信息质量（DA）来衡量信息不对称程度（AsyInfo）。其中，参考于蔚等（2012）基于日频交易数据的方法，选取流动性比率、非流动性比率、反转指标三个指标，运用主成分分析法得到的第一主成分来构建信息不对称指标（ASY），ASY值越大表示信息不对称越严重；同时，参考 Dechow 和 Dichev（2002）提出的 DD 模型计算回归残差，并取绝对值来衡量会计信息质量（DA），DA 值越大表示会计信息质量越低、信息不对称越严重。具体地，在模型（1）中 β_1 显著的前提下，使用模型（7）检验交乘项（Treat×Post）对信息不对称程度（AsyInfo）的影响；若系数 μ_1 显著，则用模型（8）同时加入交乘项（Treat×Post）与信息不对称程度（AsyInfo）对企业全要素生产率（TFP）进行回归分析，若系数 ρ_1 显著且 ρ_2 不显著，则为完全中介效应，表明国家集成电路产业投资基金对全要素生产率的影响仅依赖于信息不对称的渠道，但若系数 ρ_1 和 ρ_2 都显著则为部分中介效应，表明国家集成电路产业投资基金对全要素生产率的影响通过信息不对称发挥一定的中介作用。

$$AsyInfo_{i,t}=\mu_0+\mu_1 Treat_{i,t}\times Post_{i,t}+X_{i,t}+\varphi_i+\delta_t+\varepsilon_{i,t} \tag{7}$$

$$TFP_{i,t}=\rho_0+\rho_1 AsyInfo_{i,t}+\rho_2 Treat_{i,t}\times Post_{i,t}+X_{i,t}+\varphi_i+\delta_t+\varepsilon_{i,t} \tag{8}$$

如表11所示，第（1）、第（2）列以信息不对称指标（ASY）作为衡量信息不对称程度（AsyInfo）的代理变量，第（1）列结果显示 Treat×Post 与 ASY 在5%的水平下显著负相关，说明国家集成电路产业投资基金会缓解信息不对称，第（2）列结果显示 Treat×Post 与 TFP 在1%的水平下显著正相关，且其绝对值小于表4第（3）列中 Treat×Post 的系数（0.131），同时 ASY 的系数在5%的水平下显著为负，说明信息不对称在国家集成电路产业投资基金与企业全要素生产率之间存在部分中介效应；同理，从第（3）、第（4）列结果也可以得出类似的结论。本文同时还进行了 Sobel 检验，Z 统计量分别达到1.677和2.183，分别在10%和5%的水平下显著。综合来看，信息不对称可能是国家集成电路产业投资基金影响全要素生产率的作用机制之一。

表11　传导机制检验结果：信息治理效应

变量	(1)	(2)	(3)	(4)
	ASY	TFP	DA	TFP
Treat×Post	-0.050**	0.129***	-0.013**	0.091**
	(-2.685)	(3.863)	(-2.388)	(2.571)
ASY		-0.046**		
		(-2.390)		
DA				-0.059*
				(-2.094)
Size	-0.171***	0.463***	0.012***	0.467***
	(-9.060)	(10.226)	(3.135)	(10.464)
Lev	0.105***	0.603***	0.026	0.639***
	(4.129)	(16.624)	(1.666)	(25.284)
ROA	0.225***	1.630***	-0.002	1.977***
	(10.851)	(10.279)	(-0.088)	(32.604)
Cashflow	0.104*	0.359***	-0.005	0.287***
	(2.085)	(4.670)	(-0.096)	(3.901)

续表

变量	(1) ASY	(2) TFP	(3) DA	(4) TFP
First	0.411***	−0.069	0.070**	−0.046
	(6.131)	(−0.446)	(2.732)	(−0.340)
State	−0.012	0.058***	−0.017**	0.044***
	(−1.686)	(5.501)	(−2.486)	(3.747)
Board	−0.087	0.169*	−0.012	0.171**
	(−1.519)	(2.037)	(−1.358)	(2.671)
Indep	−0.239**	−0.180*	−0.015	−0.092
	(−2.868)	(−1.797)	(−0.688)	(−0.780)
Age	−0.086**	0.029	0.012*	0.063**
	(−2.532)	(1.532)	(1.813)	(2.868)
_cons	4.0394***	−2.9264***	−0.1998**	−3.1493***
	(8.83)	(−3.97)	(−2.36)	(−3.87)
Firm	控制	控制	控制	控制
Year	控制	控制	控制	控制
观测值	7762	7762	6014	6014
R^2	0.661	0.909	0.158	0.924

（二）横截面分析

从上述结果可以看出，国家集成电路产业投资基金的设立有助于提升企业全要素生产率，但在不同维度下国家集成电路产业投资基金对企业全要素生产率影响的差异性还有待进一步验证，因而本部分将分别基于不同公司特征、地区特征加以分析。

1. 基于公司特征的横截面分析

（1）公司规模。在金融市场上，规模较大的公司普遍更容易获得资金支持，而规模较小的公司在获取资本要素上处于相对劣势（苏杭等，2017）。国家产业投资基金的成立是一个对集成电路产业利好的消息（高玥，2020），有助于引导金融资源更多地流入产业，这使规模较小的公司原先面临的融资困境得以纾解，从而对经营活动做出最优决策、提高资源配置效率。鉴于此，本文以公司规模（Size）的行业年度中位数作为临界点，将全样本划分为公司规模较大组和公司规模较小组，分组回归结果如表12第（1）、（2）列所示。

表 12 基于公司特征的横截面分析

变量	(1) 公司规模较大	(2) 公司规模较小	(3) 国有企业	(4) 民营企业	(5) 高技能人才占比较高	(6) 高技能人才占比较低	(7) 公司治理较好	(8) 公司治理较差
Treat×Post	0.062	0.154***	0.090	0.136***	0.116**	0.075***	0.037	0.150**
	(0.791)	(4.997)	(1.431)	(7.530)	(2.228)	(3.801)	(1.413)	(2.656)
Size	0.417***	0.420***	0.423***	0.484***	0.508***	0.449***	0.467***	0.472***
	(6.442)	(5.768)	(4.273)	(22.105)	(12.014)	(13.508)	(12.570)	(8.413)

续表

变量	(1) 公司规模 较大	(2) 公司规模 较小	(3) 国有企业	(4) 民营企业	(5) 高技能人才 占比较高	(6) 高技能人才 占比较低	(7) 公司治理 较好	(8) 公司治理 较差
Lev	0.673 ***	0.482 ***	0.729 ***	0.541 ***	0.698 ***	0.458 ***	0.594 ***	0.550 ***
	(8.373)	(7.711)	(8.154)	(9.223)	(6.422)	(9.315)	(7.251)	(11.505)
ROA	1.853 ***	1.341 ***	2.029 ***	1.562 ***	1.772 ***	1.366 ***	1.673 ***	1.431 ***
	(6.350)	(12.080)	(26.035)	(7.895)	(11.437)	(9.326)	(22.037)	(5.236)
Cashflow	0.477 ***	0.225 *	0.253 *	0.360 ***	0.134 *	0.449 ***	0.276 *	0.263 **
	(6.458)	(1.983)	(1.962)	(4.216)	(1.818)	(5.291)	(1.980)	(2.442)
First	−0.060	−0.122	−0.024	−0.140	−0.457 ***	0.070	−0.234 *	−0.130
	(−0.425)	(−0.760)	(−0.124)	(−0.573)	(−3.981)	(0.400)	(−1.973)	(−0.822)
State	0.074 ***	0.091 ***			−0.012	0.103 ***	0.047 *	0.070 ***
	(3.904)	(5.343)			(−0.749)	(4.633)	(1.837)	(4.906)
Board	0.236 *	0.131 **	0.211	0.165 ***	0.147 **	0.166 ***	0.095 **	0.183
	(1.931)	(2.166)	(1.076)	(3.222)	(2.545)	(3.198)	(2.924)	(1.068)
Indep	0.054	−0.247	−0.015	−0.277	0.262 ***	−0.462 **	−0.339 **	0.346
	(0.182)	(−0.961)	(−0.055)	(−1.281)	(3.318)	(−2.413)	(−2.717)	(1.416)
Age	0.083 *	0.001	0.143 **	−0.046 **	−0.013	0.033 **	−0.014	0.055
	(1.900)	(0.029)	(3.034)	(−2.483)	(−0.476)	(2.229)	(−0.610)	(1.640)
_cons	−2.164 *	−1.938	−2.497	−3.171 ***	−3.858 ***	−2.503 ***	−2.742 ***	−3.297 ***
	(−2.143)	(−1.334)	(−1.446)	(−6.407)	(−4.975)	(−3.701)	(−3.352)	(−4.068)
Firm	控制	控制	控制	控制	控制	控制	控制	控制
Year	控制	控制	控制	控制	控制	控制	控制	控制
观测值	3805	3846	2704	4990	3853	3748	3853	3748
R²	0.896	0.799	0.926	0.887	0.933	0.910	0.889	0.917
Difference Test	0.005 ***		0.021 **		0.084 *		0.002 ***	

（2）产权性质。国有企业拥有较强的投融资能力和技术条件，但强烈的"政府色彩"使其缺乏持续创新的动机（唐跃军和左晶晶，2014），而受行政体制影响较小的民营企业往往具有较强的创新激励，因而贡献了更多的技术创新成果[①]。因此，国家集成电路产业投资基金的设立可能会使民营企业的创新源泉充分涌流，本文根据产权性质（State）这一变量将全样本划分为国有企业组和民营企业组，分组检验结果如表12第（3）、（4）列所示。

（3）高技能人才占比。中国集成电路产业在快速发展的同时也面临着人才短缺的现象，《国家集成电路产业发展推进纲要》强调要加大人才培养和引进力度，"采取多种形式大力培养培训集成电路领域高层次、急需紧缺和骨干专业技术人才"。2021年1月，国务院学位委员会、教育部正式发布了关于设置"集成电路科学与工程"一级学科的通知。由此可见，缺乏足够的高技能人才可能是原先部分集成电路企业长期以来难以突破核心技术、实现自主发展的重要原因，而国家集成电路产业投资基金的设立会释放积极的政策信号，吸引更多人才参与其中，进而助力这些企业应对高技

---

① 2018年11月1日，习近平总书记在民营企业座谈会上强调民营经济"贡献了70%以上的技术创新成果"，已成为"技术创新的重要主体"。

能人才短缺的困境、促进企业创新和生产效率的提升。基于此，本文参考潘毛毛和赵玉林（2020）的方法，使用上市公司中拥有硕士学历的员工人数与员工总数的比值来衡量高技能人才占比，根据这一指标的行业年度中位数作为临界点，将全样本划分为高技能人才占比较高组和高技能人才占比较低组，分组检验结果如表12第（5）、（6）列所示。

（4）公司治理水平。国家集成电路产业投资基金以机构投资者的身份，通过定向增发、协议转让、增资、合资等直接股权投资的形式参与企业经营管理，可以有效监督管理层的机会主义行为、改善公司治理（张果果和郑世林，2021）。因此，国家集成电路产业投资基金对全要素生产率的积极作用可能在公司治理较为薄弱的企业中更为凸显，本文借鉴周茜等（2020）的研究，选取高管薪酬、高管持股比例、董事会独立性、董事会规模、机构投资者持股比例、股权制衡度①、董事长与总经理是否两职合一7个指标，运用主成分分析法得到第一主成分来构建公司治理综合指数，该指数数值越大表明公司治理水平越高。然后，本文根据这一指数的行业年度中位数作为临界点，将全样本划分为公司治理较好组和公司治理较差组，分组检验结果如表12第（7）、（8）列所示。

从表12可以看出，相较于在公司规模较大、公司性质为国有、高技能人才占比较高、公司治理较好的分组，在公司规模较小、公司性质为民营、高技能人才占比较低、公司治理较差的分组中，交乘项（$Treat \times Post$）的系数更为显著。同时，本文还采用自抽样法（Bootstrap）重复1000次计算得到的经验P值至少在10%的水平下显著异于零，说明$Treat \times Post$在各组之间存在显著差异。

2. 基于地区特征的横截面分析

（1）东中西部地区。由于地理位置、资源禀赋、历史文化的差异，中国各地区经济发展水平呈现出显著不平衡的特征。与东部地区相比，中西部地区的营商环境、基础设施、融资渠道还有待完善和拓展，这可能会进一步加剧当地集成电路企业所面临的经营困境。鉴于此，本文根据公司注册地将样本划分为东部地区和中西部地区进行分组检验②，结果如表13第（1）、（2）列所示。

表13　基于地区特征的横截面分析

变量	（1）	（2）	（3）	（4）	（5）	（6）	（7）	（8）
	东部地区	中西部地区	金融市场化程度较高	金融市场化程度较低	知识产权保护水平较高	知识产权保护水平较低	社会信任水平较高	社会信任水平较低
$Treat \times Post$	0.068*	0.375***	−0.005	0.374***	−0.028	0.184***	0.097**	0.231***
	(2.066)	(9.641)	(−0.100)	(3.499)	(−0.345)	(8.668)	(2.190)	(6.151)
$Size$	0.503***	0.401***	0.452***	0.480***	0.516***	0.446***	0.464***	0.483***
	(15.201)	(6.746)	(7.878)	(23.511)	(18.568)	(7.598)	(10.171)	(9.338)
Lev	0.594***	0.576***	0.550***	0.585***	0.451***	0.636***	0.680***	0.373**
	(8.642)	(6.498)	(15.166)	(9.957)	(4.708)	(8.690)	(11.306)	(2.594)
ROA	1.393***	2.100***	1.951***	1.208***	1.662***	1.672***	1.435***	2.341***
	(8.402)	(14.240)	(8.012)	(9.089)	(7.218)	(10.152)	(10.757)	(11.873)
$Cashflow$	0.386***	0.334**	0.177**	0.389***	0.259**	0.315***	0.441***	−0.004
	(4.590)	(2.892)	(2.445)	(4.016)	(2.708)	(3.160)	(4.660)	(−0.039)

① 股权制衡度采用第二至第五大股东持股比例之和与控股股东持股比例的比值衡量。
② 东部地区包括：北京市、天津市、河北省、山东省、江苏省、上海市、浙江省、福建省、广东省、海南省。

续表

变量	（1） 东部地区	（2） 中西部地区	（3） 金融市场化 程度较高	（4） 金融市场化 程度较低	（5） 知识产权保 护水平较高	（6） 知识产权保 护水平较低	（7） 社会信任 水平较高	（8） 社会信任 水平较低
First	-0.184***	0.159	-0.086	0.013	-0.189	-0.068	-0.102	-0.013
	(-3.459)	(0.456)	(-0.442)	(0.050)	(-1.663)	(-0.576)	(-0.595)	(-0.075)
State	0.035*	0.126***	0.038	0.083**	0.114	0.030**	0.053***	0.040
	(1.943)	(3.313)	(0.708)	(2.332)	(1.546)	(2.267)	(4.291)	(0.579)
Board	0.113	0.258*	0.131	0.263***	0.024	0.200*	0.202	0.047
	(1.735)	(1.975)	(1.138)	(5.972)	(0.577)	(1.864)	(1.771)	(0.300)
Indep	-0.048	-0.414	-0.213	0.012	0.032	-0.199	-0.012	-0.850*
	(-0.427)	(-1.653)	(-1.652)	(0.090)	(0.114)	(-1.228)	(-0.084)	(-2.026)
Age	0.034	0.014	0.071*	-0.095**	0.140**	0.007	0.022	0.020
	(1.430)	(0.498)	(1.940)	(-2.886)	(3.041)	(0.368)	(0.714)	(0.270)
_cons	-3.637***	-1.911*	-2.639***	-3.376***	-4.024***	-2.591**	-3.063***	-2.855*
	(-6.569)	(-1.918)	(-3.015)	(-6.651)	(-6.038)	(-2.668)	(-5.039)	(-1.986)
Firm	控制	控制	控制	控制	控制	控制	控制	控制
Year	控制	控制	控制	控制	控制	控制	控制	控制
观测值	5579	2183	4739	2785	1943	5514	6218	1544
R^2	0.917	0.892	0.921	0.919	0.926	0.906	0.913	0.899
Difference Test	0.000***		0.000***		0.000***		0.072*	

（2）金融市场化程度。当地区金融市场化程度较低时，资金供求双方的信息不对称程度较高，企业即使有"好项目"也难以及时获得融资（Manova et al.，2015），而国家集成电路产业投资基金的成立可以带来直接投资效应和社会资金撬动效应，这对于地处金融市场化水平较低的企业来说可谓是"雪中送炭"，对其全要素生产率的提升也具有更为明显的作用。基于此，本文以王小鲁等（2017）编制的"市场化指数"中的"金融业的市场化"分数作为刻度变量，根据年均指数排序后再按中位数将样本划分为金融市场化程度较高组和金融市场化程度较低组，分组检验结果如表13第（3）、（4）列所示。

（3）知识产权保护水平。研发创新活动具有较强的外部性问题，在知识产权保护程度较弱的地区，企业难以阻止其他企业模仿其创新成果，导致创新资本的供给不足（Alperovych et al.，2015），而在知识产权保护程度较好的地区，企业披露研发项目信息的意愿增强，进而能够纾解由于信息不对称引起的融资困境。借鉴冯根福等（2021）的研究，本文使用各省份技术市场成交合同金额与各省当年地区生产总值的比值衡量地区知识产权保护水平①，按照中位数将样本划分为知识产权保护水平较高组和知识产权保护水平较低组，分组检验结果如表13第（5）、（6）列所示。

（4）社会信任水平。Knack和Keefer（1997）指出一国的经济增长和社会发展取决于物质资本、人力资本和社会信任。作为一种非正式制度，社会信任可以改善公司信息环境、降低外部投资者的监督成本，促使管理层做出有助于公司价值最大化的经营决策（孙泽宇和齐保垒，2020）。集成电路产业具有研发投入高、专业性强、不确定性大等特点，这使公司与外部投资者之间的信息不

---

① 各省份技术市场成交合同金额和各省当年地区生产总值的数据来源于国家统计局（https：//data.stats.gov.cn/）。

对称问题更为凸显。作为资本投资的风向标，国家产业投资基金进入集成电路行业可以为外部投资者提供"象征性担保"（张果果和郑世林，2021）；同时，国家集成电路产业投资基金以机构投资者的身份积极参与被投资企业的公司治理，有助于减少由信息壁垒带来的效率损失。鉴于此，本文参考佟岩和李鑫（2021）的方法，利用中国综合社会调查（CGSS）2015 年度调查问卷数据来构建社会信任水平的衡量指标[①]，按照中位数将样本划分为社会信任水平较高组和社会信任水平较低组，分组检验结果如表 13 第（7）、（8）列所示。

从表 13 可以看出，相较于在东部地区、金融市场化程度较高、知识产权保护水平较高、社会信任水平较高的分组，在中西部地区、金融市场化程度较低、知识产权保护水平较低、社会信任水平较低的分组中，交乘项（Treat×Post）的系数更为显著。同时，本文采用自抽样法（Bootstrap）重复 1000 次计算得到的经验 P 值至少在 10% 的水平下显著异于零，说明 Treat×Post 在各组之间存在显著差异。

（三）拓展性分析

自 2018 年以来，美国对我国中兴通讯、华为、中芯国际等集成电路企业采取了一系列制裁措施（杨道州等，2021）[②]。本文预期在中美贸易争端开始后，中国集成电路产业面临前所未有的经营困境，此时更需要国家集成电路产业投资基金"雪中送炭"，集聚优势资源、帮助相关企业实现技术突破、提高核心竞争力。为验证这一猜想，本文设置中美贸易争端时间虚拟变量 Dispute，将 2018 年及之后取值为 1，否则为 0，通过考察 Treat×Post 和 Dispute 的交乘项加以检验，具体采用模型（9）进行检验。

$$TFP_{i,t} = \tau_0 + \tau_1 Treat_{i,t} \times Post_{i,t} + \tau_2 Treat_{i,t} \times Post_{i,t} \times Dispute_{i,t} + X_{i,t} + \varphi_i + \delta_t + \varepsilon_{i,t} \tag{9}$$

表 14 第（1）列给出了相应的回归结果，交乘项 Treat×Post×Dispute 的系数在 10% 的水平下显著为正，这意味着在中美贸易争端爆发后，国家集成电路产业投资基金对企业全要素生产率的提升作用进一步得到加强。进一步地，本文预期不同对外依存度的企业对上述影响的敏感度有所不同，即企业对外依存度越高，受美国供应限制和关税制裁的影响越大，同时也更加需要国家集成电路产业投资基金这一重要融资工具来加速实现"国产替代"、摆脱外部依赖。基于此，本文使用企业海外业务收入占比（海外营业收入/营业收入）来衡量企业对外依存度，并根据这一指标的行业年度中位数作为临界点，将全样本划分为对外依存度较高组和对外依存度较低组，分组检验结果如表 14 第（2）、（3）列所示。可以看出，在对外依存度较高的分组中，交乘项（Treat×Post×Dispute）的系数在 1% 的水平下显著为正，而在对外依存度较低的分组中则不显著。同时，本文采用自抽样法（Bootstrap）重复 1000 次计算得到的经验 P 值在 1% 的水平下显著异于零，说明 Treat×Post×Dispute 在两组之间存在显著差异。综合来看，在中美贸易争端爆发后，国家集成电路产业投资基金对企业全要素生产率的促进作用更加明显，特别是对于对外依存度较高的企业来说更是如此。

[①] 调查问卷中设置了如下问题："在不直接涉及金钱利益的一般社会交往/接触中，您觉得下列人士中可以信任的人多不多呢？"，具体包括邻居、亲戚、同事、老同学、陌生人等群体。本文选择"陌生人"这一群体，如果被调查者选择陌生人"绝大多数不可信"则赋值为 1，选择陌生人"多数不可信"则赋值为 2，选择陌生人"可信者与不可信者各半"则赋值为 3，选择陌生人"多数可信"则赋值为 4，选择陌生人"绝大多数可信"则赋值为 5，然后通过对每个省市的所有居民计算平均值，以此作为该省市的社会信任指标值。

[②] 2018 年 4 月，美国商务部禁止美国公司向中兴通讯出口电讯零部件产品；2019 年 5 月，美国商务部宣布将华为及其子公司列入出口管制的"实体名单"，此后台积电、英特尔、高通等芯片大厂相继宣布断供华为；2020 年 10 月，中芯国际受到美国商务部出口管制，导致其在先进技术节点（10 纳米或以下）生产半导体面临全面封禁。

表 14　拓展性分析

变量	(1) 全样本	(2) 对外依存度较高	(3) 对外依存度较低
Treat×Post	0.114 ***	0.096 ***	0.119 *
	(4.120)	(5.943)	(1.809)
Treat×Post×Dispute	0.049 *	0.084 ***	−0.048
	(1.850)	(17.770)	(−0.687)
Size	0.470 ***	0.513 ***	0.414 ***
	(10.976)	(49.604)	(7.524)
Lev	0.599 ***	0.493 ***	0.520 ***
	(16.745)	(18.218)	(7.807)
ROA	1.617 ***	1.464 ***	1.734 ***
	(10.244)	(6.545)	(11.483)
Cashflow	0.354 ***	0.512 ***	0.234
	(4.753)	(14.279)	(1.392)
First	−0.088	−0.051	−0.035
	(−0.600)	(−0.501)	(−0.185)
State	0.059 ***	0.060 ***	0.043 *
	(5.633)	(4.996)	(2.075)
Board	0.173 *	0.016	0.126 *
	(2.010)	(0.708)	(1.794)
Indep	−0.170	−0.031	−0.465 **
	(−1.634)	(−0.446)	(−2.956)
Age	0.033	0.064 ***	0.009
	(1.561)	(4.406)	(0.221)
_cons	−3.108 ***	−3.704 ***	−1.701
	(−4.606)	(−19.319)	(−1.593)
Firm	控制	控制	控制
Year	控制	控制	控制
观测值	7762	3850	3782
R²	0.909	0.932	0.898
Difference Test	—	0.004 ***	

六、结论

　　集成电路产业是现代信息社会的重要基础，也是引领新一轮科技革命和产业变革的关键力量。建立健全以新型举国体制为特色的产业发展模式，对我国集成电路产业从根本上解决"卡脖子"问题、实现"弯道超车"具有重要意义。本文以 2014 年中国设立国家集成电路产业投资基金作为准自然实验，利用 2008~2019 年沪深 A 股上市公司数据，采用双重差分法考察国家集成电路产业投资基金对企业全要素生产率的影响及作用路径。研究结果表明：①国家集成电路产业投资基金显著提升了企业全要素生产率；②通过分析其背后的传导机制，本文发现国家集成电路产业投资基金是通过发挥"融资纾困效应"（缓解企业融资约束）、"创新促进效应"（提高企业创新投入和创新产出）和"信息治理效应"（降低外部投资者与企业之间的信息不对称）促进企业全要素生产率的提升；③横截面检验发现，在规模较小、产权性质为民营、高技能人才占比较低、公司治理较为薄弱的企业，以及地处中西部、金融市场化程度、知识产权保护水平、社会信任水平较低的地区中，国家集成电路产业投资基金对企业全要素生产率的影响较为明显；④拓展性分析发现，在中美贸易争端爆发后，国家集成电路产业投资基金对企业全要素生产率的促进作用更为明显，特别是对于那些对外依存度较高的企业来说更是如此。此外，本文所得基本结论在经过熵平衡匹配、平行趋势检验、安慰剂检验、控制高阶固定效应等一系列稳健性检验后依然成立。

基于以上结论，本文的启示和建议如下：①对于集成电路企业而言，应当在国家政策的利好推动下顺势发展，通过提高研发资金投入，加强核心集成电路设计、关键制造装备、先进封装测试技术以及专用设备和材料的攻关来做强做优做大。与此同时，集成电路企业还应当积极改善公司治理、提高公司信息披露质量，在最大程度上降低公司与外部投资者之间的信息壁垒；建立健全人才引进制度，特别是要加大对能够突破关键技术的高技能人才的培养、引进和激励力度。②对于国家产业投资基金而言，首先要明确自身的功能定位，其不仅是国家战略性新兴产业的资金供给者，更为重要的是要坚持市场化原则、引领社会资本投向以发挥撬动效应；在投资运营过程中，既要严格遵守国家规范，确保募集基金的投资方向符合国家相关产业政策，又要发挥好作为机构投资者的监督职能，减少被投资企业管理层的机会主义行为，明朗外部资金的走向、提高使用效率。除此之外，国家产业投资基金还应当提前布置基金退出投资项目的方式，并选择合适的时机退出，以妥善防范可能引发的资金链断裂的风险。③对于政府部门而言，首先要出台具体法规制度来规范产业投资基金理性发展，加强新兴政策工具供给，推进一批具有战略性、基础性、先导性特点的重大项目，完善集成电路等一些国家战略性新兴产业的供应链配套体系建设，早日打破先进技术长期以来被国外垄断的产业格局。其次，政府还要完善基础设施建设、优化营商环境，增强对社会资本的吸引力，特别是对于中西部地区而言更是如此。例如，可以采取深化金融供给侧结构性改革、提高地区金融发展水平，加强对知识产权的司法保护，加大教育投入力度、培养符合产业发展需要的优质人才以夯实知识技术基础，以及营造良好的社会信任环境等一系列措施，为国家战略性新兴产业的可持续发展"保驾护航"。再次，政府在使用国家产业投资基金这一产业政策工具的同时，还应当推进多层次资本市场体系的建设来拓展国家战略性新兴产业的融资渠道，比如鼓励支持符合条件的企业在科创板、创业板上市融资，支持发行公司债、企业债、中期票据和短期融资券等，积极创新信贷产品。最后，政府还应当建立健全产业投资基金功能监管体系，强化金融风险管控，确保产业投资基金平稳运行。未来，随着国家集成电路产业投资基金二期的发力，中国集成电路产业必将带来新的发展机遇。

本文的研究存在一定不足之处，主要体现在：①本文的样本是较为成熟的沪深两市上市公司，受数据可得性所限而未考虑到非上市公司中集成电路企业受国家集成电路产业投资基金的影响，未来研究可以尝试收集整理非上市公司的相关数据，对该领域相关研究进行补充和丰富。②集成电路产业包括设计、装备、材料、封装、测试等类型的企业，而国家集成电路产业投资基金对不同类型的企业投资力度有所不同，后续研究可以进一步对集成电路企业进行细分，探讨国家产业投资基金可能产生的异质性影响。

参考文献

［1］陈海强，韩乾，吴锴. 融资约束抑制技术效率提升吗?：基于制造业微观数据的实证研究[J]. 金融研究，2015（10）：148-162.

［2］戴小勇，成力为．产业政策如何更有效：中国制造业生产率与加成率的证据［J］．世界经济，2019（3）：69-93.

［3］段梅，李志强．经济政策不确定性、融资约束与全要素生产率：来自中国上市公司的经验证据［J］．当代财经，2019（6）：3-12.

［4］冯根福，郑明波，温军，等．究竟哪些因素决定了中国企业的技术创新：基于九大中文经济学权威期刊和 A 股上市公司数据的再实证［J］．中国工业经济，2021（1）：17-35.

［5］高玥．高技术产业扶持政策阶段性特征及效果研究：以中国芯片产业为例［J］．经济体制改革，2020（1）：128-134.

［6］侯方宇，杨瑞龙．产业政策有效性研究评述［J］．经济学动态，2019（10）：101-116.

［7］胡春阳，余泳泽．政府补助与企业全要素生产率：对 U 型效应的理论解释及实证分析［J］．财政研究，2019（6）：72-85.

［8］胡海峰，窦斌，王爱萍．企业金融化与生产效率［J］．世界经济，2020（1）：70-96.

［9］李春涛，闫续文，宋敏，等．金融科技与企业创新：新三板上市公司的证据［J］．中国工业经济，2020（1）：81-98.

［10］李建军，李俊成．"一带一路"倡议、企业信贷融资增进效应与异质性［J］．世界经济，2020（2）：3-24.

［11］李宇辰．我国政府产业基金的引导及投资效果研究［J］．科学学研究，2021（3）：442-450.

［12］林毅夫，向为，余淼杰．区域型产业政策与企业生产率［J］．经济学（季刊），2018（2）：781-800.

［13］刘光明．政府产业投资基金：组织形式、作用机制与发展绩效［J］．财政研究，2019（7）：71-76.

［14］刘雯，马晓辉，刘武．中国大陆集成电路产业发展态势与建议［J］．中国软科学，2015（11）：186-192.

［15］柳光强．税收优惠、财政补贴政策的激励效应分析：基于信息不对称理论视角的实证研究［J］．管理世界，2016（10）：62-71.

［16］卢馨，郑阳飞，李建明．融资约束对企业 R&D 投资的影响研究：来自中国高新技术上市公司的经验证据［J］．会计研究，2013（5）：51-58.

［17］鲁晓东，连玉君．中国工业企业全要素生产率估计：1999—2007［J］．经济学（季刊），2012（2）：541-558.

［18］孟庆斌，侯粲然，鲁冰．企业创新与违约风险［J］．世界经济，2019（10）：169-192.

［19］潘毛毛，赵玉林．互联网融合、人力资本结构与制造业全要素生产率［J］．科学学研究，2020（12）：2171-2182.

［20］钱雪松，康瑾，唐英伦，等．产业政策、资本配置效率与企业全要素生产率：基于中国 2009 年十大产业振兴规划自然实验的经验研究［J］．中国工业经济，2018（8）：42-59.

［21］任胜钢，郑晶晶，刘东华，等．排污权交易机制是否提高了企业全要素生产率：来自中国上市公司的证据［J］．中国工业经济，2019（5）：5-23.

［22］邵敏，包群．政府补贴与企业生产率：基于我国工业企业的经验分析［J］．中国工业经济，2012（7）：70-82.

［23］宋凌云，王贤彬．重点产业政策、资源重置与产业生产率［J］．管理世界，2013（12）：63-77.

［24］宋敏，周鹏，司海涛．金融科技与企业全要素生产率："赋能"和信贷配给的视角［J］.

中国工业经济，2021（4）：138-155.

　　[25] 苏杭，郑磊，牟逸飞. 要素禀赋与中国制造业产业升级：基于 WIOD 和中国工业企业数据库的分析 [J]. 管理世界，2017（4）：70-79.

　　[26] 孙泽宇，齐保垒. 非正式制度的有限激励作用：基于地区信任环境对企业创新影响的实证研究 [J]. 山西财经大学学报，2020（3）：31-46.

　　[27] 唐跃军，左晶晶. 所有权性质、大股东治理与公司创新 [J]. 金融研究，2014（6）：177-192.

　　[28] 陶锋，胡军，李诗田，等. 金融地理结构如何影响企业生产率？：兼论金融供给侧结构性改革 [J]. 经济研究，2017（9）：55-71.

　　[29] 佟岩，李鑫. 银行业竞争与企业集团母子公司对外借款决策 [J]. 中国软科学，2021（3）：105-123.

　　[30] 王桂军，卢潇潇. "一带一路" 倡议与中国企业升级 [J]. 中国工业经济，2019（3）：43-61.

　　[31] 王小鲁，樊纲，余静文. 中国分省份市场化指数报告（2016）[M]. 北京：社会科学文献出版社，2017

　　[32] 王瑶，郭泽光. 机构投资者持股与企业全要素生产率：有效监督还是无效监督 [J]. 山西财经大学学报，2021（2）：113-126.

　　[33] 温忠麟，张雷，侯杰泰，等. 中介效应检验程序及其应用 [J]. 心理学报，2004（5）：614-620.

　　[34] 肖文，薛天航. 劳动力成本上升、融资约束与企业全要素生产率变动 [J]. 世界经济，2019（1）：76-94.

　　[35] 杨道州，苗欣苑，邱祎杰. 我国集成电路产业发展的竞争态势与对策研究 [J]. 科研管理，2021（5）：47-56.

　　[36] 于蔚，汪淼军，金祥荣. 政治关联和融资约束：信息效应与资源效应 [J]. 经济研究，2012（9）：125-139.

　　[37] 张果果，郑世林. 国家产业投资基金与企业创新 [J]. 财经研究，2021（6）：76-91.

　　[38] 张莉，朱光顺，李世刚，等. 市场环境、重点产业政策与企业生产率差异 [J]. 管理世界，2019（3）：114-126.

　　[39] 郑宝红，张兆国. 企业所得税率降低会影响全要素生产率吗？：来自我国上市公司的经验证据 [J]. 会计研究，2018（5）：13-20.

　　[40] 郑联盛，夏诗园，葛佳俐. 我国产业投资基金的特征、问题与对策 [J]. 经济纵横，2020（1）：84-95.

　　[41] 周茜，许晓芳，陆正飞. 去杠杆，究竟谁更积极与稳妥？[J]. 管理世界，2020（8）：127-148.

　　[42] Aghion P., Dewatripont M., Du L., et al. Industrial Policy and Competition [J]. American Economic Journal Macroeconomics, 2015, 7（4）：1-32.

　　[43] Alperovych Y., Hübner G., Lobet F. How Does Governmental versus Private Venture Capital Backing Affect A Firm's Efficiency? Evidence from Belgium [J]. Journal of Business Venturing, 2015, 30（4）：508-525.

　　[44] Baier S. L., Dwyer G. P., Tamura R. How Important Are Capital and Total Factor Productivity for Economic Growth? [J]. Economic Inquiry, 2006, 44（1）：23-49.

　　[45] Bertrand M., Mullainathan S. Enjoying the Quiet Life? Corporate Governance and Managerial

Preferences [J]. Journal of Political Economy, 2003, 111 (5): 1043-1075.

[46] Bonfiglioli A. Financial Integration, Productivity and Capital Accumulation [J]. Journal of International Economics, 2008, 76 (2): 337-355.

[47] Cantoni D., Chen Y. Y., Yang D. Y., et al. Curriculum and Ideology [J]. Journal of Political Economy, 2017, 125 (2): 338-392.

[48] Comin D. A., Hobijn B. An Exploration of Technology Diffusion [J]. American Economic Review, 2010, 100 (5): 2031-2059.

[49] Dechow P. M., Dichev I. D. The Quality of Accruals and Earnings: The Role of Accrual Estimation Errors [J]. The Accounting Review, 2002, 77 (1): 35-59.

[50] Franks J. Institutional Ownership and Governance [J]. Oxford Review of Economic Policy, 2020, 36 (2): 258-274.

[51] Gilbert R. J., Newbery D. M. G. Preemptive Patenting and the Persistence of Monopoly [J]. American Economic Review, 1982, 72 (3): 514-526.

[52] Hainmueller J. Entropy Balancing for Causal Effects: A Multivariate Reweighting Method to Produce Balanced Samples in Observational Studies [J]. Political Analysis, 2012, 20 (1): 25-46.

[53] Holmstrom B. Agency Costs and Innovation [J]. Journal of Economic Behavior & Organization, 1989, 12 (3): 305-327.

[54] Kiyota K., Okazaki T. Assessing the Effects of Japanese Industrial Policy Change During the 1960s [J]. Journal of the Japanese and International Economies, 2016 (40): 31-42.

[55] Knack S., Keefer P. Does Social Capital Have An Economic Payoff? A Cross-Country Investigation [J]. The Quarterly Journal of Economics, 1997, 112 (4): 1251-1288.

[56] Lee J. W. Government Interventions and Productivity Growth [J]. Journal of Economic Growth, 1996, 1 (3): 391-414.

[57] Leibenstein H. Allocative Efficiency and X-Efficiency [J]. American Economic Review, 1966, 56 (3): 392-415.

[58] Lerner J., Watson B. The Public Venture Capital Challenge: The Australian Case [J]. An International Journal of Entrepreneurial Finance, 2008, 10 (1): 1-20.

[59] Levinsohn J., Petrin A. Estimating Production Functions Using Inputs to Control for Unobservables [J]. Review of Economic Studies, 2003, 70 (1): 317-342.

[60] Li P., Lu Y., Wang J. Does Flattening Government Improve Economic Performance? Evidence from China [J]. Journal of Development Economics, 2016 (123): 18-37.

[61] Manova K., Wei S. J., Zhang Z. Firm Exports and Multinational Activity under Credit Constraints [J]. Review of Economics and Statistics, 2015, 97 (3): 574-588.

[62] Olley G. S., Pakes A. The Dynamics of Productivity in the Telecommunications Equipment Industry [J]. Econometrica, 1996, 64 (6): 1263-1297.

[63] Pound J. Proxy Contests and the Efficiency of Shareholder Oversight [J]. Journal of Financial Economics, 2006, 20 (2): 237-265.

数字经济与中间产品创新

陈南旭　李　益　梅仲钦

[摘　要] 制造业转型升级使中间产品的供给结构占比发生了显著变化，同时也暴露出我国中间产品设计环节缺失、创新能力不足等问题。第四次工业革命的蓬勃发展以及互联网信息技术与实体经济的融合浪潮推动数字经济成为当前经济社会的重要形态。可以预见，数字经济与中间产品创新的联系存在日益密切的趋势，数字经济可望成为推动中间产品创新、破解"卡脖子"技术难题的重要动力。基于此，本文在明确数字经济对中间产品创新存在影响的基础上，探讨数字经济对中间产品创新影响的理论机理，并进一步进行实证检验。研究发现，在数字化转型发展过程中，随着相关专业人才培养规模以及 R&D 投入强度的增大，数字经济对中间产品创新的正向作用增强；随着数字经济的发展，企业信息管理质量水平和消费者效用对中间产品创新正向效应明显；各地区经济发展对中间产品创新具有负向效应；进口技术对中间产品创新具有正向效应，但这种正向效应逐渐减弱；最终产品对中间产品创新促进效用明显。本文的政策含义是，加大对数字产业的扶持，提高高素质劳动力教育的供给，加强对国内中间产品 R&D 的投入强度，弱化国外技术引进，深化企业数字技术的应用程度，释放国内消费者市场的巨大规模效应，最终完成中国工业升级。

[关键词] 数字经济；中间产品；直接影响；间接影响

一、引言

党的十九届五中全会指出，要加快构建以国内大循环为主体、国内国际双循环相互促进的新发展格局。经济循环流转的关键在于供给体系中各产业的关联程度以及创新能力的高低。为此，中间产品创新作为打通产业间联系的重要环节成为学术界的热点话题。中间产品是内循环体系结构中的重要环节，中间产品创新一方面通过完成最终产品顺利生产实现生产环节的闭环降低实体企业的产出损失，促进实体经济的增长，另一方面可能通过影响最终产品的销售进而影响实体经济的发展。当前，关于中间产品创新研究多是从中间产品创新对中国产业链、价值链的影响出发，少有针对如何促进中间产品创新的研究。

习近平总书记强调，创新始终是推动一个国家、一个民族向前发展的重要力量。自加入世界贸易组织以来，中国依赖劳动力比较优势从低端嵌入全球市场，虽然在国际贸易和经济增长方面获得了辉煌成果，但也导致了中间产品和生产技术高度依赖国外进口的现状（洪俊杰和商辉，2018）。国外技术引进是否抑制了中间产品创新，已经引起了国内各界的普遍担忧。

根据已有中间产品的相关研究，可以总结出中国中间产品生产呈现出如下发展趋势：从供给结

[基金项目] 中央高校基本科研业务费专项资金资助（批准号：21lzujbkyjh012）。

[作者简介] 陈南旭，1985 年生，男，甘肃庄浪人，兰州大学经济学院副教授、硕士生导师；李益，1995 年生，男，河北唐山人，兰州大学经济学院在读硕士研究生；梅仲钦，1997 年生，女，山西朔州人，兰州大学经济学院在读硕士研究生。

构来看，国内生产的中间产品占比明显提高（Duan et al.，2018；王雅琦等，2018），这表明随着中间产品生产能力增强，中国供给的中间产品种类、质量均有大幅度提升，而且对从国外进口的中间产品形成了显著的替代效应。但是，从目前经济发展态势来看，未来一段时间内中国企业生产最终产品所需要的高端中间产品仍然需要从发达国家进口，这是因为发达经济体凭借着已有的研发资源和市场开发条件，持续地针对中国等新兴经济体市场进行个性化的中间产品的设计与创新（Brandt and Thun，2010）。因此，面对贸易摩擦的现状以及中国"智能制造"迫切发展的需要，中间产品的创新迫在眉睫。中间产品创新包括思维创新和技术创新。

从思维创新的角度看，实体企业是进行中间产品创新的主体。对于实体企业，其进行中间产品创新的风险要远远低于进行最终产品创新的风险。从市场需求的角度分析，中间产品的需求方为下游实体企业，最终产品的需求方主要是消费者，消费者购买能力一般低于企业，这就极大增加了最终产品创新的风险；从企业自身供给的角度分析，中间产品供给是由最终产品需求引发的，企业生产的中间产品可以顺利出售给下游企业，这在一定程度上保证了企业的资金链完整。同时国内巨大的消费者市场规模效应也将促进中间产品创新的发展，所以产品创新会率先发生在中间产品生产环节。

从技术创新的角度看，新兴经济体从工业化国家进口关键中间产品、引进先进生产技术，不仅是因资源禀赋造成的客观结果，也是利用"干中学"等优势进行自主创新的主动选择。理论上，进口中间产品可以弥补国内市场短缺，加速企业技术内向溢出，提高企业自主创新能力（Connolly，2003），但事实上，依靠进口中间产品和技术引进是否促进企业形成创新内生驱动力并不明朗。众所周知，重复的"干中学"效应随着经验技术的不断积累呈现出规模效应递减的趋势（Arrow，1962），中间产品进口创新效应也不断减弱。在当前数字经济形态背景下，国内企业在引进关键中间产品的同时，要积极利用数字技术提高自主创新能力。国家统计局于2021年5月27日发布了《数字经济及其核心产业分类（2021）》，在该文件中，数字经济被界定为"以数据资源作为关键生产要素、以现代信息网络作为重要载体、以信息通信技术的有效使用作为效率提升和经济结构优化的重要推动力的一系列经济活动"。黄奇帆（2020）提出数字赋能和新基建有利于构建内需体系，形成国内大循环从而助推国际大循环，数字经济成为了制造业转型升级的突破口。针对中间产品在工业生产体系中处于关键环节的重要地位，结合之前互联网发展促进中间产品以及最终产品销售进而推动中国经济发展的事实，本文提出如下问题：数字经济是否对中间产品创新具有促进作用？若有，其作用机制如何，作用结果是什么？

基于上述分析，本文首先提出"数字经济促进中间产品创新"这一命题；其次对相关文献进行梳理，发现数字产品作为中间产品时促进了相关产业的发展；再次，从理论层面分析数字经济促进中间产品的作用机制；最后，实证部分利用中国工业发展省级数据验证上述命题。研究发现，数字经济对中间产品创新存在显著影响，企业管理信息质量水平与消费者效用在这一过程中发挥了中介效用。本文可能的创新之处体现在研究视角和理论分析两个方面：在研究视角方面，本文是从数字经济视角出发，探讨产品创新为何首先发生在中间产品创新这一环节；在理论分析方面，本文基于供应链管理从国内国外两个市场、技术创新、资源配置三个维度剖析了数字经济对中间产品的影响渠道。

二、文献综述

本文相关文献涉及中间产品对于工业生产的重要意义，数字经济发展引发中间产品创新以及在创新过程中起的重要作用。归纳如下：

（一）关于中间产品的研究成果

中间产品主要是用于生产中的各种投入品，既包括各种原材料、燃料，也包括各种服务。由于核算国民经济生产总值的需要，物质产品的运动过程一直是学术研究的重点问题，为了更好地反映中间产品和最终产品之间的关系，结合投入—产出技术编制的部门平衡表应运而生，这不仅提高了量化中间产品生产的效率，也为本文衡量中间产品创新提供了指导。

对中间产品的研究先是由一个部门扩展到多个部门，随着经济全球化以及贸易经济理论的发展，目前对中间产品的研究已经拓展到了国与国之间。尤其自中国加入世界贸易组织以来，由于当时中国自身的工业化水平与西方发达国家确有一定差距，为满足自身社会的生产发展需要依靠进口大量中间产品。为了实现民族工业经济独立，中国学界对中间产品的理论研究越来越深入。目前，中间产品基础理论包含基于中国价值链地位分析的价值链理论，基于工业互联网以及供应链分析的垂直专业化分工理论，基于国际贸易分析的比较优势理论和基于网络效应分析的市场内部化理论。

（1）价值链理论，最早由迈克尔·波特提出，企业在追求其利润最大化的生产过程中，价值链会依据市场环境和自身条件的不同而改变。在这个价值链变化的分解过程中带来了大量的中间产品贸易。

（2）垂直专业化是从国际贸易角度出发，认为应该包含于进口和出口两个过程中（拉尔夫·P. 赫梅尔），根据中间产品贸易数据发现，垂直专业化影响了中间产品交易成本（张银银和金莉芝，2010），拓展到企业角度，从用户带来的引致需求逆推，提出垂直专业化是最终产品生产企业和中间产品生产企业之间顺利建立联系的重要纽带。

（3）比较优势理论最早由大卫·李嘉图提出，其研究主体是最终产品，但在生产过程中的企业会依据相对优势的变化，生产各自资源禀赋占优的产品，在相对优势的转变过程中会生产出中间产品，基于中国 27 个行业的面板数据，田中景和李迎旭（2010）发现中日两国间中间产品贸易主要集中于技术密集型行业，因此，本文认为增强生产中间产品相对优势也是运用比较优势理论研究中间产品创新的意义所在。

（4）市场内部化理论由 Buckley 和 Casson（1976）提出，该理论发展了传统交易成本理论，提出外部市场中的中间产品市场是不完善的。因此，从企业的角度出发，其为了实现成本最小化，会选择将外部市场内部化，本文思考将单个企业置身于完整的供应链系统中，结合数字经济背景下数据在不同网络节点之间传输特征，认为网络效应可以不断优化中间产品生产企业的竞争策略。

对中间产品进行深入理论研究的同时，有关中间产品测度方面内容渐渐成为学术研究的热点问题。对中间产品测度研究首先从中间产品贸易数据开始，通过对海关贸易总署的数据分析，发现关税降低致使中间品进口增加，进而导致企业生产增加（田巍和余淼杰，2013）。既有研究表明，相比劳动密集型企业，中间产品进口量对技术密集型企业生产的影响更大（陈雯和苗双有，2016），而且有助于促进企业的要素禀赋结构升级。虽然学界从微观企业以及宏观行业的角度详细研究了中间产品贸易量对企业产出以及中国制造业价值链的影响，但是鲜有学者关注中间产品的技术创新。通过对制造业和服务业中间产品进口技术复杂度对制造业中间产品进口依赖作用机制的研究发现，大力提升本国高技术复杂度中间产品生产能力是突破"卡脖子"困境的关键所在（陈晓华等，2021）。有关中间产品技术复杂度的研究从侧面表明了加快中间产品创新的紧迫性。然而，从产品创新的角度看，融入数字化技术的最终产品，如智能手环等可穿戴设备都还未成熟，中间产品的生产发展不足；从模式创新的角度看，基于数据打破供、产、销链条的云制造技术更是不成熟（黎文娟和张洪国，2018）。当下，数据已经成为新的生产要素，这将有利于解决产品创新以及模式创新的问题。因此，仿照"互联网+"概念，"数字经济+"可能成为中间产品的创新基础支撑。

随着国内对中间产品创新从理论到实践的认识不断加深，已知的对中间产品创新衡量有两种测度方式：

（1）创新产出指数。创新产出指数是从中间产出成果来进行衡量的，由国家统计局发布，其内涵是综合考虑论文、专利、商标、技术成果成交额，然后通过"逐级等权法"计算。

（2）中间产品的 R&D。R&D 一直是公认的衡量创新的重要指标，然而考虑 R&D 投资目前仅可获取一国各省、各部门或各行业整体的数据，缺少一国各省、各部门或者各行业具体的中间产品创新的相关研发投入数据的实际情况，已被认可的关于具体测度中间产品创新的方法是 Nishioka 和 Ripoll（2012）采用通过一国部门所使用的中间产品中嵌入的 R&D 存量（F）来衡量中间产品创新能力的大小。

综上所述，国内中间产品环节存在两个问题：一是国内中间产品自主创新能力不强，最终产品生产对国外高质量中间品的依赖度还较高；二是缺乏科学完善的测度具体企业中间产品创新的方法。

（二）数字经济与中间产品创新的研究

2019 年 10 月，党的十九届四中全会将劳动、资本、土地、知识、技术、管理、数据纳入生产要素的范畴。从技术角度看，正是信息通信技术发展不断充实了生产要素的内涵。自 1946 年冯·诺依曼发明计算机以来，由数据信息技术发展带来的经济发展经历了知识经济、信息经济、网络经济、数字经济四个时代。在知识经济时代，知识被细化为生产要素的一部分。之后，伴随着学界对索洛悖论研究的深入，学者们发现信息技术相关产业为经济发展带来的贡献增强，在结合对资源分配、生产、交换和消费产生颠覆性作用的因特网的出现，技术这一生产要素对经济发展的影响日益深刻。在信息技术日新月异的环境下，如何有效计划、组织、领导、控制拥有的资源成为组织亟须解决的问题，这就使可以提升企业信息管理质量水平的人才需求急速扩大，管理的重要性也由此体现出来。如今，在中国基于区块链规则的大数据技术受到各行各业越来越多的关注，数据记录逐渐增多，因此基本数据缺失这一根本性问题得以解决。正是基于大数据技术的发展，数据被明确列为生产要素。数字技术进步不仅更新理论层面认知，也为现实经济发展做出了重大贡献。大量实践及相关省级数据证明：在一国经济社会的发展中，R&D 具有明显的促进作用（卢方元和靳丹丹，2011），所以中国一直在加大计算机与通信技术方面 R&D 的投入，这也直接促进了中国大数据与信息技术的成熟和互联网平台经济学的发展。根据梅特卡夫定律（Metcalfe's Law）可知，平台的网络效应使资源的配置效率大大提高，而且经济活动产生的数据进入市场的壁垒相比其他生产要素进入市场的壁垒要低得多，除了打破行业垄断，这也有利于提高中国企业的创新水平（杨建辉，2017）。得益于此，数字经济迅速发展且与各行各业的结合越来越广、越来越深，对中国经济发展的驱动作用也越来越强（刘航等，2019）。

各国各界对数字经济的研究都促进了数字经济的发展，然而一个新兴概念的出现总是有利有弊，数字经济也不例外。虽然数字经济革新了发展观念，但是 2018 年下半年比特币等各类数字货币大跌也为我们敲响了警钟，这表明不管经济社会如何发展，最终都是要落到实体经济的发展上。现在流行的区块链技术，正是一种新型的生产关系，结合前文数字技术发展不断丰富生产要素理论内涵，区块链技术应用的角度是赋能产业链条，最终赋能实体经济（李勇建和陈婷，2021）。所以，实体企业对经济发展起到了重要的支撑作用。企业的生产产品分为中间产品和最终产品，而最终产品的顺利生产又离不开中间产品的供应，因此在党的十九届五中全会提出的"双循环"尤其是"国内大循环"的背景下，为了顺利实现生产闭环，中间产品的创新与生产就尤为重要。但是目前中国国内企业明显对中间产品的创新能力不足。

数字经济对中间产品创新实践的相关成果有财新智库和数联铭品（BBD）研发的数字经济溢出指数，其内涵是度量当期其他产业利用数字经济产品作为中间产品的比例，数据表明数字经济产业的确对其他产业起到了推动作用。这种促进作用体现在两个方面：一是数字经济的发展可以发挥数据这一生产要素的乘数效应，打破空间和行业壁垒，加速企业创新研发产品的进度；二是数字经济产品自身作为中间产品时，有利于企业明确中间产品创新的方向，减少了企业的交易成本。虽然该溢出指数没有直接测度数字经济对中间产品创新的影响，但是这为数字经济对中间产品创新的影响研究指明了方向。

上述代表性文献描述了中间产品在工业生产中的重要地位，数字经济时代数字技术发展对生产理论的丰富以及现实意义，数字经济产品作为中间产品时对产业的影响。这些文献对数字经济对中间产品创新的影响机制分析和国内实际条件涉及较少。本文注意到，生产者进行中间产品创新急需解决的难题有两个，一是明确中间产品创新的方向，二是中间产品创新的生产测度问题。数字经济时代数字技术的发展以及数据生产要素的流动完美地解决了这两个难题。生产者利用生产链条中流动的经济活动数据信息以及数据挖掘等计算机数字技术，将有效实现技术上的突破并实现中间产品的顺利销售。基础数据的可获得性也使对中间产品创新的衡量更加科学。

此外，因为数字经济是一个新兴概念，现有文献关于高等教育数字经济人才对中间产品创新影响机制分析较少。本文考虑到高素质劳动力的重要性，试图通过引入研究与开发机构人员全时当量，解释 R&D 投入对中间产品创新的促进作用。基于上述分析形成一个较为完整的研究设计，揭示数字经济对中间产品创新的作用机制。

三、理论模型

结合前文对数字经济的综述以及社会发展现状，不难发现，自 2018 年以来，数字经济对中国经济的影响不仅体现在数字经济产值占 GDP 产值比重的日益增加，更重要的是数字经济从数字技术、数字经济平台、数字经济思维三个层面为中国的居民生活方式、企业生产经营方式以及社会经营活动尤其是中间产品创新带来了深刻性变革。

数字技术，顾名思义，包含数据挖掘、图像处理等所有数字化技术，其本质是实现对收集的信息进行识别、分类、整合、处理、分析、应用（薛洁和赵志飞，2012），而信息的生产和传播效率是全社会知识积累的关键影响因素（郭家堂和骆品亮，2016）。根据内生增长理论部分内容可知，各生产领域的创新活动由全社会知识积累所支撑。因此，数字技术通过对经济活动中个体产生的数据信息进行诠释，使参与到经济活动中的每一位个体都可以交互信息，并对收到的信息进行理解、加工再处理、传播。在这样一个信息分享和倍增的过程中，信息生产和传播的效率得以迅速提高，这进一步提高了中间产品创新。

数字经济平台，区别于互联网平台，囊括了物联网、互联网等各种信息共享平台。供应商、制造商、物流中心、消费者、渠道商、仓库通过数字经济平台紧密结合，这为中间产品创新模式发生颠覆性变化奠定了基础。在传统研发中，制造商进行技术研发主要是解决生产问题，供应商、渠道商没有进行技术研发的动力，物流中心与仓库进行技术研发的目的是通过路径规划实现运输管理成本最小化，消费者被动选择产品没有参与到生产设计中的主动性与积极性。各个主体之间难以实现有效的对接沟通。数字经济平台的出现，打破了沟通壁垒，为各主体实现零距离接触提供了可能，这不仅提高了中间产品创新的匹配效率，而且也为生产环节中具体的中间产品创新方向找到了实现路径。更为重要的是，消费者从中间产品创新活动的被动接受者转变为主动参与者甚至是主要推动者，这使中间产品创新主体由小众变为大众，创新模式由技术推动转变为需求推动。

数字经济思维，是指随着大众对数字技术的应用和接纳程度逐渐提高，资源开放、个体认同与群体认同、团队合作与信息共享成为社会人思维层面的凝练和升华。从经济学的角度看，数字经济思维体现了一种推动创新进而带来经济繁荣的发展动力，其作用机理是由于创新活动本身具有高投入零回报的高风险性，而进行产品研发投资的投资者一般具有风险回避性，因此由于信息不对称导致的逆向选择和道德风险常常会造成研发投资不足的问题抑制创新活动产生；一个经济行为个体数据信息越开放，越愿意进行信息传递，越有利于促进投资者与生产者进行合作，促进创新活动产生，带来经济繁荣（Akçomak and Weel，2009；严成樑，2012）。数字经济对中间产品创新的作用方式及其效果如表 1 所示。

表 1　数字经济对中间产品创新的作用方式及其效果

维度	作用方式	作用效果
数字技术	数据挖掘分析消费者需求带来中间产品引致创新	正
	要素流动信息倍增支撑中间产品创新	
数字经济平台	构建了消费者、生产者整个供应链系统为一体的中间产品创新网络	正
	中间产品创新主体多元化发展 产业链与供应链中资源的共享 ⎫ 封闭式创新变为开放式创新 ⎬ 找准方向提高效率 进行中间产品创新活动生产企业与消费者直接对接 ⎭	正
数字经济思维	认同数据信息共享促成研发合作	正

从以上三个维度阐述完数字经济对整体中间产品创新层面影响的理论机制之后，具体细化到数字经济对企业中间产品创新的理论分析如下：

因为生产中间产品的主体是实体企业，所以针对企业中间产品创新进行的理论分析将从供应链角度出发，探讨数字经济如何具体地对中间产品创新产生正向作用。哈理森（Harrison）将供应链定义为："供应链是执行采购原材料，将它们转换为中间产品和成品，并且将成品销售到用户的功能网链。"故而，供应链管理的主要目的是通过企业之间的协作，满足消费者的需求。在数字经济背景下，一方面，信息共享可以降低供应链的交易成本；另一方面，数据挖掘技术可以利用销售网络精准地挖掘出消费者对最终产品的需求，进而传递给生产最终产品的企业，由此对中间产品的生产与创新产生引致需求。在这一过程中顺利实现中间产品创新并生产的关键便是充分利用数据信息完善整个生产过程中的资源配置，建立一个联系上下游供应商以及最终用户的信息管理系统。供应链管理系统的分析如图 1 所示。

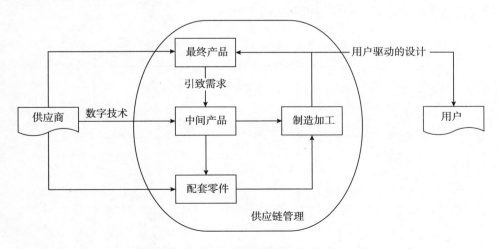

图 1　供应链分析

具体机理描述如下：

（一）数字经济对中间产品创新的直接影响

进行中间产品创新的主体是企业，同时数字经济与产业深度融合带来的效益也首先体现在企业。一方面，数字经济有利于打破行业之间的壁垒。这是因为数字经济的本质便是利用信息网络技术来实现共享。在数字经济时代，繁多的企业形成了一个网络，在这个网络中，飞快的信息传播速度便有利于降低企业的生产成本并提高消费效用，实现资源的优化配置。另一方面，数字经济对于单个企业的意义在于降低其生产成本，这主要有三个原因：信息技术和网络平台具有的非竞争性带来了边际零成本；数字经济时代"共享"的特征打破了传统边际成本不能为零的限制，降低了企业的固定成本，使企业生产规模效应增大；"共享"带来企业规模效应增大的同时，也使企业的市场占有率和用户规模扩大，这进一步为企业带来了范围经济。基于上述分析，本文提出第一个假设：

H1：数字经济对中间产品创新具有直接的正向影响。

（二）数字经济对中间产品创新的间接影响

中间产品创新包括渐进性技术创新以及颠覆性技术创新。企业为了在中间产品创新上走在前列，其在进行传统的渐进性技术创新的同时，勇于进行与大数据、云计算等计算机技术息息相关的颠覆性创新。颠覆性技术创新主要立足于非主流市场，运用非主流技术实现跨领域、跨层次的技术突破与交融，进而推动创新路径优化升级和创新价值链攀升。颠覆性技术创新不同于渐进性技术创新，其创新成本高，创新周期不定。数字经济通过提升企业的信息管理质量来提升自己的知识重构能力，弥补创新资源稀缺的不足、提升企业的创新能力，进而促进企业的中间产品创新。基于此，本文提出第二个假设：

H2：数字经济通过提高企业的管理信息质量的水平间接促进中间产品创新。

数字经济在提高企业效用的同时也提高了消费者的效用。一方面，数字经济的网络化提高了消费者的选择，消费者可以通过与网络中不同厂商对接实现自己的多样化以及差异化需求；另一方面，信息飞速传播也使消费者可以在短期内迅速找到替代品，购买到物美价廉的生活用品，提升消费者效用。消费者对最终产品的需求为中间产品带来了引致需求进而促进中间产品创新。基于此，本文提出第三个假设：

H3：数字经济通过提高消费者的效用水平间接促进中间产品创新。

数字经济促进中间产品创新的传导机制如图2所示。

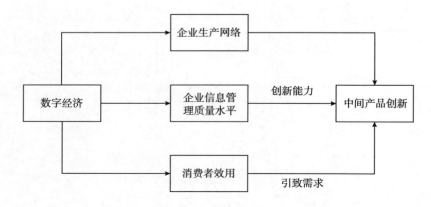

图2　数字经济促进中间产品创新的传导机制

四、研究设计

通过汇总上文理论分析的结论，即在社会生产生活中，数字经济对中间产品创新存在直接以及间接的正向影响，结合乘数效应这一理论，建立如下计量模型检验理论假设，并分析数字经济对中间产品创新的影响。

本文旨在分析数字经济发展水平对中间产品创新的影响。本文运用 2007~2019 年这 13 年的 31 个地区的面板数据对这一问题进行分析。面板数据分析增加了样本量，扩大了自由度并有助于缓解多重共线性的问题，同时也可以控制不可观测效应，从而使回归的结果更趋于准确。

根据研究的目的，本文决定采用固定效应模型，原因如下：

（1）对于大样本的随机抽样，样本可以视为对总体关系的判断，然而本文只选取了 31 个地区的数据，个体比较少，因此不能选择随机效应模型，将个体效应视为固定效应较为合适。

（2）固定效应无须假设个体效应与随机误差项不相关，因此本文选择固定效应更为恰当。

基于此，本文对于模型的建立以及相关数据的解释如下：

（一）基准模型的设定

由于 2007~2010 年统计的规模以上工业企业标准为 500 万元、2011~2019 年统计的规模以上工业企业标准为 2000 万元，故本文对 2007~2011 年和 2011~2019 年的数据在剔除异常值后进行分段回归，以中国省级面板数据作为样本进行研究。这样考虑的原因如下：一是中间产品的创新除了制造业，在农林渔牧等各行业也均有体现，故而应综合考虑各行各业；二是数字经济的快速发展，对中间产品的创新也起到了重要的促进作用。因此，研究数字经济对中间产品创新的促进作用，有助于验证上文所提出的理论假说。考虑到中间产品创新具有很强的持续性，因此本文在基准回归中采用动态面板模型进行回归估计。本文基准回归模型建立如下：

$$intercreation_{it} = \alpha_0 + \alpha_1 neco_{it} + \alpha_2 RD_{it} + \alpha_3 management_{it} + \alpha_4 product_{it} + \alpha_5 profit_{it} + \alpha_6 import_{it} + \mu_i + \gamma_t + \varepsilon_{it}$$

其中，下标 i 表示省份，下标 t 表示年份。被解释变量 $intercreation_{it}$ 表示各地区中间产品创新指数；核心解释变量 $neco_{it}$ 表示各地区电信业务总量；其余解释变量均为控制变量，其中 RD_{it} 为各地区研究与开发机构人员全时当量，$management_{it}$ 为各地区管理费用，$product_{it}$ 为各地区产成品，$profit_{it}$ 为各地区利润总额，$import_{it}$ 为国外引进技术合同金额。μ_i 代表省份随机效应，γ_t 代表时间随机效应，ε_{it} 为随机误差项。

（二）中介效应检验模型的设定

本文参考温忠麟和叶宝娟（2014）的做法按以下三个步骤建立中介效应模型检验 H2 和 H3：①数字经济对中间产品创新进行回归；②中介变量对数字经济进行回归；③数字经济与中介变量一起对中间产品创新进行回归。

$$intercreation_{it} = \alpha_0 + \alpha_1 neco_{it} + \alpha_2 RD_{it} + \alpha_3 management_{it} + \alpha_4 product_{it} + \alpha_5 profit_{it} + \alpha_6 import_{it} + \mu_i + \gamma_t + \varepsilon_{it}$$

$$store_{it} = \beta_0 + \beta_1 neco_{it} + \beta_2 RD_{it} + \beta_3 management_{it} + \beta_4 product_{it} + \beta_5 profit_{it} + \beta_6 import_{it} + \mu_i + \gamma_t + \varepsilon_{it}$$

$$consume_{it} = \gamma_0 + \gamma_1 neco_{it} + \gamma_2 RD_{it} + \gamma_3 management_{it} + \gamma_4 product_{it} + \gamma_5 profit_{it} + \gamma_6 import_{it} + \mu_i + \gamma_t + \varepsilon_{it}$$

$$intercreation_{it} = \delta_0 + \delta_1 neco_{it} + \delta_2 store_{it} + \delta_3 consume_{it} + \delta_4 RD_{it} + \delta_5 management_{it} + \delta_6 product_{it} + \delta_7 profit_{it} + \delta_8 import_{it} + \mu_i + \gamma_t + \varepsilon_{it}$$

其中，$store_{it}$ 表示各地区存货；$consume_{it}$ 表示社会消费品零售总额；其余变量与前文相同。

当 α_1、β_1、γ_1、δ_1 同时显著时，才能说明存在中介效应。当 δ_1 不显著时，表明存在完全中介效应；当 α_1 显著，且当 $\delta_1 < \alpha_1$ 时，表明存在部分中介效应 $\beta_1 \delta_2$、$\gamma_1 \delta_3$。

（三）指标度量、说明以及数据的来源

（1）被解释变量：中间产品创新强度。根据国家统计局公布的文件，可以用创新产出反映创新中间产出结果，故而本文用中国创新产出指数衡量中间产品的创新强度。

（2）解释变量：电信业务总量。结合前文分析，虽然各国目前对于数字经济的定义在不断更新，但是对于计算机网络和通信技术的普及是数字经济发展的基础这一观点是各国普遍认可的，故本文采用电信业务总量来衡量数字经济的发展水平。

（3）其他控制变量。各地区研究与开发机构人员全时当量。结合前文分析 R&D 一直以来都是衡量创新的重要数据指标，而进行创新的人才又是顺利实现科学技术变现的关键因素，因此本文决定采用各地区研究与开发机构人员全时当量（数据来源为历年《中国科技统计年鉴》）来衡量各地区的 R&D 投入情况。

国外引进技术合同金额。中间产品创新分为完全自主创新以及国外技术引进学习创新，前文一直探讨实现自主的中间产品创新，通过对国外引进技术合同的实证分析可以得出中国中间产品创新自主性的结论（数据来源为历年《中国科技统计年鉴》）。

管理费用。一个地区是否以及具体使用多少比例的资金在中间产品创新的科研投入上，对一个地区中间产品创新发展尤为重要，本文选用管理费用这一具体数据分析地区进行中间产品创新的支持程度（数据来源为历年《中国工业统计年鉴》）。

产成品。一个生产过程中既包含中间产品，又包含最终产品。本文选取产成品这一数据指标来衡量最终产品，进而探讨其对同一生产过程中的中间产品创新的影响（数据来源为历年《中国工业统计年鉴》）。

利润总额。一个地区进行中间产品创新投入还取决于其资金实际情况，因此本文采用利润总额这一指标来衡量该地区的资本积累，分析其进行中间产品创新力度与其经济实力的关系（数据来源为历年《中国工业统计年鉴》）。

（4）中介变量：通过前文的理论分析，数字经济对中间产品创新的间接影响体现在两个方面：一是企业利用数字经济提升自身的信息管理质量水平来促进中间产品的创新；二是企业使用数字经济技术准确分析消费者需求进行针对性的中间产品创新。根据李勇建和陈婷（2021）的研究，从供应链管理角度出发，企业的非正常库存成本是大部分企业面临的棘手问题，这就给企业提高自身管理信息的质量水平带来了挑战，因此建立适应市场需求的货物库存管理系统是企业发展的必然选择，本文认为企业自身库存管理的成功与否可以用来衡量企业的管理信息质量水平，选取存货这一数据指标（数据来源为历年《中国工业统计年鉴》）；消费者效用体现在其随着市场价格变化而选择适应自身的消费支出，相关的研究成果有国民消费价格（CPI）等，但是这些都没有直接体现出消费者效用的高低，由此，徐齐利（2020）从消费者的消费支出和市场的价格分类两方面综合构建一个消费者效用指数，不再间接进行消费者效用经济分析，王滔（2018）基于消费者是经济理性人假设，通过研究线上消费者的购买决策行为，从最终购买商品的角度分析消费者效用最大化，因此本文认为可以利用最终消费品来衡量消费者效用，具体选取社会消费品零售总额这一数据指标（数据来源为历年《中国统计年鉴》）。

（四）数据处理

1. 区位熵

第 i 省 j 年的区位熵＝第 i 省 j 年的规模以上工业总产值/第 j 年的全国规模以上工业总产值

2. 无量纲化处理

因为所选变量数据单位不统一，故而需要对数据进行无量纲化处理。

$$x'_{it} = (x_{it} - \bar{x})/\sigma$$

其中，x'_{it}表示数据无量纲化处理之后的结果，x_{it}表示第i年第t省的原始数据，$\bar{x}$表示所有年份地区数据的平均值，σ表示所有年份地区数据的标准差值。数据整理之后如表2所示。

表2 相关变量的描述性统计（处理后）

变量	变量名称	时间	平均值	最大值	最小值	标准差	观测值
intercreation	中间产品创新指数	2007~2010年	4.042	14.44	0.141	3.333	124
		2011~2019年	6.765	32.27	0.174	5.652	279
neco	电信业务总量	2007~2010年	-0.160	2.571	-0.761	0.545	124
		2011~2019年	0.0712	8.897	-0.765	1.141	279
R&D	研究与开发机构人员全时当量	2007~2010年	-0.296	1.895	-0.838	0.558	124
		2011~2019年	0.131	5.537	-0.834	1.121	279
management	管理费用	2007~2010年	-0.343	1.946	-0.878	0.608	124
		2011~2019年	0.152	6.214	-0.872	1.048	279
product	产成品	2007~2010年	-0.328	1.904	-0.822	0.589	124
		2011~2019年	0.237	4.929	-0.819	1.057	279
profit	利润	2007~2010年	-0.424	1.496	-0.813	0.461	124
		2011~2019年	0.260	4.597	-1.082	1.065	279
import	国外引进技术合同金额	2007~2010年	-0.121	3.643	-0.553	0.731	124
		2011~2019年	0.0854	5.226	-0.553	1.095	279
store	存货	2007~2010年	-0.347	2.018	-0.956	0.628	124
		2011~2019年	0.154	4.755	-0.954	1.094	279
consume	社会消费品零售总额	2007~2010年	-0.518	1.247	-1.033	0.451	124
		2011~2019年	0.230	4.756	-1.014	1.089	279

资料来源：笔者计算所得。

五、实证结果及分析

本文首先对核心解释变量以及控制变量进行了多重共线性检验，发现$\max\{VIF_1, VIF_2, \cdots, VIF_5\} = 8.28$，小于10这一经验法则所要求的最低数值，因此回归分析控制了多重共线性带来的影响。回归结果及分析如下：

（一）基准回归

表3为2007~2019年中国各省数据计量回归的基准结果。选取neco的滞后一期变量作为工具变量，从表3中的第（2）列、（3）列、（5）列、（6）列的回归结果可以看出Hansen检验以及扰动项差分自相关检验满足GMM两步系统估计的要求，所以模型不存在过度识别问题并且工具变量有效。数字经济（neco）的回归系数为正，2007~2010年通过了5%的显著性水平检验、2011~2019年通过了1%的显著性水平检验（见表3的第（1）列和（4）列），这说明数字经济对中间产品创新的促进作用明显，可能的原因是数字技术的发展带来了创新效应。那么高素质教育劳动力是否促进了中间产品创新？各地区研究与开发机构人员全时当量的回归系数为正，通过了1%的显著性水

平检验，可能的原因是地方政府一直维持对中间产品的针对性创新投入，扩大了相关专业人才培养规模。从影响途径看，各地区管理费用的回归系数从2007~2010年的在5%的水平上显著为正到2011~2019年的在1%的水平上显著为负，可能的原因是各地区管理费用中对中间产品创新的投入占比越来越低甚至不投入。各地区国外技术引进合同金额的回归系数从2007~2010年的在5%的水平上显著为正到2011~2019年的不显著为正，造成这一变化可能的原因是中国自主创新能力增强，使进口技术对中间产品创新的影响逐渐不明显。

表3　2007~2019年中国各省面板数据的回归结果

	intercreation					
	2007~2010年			2011~2019年		
	（1）	（2）	（3）	（4）	（5）	（6）
$neco$	2.877** (2.09)	43.419* (1.84)		1.173*** (8.58)	2.498*** (11.50)	
$neco_{t-1}$			26.29 (0.196)			30.57 (1.000)
R&D	0.572*** (3.08)	4.422* (1.75)		3.121*** (4.60)	−0.161 (−0.10)	
management	0.780** (2.63)	0.599 (0.20)		−0.548*** (−3.81)	−1.749 (−1.78)	
product	−0.480 (−1.64)	3.178 (0.69)		0.968*** (4.09)	3.312** (2.10)	
profit	0.056 (0.48)	2.234*** (3.26)		−0.174 (−0.48)	3.183** (2.41)	
import	0.126** (2.24)	0.607 (0.90)		0.113 (0.45)	0.067 (0.08)	
constant	5.489*** (3.65)			5.752*** (51.99)		
obs	124			279		
F	79.28			94.79		

注：***、**、*分别代表显著性水平为1%、5%、10%。以下各表同此，不再赘述。

（二）中介效应检验

通过中介效应的检验可以发现2007~2010年数字经济对中间产品创新具有完全中介效应，2011~2019年数字经济对中间产品创新具有部分中介效应，具体如表4所示。

以存货作为中介变量对数字经济的回归结果如表4的第（1）、第（2）列所示，从表4的第（1）、第（2）列中可以得出数字经济（neco）对地区存货的正向影响由2007~2010年的1%水平显著变为2011~2019年的不显著，这表明数字经济发展减少了库存成本，符合前文论述；各地区研究与开发机构人员全时当量对各地区存货的影响从2007~2010年的在5%的水平下显著为正到2011~2019

表 4　2007~2019 年中国各省面板数据的回归结果

	store		consume		intercreation	
	2007~2010 年	2011~2019 年	2007~2010 年	2011~2019 年	2007~2010 年	2011~2019 年
	（1）	（2）	（3）	（4）	（5）	（6）
store					1.491*** (3.61)	1.845*** (4.72)
consume					1.147** (2.12)	2.972*** (8.12)
neco	0.370*** (3.45)	0.034 (0.92)	0.648*** (8.19)	0.187*** (3.59)	-0.386 (-0.68)	0.244* (1.82)
R&D	0.145** (2.05)	0.557*** (5.83)	0.146*** (3.75)	0.651*** (4.96)	0.131 (0.34)	0.470 (1.27)
management	0.034 (0.49)	0.007 (0.25)	0.051 (1.27)	0.029 (0.64)	0.338 (1.56)	-0.295** (-2.28)
product	0.182** (2.23)	0.085 (1.38)	0.011 (0.26)	-0.038 (-0.36)	-0.652*** (-3.59)	0.149 (0.88)
profit	-0.125*** (-3.23)	-0.126** (-2.40)	-0.014 (-0.79)	-0.082 (-0.84)	0.318*** (3.36)	0.138 (1.41)
import	0.003 (0.17)	0.040 (1.01)	-0.021 (-1.13)	0.042 (0.75)	0.164*** (3.96)	-0.023 (-0.35)
obs	124	279	124	279	124	279
F	513.5	207.4	443.6	98.61	104.5	1005

年的在 1% 的水平上显著为正，这一现象带来的启示是在制定创新战略时需要关注供应链管理相关专业人才的培养。值得注意的是，产成品对库存的正向影响由 2007~2010 年的 5% 水平显著变为 2011~2019 年的不显著，可能的原因是随着数字经济的发展，地区生产过程中可以准确分析出最终产品的适宜产量，并顺利实现销售；各地区利润总额对当地的存货水平一直是负向显著影响，这一现状说明地区经济发达程度与该地区的存货水平成反比，结合前文分析，存货水平又与企业信息管理质量水平成反比，因此经济发达程度与其地区企业的信息管理质量水平成正比。

以社会消费品零售总额作为中介变量对数字经济的回归结果如表 4 的第（3）、第（4）列所示，从表 4 的第（3）、第（4）列中可以得出数字经济对地区社会消费品零售额的正向影响从 2007 年到 2019 年一直是在 1% 的水平上显著为正，这表明数字经济发展促进了消费，提升了消费者的效用水平，符合前文论述；各地区研究与开发机构人员全时当量对各地区社会消费品零售额的影响从 2007 年到 2019 年一直是在 1% 的水平上显著为正，这一现象说明创新带来了商品繁荣，也表明了国家支持创新政策的正确性；产成品由 2007~2010 年对社会消费品零售额的正向影响变为 2011~2019 年的负向影响，结合 2010 年电子商务开始蓬勃发展，"淘宝造物节""海尔 COSMOPlat 工业互联网平台"应运而生的现状，造成这一反转现象的可能原因是之前未能找到精确的消费者需求点，生产出来的最终产品无法顺利销售甚至形成了过剩产能，阻碍了经济发展。

数字经济与存货和社会消费品零售总额同时对中间产品创新进行回归的结果如表 4 的第（5）、第（6）列所示，从表 4 的第（5）、第（6）列中可以看出增加存货以及社会消费品零售额这两个变量之后，数字经济对中间产品创新由 2007~2010 年的负向影响变成了 2011~2019 年的 10% 显著性水平的正向影响，造成这一现象的可能原因是随着供应链、价值链理论的发展，数字经济慢慢地融入各地区各产业的生产生活之中，最终数字经济从直接和间接两个方面促进了中间产品创新；各地区研究与开发机构人员全时当量对中间产品的正向影响从 2007 年到 2019 年一直是不显著，可能的原因是国家没有提出中间产品创新的针对性政策，各地区没有培养专业对口的中间创新有关人才；管理费用由 2007~2010 年对中间产品创新的正向影响变为 2011~2019 年的 5% 显著性水平下抑制作用，造成这一现象的可能原因是各地区其他资金支出中用于进行中间产品创新的比例减少；各地区国外技术引进合同金额的回归系数从 2007~2010 年的在 5% 的水平上显著为正到 2011~2019 年的不显著为负，这一现象表明可能存在国外对中国"卡脖子"关键技术封锁的现状，这也对中间产品自主创新提出了挑战。

结合表 4 的第（1）、第（3）、第（5）列 2007~2010 年的 α_1、β_1、γ_1 均显著，然 δ_1 不显著，这说明 2007~2010 年两个中介变量均对中间产品创新具有完全中介效应，即数字经济对中间产品创新的影响是通过存货以及社会消费品零售总额实现的；结合表 4 的第（2）、第（4）、第（6）列 2011~2019 年的 α_1 显著、β_1 不显著、γ_1 显著，且 δ_1 显著，这时需要对存货这一中介变量进一步进行 Sobel 检验，检验结果如表 5 所示，发现中介效应不显著，这说明 2011~2019 年数字经济对中间产品创新具有部分中介效应；这就表明随着时间的推移，数字经济渐渐直接作用于中间产品创新。

对存货进行 Sobel 检验结果如表 5 所示：

表 5　Sobel-Goodman 中介效应检验结果

	Coef	Std Err	Z	P>｜Z｜
Sobel	-0.03994654	0.09921168	-0.4026	0.68721344
Goodman-1（Aroian）	-0.03994654	0.09939	-0.4019	0.68774501
Goodman-2	-0.03994654	0.09903304	-0.4034	0.68667914

（三）稳健性检验

本文的稳健性检验仍然对数字经济与中间产品创新的关系进行讨论。鉴于前文对数字经济的衡量方式以及特征有着详细的分析，因此下文对稳健性的实证设计从数字经济发展水平的衡量方式这一方面开展。

在前文的实证分析中，用电信业务总量来衡量数字经济的发展水平，现在利用核算方式不同的数字经济发展指数以及数字经济增加值来衡量数字经济的发展水平。稳健性检验结果如表 6 所示：

表 6　稳健性检验的回归结果

	store		*consume*	
	2007~2010 年	2011~2019 年	2007~2010 年	2011~2019 年
	（1）	（2）	（3）	（4）
neco	2.877 ** (2.09)	1.173 *** (8.58)	1.062 *** (3.54)	2.204 *** (9.88)
R&D	0.572 ** (3.08)	3.121 *** (4.60)	0.724 ** (2.66)	0.812 * (1.73)
management	0.780 ** (2.63)	-0.548 *** (-3.81)	0.615 ** (2.12)	0.168 (0.79)

	store		consume	
	2007~2010 年	2011~2019 年	2007~2010 年	2011~2019 年
	(1)	(2)	(3)	(4)
product	−0.480	0.968***	−0.729**	−0.457*
	(−1.64)	(4.09)	(−2.10)	(−1.85)
profit	0.056	−0.174	0.056	0.323*
	(0.48)	(−0.48)	(0.66)	(1.98)
import	0.126**	0.113	0.112*	0.110*
	(0.24)	(0.45)	(1.98)	(1.94)
obs	124	279	124	217
F	79.28	94.79	45.82	279.6

表 6 的第 (1)、第 (2) 列为采用数字经济发展指数进行稳健性检验回归的结果。结果显示，中国各地区数字经济的增加值对中国各地区中间产品的创新影响方向与上文计量基准回归结果一致而且更为显著。与此同时，各地区研究与开发机构人员全时当量对中国各地区中间产品创新的影响也更为显著，这为如何科学进行数字经济核算带来了思考。表 6 的第 (3)、第 (4) 列为采用数字经济增加值进行稳健性检验回归的结果。结果显示，中国各地区数字经济的增加值对中国各地区中间产品的创新的影响方向与上文计量基准回归结果一致而且更为显著，这便说明本文的基准回归结果具有稳健性。

（四）预测性分析

参考中间产品创新的赋值权重法以及数字经济指标体系，利用国家统计局公布的 2020 年最新数据以及赛迪顾问发布的 2020 年数字经济指数，计算得出 2020 年的中间产品创新数值以及数字经济指标，利用加权最小二乘法进行简单回归分析，回归结果如表 7 所示。可以看出，数字经济发展对中间产品创新仍具有显著正向影响，且可以预料的是，在未来数字经济将引领中间产品创新的发展。

表 7　预测分析的回归结果

	intercreation
neco	0.549***
	(11.27)
obs	31
F	126.9

六、结论与政策建议

本文基于中国现实背景，从理论上分析了数字经济对中间产品创新的逻辑机制，计量得出了数字经济与中间产品创新之间存在着显著的正相关关系。中国的中间产品创新显著依赖高素质劳动力的培养；国外技术引进没能显著促进中间产品创新；各地区经济实力以及投入占比对中间产品创新影响巨大；最终产品的生产有利于推动中间产品创新进程。

上述研究结论为中国借助数字经济时代带来的数据信息共享便利条件、增强中间产品自主创新能力、逐步降低对发达经济体中间产品的依赖、有效实现中国制造业转型升级提供了一些证据，相应的政策含义是：①中国除了加大对数字经济发展力度的支持以外，还应结合国内外先进经验，注重创新数字经济的核算方法，并利用大数据技术，探索新型的数据收集方法，完善数字经济的核算体系；②通过对数字经济产业指标以及融合指标的数据测算，可以看出促进中国数字经济的深化发展，尤其是加大对数字化赋权基础设施产业的扶持力度，将进一步促进中国制造业的发展，因此中国应重视数字经济基础设施建设；③政府可以与互联网企业合作，通过数字经济的区块链技术模糊供应链管理的界限，从用户定制需求，反向促进中间产品的创新；④从目前国际数字货币发展的情况来看，数字经济的安全性还有待提高，故本文建议加大对数据库加密算法的研究，增强数据的安全性，使区块链技术真正获得人民的信任，由大众推动数字经济的发展；⑤中间产品创新的途径是结合数字经济飞速发展的浪潮，利用数据挖掘技术，分析出急待创新的产品方向，以此准确地提升中国中间产品的创新方向，进而畅通国内经济大循环；⑥从国际视角看，中国制造业智能化发展已经位于世界前列，而且从前文的实证也可以看出从国外引进技术合同对中国的中间产品创新并无显著的作用，结合各地区研究与开发机构人员全时当量对中间产品创新的正向影响，故而加快中国中间产品创新的进程应加大对大数据人工智能专业人才的培养；⑦从各地区管理费用的角度看，中国还应加大对各地区企业的资金扶持力度，并完善相应的破产保护制度，尤其是供应商一类的中游企业，这样有助于降低企业的创新风险，增强企业研发产品的积极性，使当地企业自主地将管理费用的大部分用来增加创新人才的员工福利以及增大对创新产品的科研投入，进而促进中间产品创新。

参考文献

[1] 陈雯，苗双有. 中间品贸易自由化与中国制造业企业生产技术选择 [J]. 经济研究，2016，51（8）：72-85.

[2] 陈晓华，刘慧，张若洲. 高技术复杂度中间品进口会加剧制造业中间品进口依赖吗？[J]. 统计研究，2021（4）：14.

[3] 郭丹. 中间产品文献综述 [J]. 全国商情（经济理论研究），2015，4（12）：31-32.

[4] 巩鑫，唐文琳. 数字金融、空间溢出与大众创业 [J]. 统计与信息论坛，2021，36（5）：71-81.

[5] 郭家堂，骆品亮. 互联网对中国全要素生产率有促进作用吗？[J]. 管理世界，2016（10）：34-49.

[6] 黄奇帆. 加快构建完整的内需体系，形成国内国际双循环相互促进新格局 [J]. 企业观察家，2020（9）：74-81.

[7] 何枭吟. 数字经济与信息经济、网络经济和知识经济的内涵比较 [J]. 时代金融，2011（29）：47.

[8] 洪俊杰，商辉. 中国开放型经济发展四十年回顾与展望 [J]. 管理世界，2018，34（10）：33-42.

[9] 康铁祥. 数字经济及其核算研究 [J]. 统计与决策，2008（5）：19-21.

[10] 卢方元，靳丹丹. 我国R&D投入对经济增长的影响：基于面板数据的实证分析 [J]. 中国工业经济，2011（3）：149-157.

[11] 刘航，伏霖，李涛，等. 基于中国实践的互联网与数字经济研究：首届互联网与数字经济论坛综述 [J]. 经济研究，2019，54（3）：204-208.

[12] 李春成. 科技革命和产业变革大循环与科技创新趋势 [J]. 创新科技, 2021, 21（4）：1-8.

[13] 李奉书, 徐莹婕, 杜鹏程, 徐建中. 数字经济时代下联盟管理能力对企业颠覆性技术创新的影响：知识流动的中介作用与知识重构能力的调节作用 [J]. 科技进步与对策, 2022, 39（4）：80-90.

[14] 黎文娟, 张洪国. 建设数字中枢神经　打造城市"双生子" [N]. 中国计算机报, 2018-11-05（11）.

[15] 李勇建, 陈婷. 区块链赋能供应链：挑战、实施路径与展望 [J]. 南开管理评论, 2021, 24（5）：192-203, 212.

[16] Michael E. Porter. 竞争优势 [M]. 北京：华夏出版社, 1997.

[17] 孟辰, 卢季诺. 对美国制造业振兴计划的初步分析 [J]. 国际贸易问题, 2013, 4（4）：73-82.

[18] 彭刚, 赵乐新. 中国数字经济总量测算问题研究：兼论数字经济与我国经济增长动能转换 [J]. 统计学报, 2020, 1（3）：1-13.

[19] 钱学锋, 王备. 中间投入品进口、产品转换与企业要素禀赋结构升级 [J]. 经济研究, 2017, 52（1）：58-71.

[20] 赛迪顾问股份有限公司. 2020 中国数字经济指数白皮书 [R]. 赛迪顾问, 2020.

[21] 田巍, 余淼杰. 企业出口强度与进口中间品贸易自由化：来自中国企业的实证研究 [J]. 管理世界, 2013（1）：28-44.

[22] 田中景, 李迎旭. 中日两国中间产品贸易影响因素实证分析：基于中国 27 个行业 2001-2006 年面板数据 [J]. 亚太经济, 2010, 4（6）：57-61.

[23] 王滔. 基于消费者效用的在线渠道决策研究 [D]. 广州：华南理工大学, 2018.

[24] 王春云, 王亚菲. 数字化资本回报率的测度方法及应用 [J]. 数量经济技术经济研究, 2019, 36（12）：123-144.

[25] 王雅琦, 张文魁, 洪圣杰. 出口产品质量与中间品供给 [J]. 管理世界, 2018, 34（8）：30-40.

[26] 温忠麟, 叶宝娟. 中介效应分析：方法和模型发展 [J]. 心理科学进展, 2014, 22（5）：731-745.

[27] 夏明, 张红霞. 投入产出分析：理论、方法与数据 [M]. 北京：中国人民大学出版社, 2019.

[28] 谢红军, 张禹, 洪俊杰, 等. 鼓励关键设备进口的创新效应：兼议中国企业的创新路径选择 [J]. 中国工业经济, 2021（4）：100-118.

[29] 徐齐利. 消费者效用指数的构造与测算方法 [J]. 统计学报, 2020, 1（5）：36-45.

[30] 徐清源, 单志广, 马朝江. 国内外数字经济测度指标体系研究综述 [J]. 调研世界, 2018（11）：52-58.

[31] 薛洁, 赵志飞. 物联网产业的统计界定及其分类研究 [J]. 统计研究, 2012, 29（4）：16-19.

[32] 向书坚, 吴文君. 中国数字经济卫星账户框架设计研究 [J]. 统计研究, 2019, 36（10）：3-16.

[33] 许宪春, 张美慧. 中国数字经济规模测算研究：基于国际比较的视角 [J]. 中国工业经济, 2020（5）：23-41.

[34] 严成樑. 社会资本、创新与长期经济增长 [J]. 经济研究, 2012, 47（11）：48-60.

[35] 杨建辉. 数字经济挑战反垄断规则 [J]. 互联网经济, 2017 (7): 22-27.

[36] 张丽芳. 网络产业的市场结构、竞争策略与公共政策研究 [D]. 厦门: 厦门大学, 2008.

[37] 张银银, 金莉芝. 中国与东盟中间产品贸易发展及影响因素分析 [J]. 东南亚纵横, 2010, 4 (4): 73-77.

[38] 郑江淮, 郑玉. 新兴经济大国中间产品创新驱动全球价值链攀升: 基于中国经验的解释 [J]. 中国工业经济, 2020 (5): 61-79.

[39] Akçomak I. S., B. T. Weel. Social capital, Innovation and Growth: Evidence from Europe [J]. European Eco-nomic Review, 2009 (53): 544-567.

[40] Brandt L., E. Thun. The Fight for the Middle: Upgrading, Competition, and Industrial Development in China [J]. World Development, 2010, 38 (11): 1555-1574.

[41] Buckley P. J. The Limits of Explanation: Testing the Internalization Theory of the Multinational Enterprises [J]. Journal of International Business Studies, 1988, 19 (2): 181-193.

[42] Buckley P. J., M. Casson. The Future of the Multinational Enterprise [M]. New York: Macmillan Press, 1976.

[43] Cambini C., Colombo M. G., Piscitello L., et al. The Choice between Product and Logistic Innovation in a Spatial Model with Income Distribution [J]. Economia e Politica Industriale, 2019, 46 (4): 1-19.

[44] Duan Y., E. Dietzenbacher, X. Jiang, et al. Why Has China's Vertical Specialization Declined [J]. Economic Systems Research, 2018, 30 (2): 178-200.

[45] Hall J., Matos S. V., Martin M. J. C. Innovation Pathways at the Base of the Pyramid: Establishing Technological Legitimacy Through Social Attributes [J]. Technovation, 2014, 34 (5-6): 284-294.

[46] Kenneth J. Arrow. The Economic Implications of Learning by Doing [J]. The Review of Economic Studies, 1962, 29 (3): 155-173.

[47] Michelle Connolly. The Dual Nature of Trade: Measuring its Impact on Imitation and Growth [J]. Journal of Development Economics, 2003, 72 (1): 31-55.

[48] Nishioka S., M. Ripoll. Productivity, Trade and the R&D Content of Intermediate Inputs [J]. European Economic Review, 2012, 56 (8): 1573-1592.

资本市场对外开放与制造业企业技术创新

——基于"沪港通"交易制度的经验证据

吴志军　黄显池

[摘　要] 基于 2014 年"沪港通"交易制度建立的背景，以 2007~2017 年我国 A 股制造业上市公司为样本，采用倾向得分匹配—双重差分法（PSM-DID）实证检验了"沪港通"交易制度的建立对制造业企业技术创新的影响。研究发现：①"沪港通"资本市场开放对制造业企业技术创新能力具有正向促进效应。②"沪港通"资本市场开放对制造业企业技术创新能力的正向效应会随着时间推移而加强。③通过中介效应检验发现"沪港通"资本市场开放通过缓解企业融资约束促进制造业企业提高技术创新能力。④"沪港通"资本市场开放也可以通过股价信息机制提高制造业企业技术创新能力。⑤根据异质性分析表明"沪港通"资本市场开放对于国企、独立董事比例较高以及两权分离水平较好的企业的技术创新水平提升更加显著。最后提出几点实践启示。

[关键词] 资本市场对外开放；沪港通；制造业企业；技术创新；双重差分

一、引言

随着时代的快速发展，各国的经济都大步提升，中国经济也在几代浪潮的冲击下稳健地发展。在政策方面，为了能更高效地运用资本，综合加强中国资本市场的配置能力，使我国资本能更好地实现对外开放，在党的十九大报告中，明确指出更高水平、更高层次资本市场的改革发展正当其时。在实践中，为了打通境外资本与境内资本融合的通道，证监会基于我国资本发展的实际情况，于 2014 年 4 月，联合香港证监会展开了"沪港通"互联互通机制试点工作。"沪港通"互联互通交易机制试点的实施，为香港投资者直接投资上海交易所的国内企业股票提供了通道。通过进一步放宽境外投资者进入内陆资本市场的限制，"沪港通"制度促进了香港与内地资本市场的深度融合与发展（钟覃琳和陆正飞，2018）。Spiegel 和 Subrahmanyam（2015）的研究发现，资本市场对外开放有助于引导投资理念、方法、经验更为成熟的境外投资者进入境内资本市场。这样可以改善境内企业的投资者结构、推动国内价值投资理念的转变，进而提高企业的投资效率。外国投资者的进入还可以影响企业的微观投资决策，包括决定企业未来成长潜力和竞争力的研发决策。企业研发投资将是其获取专利、更新技术，取得创新产出的重要前提，并且在促进企业的创新能力提升、市场竞争力加强等方面发挥着基础作用（Los，2000）。

[基金项目] 国家自然科学基金项目"政治制度对经济发展影响的随机动态规划与实证研究：基于 dege 与动态面板分析方法"（批准号：71503110）；江西省高校人文社会科学研究项目"创建长江经济带承接产业转移示范区的政策支持研究"（批准号：JJ17106）；江西省 2019 年度研究生创新专项资金项目"新时代如何防范和化解地方政府债务风险的定量研究"（YC2019-S233）。

[作者简介] 吴志军，江西财经大学江西经济发展与改革研究院院长，经济学博士，教授，博士生导师，主要研究方向为区域经济学与产业投融资；黄显池，江西财经大学产业经济研究院研究助理，主要研究方向为货币政策效应与产业转型升级，电子邮箱：18659614816@163.com。

从现有的研究来看，大都从"沪港通"机制角度对现有的中国资本市场经营绩效所产生的影响进行分析，鲜有文献关注"沪港通"资本市场的开放与制造业企业技术创新的内在联系及其作用机理，以及缺少"沪港通"交易制度通过哪种渠道或者哪种机制来发挥对企业技术创新的引领作用的研究。因此，在我国资本市场开放不断深化的大背景下，探讨"沪港通"的实施是如何引导、影响实体经济尤其是制造业企业的研发决策行为以及资本市场开放是如何影响企业的技术创新水平可以说是具有重要的现实意义。有鉴于此，"沪港通"开通通过何种机制或路径来影响企业技术创新水平正是本文研究内容的核心。

二、研究综述与理论假设

"沪港通"制度自 2014 年正式实施以来，国内学者对此进行了大量研究。现有的一批关于"沪港通"的文献往往集中在分析该政策能够提高沪港两地股市的互联互通程度（闫红蕾和赵胜民，2016），是否会影响沪港两地股票市场的流动性，是否对上市公司股价、波动等特征造成影响（陈运森和黄健峤，2019；钟凯等，2018；Edmans，2014），以及该制度是否促进了企业的技术创新（丰若旸和温军，2019；马妍妍等，2019；杨理强等，2019）。但是现有的文献并没有将这一部分串联起来分析。为此，本文提出"沪港通"交易机制通过有效地缓解企业融资约束，提升股价信息含量进而影响企业技术创新行为。

（一）资本市场开放对企业技术创新行为的引导作用

在关于研究资本市场与企业技术创新之间关系方面，现有研究文献普遍认为股票市场不但可以从融资和资源配置角度为企业技术创新提供关键性的资金支撑（冯根福等，2017；Levine，1999），而且资本市场快速的流动性也会对企业技术创新水平方面产生积极正面的作用（冯根福等，2017）。王敬勇等（2019）从微观层面企业的 R&D 投资角度研究发现，"沪港通"交易机制的实施标志着资本市场更大范围的开放，放低了境外投资者进入境内市场投资的要求，使双方的资本市场互通互惠，企业的股价信息更加丰富，并且往高质量发展。从而进一步地促使企业更为合理地运用企业的R&D 资金，以此获取更高技术创新产出。但是企业技术创新不仅受到微观层面的影响，还取决于政府税收政策、货币政策以及资本发展的程度等一系列宏观因素。从实证方面来分析，丰若旸和温军（2019）以中国 2010~2016 年 A 股国有上市公司为数据样本，发现"沪港通"交易制度能够有效缓解该数据样本中国有企业所面临的融资约束，从而使国有企业增加其 R&D 资金，以此提高了国有企业的技术创新水平。马妍妍等（2019）以 2014~2017 年 A 股上市公司为数据样本，并基于陆港通样本的微观证据，研究发现：资本市场的开放对企业的研发规模有着积极的影响。企业 R&D 资金是企业发展的核心部分，是企业获取创新技术的重大支撑，为企业提升自身竞争、提高生产效率以及创造盈利收入有着密切的联系（Los，2000）。更有诸多学者认为，"沪港通"交易制度的实施，扩大了资本市场的开放，企业受到相应的监督，改善了企业内部的管理水平。与此同时，资本市场的开放建立了更完善的资金池，有效地缓解了融资约束，提高了企业的投资效率，促进了企业技术产出的提高（辛莹莹和徐培哲，2019）。

（二）资本市场开放跟企业融资约束和股价信息含量的关系

"沪港通"交易机制影响企业融资约束、股价信息含量之间关系等方面也是学术界研究热点领域。有学者认为资源配置和信息是影响资本市场效率的两个主要因素。之后随着研究的不断挖掘和拓展，学者们逐渐将股票信息的披露程度作为分析资本市场的一个重要分支（Fama，1970；Roll，1988）。钟覃琳和陆正飞（2018）认为"沪港通"的开放极大促进了境内外资本市场的双向互通，提高境内资本市场的运行效率，进而有效提高了企业股票价格中的信息含量水平。资本市场的开放提高了企业股票价格中的信息含量，增强了企业的投资效率，发挥了对企业资源配置的引导作用（连立帅等，2019）。进一步对机制的分析表明，"沪港通"开放通过知情交易将上市企业的特质信息纳入股票价格中，抑或通过优化公司治理结构间接地提高了股价信息含量，以此促进资本市场效率（刘宇尧和陆家骝，2018）。在"沪港通"交易机制影响企业融资约束等方面的研究中，徐飞（2019）认为，企业创新活动一般来说会是一个长周期性的投资活动，而且在这个创新活动中会存在比较严重的信息不对称问题。通过资本市场的开放，企业的融资渠道得到拓宽，资金来源变得多元化，可以在一定程度上摆脱对银行信贷的依赖性。钱国根（2016）则从信息不对称角度研究了上市公司的信息披露。他的研究发现，在上市公司的披露消极、证券分析师跟踪关注较少的情况下，越受到媒体高度关注的上市企业面临的融资约束越轻。他认为通过降低信息不对称程度，可以缓解上市公司融资约束。连立帅等（2019）研究表明"沪港通"交易机制实施不仅可以通过股价信息反馈机制，还可以通过融资约束机制进而增强资本市场对我国实体经济的微观引导作用，从而提高资本市场的资源配置效率。肖涵和刘芳（2019）同样以"沪港通"开放政策冲击为例，采用双重差分法等方法实证检验"沪港通"的实施对上市公司以及小公司融资约束行为的影响，并且该结果显示"沪港通"政策实施将能改善中小企业的长期融资行为，促进中小高技术企业的培育与发展。沪港通"的开通，可以有效地提高境内资本市场与香港成熟市场的互联互通性，解决信息不对称以及相应的代理问题，从而缓解企业融资约束，对资本市场的发展起到助推的作用（师倩和姚秋歌，2018）。

（三）融资约束与股价信息含量对企业技术创新行为的影响

邓伟和陆敏（2019）探究了企业股价信息含量对企业 R&D 活动的影响时，发现了企业的研发投资与企业的股价敏感性、信息含量之间存在显著的正相关关系。连立帅等（2019）研究表明非财务信息含量的高低能影响企业的融资成本水平，从而作用于企业的研发投资决策。股价中的信息含量越高，意味着股价被低估的可能性越小。较高的股价意味着企业能以更优惠的条件再融资，从而带来企业融资成本的下降，较高的股价信息含量改善了企业的融资约束状况，为 R&D 投资提供充裕的资金支持，从而提高了公司技术创新水平。Mathers 等（2017）的研究发现，股价信息含量高的公司会获得更好的研发产出，并且股价信息对 R&D 投资决策的引导作用会因企业的规模、产权性质等特征而具有异质性。因此，股价信息含量机制能够影响上市企业募集的资金，并进一步影响企业 R&D 投资规模和效率。曹献飞（2014）研究表明不仅是内源融资约束，外源融资约束同样影响企业研发投资。其中，内外源融资约束都在不同程度影响着外资企业、国有和非国有企业的 R&D 投入，从而影响企业的技术创新。顾群和翟淑萍（2014）则基于研发投资的角度研究企业的融资约束与资金来源问题。他们的研究结果表明企业研发投资具有现金敏感性，企业研发活动中普遍存在融资约束问题。毋庸置疑的是企业的融资约束水平制约着企业在创新活动中 R&D 资金投入规模和强度，并且制约了企业的技术创新能力。企业的融资约束与企业研发投入一般会呈现出显著的负相关，这表明企业面临的融资约束程度越高，其研发投入受限程度越高。即使考虑到不同地域、不同行业，两者之间的关系也往往成立。除此之外，企业股价信息含量不仅仅会导致股权融资约束，还会带来债券融资成本的提高，更进一步限制了企业研发投资的项目选择和规模。

综上表明，融资约束和以股权信息含量为代表的信息机制可以说是联结资本市场开放政策和企业研发投资行为的两条纽带。因此，在研究以"沪港通"为首的资本市场开放政策对上市公司技术创新和研发投资决策的影响时，本文认为融资约束和信息机制既是企业内部管理和外部环境因素共同作用的结果，也是研究资本市场开放对企业技术创新内在机制的一个重要切入点，它们在资本市场开放对企业技术创新的传导中起到了十分重要的传导作用。企业的研发投资决策又进一步决定了企业研发投入水平的高低，进而造成企业技术创新水平的区别。上市公司的股价信息含量越高，其股价与实际价值的偏离程度越低，合理的股价会吸引更多机构投资者投资。企业的再融资难度降低，融资约束得到缓解，融资成本下降。在这种情况下，上市公司便可获得更为充足的资金进行更长周期的研发投入，为企业的创新活动和可持续发展提供强大动力。同时高股价信息含量意味着企业管理层的一举一动都会对企业股价产生影响，因此管理层有动力根据股价的反馈去调整企业的研发投入水平，提高研发效率。因而，本文得出的"沪港通"交易制度实施影响制造业企业 R&D 投入进而推动制造业企业技术创新水平的传导机制如图 1 所示。据此，提出假设 1："沪港通"资本市场开放有利于制造业企业技术创新能力的提高。进一步地，为考察该制度建立的政策时间效应，提出假设 2："沪港通"资本市场开放随着时间的推移对制造业企业技术创新能力的提高越具有正向的净效应。

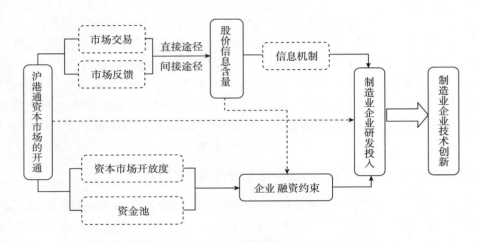

图 1　资本市场对外开放与制造业企业技术创新的内在机制

从图 1 中可以看出，"沪港通"资本市场对外开放对制造业企业技术创新的作用机制。其作用过程是由于"沪港通"资本市场开通，通过市场交易以及市场反馈机制，直接和间接地对股价信息含量产生影响，而股价信息含量利用信息机制对企业的研发投入产生正向效应，从而影响企业技术创新水平。据此，本文提出研究假设 3："沪港通"资本市场开放可以通过增强股价信息含量等信息机制渠道进而提高制造业企业技术创新能力。股价信息含量的提高，对企业的融资成本产生一定的影响，即股价信息含量越高，减少了信息不对称，促使企业融资成本越低，进而降低了企业融资约束，扩大了企业研发投入，从而提高了企业技术创新水平（连立帅等，2019）；"沪港通"制度的实施，加大了资本市场开放度以及扩大了企业融资资金的储备池，在很大程度上缓解了企业的融资约束，并且拓展了企业获得投资研发资金的渠道，从而加强了企业技术创新水平，从而提出研究假设 4："沪港通"资本市场开放可以通过缓解企业的融资约束进而增强企业外部融资，从而提高制造业企业技术创新能力。

三、模型选择、数据来源与变量说明

（一）模型选择

模型设定被解释变量为专利申请总量（*patent*_1）、发明申请（*patent*_2）、实用新型和外观设计申请（*patent*_3），并对"沪港通"分组变量进行双重差分估计回归（Difference-in-Difference，

DID）。具体模型设定如下：

$$\ln(Patents_{i,\,t}+1)=\beta_0+\beta_1 listpost_{i,\,t-n}+\beta_i Control_{i,\,t-n}+\sum_{i=1}^{k} Ind_i+\sum_{t=1}^{q} Year_t+\varepsilon_{it} \tag{1}$$

其中，i 表示上市公司个体，t 表示时间，ε 为随机扰动项，$Patents$ 分别为专利申请、发明申请以及实用新型和外观设计申请三类企业的专利申请变量，$listpost$ 则表示"沪港通"分组变量，也是本文的核心解释变量，$Control$ 表示所有控制变量，当 n 取 0、1 和 2 时分别代表所有解释变量为当期、滞后一期和二期，同时本文为了控制行业和时间效应，在模型中加入了行业固定效应 Ind 和时间固定效应 $Year$。对于上述模型中，系数 β_1 的估计值度量着"沪港通"交易机制的实施对企业技术创新水平的净效应，如果系数 β_1 的估计值系数显著为正，则"沪港通"交易机制的实施确实有力地推动了企业技术创新水平的提升。

由于双重差分的隐含前提假设是：即使没有受到外部冲击如政策变化影响，实验组和控制组的时间趋势必须一致即满足共同趋势假设。但是无论从收敛理论还是从现实情况来看，这一假定可能难以得到满足。为此，本文采用 Heckman 等（1997，1998）发展的 PSM-DID 方法来解决这一问题。其基本思想是：在未实行"沪港通"政策的控制组找到某个企业 j，使 j 与实行了"沪港通"政策的实验组中的企业 i 尽可能地相匹配，即 $X_i \approx X_j$。当企业的个体特征对是否实施了"沪港通"政策效应取决于可观测控制变量时，基于可忽略性假设，个体 i 和个体 j 进入控制组的概率相近，从而具有可比性。可见，通过倾向得分匹配方法可以很好地解决双重差分法中实验组和控制组在受到"沪港通"政策影响前如若不满足共同趋势假设这一严格条件所带来的问题。本文通过 Logit 回归来估计处理组变量和控制变量的倾向得分，进而预测每个企业设为"沪港通"企业的概率，再计算"沪港通"每个企业的结果变量在被设为"沪港通"前后的变化。对于"沪港通"的每个企业 i，计算与其相匹配的全部非"沪港通"的企业在政策前后的变化，通过将两者相减即得到"沪港通"政策的平均处理效应（ATT），从而可以有效度量该政策对制造业企业技术创新的实际净效应。

（二）数据来源

为了减少由于 2006 年中国会计准则发生修订而导致 2007 年前后财务会计信息可比性降低的影响，本文选取 2007~2017 年我国沪深证券交易所全部 A 股制造业上市企业为研究样本。由于"沪港通"股票交易制度是 2014 年 11 月 17 日正式开始的，已到了该年的年末，该交易制度的建立可能暂时无法对 2014 年设立的首批试点企业技术创新水平产生显著影响，因此为排除其他因素，本文将 2015~2017 年作为"沪港通"政策出台之后的时期，而对照组则选取 2007~2014 年作为"沪港通"政策出台之前的时期。在样本筛选过程中，参考相关文献，本文进行如下处理：①剔除 ST 类上市公司；②考虑到金融类企业的特殊性，剔除金融类上市公司；③剔除净资产小于或等于零和资产负债率大于 1 的上市公司；④剔除如专利等关键数据不全或者缺失严重的上市公司。最终，本文得到 8982 个样本观测值。同时，为了减少奇异值对实证结果的影响，本文对所有连续变量在 1% 水平上进行双边 Winsorize 处理。

（三）变量说明

变量的选取和计算方法如表 1 所示。

（1）被解释变量。衡量制造业企业技术创新水平的变量通常从投入和产出两个角度来考虑，而企业当期的研究与开发（R&D）投入是最常用的衡量研发创新的测度指标。但是由于研发活动本身是具有风险的，使研发投入不一定能百分百转化为创新产出（贾俊生等，2017）。相比之下，研发产出比较实际地反映了创新活动的成果，可以更加直观地体现企业的创新水平（余明桂等，2016）。

表1 变量的选取和计算方法

类别	变量名称	变量符号	计算方法
被解释变量	专利申请总量	$patent\_1$	ln（当年公司为申请人的申请专利的总数+1）
	发明申请	$patent\_2$	ln（当年申请发明专利的个数+1）
	实用新型和外观设计申请	$patent\_3$	ln（实用新型申请+外观设计申请+1）
	研发投入	lnrd	该年内公司研发投入费用取对数
解释变量	开通沪港通时间	$time$	上市公司开通沪港通时间起记为1，否则为0
	纳入沪港通标的	$list$	被纳入沪港通标的上市公司记为1，否则为0
控制变量	营业收入增长率	$growth$	（本期营业收入-上期营业收入）/上期营业收入
	企业资产负债率	lev	期末总负债合计/期末总资产合计
	现金流比例	$cash$	期末现金及现金等价物余额/资产总计
	上市公司年限	age	ln（$year$-上市年份+1）
	股权性质	soe	若股权性质为"国企"取值为1，否则为0
	董事人数	$board$	ln（董事人数）
	独董占比	$outdir$	独立董事人数/董事人数
	高管兼任情况	$dual$	若董事长与总经理存在兼任取1，否则为0
	第一大股东持股比率	top	第一大股东持股数/股本总数
	总资产净利润率	roa	净利润/期末总资产
机制检验变量	融资约束（SA指数）	SA	$SA=-0.737×size+0.043×size^2-0.04×age$
	信息机制（分析师关注度）	coverage	该年内对公司进行研究的证券分析师人数取对数
哑变量	年度固定效应	Year	年度哑变量
	行业固定效应	Ind	行业哑变量，根据证监会行业代码进行划分

在相关文献中，衡量创新产出的直接指标一般是采用企业的专利申请数量、专利授权数量或引用数量（贾俊生等，2017）。相比专利申请，专利授予需要缴纳年费，而且存在从申请到授予的滞后。企业为了保证自己的创新成果不被其他企业抢占，一般都会在研发成功的第一时间进行专利登记注册，因此专利申请会比授权更具有时效性，能够更好地反映企业技术创新产出的水平。另外，考虑到专利申请数据存在右偏问题，参考相关文献（余明桂等，2016；Balsmeier et al.，2017）。本文以企业当年度专利申请数的自然对数（$patent\_1=$ln（当年公司为申请人的申请专利总数+1））来度量企业创新能力。同时因为不同专利申请含金量不同，反映的企业创新能力也有所不同，本文还将专利申请细分为发明专利申请（$patent\_2$）、实用新型和外观设计专利申请（$patent\_3$），以分析企业的实质技术创新水平（黎文靖和郑曼妮，2016）。本文同时也考虑到专利申请、授权等直接指标具有长期性的特征，不一定适合反映特定期间的创新活动。参考相关文献，企业研发投入以货币作为计价单位，衡量特定时间段企业创新具有较好的可比性。为了保证实证结果稳健性，本文借鉴任海云和宋伟宸（2017）、Laursen和Salter（2006）的做法，选取企业研发投入费用的对数作为替换被解释变量进行稳健性检验。

（2）解释变量。本文根据筛选样本中的制造业上市公司是否加入沪港通衡量资本市场的开放在企业层面技术创新水平的影响。若该上市公司在沪港通的名单中，则二值虚拟变量$list$取值为1，否则$list$取值为0。同时，如上文所述，考虑到专利申请数量等技术创新指标具有长期性和滞后性特点，本文将2015~2017年作为"沪港通"政策出台之后的时期并取值为1，即二值虚拟变量$time_{year \geq 2015}=1$，否则$time_{2007 \leq year \leq 2014}=0$。由此，$time$和$list$的交互项即$listpost_{ct}=time_t×list_c$即为本文研究的核心解释变量，它衡量了沪港通这一交易制度的确立对企业技术创新水平的因果效应，若交互项 *listpost* 显著为正，则说明沪港通制度的确立对企业技术创新产生了正向效应。此外，为研究沪港通制度对企业技术创新水平的动态效应，本文设定了虚拟变量 *listyear*15、*listyear*16 和 *listyear*17，虚拟变量值为 1 分别代表当年上市公司成为沪港通试点后的第 1 年内、第 2 年内和第 3 年内，用以探讨上市公司的技术创新水平在实施沪港通政策后各三年内的动态变化。

（3）控制变量。借鉴连立帅等（2019）、邓伟和陆敏（2019）、Campello 和 Graham（2013）等研究，本文的控制变量选取具体如下：企业营业收入增长率（*growth*）、现金流比例（*cash*）、上市公司年限（*age*）、企业资产负债率（*lev*）、股权性质（*soe*）、董事人数（*board*）、独董占比（*outdir*）、高管兼任情况（*dual*）、第一大股东持股比率（*top*）、总资产净利润率（*roa*），各变量的具体计算方式如表 1 所示。此外，为控制内生性问题以及考虑研发投资是一项长期的投资行为，成果的获取和转化需要一定时间。参考 Mathers 等（2017）、黎文靖和郑曼妮（2016）的做法，本文对所有解释变量采取了滞后一期和二期处理，并采用聚类到公司层面的稳健标准误，以减少公司层面的聚集效应对标准误的影响。

（4）机制检验变量。①融资约束变量。衡量融资约束的指标主要包括 *KZ*、*WW*、*SA* 这三种。*KZ* 指数和 *WW* 指数是衡量企业融资约束的常用指标，但它们的计算所需使用的现金流和资本存量等指标本身就与融资约束相关，从而易导致内生性问题，而 *SA* 指数是根据企业规模 *size* 和企业年龄 *age* 所计算的，因此相比 *KZ* 指数和 *WW* 指数更具有外生性。本文参考 Hadlock 和 Pierce（2010）的做法，选取 *SA* 指数作为衡量融资约束的指标。*SA* 指数的计算结果是负值，其绝对值越大则代表着企业面临的融资约束越大，反之则越小。②信息机制变量。我国证券交易市场相比发达国家仍存在诸多不足，保护投资者的法律缺乏、上市公司信息披露的时效性不足，而证券分析师实际上成为了有效的法律外替代机制，他们对企业的关注一定程度上可以降低信息不透明对个股风险的影响（潘越等，2011；王菁等，2014）。在某种程度上，证券分析师关注度可以有效地降低管理者与股东之间存在的信息不对称。此外，通过分析师关注度这一中间渠道还能进一步提高分析师盈余预测准确度（周开国等，2014）。因此，本文选取该年内对公司进行研究的证券分析师人数表示分析师关注度作为信息机制变量，以此探究沪港通的开通是否通过增强股价信息含量进而提高技术创新水平。

各变量的描述性统计具体如表 2 所示。

表 2　描述性统计

变量	N	mean	sd	min	25 分位数	中位数	75 分位数	max
patent_1	8982	3.0608	1.4741	0.6931	1.9459	2.9444	3.9318	8.6526
patent_2	8982	2.1464	1.4976	0.0000	1.0986	1.9459	3.0445	8.4353
patent_3	8982	2.4091	1.5863	0.0000	1.0986	2.3979	3.3673	7.7932
growth	8982	0.2310	2.0410	−0.9861	−0.0202	0.1007	0.2472	149.0823
lev	8235	0.4672	0.1990	0.0071	0.3158	0.4721	0.6206	0.9947
cash	8235	0.1576	0.1206	0.0000	0.0735	0.1256	0.2066	0.9359
age	8181	2.2137	0.7672	0.0000	1.7918	2.3979	2.7726	3.3322
soe	8166	0.5676	0.4954	0.0000	0.0000	1.0000	1.0000	1.0000
board	8197	2.1864	0.2038	1.0986	2.0794	2.1972	2.1972	2.8904
outdir	8197	0.3685	0.0536	0.0909	0.3333	0.3333	0.4000	0.8000
dual	8101	0.1717	0.3771	0.0000	0.0000	0.0000	0.0000	1.0000

变量	N	mean	sd	min	25 分位数	中位数	75 分位数	max
top	8235	0.3637	0.1556	0.0395	0.2431	0.3404	0.4746	1.0000
roa	8235	0.0388	0.0577	−2.8341	0.0142	0.0334	0.0596	0.5580
lnrd	8600	17.5852	1.517	5.0938	16.7237	17.5681	18.4505	25.0252
sa	8181	−3.1548	0.1535	−3.2912	−3.2417	−3.1975	−3.1235	−1.6288
coverage	8600	2.0072	0.8875	0.6931	1.0986	2.0794	2.7081	4.3944

四、实证结果及分析

（一）基准模型回归结果

表 3 中的模型（1）、模型（3）及模型（5）和模型（2）、模型（4）及模型（6）分别是未加入控制变量和加入控制变量的基准回归模型。由于回归全表长度过长，严重影响页面布局，因此本文这里只报告了解释变量和常数项，全表可以在附录中查询，在未作说明的情况下，后面的表格也照此处理。

表 3 "沪港通"交易制度对企业技术创新的影响基准回归

变量	模型（1） *patent_1*	模型（2） *patent_1*	模型（3） *patent_2*	模型（4） *patent_2*	模型（5） *patent_3*	模型（6） *patent_3*
listpost	0.2606***	0.2545***	0.2800***	0.2586***	0.2207***	0.2300***
	(6.46)	(6.00)	(6.71)	(5.88)	(4.75)	(4.68)
growth		0.0092		0.0282*		−0.0016
		(0.57)		(1.71)		(−0.09)
lev		0.3332**		0.3257**		0.3477**
		(2.53)		(2.39)		(2.28)
cash		0.1519		0.1963		0.1566
		(1.00)		(1.24)		(0.89)
age		0.0552		0.0620		0.0812
		(1.01)		(1.09)		(1.28)
soe		0.0849		0.1460		0.1325
		(0.80)		(1.32)		(1.07)
board		0.0680		0.2031*		−0.0017
		(0.64)		(1.83)		(−0.01)
outdir		−0.0094		0.2680		−0.3401
		(−0.03)		(0.84)		(−0.96)
dual		0.0112		−0.0069		0.0061
		(0.28)		(−0.16)		(0.13)
top		−0.5430***		−0.2383		−0.6245***
		(−2.68)		(−1.14)		(−2.67)

变量	模型（1）	模型（2）	模型（3）	模型（4）	模型（5）	模型（6）
	$patent\_1$	$patent\_1$	$patent\_2$	$patent\_2$	$patent\_3$	$patent\_3$
roa		0.5688 **		0.6217 **		0.3593
		(2.44)		(2.57)		(1.33)
$\_cons$	1.4174 ***	1.1488 **	1.1687 ***	0.3282	0.3907	0.3502
	(4.28)	(2.40)	(3.41)	(0.66)	(1.02)	(0.63)
Year&Ind	YES	YES	YES	YES	YES	YES
R^2	0.2808	0.2826	0.2698	0.2696	0.1974	0.2003
N	8882	8546	8882	8546	8882	8546

注：标准误为聚类到公司层面，括号内为 t 统计量，∗、∗∗ 和 ∗∗∗ 分别表示 10%、5% 和 1% 的显著性水平，如无特别说明，以下各表同。

从制造业企业技术创新水平对"沪港通"核心解释变量的回归结果可以发现：不管有无加入控制变量，结果都较为显著且为正，六个模型的整体显著性良好。其中，在加入控制变量且同时控制年份和行业效应情况下，"沪港通"的交互项 $listpost$ 的系数在模型（2）中为 0.2545（在 1% 的水平下显著），在模型（4）和模型（6）中的 $listpost$ 系数分别为 0.2586、0.2300（均在 1% 的水平下显著），这说明专利申请数、发明以及实用新型 & 外观设计申请数对沪港通制度变量的回归结果基本保持一致。对于上市企业而言，"沪港通"开放的试点企业其专利申请量、发明申请量和实用新型和外观设计申请量均显著地大于非"沪港通"标的的上市企业，从而表明"沪港通"交易制度确实会对制造业企业的技术创新水平提升起到一个正向的净效应，假设 1 因而得到验证。

由于制造业企业的技术创新属于一项长期的研发投入和产出行为，表 4 考虑到"沪港通"对制造业企业技术创新水平的影响存在一定时间滞后性的基准回归结果。参照邓伟和陆敏（2019）的做法，本文在式（1）的模型基础之上对所有解释变量分别取滞后一期和滞后二期处理，即下边的 n 取 1 和 2。结果表明，不管对自变量取滞后一期还是二期，交互项 $listpost$ 的系数在 1% 显著性水平下均显著为正，说明"沪港通"制度的开放会对企业创新水平产生正向影响，因此即使对解释变量滞后 1~2 期，假设 1 同样成立。值得一提的是，交互项 $listpost$ 在（1）列和（2）列中的系数分别比（4）列和（5）列中的系数更大，即"沪港通"在滞后一期的影响比滞后二期的影响更大，换言之，"沪港通"的开通对专利申请数和发明申请数的促进效应会较快显现出来，而不存在明显的延迟性。而在（6）列中的 $listpost$ 系数比在（3）列中的系数更大，即"沪港通"的开通对实用新型和外观设计申请数的促进效应存在一定的延迟性。总体而言，表 3 和表 4 基准回归结果显示，不管有无滞后，"沪港通"交易制度的开通对企业技术创新水平均产生积极的正向效果。考虑这一点，在无特别说明的情况下，后文关于企业技术创新的稳健性检验、机制分析和分组讨论中，只列出未对解释变量取滞后的回归结果。

表 4 "沪港通"交易制度对企业技术创新的影响滞后效应

变量	滞后一期			滞后二期		
	（1）	（2）	（3）	（4）	（5）	（6）
	$patent\_1$	$patent\_2$	$patent\_3$	$patent\_1$	$patent\_2$	$patent\_3$
$listpost$	0.2641 ***	0.2321 ***	0.2316 ***	0.2563 ***	0.2092 ***	0.2658 ***
	(5.61)	(4.70)	(4.24)	(4.34)	(3.35)	(3.87)

变量	滞后一期			滞后二期		
	（1）	（2）	（3）	（4）	（5）	（6）
	patent_1	*patent_2*	*patent_3*	*patent_1*	*patent_2*	*patent_3*
growth	−0.0236	−0.0008	−0.0417*	−0.0242	−0.0088	−0.0374
	（−1.22）	（−0.04）	（−1.86）	（−1.19）	（−0.41）	（−1.58）
lev	0.3836***	0.3718**	0.3334**	0.1478	0.1767	0.0240
	（2.70）	（2.50）	（2.02）	（0.95）	（1.08）	（0.13）
cash	−0.0850	0.1062	−0.2431	−0.1750	−0.0961	−0.1024
	（−0.52）	（0.62）	（−1.29）	（−0.99）	（−0.52）	（−0.50）
age	0.0918	0.0869	0.1021	0.0512	0.0620	0.0757
	（1.58）	（1.42）	（1.51）	（0.81）	（0.93）	（1.03）
soe	0.1826*	0.2791**	0.2501**	0.2200*	0.2935**	0.2382*
	（1.66）	（2.43）	（1.96）	（1.93）	（2.44）	（1.79）
board	0.0481	0.2612**	−0.0479	−0.0495	0.0966	−0.2162
	（0.43）	（2.23）	（−0.37）	（−0.41）	（0.75）	（−1.52）
outdir	0.5850*	0.5009	0.3828	0.1067	0.1878	−0.3752
	（1.82）	（1.49）	（1.03）	（0.32）	（0.53）	（−0.96）
dual	−0.0199	−0.0242	−0.0358	0.0444	0.0321	0.0255
	（−0.46）	（−0.54）	（−0.72）	（0.95）	（0.65）	（0.47）
top	−0.0522	0.2852	−0.1002	0.0730	0.4280	−0.0553
	（−0.23）	（1.22）	（−0.39）	（0.30）	（1.64）	（−0.19）
roa	1.5651***	1.5487***	1.4747***	1.3944***	1.3237***	1.1749***
	（4.96）	（4.68）	（4.03）	（4.19）	（3.77）	（3.04）
_cons	1.0324**	−0.0624	0.5102	1.6163***	0.8847	1.1870*
	（2.05）	（−0.12）	（0.87）	（2.98）	（1.55）	（1.88）
Year&Ind	YES	YES	YES	YES	YES	YES
R^2	0.2511	0.2344	0.1794	0.2173	0.2027	0.1557
N	8024	8024	8024	8466	8466	8466

（二）动态影响效应

基准模型只是初步展示了"沪港通"政策在企业技术创新的影响效应，但是无法对短期的政策效果进行有效评估，仅仅是反映长期内的平均效应。为了进一步检验"沪港通"交易制度的建立对企业技术创新的动态边际效应，借鉴何靖（2016）的做法，本文在式（1）的基础上引入时间虚拟变量，如式（2）所示：

$$\ln(Patents_{i,t} + 1) = \beta_0 + \beta_1 list_{i,t} + \beta_2 t2015_{i,t} + \beta_3 t2016_{i,t} + \beta_4 t2017_{i,t} + \beta_5 listyear15_{i,t} +$$

$$\beta_6 listyear16_{i,t} + \beta_7 listyear17_{i,t} + \beta_8 Control_{i,t} + \sum_{i=1}^{k} Ind_i + \sum_{t=1}^{q} Year_t + \varepsilon_{it}$$

（2）

其中，*t*2015、*t*2016 和 *t*2017 分别是对应于 2015 年、2016 年和 2017 年的时间虚拟变量，即分

别在 2015 年、2016 年和 2017 年取值为 1，其他年份取值为 0，然后将其与分组变量 $list$ 做交互项可得到 $listyear15$、$listyear16$ 和 $listyear17$。因此可看到，2015 年时处理组（$list=1$）和对照组（$list=0$）的企业技术创新水平分别为 $\beta_0+\beta_1+\beta_2+\beta_5$ 和 $\beta_0+\beta_2$，进而处理组和对照组在 2011 年的企业技术创新水平差异为 $\beta_1+\beta_5$；同理，处理组和对照组在 2016 年的企业技术创新水平差异为 $\beta_1+\beta_6$，在 2017 年的差异为 $\beta_1+\beta_7$。显然，三者都有一个共同系数 β_1。由此，本文在考察"沪港通"的开通对企业技术创新水平的动态边际效应时，着重关心的是交互项 $listyear15$、$listyear16$ 和 $listyear17$ 的系数 β_5、β_6 和 β_7。

表 5 列出了式（2）的回归结果。当因变量为 $patent\_1$ 即为专利申请数时，不管有无加入控制变量，$listyear15$、$listyear16$ 和 $listyear17$ 系数均显著为正，说明 2015 年企业技术创新水平的波动率在 2015 年、2016 年和 2017 年均显著为正，且其边际效应表现为一直上升。当因变量为 $patent\_2$ 即发明申请数和 $patent\_3$ 即实用新型和外观设计申请数时，交互项依然均显著为正，只有当因变量为 $patent\_3$ 在无控制变量情况下 $listyear15$ 系数在 10% 的置信水平下显著为正，在有控制变量情况下，$listyear15$ 系数在 5% 的置信水平下显著为正，其系数的显著性说明"沪港通"对实用新型和外观设计申请数的影响可能具有滞后性，系数的大小则表明 $patent\_3$ 在 2017 年有较明显和更高的提升幅度。从 $patent\_1$ 和 $patent\_2$ 的显著性和系数大小来看，滞后效应并不强。因此，表 5 的结果表明对实用新型和外观设计申请数的影响略具有滞后效应，但并不明显。更多是"沪港通"交易制度的开通对企业技术创新水平的影响是具有即时性的，且随着时间的推移，"沪港通"的开通对企业技术创新水平的促进效应更加明显，由此验证了假设 2。

表 5 "沪港通"交易制度对企业技术创新的影响动态效应

变量	（1） $patent\_1$	（2） $patent\_1$	（3） $patent\_2$	（4） $patent\_2$	（5） $patent\_3$	（6） $patent\_3$
$listyear12$	-0.0509 (-0.80)	-0.0700 (-1.09)	-0.0812 (-1.24)	-0.0860 (-1.29)	0.0165 (0.23)	-0.0221 (-0.30)
$listyear13$	-0.0046 (-0.07)	-0.0206 (-0.33)	0.0077 (0.12)	-0.0177 (-0.27)	0.0108 (0.15)	-0.0037 (-0.05)
$listyear14$	0.1568* (2.56)	0.1552 (2.50)	0.1571 (2.49)	0.1468 (2.28)	0.1946 (2.77)	0.1837 (2.56)
$listyear15$	0.1588*** (2.61)	0.1484** (2.40)	0.2167*** (3.44)	0.1878*** (2.93)	0.1290* (1.84)	0.1414** (1.97)
$listyear16$	0.2567*** (4.25)	0.2424*** (3.91)	0.2674*** (4.28)	0.2333*** (3.63)	0.1970*** (2.83)	0.1951*** (2.72)
$listyear17$	0.3648*** (6.05)	0.3780*** (6.06)	0.3551*** (5.70)	0.3586*** (5.55)	0.3345*** (4.82)	0.3583*** (4.96)
$\_cons$	1.4366*** (4.32)	1.2965*** (2.70)	1.1880*** (3.45)	0.4756 (0.96)	0.4130 (1.08)	0.4981 (0.90)
Control	NO	YES	NO	YES	NO	YES
$Year\&Ind$	YES	YES	YES	YES	YES	YES
N	8882	8546	8882	8546	8882	8546
R^2	0.2761	0.2784	0.2646	0.2655	0.1950	0.1978

注：其中 $listyear12$、$listyear13$ 和 $listyear14$ 为"平行趋势检验"回归结果。

（三）内生性处理

考虑到"沪港通"这一资本市场开放事件对企业技术创新的影响可能存在"反事实"（Counter Factual）问题。"反事实"意味着现有的数据只反映一家制造业上市企业成为了"沪港通"试点后的情况，却不能反映如果其没能成为"沪港通"试点时的情况，从而导致研究存在缺陷。事实上，双重差分法的重要前提是假定两组样本的关键变量具有一样的"时间效应"趋势，这样一来在实验前后两组变量系数的变化就将纯粹是"政策处理效应"带来的变化。但是在现实中，企业能否进入"沪港通"试点有可能是非随机的，其会受到企业自身因素（如规模、资金）和政府意图（规划、政企关系）等因素导致的内生性问题。换而言之，创新能力强的公司可能同时具有更强大的实力，因而更容易被选为试点企业，进而导致"沪港通"试点企业的选择过程非随机。为解决由"反事实"带来的内生性影响，在回归模型中控制了行业与年度效应。同时在识别处理效应时利用了样本的横截面变异和时间变异，这实质上属于广义的双重差分估计模型（丰若旸和温军，2019；Cameron and Trivedi，2005），并且一般用于分析多期发生的"自然实验"。

由于没有明确证据能够证明一家制造业公司能否成为"沪港通"试点企业与其技术创新水平是否有关，而且考虑到政府部门选择试点企业时确实可能是因为其本身就具有较高的技术创新水平。换句话说，不是因为"沪港通"的开放提高了企业的技术创新水平，而是在"沪港通"开放发生之前，政府就选择了创新能力强的公司作为试点标的企业（"选择假说"）。因此，企业的技术创新水平和"沪港通"的选择之间有可能存在内生关系。为了保证"沪港通"标的公司和非标的公司之间尽量不存在系统性差异，减少系统性差异对实证分析造成的偏误，借鉴冯根福等（2017）和Wen等（2018）的研究方法，选择采用倾向得分匹配（Propensity Score Matching，PSM）这种方法。通过为每个"沪港通"标的企业去倾向匹配特征相似的非标的企业，尽最大可能使该制度的选择过程增强随机性，减少企业创新水平对随机选择过程的影响。以此来减少"反事实样本数据"缺失的影响与内生性问题的发生，保证回归结果的有效性。

1. PSM-DID 模型

当存在样本选择偏误时，要保证实验处理组和对照组之间具有可比性是必要的。倾向得分匹配（Propensity Score Matching，PSM）方法可以改善样本选择偏差，从而解决这一问题。倾向得分匹配方法的基本思想是，通过评分去选择一个和新进入"沪港通"的标的企业（处理组）成为标的企业前的主要特征最为相近的非标的企业作为对照组。通过这种处理，两个样本组的配对企业仅在是否成为"沪港通"标的企业有所不同，其他各个主要特征会保持相近。构建匹配得分的具体步骤为：首先，计算每个企业的倾向得分值（Pscore）。具体方法是构建一个二元虚拟变量做被解释变量的模型，对处理组取值为1，对照组取值为0，解释变量则选取能够影响企业之间主要特征的相近程度的若干指标。一家企业新进入"沪港通"的概率（倾向得分）为：

$$P = Pr\{DZ_{it} = 1\} = F\{X_{it}\} \tag{3}$$

其中，X_{it} 代表企业进入"沪港通"的影响因素，即所谓特征变量。

其次，根据不同企业的倾向得分值去制定具体的匹配方法。对于每个处理组的企业 i，我们从对照组中寻找到与其倾向得分最为接近的企业作为其对照组。

最后，我们再使用重新匹配后的对照组和处理组进行 DID 估计，对应的估计模型重新设计为：

$$\ln(Patents_{i,t} + 1)^{PSM} = \beta_0 + \beta_1 listpost_{i,t} + \sum_{i=1}^{N} \alpha_i X_{i,t} + \varepsilon_{it} \tag{4}$$

$X_{i,t}$ 代表了影响企业技术创新的控制变量，也包括影响上市企业是否能够进入"沪港通"的特征变量。DID 方法通过双重差分可以分离出"政策处理效应"，但无法避免存在样本偏差问题；PSM 有助于处理样本偏差问题。因此，综合运用 PSM-DID 方法时，通过将二元虚拟变量对控制变量进行 Logit 回归，可以得到倾向得分值，倾向得分值最接近的企业被选择为"沪港通"标的企业的配对企业。通过倾向得分匹配方法，本文可以减少不同企业创新水平上的系统性差异以及 DID 估计偏误，进而能够更为准确地估计"沪港通"的开通对企业技术创新水平是否具有因果联系（董艳梅和朱英明，2016）。

2. 共同支撑假设

进行 PSM-DID 估计前，还需进行有效性检验。首先，需要检验共同支撑假设。共同支撑假设反映了匹配之后的实验组和控制组之间是否平衡，还检验了两者协变量均值在匹配前后是否发生了显著差异。如果不存在显著差异，使用 PSM-DID 方法就是适宜的。从表6 的检验结果的 P 值前后变化可反映出在匹配后所有变量均未发生显著的差异。其次，在具体估计中，本文使用核匹配法估计来检验"沪港通"交易制度的开通对企业技术创新水平的作用是否稳健。在正式估计之前，本文报告了两组匹配的效果（见图2），通过倾向得分值密度函数图，我们可以看到经过匹配之后实验组和控制组倾向得分值的概率密度相比匹配前已经变得十分接近，则说明本文的匹配效果较好。因此，在共同支撑假设基础上进一步证明了本文采用 PSM-DID 方法的可行性和合理性。

表6 平衡性检验结果（共同支撑假设）

变量	样本	均值差异检验				标准化差异检验	
		处理组均值	对照组均值	t 检验	P 值	标准化差异	降幅（%）
growth	匹配前	0.14277	0.18310	-1.60	0.110	-7.1	
	匹配后	0.14179	0.14951	-0.38	0.704	-1.4	80.9
lev	匹配前	0.50624	0.45722	6.61	0.000	26.2	
	匹配后	0.50763	0.50668	0.10	0.918	0.5	98.1
cash	匹配前	0.14244	0.15308	-2.51	0.012	-9.8	
	匹配后	0.14207	0.14090	0.23	0.822	1.1	89.0
age	匹配前	2.65430	2.14590	20.20	0.000	87.5	
	匹配后	2.65220	2.61030	1.95	0.052	7.2	91.7
soe	匹配前	0.66133	0.52450	7.27	0.000	28.1	
	匹配后	0.66253	0.65851	0.17	0.865	0.8	97.1
board	匹配前	2.21440	2.18550	3.78	0.000	13.9	
	匹配后	2.21370	2.2180	-0.41	0.681	-2.1	85.2
outdir	匹配前	0.37666	0.36875	3.75	0.000	13.6	
	匹配后	0.37647	0.37554	0.31	0.760	1.6	88.3
dual	匹配前	0.14163	0.18821	-3.19	0.001	-12.6	
	匹配后	0.13896	0.13588	0.18	0.858	0.8	93.4
top	匹配前	0.39255	0.35931	5.80	0.000	21.7	
	匹配后	0.39114	0.40058	-1.20	0.230	-6.2	71.6
roa	匹配前	0.04637	0.03783	3.74	0.000	15.8	
	匹配后	0.04537	0.04682	-0.61	0.544	-2.7	83.0
R^2	匹配前	0.144					
Pseudo	匹配后	0.002					

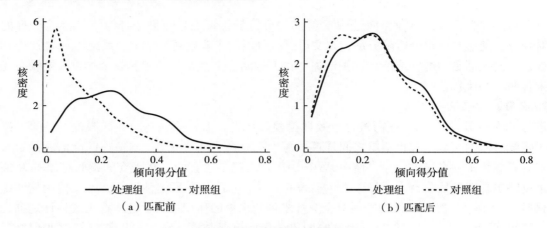

图2　样本匹配前后倾向得分的核密度变化趋势

3. 匹配后基准回归

表7为使用PSM-DID回归后的结果，"沪港通"交易制度的开通依然显著提高了企业技术创新水平，分别在1%的显著性水平下提升了22.6%的专利申请数、在5%的显著性水平下提升了18.5%的发明申请数以及在5%的显著性水平下提升了19%的实用新型和外观设计申请数。PSM-DID估计的结果与前文基准回归的结果在系数上并未发生显著差异，进而支撑了本文实证结论，"沪港通"的开通对企业技术创新水平的正向效应确实是显著的。

表7　PSM-DID回归

	变量	*patent*_1	*patent*_2	*patent*_3
"沪港通"政策前	处理组（C）	2.512	1.599	1.938
	对照组（T）	3.380	2.543	2.628
	差分（T-C）	0.869	0.944	0.690
	标准误	0.048	0.047	0.053
	T值	18.26	20.04	13.03
	P值	0.000***	0.000***	0.000***
"沪港通"政策后	处理组（C）	2.988	2.093	2.436
	对照组（T）	4.082	3.222	3.316
	差分（T-C）	1.094	1.129	0.880
	标准误	0.073	0.076	0.082
	T值	15.00	14.78	10.720
	P值	0.000***	0.000***	0.000***
双重差分结果	差分值	**0.226**	**0.185**	**0.190**
	标准误	0.087	0.090	0.098
	T值	2.590	2.060	1.950
	P值	**0.010*****	**0.039****	**0.051****

（四）稳健性检验

1. 平行趋势检验

双重差分法要求在"沪港通"政策冲击之前，处理组和对照组企业的技术创新水平维持基本平行的时间趋势。为此，本文引入分组变量与沪港通政策出台之前各年度虚拟变量的交叉项进行平行趋势检验，具体方法是在回归中同时引入 $list \times Year2012$、$list \times Year2013$ 和 $list \times Year2014$ 变量。其中，$Year2012$ 在 2012 年取值为 1，其他年份取值为 0；$Year2013$ 在 2013 年取值为 1，其他年份取值为 0；$Year2014$ 在 2014 年取值为 1，其他年份取值为 0。$list \times Year2012$、$list \times Year2013$ 与 $list \times Year2014$ 系数不显著。这表明，在"沪港通"政策出台之前，处理组和对照组企业技术创新水平的差异没有发生显著变化，从而验证了双重差分方法的平行趋势假设。

2. 缩短时间窗口

本文的回归主要基于 2007~2017 年的全样本，但"沪港通"开通发生在 2014 年，政策实施前的时期可能过长。为了稳健性起见，同时考虑到受 2008 年全球性金融危机的影响，缩短样本时间段为 2010~2017 年。回归结果与前文结论保持一致①。

3. 替换被解释变量

不少文献研究表明研发投入规模与企业的技术创新水平有明显的正相关关系（任海云和宋伟宸，2017）。本文采用研发投资规模替换被解释变量作为稳健性检验。借鉴任海云和宋伟宸（2017）的研究方法，选用年度研发支出（包括资本化与费用化）总额的对数值来反映企业研发投入的规模，并放入基准回归模型重新进行 DID 回归。考虑到所选变量与被解释变量之间可能会产生反向影响和内生性问题，同时研发投入与产出本身可能存在滞后效应，本文对所有控制变量分别取滞后一期和滞后二期重新进行回归，另外也进一步探讨了动态边际效应。从回归结果②可以看出，不管有无加入控制变量，还是滞后 1~2 期，上市公司加入"沪港通"样本股后能够显著提升自身研发投资规模。此外，无加入控制变量的（3）列和有加入控制变量的（4）列均显示出，随着"沪港通"的开通对企业的研发投入规模也在逐渐加大，尤其是在 2017 年，"沪港通"对企业的研发投入促进作用更加显著，从而检验了本文结论的稳健性。

（五）影响机制分析

从前文的实证结果来看，"沪港通"交易制度的开通确实能够显著提升企业技术创新水平，但该交易制度提升企业技术创新水平的作用机制是什么？正如理论机制分析部分所阐述，"沪港通"的开通可能通过降低企业的融资约束增强企业外部融资从而提高企业技术创新水平。此外，"沪港通"的开通也可能通过减少双方信息不对称，增强股价信息含量进而提高企业技术创新水平。为验证这两个机制，借鉴 Baron 和 Kenny（1986）、温忠麟等（2004）提出的中介效应检验方法，同时为验证假设 3 和假设 4，构建如下机制验证模型：

$$\ln(Patents_{i,t} + 1) = \beta_0 + \beta_1 listpost_{i,t-n} + \beta_3 Control_{i,t-n} + \sum_{i=1}^{k} Ind_i + \sum_{t=1}^{q} Year_t + \varepsilon_{it} \tag{5}$$

$$M_{i,t} = \alpha_0 + \alpha_1 listpost_{i,t-n} + \alpha_3 Control_{i,t-n} + \sum_{i=1}^{k} Ind_i + \sum_{t=1}^{q} Year_t + \varepsilon_{it} \tag{6}$$

$$\ln(Patents_{i,t} + 1) = \varphi_0 + \varphi_1 listpost_{i,t-n} + \varphi_2 M_{i,t-n} + \varphi_3 Control_{i,t-n} + \sum_{i=1}^{k} Ind_i + \sum_{t=1}^{q} Year_t + \varepsilon_{it} \tag{7}$$

---

① 因篇幅限制，稳健性检验结果请见文末附表 1。

② 因篇幅限制，稳健性检验结果请见文末附表 2 和附表 3。

其中，M 为中介变量，在下面分别表示融资约束（SA）、信息含量（$coverage$）；政策的总效应为 β_1，直接效应为 φ_1，变量 M 的间接效应（中介效应）为 $\alpha_1\varphi_2$，前文中 β_1 显著为正。按照中介效应模型的检验步骤，如果回归中 φ_1 和 φ_2 均显著为正且 φ_1 的系数有所减小，则说明 M 是部分中介变量；如果 φ_1 显著为正 φ_2 显著为负，且 φ_1 的系数有所增大，仍说明 M 是部分中介变量；如果 φ_1 不显著 φ_2 显著，则 M 为完全中介变量。

1. 融资约束机制

前文已经基于式（1）进行了基准回归，从表3的（2）列、（4）列和（6）列可以看出，在不加任何中介变量的情况下，其基准回归结果表明政策效应分别为 25.45%、25.86% 和 23%。接下来，本文将"沪港通"的开通对企业技术创新水平的融资约束 SA 和信息含量 $coverage$ 作为中介变量 M，对式（6）和式（7）进行中介效应检验，估计结果如表8所示。从表8的（1）列中可以看出融资约束负向指标（SA 指数）的回归系数均为正，且在 1% 的水平上显著，说明"沪港通"的开通能够显著提高上市公司的 SA 指数，即缓解上市公司的融资约束。在分别加入相应中介变量后，（2）~（4）列中的 $listpost$（即 φ_1）和 sa（即 φ_2）均显著为正，φ_1 的系数有所减小（依次为16.11%、15.38% 和 12.30%）。由此可见，从估计结果来看，所选取的中介变量都是部分中介，符合理论预期。接着本文构造 $Sobel$ 统计量，对中介变量的系数再次进行检验。具体方法是通过计算乘积项 $\alpha_1\varphi_2$ 的标准误，公式为 $s_{\alpha_1\varphi_2}=\sqrt{\hat{\alpha}_1^2 s_{\varphi_2}^2+\hat{\varphi}_2^2 s_{\alpha_1}^2}$，其中 s 代表相应估计系数的标准误，检验的统计量 $Z=\hat{\alpha}_1\hat{\varphi}_2/s_{\alpha_1\varphi_2}$。通过对相应的中介变量进行计算，得到对应的 Z 统计量也都通过了 1% 水平的显著性检验。这里说明了"沪港通"的开放对企业技术创新水平的提高会受到企业融资约束的影响，该制度的开放通过引入境外投资者，缓解了上市公司面临的融资约束，促使这些企业投入更多资金进行研发活动，从而提高了其技术创新水平。这一结论符合前文的论述，并验证了假设3的成立。

表8 "沪港通"开通对企业技术创新影响的融资约束机制检验

变量	(1)	(2)	(3)	(4)
	sa	$patent\_1$	$patent\_2$	$patent\_3$
$listpost$	0.0791***	0.1611***	0.1538***	0.1230**
	(26.21)	(3.48)	(3.19)	(2.27)
sa		1.2828***	1.4389***	1.4684***
		(5.80)	(6.38)	(5.67)
$\_cons$	−3.0411***	5.0517***	4.7062***	4.8181***
	(−121.14)	(6.07)	(5.73)	(4.67)
Control	YES	YES	YES	YES
Year&Ind	YES	YES	YES	YES
N	8582	8546	8546	8546
R^2	0.9149	0.8167	0.8095	0.7886

2. 信息含量机制

表9为信息含量机制的检验结果，表中（1）列为式（6）且当 M 为信息含量（$coverage$）作为中介变量时的回归结果，从回归系数均显著为正说明"沪港通"的开通对提升分析师关注度有明显的促进作用。但是具体"沪港通"的开通促进企业技术创新的机制还需第三步检验。第三步检验结

果也表明，将信息含量（*coverage*）和倍差项同时纳入回归方程后，信息含量机制均显著提高了企业技术创新水平，且"沪港通"的开通提高了企业技术创新水平的效应依然显著，但系数相比未加入中介变量有所变小，因此验证了假设 4 的成立。

表 9 "沪港通"开通对企业技术创新影响的信息含量机制检验

变量	（1）	（2）	（3）	（4）
	coverage	*patent_1*	*patent_2*	*patent_3*
listpost	0.1093 ***	0.1962 ***	0.2011 ***	0.1870 ***
	（-3.09）	（3.71）	（3.61）	（3.16）
coverage		0.0724 ***	0.0815 ***	0.0600 **
		（3.14）	（3.38）	（2.23）
_cons	1.7199 ***	1.0401 **	0.3346	-0.0184
	（5.03）	（2.07）	（0.67）	（-0.03）
Control	YES	YES	YES	YES
Year&Ind	YES	YES	YES	YES
N	8786	8341	8341	8341
R^2	0.6973	0.8406	0.8310	0.8169

综上所述，两个机制分析的检验结果表明"沪港通"的开通可以通过缓解企业的融资约束和增强股价的信息含量两个路径进而提高企业技术创新水平。至此，本文的理论机制分析得到了验证。

（六）进一步讨论：异质性分析

1. 国企和非国企分组

我国商业银行在经营中存在注重风险最小原则的现象，往往会进行有选择的信贷。相比民营企业，国有企业由于有政府的背书，因而更容易获得银行信贷资源（Allen et al.，2005）。现有的不少文献研究表明，银行对民企的信贷支撑相比国企存在着非常明显的所有制歧视。在我国以大银行为主的垄断金融体系格局下，国有和民营企业研发投入面临的融资约束以及对内源和外源融资渠道的依赖，必然会存在显著差异。本文为进一步探究"沪港通"开通对国有和非国有企业之间的企业技术创新水平的差异性进行讨论，基本回归结果如表 10 所示。相比非国有企业，国有企业的专利申请总量（*patent_1*）和发明总量（*patent_2*）均显著大于非国有企业，仅实用新型和外观设计申请（*patent_3*）低于非国企，表明"沪港通"的开通相比非国企，对国有企业的整体技术创新水平促进效应更为显著。一般来说，能够在上交所上市的国有企业不仅规模和资金较为雄厚，而且在财务管理、经营盈利方面等相比一般非国有企业更为健全，从而在研发方面的投入和产出相比非国有企业更多（王婧和蓝梦，2019；张伟和于良春，2019；陈林等，2019）。

表 10 "沪港通"的开通对国企与非国企的异质性影响

变量	国有企业			非国有企业		
	（1）	（2）	（3）	（4）	（5）	（6）
	patent_1	*patent_2*	*patent_3*	*patent_1*	*patent_2*	*patent_3*
listpost	0.2345 ***	0.3105 ***	0.1640 **	0.2154 ***	0.1568 **	0.2339 ***
	（4.01）	（5.20）	（2.48）	（3.17）	（2.16）	（2.88）

变量	国有企业			非国有企业		
	（1）	（2）	（3）	（4）	（5）	（6）
	patent_1	patent_2	patent_3	patent_1	patent_2	patent_3
_cons	0.0668	0.4128	−1.1565	1.9192**	−0.1908	2.1124**
	(0.10)	(0.60)	(−1.51)	(2.55)	(−0.24)	(2.34)
Control	YES	YES	YES	YES	YES	YES
Year&Ind	YES	YES	YES	YES	YES	YES
N	4020	4020	4020	4526	4526	4526
R^2	0.3457	0.3296	0.2620	0.1981	0.1950	0.1358

2. 独立董事高低分组

在资本市场中，公司的独立董事通常审议企业核心事项，并发表他们的专业判断意见。在上市企业并购重组、关联交易等重大事项中，缺少利益纽带关系的独立董事可以充分发挥他们的监督职能。现有的研究表明独董的存在有利于企业股权再融资、进入高壁垒行业，同时还会降低企业遭到违法处罚的风险。Knyazeva 等（2011）的研究还发现企业聘请独董有助于降低管理层履职成本，提高公司治理效率。除此之外，一些研究还认为独董的存在有效抑制了企业大股东掏空行为，而本地任职独董具有位置优越、高效监督等优势（Rao and Tilt, 2016），依据这一逻辑，可合理推测独立董事任职比例的高低体现了企业公司治理完善的水平。

正是基于此，本文以独立董事任职比例高低为切入点，将独立董事人数占董事人数比例是否大于该行业样本均值来划分独立董事的高低。若高于均值，则说明该上市公司的独立董事占比较高，反之则较低。回归结果如表 11 所示，（1）列和（4）列中表明独立董事占比在专利申请总量方面的差距并不明显，而在发明申请、实用新型和外观设计申请方面，"沪港通"的开通对独立董事占比高的公司相比独立董事占比低的公司对企业技术创新水平的促进作用更为显著。

表 11　"沪港通"的开通对独立董事高低的异质性影响

变量	独立董事占比低			独立董事占比高		
	（1）	（2）	（3）	（4）	（5）	（6）
	patent_1	patent_2	patent_3	patent_1	patent_2	patent_3
listpost	0.2576***	0.2063**	0.1940**	0.2572***	0.2996***	0.2400***
	(3.32)	(2.50)	(2.13)	(4.61)	(5.18)	(3.72)
_cons	1.6830**	−0.2919	1.7995*	1.4578*	0.4283	0.5842
	(2.14)	(−0.35)	(1.94)	(1.87)	(0.53)	(0.65)
Control	YES	YES	YES	YES	YES	YES
Year&Ind	YES	YES	YES	YES	YES	YES
N	4611	4611	4611	3935	3935	3935
R^2	0.3090	0.2913	0.2201	0.2460	0.2507	0.1625

3. 两权分离高低分组

两权分离在本文中指的是企业实际控制股东所有权和企业控制权相互分离，这两者之间偏离的程度会导致控股股东战略决策的变化（刘鑫等，2014），也会反映企业投资者对企业健康度认识的变化。换而言之，两权分离水平对企业关于技术创新的决策有影响。由于技术创新是由创新动力、创新能力及两者相互作用的水平所决定的（邵丹等，2017），所以现有的文献关于两权分离高低对是否提高企业技术创新水平的评价不一，不少研究表明较低的两权分离度会降低企业进行技术创新的动力（陈金勇等，2013），但同时也有研究发现两权分离度的提高会降低企业进行技术创新的能力（李健等，2016；Ballas et al.，2012）。为此，本文根据上市公司的两权分离是否大于该行业样本均值来判断两权分离的高低。若高于均值，则说明该上市公司的两权分离度比较高，反之较低。回归结果如表12所示，在发明申请中，两权分离程度低的公司相比两权分离程度高的公司其系数回归估计值更高。在专利申请总量、实用新型和外观设计申请中，两权分离程度高的企业相比两权分离程度低的企业更高，总体而言，"沪港通"交易机制的开通对于两权分离较高的企业促进其技术创新水平效应更为显著。

表12 "沪港通"的开通对两权分离高低的异质性影响

变量	两权分离较低			两权分离较高		
	（1）	（2）	（3）	（4）	（5）	（6）
	patent_1	*patent_2*	*patent_3*	*patent_1*	*patent_2*	*patent_3*
listpost	0.2051***	0.2342***	0.1609**	0.2237***	0.1930**	0.2658***
	(3.73)	(4.17)	(2.52)	(3.00)	(2.44)	(3.06)
_cons	0.5542	0.2689	−0.2040	1.0790	−0.1834	0.3143
	(0.76)	(0.36)	(−0.24)	(1.47)	(−0.24)	(0.37)
Control	YES	YES	YES	YES	YES	YES
Year&Ind	YES	YES	YES	YES	YES	YES
N	4453	4453	4453	4093	4093	4093
R^2	0.2862	0.2782	0.2058	0.2707	0.2513	0.1926

五、结论与实践启示

以2007~2017年中国A股上市的制造业企业为样本，本文构建双重差分模型实证检验了"沪港通"资本市场对外开放这一自然事件对制造业企业技术创新的影响。研究发现：①"沪港通"资本市场开放对制造业企业技术创新能力具有正向促进效应。具体来说，资本市场开放对于中国制造业企业的技术创新具有显著的正向效应。对于发明专利，资本市场开放的积极影响当期就会显现，而对于实用新型专利和外观设计专利，资本市场开放的影响存在一定的延后。②"沪港通"资本市场开放对制造业企业技术创新能力的正向效应会随着时间推移而加强。这是因为研发是一项长期支出，资本市场开放缓解了企业研发中的资金困难，为企业长期技术创新注入了活力。因此随着时间的推移，资本市场开放对企业技术创新行为的正向效应会加强。进一步地，本文检验了"沪港通"交易制度促进制造业企业技术创新的作用机制。③"沪港通"资本市场开放通过缓解企业融资约束促进制造业企业提高技术创新能力。"沪港通"的开通缓解了上市公司面临的融资问题，使这些企业可以投入更多资金进行研发活动，进而提高了其技术创新水平。④"沪港通"资本市场开放可以通过股价信息机制提高制造业企业技术创新能力。本文发现资本市场开放可以通过股价信息机制提高制造业企业的技术创新能力。股价中含有的信息有助于督促管理层调整决策，提高效率，提高企业的技术创新能力。⑤ "沪港通"资本市场开放对异质性制造业企业的技术创新能力影响有所区别。通过对不同所有权、不同独董比例、不同两权分离水平的企业分样本回归。本文发现资本市场开放对于国企、独立董事比例较高以及两权分离水平较好的企业技术创新水平的提升更加显著。

在新冠肺炎疫情的冲击下，我国经济下滑压力进一步增大，而此前提出的"高质量发展"战略无论是基于"沪港通"的资本市场对外开放制度，还是新常态下鼓励企业创新的发展战略在当下都显得至关重要。结合本文的研究结论提出如下实践启示：

第一，持续推进和深化改革开放，在可控的范围内逐步放宽资本市场，放开制造业企业外资持股比例。通过外资的进入缓解了企业研发的融资约束，提高了企业股价的信息含量，督促企业管理层持续进行研发活动，从而提高了企业的技术创新能力。

第二，加强对境外投资者的监管，完善企业审计，提高企业信息披露质量，适当推行黑名单制度。如果想提高企业的股价信息含量，企业应该履行严格的审计程序，信息披露应当及时和准确。政府可以适当推出审计黑名单制度，做到对"黑审计""不披露、假披露"的企业一罚到底。同时，考虑到境外短期机构投资者通过资金的快进快出从内地股市获益，这不仅造成了内地股市的波动，还引致了管理层短视，降低了创新水平，故证监会等相关部门要加大对境外投资者的监管力度，监视"热钱"的流入与流出。

第三，将国有企业混改与资本市场开放结合在一起。本文研究认为资本市场开放对国有企业技术创新的提高相较于非国有企业更为显著，而国有企业混改又是近几年的重要工作，国企混改目前主要是民间资本参加，少见外资参与国企混改。国企混改是一项大工程，如果能推动外资参与国企混改，可能可以发挥"鲶鱼效应"，推动资金雄厚、人才储备多的国企进行更多的研发活动，更好地促使创新驱动国企的高质量发展。

第四，健全我国知识产权保护制度，尤其是在专利保护这方面。由于信息披露揭示了企业专利竞争的最初优势，降低了创新水平，因此要将各类创新分类细化，针对每一类别的创新都制定不同的保护制度，同时特别需要对一些未成形的创新成果进行保护。

参考文献

[1] 王婧，蓝梦. 混合所有制改革与国企创新效率：基于 SNA 视角的分析 [J]. 统计研究，2019，36（11）：90-103.

[2] 张伟，于良春. 创新驱动发展战略下的国有企业改革路径选择研究 [J]. 经济研究，2019，54（10）：74-88.

[3] 陈林，万攀兵，许莹盈. 混合所有制企业的股权结构与创新行为：基于自然实验与断点回归的实证检验 [J]. 管理世界，2019，35（10）：186-205.

[4] 王敬勇，丁媛媛，李新伟，等. "沪港通"交易制度影响企业 R&D 投资的机制研究：股价信息含量的中介作用 [J]. 中国注册会计师，2019（9）：31-34.

[5] 陈运森，黄健峤. 股票市场开放与企业投资效率：基于"沪港通"的准自然实验 [J]. 金融研究，2019（8）：151-170.

[6] 连立帅，朱松，陈关亭. 资本市场开放、非财务信息定价与企业投资：基于沪深港通交易制度的经验证据 [J]. 管理世界，2019，35（8）：136-154.

[7] 马妍妍，俞毛毛，程京京. 资本市场开放促进企业创新了么？：基于陆港通样本的微观证据 [J]. 财经论丛，2019（8）：39-52.

[8] 丰若旸，温军. 沪港通会促进我国国有企业技术创新吗？[J]. 产业经济研究，2019（4）：88-100.

[9] 肖涵，刘芳. 资本账户开放政策对公司融资行为的影响：基于沪港通政策的实证研究

[J]. 经济经纬, 2019, 36 (3): 58-65.

[10] 杨理强, 陈少华, 陈爱华. 内部资本市场提升企业创新能力了吗?: 作用机理与路径分析 [J]. 经济管理, 2019, 41 (4): 175-192.

[11] 辛莹莹, 徐培哲. 资本市场开放与企业投资效率: 来自"沪港通"的经验证据 [J]. 中国注册会计师, 2019 (4): 76-81.

[12] 连立帅, 朱松, 陈超. 资本市场开放与股价对企业投资的引导作用: 基于沪港通交易制度的经验证据 [J]. 中国工业经济, 2019 (3): 100-118.

[13] 徐飞. 银行信贷与企业创新困境 [J]. 中国工业经济, 2019 (1): 119-136.

[14] 邓伟, 陆敏. 股价信息含量对上市公司研发的影响: 基于中国制造业上市公司的实证研究 [J]. 南方金融, 2019 (1): 15-27.

[15] 刘宇尧, 陆家骝. 融资约束、财务松弛与股价信息含量 [J]. 管理科学, 2018, 31 (5): 147-160.

[16] 钟凯, 孙昌玲, 王永妍, 等. 资本市场对外开放与股价异质性波动: 来自"沪港通"的经验证据 [J]. 金融研究, 2018 (7): 174-192.

[17] 师倩, 姚秋歌. 沪港通与公司融资约束: 基于双重差分模型的实证研究 [J]. 财务研究, 2018 (2): 62-72.

[18] 钟覃琳, 陆正飞. 资本市场开放能提高股价信息含量吗?: 基于"沪港通"效应的实证检验 [J]. 管理世界, 2018, 34 (1): 169-179.

[19] 任海云, 宋伟宸. 企业异质性因素、研发费用加计扣除与 R&D 投入 [J]. 科学学研究, 2017, 35 (8): 1232-1239.

[20] 邵丹, 李健, 潘镇. 市场估值会影响企业技术创新吗?: 基于管理者短视视角的研究 [J]. 科学决策, 2017 (4): 76-94.

[21] 冯根福, 刘虹, 冯照桢, 等. 股票流动性会促进我国企业技术创新吗? [J]. 金融研究, 2017 (3): 192-206.

[22] 贾俊生, 伦晓波, 林树. 金融发展、微观企业创新产出与经济增长: 基于上市公司专利视角的实证分析 [J]. 金融研究, 2017 (1): 99-113.

[23] 余明桂, 范蕊, 钟慧洁. 中国产业政策与企业技术创新 [J]. 中国工业经济, 2016 (12): 5-22.

[24] 何靖. 延付高管薪酬对银行风险承担的政策效应: 基于银行盈余管理动机视角的 PSM-DID 分析 [J]. 中国工业经济, 2016 (11): 126-143.

[25] 闫红蕾, 赵胜民. 沪港通能否促进 A 股与香港股票市场一体化 [J]. 中国管理科学, 2016, 24 (11): 1-10.

[26] 董艳梅, 朱英明. 高铁建设能否重塑中国的经济空间布局: 基于就业、工资和经济增长的区域异质性视角 [J]. 中国工业经济, 2016 (10): 92-108.

[27] 钱国根. 信息环境、媒体关注与上市公司融资约束: 基于中国资本市场的证据 [J]. 上海金融, 2016 (8): 61-67.

[28] 李健, 杨蓓蓓, 潘镇. 政府补助、股权集中度与企业创新可持续性 [J]. 中国软科学, 2016 (6): 180-192.

[29] 黎文靖, 郑曼妮. 实质性创新还是策略性创新?: 宏观产业政策对微观企业创新的影响 [J]. 经济研究, 2016, 51 (4): 60-73.

[30] 曹献飞. 融资约束与企业研发投资: 基于企业层面数据的实证研究 [J]. 软科学, 2014, 28 (12): 73-78.

［31］王菁，程博，孙元欣．期望绩效反馈效果对企业研发和慈善捐赠行为的影响［J］．管理世界，2014（8）：115-133.

［32］顾群，翟淑萍．融资约束、研发投资与资金来源：基于研发投资异质性的视角［J］．科学学与科学技术管理，2014，35（3）：15-22.

［33］周开国，应千伟，陈晓娴．媒体关注度、分析师关注度与盈余预测准确度［J］．金融研究，2014（2）：139-152.

［34］刘鑫，薛有志，严子淳．公司风险承担决定因素研究：基于两权分离和股权制衡的分析［J］．经济与管理研究，2014（2）：47-55.

［35］陈金勇，汤湘希，赵华，等．终极所有权结构差异、两权分离程度与自主创新［J］．山西财经大学学报，2013，35（10）：81-91.

［36］潘越，戴亦一，林超群．信息不透明、分析师关注与个股暴跌风险［J］．金融研究，2011（9）：138-151.

［37］温忠麟．张雷，侯杰泰，等．中介效应检验程序及其应用［J］．心理学报，2004（5）：614-620.

［38］Allen F.，Qian J.，Qian M. Law，Finance，and Economic Growth in China［J］. Journal of Financial Economics，2005，77（1）：57-116.

［39］Ballas A. A.，Chalevas C.，Tzovas C. Market Reaction to Valuation Adjustments for Financial Instruments：Evidence from Greece［J］. Journal of International Accounting，Auditing and Taxation，2012，21（1）：52-61.

［40］Baron R. M.，Kenny D. A. The Moderator-mediator Variable Distinction in Social Psychological Research：Conceptual，Strategic，and Statistical Considerations［J］. Journal of Personality and Social Psychology，1986，51（6）：1173.

［41］Benjamin Balsmeier，Lee Fleming，Gustavo Manso. Independent Boards and Innovation［J］. Journal of Financial Economics，2017，123（3）：536-557.

［42］Cameron A. C.，Trivedi P. K. Microeconometrics：Methods and Applications［M］. Cambrige：Cambridge University Press，2005.

［43］Campello M.，Graham J. R. Do Stock Prices Influence Corporate Decisions？ Evidence from the Technology Bubble［J］. Journal of Financial Economics，2013，107（1）：89-110.

［44］Edmans A. Blockholders and Corporate Governance［J］. Annual Review of Financial Economics，2014，6（1）：23-50.

［45］Hadlock C. J.，Pierce J. R. New Evidence on Measuring Financial Constraints：Moving beyond the KZ Index［J］. The Review of Financial Studies，2010，23（5）：1909-1940.

［46］Knyazeva A.，Knyazeva D.，Masulis R. W. Effects of Local Director Markets on Corporate Boards［R］. AFA 2012 Chicago Meetings Paper，2011.

［47］Laursen K.，Salter A. Open for innovation：The Role of Openness in Explaining Innovation Performance among UK Manufacturing Firms［J］. Strategic Management Journal，2006，27（2）：131-150.

［48］Levine R. Financial Development and Economic Growth：Views and agenda［Z］. 1999.

［49］Los B. The Empirical Performance of a New Inter-industry Technology Spillover measure［Z］. 2000.

［50］Mathers A. M.，Wang B.，Wang X. Innovation and Price Informativeness［J］. Financial Management，2017，46（2）：523-546.

［51］Rao K.，Tilt C. Board Composition and Corporate Social Responsibility：The Role of Diversity，

Gender, Strategy and Decision Making [J]. Journal of Business Ethics, 2016, 138 (2): 327-347.

[52] Spiegel M., Subrahmanyam A. Informed Speculation and Hedging in a Noncompetitive Securities Market [J]. The Review of Financial Studies, 2015, 5 (2): 307-329.

[53] Wen J., Feng G. F., Chang C. P., et al. Stock Liquidity and Enterprise Innovation: New Evidence from China [J]. The European Journal of Finance, 2018, 24 (9): 683-713.

附　录

附表 1　平行趋势检验

变量	（1）	（2）	（3）	（4）
listpost	0.1992***	0.1728***		
	(4.84)	(4.05)		
*listyear*15			0.1687***	0.1161**
			(2.89)	(2.00)
*listyear*16			0.1871***	0.1860***
			(3.20)	(3.14)
*listyear*17			0.2423***	0.2229***
			(4.15)	(3.74)
_cons	16.0950***	15.1742***	16.0924***	15.1570***
	(44.54)	(29.15)	(44.52)	(29.11)
Control	NO	YES	NO	YES
Year&Ind	YES	YES	YES	YES
N	8335	8065	8335	8065
R^2	0.2675	0.2835	0.2677	0.2840

附表 2　缩短时间窗口

变量	同期			滞后一期		
	（1）	（2）	（3）	（1）	（2）	（3）
	*patent_*1	*patent_*2	*patent_*3	*patent_*1	*patent_*2	*patent_*3
listpost	0.1983***	0.2085***	0.1832***	0.2310***	0.2035***	0.2056***
	(4.66)	(4.66)	(3.73)	(4.95)	(4.15)	(3.79)
growth	0.0173	0.0350**	0.0163	0.0115	0.0390*	-0.0115
	(1.04)	(2.02)	(0.85)	(0.53)	(1.70)	(-0.45)
lev	0.5370***	0.5493***	0.4581***	0.4032**	0.4535***	0.2617
	(3.58)	(3.49)	(2.65)	(2.55)	(2.73)	(1.43)
cash	0.2510	0.3238*	0.2347	-0.0155	0.1773	-0.2018
	(1.52)	(1.86)	(1.23)	(-0.09)	(0.98)	(-1.01)
age	0.0333	0.0783	0.0433	0.0948	0.1177*	0.0631
	(0.51)	(1.14)	(0.57)	(1.40)	(1.65)	(0.80)

续表

变量	同期			滞后一期		
	（1）	（2）	（3）	（1）	（2）	（3）
	patent_1	patent_2	patent_3	patent_1	patent_2	patent_3
soe	0.1752	0.0747	0.2594*	0.2916**	0.3180**	0.3427**
	(1.31)	(0.53)	(1.69)	(2.32)	(2.41)	(2.35)
board	−0.0485	0.0686	−0.0963	0.0178	0.2253*	−0.0781
	(−0.40)	(0.53)	(−0.68)	(0.14)	(1.73)	(−0.54)
outdir	−0.3545	−0.1844	−0.5055	0.4081	0.4980	0.1490
	(−1.03)	(−0.51)	(−1.27)	(1.17)	(1.36)	(0.37)
dual	0.0420	0.0114	0.0345	−0.0381	−0.0591	−0.0587
	(0.98)	(0.25)	(0.69)	(−0.84)	(−1.25)	(−1.12)
top	−0.5332**	−0.3743	−0.5992**	−0.0467	0.0907	−0.0585
	(−2.35)	(−1.57)	(−2.29)	(−0.19)	(0.35)	(−0.20)
roa	0.7291***	0.6392**	0.5033*	1.7005***	1.8371***	1.3489***
	(2.98)	(2.49)	(1.79)	(4.76)	(4.89)	(3.25)
_cons	1.6933***	1.3760**	0.5656	1.0399*	0.4649	0.2256
	(2.80)	(2.17)	(0.81)	(1.71)	(0.73)	(0.32)
Year&Ind	YES	YES	YES	YES	YES	YES
R^2	0.1660	0.1705	0.1165	0.1721	0.1734	0.1196
N	8581	8581	8581	8381	8381	8381

附表3　替换被解释变量

变量	滞后一期		滞后两期	
	（1）	（2）	（3）	（4）
listpost	0.1605***		0.1177**	
	(3.66)		(2.24)	
listyear15		0.1506***		0.1353**
		(2.67)		(2.44)
listyear16		0.1999***		0.1620***
		(3.51)		(2.86)
listyear17		0.2115***		0.1965***
		(3.63)		(3.41)
_cons	16.1402***	16.1172***	16.5740***	16.5591***
	(29.09)	(29.07)	(29.86)	(29.86)
Control	YES	YES	YES	YES
Year&Ind	YES	YES	YES	YES
N	8801	8801	8507	8507
R^2	0.2608	0.2625	0.2427	0.2456

金融科技、劳动生产率与企业转型应对
——基于互联网信贷影响劳动力流动性的研究视角

蔡庆丰　王瀚佑　李东旭

[摘　要] 互联网贷款能够有效缓解中低收入劳动者的融资约束，进而对企业劳动生产率产生负面冲击。本文基于 2011~2018 年中国地级市层面数据，探究了互联网贷款发展对域内企业劳动生产率及投资决策的影响。研究发现：与预期的金融科技提升企业效率不同，地区互联网贷款的普及降低了域内企业劳动生产率，且该效应主要集中于人力资本水平低的劳动密集型企业；城市层面上，该效应在居民融资约束强、消费预算约束强、劳动力供给紧张、人力资本水平低的三线及以下城市更加显著。互联网贷款缓解了摩擦性失业者的消费预算约束，提升了劳动者的风险承受能力，导致企业低技能员工流动性上升，劳动生产率下降。劳动力生产率的下降倒逼企业增加研发与投资，促使其由劳动密集型生产方式向资本、技术密集型转型。本文从劳动力流动性的视角探究了金融科技如何影响企业劳动生产率、促进产业转型升级，为理解数字经济和实体经济深度融合及其带来的潜在冲击提供了有益的思考与补充。

[关键词] 互联网贷款；数字普惠金融；劳动生产率；劳动力流动性；企业转型

一、引言

突如其来的新冠肺炎疫情催生了"非接触经济"，也进一步加速了中国经济数字化进程。截至2020 年底，中国数字经济规模达 39.2 万亿元，居全球第二位，占 GDP 比重为 38.6%。互联网网民规模接近 9.89 亿，占总人口的 70.4%。2021 年《政府工作报告》提出，要"加快数字化发展，打造数字经济新优势，协同推进数字产业化和产业数字化转型"。数字经济时代的到来加速了金融数字化进程，以大数据、云计算、区块链、物联网和人工智能为基础和应用的金融科技发展日新月异。金融科技推动普惠金融服务数字化，借助数字经济和信息技术，降低了资金供需双方之间的信息不对称程度，有效降低了金融交易成本，扩大了金融服务覆盖范围，使原本传统金融模式无法覆盖的长尾客户也能以可负担的成本获得适当、有效的金融服务。然而，金融科技在快速发展的同时也逐渐暴露出一系列问题：一些金融科技企业通过各类消费场景过度营销小额贷款或类信用卡透支等金融科技产品，引发青年群体超前消费或过度消费、部分金融科技企业的互联网贷款 ABS 形成上百倍的杠杆、头部金融科技企业的市场垄断等。自 2020 年以来，在管理层加强金融科技监管的同时，学术界也开始思考数字经济时代，金融科技对实体经济带来的多维影响和潜在冲击。

既有研究就数字普惠金融对中国经济社会生活影响的研究主要集中在四个角度：①基于宏观层

[基金项目] 国家社会科学基金重大项目"新常态下金融部门与实体经济良性互动的现代经济治理体系问题研究"（批准号15ZDA028）。

[作者简介] 蔡庆丰，厦门大学经济学院教授，博士生导师，金融学博士；王瀚佑，厦门大学经济学院硕士研究生；李东旭（通讯作者），厦门大学经济学院、王亚南经济研究院助理教授，金融学博士，邮箱：lidongxu@ xmu. edu. cn。

面探讨数字普惠金融如何影响经济增长（张勋等，2019；李建军等，2020）；②探讨数字普惠金融与传统金融的互补或替代关系（邱晗等，2018；刘航等，2019；Goldstein et al.，2019）；③探讨数字普惠金融对家庭金融产生的影响（王博等，2017；易行健和周利，2018；傅秋子和黄益平，2018；李建军和韩珣，2019；尹志超等，2019）；④探讨数字普惠金融对大众创业产生的影响（谢绚丽等，2018；李建军和李俊成，2020）。但是，对于数字普惠金融如何影响微观企业的研究相对较少，这部分研究主要从企业融资角度将数字普惠金融视为传统银行信贷的补充，通过矫正传统金融体系中的资源错配来缓解中小微企业"融资难、融资贵"问题。李春涛等（2020）、唐松等（2020）认为，金融科技可以有效驱动企业"去杠杆"，维持稳健的财务状况，从而提升企业的创新产出。然而，本文认为，金融科技对企业的影响是多维的，除企业融资渠道之外，金融科技还能通过劳动力就业渠道间接地影响企业的经营效率与管理决策。

金融科技的进步推进了以互联网贷款为代表的数字普惠金融发展。金融科技企业依托平台经济能够在各种生活、消费场景中为几乎所有消费者提供小额快速的信用贷款服务。居民既是产品市场中的消费者，也是劳动力市场中的供给者，劳动者在劳动力市场上的就业意愿与流动性的变化将直接影响企业的雇佣计划与人力成本。互联网贷款是否会通过影响劳动者的融资约束来影响其劳动力供给决策，进而改变企业的劳动生产率呢？数字经济时代，企业又将如何应对互联网贷款对劳动力市场所造成的冲击？目前尚未有文献对此进行探讨。因此，本文将在已有关于数字普惠金融影响经济发展、家庭消费、创新创业的研究基础上，进一步实证探究数字普惠金融对微观企业所产生的外溢效应，即互联网贷款对企业劳动生产率的影响及企业的应对策略。

相较于传统商业银行依赖于人工识别和操作的消费金融或小微信贷业务，基于大数据分析和机器学习的互联网贷款能够在很大程度上降低中低收入劳动者获取信贷服务的成本，进而提升金融服务的可及性。近年来，中国出现了一批为居民的日常消费提供数字化无抵押循环信用贷款的互联网金融产品，其用户主要为年轻的"蓝领员工"和"白领员工"，这一群体没有信用卡或信用额度较低，因而存在尚未满足的消费信贷需求。基于 2019 年中国家庭金融调查的统计数据，图 1 展示了不同收入组家庭的消费信贷需求与参与率，其中家庭消费信贷需求率、消费信贷参与率与收入水平呈现"U"型关系，即低收入与高收入水平的家庭更多地使用了消费信贷。在结构上，收入水平越低的家庭银行消费信贷参与率越低，而非银行消费贷参与率越高。数据还显示，低教育群体、三线

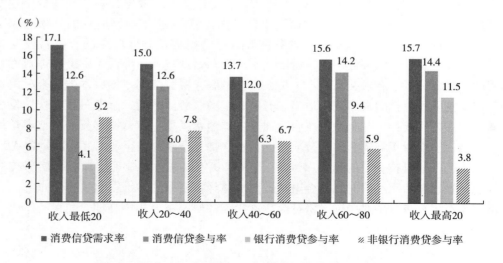

图 1　2019 年中国不同收入组家庭的消费信贷需求与参与率

资料来源：《中国居民杠杆率和家庭消费信贷问题研究报告》。

及以下城市群体、低资产群体的非银行信贷的参与率都高于银行信贷的参与率。①

互联网贷款作为数字普惠金融的主要模式之一，能够有效平滑中低收入个体和家庭的跨期消费、放松摩擦性失业者的消费预算约束，从而扩大劳动力就业选择范围并提升劳动者风险承担能力，进而导致企业低技能员工的流动性增加，特别是对于企业中以"90后""00后"为主的年轻劳动力群体，金融科技能有效减弱他们对工资收入的依赖，由此缓解辞职或失业后的生活压力，减少了离职再就业的意愿和速度，也因此能疏解这部分劳动力群体在就业市场中的竞争压力。打工不再是唯一的生存必须，他们的就业和离职会更加随性和"看心情"，这使他们在劳动力市场上可以更加自由地选择工作，即便选择短期不工作依然能通过互联网小额借款维系生活，保持一定的消费水平。从企业的角度看，高频率的员工流动在提高企业劳动成本的同时，也使企业无法组建一支稳定的生产队伍，最终导致企业劳动生产率下降。劳动力是企业组织生产的基本要素，也是影响企业经营决策的重要因素。当互联网贷款的普及提升劳动力成本、加剧劳动力市场紧张的供求关系时，企业更有动力运用资本投入替代劳动力投入，增加研发支出，逐渐从劳动密集型生产方式向资本密集型和技术密集型转型。

本文基于劳动力流动性的视角，探讨了地区金融科技发展对当地企业劳动生产率的影响。研究发现：①与预期的科技提升企业效率不同，金融科技的发展降低了域内企业的劳动生产率，且该效应在对低技能劳动力依赖程度高的企业中更为显著，这说明互联网贷款通过劳动力就业渠道影响了企业生产效率；②作用机制方面，互联网贷款显著提升了企业低技能劳动力而非高技能劳动力的流动性，这种劳动力要素流动性的提升显著降低了企业劳动生产率；③互联网贷款降低企业劳动生产率的效应在居民融资约束强、消费预算约束强、劳动力供给紧张、人力资本水平低的三线及以下城市尤其显著；④为应对互联网贷款给劳动生产率带来的负面冲击，企业选择通过提升资本劳动比、增加研发投入主动从劳动密集型生产方式向资本密集型和技术密集型转型；⑤互联网贷款的普及降低了企业的工资黏性，这说明劳资双方之间更频繁地签订了期限更短的劳动合同，进一步验证了互联网贷款能够提升员工流动性；⑥数字普惠金融的支付与投资服务并不会影响企业生产效率，只有能提升劳动者风险承受能力的金融产品才会对企业劳动生产率产生负面冲击。此外，本文还采用城市人均移动电话用户数作为工具变量，实证结果依旧保持稳健。

本文认为，互联网贷款通过劳动力要素流动渠道影响了企业的劳动生产率，不断上升的员工流动性与雇佣成本倒逼企业通过加大资本和技术投入摆脱劳动密集型的生产模式，由此也间接推动了中国企业的转型升级。本文可能的边际贡献主要体现在三个方面：①从公司金融视角看，本文的研究为金融科技如何影响公司金融提供了丰富的微观证据。以往关于数字普惠金融的研究大多集中于区域经济层面和家庭金融层面，较少探究数字普惠金融对企业决策的影响。本文以互联网贷款作为金融科技和普惠金融结合的典型代表发现，互联网贷款的发展降低了企业劳动生产率，这与通常认为的金融科技有助于提高企业效率的观点不同，为后续学者进一步考察金融科技和数字普惠金融对企业的影响提供了有益的思考。②从劳动经济学视角看，本文的研究为数字普惠金融对劳动力要素流动性的影响机制提供了经验证据。本文研究发现，互联网贷款通过缓解低收入群体的融资约束提升了企业低技能员工的流动性，进而对企业劳动生产率造成负面影响，并且这一效应主要集中于经济欠发达的中小城市。③从产业经济学视角看，本文发现企业为应对劳动力要素流动性上升而积极朝高技术领域转型，增加研发和资本投入。该发现为金融科技倒逼产业转型升级提供了重要的证据，丰富了金融科技对产业经济外溢效应的研究。

---

① 资料来源：《中国居民杠杆率和家庭消费信贷问题研究报告》，西南财经大学中国家庭金融调查与研究中心、蚂蚁金服集团研究院。

二、理论分析与研究假说

（一）互联网贷款对企业劳动生产率的影响

金融排斥在全世界都是一种普遍的现象（Demirgüç-Kunt et al.，2021），收入水平低、拥有较少家庭资产的群体普遍更难获得金融产品与服务，常常被排除在正规金融体系之外（Devlin，2005；李涛等，2010；王修华等，2013）。然而，伴随着金融科技的进步，金融服务的信息化与数字化让居民的信贷资金来源不再局限于地理位置的远近，并且有效缓解了传统金融体系中存在的道德风险与逆向选择问题。互联网贷款平台与传统金融体系相互竞争，推进了"金融脱媒"的进程，从客观上提升了居民信贷资源的可获得性。Buchak 等（2018）发现，鉴于严格的金融系统法规限制，金融科技能够有效地弥补传统金融框架下银行所不能提供的金融服务。但是，国外的相关研究也表明，金融科技可能只是为原本就拥有银行信贷资源的资金需求方提供了额外的融资渠道，而并没有为家庭金融更脆弱的个体提供融资保障。Schweitzer 和 Brett（2017）通过对美国小微企业贷款的实证研究发现，获得金融科技方式融资的借款方，其基本面与从传统商业银行获得融资的借款方并无显著差别；Di Maggio 和 Yao（2021）也发现，在美国的信贷市场上，获得金融科技信贷的借款方仍旧是相对富有、收入稳定、违约概率更小的个体。

近年来，随着中国金融科技的飞速进步，互联网金融公司通过构建支付场景与使用大数据技术有效克服信息不对称问题，大大降低了获客与风控成本，很大程度上促进了普惠金融的发展（王博等，2017；黄益平和黄卓，2018）。现有学术研究普遍认为，中国数字普惠金融的发展能够提升经济运行效率，改善消费者福利：李建军等（2020）认为，构建信息化的普惠金融体系能够促进收入分配公平和减缓贫困，是社会帕累托最优的政策框架选择；邱晗等（2018）研究发现，金融科技产品有助于居民从市场化中获益，实质上推动了存款利率市场化；张勋等（2019）运用中国家庭追踪调查研究发现，数字普惠金融显著提升了农村低收入群体的家庭收入，促进了中国的包容性增长。

互联网贷款作为数字普惠金融重要的组成部分，覆盖了原本被传统金融体系排除在外的消费者，让所有用户都有机会获得小额的消费信贷服务，享受"先享后付"的便捷体验。在宏观经济框架当中，居民既是产品市场中的消费者，也是劳动力市场中的供给者。一方面，居民基于可支配收入进行消费，以期获得效用最大化；另一方面，囿于家庭消费预算约束，居民不得不通过提供劳动力获取可支配收入。金融服务可得性的提升能够影响劳动力就业市场，并改善劳动力的就业结构（Dehejia and Gupta，2019）。因此，互联网贷款在缓解广大中低收入居民融资约束的同时，也会对劳动者的就业决策产生一定影响。

一方面，互联网贷款扩大了劳动者的就业选择。谢绚丽等（2018）、张正平和黄帆帆（2021）研究发现，数字普惠金融通过扩大金融服务的覆盖范围、降低交易成本、缓解融资约束促进了居民的创业行为，进而促进了农村劳动力的自我雇佣。冯大威等（2020）通过中国劳动力动态调查数据探究了数字普惠金融对创业行为所产生的异质性影响，研究发现数字普惠金融仅会促进"自雇型"和"生存型"创业，而非"雇主型"和"机会型"创业，[①] 而前两者创业活动的门槛相对较低。因此，互联网贷款的广泛普及在放宽劳动者融资约束的同时，也丰富了劳动者的就业选择，使其在劳动力市场中即使不选择成为工资获得者，也能够通过数字普惠金融服务成为自我雇佣者。劳动者就业选择的扩大，使其有可能为寻求理想的职业发展道路而更为频繁地更换工作，这将造成企业员工

---

① "自雇型"创业者就业身份为自雇，"雇主型"创业者就业身份为雇主，"生存型"创业者创业原因为没有更好的工作选择，"机会型"创业者创业原因为抓住好的创业机会及当时有更好的工作岗位。

流动性的增加。

另一方面，互联网贷款纾缓摩擦性失业者的消费预算约束。易行健和周利（2018）研究发现，数字普惠金融显著增加了流动资产较低家庭的消费，从而说明数字普惠金融主要通过缓解居民流动性约束来提升消费。因此，以互联网消费信贷为代表的数字普惠金融通过平滑居民的跨期消费放松了居民的短期流动性约束，而这种变化也将影响劳动者在就业市场上的行为决策。Herkenhoff（2019）认为，消费信贷在平滑消费者跨期消费预算约束的同时，让家庭能够更加乐观地去搜寻收入更高、更难以匹配的工作机会，当经济衰退时，信贷规模的增长将提高短期失业，并使就业的恢复更加缓慢。对于离职的企业员工来说，互联网消费信贷能有效提供流动性的延期支付服务①，放松消费预算约束，使其能够平稳地过渡短期摩擦性失业。互联网贷款通过平滑居民跨期消费，降低了劳动力失业所需要承担的风险，使劳动者能更轻易地转换工作，进而造成企业员工流动性增加。

研究表明，低技能劳动力在劳动力市场中具有更高的流动性。田明（2013）通过针对流动人口的问卷调查发现，流动人口受教育程度越低，其平均每份工作时间越短。当市场信息不对称时，为了增加收入、提高技能、改善工作条件等，低技能劳动力往往通过不断"试错"来寻找匹配的工作，从而导致其较高的流动性，而低收入群体正是非银行消费信贷参与率最高的群体，并且数字普惠金融对低收入群体消费者福利的改善更为明显（易行健和周利，2018；张勋等 2019），互联网贷款应当对低技能员工的劳动力供给决策产生更大的影响。因此，本文认为，互联网贷款通过扩大劳动者就业选择范围、缓解摩擦性失业者的流动性约束提高了低技能劳动力的就业流动性。从企业角度看，高频率的员工流动使企业无法组建一支稳定的生产队伍，从而无法在生产中实现长期人力资本积累，造成企业生产效率的损失，最终导致劳动生产率下降。基于上述分析，本文提出：

假说1：互联网贷款提升了低技能劳动力的流动性，从而导致企业劳动生产率下降。

（二）劳动生产率下降与企业转型应对

根据微观经济学原理，一种生产要素价格的变化会引起另一种生产要素的需求变化，即生产要素之间的替代效应。现有文献已经对劳动力成本上升导致的资本替代展开了广泛的讨论。例如，Amable 等（2011）、刘媛媛和刘斌（2014）发现，劳动保护法规提高了劳动力成本，导致企业使用更多的资本来替代人工；唐珏和封进（2019）以 21 世纪初省级养老保险征收机构变更作为事件冲击发现，社保缴费使劳动力相对价格上升，促使企业增加投资减少雇佣；王永钦和董雯（2020）使用中国行业机器人应用数据发现，机器人应用对企业的劳动力需求存在替代效应，且该效应在不同类型的劳动力群体之间存在显著差异，存在"就业极化"特征。同时也有研究表明，员工流动性上升会导致劳动力价格的上升。宁光杰和张雪凯（2021）研究发现，企业层面较频繁的劳动力流转带来雇佣成本上升，这一路径同样会倒逼企业更多地使用机器替代劳动从而实现资本深化。企业面对外部市场环境的变化，需要通过转型升级不断提升企业的生产效率，实现更高质量发展。在具体转型路径方面，程虹等（2016）通过企业微观调查发现，企业通过提升资本劳动比、加大技术创新投入、发挥创新型企业家精神等方法能够有效提升企业产出，实现转型升级。

本文认为员工流动性的提升意味着企业劳动力要素投入稳定性下降，进而对企业劳动生产率造成负面冲击。企业为提高生产效率，摆脱对于低技能劳动力的依赖，将增加资本投入来替代劳动力投入，并通过加强研发创新力度提升产品附加值，主动由劳动密集型生产方式向资本密集型与技术密集型转型。基于上述分析，本文提出：

---

① 大部分中国互联网金融公司会在一个月左右的时间内提供免费消费信贷，之后才会进行有息的分期还款服务。因此，虽然互联网消费信贷利息相对较高，但仍获得了广泛的使用。根据相关公司招股说明书披露的信息，互联网消费信贷的平均借款额度约为 2000 元，这一额度对于低收入群体的生活具有实质性的影响。

假说2：为应对互联网贷款所造成的劳动生产率下降，企业通过提升资本劳动比、加大研发投入实现转型升级。

三、模型设定与数据

（一）实证模型与变量定义

为探究互联网贷款对企业劳动生产率的影响，本文构建了如下实证模型：

$$Labprod_{i,t}=\beta_0+\beta_1 Credit_{c,t}+Controls_{i,c,t}+f_i+y_t+ind_i\times y_t+p_i\times y_t+\varepsilon_{i,t} \tag{1}$$

其中，$Labprod_{i,t}$ 为被解释变量，用于衡量 i 企业第 t 年的劳动生产率，用企业单位劳动力产出（人均营业收入）的自然对数衡量（余林徽等，2014；Bender et al.，2018；Kale et al.，2019）。互联网贷款指数（$Credit_{c,t}$）是本文主要关注的解释变量，表示 i 企业所在城市 c 第 t 年互联网贷款指数的自然对数。本文还控制了一系列影响企业绩效和劳动生产率的变量，包括：SOE，代表企业产权性质的虚拟变量，如果企业的最终控制人为国有企业，则 SOE 取1，否则取0；资产收益率（ROA），等于年末税前利润与总资产之比；资产负债率（Lev），等于年末负债除以总资产；固定资产密集度（PPE），等于年末固定资产净值除以总资产；现金比率（$Cash$），等于年末企业现金总额与流动负债之比；企业规模（$Size$），等于年末总资产的自然对数；市账比（BM），等于年末股票总市值除以净资产；为排除地区宏观经济发展情况差异，本文还控制了各城市的 GDP 增长率（GDP）。

本文在回归模型中还控制了公司固定效应（f_i）、年份固定效应（y_t）、行业—年份固定效应（$ind_i\times y_t$）和省份—年份固定效应（$p_i\times y_t$）。通过控制固定效应，实证模型较好地排除了地区经济发展差异和行业自身发展趋势对企业劳动生产率所产生的影响，从而缓解了由于遗漏变量所导致的估计偏误。为防止 OLS 回归过程中的异方差和序列相关问题对结论的影响，本文回归系数的标准误均使用稳健标准误。如果互联网贷款的普及降低了企业劳动生产率，那么回归系数 β_1 将显著为负。

为探究企业应对互联网贷款所造成的劳动生产率下降采取的措施，本文构建了如下实证模型：

$$Solution_{i,t}=\beta_0+\beta_1 Credit_{c,t}+\beta_2 Labprod_{i,t-1}+\beta_3 Labprod_{i,t-1}\times Credit_{c,t}+Controls_{i,c,t}+$$
$$f_i+y_t+ind_i\times y_t+p_i\times y_t+\varepsilon_{i,t} \tag{2}$$

其中，$Solution_{i,t}$ 为被解释变量，用于衡量 i 企业第 t 年对经营所进行的调整。本文主要从资本深化与研发投入两个方面进行讨论，分别构造了资本劳动比（CLR）和研发支出（$R\&D$）。其中，资本劳动比（CLR），等于固定资产净值与员工人数之比的自然对数，衡量了企业在生产中所投入的资本与劳动力的比例，能够反映企业的资本深化水平（李建强和赵西亮，2020）；研发支出（$R\&D$），等于企业研发支出与营业收入之比。为了识别由互联网贷款普及所造成的企业劳动生产率变动，本文在式（2）中加入了互联网贷款指数与滞后一期劳动生产率的交互项，并同时控制滞后一期劳动生产率。如果互联网贷款所导致的劳动生产率下降倒逼企业提高资本劳动比、进行更多的研发活动，那么交互项的回归系数 β_3 将显著为负。

（二）样本选择、数据来源与描述性统计

本文选取了 2011~2018 年中国上市公司作为研究样本，重点关注互联网贷款通过劳动力流动渠道对企业生产经营所产生的外溢效应，而上市公司并不是互联网贷款的直接参与方，因此，选择上市公司作为研究样本具有合理性。并且，上市公司融资渠道丰富，并不需要依赖互联网贷款服务进行融资，基本可以排除互联网贷款通过融资渠道影响上市公司的经营绩效。在初始样本的基础上，

本文剔除了如下样本：①剔除金融行业的样本；②剔除当年属于风险警示板的样本；③剔除已退市公司的样本；④剔除关键数据不全的样本。最终，本文共获得 3460 家上市公司的 21263 个观察值。

本文使用由北京大学数字金融研究中心和蚂蚁金服集团共同编制的中国数字普惠金融指数（郭峰等，2020）。该指数采用蚂蚁金服的交易账户大数据，具有较好的可靠性和代表性，已经被广泛地应用于数字金融的研究当中（邱晗等，2018；傅秋子和黄益平，2018；易行健和周利，2018；谢绚丽等，2018）。① 在数字普惠金融指数体系中一级指标包括：覆盖广度指数、使用深度指数、数字化程度指数。其中，使用深度指数衡量了数字普惠金融具体服务的使用情况，其二级指标包括支付使用指数、货基使用指数、信贷使用指数、保险使用指数、投资使用指数、信用使用指数。本文具体使用其中的信贷使用指数来衡量城市层面的互联网贷款活跃程度。信贷指数分别衡量了个人消费贷与小微经营贷使用的广度与深度，其具体分项指标包括：①每万支付宝成年用户中有互联网消费贷（小微经营贷）的用户数；②人均（小微经营者户均）贷款笔数；③人均（小微经营者户均）贷款金额。② 本文使用的上市公司数据来源于 CSMAR 和 Wind 数据库，地级市数据来自历年《中国城市统计年鉴》。为防止异常值的影响，本文对各连续变量在上下 1% 分位数的值进行了缩尾处理。

根据描述统计结果，样本中互联网贷款指数均值为 4.86，方差为 0.35。③ 将互联网贷款指数按年进行统计可以发现，中国各地区互联网贷款的使用呈现逐年上升趋势，并且各地区间发展差距逐年缩小，这说明互联网贷款服务在中国实现了广泛的普及，充分覆盖了大中小城市居民用户。本文控制变量均与已有研究的变量分布相近，相关系数矩阵的分析结果显示主要变量间不存在严重的多重共线性问题。

四、实证结果与分析

（一）基准回归

表 1 报告了互联网贷款对企业劳动生产率影响的估计结果。结果分为三部分：第（1）列中回归只控制了年份固定效应和公司固定效应；第（2）列接着加入了行业—年份固定效应和省份—年份固定效应；第（3）列进一步加入了其他控制变量。回归结果显示，*Credit* 的回归系数在所有模型中均显著为负。经济意义方面，第（3）列中 *Credit* 的回归系数为 -0.0856，这意味着互联网贷款指数每增加 1%，当地企业劳动生产率下降 0.0856%。考虑到各省份互联网贷款指数从 2011 年的平均 46.90 增长到 2018 年的 178.38，年均增长率为 21.03%，这将导致企业劳动生产率平均每年下降 1.35%。基准回归结果说明，互联网贷款显著降低了企业的劳动生产率，从而部分验证了假说 1。

---

① 相关公司招股说明书披露，截至 2020 年 6 月 30 日，12 个月期间，约 5 亿用户通过该公司的微贷科技平台获得了消费信贷。根据奥纬咨询的研究，按照截至 2020 年 6 月 30 日信贷余额计算，该公司的消费信贷产品是目前中国最大的数字消费信贷产品。

② 相关公司招股说明书披露，截至 2020 年 6 月 30 日，公司平台促成的消费信贷或小微经营者信贷余额，包括金融机构合作伙伴（含网商银行）和公司控股的金融机构子公司的相应信贷余额，以及已完成证券化的消费信贷余额为 1.7 万亿元，小微经营者信贷余额 0.4 万亿元。因此，虽然本文使用的信贷指数统计了小微经营者信贷使用情况，但小微经营者信贷规模相对较小，信贷指数能够比较好地刻画消费信贷业务的变化趋势。

③ 描述性统计参见《中国工业经济》网站（http：//ciejournal. ajcass. org）附件。

表1　互联网贷款与企业劳动生产率

变量	Labprod		
	（1）	（2）	（3）
Credit	−0.0745*	−0.0928*	−0.0856*
	（0.0392）	（0.0500）	（0.0497）
控制变量	否	否	是
年份固定效应	是	是	是
公司固定效应	是	是	是
行业—年份固定效应	否	是	是
省份—年份固定效应	否	是	是
样本数	21285	21285	21263
R²	0.0948	0.1285	0.1696

注：，＊＊＊、＊＊、＊分别代表双尾检验中1%、5%、10%的显著性水平。括号内为公司层面聚类标准误。以下各表同。完整回归结果请参见《中国工业经济》网站（http://ciejournal.ajcass.org）附件。

（二）机制检验

为进一步探究互联网贷款造成企业劳动生产率下降的原因，本文使用中介效应模型进行机制检验。本文认为，互联网贷款在平滑居民跨期消费的同时增加了低技能劳动力的就业流动性。衡量一家企业的劳动力流动性，最理想的状况是了解企业层面的员工入职情况、员工离职情况，以及员工层面的离职原因。囿于数据可得性，研究者一般只能获得上市公司员工的存量数据，而无法观测员工的流量数据。因此，本文采用企业调整生产规模所导致的员工人数变化来衡量企业不同技能员工的流动性水平。在劳动力市场中，由于劳务合同一旦订立无法迅速进行更新，企业无法及时地对劳动力投入进行调整，即劳动力市场存在刚性。然而，互联网贷款的普及提升了低技能员工就业流动性，这意味着当公司扩大或缩小生产规模时，企业能够更灵活地调整雇佣规模，使低技能员工人数短时期内出现显著波动，即就业弹性上升、就业刚性化程度下降。本文分别使用高中及以下学历、本专科学历和硕士及以上学历员工来代表企业低、中、高技能劳动力，并计算不同技能员工人数的企业产出弹性。具体计算方式为：不同受教育水平员工人数 $t-1$ 期到 t 期的对数变化与企业营业收入 $t-1$ 期到 t 期的对数变化之差[①]，分别构造了 Dlowedu、Dmededu 和 Dhighedu 三种就业弹性作为中介指标。本文使用如下模型进行机制检验：

$$Mediator_{i,t}=\beta_0+\beta_1 Credit_{c,t}+Controls_{i,c,t}+f_i+y_t+ind_i\times y_t+p_i\times y_t+\varepsilon_{i,t} \tag{3}$$

$$Labprod_{i,t}=\beta_0+\beta_1 Credit_{c,t}+\beta_2 Mediator_{i,t}+Controls_{i,c,t}+f_i+y_t+ind_i\times y_t+p_i\times y_t+\varepsilon_{i,t} \tag{4}$$

式（3）中，为了排除平均工资水平对企业雇佣决策所造成的影响，本文在原本控制变量的基础上加入了公司平均工资[②] $t-1$ 期到 t 期的对数变化（Davgwage）。同时，为了排除企业员工总规模变化所造成的影响，本文在式（3）、式（4）中同时控制了员工总人数的企业产出弹性（Demp），具体计算方式为：员工总人数 $t-1$ 期到 t 期的对数变化与企业营业收入 $t-1$ 期到 t 期的对数变化之差。

表2报告了互联网贷款与企业低技能员工流动性和劳动生产率的回归结果。第（1）列中，互

---

① 就业弹性 =（ln（员工人数$_t$）−ln（员工人数$_{t-1}$））−（ln（营业收入$_t$）−ln（营业收入$_{t-1}$））。

② 平均工资 =（支付给职工以及为职工支付的现金+当期应付职工薪酬−上期应付职工薪酬−高管薪酬）/（员工人数−高管人数）。

联网贷款的发展显著提升了企业低技能员工的就业弹性。第（2）列中，低技能员工就业弹性的提升则显著降低了企业的劳动生产率。第（1）、（2）列回归结果中，Sobel 检验统计量在5%的水平上显著为负，这说明低技能员工就业弹性具有负的中介效应，并且第（2）列中互联网贷款的回归系数不再显著，这说明低技能员工的就业弹性具有完全中介效应。第（3）、（4）列和第（5）、（6）列回归结果均未通过 Sobel 检验，这说明中、高技能员工的就业弹性并不具有中介效应，互联网贷款所导致的低技能员工流动性增加是企业劳动生产率下降的主要原因。

表2   互联网贷款与企业低技能员工流动性、劳动生产率

变量	Dlowedu	Labprod	Dmededu	Labprod	Dhighedu	Labprod
	（1）	（2）	（3）	（4）	（5）	（6）
Credit	1.0666 **	−0.0747	−0.2198	−0.0775	0.0403	−0.0766
	（0.4281）	（0.0508）	（0.2445）	（0.0506）	（0.1435）	（0.0506）
Dlowedu		−0.0037 ***				
		（0.0014）				
Dmededu				−0.0105 ***		
				（0.0024）		
Dhighedu						−0.0006
						（0.0042）
控制变量	是	是	是	是	是	是
固定效应	是	是	是	是	是	是
样本数	15895	19389	15895	19389	15895	19389
R^2	0.2254	0.3912	0.2164	0.3918	0.1977	0.3908
Sobel 检验	−1.8129 **		0.8806		−0.1273	

互联网贷款的普及能够提升低技能劳动力就业弹性，但是在何种情况下低技能劳动力会大量离职进而影响劳动生产率呢？为进一步明确互联网贷款对企业低技能员工流动所造成的影响，本文在表2第（1）、（2）列回归的基础上，将企业按营业收入较上一期是否增加进行分组回归。[①] 结果显示，在营业收入增加的组别中，互联网贷款指数对就业弹性的回归系数不显著，并且未通过 Sobel 检验。在营业收入减少的组别中，互联网贷款在1%的水平上显著提升了企业就业弹性，并且在10%的水平上通过了 Sobel 检验，这说明互联网贷款通过劳动力渠道影响企业劳动生产率的机制主要集中于生产规模下降的企业。当企业产出规模下降时，互联网贷款所造成的员工流动性提升使企业员工数量发生了更大程度下降，更大规模的员工流失是导致企业劳动生产率下降的重要原因。综上所述，假说1得到验证。

（三）异质性研究

由于数据限制，现有研究无法直接观测互联网贷款给劳动者决策所带来的直接影响。因此，本文预期通过异质性研究进一步说明互联网贷款能够通过缓解低收入劳动力融资约束进而影响企业劳动生产率。本文将样本根据相关指标的年度中位数进行分组回归，通过比较互联网贷款的回归系数来进一步验证研究假说。

---

① 中介效应模型的异质性分析结果参见《中国工业经济》网站（http：//ciejournal.ajcass.org）附件。

（1）互联网贷款通过劳动力渠道影响企业劳动生产率。如果互联网贷款通过影响劳动力决策进而影响企业劳动生产率，那么这一效应应当集中于高劳动密集型企业或低资本密集型企业。基于此，本文构造了劳动密集度和资本密集度两个指标，即劳动密集度＝员工人数/营业收入（李建强和赵西亮，2020）、资本密集度＝资产总计/营业收入，并运用这两个指标进行分组回归。表3第（1）、（2）列报告了互联网贷款与低、高劳动密集型企业劳动生产率的回归结果，其中第（2）列在高劳动密集度样本的回归中，互联网贷款的回归系数在1%的水平上显著为负，而第（1）列的回归系数并不显著；对低资本密集度样本的回归中互联网贷款的回归系数在10%的水平上显著为负，而在对高资本密集度样本的回归中却并不显著[①]。可见，互联网贷款对劳动生产率的影响主要集中于高劳动密集型、低资本密集型企业，互联网贷款对于企业生产效率的影响与劳动力要素的变化直接相关。

表3　互联网贷款与不同劳动密集型、人力资本水平的企业劳动生产率

变量	劳动密集度		高技能员工占比		公司平均工资	
	低组别	高组别	低组别	高组别	低组别	高组别
	（1）	（2）	（3）	（4）	（5）	（6）
Credit	−0.0548	−0.1256***	−0.1480***	−0.0499	−0.1092*	−0.0783
	(0.0663)	(0.0435)	(0.0500)	(0.1049)	(0.0629)	(0.0763)
控制变量	是	是	是	是	是	是
固定效应	是	是	是	是	是	是
样本数	10626	10637	10626	10637	9688	9700
R^2	0.1638	0.2170	0.2129	0.1623	0.2611	0.1634

（2）互联网贷款通过低技能劳动力影响企业劳动生产率。互联网贷款主要缓解了低收入、低技能劳动力的融资约束，那么互联网贷款应当对员工人力资本较低的企业造成更大冲击。基于此，本文具体构造了高技能员工占比、公司平均薪酬两个指标来衡量企业的人力资本水平，即高技能员工占比＝本科及以上学历员工人数/员工人数、公司平均薪酬＝（支付给职工以及为职工支付的现金+当期应付职工薪酬−上期应付职工薪酬−高管薪酬）/（员工人数−高管人数），并运用这两个指标进行分组回归。表3第（3）～（6）列报告了相关回归结果。第（3）列在高技能员工占比低的样本回归中，互联网贷款的回归系数在1%的水平上显著为负，而第（4）列的回归系数却并不显著；第（5）列在低平均工资样本的回归中，互联网贷款的回归系数在10%的水平上显著为负，而第（6）列的回归系数却并不显著。因此，互联网贷款对劳动生产率的影响集中于高技能员工占比低、公司平均工资低的企业，互联网贷款主要通过影响低技能劳动力的决策影响企业劳动生产率。

（3）互联网贷款通过缓解融资约束影响企业劳动生产率。低收入家庭较难获取正规的金融服务，存在着一定程度的金融排斥现象（李涛等，2010），而互联网贷款广泛普及使这些原本难以从银行体系获取金融服务的群体能够非常便捷地获取消费信贷。因此，互联网贷款对劳动力所造成的影响应当在居民收入水平低、银行服务获得难度高的地区更为显著。基于此，本文具体构造了城市职工平均工资、城市银行网点人口密度（城市银行网点数/城市人口）（Beck，2007）两个指标来衡量城市层面的居民融资约束，并运用这两个指标进行分组回归。表4第（1）～（4）列报告了相关回归结果。第（1）列在城市职工平均工资低的地区回归中，互联网贷款的回归系数在5%的水平

[①] 对于资本密集度的异质性研究结果参见《中国工业经济》网站（http://ciejournal.ajcass.org）附件。

上显著为负，而第（2）列的回归系数却并不显著；第（3）列在城市银行网点人口密度低的地区回归中，互联网贷款的回归系数显著为负，而第（4）列的回归系数却并不显著。互联网贷款对劳动生产率的影响集中于城市职工平均工资低、城市银行网点人口密度低的地区，互联网贷款有效缓解了面临较高程度金融排斥地区居民的融资约束，从而对当地企业的劳动生产率造成了更大的影响。

表4　互联网贷款与不同融资约束、消费预算约束地区的企业劳动生产率

变量	城市职工平均工资		城市银行网点人口密度		城市恩格尔系数	
	低组别	高组别	低组别	高组别	低组别	高组别
	(1)	(2)	(3)	(4)	(5)	(6)
Credit	−0.1763**	−0.1187	−0.1349*	−0.1225	−0.0318	−0.1520*
	(0.0720)	(0.1267)	(0.0717)	(0.0897)	(0.0597)	(0.0871)
控制变量	是	是	是	是	是	是
固定效应	是	是	是	是	是	是
样本数	9578	9687	9854	11204	6881	14285
R^2	0.2572	0.1521	0.2216	0.1632	0.1973	0.1897

（4）互联网贷款通过缓解消费预算约束影响企业劳动生产率。互联网贷款通过缓解融资约束为居民提供了短期流动性，从而起到平滑跨期消费的作用。因此，在居民消费预算约束更为严重的地区，居民对于小额消费信贷的需求更高，并且消费信贷所带来的消费者福利提升程度更大，从而对劳动者就业行为会产生更大的影响。基于此，本文使用城市层面的恩格尔系数来衡量居民的消费预算约束，恩格尔系数越高意味着居民以食品消费为代表的刚性消费占总消费支出的比例越高，居民面临着更为严格的消费预算约束。表4报告了使用城市恩格尔系数进行分组回归的结果①，第（6）列在城市恩格尔系数高的地区回归中，互联网贷款的回归系数在10%的水平上显著为负，而第（5）列的回归系数却并不显著。互联网贷款对劳动生产率的影响集中于城市恩格尔系数高的地区，互联网贷款有效缓解了食品消费占比高地区居民的消费预算约束，从而对当地企业的劳动生产率造成了更大的影响。

（5）互联网贷款对企业劳动生产率造成的影响与地区劳动力供给相关。互联网贷款通过影响低收入居民在劳动力市场的决策间接地影响当地企业的生产效率，因此这种效应应当在劳动力市场供给紧张、人力资本水平较低的地区更为显著。基于此，本文具体构造了城市净人口流入、城市本专科学生占比两个指标来衡量城市劳动力供给的多寡和人力资本水平，即城市净人口流入＝（年末人口数−上年末人口数×（1＋人口自然增长率））/年末人口数（李拓和李斌，2015）、城市本专科学生占比＝普通本专科在校学生人数/城市人口。表5第（1）～（4）列报告了相关回归结果。第（1）列在城市净人口流入较低地区的回归中，互联网贷款的回归系数在5%的水平上显著为负，而第（2）列的回归系数却并不显著；第（3）列在城市本专科学生占比较低地区的回归中，互联网贷款的回归系数在10%的水平上显著为负，而第（4）列的回归系数却并不显著。互联网贷款对企业劳动生产率的影响集中于劳动力供给紧张、人力资本水平低的地区，互联网贷款对微观企业的影响与地区劳动力供给的数量与质量相关。

---

① 恩格尔系数的分组方式为：将样本按每年的下1/3分位数分为两组进行回归。

表5　互联网贷款与不同劳动力供给、城市分类的企业劳动生产率

变量	城市净人口流入		城市本专科学生占比		一线城市	二线城市	三线及以下城市
	低组别	高组别	低组别	高组别			
	（1）	（2）	（3）	（4）	（5）	（6）	（7）
Credit	−0.1373**	−0.0649	−0.1106*	−0.2524	−0.6392	−0.5144	−0.1003*
	（0.0693）	（0.1586）	（0.0665）	（0.5374）	（0.7510）	（0.4082）	（0.0592）
控制变量	是	是	是	是	是	是	是
固定效应	是	是	是	是	是	是	是
样本数	9187	9809	9947	10671	10524	5271	5468
R^2	0.2296	0.1810	0.2218	0.1569	0.1507	0.2476	0.2685

（6）互联网贷款对不同类型城市的影响。基于以上异质性研究，本文希望进一步探究互联网贷款对不同发展程度城市的企业劳动生产率的综合影响。因此，本文使用第一财经·新一线城市研究所发布的《城市商业魅力排行榜》，将城市分类为一线城市（包括新一线城市）、二线城市和三线及以下城市。该排行依据居民行为数据与城市大数据，按照城市枢纽性、商业资源集聚度、生活方式多样性、城市人活跃度和未来可塑性五大维度指数对地级及以上城市进行评估，可以综合地反映一座城市的社会经济综合发展水平。表5第（5）～（7）列报告了相关回归结果，分别是对各年一线城市、二线城市与三线及以下城市的分组回归。回归结果显示，互联网贷款对于一线城市、二线城市的企业劳动生产率并未造成显著影响，但是却显著降低了三线及以下城市的劳动生产率。综合来看，互联网贷款对微观企业造成的外溢效应主要集中于社会经济发展水平相对较低的三线及以下城市。

（四）企业应对互联网贷款所造成的劳动生产率冲击

本文进一步探究了企业为应对互联网贷款造成劳动生产率下降所采取的措施。表6报告了相应的回归结果，分别是对企业资本劳动比和研发支出的回归。在两组回归中，互联网贷款与企业滞后一期劳动生产率交互项的回归系数均显著为负，这说明企业为应对互联网贷款所造成的劳动生产率下降，使用了更多的资本来替代劳动力投入，并且进行了更多创新研发活动。这一发现验证了假说2，互联网贷款虽然降低了企业的劳动生产率，但企业面对这一变化积极转型，通过不断摆脱对于低技能劳动力的依赖，提升自身的资本深度，同时通过增加研发支出不断向技术密集型企业转变。因此，互联网贷款对企业生产效率造成短期冲击的同时，也促进了中国企业自身的转型升级，从而推动了经济高质量发展。

表6　互联网贷款与企业投资、研发投入

变量	CLR	R&D
	（1）	（2）
Credit	1.7751***	0.0140**
	（0.3852）	（0.0102）
Credit×L. Labprod	−0.1392***	−0.0015**
	（0.0286）	（0.0008）
L. Labprod	0.8488***	0.0041
	（0.1415）	（0.0036）
控制变量	是	是

变量	CLR	R&D
	（1）	（2）
固定效应	是	是
样本数	19397	19397
R^2	0.4012	0.0916

五、稳健性检验

（一）进一步验证互联网贷款对企业员工流动性的影响

互联网贷款通过平滑跨期消费会影响居民在劳动力市场上的行为决策，本文在机制检验中使用就业弹性作为替代指标，研究发现互联网贷款的普及提升了企业员工的流动性。为进一步验证该结论的稳健性，本文将通过探究互联网贷款与工资黏性之间的关系进行间接佐证。工资黏性指工资率不随劳动供求的变动而迅速变动。由于在劳动力市场中劳资双方往往相互缔约长期合同，即使价格水平、企业营业情况发生改变，劳资双方也必须遵守合同中规定的雇佣关系与工资水平。基于这样的事实，新凯恩斯学派提出了工资具有黏性的两个主要原因，即合同的长期性与合同的交错签订。如果互联网贷款提升了公司员工的流动性，那么劳资双方将会签订更短期限的合同，合同交错签订的程度也将下降，这将降低企业的工资黏性。基于上述分析，本文进一步针对互联网贷款对企业工资黏性造成的影响展开实证检验。

本文借鉴 Anderson 等（2003）、Banker 等（2013）、刘媛媛和刘斌（2014）的方法设计实证研究。在实证研究中，工资黏性具体表现为员工工资与业务量之间的非对称性变化，即当业务量减少1%时，工资成本减少的比例小于业务量增加1%时工资成本增加的比例。基于此，本文首先构建分段回归模型如下：

$$DWage_{i,t} = \beta_0 + \beta_1 DIncome_{i,t} + \beta_2 Dec_{i,t} \times DIncome_{i,t} + f_i + y_t + ind_i \times y_t + p_i \times y_t + \varepsilon_{i,t} \tag{5}$$

被解释变量 $DWage_{i,t}$ 为 i 企业 $t-1$ 期到 t 期员工工资的对数变化；$DIncome_{i,t}$ 为 i 企业 $t-1$ 期到 t 期营业收入的对数变化；$Dec_{i,t}$ 为 i 企业 $t-1$ 期到 t 期营业收入是否发生下降的虚拟变量。上述模型中回归系数 β_2 为工资黏性，如果 β_2 显著为负，则表明企业存在工资黏性。

本文再构建工资黏性的影响因素模型如下：

$$\beta_{2,i,t} = \alpha_0 + \alpha_1 Credit_{i,t} + \alpha_2 SOE_{i,t} + \alpha_3 LabInten_{i,t} + \nu_{i,t} \tag{6}$$

被解释变量 $\beta_{2,i,t}$ 为 i 企业 $t-1$ 期到 t 期的工资黏性；$Credit_{i,t}$ 为 i 企业第 t 期互联网贷款指数；$SOE_{i,t}$ 为 i 企业是否为国有企业的虚拟变量；$LabInten_{i,t}$ 为 i 企业第 t 期的劳动密集度，等于 ln（员工人数/营业收入）[①]。式（6）并不能进行真正意义上的回归，而需要将其代入式（5）中进行回归，回归结果如下：

$$DWage_{i,t} = \beta_0 + \beta_1 DIncome_{i,t} + (\alpha_0 + \alpha_1 Credit_{i,t} + \alpha_2 SOE_{i,t} + \alpha_3 LabInten_{i,t}) \times$$
$$Dec_{i,t} \times DIncome_{i,t} + f_i + y_t + ind_i \times y_t + p_i \times y_t + \varepsilon_{i,t} \tag{7}$$

如果式（7）中 α_1 的回归系数显著为正，则说明互联网贷款降低了企业的工资黏性，提升了员工的流动性。表7报告了互联网贷款与企业工资黏性回归结果。第（1）列使用式（5）进行回归

---

① 在 Banker 等（2013）、刘媛媛和刘斌（2014）的研究中，影响企业工资黏性的变量还包括行业成长性，但是在式（6）中已经控制了行业年份效应，因此在式（7）中本文不再控制行业成长性。

并且未控制行业—年份固定效应和省份—年份固定效应，工资黏性变量 β_2 显著为负，这说明中国上市公司普遍存在工资黏性；第（2）列在第（1）列的基础上加入了影响工资黏性的变量，使用式（7）进行回归，回归系数 α_1 显著为正；第（3）列在第（2）列的基础上进一步控制了行业—年份固定效应和省份—年份固定效应，回归系数 α_1 依然显著为正，这说明互联网贷款的普及显著降低了企业广泛存在的工资黏性，从而进一步验证互联网贷款提升了企业员工的流动性。

表7　互联网贷款与企业工资黏性

变量	DWage		
	（1）	（2）	（3）
DIncome	0.3108***	0.3063***	0.3055***
	（0.0364）	（0.0373）	（0.0360）
Dec×DIncome	−0.2369***	−0.5512	−0.6875*
	（0.0543）	（0.4279）	（0.4094）
Dec×DIncome×Credit		0.1492*	0.1718**
		（0.0837）	（0.0799）
Dec×DIncome×SOE		−0.0906*	−0.0858*
		（0.0495）	（0.0486）
Dec×DIncome×LabInten		−0.0634***	−0.0603***
		（0.0126）	（0.0124）
年份固定效应	是	是	是
公司固定效应	是	是	是
行业—年份固定效应	否	否	是
省份—年份固定效应	否	否	是
样本数	16010	15915	15915
R^2	0.1080	0.1180	0.1486

（二）排除数字普惠金融中其他服务的影响

本文主要关注互联网贷款对企业劳动生产率所产生的外溢效应。有一种可能是上述结果反映的是其他维度的数字普惠金融发展所带来的影响，而非仅仅存在互联网贷款这一种影响渠道。接下来，本文通过更换主解释变量进行回归验证。数字普惠金融的发展是多层次、多维度的，在具体形式上，数字普惠金融为消费者提供了移动支付、线上金融产品销售、互联网贷款与电子征信系统等服务。因此，在互联网贷款服务之外，数字普惠金融发展的其他维度是否也会对企业生产效率产生同样的负面影响？为了回答这一问题，本文在稳健性研究中进一步使用北京大学数字普惠金融指数的其他指标作为主要解释变量按基准回归模型进行回归。

数字普惠金融使用深度指数中每个二级指标分别从相关服务的用户总量、使用活跃度（人均交易笔数）和使用深度（人均交易金额）三个维度进行衡量，从而综合地反映出地区层面相关服务的使用情况。本文将使用深度指数的二级指标（除互联网贷款指数外的其他指标）的自然对数作为解释变量进行回归，表8报告了相关的回归结果。第（1）列使用数字普惠金融总指数（Aggregate）进行回归，回归系数并不显著。与以往众多研究认为数字普惠金融的综合发展会对社会经济产生影响的结论不同，数字普惠金融整体发展并不是造成企业劳动生产率下降的主要原因，这说明数字普惠金融中不同服务的影响具有一定的异质性。第（2）~（6）列分别使用支付使用指数（Payment）、保险使用指数（Insurance）、货币基金使用指数（Monetary_Fund）、投资使用指数（Investment）、信用使用指数（Credit_Investigation）作为解释变量回归，其中只有保险使用指数的回归系数在5%的水平上显著为负，其他指标均不显著。这说明，数字普惠金融所带来的支付与投资便利并不会对企业劳动生产率产生显著影响，而互联网贷款和保险服务是造成企业劳动生产率下降的主要原因。互联网保险服务与互联网贷款的作用机制相似，线上渠道的出现使原本面临金融排斥的居民能够更为便利地获取保险服务，同时保险服务的普及使居民的风险承受能力上升，进而提升劳动力的流动性，最终导致企业劳动生产率下降。因此，并非所有数字普惠金融服务均对微观企业生产效率具有外溢效应，只有那些能够降低劳动者风险暴露的互联网金融服务才能够影响劳动力决策。

表 8　数字普惠金融其他维度与企业劳动生产率

变量	Labprod					
	（1）	（2）	（3）	（4）	（5）	（6）
Aggregate	0.0886					
	(0.1084)					
Payment		0.0017				
		(0.0464)				
Insurance			−0.1086**			
			(0.0515)			
Monetary_Fund				0.0090		
				(0.0495)		
Investment					−0.0309	
					(0.0853)	
Credit_Investigation						0.0251
						(0.0310)
控制变量	是	是	是	是	是	是
固定效应	是	是	是	是	是	是
样本数	21294	21292	21294	16941	14620	12167
R²	0.1694	0.1694	0.1698	0.1778	0.1786	0.1797

（三）内生性问题

（1）采用两阶段最小二乘法。劳动力生产效率的降低有可能使劳动力所获得工资报酬降低，从而导致居民更多地使用互联网贷款以缓解融资约束，故本文可能存在着逆向因果的内生性问题。因此，本文进一步使用两阶段工具变量法来缓解内生性问题。借鉴谢绚丽等（2018）、邱晗等（2018）研究使用省级互联网普及率作为数字普惠金融工具变量的思路，本文构造了城市层面的人均移动电话用户数（Telephone）作为工具变量。本文所使用的互联网贷款指数由互联网金融公司的手机终端数据统计而来，该互联网金融产品主要通过手机终端对个人消费者发放贷款。因此，移动电话的普及度与互联网贷款的使用程度直接相关，满足工具变量的相关性。同时，企业可能运用数字化、信息化手段提升生产效率，本文在回归中进一步加入了企业的数字化转型程度（*Digit*）[1]。通过控制企业的综合数字化发展水平，本文能在一定程度上排除企业层面信息化差异所导致的劳动生产率变化。因此，在控制企业层面的数字化水平的基础上，居民层面使用移动电话的普及程度与公司层面的劳动生产率并不存在直接的关联渠道，从而满足工具变量的外生性。

表 9 第（1）、（2）列展示了使用工具变量的回归结果。其中，第（1）列报告了第一阶段回归结果，工具变量的回归系数在 1% 的水平上显著为正，这说明互联网贷款的发展与人均移动电话用户数高度正相关；第（2）列报告了第二阶段回归结果，互联网贷款的回归系数在 5% 的水平上显著为负，这说明在克服部分内生性问题后，互联网贷款的发展依然能够降低企业劳动生产率。

表 9　内生性问题与稳健性检验

变量	*Credit*	*Labprod*	*Labprod*		*Labprod_Adjust*	
	工具变量法		控制小额贷款	控制人均电信业务量	劳动密集度	
	第一阶段	第二阶段			低组别	高组别
	（1）	（2）	（3）	（4）	（5）	（6）
Credit		−2.1999**	−0.0856*	−0.0899*	−0.0133	−0.0995**
		(1.0785)	(0.0497)	(0.0531)	(0.0805)	(0.0431)
Telephone	0.0205***					
	(0.0023)					
MicroLoan			−1.4266			
			(1.1434)			
Telecom				−0.0285		
				(0.0195)		
控制变量	是	是	是	是	是	是
固定效应	是	是	是	是	是	是
样本数	21123	21115	21263	21060	10624	10613
R^2	0.9594	0.0840	0.1696	0.1706	0.1648	0.2182

（2）增加控制变量缓解遗漏变量问题。本文将进一步加入控制变量以缓解其他潜在作用渠道对企业劳动生产率产生的影响。①控制小额贷款规模。小额贷款公司所提供的小额贷款同样能够放松居民的预算约束。为了排除互联网贷款以外的小额贷款对劳动力的影响，本文进一步在控制变量中加入了央行公布的各省份小额贷款公司贷款余额的自然对数（*MicroLoan*）。表 9 第（3）列报告了相关回归结果。在控制小额贷款规模后，互联网贷款的回归系数依然显著为负。②控制人均电信业务量。由于企业劳动生产率的下降可能是由于社会生产生活信息化、数字化水平整体提升造成的员工流动性提升（宁光杰和杨馥萍，2021）。同时，数字经济下的灵活用工模式也会导致员工流动性的提升。因此，本文进一步在控制变量中加入城市层面的人均电信业务总量的自然对数（*Telecom*），希望以此来排除互联网通信技术的进步与普及给劳动力就业市场带来的冲击。由于一切数字经济活动均需要使用互联网电信服务，因此，人均电信业务总量能够较好地反映居民参与数字经济的活跃程度。表 9 第（4）列报告了相关回归结果。在控制了城市人均电信业务量后，互联网贷款的回归系数依然显著为负。综上，本文的结论依然成立。

---

① 该指标为上市公司在报告中提到人工智能技术、区块链技术、云计算技术、大数据技术、数字技术应用细分指标的频数总和，数据来自 CSMAR 数字经济数据库。

（四）使用劳动生产率替代指标、2015 年之后样本的检验

为保证实证结果的可靠性，本文在式（1）回归模型中进行了如下稳健性检验：

（1）更换企业劳动生产率指标。使用 ln（（营业收入-营业外收入）/员工人数）（*Labprod_Adjust*）衡量企业劳动生产率，通过删除企业正常经营之外的收入，该指标能够更好地反映企业常规生产经营效率所发生的改变。表 9 第（5）、（6）列报告了使用 *Labprod_Adjust* 作为被解释变量的回归结果，并按照企业劳动密集度的年中位数进行分组回归。结果显示，只有在第（6）列高劳动密集度样本的回归中互联网贷款的回归系数显著为负，该结论与前文实证结果一致，从而说明本文的研究结论具备一定的稳健性。

（2）使用 2015 年以后的样本。由于蚂蚁金服在 2015 年才推出了针对个人消费者的消费信贷产品"蚂蚁花呗"，而本文主要关心互联网贷款对劳动力供给的影响，因此，本文仅保留消费信贷正式推出之后年份的样本进行回归。① 回归结果显示，互联网贷款的回归系数显著为负，结论与基准回归一致。但回归系数大小明显小于基准回归的系数，这说明互联网贷款对企业劳动生产率的影响主要集中于 2015 年之后，与个人消费信贷关联更加密切。

六、结论与政策启示

数字经济已经渗透到中国经济社会的方方面面，而数字经济与金融科技的融合也使数字普惠金融实现了跨越式发展。2011 年各省份数字普惠金融指数的中位数仅为 33.60，2015 年增长到 214.60，2018 年进一步增长到 294.30。这一领域的相关学术研究也日渐兴起，既有的研究主要聚焦数字普惠金融对收入分配、大众创业、家庭金融的影响。这些研究主要关注数字普惠金融对于居民与家庭的直接影响，而忽略了互联网贷款可能通过影响劳动力渠道对实体经济、微观企业所产生的溢出效应。本文在现有研究的基础上，进一步探究了以互联网贷款为代表的数字普惠金融如何通过影响劳动力决策，进而影响企业的劳动生产率。与预期的金融科技提升企业效率不同，本文的研究发现：互联网贷款的发展在短期内提升了低技能劳动力的流动性，进而降低了企业劳动生产率；并且，企业劳动生产率的下降主要集中于人力资本水平较低的劳动密集型企业。地区层面异质性研究发现，企业劳动生产率的下降在居民融资约束强、消费预算约束强、劳动力供给紧张、人力资本水平低的三线及以下城市尤其显著。在上述研究基础上，本文进一步探讨了企业面对互联网贷款溢出效应的转型应对，研究发现：为应对劳动生产率下降，企业选择了转型升级，通过提升资本劳动比、增加研发投入，从劳动密集型生产方式向资本密集型、技术密集型转型。本文的研究发现为更好地理解数字经济与金融科技对实体经济和微观企业的外溢冲击以及多维影响提供了新的视角和证据。本文的研究发现提供了如下政策启示：

（1）管理层和学术界应关注数字经济潜在的负面外溢效应。数字经济在改变人们生活的同时，也在重塑当今中国的经济、社会与文化。随着数字经济、金融科技对实体经济、微观企业的影响从消费领域扩展到生产领域，其影响也会变得越来越多维而复杂。政策制定者在鼓励数字经济发展以充分消除信息不对称、发挥网络效应的同时，也应对数字经济可能产生的外溢效应进行深入、系统的研究与评估，从而制定相应的政策措施以最大程度地缓解潜在的负面影响。

（2）面对互联网贷款所导致的劳动力供给冲击时，企业应积极推进转型升级。近年来，中国劳动力供需结构矛盾凸显，一方面，以"零工经济"为代表的互联网服务业吸纳了大量年轻劳动力；另一方面，制造业企业一线岗位"招工难""用工贵"等问题长期存在。如今，中国正在迈入"刘

---

① 使用 2015 年以后样本的回归结果参见《中国工业经济》网站（http://ciejournal.ajcass.org）附件。

易斯拐点"，劳动力的成本优势已经不再明显，叠加互联网贷款发展和普及所带来的劳动力供给冲击，企业在短期内可能面临劳动生产率下降的风险。企业自身应当通过改善用工环境吸引年轻人、降低员工的流动性，也应当通过转型升级摆脱对于"廉价劳动力"的路径依赖。政策制定者应当重点关注经济欠发达地区的劳动密集型企业，对其中转型困难的企业给予一定的政策引导和扶持，以缓解数字经济和金融科技的外溢效应。同时，政策制定者也需要最大程度地减少企业转型对就业市场所产生的影响，防止收入差距扩大。

（3）进一步完善失业保险等社会保障制度。鉴于互联网贷款不确定性高的特点，完善社会保障制度，对于防范互联网贷款可能带来的劳动力市场冲击和潜在的社会问题具有重要意义。现阶段，中国失业保障制度存在覆盖面不足、失业保险资金筹措不足、失业救济水平不高等问题，失业保险制度的现代化程度不高是当前中低收入的劳动者过度依赖互联网贷款等数字普惠金融手段的因素之一。本文认为，在健全失业保障制度方面应当提高失业保险和失业救济的资助水平。以往用于失业保障的资金支出主要来自政府和企业两条渠道，而随着中国人均国民收入的稳步提升，家庭自身的购买力水平也在不断提高，失业保障基金应当逐步向国家、企业、个人共同负担的方向发展。

（4）加强金融监管，防止互联网贷款业务无序扩张。以互联网借贷为代表的数字普惠金融正在改变着青年群体的融资约束、消费习惯，自然也会改变他们的就业意愿和就业市场的流动性和弹性。互联网贷款带来的过度负债、非理性消费（超前消费或过度消费）应该引起关注，政策制定者应加强互联网贷款监管，倡导合理的消费观，严格限制向无固定收入来源群体发放互联网贷款。在对互联网贷款加强监管的同时，也应当在青年人群中树立"量入为出、适度消费"的生活理念和"积极上进、努力奋斗"的价值观。

诚然，探究互联网贷款对于中低收入劳动者的就业选择，最直接的证据应当考察劳动者个体层面的互联网贷款使用情况及其就业选择。囿于数据局限性，本文通过一系列稳健性检验间接印证所提出的观点。期待在未来的研究中通过田野调查、数据合作等形式获得更多的第一手调查数据，为拓展数字普惠金融如何影响劳动力流动性提供更加直接有力的经验性数据。

参考文献

［1］程虹，刘三江，罗连发．中国企业转型升级的基本状况与路径选择：基于570家企业4794名员工入企调查数据的分析［J］．管理世界，2016（2）：57-70.

［2］冯大威，高梦桃，周利．数字普惠金融与居民创业：来自中国劳动力动态调查的证据［J］．金融经济学研究，2020（1）：91-103.

［3］傅秋子，黄益平．数字金融对农村金融需求的异质性影响：来自中国家庭金融调查与北京大学数字普惠金融指数的证据［J］．金融研究，2018（11）：68-84.

［4］郭峰，王靖一，王芳，等．测度中国数字普惠金融发展：指数编制与空间特征［J］．经济学（季刊），2020（4）：1401-1418.

［5］黄益平，黄卓．中国的数字金融发展：现在与未来［J］．经济学（季刊），2018（4）：1489-1502.

［6］李春涛，闫续文，宋敏，等．金融科技与企业创新：新三板上市公司的证据［J］．中国工业经济，2020（1）：81-98.

［7］李建军，韩珣．普惠金融、收入分配和贫困减缓：推进效率和公平的政策框架选择［J］．金融研究，2019（3）：129-148.

［8］李建军，李俊成．普惠金融与创业："授人以鱼"还是"授人以渔"［J］．金融研究，2020（1）：69-87.

［9］李建军，彭俞超，马思超．普惠金融与中国经济发展：多维度内涵与实证分析［J］．经济

研究, 2020 (4): 37-52.

[10] 李建强, 赵西亮. 劳动保护与企业创新: 基于《劳动合同法》的实证研究 [J]. 经济学 (季刊), 2020 (1): 121-142.

[11] 李涛, 王志芳, 王海港, 等. 中国城市居民的金融受排斥状况研究 [J]. 经济研究, 2010 (7): 15-30.

[12] 李拓, 李斌. 中国跨地区人口流动的影响因素: 基于 286 个城市面板数据的空间计量检验 [J]. 中国人口科学, 2015 (2): 73-83.

[13] 刘航, 伏霖, 李涛, 等. 基于中国实践的互联网与数字经济研究: 首届互联网与数字经济论坛综述 [J]. 经济研究, 2019 (3): 204-208.

[14] 刘媛媛, 刘斌. 劳动保护、成本粘性与企业应对 [J]. 经济研究, 2014 (5): 63-76.

[15] 宁光杰, 杨馥萍. 互联网使用与劳动力产业流动: 对低技能劳动者的考察 [J]. 中国人口科学, 2021 (2): 88-100.

[16] 宁光杰, 张雪凯. 劳动力流转与资本深化: 当前中国企业机器替代劳动的新解释 [J]. 中国工业经济, 2021 (6): 42-60.

[17] 邱晗, 黄益平, 纪洋. 金融科技对传统银行行为的影响: 基于互联网理财的视角 [J]. 金融研究, 2018 (11): 17-29.

[18] 唐松, 伍旭川, 祝佳. 数字金融与企业技术创新: 结构特征、机制识别与金融监管下的效应差异 [J]. 管理世界, 2020 (5): 52-66.

[19] 唐珏, 封进. 社会保险征收体制改革与社会保险基金收入: 基于企业缴费行为的研究 [J]. 经济学 (季刊), 2019 (3): 833-854.

[20] 田明. 进城农民工的高流动性及其解释 [J]. 清华大学学报 (哲学社会科学版), 2013 (5): 69-80.

[21] 王博, 张晓玫, 卢露. 网络借贷是实现普惠金融的有效途径吗: 来自 "人人贷" 的微观借贷证据 [J]. 中国工业经济, 2017 (2): 98-116.

[22] 王修华, 傅勇, 贺小金, 等. 中国农户受金融排斥状况研究: 基于我国 8 省 29 县 1547 户农户的调研数据 [J]. 金融研究, 2013 (7): 139-152.

[23] 王永钦, 董雯. 机器人的兴起如何影响中国劳动力市场?: 来自制造业上市公司的证据 [J]. 经济研究, 2020 (10): 159-175.

[24] 谢绚丽, 沈艳, 张皓星, 等. 数字金融能促进创业吗?: 来自中国的证据 [J]. 经济学 (季刊), 2018 (4): 1557-1580.

[25] 易行健, 周利. 数字普惠金融发展是否显著影响了居民消费: 来自中国家庭的微观证据 [J]. 金融研究, 2018 (11): 47-67.

[26] 尹志超, 彭嫦燕, 里昂安吉拉. 中国家庭普惠金融的发展及影响 [J]. 管理世界, 2019 (2): 74-87.

[27] 余林徽, 陆毅, 路江涌. 解构经济制度对我国企业生产率的影响 [J]. 经济学 (季刊), 2014 (1): 127-150.

[28] 张勋, 万广华, 张佳佳, 等. 数字经济、普惠金融与包容性增长 [J]. 经济研究, 2019 (8): 71-86.

[29] 张正平, 黄帆帆. 数字普惠金融对农村劳动力自我雇佣的影响 [J]. 金融论坛, 2021 (4): 58-68.

[30] Amable B., L. Demmou, D. Gatti. The Effect of Employment Protection and Product Market Regulation on Labour Market Performance: Substitution or Complementarity [J]. Applied Economics,

2011, 43 (4-6): 449-464.

［31］Anderson M. C., R. D. Banker, S. N. Janakiramanj. Are Selling, General, and Administrative Costs "Sticky" ［J］. Journal of Accounting Research, 2003, 41 (1): 47-63.

［32］Banker R. D., D. Byzalov, T. C. Lei. Employment Protection Legislation, Adjustment Costs and Cross-country Differences in Cost Behavior ［J］. Journal of Accounting & Economics, 2013, 55 (1): 111-127.

［33］Beck T., A. Demirguc-Kunt, M. M. Peria. Reaching Out: Access to and Use of Banking Services Across Countries ［J］. Journal of Financial Economics, 2007, 1 (85): 234-266.

［34］Bender S., N. Bloom, D. Card, et al. Management Practices, Workforce Selection, and Productivity ［J］. Journal of Labor Economics, 2018, 36 (S1): 371-409.

［35］Buchak G., G. Matvos, T. Piskorski, et al. Fintech, Regulatory Arbitrage, and the Rise of Shadow Banks ［J］. Journal of Financial Economics, 2018, 130 (3): 453-483.

［36］Dehejia R. H., N. Gupta. Financial Development and Micro-Entrepreneurship ［R］. NYU Wagner Research Paper, 2019.

［37］Demirgüç-Kunt A., T. H. L. Beck, P. Honohan. Finance for All? Policies and Pitfalls in Expanding Access ［J］. International Journal of Finance & Economics, 2021, 1 (26): 42-59.

［38］Devlin J. F. A Detailed Study of Financial Exclusion in the UK ［J］. Journal of Consumer Policy, 2005, 28 (1): 75-108.

［39］Di Maggio M., V. Yao. Fintech Borrowers: Lax-Screening or Ccream-Skimming ［J］. Review of Financial Studies, 2021, 10 (34): 4565-4618.

［40］Goldstein I., W. Jiang, G. A. Karolyi. To FinTech and Beyond ［J］. Review of Financial Studies, 2019, 32 (5): 1647-1661.

［41］Herkenhoff K. F. The Impact of Consumer Credit Access on Unemployment ［J］. Review of Economic Studies, 2019, 86 (6): 2605-2642.

［42］Kale J. R., H. E. Ryan, L. Wang. Outside Employment Opportunities, Employee Productivity, and Debt Discipline ［J］. Journal of Corporate Finance, 2019, 59: 142-161.

［43］Schweitzer M. E., B. Barkley. Is "Fintech" Good for Small Business Borrowers? Impacts on Firm Growth and Customer Satisfaction ［R］. Federal Reserve Bank of Cleveland Working Paper, 2017.

绿色发展

环境规制驱动减排的机制

——企业内与企业间资源配置的视角

韩超 王震 田蕾

[摘 要] 污染问题已经成为中国高质量发展道路上无法回避的问题，在治理污染中规制无疑发挥着重要的作用，然而规制如何作用于企业？如何影响企业的行为决策？而最终又如何影响污染排放？以上问题依然有待给出科学的回答。本文依托首次约束性污染控制规划，以二氧化硫为例分析了规制的减排效应及其作用机制。研究表明：约束性污染控制在企业层面具有显著的减排效应，同时发现这一减排效应存在明显的异质性，减排效应主要发生在东部地区，同时污染密集型行业的减排效果更加显著。探究减排机制时发现，环境规制驱动企业内部采取清洁生产及末端处理的治理方式来降低企业排放，同时发现企业间的资源再配置而非企业的进入退出引致了加总层面污染减排效应。本文还发现环境规制的减排效应与规制压力具有直接的关系，间接表明企业可能未能形成可持续的减排驱动力。本文研究发现为进一步完善环境规制政策、实现绿色高质量发展提供了经验证据。

[关键词] "十一五"规划；约束性污染控制；清洁生产；末端处理；资源再配置

一、问题的提出

近30年来，中国经济的高速增长伴随着惨重的环境质量代价，污染排放带来严重经济损失的同时，也为中国社会稳定和居民健康埋下了重大隐患（Ebenstein et al.，2015）。自20世纪70年代末建立环境规制体系以来，无论是机构建设、法律保障，还是治理投资等方面，中国更多地侧重通过主动的规制措施降低污染排放，其在污染减排中发挥着重要作用。以二氧化硫为例，1987年中国颁布《大气污染防治法》，针对工业和燃煤污染等，力图通过浓度控制的方式控制酸雨和抑制二氧化硫污染、消烟除尘和进行工业点源治理。继而于1998年划分酸雨控制区和二氧化硫污染控制区，通过地区间的差别化规制进行污染控制，但却未实现污染减排目标[①]。2005年国家"十一五"规划一改浓度控制的规制思路，转而采取总量减排的规制思路，并强调将总量目标的实现情况纳入官员的绩效考评，作为约束性污染物总量控制目标影响政治晋升。即使验证了环境规制对污染排放起到一定的效果，然而规制治理污染的过程是如何实现的：规制的减排效应是来自企业自身的减排行为？还是来自企业间的资源再配置？即使集中到企业层面的减排行为，那么其是由于末端处

[基金项目] 本文受到国家自然科学基金项目（71774028）、辽宁省"兴辽英才计划"青年拔尖人才（XLYC1807254）、辽宁省社科规划基金项目（L18AJY004）、辽宁省经济社会发展课题（2020lslktyb-034）、辽宁省高等学校创新人才计划（WR2019008）的资助。

[作者简介] 韩超，东北财经大学产业组织与企业组织研究中心，研究员，复旦大学经济学院博士后，经济学博士，博士生导师；王震，东北财经大学产业组织与企业组织研究中心博士研究生；田蕾，东北财经大学产业组织与企业组织研究中心硕士研究生。

① 二氧化硫总排放量大致从2000年的2000万吨增加到2005年的2550万吨，增长率高达28%。

理行为增加还是由于生产过程更为清洁？对以上问题的回答不仅是对已有规制减排效应的解剖与解读，更重要的是在获得规制减排机制的基础上，可以进一步完善相关规制政策并更科学地实施。

企业生产环节的技艺改进与技术进步、污染治理环节的设备使用等会分别影响企业污染物的产生和处理，整体的污染排放不仅取决于企业污染物产生与处理情况，还取决于企业间配置问题，同时还涉及企业的进入与企业退出行为（Grossman and Krueger，1991；Shapiro and Walker，2018）。基于类似分解发现：中国污染排放在规模、结构与技术效应方面存在显著的城市间异质性差异（Auffhammer et al.，2016）；1987~2001 年美国污染排放下降的主要因素来自技术因素，其次才是结构因素（Levinson，2007）；印度的工业污染排放降低的主要因素是能源效率提升（Paul and Bhattacharya，2004）。具体到环境规制，基于美国的研究未发现结构因素在环境规制驱动减排中发挥显著作用（Selden et al.，1999），基于荷兰和西德的研究发现，环境规制通过结构因素和技术因素促进了二氧化硫的减排（De Bruyn，1997）。在关于环境规制减排效应的有关研究中，大多研究发现环境规制具有显著的减排效应，如李永友和沈坤荣（2008）发现排污费征收制度对污染减排起到了显著的积极作用，Laplante 和 Rilstone（1996）以加拿大的纸浆和纸制品行业为例，发现环境规制能使这些企业的污染物排放减少约28%。现有关于环境规制如何实现减排效应的研究中，有研究发现严格的环境规制可以减少违法企业的数量（Nadeau，1997），也有研究发现环境规制虽然对降低排放强度有效果，但不会促进技术进步，并认为污染征税制度因其能鼓励企业提高技术效率，具有长期减排效应（Jin and Lin，2014）。然而由于规制的强制性，其比排污费征收制度对环境的改善具有更迅速的效果（Dasgupta et al.，2002）。

环境规制的减排效应始终是通过资源再配置效应实现的，其可以通过企业内的资源再配置效应和企业间的资源再配置效应体现。企业内的资源再配置效应如上一段提到的企业生产技术的革新和行业内企业平均生产率的提高，反映到减排方面即生产技术和排污清洁技术的提升引致的企业排放强度下降。企业间的资源再配置则反映了生产资源在企业之间的流动，并由此导致的市场份额变动（马光荣，2014）。已有研究发现环境规制可能会导致资源由低生产率企业流向高生产率企业（韩超等，2017），同时还发现环境规制将促使高生产率企业规模扩张以及低生产率企业退出，但对企业个体而言生产率是下降的（王勇等，2019）。同时，还有研究发现环境规制除对生产率差异的企业产生资源再配置效应外，也会对污染强度差异企业的进入和退出发挥显著作用，即环境规制加剧了市场的优胜劣汰（Deily and Gray，1991）。

本文基于国家"十一五"规划实施的约束性污染物总量控制政策进行分析，力图探究环境规制的减排效应和减排机制。约束性污染物总量控制治理下，中国常规污染物包括化学需氧量、氨氮等的排放得到了有效控制，对约束性污染物总量控制影响进行的研究已有部分文献论述。约束性污染物总量控制减少了企业出口的可能性，并减少了出口量（Shi and Xu，2018），导致外商投资更多地流向污染控制目标比较弱的地区（Lin and Sun，2016），使污染物更多地向污染控制目标比较弱的地区集聚（Chen et al.，2018），同时，由于环境绩效纳入官员考核，导致地方政府甚至会牺牲经济增长来完成考核（Chen et al.，2018）。需要注意的是，现有研究或者只关注减排效果，或者仅探究环境规制引致的资源再配置效应，但对于如何实现减排即通过何种途径实现减排并未揭示，规制效果实现的"黑箱"并未揭开。为此，本文以中国工业企业数据库和工业企业污染排放数据库为基础，将约束性污染物总量控制作为代表性的规制政策，以二氧化硫为例揭示环境规制具有的减排效应与减排机制。与现有研究相比，本文可能的边际贡献在于：对中国约束性污染物总量控制政策下产生的减排压力对非火电行业制造业的影响进行分析，间接揭示了中国地方政府在火电行业实现减排与非火电行业实现减排间可能存在的关联关系，综合分析了约束性污染物总量控制在推动减排过程中的机制途径。

本文余下的结构安排如下：第二部分阐述中国工业污染排放的特征事实与政策背景；第三部分给出研究设计；第四部分进行基准分析；第五部分是稳健性检验；第六部分揭示环境规制引致减排的可能机制；第七部分是进一步分析；第八部分给出总结性结论与启示。

二、中国工业污染排放与约束性污染物总量控制：特征性事实

中国的能源消费结构以煤炭为主，且是世界上排放二氧化硫最多的国家，二氧化硫一直是中国主要的污染物减排对象。为了控制二氧化硫排放，以控制工业和燃煤污染为主要措施的《大气污染防治法》于 1987 年颁布，其采用浓度控制的方式控制酸雨，进行二氧化硫、烟尘以及工业污染点源治理。1998 年实施了两控区（酸雨控制区与二氧化硫污染控制区）政策，以对污染特别严重的地区和城市进行二氧化硫污染物治理，这一政策将 27 个省的 175 个城市划为重点规制地区。在国家环境保护第十个五年计划中，明确要求将两控区的排放量由 2000 年的水平降低 20%，最后两控区政策使相关城市二氧化硫排放量减少了约 300 万吨（Tanaka，2015）。然而，两控区政策并没有实现在 2000～2005 年将中国的总排放量减少 10% 的目标（Lu et al.，2010）。由于 2005 年没有达到"十五"期间的环境治理目标，"十一五"期间中国开始转变污染控制思路，2006 年 8 月，环保总局、国家统计局与国家发改委联合发布了《"十一五"期间全国主要污染物排放总量控制计划》，明确提出在"十一五"期末全国主要污染物（二氧化硫和化学需氧量）排放总量减少 10% 作为约束性指标，并将其纳入目标考核作为政治晋升的重要指标。

从约束性污染物总量控制政策的具体实施看，约束性污染物总量控制计划重点控制火电厂的二氧化硫排放，要求对二氧化硫排放超标的存量燃煤电厂、新（扩）建的燃煤电厂（机组）安装烟气脱硫装置。同时约束性污染物总量控制计划针对非火电行业同样做出了明确要求：一方面要求工业污染源安装烟气脱硫设施或采取其他减排措施；另一方面要求加快技术改造，大力推行清洁生产，发展循环经济。淘汰高能耗、重污染的各类工业炉窑，积极发展低能耗、轻污染或无污染的炉窑，逐步淘汰高能耗、重污染的燃煤锅炉，积极推进燃气、地热和电锅炉。同时鼓励清洁能源的使用，燃煤锅炉优先使用优质低硫煤、洗后动力煤或固硫型煤，同时加快推进煤改气、煤改电工程。通过约束性污染物总量控制的具体实施措施可知，清洁生产以及末端处理等在规制的实施路径中均有涉及，但是对于具体每个措施在规制实施中发挥什么作用却未得知。一方面，由于约束性污染物总量控制将污染控制目标纳入官员考核，从制度上保证了规制实施的法律效力；另一方面，基于约束性污染物总量控制的措施，其涉及可能驱动污染减排的大部分治理工具。因此基于约束性污染物总量控制来探究环境规制的减排效应与减排机制更具代表性。

图 1 区分全行业与非火电行业的 SO_2 排放量变动情况。针对全行业而言，SO_2 排放量在 2006 年之前总体呈现递增趋势，而 2006 年后出现显著的下降并在"十一五"期间始终保持下降趋势。非火电行业的排放趋势变化与全行业基本保持一致，一个明显的区别是非火电行业的 SO_2 排放量在 2006 年就开始出现下降。以上特征事实反映出"十一五"期间 SO_2 排放量的大幅下降很可能与约束性污染物总量控制计划有关。依据《"十一五"期间全国主要污染物排放总量控制计划》要求的分配原则，由于不同地区的环境状况、经济发展水平与污染减排能力等因素存在差异，实际的约束性污染物总量控制计划实施中针对不同省份的规制力度并不一致，这也直接导致不同省份的 SO_2 排放量变动情况[①]存在差异。

[①] 限于篇幅，"十一五"期间省份的排放变动表格并未报告。

以上宏观层面的分析会掩盖微观企业层面的行为，为深入探究污染排放降低的微观机制，需要分析规制约束下的企业行为。针对非火电行业，一方面，本文利用企业污染排放数据库中的 SO_2 产生量以及处理量指标来探究企业内的减排行为，考察是清洁生产还是末端处理在发挥作用。为了排除规模经济的影响，实际利用单位产值的 SO_2 产生量、处理量以及排放量绘制成图2，其显示"十一五"期间非火电行业的相关强度指标随时间的变动情况，发现在2005年，SO_2 产生强度的下降速率存在明显加快，同时 SO_2 处理强度的下降速率出现轻微变化，最终导致2005年的 SO_2 排放强度出现显著的下降。基于 SO_2 排放强度的变动说明约束性污染物总量控制可能在非火电行业存在显著的减排效应，而 SO_2 产生强度和处理强度的变动则表明其减排效应的发生可能来源于企业内的清洁生产以及末端处理行为。

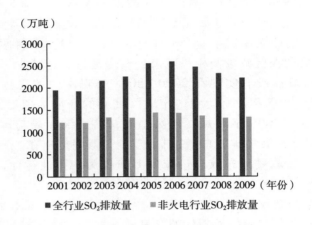

图1 中国 SO_2 排放量随时间推移的变动趋势

资料来源：生态环境部、国家统计局。

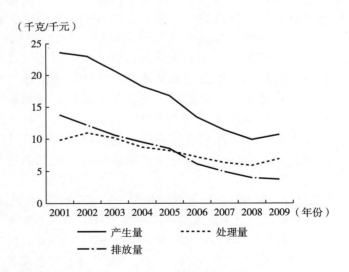

图2 非火电行业 SO_2 相关强度指标随时间推移的变动趋势

资料来源：中国企业排放数据库。

另一方面，企业间的资源配置效应同样可能存在减排效果，本文利用微观层面的企业排放数据进行加总，同时将加总层面的污染排放因素分解为规模因素、结构因素以及技术因素，分别代表经济规模的影响、内部结构变动的影响以及排放强度变动的影响（Grossman and Krueger，1991）。具体地，基于省份—行业—年度层面加总的排放水平可由式（1）表示，其中，x_{pift} 表示 p 省 i 行业 t 年度 f 企业的产值，其在省份—行业—年度层面加总即得到总产值 X_{pit}，e_{pift} 表示 p 省 i 行业 t 年度 f 企业的排放强度，θ_{pift} 表示 p 省 i 行业 t 年度 f 企业的市场份额。规模指以省份—行业—年份分组的组内企业的总规模，结构指组内单个企业所占的市场份额，技术指组内单个企业的排放强度。分解模型由式（2）表示，式（2）中第一项代表规模效应，即存活企业市场份额、排放强度均保持不变，存活企业自身经济规模的变化引致的加总污染排放变动；第二项代表结构效应，即存活企业的经济规模、排放强度保持不变，由存活企业市场份额变化引致的加总污染排放变动；第三项代表技术效应，即存活企业的经济规模、市场份额保持不变，由存活企业排放强度变化引致的加总污染排放变动。

$$SO_{2pit} = \sum x_{pift} e_{pift} = X_{pit} \sum \theta_{pift} e_{pift} \tag{1}$$

$$\Delta SO_{2pit} = \Delta X_{pit} \sum x_{pif,\,2005} e_{pif,\,2005} + X_{pi,\,2005} \sum \Delta \theta_{pift} e_{pif,\,2005} + X_{pi,\,2005} \sum \theta_{pif,\,2005} \Delta e_{pift} \tag{2}$$

本文依据式（2）计算得到的规模效应、结构效应以及技术效应加总到全国层面，并将分解效应的结果绘制成图3和图4。其中，图3分开呈现规模效应、结构效应以及技术效应，图4则呈现叠加效应。从图3可以发现规模效应并未出现显著变化，而结构效应在2006年出现转折并显著降低 SO_2 排放量，技术效应则在2007年出现转折。相较之下，图4呈现的叠加效应更加直观，最下端的虚线仅显示规模效应，表示企业规模变动引致的 SO_2 排放量变动；中间的虚线显示出规模效应与结构效应的叠加效果，即意味着如果所有企业保持与2005年相同的生产技术，而因为企业规模变动与市场份额变动引致的 SO_2 排放量变动，与最下端的虚线对比发现2006年的 SO_2 排放量显著下降很大程度上是因为结构效应。位于最上方的实线考虑规模效应、结构效应与技术效应的叠加效果，将该线与中间的虚线相比，两条线并未重合且实线在2007年以后继续保持下降趋势，表明技术效应同样存在降低 SO_2 排放量的影响。因此，结构效应和技术效应可能共同驱动了 SO_2 的排放下降。以上基于特征事实反映出的减排效应和减排机制结论，都未能给予严谨科学的分析论证，而后文的计量分析将弥补这一缺点，旨在科学探究约束性污染物总量控制政策的减排影响。

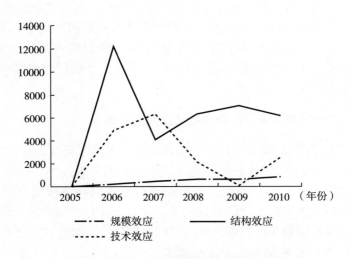

图3 分解效应的时间趋势

资料来源：笔者计算。

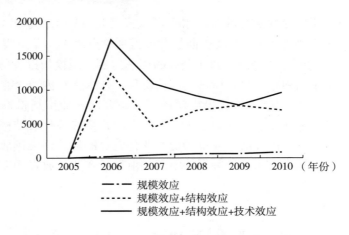

图4　分解效应叠加的时间趋势

资料来源：笔者计算。

三、指标构造、研究设计与数据说明

在传统的环境规制测度中，大多使用污染治理投资额（Gray and Shadbegian，2003）、治污运营成本（张成等，2011；Dean et al.，2009）以及绩效综合指标（陈诗一，2010）等事后指标，事后规制指标往往与经济发展交织在一起，具有非常强的内生性。因此越来越多的研究开始采用事前的指标进行环境规制的度量（Shi and Xu，2018；Chen et al.，2018）。本文以"十五"末的二氧化硫排放为基础测算的规制指标作为"十一五"的环境规制指标，可以最大程度降低经济发展内生性对规制实施的干扰。根据《"十一五"主要污染物总量减排核查办法》中关于二氧化硫削减量核查的实践操作可知，国家仅仅是依据确定的削减量分别对火电行业、非火电工业行业中企业新增的削减量进行监督核查，并未对其超额的减排量给予任何额外的表彰奖励，可见"十一五"期间确定的减排量一直"萦绕"在地方政府的环境规制实践中，是这期间进行二氧化硫控制的核心指挥棒。因此，本文基于"十一五"期间约束性污染物总量控制在区域间呈现的差异性规制来探究其是否具有减排效应。不同于 Chen 等（2018）将污染物总量约束分解到城市层面，由于公开的官方文件《"十一五"期间全国主要污染物排放总量控制计划》仅提供省级层面的减排目标，出于稳健性考量，本文利用省级层面的约束差异来构造环境规制指标。

（一）地区污染物减排压力在火电产业和制造业间的关系

根据《国民经济和社会发展第十一个五年规划纲要》《国家环境保护"十一五"规划》以及《"十一五"期间全国主要污染物排放总量控制计划》等有关文件，"十一五"期间，中国控制的目标是将 SO_2 由 2549 万吨减少到 2294 万吨，这一减排目标根据环境质量状况、环境容量、排放基数、经济发展水平和削减能力等因素分解到各地区，并纳入政府的约束性污染物总量控制目标。事实上，约束性污染物总量控制政策不仅在地区间呈现差异化的规制特征，其在单个地区排放的总约束内还对火力发电业的 SO_2 排放量做出了单独要求。具体而言，"十一五"期间，其在控制地区 SO_2 排放总量的同时，对总量排放中的火电 SO_2 排放设置不高于某个值的限制。假设某地约束的 SO_2 总量是 C，其中火电行业总量约束是 R，那么对于非火电行业而言，其在"十一五"期间可以排放 SO_2 的最大极端值是 C（如果"十一五"期间火电行业二氧化硫排放为 0）；假设各级地方除约束性目标控制外，不具有内在减排动力，那么非火电行业"十一五"期间 SO_2 排放量的最大极端值可以达到 C-R（如果火电行业二氧化硫排放量恰好达到最大的 R 排放量）[①]。基于以上规制特征，本文依据《中国环境统计年报》提供的 2005 年各省级地区火电产业 SO_2 排放量信息，进一步利用《"十一五"期间全国主要污染物排放总量控制计划》提供的 2010 年全部行业 SO_2 最高排放限额以及 2010 年火电行业最高排放限额，即可求出各地区火电行业及非火电行业在"十一五"期间的减排约束相关变量，相关结果及其描述性统计如表 1 所示。由表 1 可知，各省约束的减排额均值是 10.1 万吨，最大值为 40.1 万吨，最小值为 0，标准差为 9.8，表明"十一五"期间约束的减排额存在显著的省际差异，这为进一步分析约束性污染物总量控制对减排的影响提供了可能。细分行业后发现，"十一五"期间火电行业 SO_2 约束减排额最大极端值达到 20.8 万吨，最小极端值则是-24 万吨，标准差为 10.1，其在省际的差异比全部行业的约束减排额更大。而非火电行业 SO_2 约束的最低极端减排额的均值、最小值、最大值等均为负值，表明"十一五"期间非火电行业整体面临的减排任务并不是减少，而是少许增加，但考虑经济发展的规模因素后，其仍然面临较大的检验压力，同时其在省际的较大差异依然为分析减排约束对排放的影响提供可能。

表 1　国家"十一五"规划省级污染减排目标与行业差异　　　　单位：万吨

	全部行业			火力发电业			除火力发电外其他行业				
	2005 年排放量	2010 年约束排放量	约束减排额	2005 年排放量	2010 年约束排放量	约束减排额	2005 年排放量	2010 年排放上限	2010 年排放下限	最低极端减排量	最高极端减排量
A：描述性统计											
均值	85.0	74.9	10.1	37.0	31.7	5.3	47.9	74.9	43.2	-26.9	4.8
标准差	51.0	42.7	9.8	26.1	20.4	10.1	28.6	42.7	25.7	18.5	8.3
最小值	2.2	2.2	0	1.5	1.6	-24.0	0.7	2.2	0.6	-71.3	-9.7
最大值	200.3	160.2	40.1	94.1	75.7	20.8	110.9	160.2	84.5	-1.5	26.4
样本数	30	30	30	30	30	30	30	30	30	30	30
B：详细情况											
北京	19.1	15.2	3.9	7.5	5.0	2.5	11.6	15.2	10.2	-3.6	1.4
天津	26.5	24.0	2.5	12.9	13.1	-0.2	13.6	24.0	10.9	-10.4	2.7
河北	149.6	127.1	22.5	63.0	48.1	14.9	86.6	127.1	79.0	-40.5	7.6
山西	151.6	130.4	21.2	69.3	59.3	10.0	82.3	130.4	71.1	-48.1	11.2
内蒙古	145.6	140.0	5.6	74.8	68.7	6.1	70.8	140.0	71.3	-69.2	-0.5
辽宁	119.7	105.3	14.4	33.6	37.2	-3.6	86.1	105.3	68.1	-19.2	18.0
吉林	38.2	36.4	1.8	17.1	18.2	-1.1	21.1	36.4	18.2	-15.3	2.9
黑龙江	50.8	49.8	1.0	27.0	33.3	-6.3	23.8	49.8	16.5	-26.0	7.3
上海	51.3	38.0	13.3	25.2	13.4	11.8	26.1	38.0	24.6	-11.9	1.5
江苏	137.3	112.6	24.7	73.9	55.0	18.9	63.4	112.6	57.6	-49.2	5.8
浙江	86.0	73.1	12.9	49.4	41.9	7.5	36.6	73.1	31.2	-36.5	5.4
安徽	57.1	54.8	2.3	11.7	35.7	-24.0	45.4	54.8	19.1	-9.4	26.3
福建	46.1	42.4	3.7	18.8	17.3	1.5	27.3	42.4	25.1	-15.1	2.2

[①]　当然，如果地方存在"排放越少越好的激励"，那么最低的排放量甚至会低于 C-R。由于"十一五"约束性污染物总量控制实施下，各地方都会计算其要在"十一五"期间完成的减排额，并按照这个减排额进行规制且每半年报送一次目标完成情况。在这一制度安排下部分地区最终的排放量可能低于目标约束量，其更多的可能是由于地方实施控制排放行为产生的误差，而非地方政府追求污染控制目标外更少排放行为的激励所致。

	全部行业			火力发电业			除火力发电外其他行业				
	2005年排放量	2010年约束排放量	约束减排额	2005年排放量	2010年约束排放量	约束减排额	2005年排放量	2010年排放上限	2010年排放下限	最低极端减排量	最高极端减排量
江西	61.3	57.0	4.3	31.3	19.9	11.4	30.0	57.0	37.1	−27.0	−7.1
山东	200.3	160.2	40.1	89.4	75.7	13.7	110.9	160.2	84.5	−49.3	26.4
河南	162.5	139.7	22.8	94.1	73.8	20.3	68.4	139.7	65.9	−71.3	2.5
湖北	71.7	66.1	5.6	29.2	31.0	−1.8	42.5	66.1	35.1	−23.6	7.4
湖南	91.9	83.6	8.3	28.3	19.6	8.7	63.6	83.6	64.0	−20.0	−0.4
广东	129.4	110.0	19.4	70.3	55.4	14.9	59.1	110.0	54.6	−50.9	4.5
广西	102.3	92.2	10.1	34.2	21.0	13.2	68.1	92.2	71.2	−24.1	−3.1
海南	2.2	2.2	0	1.5	1.6	−0.1	0.7	2.2	0.6	−1.5	0.1
重庆	83.7	73.7	10.0	32.8	17.6	15.2	50.9	73.7	56.1	−22.8	−5.2
四川	129.9	114.4	15.5	52.6	39.5	13.1	77.3	114.4	74.9	−37.1	2.4
贵州	135.8	115.4	20.4	42.7	35.8	6.9	93.1	115.4	79.6	−22.3	13.5
云南	52.2	50.1	2.1	18.5	25.3	−6.8	33.7	50.1	24.8	−16.4	8.9
陕西	92.2	81.1	11.1	52.0	31.2	20.8	40.2	81.1	49.9	−40.9	−9.7
甘肃	56.3	56.3	0	12.1	19.0	−6.9	44.2	56.3	37.3	−12.1	6.9
青海	12.4	12.4	0	5.2	6.2	−1.0	7.2	12.4	6.2	−5.2	1.0
宁夏	34.3	31.1	3.2	22.1	16.2	5.9	12.2	31.1	14.9	−18.9	−2.7
新疆	51.9	51.9	0	10.4	16.6	−6.2	41.5	51.9	35.3	−10.4	6.2

注：本文认为除火力发电外其他行业的2010年排放下限的假设是基于地方政府除了受规制约束外，没有其他自我减排的激励。

资料来源：笔者计算整理。

（二）规制指标：制造业污染物减排压力的识别

本文重点关注约束性污染物总量控制对非火电行业内企业的减排影响。一方面，本文认为除了约束性减排外，地方政府以及企业并不具有内在减排激励，因此在污染减排仅对总量以及火电产业给出明确的约束性减排目标后，非火电行业的减排行为存在"天花板效应"，即存在最高的减排额（见表1最后一列）。这一规制方式将对非火电产业SO_2排放产生较为复杂的影响，对其企业反应行为的探究则有助于揭示存在"天花板效应"下的约束性污染物总量控制可能的减排机制。另一方面，根据《"十一五"主要污染物总量减排核查办法》中关于SO_2削减量核查的范围及内容发现，相比燃煤电厂的核查范围，非火电工业企业的核查范围更加广泛，其涉及清洁生产以及末端处理在内的可能驱动污染减排的大部分治理工具。因此本文选择在非火电行业内部揭示约束性污染物总量控制的减排效应与减排机制更能反映规制政策内涵。

"十一五"期间，中国并未针对非火电行业的SO_2排放给予明确的目标控制，而只是对总量排放和火电行业减排给出了明确的约束控制，因此进行研究设计前面临的最大挑战就是有效识别各省级地区非火电行业面临的规制压力。表1显示，"十一五"期间，总量减排的主要努力方向在火电产业，而非火电产业的减排约束受制于火电产业的完成情况。地方政府可以在非火电和火电的排放量之间进行权衡：有些地方政府会利用火电行业的减排来尽量实现减排任务，从而减少对非火电行业的影响。因此，在地方政府面临全部行业的减排压力下，政策实施前火电行业的排放比重越高的地区，其更可能通过火电行业完成减排任务。依据以上事实，本文借鉴Autor等（2013）的思路，首先识别政策实施后各地区非火电行业的排放量约束情况，进而利用政策实施前的非火电行业排放量得到非火电行业面临的规制压力，具体由以下公式定义非火电行业的规制指标 $nptar$：

$$nptar_p = \underbrace{nonpower_{p,2005}}_{①} - \underbrace{(\underbrace{totalbind_{p,2010} - powerbind_{p,2010}}_{②}) \times \underbrace{\frac{nonpower_{p,2005}}{total_{p,2005}}}_{③}}_{④} \quad (3)$$

其中，$nonpower_{p,2005}$ 表示 2005 年省级层面非火电行业的 SO_2 排放量，$total_{p,2005}$ 表示 2005 年省级层面全行业的 SO_2 排放量，$totalbind_{p,2010}$ 表示 2010 年省级层面全行业约束 SO_2 排放量，$powerbind_{p,2010}$ 表示 2010 年省级层面火电行业总量 SO_2 约束。基于以上变量含义进一步说明非火电行业的规制指标构造思路，由于公开的官方文件并未针对非火电行业的 SO_2 排放做出明确约束，本文利用式④来表示某省份的非火电行业在 2010 年所面临的排放总量限制情况，式④所表达的经验事实在于，假设某省份 p 约束的 SO_2 总量是 $totalbind_{p,2010}$，其中火电行业总量约束是 $powerbind_{p,2010}$，那么对于由式②代表的 $totalbind_{p,2010} - powerbind_{p,2010}$ 这部分额外约束，可能最终由火电行业与非火电行业共同承担，根据规制政策实施的内涵来看，非火电行业承担的比例可能取决于由式③代表的 2005 年的非火电排放份额，即如果某省份 p 在 2005 年的排放总量中非火电行业所占比重越大，则省份 p 的非火电行业可能承担更多的由式②表示的额外约束。那么，最终式①~式④则刚好反映规制政策实施后省级层面的非火电行业面临的规制压力[①]。

（三）模型设定与数据说明

本文基于以下模型考察规制政策对环境污染的净效应：

$$emission_{fpt} = \alpha + \beta presur_{pt} + \rho X_{pt} + \delta N_{ft} + \lambda_{it} + \mu_f + \varepsilon_{pt} \quad (4)$$

其中，被解释变量 $emission_{fpt}$ 衡量企业 f 的 SO_2 排放量，直接指向约束性污染物总量控制下的目标大气污染物，下标 p 和 t 分别代表省份以及年份。根据政策实施时间设置虚拟变量 $after$，将 2006 年及其后的年份定义 $after$ 为 1，否则为 0。基于省份及时间维度上的变化，本文构造核心解释变量 $presur_{pt} = nptar_p \times after_t$。$X_{pt}$ 为省份层面的控制变量，主要控制经济发展水平以及规模等因素的影响，包括省级人口及人均 GDP；另外，本文还控制一系列企业特征变量 N_{ft}，包括企业规模 $\ln v$、从业人数 $\ln e$、资本存量 $\ln k$、企业年龄 $\ln age$、企业年龄平方 $\ln age^2$ 以及资本劳动比 $clratio$。对于上述部分受价格因素影响的变量，本文以 2001 年为基期进行价格平减，变量的具体设置如表 2 所示，同时表 3 给出主要变量的描述性统计结果。λ_{it} 代表行业年度联合固定效应，μ_f 代表企业固定效应，ε_{pt} 为随机误差项。最后，本文聚类到省份年度层面以减弱样本间相关性的影响。对于上述模型，系数 β 的估计值是本文关注的重点，其考察约束性污染物总量控制对环境绩效的净影响。

表 2 主要变量及其计算方式

变量	变量名称	变量含义	计算方法
被解释变量	emission	企业 SO_2 排放量对数值	企业 SO_2 排放量取对数
核心解释变量	presur	非火电行业规制	省级层面非火电行业排放约束×政策时间虚拟变量

① 这个识别思路与 Bartik 工具变量思路类似（Bartik，1991），但又不完全一样：将火电行业的约束性排放排除后，额外的排放约束由非火电和火电行业共同承担，但分摊的比例可以使用事前的排放比例（该比例并不具有明显的内生性）；Bartik 工具变量也是利用某变量在宏观（比如全国）层面的变化，然后在另一个层面（比如行业在地区层面份额）进行加权。

续表

变量	变量名称	变量含义	计算方法
控制变量	$popu$	省份人口对数值	省份总人口取对数
	$pgdp$	省份人均 GDP 对数值	省份人均 GDP 取对数
	$\ln v$	企业规模对数值	企业工业总产值取对数
	$\ln e$	企业从业人数对数值	企业就业人数取对数
	$\ln k$	企业资本存量对数值	企业固定资产取对数
	$\ln age$	企业年龄对数值	当年年份减去企业成立年份加 1 取对数
	$\ln age^2$	企业年龄对数值平方	企业年龄对数值取平方
	$clratio$	资本劳动比	企业固定资产与就业人数比值

资料来源：笔者整理。

表 3　主要变量描述性统计

变量	观测值	均值	标准差	最小值	最大值
$emission$	266856	9.85	2.10	0	18.50
$nptar$	362009	29.76	14.33	0.48	64.05
$after$	362009	0.53	0.50	0	1
$presur$	362009	15.57	17.92	0	64.05
$popu$	362009	8.55	0.56	6.26	9.22
$pgdp$	362009	9.78	0.63	7.97	11.28
$\ln v$	357180	8.31	1.87	-2.63	18.17
$\ln e$	362009	5.42	1.19	1.39	12.15
$\ln k$	360543	9.48	1.77	-0.32	18.75
$\ln age$	362009	2.28	0.89	0	7.60
$\ln age^2$	362009	5.99	4.29	0	57.80
$clratio$	362009	128.90	423.30	0.002	114803

资料来源：笔者整理。

　　本文主要使用的数据库是中国工业企业数据库与中国工业企业污染排放数据库，由于中国工业企业数据库 2010 年数据异常，本文将样本区间确定为 2001~2009 年，恰好涵盖"十五"期间与"十一五"期间。中国工业企业污染排放数据库[①]覆盖主要的污染源，在"十五"期间其统计了占污染负荷 85% 的工业企业，而在"十一五"期间其统计了占地区排放 85% 以上的工业企业。中国工业企业数据库具有详细的企业财务以及企业属性等信息，而关于企业能源投入、污染治理行为以及企业排放等有关污染指标则是缺失。同时，中国工业企业污染排放数据库具有详细的企业污染物排放及处理的指标，但其缺少企业属性以及企业财务指标。为了科学探究规制政策的减排效应，本文对两数据库进行了匹配。匹配步骤如下：首先基于企业代码进行匹配，而对于未匹配上的数据集继而使用企业名称进行匹配，其次再分别提取两数据库企业名称中的关键信息[②]并结合企业所在地进行匹配。基于以上的匹配过程实际保留了接近 50% 的污染信息[③]，为下文的计量分析提供了良好

---

① 该数据库的可靠性已在几个研究中充分说明，本文不再赘述，参见陈登科（2020）、Zhang 等（2018）。

② 例如，假设某公司名称为"上海东方电子有限公司"，那么只提取"东方电子"为核心企业名称信息。

③ 限于篇幅，具体匹配结果备索。

的数据支持。另外，本文将行业代码统一调整为《国民经济行业分类 GB/T 4754—2002》，并且删除了相关变量的缺失值，同时剔除异常值，如污染物排放小于 0，工业增加值大于工业总产值等不合常理的样本。

四、基本结果

（一）约束性污染物总量控制的减排效应

本文首先估计约束性污染物总量控制对非火电行业内企业污染排放的直接影响，表 4 显示其回归结果，第（1）列未加入任何控制变量，第（2）列仅加入企业控制变量，第（3）列则同时考虑企业控制变量与省级控制变量。这三列的回归结果显示本文关注的核心解释变量 $presur$ 的回归系数均显著为负，表明约束性污染物总量控制政策的实施致使非火电行业内企业排放量降低。具体而言，结合第（3）列的回归结果以及表 3，可以推算得到 $presur$ 变动 1 个标准差导致 $emission$ 的变化相对于 $emission$ 的均值而言降低了 0.51 个百分点，同时可以推论，$presur$ 变动 1 个标准差导致 $emission$ 的变化降低 0.02 个标准差。另外，参考 Martin（2012）的思路，本文进一步考察政策对产值的对数 $output$ 以及排放强度对数值 $intensity$ 的影响，回归结果见第（4）列和第（5）列。可以发现，约束性污染物总量控制政策并未提升企业产值（$presur$ 未通过显著性检验），但能够显著降低排放强度（$presur$ 系数显著为负），这里的回归结果同时反映出推动企业减排的潜在力量，即政策驱动减排的发生可能来自企业内部的技术效应而非规模效应。另外，第（3）列控制变量的回归结果表明，从企业自身情况看，企业规模对污染排放具有明显的促进作用，企业年龄对污染排放则存在较明显的非线性影响。而从省级层面的经验看，规模可以显著推动减排，而经济发展对环境绩效未见明显影响。

表 4　基本结果

变量	（1） emission	（2） emission	（3） emission	（4） output	（5） intensity
$presur$	−0.0020[*] (0.0011)	−0.0022[**] (0.0010)	−0.0028[***] (0.0010)	0.0002 (0.0007)	−0.0028[***] (0.0011)
$\ln v$		0.1148[***] (0.0045)	0.1154[***] (0.0045)		
$\ln e$		0.1803[***] (0.0095)	0.1823[***] (0.0096)	0.2970[***] (0.0096)	−0.0716[***] (0.0102)
$\ln k$		0.0470[***] (0.0055)	0.0450[***] (0.0053)	0.0822[***] (0.0056)	−0.0244[***] (0.0072)
$\ln age$		0.1420[***] (0.0227)	0.1355[***] (0.0211)	0.1298[***] (0.0193)	0.0253 (0.0229)
$\ln age^2$		−0.0261[***] (0.0053)	−0.0244[***] (0.0049)	−0.0267[***] (0.0046)	−0.0018 (0.0046)
$clratio$		3.26e−05[***] (1.04e−05)	3.25e−05[***] (1.04e−05)	3.89e−05[***] (1.09e−05)	2.84e−07 (5.58e−06)
$popu$			−1.3468[***] (0.3144)	0.7108[***] (0.2059)	−1.8655[***] (0.4108)

续表

变量	(1) emission	(2) emission	(3) emission	(4) output	(5) intensity
pgdp			0.0410	0.0755	−0.0448
			(0.1329)	(0.0939)	(0.1299)
控制企业	是	是	是	是	是
控制行业年度	是	是	是	是	是
样本量	243312	239737	239737	325071	239737
R^2	0.8426	0.8465	0.8467	0.8257	0.7997

注：***、**、*分别表示在1%、5%和10%的水平下显著，括号内为省份年度层面的聚类标准误，余表同。

（二）平行趋势与动态影响

模型（3）的本质是双重差分的研究设计，而其模型设定的最重要前提是满足平行趋势假设，即政策实施前各省份的污染排放变动趋势一致，并不存在系统性差异。为了对此进行检验，本文将基准估计模型中时间虚拟变量 after 替换为各年的虚拟变量后重新进行估计，设置 2001 年为基期，其回归结果报告在表 5 中，交互项 pres_02、pres_03、pres_04 和 pres_05 的回归系数均不显著，这充分说明各省份污染排放变动在 2006 年约束性污染物总量控制政策实施之前满足平行趋势假设。另外从 pres_06、pres_07、pres_08 和 pres_09 的回归系数看，2006 年规制政策实施以后，整体上减排效应随时间推移呈现增强趋势。

表 5　规制政策的动态影响

变量	(1) emission
pres_02	−0.0006
	(0.0018)
pres_03	0.0007
	(0.0021)
pres_04	−0.0008
	(0.0018)
pres_05	−0.0027
	(0.0019)
pres_06	−0.0040**
	(0.0020)
pres_07	−0.0026
	(0.0020)
pres_08	−0.0047**
	(0.0020)
pres_09	−0.0053**
	(0.0022)
控制企业特征	是

变量	（1） *emission*
控制省份特征	是
控制企业	是
控制行业年度	是
样本量	239737
R^2	0.8467

五、稳健性检验

（一）安慰剂检验

除了约束性污染物总量控制政策之外，同期出现的其他政策或随机因素也可能导致企业的污染排放下降。为了排除这类因素的干扰，本文尝试进行安慰剂检验。首先将规制政策时间提前，探究是否依然存在减排影响，具体的做法是删除 2006 年及其后年份的企业样本，然后将规制政策时间依次提前至 2002 年、2003 年以及 2004 年，同样基于双重差分法重新估计，其回归结果报告在表 6中，第（1）列至第（3）列的结果显示 *presur* 2002、*presur* 2003 和 *presur* 2004 均不显著，表明污染排放的下降不是其他因素在发挥作用。另外，对于规制政策并未做出明确要求的其他污染物来说，其理论上不会出现污染排放降低的情况，因此分别将烟尘排放量对数值 *soot* 以及工业废水排放量对数值 *wastewater* 作为被解释变量回归，第（4）列和第（5）列的结果显示解释变量 *presur* 的回归系数均不显著，再次表明并不存在随机因素的干扰。

表 6　安慰剂检验

变量	（1） *emission*	（2） *emission*	（3） *emission*	（4） *soot*	（5） *wastewater*
presur				0.0012 （0.0011）	0.0009 （0.0008）
presur 2002	−0.0008 （0.0013）				
presur 2003		−0.0003 （0.0010）			
presur 2004			−0.0015 （0.0011）		
控制企业特征	是	是	是	是	是
控制省份特征	是	是	是	是	是
控制企业	是	是	是	是	是
控制行业年度	是	是	是	是	是
样本量	114692	114692	114692	216663	261999
R^2	0.8767	0.8767	0.8767	0.8209	0.8776

（二）排除样本因素的干扰

基准分析是基于中国工业企业数据库和工业企业污染排放数据库的匹配数据集来探究规制政策的减排效应，但是匹配数据损失接近50%的污染排放信息，为了排除样本因素的影响，本文仅利用工业企业污染排放数据重新进行回归分析，由于企业信息的限制，这里只控制 $\ln v$、$\ln age$ 以及 $\ln age^2$，同时对省级特征变量也加以控制，其回归结果报告在表7中的第（1）列。另外，基准分析关注工业行业（不包括火电行业）的企业样本，由于非制造业不是 SO_2 排放的重要行业，为了规避其可能的干扰，本文只保留制造业企业样本进行回归，回归结果报告在表7的第（2）列。第（1）列和第（2）列的回归结果均显示 presur 的系数未发生显著变化，说明并不存在样本因素的干扰。

（三）排除宏观因素的干扰

基准分析未完全考虑地区层面的宏观发展及政策影响，为此，本文在基准控制的基础上，继续控制区域年度联合固定效应以及区域行业联合固定效应，这实际上相当于控制了所有地区层面的宏观冲击变动的影响。其回归结果报告在表7中的第（3）列和第（4）列[①]，解释变量 presur 的回归系数依然显著为负，表明地区宏观因素并未影响基本结论的稳健性。

（四）排除其他因素的干扰

第一，控制省级时间趋势。探究约束性污染物总量控制政策是否具有减排效应依赖于政策制定的随机性，然而省份层面的约束性污染物总量约束与省份特征相关联。本文在基准分析中直接控制省级变量，并未考虑省级特征变量对污染排放影响的时间效应，因此此处在回归中加入省级变量在政策实施前一年（2005年）取值与年度虚拟变量的交互项，回归结果报告在表7中的第（5）列，结果显示 presur 的系数显著为负，即考虑到省级特征对污染排放影响的时间趋势之后，结果依然稳健。

第二，利用两期差分估计。基准回归利用多期差分法进行回归分析，而多期差分法模型可能会存在序列相关问题并进而影响核心解释变量回归系数的显著性水平（Bertrand et al.，2004）。因此，为排除潜在的序列相关问题，这里采用两期差分法进行估计，依照规制政策的实施时间节点作为划分两阶段的标准，其一为2001~2005年，其二为2006~2009年。将企业污染指标以及相关控制变量指标在每一阶段求平均值后进行差分估计，其回归结果报告在表7中的第（6）列，发现 presur 的回归系数依然显著为负，即排除了可能存在的序列相关问题。

表7　相关因素的可能干扰

变量	（1） emission	（2） emission	（3） emission	（4） emission	（5） emission	（6） emission
presur	-0.0039***	-0.0032***	-0.0040***	-0.0025*	-0.0019**	-0.0029*
	(0.0012)	(0.0010)	(0.0011)	(0.0014)	(0.0010)	(0.0017)
控制企业特征	是	是	是	是	是	是
控制省份特征	是	是	是	是	是	是

---

① 第（3）列中本文按照地域划分区域，具体按照国家统计局标准将中国划分为六大区域：华北、东北、华东、中南、西南、西北。第（4）列则按照经济发展状况划分区域，将中国划分为八大经济区域，即东北、北部沿海、东部沿海、南部沿海、黄河中游、长江中游、西南、大西北。

变量	(1) *emission*	(2) *emission*	(3) *emission*	(4) *emission*	(5) *emission*	(6) *emission*
控制企业	是	是	是	是	是	是
控制行业年度	是	是	是	是	是	是
控制区域年度	否	否	是	是	否	否
控制区域行业	否	否	是	是	否	否
样本量	377646	227770	239735	239732	239737	54572
R^2	0.8626	0.8462	0.8473	0.8475	0.8467	0.9031

六、减排机制

约束性污染物总量控制政策具有显著的减排影响。一方面，从规制政策的实施内涵来看，其可能驱动企业采用不同的方式进行污染治理实践。事实上，企业生产过程中最初产生的污染物通常会经过末端处理后才会直接排放，因此基于污染物的排放过程可能存在与之对应的减排途径：一是生产端的清洁生产以降低生产过程的污染物产生量，具体途径包括能源替代或者提升绿色技术等方面；二是污染物的末端处理，可能通过加强污染处理设备的使用直接去除污染物。另一方面，资源再配置效应同样是考察污染排放问题的重要视角，其不仅包括在位企业间的资源配置即集约边际，而且还包括企业进入退出的资源转移即广延边际。因此，本文尝试从企业内减排行为以及企业间资源配置的视角进行机制探究。

（一）企业层面可能的减排行为：前端控制与末端处理①

1. 企业层面的减排行为：前端控制

检验是否存在生产端的减排行为，最直接的考察方式是检验 SO_2 产生量的变化情况，利用规制变量 *presur* 对产生量对数值 *production* 回归，表8第（1）列的回归结果显示 *presur* 的估计系数显著为负，表明企业在生产端的确采用了更为清洁的生产方式，直接从源头上降低污染物的产生。但是企业在生产端采取的具体减排行为依然尚未明晰。依据前文的分析事实，如果企业在规制政策的约束下具有能源替代或是绿色技术创新等行为，则 SO_2 产生量的显著下降可以得到很好的解释。

针对能源替代行为，即企业减少传统燃料的使用，并转而使用清洁能源。首先，本文利用燃料使用量指标 *fuel* 反映传统能源的使用情况，定义 $fuel = \log(coal\_consump + oil\_consump)$，其中 *coal_consump* 表示燃料煤消费量，*oil_consump* 表示燃料油消费量，直接利用规制变量 *presur* 对燃料使用量 *fuel* 回归，对应第（2）列的回归结果表明规制约束下企业降低了对传统燃料的使用（虽然并未通过10%的显著性检验，但其 p 值为 0.101）。其次，从清洁能源角度，一方面企业可以增加含硫量更低的燃料如低硫煤的使用，另一方面可以直接使用电力②来替代传统燃料。具体地，本文以燃料煤平均含硫份额对数值 *lowsulfur* 为被解释变量进行回归，第（3）列的结果表明规制政策促使

---

① 本文结合前端控制与末端处理视角进行了地区与行业的异质性分析。
② 基准结果已经证实约束性污染物总量控制政策并不会对企业的生产经营活动产生影响，因此在传统燃料使用下降的情况下，有理由相信企业可能会转而增加对清洁能源的使用。限于数据，本文暂时无法直接检验电力的使用情况，特别感谢外审专家的建设性建议。

企业增加对低硫煤的使用。针对绿色技术创新，本文使用绿色发明专利①申请数量对数值 *greenpatent* 来度量企业的绿色技术水平，将其作为被解释变量的回归结果报告在第（4）列，结果表明规制约束下企业的绿色技术创新水平有所提升。

表8　前端控制减排作用

变量	（1） *production*	（2） *fuel*	（3） *lowsulfur*	（4） *greenpatent*
presur	-0.0018**	-0.0009	-0.0121**	0.0030**
	(0.0009)	(0.0005)	(0.0058)	(0.0014)
控制企业特征	是	是	是	是
控制省份特征	是	是	是	是
控制企业	是	是	是	是
控制行业年度	是	是	是	是
样本量	239865	202597	96352	2324
R^2	0.8599	0.8981	0.8203	0.6153

2. 企业层面的减排行为：末端处理

不同于企业在生产端进行的减排努力，选择进行末端处理直接去除污染物则是一种简单有效的减排方式。企业在规制政策的约束下是否会选择进行末端处理？本文直接利用 SO_2 处理的相关指标予以探究：包括处理量对数值 *treatment* 以及处理率（处理量除以产生量）对数值 *treatrate*。将规制变量 *presur* 对处理量 *treatment* 和处理率 *treatrate* 进行回归，其结果报告在表9中的第（1）列和第（2）列。结果表明，无论是针对处理量还是处理率指标，变量 *presur* 的回归系数始终显著为正，表明企业为降低污染物采用了末端处理的减排手段。事实上，末端处理的方式就是直接利用污染物处理设备消除污染物，本文利用脱硫设施数对数值 *equip_invest* 以及脱硫设施脱硫能力对数值 *desulphur* 来进一步验证企业在规制作用下是否加强对减排设备的使用，其回归结果报告在表9的第（3）列和第（4）列，可以发现 *presur* 的回归系数均显著为正，直接反映企业在规制约束下通过加强脱硫设施的使用进行末端减排行为。

表9　末端处理减排作用

变量	（1） *treatment*	（2） *treatrate*	（3） *equip_invest*	（4） *desulphur*
presur	0.0075***	0.0005***	0.0007**	0.0067***
	(0.0027)	(0.0002)	(0.0003)	(0.0024)
控制企业特征	是	是	是	是
控制省份特征	是	是	是	是
控制企业	是	是	是	是
控制行业年度	是	是	是	是
样本量	325071	239865	325071	192973
R^2	0.6935	0.6511	0.7102	0.7324

---

① 专利指标来源于国家知识产权局专利数据库，本文借鉴陈诗一和陈登科（2018）、Chen 等（2018）的做法，利用与环境相关的词汇来识别绿色发明专利，特别感谢外审专家的建设性建议。

（二）企业间的资源再配置

1. 资源再配置效应：企业的进入退出

资源再配置一方面通过企业的进入退出即广延边际实现，另一方面来源于在位企业间的要素资源转移即集约边际。本文首先通过企业层面的计量分析考察企业行为，以此探究是否存在企业进入退出引致的资源配置效率改善。

具体地，直接考察规制政策对全行业企业进入虚拟变量 entry 以及企业退出虚拟变量 exit 的影响，回归结果报告在表 10 中的第（1）列和第（2）列，其结果表明规制政策的实施并不会对企业的进入退出行为产生显著影响。同时，进一步从污染行业内部来考察企业动态，具体依据行业层面的排放量均值划分污染密集型企业和非污染密集型企业两类，然后针对两类企业的进入退出虚拟变量进行分样本回归，其中，第（3）列和第（4）列显示污染密集型行业内企业的进入退出，第（5）列和第（6）列则显示非污染密集型行业内的企业进入退出行为，回归结果表明，尽管从细分的行业内部来看依然不存在明显的企业进入退出行为。最后，本文构造企业层面的平衡面板进行回归，以排放量对数值 emission 为被解释变量的回归结果报告在第（7）列，发现规制变量 presur 依然显著为负，说明企业的进入退出动态可能不是规制政策影响企业污染排放的重要渠道。

表 10　进入退出效应

变量	(1)	(2)	(3)	(4)	(5)	(6)	(7)
	全行业		污染密集型行业		非污染密集型行业		平衡面板
	entry	*exit*	*entry*	*exit*	*entry*	*exit*	*emission*
presur	0.0008	0.0002	0.0006	0.0001	0.0009	0.0002	−0.0034 **
	(0.0005)	(0.0003)	(0.0004)	(0.0003)	(0.0006)	(0.0003)	(0.0015)
控制企业特征	是	是	是	是	是	是	是
控制省份特征	是	是	是	是	是	是	是
控制省份	是	是	是	是	是	是	否
控制年度	是	是	是	是	是	是	否
控制企业	否	否	否	否	否	否	是
控制行业年度	否	否	否	否	否	否	是
样本量	355785	355785	156756	156756	199029	199029	31030
R^2	0.1548	0.1266	0.1699	0.1306	0.1531	0.1256	0.8160

2. 资源再配置效应：在位企业的资源转移

如果将视角放在企业之间，即企业间的资源再配置效应是否会影响污染物的排放？不同于直接利用企业层面数据探究企业的进入退出行为，考察企业间的配置效应需要利用其上一层级的宏观数据。因此首先基于原始的未匹配的工业企业污染排放数据将企业层面的污染物排放信息加总到城市行业层面（依据城市行业层面内企业产出份额加总），然后借鉴 Olley 和 Pakes（1996）以及 Bartelsman 等（2013）的方法，将加总排放变化区分为未加权平均排放的变动和配置效应，具体的思路可由式（5）表示。

$$w_2 - w_1 = \Delta \overline{emission}_{ict} + \sum (s_f - \overline{s_{ict}})(emission_f - \overline{emission}_{ict}) \tag{5}$$

其中，s_f 表示企业 f 的产量份额，$\overline{s_{ict}}$ 表示部门内所有企业的平均产量份额，$emission_f$ 表示企业 f 的污染排放量，$\overline{emission}_{ict}$ 表示部门内所有企业的平均污染排放量。具体地，式（5）右侧第一项

（未加权平均排放）的变化反映了企业内部技术效率的改善，第二项（协方差）的变化反映了不同污染排放水平的企业间的市场份额以及资源的再配置影响。

基于以上思路，本文较好地将资源配置效应分离出来进行分析，除控制城市和行业固定效应以外，本文还进一步控制区域年度[①]的联合固定效应以及行业年度的联合固定效应，然后将规制政策分别对未加权平均排放变动以及协方差项进行回归估计。其结果报告在表 11 中，资源配置效应呈现在第（3）列，其回归结果显著为负说明规制引致的资源再配置产生良好的减排效应，即规制约束下相对清洁的企业市场份额增加。尽管此处不主要关注技术效应的影响，本文发现第（2）列回归结果同样显著为负，表明存在企业自身的技术效率提升导致污染排放降低。因此，本文发现规制政策可能引致在位企业间的资源再配置提升环境绩效。

表 11　资源配置效应

变量	（1） 加总 SO_2 排放量	（2） 技术效应	（3） 资源配置效应
presur	-0.0068^{***}	-0.0037^{***}	-0.0009^{*}
	(0.0023)	(0.0012)	(0.0005)
控制企业特征	否	否	否
控制省份特征	是	是	是
控制行业	是	是	是
控制城市	是	是	是
控制区域年度	是	是	是
控制行业年度	是	是	是
样本量	53551	47787	53551
R^2	0.3167	0.3324	0.1749

七、进一步分析：规制压力下的边际减排效应

"十一五"期间，企业确定的减排量以地方政府的约束目标作为基准，其并没有动机进行额外的减排，因此企业在确保完成排放约束目标的前提下可能会适当调整其减排进程。本文探究短期的规制压力下企业的边际减排特征，事实上，企业短期内面临的直接规制压力取决于上一年度约束目标的完成情况，据此本文构造短期规制压力指标，如式（6）所示，其直接含义是上一年度未完成的减排目标对本年度构成的规制压力。其中，$total_{p,t-1}$ 为 $t-1$ 年度省级层面全行业的 SO_2 排放量，其余变量的定义同前。

$$prop_{pt} = 1 - \frac{total_{p,2005} - total_{p,t-1}}{total_{p,2005} - totalbind_{p,2010}} \tag{6}$$

首先，检验企业在短期规制压力下是否具有线性的减排趋势，本文构造交互项 $shortregu = prop \times presur$ 进行回归，其结果报告在表 12 的第（1）列，交互项 $shortregu$ 的回归系数并未通过显著性水平检验，表明短期规制压力下企业不具有线性的减排特征。那么边际影响是否具有非线性特征？本

---

　　① 沿用上文按照地域划分区域的方法将中国划分为六大区域：华北、东北、华东、中南、西南、西北，本文选择在区域年度（行业年度）这一水平上控制固定效应的优势在于，用来识别关键解释变量系数的变异来自同一年度内同一区域（行业）的不同省份，其识别系数比不控制这组固定效应的情况下更为准确。

文进一步构造交互项 $shortregu^2 = prop^2 \times presur$，其中 $prop^2$ 表示规制压力 $prop$ 的平方项，其估计结果报告在表 12 的第（2）列，变量 $shortregu$ 的估计系数显著为负，同时 $shortregu^2$ 的估计系数显著为正，说明在短期的规制压力下企业具有"U"形的非线性减排特征。结合政策内涵与减排机制，一个可能的解释是规制政策实施初期企业的规制压力较大，企业积极有效利用前端控制或末端处理等方式进行减排，其 SO_2 排放量呈现下降趋势，对应"U"形曲线左边特征；而规制政策实施末期企业的污染排放量接近约束目标，减排激励有所松懈，其 SO_2 排放量出现上升趋势，对应"U"形曲线右边特征。以上结论表明，环境规制实施下形成的减排具有典型的"压力型"特点，此时一切的减排动力均来自外在的强制性压力，环境规制实施的这一特点虽然在短期内可以促进企业减排，但在长期可能很难推动企业产生持续长久的内生减排动力。

表 12　规制压力下的边际减排效应

变量	（1） emission	（2） emission
$shortregu$	5.33e-10	-4.10e-09 **
	(9.41e-10)	(1.88e-09)
$prop$	-7.78e-10	1.86e-09
	(2.92e-09)	(3.97e-09)
$presur$	-0.0026 ***	-0.0026 ***
	(0.0010)	(0.0010)
$shortregu^2$		6.86e-16 ***
		(2.40e-16)
$prop^2$		-1.71e-16
		(1.64e-16)
控制企业特征	是	是
控制省份特征	是	是
控制企业	是	是
控制行业年度	是	是
样本量	215661	215661
R^2	0.8522	0.8522

八、结论与启示

中国经济正在经历由高速增长阶段迈向高质量发展阶段的过程，而环境污染问题已经成为中国高质量发展道路上无法回避的问题，如何有效治理污染是当前刻不容缓的重要课题。回顾中国的污染治理实践，环境规制始终被视作降低污染排放的首要选择，其在治理污染方面发挥着重要作用，而通过污染物总量控制给地区施加减排压力，则在中国的污染物控制实践中占据核心位置。尽管这一工具产生了显著的减排效果，但是目前对于地区污染物减排压力下的减排机制问题依然未见科学揭示，因此揭示环境规制减排效应对于完善相关政策与实施机制尤为重要。本文选取"十一五"约束性污染物总量控制政策，探究企业如何实施减排策略，旨在为中国治理环境污染提供有益的经验证据。本文研究发现：约束性污染物总量控制政策在企业层面具有显著的减排效应，探究减排机制时发现，其驱动企业内部采取清洁生产及末端处理的治理方式来降低企业排放，而从资源配置视角研究发现在位企业间的资源重置而非企业的进入退出引致污染排放降低。另外，本文发现短期污染物减排压力下企业具有非线性的"U"形减排特征，预示着企业可能难以形成长久持续的减排动力。

基于以上发现，本文认为地区污染物减排压力具有显著的减排效果，是实现绿色高质量发展目标的重要选择。这是因为，地区污染物减排压力不仅驱动企业内生的减排，同时促进企业采取末端处理的方式来降低污染排放，然而，本文发现产值得到一定程度抑制，未能实现增产减排的双赢局面。本文建议：①未来在设计政策时，应该鼓励引导企业采取清洁技术进行生产，诱导企业通过增产减排的方式实现经济发展与环境保护的双赢路径；②要充分重视规制实施产生的资源再配置问题，以及由此带来的污染减排效应。从这个意义上讲，政府应该积极消除市场壁垒，确保市场机制的良好运行，通过促进资源的优化配置来降低污染排放，这是实现污染物治理和市场机制充分发挥作用的基础；③政府在制定相关政策过程中，除了依靠规制的强制措施，建议辅以其他可以提升企业生产过程减排的相关政策，以更好地激发企业实现持续减排的反应行为。由于研究发现的减排效应与污染物减排压力有关，这也就预示着企业的持续减排动力未能形成，根本的减排措施除了需要强制的规制实施外，还依赖于其他相关辅助政策的介入，最终走出一条适合中国国情的符合绿色发展理念的高质量发展道路。

参考文献

［1］陈登科．贸易壁垒下降与环境污染改善——来自中国企业污染数据的新证据［J］．经济研究，2020（12）：98-103.

［2］陈诗一．中国的绿色工业革命：基于环境全要素生产率视角的解释（1980—2008）［J］．经济研究，2010（11）：15.

［3］陈诗一，陈登科．雾霾污染、政府治理与经济高质量发展［J］．经济研究，2018，53（2）：15.

［4］韩超，张伟广，冯展斌．环境规制如何"去"资源错配——基于中国约束性污染物总量控制的分析［J］．中国工业经济，2017（4）：115-134.

［5］李永友，沈坤荣．我国污染控制政策的减排效果——基于省际工业污染数据的实证分析［J］．管理世界，2008（7）：11.

［6］马光荣．制度、企业生产率与资源配置效率——基于中国市场化转型的研究［J］．财贸经济，2014（8）：11.

［7］王勇，李雅楠，俞海．环境规制影响加总生产率的机制和效应分析［J］．世界经济，2019（2）：25.

［8］张成，陆旸，郭路，于同申．环境规制强度和生产技术进步［J］．经济研究，2011（2）：12.

［9］Auffhammer M., Sun W., Wu J. and Zheng S. The Decomposition and Dynamics of Industrial Carbon Dioxide Emissions for 287 Chinese Cities in 1998-2009［J］.Journal of Economic Surveys，2016，30（3）：460-481.

［10］Autor D., Dorn D., Hanson G. H. The China Syndrome：Local Labor Market Effects of Import Competition in the United States［J］.American Economic Review，2013，103（6）：2121-2168.

［11］Bartelsman E., Haltiwanger J., Scarpetta, S. Cross-Country Differences in Productivity：The Role of Allocation and Selection［J］.American Economic Review，2013，103（1）：305-334.

［12］Bartik J. T. Who Benefits from State and Local Economic Development Policies［M］.Books from

Upjohn Press, 1991.

[13] Bertrand M. , Duflo E. , Mullainathan S. How Much Should We Trust Differences-in-Differences Estimates [J]. Quarterly Journal of Economics, 2004, 119 (1): 249-275.

[14] Chen Y. J. , Li P. , Lu Y. Career Concerns and Multitasking Local Bureaucrats: Evidence of a Target-Based Performance Evaluation System in China [J]. Journal of Development Economics, 2018, 133: 84-101.

[15] Chen Z. , Kahn M. E. , Liu Y. , Wang Z. The Consequences of Spatially Differentiated Water Pollution Regulation in China [J]. Journal of Environmental Economics and Management, 2018, 88: 468-485.

[16] Dasgupta S. , Laplante B. , Wang H. , Wheeler D. Confronting the Environmental Kuznets Curve [J]. Journal of Economic Perspectives, 2002, 16 (1): 147-168.

[17] De Bruyn S. M. Explaining the Environmental Kuznets Curve: Structural Change and International Agreements in Reducing Sulphur Emissions [J]. Environment and Development Economics, 1997, 2 (4): 485-503.

[18] Dean J. M. , Lovely M. E. , Wang H. Are Foreign Investors Attracted to Weak Environmental Regulations? Evaluating the Evidence from China [J]. Journal of Development Economics, 2009, 90 (1): 1-13.

[19] Deily M. E. , Gray W. B. Enforcement of Pollution Regulations in a Declining Industry [J]. Journal of Environmental Economics and Management, 1991, 21 (3): 260-274.

[20] Ebenstein A. , Fan M. , Greenstone M. , He G. , Yin P. , Zhou M. Growth, Pollution, and Life Expectancy: China from 1991 - 2012 [J]. The American Economic Review, 2015, 105 (5): 226-231.

[21] Gray W. B. , Shadbegian R. J. Plant Vintage, Technology, and Environmental Regulation" Journal of Environmental Economics and Management, 2003, 46 (3): 384-402.

[22] Grossman G. M. , Krueger A. B. Environmental Impacts of a North American Free Trade Agreement [R]. NBER Working Paper, No. 3914, 1991.

[23] Jin Y. , Lin L. China's Provincial Industrial Pollution: The Role of Technical Efficiency, Pollution Levy and Pollution Quantity Control [J]. Environment and Development Economics, 2014, 19 (1): 111-132.

[24] Laplante B. , Rilstone P. Environmental Inspections and Emissions of the Pulp and Paper Industry in Quebec [J]. Journal of Environmental Economics and Management, 1996, 31 (1): 19-36.

[25] Levinson A. Technology, International Trade, and Pollution from US Manufacturing [J]. American Economic Review, 2007, 99 (5): 2177-2192.

[26] Lin L. , Sun W. Location Choice of FDI Firms and Environmental Regulation Reforms in China [J]. Journal of Regulatory Economics, 2016, 50 (2): 207-232.

[27] Lu Z. , Streets D. G. , Zhang Q. , Wang S. , Carmichael G. R. , Cheng Y. , Tan Q. Sulfur Dioxide Emissions in China and Sulfur Trends in East Asia since 2000 [J]. Atmospheric Chemistry and Physics, 2010, 10 (13): 6311-6331.

[28] Martin L. A. Energy Efficiency Gains from Trade: Greenhouse Gas Emissions and India's Manufacturing Sector [Z]. Department of Agricultural and Resource Economics, University of California Berkley, 2012.

[29] Nadeau L. W. EPA Effectiveness at Reducing the Duration of Plant-level Noncompliance

[J]. Journal of Environmental Economics and Management, 1997, 34 (1): 54-78.

[30] Olley G., Pakes A. The Dynamics of Productivity in the Telecommunications Equipment Industry [J]. Econometrica, 1996, 64 (6): 1263-1297.

[31] Paul S., Bhattacharya R. N. CO2 Emission from Energy Use in India: A Decomposition Analysis [J]. Energy Policy, 2004, 32 (5): 585-593.

[32] Selden T. M., Forrest A. S., Lockhart, J. E. Analyzing the Reductions in US Air Pollution Emissions: 1970 to 1990 [J]. Land Economics, 1999, 75 (1): 1-21.

[33] Shapiro J. S., Walker R. Why Is Pollution from US Manufacturing Declining? The Roles of Environmental Regulation, Productivity, and Trade [J]. American Economic Review, 2018, 108 (12): 3814-3854.

[34] Shi X., Xu Z. Environmental Regulation and Firm Exports: Evidence from The Eleventh Five-Year Plan in China [J]. Journal of Environmental Economics and Management, 2018, 89: 187-200.

[35] Tanaka S. Environmental Regulations On Air Pollution in China and Their Impact On Infant Mortality [J]. Journal of Health Economics, 2015 (42): 90-103.

[36] Zhang B., Chen X., Guo H. Does Central Supervision Enhance Local Environmental Enforcement? Quasi-Experimental Evidence from China [J]. Journal of Public Economics, 2018, 164: 70-90.

中国碳排放权交易试点政策的创新溢出效应

——基于生产网络的视角

余典范　蒋耀辉　张昭文

[摘　要] 本文依据生产网络理论，构建双重差分模型实证分析了碳排放权交易试点政策的直接创新效应及创新网络溢出效应。结果表明，这一政策提升了试点区域内规制行业创新水平，同时也促进了试点内非规制行业创新水平的提升，且在多种稳健性检验后结论依然成立。进一步，本文基于地区间投入产出关系探讨了该政策创新溢出效应的传导路径，结果发现政策对相对上游行业的创新产生负向影响，但显著促进了下游行业的创新。机制检验表明，这一生产端冲击引发的创新溢出主要通过产成品价格传导实现，且将议价能力强、与下游行业关联紧密的行业纳入全国碳排放权交易政策试点更有助于发挥政策的创新溢出效应。本文为评估政策的创新效应提供了实证支撑和指导建议，对未来稳步推进全国统一的碳市场建设具有参考价值。

[关键词] 生产网络；碳排放权交易；创新

一、引言

如何限制温室气体的排放已成为关乎人类命运的世界性议题，2020年中国在第75届联合国大会上提出了在2030年前实现碳达峰、2060年前实现碳中和的目标，并于2021年将建设全国用能权、碳排放权交易市场写入《政府工作报告》，体现出对国计民生的重视和大国担当。当前中国碳排放总量居全球第一，单位能源生产率仅为发达国家1/3，以创新驱动引领新旧动能转换仍是节能减排的关键（谷宇辰等，2020）。长期以来，中国是气候治理的积极推动者和参与者，2009年中国政府便承诺到2020年碳排放强度较2005年下降45%，这一承诺目前已超额完成。并且为实现低碳发展，中国于2013年在八省市陆续开展碳排放权交易试点[①]，以限制重点行业的碳排放总量为目标，旨在用市场机制降低企业的减排成本，激励企业通过新技术新方法减碳。政策自实施以来碳市场规模稳中有升，实践效果显著，生态环境部统计表明，截至2021年3月，我国碳市场共覆盖2038家重点排放企业，累计覆盖4.4亿吨碳排放量，累计成交金额约104.7亿元。

创新激励是政府实施环境规制政策的关键目标，Porter和Linde（1995）认为合理的环境规制能够倒逼企业创新，企业为获取超额利润会产生"创新补偿"效应。其后以波特假说为基础，部分研究质疑其合理性（Li，2019），但更多的研究证实了环境规制的创新激励效应，其中政府的治理能力是创新效应是否存在的关键（Hamamoto，2006；Rubashkina et al.，2015）。Uyarra等（2016）提出在环境规制的背景下，政府应主动实施一系列市场激励型政策帮助企业进行节能减排，如金融

[基金项目] 国家社会科学基金一般项目"我国核心技术自主创新突破口与实现路径的体制机制研究"（批准号20BJY039）。

[作者简介] 余典范，上海财经大学商学院副教授；蒋耀辉，上海财经大学商学院博士研究生；张昭文，上海财经大学商学院博士研究生。

① 试点地区具体包含北京、天津、上海、重庆、湖北、广东、深圳和福建。

支持与研发支持等。更多研究则关注环境规制与企业生产率的因果关系，考虑到不同规制政策在试点范围与行业的差异，二者关系尚未形成一致结论（Fleishman et al.，2009；Jaffe and Stavins，1995）。Lanoie 等（2008）研究发现环境规制的当期生产率效应显著为负，而滞后期效应显著为正。随着研究的深入，以市场调控为手段的经济激励与约束型环境规制工具广受关注。Johnstone 等（2010）实证研究发现，可交易的能源政策（Tradable Energy Certificates）相较于其他环境规制政策而言，创新的促进效应更强。1997 年，多国共同签订的《京都议定书》将碳排放权交易政策作为典型的可交易的能源政策，明显降低了地区的碳排放总量（Zhang et al.，2017），其创新促进效应也受到了较为广泛的关注。具体到中国碳排放交易试点政策的直接创新效应，支持波特假说研究多采用上市公司数据从市场激励型环境规制的视角论证政策通过碳价提高了企业创新的潜在收益（胡珺等，2020；吴茵茵等，2021），但如果将这一效应扩展到试点区域，相关实证表明波特效应在短期内尚未显现（Dong et al.，2019；Feng et al.，2021）。因此，政策能否促进规制行业创新有待多角度和稳健性检验的进一步论证。在政策设计上，碳排放交易权试点政策对企业创新的影响主要体现在两个方面：一是设定免费碳排放额度引发的成本倒逼效应。各省依据自身产业结构和中央政府给定的碳强度约束指标，将污染程度高、减排空间大的行业纳入管制并设置控排门槛，基于历史排放强度和减排系数设置企业的期初配额[①]。设计和运行监测（Monitoring）、报告（Reporting）、核查（Verfication）机制，量化企业碳排放额与减排情况。企业则需要依据一级市场给定的碳排放权配额，结合自身排放情况在二级市场完成碳排放权的自由交易，如排放超过限额需缴纳当年碳市场均价 1~5 倍的罚款，并且记入企业征信，影响企业未来发展。碳交易价格的高低本质上反映出企业的需求，即自身排放与给定期初配额之差。试点地区设定的免费配额越低，企业减排或购买碳排放权的缺口就越大，市场上年均碳价格也就越高。这一严格且有效的监管机制迫使以利润最大化为目标的企业将碳排放纳入生产成本，转变企业发展模式，探索节能减排新渠道以降低单位能耗。二是碳交易带来的经济激励。对于创新边际成本较低的企业，优先采用先进设备清洁生产，在满足碳排放限额的同时，可以在二级市场将多余的排放权转售给创新边际成本高的企业。政策实现当年行业总量控制目标的同时，运用市场机制压缩内部创新与减排的边际成本。买入企业满足当年减排要求，卖出企业从创新中获得更高的经济回报，最终实现双赢。

碳排放权交易试点政策直接作用于特定行业，但是在生产关联日益复杂的趋势下，针对特定行业的外生政策会通过生产关联将政策冲击传导到经济体中的其他生产部门（Acemoglu et al.，2012b）。一单位最终产品的产出往往需要多部门中间产品的直接或间接投入。以新能源汽车为例，下游的整车制造需要中游提供动力电池、电机、电控等核心零部件，中游则需要上游供应锂、石墨、稀土等关键原材料，从而构成一条完整的产业链。而中游行业往往需要从多个上游行业获得投入并将产出供应给下游部门，多条产业链交织即构成生产网络（Liu，2019）。由于生产网络能很好地刻画经济传导的内在结构，诸多研究将其用于解释微观冲击的扩散，研究最终以何种路径实现宏观经济的波动（Acemoglu et al.，2016；Baqaee and Farhi，2019）。当前生产网络前沿研究的一个重点方向是将特定外生冲击与生产网络相结合进行实证分析，采用因果推断的方法从微观角度量化网络传导的机制和影响。Carvalho 等（2020）以东日本大地震（The 2011 earthquake of the Pacific coast of Tōhoku）作为外生冲击考察了生产网络的传导机制，实证表明不论上游还是下游受到自然灾害的冲击都会对企业自身营收产生负向影响，这一负向冲击随供应链距离增大而减弱。Demir 等（2020）将土耳其针对本国进口商的融资察税率（the Resource Utilization Support Fund Tax）调整视为外生冲击，结合国内企业间交易数据考查政策的网络效应，与对照组

---

① 尽管不同试点地区采用了不同的分配方法，如标杆法、历史强度法、历史排放法，本质上还是将各省签署的减排目标分配到对应行业。因此，相对于不存在碳交易政策，规制行业新增的碳排放权交易行为与减排压力最终会拉升行业生产的平均成本。

相比，税率的异质性提升加重了进口商成本负担的同时促使企业改变投入产出路径，交易的国内供应商显著增加。这一成本约束最终通过生产网络导致下游企业成本增加、收益率下降，但对上游企业影响不显著。

碳排放权交易政策的生产网络传导效应客观存在，但较少有研究对其创新的传导效应进行深入分析。为进一步探索跨区碳排放权交易的可行性，2014年12月，河北省承德市被纳入北京碳排放权交易市场，标志着我国首个跨区交易市场的建立。在此基础上，2017年，国家发展改革委印发《全国碳排放权交易市场建设方案（电力行业）》，完成了全国性碳交易市场的总体设计。以电力行业为突破口，全国碳排放权交易市场于2021年6月正式上线，首批涵盖电力行业2225家企业，统一的全国碳市场将覆盖超过40亿吨的排放，成为全球覆盖温室气体排放量规模最大的碳市场。相比试点期，碳排放权交易量的扩张会提升生产网络传导的广度与深度，上游的光伏风电、中游的电炉炼钢、下游的新能源汽车等多个行业都可能从碳交易中获利。扩大碳市场覆盖行业成为当前政策的重点任务，在稳步运行当前电力行业碳交易市场的基础上，预计将逐步纳入更多的高排放行业。因此考察碳排放权试点政策的创新溢出效应，厘清政策基于生产网络的创新传导路径与传导机制是全面客观评价环境规制效应的内在要求，亦能为进一步优化环境规制政策提供重要依据。

基于此，本文采用2011~2016年城市行业面板数据构建双重差分模型，通过倾向得分匹配法、工具变量法、三重差分等实证检验了碳排放权交易试点政策的创新溢出效应及其机制。与现有文献相比，本文可能的创新点主要体现在三方面：一是基于生产网络视角从理论与实证两方面论证了碳排放权交易试点政策的直接创新效应和创新溢出效应，结果发现碳排放权交易试点政策在提高规制行业创新的同时对非规制行业也存在创新溢出效应；基于产业关联的生产网络检验表明，政策对试点内规制行业的相对上游行业创新产生了负向影响，但显著促进了下游产业的创新。这为全面评估碳排放交易权试点政策的创新效应提供了新的证据。二是立足于当前稳步推进的全国碳交易市场探讨了其行业选取和跨区域交易政策的效应，论证了优先将点度中心度高、调价能力强的行业纳入全国碳市场更有助于创新的扩散；研究发现相对于区域内碳交易市场，跨区交易显著提高了创新的直接效应和溢出效应。三是重点从产成品价格机制分析了其中的网络创新传导机制。理论上 Acemoglu 和 Azar（2020）通过内生的生产网络框架验证了由技术进步引发的成本降低最后会以价格的形式通过投入产出联系扩散到其他行业。在此基础上，本文从实证角度验证了由于碳排放总量控制引发的价格上升对生产网络内非规制行业创新的影响，从行业议价能力和行业市场化程度两方面探讨了价格传导的异质性影响，丰富了生产网络的机制传导研究。

余下部分安排：第二部分为政策梳理与理论假设；第三部分为计量模型设定与数据来源；第四部分为实证分析；第五部分为网络传导和机制检验；第六部分为进一步分析；第七部分为结论与对策建议。

二、理论分析与研究假设

本部分主要参考 Acemoglu 等（2012）环境规制的技术进步模型，探讨碳排放权交易政策对规制行业创新水平的影响及其生产网络溢出效应，在本文的模型中，重点关注减碳背景下规制企业及其上游与下游企业的决策问题，重点分析碳排放权交易制度对规制行业代表性企业及其上下游代表性企业创新决策的影响，并分析政策冲击下规制企业创新的生产网络溢出机制。

假设经济体中存在 n 个生产部门，其中 d 部门是化石能源部门（如煤炭、石油及天然气等），假设所有生产部门都是完全竞争的，所有生产部门生产函数均为柯布—道格拉斯形式，且同时投入劳动力与中间品进行生产，并且劳动力市场与中间品市场均满足市场出清条件，同时所有产品的需求价格弹性满足单位弹性假设。其中中间品是其他生产部门的产成品，部门总产出用 Y 表示，L 代表劳动力的投入数量，w 代表工资且在各个生产部门中均保持一致，X_j 代表中间品 j 的投入数量，j 产品的价格用 P_j 表示，j 产品的平均成本用 c_j 表示。

（一）碳排放权交易政策与规制企业创新

碳排放权交易试点政策实施之后，代表性规制企业的决策选择主要有两个：一是不进行技术创新，通过减产或购买碳排放权继续维持生产，此时企业可能需要承担减产带来的收益下降或付出购买碳排放权的成本；二是进行技术创新，降低碳排放量，此时企业需要承担创新成本。

碳排放总量主要取决于化石产品作为中间品的直接消耗量，因此假设代表性规制企业是化石能源产业的直接下游部门，其生产函数为 C-D 形式：

$$Y_i = F_i(A_i, L_i, X_i) = A_i L_i^{\left(1-\alpha_{id}-\sum_{j\in S_i}\alpha_{ij}\right)} (X_{id})^{\alpha_{id}} \prod_{j=2}^{n} (X_{ij})^{\alpha_{ij}} \tag{1}$$

其中，Y_i 是 i 企业的总产出，企业生产需同时投入劳动力和中间品，A_i 为 i 产业的生产技术，L_i 是劳动力的投入数量，X_{id} 为 i 企业化石产品中间品的投入数量，并且 d 部门为第一生产部门，X_{ij} 为 i 产业其他中间品的投入数量，为将其他中间品与化石产品做区分，设定 j 从 2 开始。

根据碳排放量的计算方法，可以得到 i 企业的碳排放总量取决于：

$$e(Y_i) = \varepsilon_d X_{id} \tag{2}$$

其中，$e(Y_i)$ 表示 i 企业在生产水平为 Y_i 时的碳排放总量，ε_d 为化石产品 d 的碳排放系数，碳排放系数是指消耗一单位化石产品所排放的二氧化碳量，X_{id} 为 i 企业化石产品的使用总量。

当存在碳排放权交易政策时，企业需要为自身的超额碳排放付出成本，给定一单位碳价格为 P_e，政府规定的免费排放额度为 e^*，因此企业需付出的碳排放成本为：$P_e(e(Y_i)-e^*)$。在此需要与碳排放税收政策相区分，如果是碳税政策，企业的碳排放若低于政府规定的免费排放额度（$e(Y_i)<e^*$），则企业碳排放成本为 0，但是碳排放权交易政策允许企业将自身多余的碳排放配额出售给其他企业，企业可以在碳排放权交易中获益，可能出现 $P_e(e(Y_i)-e^*)<0$ 的情况。

将碳排放成本纳入企业的利润函数中，得到企业的总利润函数为：

$$\pi_i = P_i Y_i - w L_i - P_d X_{id} - \sum_{j=2}^{n} P_j X_{ij} - P_e(e(Y_i)-e^*) \tag{3}$$

其中，w 表示工资，P_i 表示 i 企业的产品价格，P_j 表示 j 中间品的产品价格，式（3）表明企业利润等于企业的总收益减去企业生产成本及碳排放成本。考虑企业的创新决策时，参照董直庆和王辉（2019）的研究，引入创新成功的概率：

$$\mu_i = \lambda_i (R_i)^{\varphi_i} \tag{4}$$

其中，λ_i 为研发效率参数，R_i 为 i 企业的创新投入，φ_i 为研发投入的产出弹性且 $\varphi_i>1$。μ_i 为 i 企业技术被改进的概率，此时技术水平将从 A_i 上升至 $(1+\beta_i)A_i$，反之企业的技术没有被改进的概率为 $1-\mu_i$。

根据创新成功的概率 μ_i 与创新进步水平 β_i，可以得到创新之后的期望技术水平：

$$E(A_i) = \mu_i(1+\beta_i)A_i + (1-\mu_i)A_i \tag{5}$$

因此创新投入为 R_i 时，预期的技术进步为：

$$\Delta A_i = \mu_i \beta_i A_i \tag{6}$$

依据完全竞争市场的市场出清假设，为实现当期利润最大化，假定所有的价格变量都是外生的，当前中间品的投入配比已是最优配比，企业会同比例降低所有中间品的投入［降低至原投入的 $1/(\mu_i\beta_i+1)$］，为简化表达方式，令 C_i 表示企业的生产成本，即 $C_i = w L_i + P_d X_{id} + \sum_{j=2}^{n} P_j X_{ij}$，可得创新投入后的期望利润 π' 为：

$$\pi' = P_i Y_i - \frac{C_i}{\mu_i \beta_i + 1} - P_e \left(\frac{\varepsilon_d X_{id}}{\mu_i \beta_i + 1} - e^* \right) - R_i \tag{7}$$

其中，π' 表示创新投入后的期望利润，$\dfrac{C_i}{\mu_i \beta_i + 1}$ 表示创新投入后的期望生产成本，$\dfrac{\varepsilon_d X_{id}}{\mu_i \beta_i + 1}$ 表示创新投入后的期望碳排放总量，R_i 表示创新的总投入。由此可得创新投入的期望净收益：

$$\pi' - \pi = -\frac{C_i}{\mu_i \beta_i + 1} + C_i - P_e \left(\frac{\varepsilon_d X_{id}}{\mu_i \beta_i + 1} - \varepsilon_d X_{id} \right) - R_i \tag{8}$$

式（8）表示创新的期望净收益取决于生产成本的期望变化、碳排放成本的期望变化与创新的总投入。假设代表性企业的决策者是风险中性，如果 $\pi' - \pi > 0$，则代表企业投入创新是能够获利的，如果 $\pi' - \pi < 0$，则代表企业投入创新可能带来净损失，将式（8）对 μ_i 求导，得到：

$$\frac{\mathrm{d}(\pi' - \pi)}{\mathrm{d}\mu_i} = \frac{\beta_i C_i + \beta_i P_e \varepsilon_d X_{id}}{(\mu_i \beta_i + 1)^2} \tag{9}$$

易知等式右边大于 0，代表创新成功的概率越高，企业创新获得的期望净收益越高。因此可令 $\pi' - \pi$ 等于 0，可以计算得到创新成功概率的阈值为：

$$\mu_i = \frac{R_i}{\beta_i C_i + P_e \beta_i \varepsilon_d X_{id} - \beta_i R_i} \tag{10}$$

创新的阈值代表企业对创新获利可能性的预期，对于某一创新而言，如果其成功的概率大于 μ_i，则表示企业投入创新会获得净利润，如果其成功的概率小于 μ_i，则表示企业投入创新会产生净损失，因此 μ_i 越大，代表企业在创新的决策上会更加保守，μ_i 越小，代表企业在创新的决策上会更加激进。同样可以计算得到无碳排放权交易政策时的企业创新阈值为：

$$\mu_i = \frac{R_i}{\beta_i C_i - \beta_i R_i} \tag{11}$$

可以发现存在碳排放权交易政策会降低企业的创新阈值，企业增加创新投入更有利可图。因此，碳排放权交易政策能够促进规制企业的创新投入。在仅对碳排放企业收取排污费的情况下，因为超额的减排量并不能为企业带来直接收益，企业最优化排放决策取值不会低于政府限制的碳排放配额，缺少进一步减排的经济激励；在碳排放权交易试点政策下，企业减排超过 e^* 的部分可通过市场交易获利，由此创新阈值的下限也会更低。相较于碳税政策而言，碳排放权交易政策允许低排放企业出售排放权，对低排放企业创新的促进作用更强。

据此提出假说 H1：碳排放权交易政策能够促进规制行业中代表性企业创新。

（二）碳排放权交易与创新的上下游传导

首先，从规制行业的下游企业切入，研究碳排放权交易政策的创新传导。由前文可知，碳排放权交易政策与规制企业创新之间存在关联，Acemoglu 和 Azar（2020）认为行业间的波动通过中间品价格进行传递。为进一步探究政策实施后的规制行业产品价格变动，假设在完全竞争市场上存在多家同质企业，面对政策的冲击，可选择不支付自主减排成本，从市场购买碳配额。或是通过技术、工艺创新，主动减排出售多余碳配额，以抵消创新成本。为实现市场出清，买入的碳排放权应等于卖出的碳排放权总量，此时企业的生产总成本为 $wL_i + P_d X_{id} + \sum\limits_{j=2}^{n} P_j X_{ij} + P_e(e(Y_i) - e^*)$，使用 C_i 代表企业纯粹的生产成本，即 $C_i = wL_i + P_d X_{id} + \sum\limits_{j=2}^{n} P_j X_{ij}$，因此企业的生产总成本用 C_i 表示即 $C_i + P_e(e(Y_i) - e^*)$，对于完全同质的多家企业而言，存在均衡价格 P_e^*，使企业执行两类决策的成本无差异，即碳排放权卖出企业的单位成本等于买入企业的单位成本。此时规制企业的单位成本即为这一行业的产品价格：

$$P'_i = c'_i = \frac{C_i}{Y_i} + P_e\left(\frac{\varepsilon_d X_{id} - e^*}{Y_i}\right) \tag{12}$$

与无碳排放权交易时的平均成本 $\left(c_i = \frac{C_i}{Y_i}\right)$ 相比，由于碳排放权交易政策的存在，企业减排成本与购买碳排放权的成本被纳入生产成本之中，根据完全竞争市场假设，规制行业产品价格将会出现上升。

假设下游直接关联行业中的代表性企业 b 的生产函数为：

$$Y_b = F_b(S_b, A_b(S_b), L_b, X_b) = A_b(S_b)L_b^{(1-\alpha_{bi}-\sum_{j\in S_i}\alpha_{bj})}(X_{br})^{\alpha_{br}}\prod_{j=2}^n (X_{bj})^{\alpha_{bj}} \tag{13}$$

其中，X_{br} 表示 b 企业生产中上游规制行业产品的投入量。设规制行业产品的初始价格为 P_i，在政策实施之后，产品价格从 P_i 上升到 P'_i。虽然下游企业并不直接参与碳排放权交易，但考虑到上游成本增加带来的中间品价格提升，政策实施后下游企业的利润为：

$$\pi_b = P_b Y_b - wL_b - P'_i X_{bi} - \sum_{j=2}^n P_j X_{bj} \tag{14}$$

其中，$P_b Y_b$ 表示 b 企业的产出总收益，wL_b 表示劳动力总成本，$P'_i X_{bi}$ 表示规制行业中间品的使用成本，$\sum_{j=2}^n P_j X_{ij}$ 表示其他中间品的使用成本。

在存在碳排放权交易政策的背景下，下游代表性企业创新后的期望利润函数为：

$$\pi'_b = P_b Y_b - \frac{wL_b + P'_i X_{bi} + \sum_{j=2}^n P_j X_{bj}}{\mu_b \beta_b + 1} - R_b \tag{15}$$

其中，π'_b 表示创新投入后的期望利润，$\dfrac{wL_b + P'_i X_{bi} + \sum_{j=2}^n P_j X_{bj}}{\mu_b \beta_b + 1}$ 表示创新投入后的期望生产成本，R_b 表示创新的总投入。

将创新的期望利润函数与创新前的利润函数相减，得到创新投入的期望净收益：

$$\pi'_b - \pi_b = -\frac{wL_b + P'_i X_{bi} + \sum_{j=2}^n P_j X_{bj}}{\mu_b \beta_b + 1} + wL_b + P'_i X_{bi} + \sum_{j=2}^n P_j X_{bj} - R_b \tag{16}$$

其中，$\pi'_b - \pi_b$ 表示创新的期望净收益，式（16）表明创新的期望净收益取决于生产成本的期望变化、规制产业产品价格的变化与创新的总投入。

同（一）部分中的分析，可以计算得到创新成功概率的阈值为 $\left[\text{令 } P'_i = c_i + P_e\left(\dfrac{\varepsilon_d X_{id} - e^*}{Y_i}\right), C_b = wL_b + P_i X_{bi} + \sum_{j=2}^n P_j X_{bj}\right]$：

$$\mu_b = \frac{R_b}{\left(wL_b + P'_i X_{bi} + \sum_{j=2}^n P_j X_{bj} - R_b\right)\beta_b} \tag{17}$$

假设并不存在碳排放权交易政策，也即在企业的利润函数中规制产业产品的价格不发生变化（$P_i = P'_i$），则计算得到企业的创新阈值为：

$$\mu_b = \frac{R_b}{\beta_b C_b - \beta_b R_b} \tag{18}$$

将式（17）与式（18）相比较可以发现，存在碳排放权交易政策时，下游代表性企业创新成功的阈值降低。碳排放权交易政策提升了规制行业的生产成本，最终以成本推动的形式促进了规制行业的下游企业创新。

据此提出假说 H2a：碳排放权交易试点政策使规制行业中代表性企业的生产成本增加，生产成本增加导致规制行业中代表性企业的产成品价格上升，最终通过价格机制倒逼下游代表性企业创新。

其次，从规制行业直接关联的上游企业切入，考察政策的创新传导。由（一）中推导可知，规制行业的技术进步降低了单位产品中所需使用的中间品数量。从上游产业中代表性企业的视角来看，这一冲击使 i 产业对上游产品 f 的需求从 Y_f 下降至 $\frac{Y_f}{\mu_i\beta_f+1}$，由此可得存在碳排放权交易政策时的上游代表性企业利润函数为：

$$\pi_f = P_f \frac{Y_f}{\mu_i\beta_f+1} - \frac{C_f}{\mu_i\beta_f+1} \tag{19}$$

引入创新成功概率 μ_f，可得创新的期望净收益为：

$$\pi_f' - \pi_f = \frac{C_f \mu_f \beta_f}{(\mu_i\beta_f+1)(\mu_f\beta_f+1)} - R_f \tag{20}$$

若不存在碳排放权交易政策，上游代表性企业 i 的创新期望净收益为：

$$\pi_f' - \pi_f = \frac{C_f \mu_f \beta_f}{\mu_f\beta_f+1} - R_f \tag{21}$$

两式相减可得存在碳排放交易权时的创新净收益为：

$$\frac{-C_i\mu_i\beta_f\mu_k\beta_f}{(\mu_k\beta_f+1)(\mu_i\beta_f+1)} < 0 \tag{22}$$

式（22）表明试点后上游企业预期创新净收入降低。对于通过创新实现自主减排的规制企业，新旧动能转换提升了单位投入产出；对于购买碳配额的规制企业，成本约束减少了对上游产品的需求。综上可得，试点政策引致规制行业对上游产品的需求降低，上游企业进行创新的总成本只能由更少数量的产成品分摊，单位产品的创新成本升高，企业的创新意愿降低。

据此提出假说 H2b：碳排放权交易政策降低了上游代表性企业的创新水平。

综合理论假设如图 1 所示。

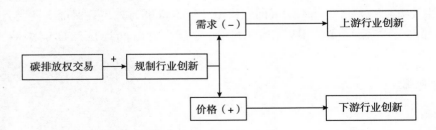

图 1　碳排放交易试点影响创新的理论逻辑

三、计量模型设定与数据来源

（一）模型设定

1. 直接效应模型设定

规制样本的选取和创新的识别策略直接关系到结论的稳健，本文通过匹配各碳交易市场公开的交易企业名录发现，名录中千家公司中仅 98 家属于上市公司及其子公司，考虑到两类企业在创新能力上的系统性差异，仅采用上市公司数据的样本可能导致结论有偏。地区层面的数据尽管能有效刻画一地的创新水平，但结果仅代表范围内的平均效应，较难厘清政策的微观作用机制，也无法量化对行业的异质性影响。因此，本文采用城市—行业数据分别识别政策对两类行业的影响，同时在稳健性检验中将样本替换为企业和城市层面数据。碳排放权交易试点政策规制的行业具体包括石化、化工、建材、钢铁、有色、造纸、电力和航空八大行业（胡江峰等，2020）。构造如下双重差分的基准模型考察碳排放权交易试点政策对规制行业的直接创新效应：

$$Innovation_{ijt} = \alpha_1 Region_j \times Time + \alpha_2 Controls_{jt} + \mu_{ij} + \delta_t + \varepsilon_{ijt} \qquad (23)$$

其中，$Innovation_{ijt}$ 用以衡量 j 地区 i 规制行业在 t 时的创新水平；$Region_j$ 为地区分组变量，试点地区为 1，反之为 0；$Time$ 为时间分组变量，2014 年及之后为 1，反之为 0；$Controls_{jt}$ 代表地区层面的控制变量，μ_{ij} 为地区行业层面的固定效应，δ_t 为时间固定效应，ε_{ijt} 为残差项。α_1 用以衡量碳排放权交易政策对规制行业的直接影响，如显著为正表明政策能提高试点地区规制行业的创新水平[1]。

2. 网络溢出效应模型设定

为考察政策的创新网络溢出效应，并精确量化这一溢出效应，本文构建地区行业层面的三重差分模型：

$$Innovation_{ijt} = \gamma_1 Region_j \times Time \times Unregulated_i + \gamma_2 Time \times Unregulated_i +$$
$$\gamma_3 Region_j \times Time + \gamma_4 Controls_{jt} + \mu_{ij} + \delta_t + \varepsilon_{ijt} \qquad (24)$$

其中，$Unregulated_i$ 为行业分组变量，未规制行业为 1，反之为 0，$Region_j$ 为地区分组变量，与上文一致。三重交互项系数 γ_1 用以衡量碳排放权交易政策的网络传导效应，如系数显著为正，表明网络传导效应更强。这一构造思路多用于验证冲击的间接影响，如万攀兵等（2021）认为清洁生产行业标准的颁布不仅会对规制行业造成冲击，还会引发关联行业的创新，故将上游制造业设为实验组考察政策的创新溢出效应。相应地，本模型隐含的假设是：由于省内行业间关联更为紧密，与试点外行业相比，试点内非规制行业与规制行业的生产关联更为紧密，由此受到的创新促进效用更强。后面基于地区间投入产出关联测算的关联程度同样佐证了这一观点。与双重差分模型相比，三重差分的优势主要有：一是将全样本纳入回归模型，样本量更为充足且保证了两类行业可比。二是可以加入更高维度的控制变量，用以控制时间行业层面、时间地区层面的影响（Chen et al.，2018）。

（二）数据来源

1. 创新指标

本文采用复旦大学产业发展研究中心编写的《中国城市和产业创新力报告 2017》中计算的城市四位数行业创新指数，与其他度量指标相比，这一创新水平指标有两点优势：一是测度标准更加

---

[1] 尽管有五个试点地区政策启动在 2014 年之前，但除深圳（2013 年 6 月）之外，北京和上海（2013 年 11 月）、广东和天津（2013 年 12 月）的时点均在年末，因此选定 2014 年作为政策实施时点。

客观，充分考虑了创新的折旧与时间价值。二是具体数值细分到了所有城市的四位码行业，有利于深入分析产业之间的溢出效应。由于根据上述计算思路得出的创新指数是一个累积量，因此，本文进一步用当年创新指数减去上一年创新指数，计算出每一年的创新指数的增量，用以衡量城市行业层面创新水平的变动（寇宗来和刘学悦，2017），此外在稳健性检验中引入城市和上市公司层面的专利数据作为被解释变量，最大限度验证结论的稳健和可信。

2. 控制变量

参考谢呈阳和胡汉辉（2020）的研究，选择地级市人口数量、GDP、外商直接投资、政府教育支出、政府研发支出等，并取对数处理，数据均来源于历年《中国城市统计年鉴》。控制变量中人口数量体现了城市的劳动力积累情况，劳动力越丰富的城市，人力资本可能会更加集中，创新的水平可能更高；GDP 代表了城市的整体经济发展水平，经济发展水平越高的城市，对创新性发展的需求越强，因此创新水平越高；外商直接投资则有可能通过国外技术引进与溢出促进城市的创新发展；政府教育支出体现了地方政府对人力资本的重视程度，教育支出高的地区更有可能培养出创新性人才，因而创新水平更高；政府研发支出则直接体现了政府在创新中的投入。

3. 投入产出数据

来源于 2012 年区域间投入产出表，该表基于区域间的产品流动与中间品投入情况，精准量化了区域产业间的投入与产出关系。描述性统计结果如表 1 所示：创新水平最大值约为 40.9，最小值约为 -1.2（由于测算方式的特殊性，若当年新增创新不足以弥补存量创新的折旧额，则会出现创新水平为负的情况），表明不同地区行业之间创新水平增长差距较大，创新水平均值约为 0.38，表明总体创新水平偏低。需要说明的是，由于部分控制变量数据存在缺失，导致控制变量样本量低于解释变量与被解释变量的样本量。

表 1　描述性统计

变量	Obs	均值	标准差	最小值	最大值
Innovation	1379040	0.3158	2.0696	-1.2358	40.8640
Region×Regulated	1379040	0.0183	0.1341	0	1
Population	1178440	4.5684	0.7986	0.0953	7.9411
Education	1177080	10.2139	1.3086	0.3284	15.2106
FDI	1101600	10.1837	1.7159	2.8332	14.9413
GDP	1176400	16.4605	0.9058	14.1063	19.4567
R&D	1177080	12.9972	0.7605	9.2415	15.9986

四、政策的创新效应检验

（一）平行趋势检验

双重差分模型的基本假设要求在政策发生前，试点地区与非试点地区样本不存在显著差别。行业的创新水平变化如图 2 所示，可以看出 2014 年之前试点地区规制行业与非试点地区规制行业的创新水平的变动并无明显差距，2014 年后试点地区规制行业创新水平提升速度显著提升。

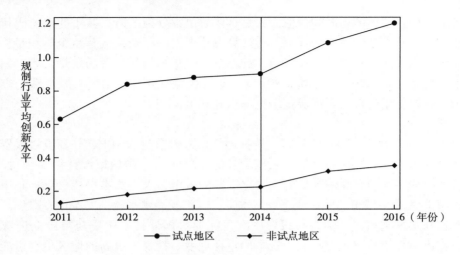

图2　规制行业平行趋势检验

（二）基准回归

为检验碳排放权交易试点政策的直接创新效应，表2中列（1）的样本包含所有规制行业，交互项系数显著为正，表明与非试点地区规制行业相比，政策对试点地区规制行业创新存在显著的正向影响。政策一方面通过减排约束倒逼企业实现转型升级，另一方面通过市场机制激发企业创新动力，两方面共同作用直接促进了规制行业创新水平的提升。列（2）汇报了政策对规制行业的动态影响，政策效应系数从 0.0453 上升到 0.163，表明随着时间推移这一正向冲击在不断增强。

表2　试点政策对规制行业的直接创新效应回归结果

被解释变量	*Innovation*	*Innovation*
	（1）	（2）
Region×Time	0.0996 ***	
	（0.0163）	
Region×Year2014		0.0453 **
		（0.0188）
Region×Year2015		0.0973 ***
		（0.0214）
Region×Year2016		0.163 ***
		（0.0271）
Population	0.0898 ***	0.0898 ***
	（0.00869）	（0.00870）
Education	0.0166 ***	0.0121 ***
	（0.00393）	（0.00403）
FDI	0.00471 **	0.00550 **
	（0.00221）	（0.00225）
GDP	0.227 ***	0.225 ***
	（0.0212）	（0.0212）

被解释变量	Innovation	Innovation
	（1）	（2）
R&D	0.0103	0.00876
	（0.00917）	（0.00924）
Controls	Yes	Yes
Year FE	Yes	Yes
City FE×Industry FE	Yes	Yes
Constant	-4.143***	-5.146***
	（0.335）	（0.156）
Observations	174528	924352
R-squared	0.871	0.867

注：括号内为稳健标准误，其中，***代表 p<0.01，**代表 p<0.05，*代表 p<0.1，余表同。

（三）稳健性检验

1. PSM-DID

碳排放权交易试点多在中东部地区，考虑到不同区位在经济水平、政府研发支出上存在的系统性差别，样本可能存在"自选择"问题从而导致估计有偏。因此本文引入倾向得分匹配（PSM），选取与实验组具有相似特征的样本作为对照组进行回归。在 PSM-DID 中选择了两种匹配方式：一是以 2013 年的城市控制变量数据和滞后一期的城市创新水平数据进行卡尺为 0.005 的近邻匹配，筛选匹配城市（匹配结果及相关检验可见附录），回归分析得到列（1）；二是以 2012 年的城市控制变量数据进行卡尺为 0.05 的近邻匹配，筛选匹配城市，回归分析得到列（2）。在两种匹配方式下试点政策对规制行业均产生了显著的正向影响，与基准回归结论一致。

表3　PSM 回归结果

被解释变量	Innovation	Innovation
	（1）	（2）
Region×Time	0.0411***	0.0696***
	（0.0116）	（0.0169）
Controls	Yes	Yes
Year FE	Yes	Yes
City FE×Industry FE	Yes	Yes
Constant	-3.344***	-6.415***
	（0.297）	（0.690）
Observations	150876	124740
R-squared	0.840	0.880

2. 三重差分

基准回归表明试点内规制行业的创新水平显著提升，为检验溢出效应是否存在，且验证哪一类行业的创新水平提升更高，本文利用三重差分模型进一步检验。表4 第（1）列为三重差分平均效应的结果，核心解释变量 $Region_j \times Unregulated_i \times Time_t$ 系数为 0.0761 且在 1% 水平通过显著性检验，表明试点地区非规制行业相较试点内规制行业创新水平显著提高，列（2）中引入城市交乘年份固定效应与行业交乘年份固定效应，结果仍然显著为正。列（3）汇报了三重差分的动态效应结果，第一年系数为负随后转正，表明政策的溢出效应不断增强，列（4）引入高维固定效应控制随时间推移而变化的城市、行业特征，结果显示第一期系数为负但不显著，第二期与第三期系数依然显著为正。产生这一结果的原因可能在于：一是创新在生产网络中的传导存在一定的滞后性，导致规制行业在时间上先于非规制行业实现了创新水平的提升；二是非规制行业获得规制行业清洁产成品的同时一定程度上规避了创新的不确定和减排的成本，且考虑到减排技术在产业链中的扩散，非规制行业可以将更多的资源投入创新之中，创新成功的概率更高。

表4　三重差分回归结果

被解释变量	平均效应	平均效应	动态效应	动态效应
	Innovation	*Innovation*	*Innovation*	*Innovation*
	（1）	（2）	（3）	（4）
$Region \times Unregulated \times Time$	0.0761***	0.0747***		
	(0.0179)	(0.0166)		
$Region \times Time$	0.0929***		0.0974***	
	(0.0159)		(0.0160)	
$Unregulated \times Time$	0.0149***		0.0149***	
	(0.00447)		(0.00447)	
$Region \times Unregulated \times Year2014$			−0.0788***	−0.0202
			(0.0180)	(0.0198)
$Region \times Unregulated \times Year2015$			0.101***	0.102***
			(0.0196)	(0.0223)
$Region \times Unregulated \times Year2016$			0.206***	0.143***
			(0.0227)	(0.0279)
Controls	Yes		Yes	
Year FE	Yes		Yes	
City FE×Industry FE	Yes	Yes	Yes	Yes
City FE×Year FE		Yes		Yes
Industry FE×Year FE		Yes		Yes
Constant	−4.993***	0.386***	−4.823***	0.386***
	(0.142)	(0.00124)	(0.141)	(0.00124)
Observations	1098880	1098880	1098880	1098880
R−squared	0.867	0.890	0.867	0.890

3. 其他稳健性检验

本文还进行了如下稳健性检验：①替换核心被解释变量。基于城市层面的专利授权数据，检验试点政策是否提升了城市专利授权的数量同时验证了试点政策的创新效应，与基准假设一致。②替换样本数据。基于中国主板上市公司的专利授权数据，验证试点政策是否提升了规制行业的专利授权数量，实证结果基本符合假设，同样验证了政策对创新的网络溢出效应。具体检验过程与结果见附录。

（四）内生性处理

虽然政策冲击客观上削弱了由于双向因果引发的内生性问题，但如存在遗漏变量，会同时影响试点城市的选取和行业的创新水平，得到的结果仍可能有偏。为保证结论稳健，本文采用地区的通风系数（Ventilation Coefficient）作为工具变量。工具变量的选取需同时满足外生性和相关性的要求，从外生性看，通风系数作为自然条件不直接作用于城市行业的创新水平；从相关性看，通风系数越大的地区对污染的稀释能力越强，高能耗引发的环境污染问题相对不突出，因此试点会优先考虑通风系数低、污染相对突出的地区，二者可能存在负向关系（Hering and Poncet，2014；Shi and Xu，2018）。具体计算公式如下：

$$VC_{it} = \frac{\sum_{m=1}^{m=12} WH_{im} \times BLH_{im}}{12} \tag{25}$$

数据来源于欧洲中期天气预报中心（ECMWF）提供的再分析资料，其中，VC_{it} 表示 i 地区 t 年的通风系数，WH_{im} 表示 i 地区 m 月份的 10 米处风速，BLH_{im} 表示 i 地区 m 月份的边界层高度，将空间信息与城市经纬度进行匹配，通风系数基于政策发生前的地区边界层高度与 10 米处风速交互的年平均值得到。回归结果如表 5 所示，第一阶段检验结果证明通风系数与试点地区的选择显著负相关。第二阶段结果显著为正，回归结果表明在控制内生性问题后结论依旧稳健。

表 5　工具变量回归结果

被解释变量	规制行业	
	Region×Time	*Innovation*
	（1）第一阶段	（2）第二阶段
VC	−0.097***	
	(0.002)	
Region×Time		0.401**
		(0.168)
Controls	Yes	Yes
Year FE	Yes	Yes
Industry FE	Yes	Yes
Observations		146880
R−squared		0.123
F value	2618.73	(0.0000)
Underidentification test	2620.85	(0.0000)
Weakidentification test	2618.73	

五、创新溢出效应的路径检验——生产网络传导

（一）网络传导模型设定及关联程度测算

基准回归表明试点内非规制行业创新水平显著提升，已有研究表明创新的溢出效应可通过环境

改善、人口流动、知识网络等多条渠道进行传导（Jaffe et al.，1993；Zacchia，2020；王馨和王营，2021）。为验证产业关联引致的创新网络传导效应，构建模型如下：

$$Innovation_{ijt} = \beta_1 For_{ij} \times Time + \beta_2 Back_{ij} \times Time + \beta_3 Controls_{jt} + \mu_{ij} + \delta_t + \varepsilon_{ijt} \tag{26}$$

其中，$Innovation_{ijt}$ 用以衡量 j 地区 i 行业在 t 时的创新水平；For_{ij} 代表 j 地区 i 行业作为下游行业与规制行业的关联程度，$Back_{ij}$ 代表 j 地区 i 行业作为上游行业与规制行业的关联程度，β_1 与 β_2 衡量了政策的网络效应，$Controls_{jt}$ 代表地区层面的控制变量，μ_{ij} 为地区行业层面的固定效应，δ_t 为时间固定效应，ε_{ijt} 为残差项。

本文参考诸竹君等（2020）构建的政策的上下游传导机制，其中规制行业向下游传导的计算方法为（为简化说明，在此不做地区层面的区分，下文中的所有产业均为地区行业层面）：

$$For_i = \sum_{f \neq i} \left(\frac{input_{if}}{\sum_f input_{if}} \right) \times Regulated_f \tag{27}$$

其中，i 和 f 表示不同的产业，i 为 f 的相对下游产业，$input_{if}$ 表示 i 行业使用 f 行业产品的总量，$\sum_f input_{if}$ 表示 i 行业的所有中间使用，$Regulated_f$ 表示 f 行业的受规制情况，如果 f 行业是规制内行业，则 $Regulated_f = 1$，若 f 行业不是规制内行业，则 $Regulated_f = 0$。

同理，规制行业向上游传导计算如下：

$$Back_i = \sum_{b \neq i} \left(\frac{output_{ib}}{\sum_f output_{ib}} \right) \times Regulated_b \tag{28}$$

其中，i 为 b 的相对上游产业，$output_{ib}$ 表示 i 行业作为中间品投入 b 行业的总量，$\sum_b output_{ib}$ 表示 i 行业所有作为中间品被使用的总量，$Regulated_b$ 表示 b 行业的受规制情况。这一构造源于全球价值链中纵向一体化的传导，系数越大表明 i 行业的产成品更多地用在规制行业 b 的生产当中，因而 i 行业在 b 行业受到政策规制后受到的间接影响更强（Javorcik，2004）。

（二）关联程度的测算结果

关联程度代表不同省份行业与试点省份规制行业的投入产出关联，关联程度越高代表两个行业之间的投入产出关系越紧密，基于 2012 年区域间投入产出表，对政策的上下游的关联程度进行测算，结果如图 3 所示。

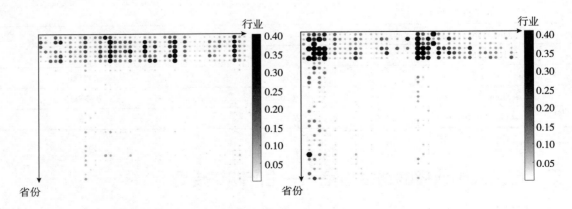

图3 规制行业的网络关联：向下游传导（左）和向上游传导（右）

图 3 刻画了试点地区规制行业受到碳排放权交易政策冲击后波动的传导方向和路径，其中行表

示省份，前六行为试点省份（由于承德市所占河北省经济规模比例较低，因此并未将河北省纳入试点省份），列表示行业（行业代码依据 2012 年区域间投入产出表进行赋值，具体省份代码及行业代码含义可见附录）。每个圆点代表了一个省份中的一个行业，颜色越深代表与规制行业关联程度越高。图 3 左侧表示规制行业向下游传导的情况，可以发现下游传导较为分散，且扩散范围主要集中在本省内部，省外行业受到的影响相对较低。图 3 右侧表示规制行业向上游传导的情况，与下游传导相比，上游传导更为集中且纵向关联更大，其中影响较大的行业为煤炭采选产品、石油和天然气开采产品、金属矿采选产品等资源密集型行业。产生这一现象的原因在于：一是客观上规制行业基本为化石能源行业的直接下游行业；二是化石能源行业是典型的资源密集型行业，仅特定地区存在相应的资源分布，区域间贸易相对较多。因此，上游传导与下游传导大部分效应集中在省级行政区内部，相较于下游传导而言，上游的省际传导更为明显。

（三）网络传导的实证检验

将上述测算的前向与后向关联程度代入模型进行双重差分回归。为排除政策的直接效应，传导检验中剔除了试点地区规制行业的样本。实证结果如表 6 所示，其中，$For_{ij} \times Time$ 项表示上游传导效应，$Back_{ij} \times Time$ 项表示下游传导效应，在引入地区层面控制变量、时间固定效应和城市行业固定效应后，上游传导项的系数为负且显著，下游传导项的系数为正且通过统计检验。实证表明碳排放权交易政策具有显著的下游传导效应，但抑制了上游行业的创新，结论与理论假设一致。对于相对上游行业，政策引发规制行业的成本提升和产能转换均降低了对上游产品的需求，最终提高了上游行业单位创新的成本；相对于下游行业，规制行业产品的价格提升倒逼下游企业提高中间品利用效率，积极探索替代品，提高了下游行业创新的意愿。

表 6　网络传导效应检验

被解释变量	Innovation	Innovation	Innovation	Innovation
	（1）	（2）	（3）	（4）
$Back \times Time$	-0.146 ***	-0.755 ***	-0.307 ***	-0.317 ***
	（0.0328）	（0.0786）	（0.0371）	（0.0370）
$For \times Time$	1.316 ***	1.571 ***	1.352 ***	1.242 ***
	（0.0518）	（0.102）	（0.0568）	（0.0579）
Controls		Yes	Yes	Yes
City FE×Industry FE	Yes		Yes	Yes
Year FE	Yes	Yes		Yes
Constant	0.292 ***	-8.040 ***	-10.47 ***	-5.295 ***
	（0.000818）	（0.0707）	（0.118）	（0.143）
Observations	1353768	1075724	1074364	1074364
R-squared	0.862	0.103	0.862	0.862

（四）生产网络传导的机制检验

1. 直接效应：政策对规制行业出厂价格的影响

本文的理论机制表明碳排放权交易试点政策使规制行业生产成本增加，生产成本增加导致规制行业的产成品价格上升，最终通过价格机制倒逼下游企业创新。由于各行业生产成本的变化无法被直接观察，在此部分将通过观察价格的变化，以进一步验证假说2，与生产成本相比，中间品价格的波动对下游行业的影响更加直接。为检验价格的传导机制，选取历年《中国价格统计年鉴》中各省分行业工业生产者出厂价格指数（上年价格=100）作为被解释变量，探讨碳排放权交易试点政策是否提升了试点地区规制行业产品的出厂价格。基于2012~2019年各省二位数行业的价格指数，构建差分模型进行回归，为保证回归一致性，将控制变量固定在省份层面，数据均来源于历年《中国统计年鉴》。回归结果如表7所示，列（1）表明在碳排放权交易政策实施之后，试点地区规制行业的出厂价格上升幅度更高，列（2）加入了控制变量，结果仍然显著，列（3）仅保留试点地区样本，可以发现交互项结果显著为正。上述结果表明，碳排放权交易试点政策提升了试点地区规制行业产品的出厂价格。尽管碳排放权交易试点政策通过市场化机制降低了企业减排的成本，但排放总量的严格控制具有典型的管制型特征。一方面政策的倒逼机制短期内提高了企业的研发投入，产品工艺和质量的改进最终反映在价格上，推动了产成品价格的提升；另一方面严格的总量控制压缩了产能，由此引发的供需倒挂进一步推动了规制行业产品价格上涨（江飞涛，2018）。

表7 政策冲击对出产价格的影响

被解释变量	价格指数	价格指数	价格指数
	（1）	（2）	（3）
$Region \times Regulated \times Time$	2.301***	2.299***	
	(0.290)	(0.290)	
$Regulated \times Time$			1.269**
			(0.519)
Controls		Yes	Yes
Province FE×Industry FE	Yes	Yes	Yes
Year FE	Yes	Yes	Yes
Constant	99.66***	80.66**	194.1*
	(0.0923)	(32.53)	(100.9)
Observations	8938	8938	1762
R-squared	0.265	0.266	0.287

2. 溢出效应：价格的网络传导

在直接效应中已经验证碳排放权交易试点政策对产品价格的冲击，本部分将会验证中间品价格冲击对创新的影响，利用2012年区域间投入产出表，参照网络关联程度的构造方式，利用价格波动相关数据，构造前向（向下游）的价格波动指标，具体测算方法如下：

$$For\_price_{it} = \sum_f \left[\left(\frac{input_{if}}{\sum_f input_{if}} \right) \times PriceFluctuation_{ft} \right] \tag{29}$$

其中，i和f表示不同的产业，i为f的相对下游产业，$input_{if}$表示i行业使用f行业产品的总量，$\sum_f input_{if}$表示i行业的所有中间使用，$PriceFluctuation_{ft}$表示f行业第t年的价格波动情况，价格波动指数是将本期商品出厂价格除以前一期商品出厂价格计算得到，若价格波动指数大于100，则表示当期商品价格出现了上升，若低于100，则表示当期商品价格出现了下降，等于100则表示价格并未发生波动。

相对应构建后向（向上游）的价格波动传导：

$$Back\_price_{it} = \sum_b \left[\left(\frac{output_{ib}}{\sum_b output_{ib}} \right) \times PriceFluctuation_{bt} \right] \tag{30}$$

进一步地，为探讨行业价格变化对创新的异质性影响，本文将价格波动拆分为试点地区规制行业的价格波动和其他地区行业的价格波动。其中规制行业上游价格波动的计算方法为：

$$Rfor\_price_{it} = \sum_f \left[\left(\frac{input_{if}}{\sum_f input_{if}} \right) \times PriceFluctuation_{ft} \times Regulated_f \right] \tag{31}$$

其中，$Regulated_f$ 表示 f 行业的受规制情况，受规制行业取值为 1，未受规制行业取值为 0。其他行业上游价格波动的计算方法为：

$$Nonrfor\_price_{it} = \sum_f \left[\left(\frac{output_{if}}{\sum_f output_{if}} \right) \times PriceFluctuation_{ft} \times nonRegulated_f \right] \tag{32}$$

其中，$nonRegulated$ 表示 f 行业的未受规制情况，未受规制行业取值为 1，受规制行业取值为 0，同理计算规制行业和其他行业的下游价格波动。

表 8 的列（1）和列（3）汇报了上游和下游价格波动对本行业创新的影响。结果显示上游产业价格上升会显著提升本行业的创新水平；同时下游价格上升同样对创新有显著的正向影响。而列（2）和列（4）的结果表明，无论核心被解释变量是否滞后，未受到政策直接冲击行业的价格波动对上下游创新的影响均显著为正，与前文结论一致；但规制行业价格上涨对上游的影响显著为负，且对下游创新的正向促进作用更强。对于其他行业，产品价格的波动反映出市场需求的变化，这一市场引致的同向波动激发了整条产业链的创新。对于规制行业，产品价格的波动则是政策引致的生产成本增加以及创新引致的产品质量的提升（Boehm and Oberfield，2020），这一生产端的冲击一方面减少了对上游产品的需求，削弱了对上游创新的激励；另一方面倒逼了下游企业创新，重构了当前产业结构（Wang et al.，2022）。

表 8　价格的传导机制检验

被解释变量	当期传导		一期滞后	
	Innovation	*Innovation*	*Innovation*	*Innovation*
	（1）	（2）	（3）	（4）
For×price	2.469***		2.842***	
	(0.122)		(0.176)	
Back×price	0.585***		1.661***	
	(0.130)		(0.204)	
Regfor_price×Time		1.380***		2.040***
		(0.0615)		(0.0729)
Nonregfor_price×Time		0.379***		0.438***
		(0.0109)		(0.0125)
Regback_price×Time		−0.413***		−0.662***
		(0.0431)		(0.0503)
Nonregback_price×Time		0.214***		0.298***
		(0.00971)		(0.0114)

被解释变量	当期传导		一期滞后	
	Innovation	*Innovation*	*Innovation*	*Innovation*
	（1）	（2）	（3）	（4）
Year FE	Yes	Yes	Yes	Yes
Controls	Yes	Yes	Yes	Yes
City FE×Industry FE	Yes	Yes	Yes	Yes
Constant	−6.631***	−5.731***	−7.606***	−6.474***
	（0.174）	（0.161）	（0.229）	（0.208）
Observations	892040	892040	709144	709144
R−squared	0.881	0.882	0.894	0.894

3. 创新传导的异质性分析：价格扭曲

既然价格是实现网络传导的重要机制，本文进一步分析哪些因素会影响规制行业的产品的价格调整，参照 Liu（2019）的研究，行业的价格扭曲可分为两部分：市场缺陷 σ 与政策补贴 τ。其中，市场缺陷 σ 源于市场不完美引发的价格加成，可能的微观基础包括金融摩擦、交易成本造成的无谓损失，因市场势力产生的垄断租金，双重边际化引发的价格加成等。而政策补贴 τ 则来源于政府直接补贴、税费减免、廉价土地出让、限价政策（如燃煤发电市场交易价格的上浮限制）等影响企业定价的非市场因素。综上，本文从行业垄断和市场化程度两方面进行分析，一方面存在市场势力的行业产成品议价能力更强，更有可能存在价格加成；另一方面在市场化程度高的行业中，由市场不完美引发的资源错配问题更少，产成品价格受到非市场因素的影响更低。需要说明的是，规制行业产品价格的提升不仅体现出生产成本的增加，还反映了创新后产品工艺或质量的改进。

基于 2013 年中国工业企业数据，计算省份二位数行业层面的 HHI 指标，为验证不同垄断行业的创新溢出效应，计算规制行业下游行业的关联情况，计算公式如下所示：

$$For\_hhi_i = \sum_{f \neq i} \left(\frac{input_{if}}{\sum_f input_{if}} \right) \times Regulated_f \times hhi_f \tag{33}$$

其中，hhi_f 反映了行业的垄断情况。结果如表 9 所示，回归中已将上游传导效应与下游传导效应纳入控制变量。实证表明试点政策的创新促进效应在垄断程度高的规制行业的下游行业中显著存在。HHI 反映出市场中厂商规模的离散程度，HHI 越大则该行业的垄断程度越高，其议价能力越强。面对政策冲击引发生产成本提升，垄断程度高的行业更有能力将这一成本约束通过价格转移给下游厂商获得生产者剩余（Simpson and Wickelgren，2007）。然而，对于垄断程度较低的规制行业，更难将减排或创新的成本转移给下游厂商，政策的成本约束和行业价格竞争会进一步压缩利润空间，最终会加速低效企业的退出，供应链的重组打破了下游企业原有的经营秩序，短期内阻碍了下游行业创新（Baqaee and Farhi，2020）。

表 9　规制行业垄断程度的检验

被解释变量	*Innovation* （1）	*Innovation* （2）
For_hhi×Time	0.404***	0.399***
	（0.0250）	（0.0261）

被解释变量	Innovation (1)	Innovation (2)
Controls	No	Yes
Year FE	Yes	Yes
City FE×Industry FE	Yes	Yes
Constant	0.290***	−5.267***
	(0.000847)	(0.143)
Observations	1353768	1074364
R−squared	0.862	0.863

　　基于 2013 年中国工业企业数据，计算省份二位数行业层面的民营企业占比指标，占比指标采用民营企业占该省份二位数行业内企业总数量的比例得到，其中民营企业占比高的省份二位数行业受非市场因素影响较小，价格更能有效地反映市场的供求关系（钱雪松等，2018）。为验证不同民用企业占比行业的创新溢出效应，计算规制行业下游行业的关联情况，公式如下：

$$For\_private_i = \sum_{f \neq i} \left(\frac{input_{if}}{\sum_f input_{if}} \right) \times Regulated_f \times private_f \tag{34}$$

　　其中，$private_f$ 代表 f 行业的民营企业占比。结果如表 10 所示，交互项系数显著为正，表明民营企业占比越高的行业，对下游创新的传导效应更为明显。同样验证了前文的观点：市场化程度高的行业产品价格对政策的反应更加敏感，由此引发的价格波动推动了下游行业创新。

表 10　民营企业占比检验

被解释变量	Innovation (1)	Innovation (2)
For_private×Time	0.263***	0.344***
	(0.0106)	(0.0145)
Controls	No	Yes
Year FE	Yes	Yes
City FE×Industry FE	Yes	Yes
Constant	0.271***	−5.583***
	(0.00147)	(0.144)
Observations	1353768	1074364
R−squared	0.861	0.862

六、进一步分析：行业选取与跨市场交易

　　上述已经验证了碳排放权交易试点政策的网络创新溢出效应，意味着这一政策不仅具有直接的创新效应，且其会通过生产网络进行传导。未来对于政策的扩围来说，将哪一类行业率先纳入全国范围内交易更有助于创新？当前电力行业已纳入全国性的碳市场交易，那么跨区交易的创新效应是否更为突出？基于此，本部分将聚焦碳排放权交易的行业选择与区域范围的扩张进行分析。

（一）创新传导的网络：行业关联

综合本文的理论分析与实证结果可知，碳排放权交易试点政策对于规制行业的下游行业具有显著的创新促进效应。一个行业与下游行业关联情况可以使用出度（Out-degree）指标测算，而度量一个行业与所有下游行业的关联情况则可以使用社会网络分析中点度中心度测算，其将该行业与所有下游行业的关联强度相加计算得到（Barrat et al.，2004）。行业的点度中心度越高，该行业与下游产业的投入产出联系也就越紧密，因此政策冲击向下游行业的传导效应更强，出度的点度中心度是选择规制行业的重要标准，对高点度中心度的行业进行规制，其向下游行业的创新促进效应可能会更强。

出度中心度计算的数据来源于 2012 年区域间投入产出表，将直接消耗系数矩阵按行加总，得到省份行业层面的出度中心度（测算结果如附录四所示）。为验证高中心度行业与低中心度行业的创新溢出效应，计算规制行业下游行业的关联情况，计算公式如下：

$$For\_outdegree_i = \sum_{f \neq i} \left(\frac{input_{if}}{\sum_f input_{if}} \right) \times Regulated_f \times outdegree_f \tag{35}$$

其中，i 为 f 的相对下游产业，$input_{if}$ 表示 i 行业使用 f 行业产品的总量，$\sum_f input_{if}$ 表示 i 行业的所有中间使用，$Regulated_f$ 表示 f 行业是否受到规制，$outdegree_f$ 表示 f 行业的中心度。

将 $For\_outdegree_i$ 与政策发生的时间项交互，纳入回归模型中作为核心解释变量，结果如表 11 所示，其中前向与后向传导均已作为控制变量纳入模型。实证表明试点政策的创新促进效应在高中心度规制行业的下游行业中效用更强。测算结果表明，化学产品、电力、金属等基础工业产成品的出度中心度最高（详见附录四），基础工业产成品的价格冲击更容易在生产网络中形成创新倒逼机制，并且基础工业产成品研发和工艺的革新能最大程度惠及下游产业，因此在碳排放权交易体系中应重点考虑纳入基础工业产成品。

表 11　行业关联度异质性的溢出效应

被解释变量	Innovation	Innovation
	（1）	（2）
$For\_outdegree \times Time$	0.0291***	0.0169***
	（0.00105）	（0.00122）
Controls	No	Yes
Year FE	Yes	Yes
City FE×Industry FE	Yes	Yes
Constant	0.296***	-5.168***
	（0.000742）	（0.143）
Observations	1353768	1074364
R-squared	0.862	0.862

（二）创新传导的互联互通：北京市和承德市的跨区试点

在省级行政区划内部，考虑到产业的集聚与同构，省内产业结构和技术的差异性较小，而跨省级行政区域的产业结构及各个产业生产技术的差异性相对较高，多样化的产能互补与创新能为企业间的碳排放权交易提供更多的空间（陶然等，2009）。为检验跨省级行政区域交易试点的创新效应，我们以北京市和承德市为实验组，构造三重差分项，考察2014年北京市与河北省承德市的跨省级碳汇交易试点政策的效果。$Cross \times Treat \times Time$ 是跨省级行政区与试点时间的交互项，实证结果如表12所示，其中，列（1）涵盖了试点地区的规制行业，列（2）样本为非规制行业。两列的核心解释变量 $Cross \times Treat \times Time$ 系数均显著为正，表明跨省级行政区域的创新效应更强，这一提升效应不仅体现于规制行业，同时也作用于非规制行业。

表12　跨省级行政区域交易检验

被解释变量	规制行业	非规制行业
	Innovation	Innovation
	（1）	（2）
$Cross \times Treat \times Time$	1.237 ***	0.991 ***
	（0.172）	（0.0729）
$Treat \times Time$	0.0301 **	0.112 ***
	（0.0139）	（0.00787）
Controls	Yes	Yes
Year FE	Yes	Yes
City FE×Industry FE	Yes	Yes
Constant	−4.611 ***	−5.522 ***
	（0.344）	（0.161）
Observations	174528	924352
R−squared	0.872	0.867

七、结论与对策建议

本文通过理论模型的分析与实证检验，得到以下基本结论：①碳排放权交易政策能够促进规制产业创新，并且碳排放权交易政策的创新促进效应通过生产网络结构传导，通过三重差分基准及其动态模型检验发现网络传导效应滞后于直接促进效应，但网络传导效应比直接促进效应更强。②通过构建规制行业的上下游权重，发现碳排放权交易政策对下游行业创新的正向冲击更强，而对上游行业则呈现出负向冲击，在机制研究中证明了上游价格上升对下游创新的推动作用，并且证明了创新之间存在生产网络关联。③进一步研究发现：跨区域碳交易市场的创新效应更加明显，行业关联程度高、具备更强调价能力的规制行业引发的创新溢出效应更强（见表13）。

表13　实证结论归纳

		直接效应 规制行业	扩散效应 非规制行业
基准回归	DID	正	—
	DDD	正	正（更强）
网络分析	向下游传导	—	正
	向上游传导	—	负

		直接效应 规制行业	扩散效应 非规制行业
机制检验 ——出厂价格	出厂价格	正	—
	向下游传导	—	正
	向上游传导	—	负
	议价能力强	—	正（更强）
	受非市场因素影响小	—	正（更强）
进一步分析 ——行业选择与跨市场	DID	正	正
	出度中心度高	—	正（更强）

上述分析具有重要的政策启示，主要体现在以下方面：

一是在推进碳排放交易权试点工作时需要充分考虑政策通过生产网络传导引发的溢出和扩散效应，合理规划行业总量控制政策。考虑到政策对上下游行业创新产生的异质性影响，需结合生产网络关联的实际情况制定合理的碳配额目标。借鉴欧盟等国际碳交易市场的先发经验，设立创新基金、现代化基金助力各地区规制行业与上下游关联行业协同创新，在严格的控排标准下鼓励企业灵活运用市场机制实现各行业、各地区边际减排成本趋同，用市场之手刺激企业实现清洁高效生产。

二是稳步推进统一的全国碳排放权交易市场，优先将与下游投入产出关联紧密、受非市场化因素影响较小的规制行业纳入试点。当前各试点地区碳排放交易政策在配额分配、惩罚机制、碳市场调控等具体实施路径上存在较大差异，设定过高减排系数的地区导致规制行业面临较大的成本压力，相关产成品的供需倒挂问题突出，而过低的减排系数又会引发碳交易市场的低迷，企业创新动力不足。因此，统一的配额标准和跨区域的交易能够形成更为理性和平衡的碳市场，为创新企业带来更为合理的套利空间和经济激励。

三是建立健全相关配套政策，实现各个部门、各地区互联互通、协调发展。当前碳排放权交易政策的网络效应传导存在较多障碍，其中省际贸易壁垒是导致生产网络传导效应存在不畅的重要原因，进一步消除阻碍要素跨区自由流动的非经济因素，通过降低制度性交易成本促进省际贸易，畅通生产网络传导机制尽可能减少环境规制中的无谓损失。

参考文献

［1］董直庆，王辉. 环境规制的"本地—邻地"绿色技术进步效应［J］. 中国工业经济，2019（1）：100-118.

［2］谷宇辰，张达，张希良. 关于完善能源消费"双控"制度的思考与建议——基于"十三五"能源消费变化的研究［J］. 中国能源，2020，42（9）：4-9.

［3］胡江峰，黄庆华，潘欣欣. 碳排放交易制度与企业创新质量：抑制还是促进［J］. 中国人口·资源与环境，2020，30（2）：49-59.

［4］胡珺，黄楠，沈洪涛. 市场激励型环境规制可以推动企业技术创新吗？——基于中国碳排放权交易机制的自然实验［J］. 金融研究，2020（1）：171-189.

［5］江飞涛. 改革开放四十年中国产业政策演进与发展——兼论中国产业政策体系的转型［J］. 管理世界，2018，34（10）：73-85.

［6］寇宗来，刘学悦. 中国城市和产业创新力报告2017［R］. 复旦大学产业发展研究中心，2017.

［7］钱雪松，康瑾，唐英伦，等．产业政策、资本配置效率与企业全要素生产率——基于中国2009年十大产业振兴规划自然实验的经验研究［J］．中国工业经济，2018（8）：42-59．

［8］陶然，陆曦，苏福兵，等．地区竞争格局演变下的中国转轨：财政激励和发展模式反思［J］．经济研究，2009，44（7）：21-33．

［9］万攀兵，杨冕，陈林．环境技术标准何以影响中国制造业绿色转型——基于技术改造的视角［J］．中国工业经济，2021（9）：118-136．

［10］王峤，刘修岩，李迎成．空间结构、城市规模与中国城市的创新绩效［J］．中国工业经济，2021（5）：114-132．

［11］王馨，王营．环境信息公开的绿色创新效应研究——基于《环境空气质量标准》的准自然实验［J］．金融研究，2021（10）：134-152．

［12］吴茵茵，齐杰，鲜琴，等．中国碳市场的碳减排效应研究——基于市场机制与行政干预的协同作用视角［J］．中国工业经济，2021（8）：114-132．

［13］谢呈阳，胡汉辉．中国土地资源配置与城市创新：机制讨论与经验证据［J］．中国工业经济，2020（12）：83-101．

［14］诸竹君，黄先海，王毅．外资进入与中国式创新双低困境破解［J］．经济研究，2020，55（5）：99-115．

［15］A. B. Jaffe, M. Trajtenberg, R. Henderson. Geographic Localization of Knowledge Spillovers as Evidenced by Patent Citations［J］. Quarterly Journal of Economics, 1993, 108（3）：577-598.

［16］A. B. Jaffe, R. N. Stavins. Dynamic Incentives of Environmental Regulations：The Effects of Alternative Policy Instruments on Technology Diffusion—Science Direct［J］. Journal of Environmental Economics and Management, 1995, 29（3）：43-63.

［17］A. Barrat, M. Barthélemy, A. Vespignan. Modeling the Evolution of Weighted Networks［J］. Physical Review E-Statistical, Nonlinear, and Soft Matter Physics, 2004, 70（2）：066149.

［18］A. Demirgüç-Kunt, B. L. Horváth, H. Huizinga. Foreign Banks and International Transmission of Monetary Policy：Evidence from the Syndicated Loan Market［J］. European Economic Review, 2020, 129（9）：103542.

［19］B. S. Javorcik. Does Foreign Direct Investment Increase the Productivity of Domestic Firms? In Search of Spillovers through Backward Linkages［J］. American Economic Review, 2004, 94（3）：605-627.

［20］Chen Li. How Does Environmental Regulation Affect Different Approaches of Technical Progress? —Evidence from China's Industrial Sectors from 2005 to 2015［J］. Journal of Cleaner Production, 2019, 209（4）：572-580.

［21］D. Acemoglu, P. Aghion, L. Bursztyn, et al. The Environment and Directed Technical Change［J］. American Economic Review, 2012, 102（1）：131-166.

［22］D. Acemoglu, P. D. Azar. Endogenous Production Networks［J］. Econometrica, 2020, 88（1）：33-82.

［23］D. Acemoglu, U. Akcigit, W. Kerr. Networks and the Macroeconomy：An Empirical Exploration［R］. NBER Working Paper, 2016：273-335.

［24］D. Acemoglu, V. M. Carvalho, A. Ozdaglar, et al. The Network Origins of Aggregate Fluctuations［J］. Econometrica, 2012, 80（5）：1977-2016.

［25］D. J. Yu, J. Li. Evaluating the Employment Effect of China's Carbon Emission Trading Policy：Based on the Perspective of Spatial Spillover［J］. Journal of Cleaner Production, 2021, 292

（15）: 126052.

[26] D. R. Baqaee, E. Farhi. Productivity and Misallocation in General Equilibrium [J]. Quarterly Journal of Economics, 2020, 135 (1): 105-163.

[27] D. R. Baqaee, E. Farhi. The Macroeconomic Impact of Microeconomic Shocks: Beyond Hulten's Theorem [J]. Econometrica, 2019, 87 (4): 1155-1203.

[28] E. Liu. Industrial Policies in Production Networks [J]. Quarterly Journal of Economics, 2019, 134 (4): 1883-1948.

[29] E. Uyarra, P. Shapira, A. Harding. Low Carbon Innovation and Enterprise Growth in the UK: Challenges of a Place-blind Policy Mix [J]. Technological Forecasting & Social Change, 2016, 103 (2): 264-272.

[30] F. Testa, F. Iraldo, M. Frey. The Effect of Environmental Regulation on Firms' Competitive Performance: The Case of the Building & Construction Sector in Some EU Regions [J]. Journal of Environmental Management, 2011, 92 (9): 2136-2144.

[31] F. Dong, Y. Dai, S. Zhang, et al. Can a Carbon Emission Trading Scheme Generate the Porter Effect? Evidence from Pilot Areas in China [J]. Science of the Total Environment, 2019, 653 (8): 565-577.

[32] G. Du, M. Yu, C. Sun, et al. Green Innovation Effect of Emission Trading Policy on Pilot Areas and Neighboring Areas: An Analysis Based on the Spatial Econometric Model [J]. Energy Policy, 2021, 156 (9): 112431.

[33] J. Boehm, E. Oberfield. Misallocation in the Market for Inputs: Enforcement and the Organization of Production [J]. Quarterly Journal of Economics, 2020, 135 (4): 2007-2058.

[34] J. Simpson, A. L. Wickelgren. Naked Exclusion, Efficient Breach, and Downstream Competition [J]. American Economic Review, 2007, 97 (4): 1305-1320.

[35] L. Hering, S. Poncet. Environmental Policy and Exports: Evidence from Chinese Cities [J]. Journal of Environmental Economics and Management, 2014, 68 (2): 296-318.

[36] M. Hamamoto. Environmental Regulation and the Productivity of Japanese Manufacturing Industries [J]. Resource & Energy Economics, 2006, 28 (4): 299-312.

[37] M. C. Porter, van der Linde. Toward a New Conception of the Environment-Competitiveness Relationship [J]. Journal of Economic Perspectives, 1995, 9 (4): 97-118.

[38] Nick Johnstone, Ivan Hašĉiĉ, David Popp. Renewable Energy Policies and Technological Innovation: Evidence Based on Patent Counts [J]. Environmental and Resource Economics, 2010, 45 (1): 133-155.

[39] P. Lanoie, M. Patry, R. Lajeunesse. Environmental Regulation and Productivity: Testing the Porter Hypothesis [J]. Journal of Productivity Analysis, 2008, 30 (2): 121-128.

[40] P. Zacchia. Knowledge Spillovers Through Networks of Scientists [J]. Review of Economic Studies, 2020, 87 (4): 1989-2018.

[41] R. Fleishman, R. Alexander, S. Bretschneider, et al. Does Regulation Stimulate Productivity? The Effect of Air Quality Policies on the Efficiency of US Power Plants [J]. Energy Policy, 2009, 37 (11): 4574-4582.

[42] V. M. Carvalho, M. Nirei, Y. U. Saito, et al. Supply Chain Disruptions: Evidence from the Great East Japan Earthquake [J]. Quarterly Journal of Economics, 2021, 136 (2): 1255-1321.

[43] X. Shi, Z. Xu. Environmental Regulation and Firm Exports: Evidence from the Eleventh Five-

Year Plan in China [J]. Journal of Environmental Economics and Management, 2018, 89 (3): 187-200.

[44] X. Wang, J. Huang, H. Liu. Can China's Carbon Trading Policy Help Achieve Carbon Neutrality? —A Study of Policy Effects from the Five-sphere Integrated Plan Perspective [J]. Journal of Environmental Management, 2022, 305 (5): 114357.

[45] Y. Feng, X. Wang, S. Hu. Accountability Audit of Natural Resource, Air Pollution Reduction and Political Promotion in China: Empirical Evidence from a Quasi-natural Experiment [J]. Journal of Cleaner Production, 2021, 287 (10): 125002.

[46] Y. Rubashkina, M. Galeotti, E. Verdolini. Environmental Regulation and Competitiveness: Empirical Evidence on the Porter Hypothesis from European Manufacturing Sectors [J]. Energy Policy, 2015, 83 (8): 288-300.

[47] Yue Jun Zhang, Yu Lu Peng, Chao Qun Ma, et al. Can Environmental Innovation Facilitate Carbon Emissions Reduction? Evidence from China [J]. Energy Policy, 2017, 100 (1): 18-28.

[48] Z. Chen, M. E. Kahn, Y. Liu, et al. The Consequences of Spatially Differentiated Water Pollution Regulation in China [J]. Journal of Environmental Economics and Management, 2018, 88 (2): 468-485.

附　录

附录一　匹配平衡性检验结果

附图 1 所示为两次倾向得分匹配的匹配平衡性检验结果，左图表示 2013 年数据匹配检验结果，右图表示 2012 年数据匹配检验结果。通过附图 1 可以发现，在匹配之前，实验组和对照组的相关特征存在较大差异，具体表现为实验组的相关指标均明显高于对照组，在匹配之后，实验组和对照组的相关变量差距明显缩小，匹配后的变量差距基本满足平衡性假设（其中 2013 年匹配结果最大差距不超过 20%，2012 年匹配结果最大差距不超过 10%）。

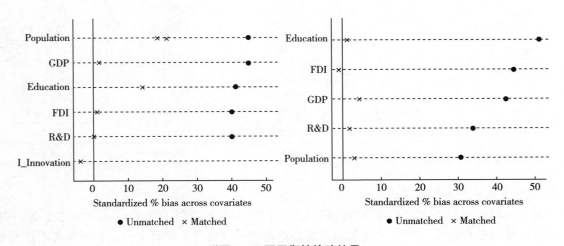

附图 1　匹配平衡性检验结果

附录二　进一步的稳健性检验

1. 试点城市层面的稳健性检验

附表 1 展示了碳排放权交易试点地区在试点政策实施前后的创新水平变化，模型（1）未控制时间效应与城市×行业效应，模型（2）控制了时间效应与城市×行业效应，模型（3）在模型（2）的基础上引入了控制变量，模型（4）在模型（3）的基础上聚类到城市行业层面。可以发现在四个模型中政策变量的系数均显著为正，证明在碳排放权交易试点政策实施之后，试点地区的创新水平得到了明显的提升。

附表 1　初始回归结果

被解释变量	Innovation	Innovation	Innovation	Innovation
	（1）	（2）	（3）	（4）
Treat_Time	0.537 ***	0.537 ***	0.488 ***	0.488 ***
	（0.0379）	（0.0230）	（0.0243）	（0.0439）
Treat	1.024 ***			
	（0.0680）			
Time	0.141 ***			
	（0.00241）			
Population			0.0980 ***	0.0980 ***
			（0.00561）	（0.00637）
Education			0.00909 **	0.00909
			（0.00390）	（0.00582）
FDI			0.0333 ***	0.0333 ***
			（0.00174）	（0.00300）
GDP			0.326 ***	0.326 ***
			（0.0137）	（0.0159）
R&D			0.0118 **	0.0118 *
			（0.00581）	（0.00697）
Year FE		Yes	Yes	Yes
City FE×Industry FE		Yes	Yes	Yes
Constant	0.160 ***	0.231 ***	−6.076 ***	−6.076 ***
	（0.00241）	（0.00417）	（0.214）	（0.271）
Observations	1379040	1379040	1100240	1100240
R-squared	0.008	0.898	0.898	0.898

2. 城市专利层面的稳健性检验

附图 2 为城市专利层面的平行趋势检验结果，左图为发明专利的数量，可以发现在 2014 年之前基本符合平行趋势假设，2014 年之后试点城市的发明专利出现了明显上升，右图为实用新型专利数量，变化趋势基本与发明专利相同。

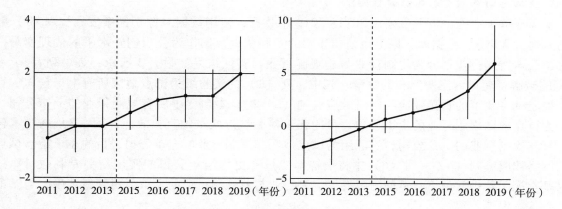

附图 2　城市专利的平行趋势检验结果

本部分采用 2011~2019 年中国城市面板数据进行稳健性检验，其中控制变量的选择与基准回归基本一致，城市级别数据来源于历年《中国城市统计年鉴》，城市级别年度专利获得数据来源于中国研究数据服务平台（CNDRS）。将试点地区作为实验组，非试点地区作为对照组，政策实施时间选择 2014 年，采用双重差分回归，结果如附表 2 所示。列（1）与列（2）共同说明在试点政策实施之后，试点城市的发明专利与实用新型专利获得数量均出现了显著上升，与基准回归结果方向保持一致。

附表 2　城市专利层面的稳健性检验结果

被解释变量	发明专利 （1）	实用新型 （2）
Treat×Time	1.109***	3.377***
	(0.313)	(0.704)
Population	0.316***	1.091**
	(0.120)	(0.424)
GDP	0.695***	1.106***
	(0.130)	(0.201)
Education	−0.00508	0.0741
	(0.0345)	(0.120)
R&D	0.270***	1.217***
	(0.0609)	(0.222)
Year FE	Yes	Yes
City FE	Yes	Yes
Constant	−16.17***	−39.23***
	(2.172)	(4.773)
Observations	2501	2501
R-squared	0.881	0.844

3. 上市公司专利层面的稳健性检验

本部分基于中国主板上市公司2011~2019年数据，使用数据来源于国泰安（CSMAR）数据库与万得（WIND）数据库，以上市公司当年的专利获得数据作为公司创新水平的代理变量，根据上市公司所属行业划分为规制行业与非规制行业，实证结果如附表3所示，表中列（1）～列（3）的被解释变量为发明专利的数量，其中，列（1）的实验组为试点地区所有上市公司，目的在于检验试点政策的直接效应与网络效应；列（2）的样本包含了所有规制行业的上市公司，实验组为试点地区规制行业的上市公司，目的在于检验试点政策的直接效应；列（3）的样本包含了所有非规制行业的上市公司，实验组为试点地区非规制行业的上市公司，目的在于检验试点政策的网络效应。列（4）～列（6）中将被解释变量变更为当年获得的实用新型专利数量。检验结果基本证明碳排放试点政策同时提升了规制行业与非规制行业的上市公司创新水平，与基准回归结果基本保持一致。

附表3　上市公司基准回归结果

被解释变量	全部行业	规制行业	非规制行业	全部行业	规制行业	非规制行业
	发明专利 (1)	发明专利 (2)	发明专利 (3)	实用新型 (4)	实用新型 (5)	实用新型 (6)
$Treat \times Time$	9.725***	3.361**	10.23***	7.892***	14.23***	6.562**
	(1.905)	(1.528)	(2.134)	(2.370)	(5.515)	(2.612)
$lnSize$	3.355***	4.408***	3.050***	8.351***	10.25***	7.939***
	(0.612)	(0.768)	(0.691)	(0.900)	(2.044)	(0.999)
$Growth$	−0.0137***	0.000719	−0.0142**	−0.0163**	0.00583	−0.0168**
	(0.00516)	(0.00558)	(0.00585)	(0.00714)	(0.0179)	(0.00769)
Lev	−0.0402**	0.00203	−0.0613***	0.0545*	0.0529	0.0428
	(0.0158)	(0.0171)	(0.0193)	(0.0289)	(0.0578)	(0.0338)
$Cash$	0.00186	−0.000454	0.00245	−0.00780	0.0362	−0.0110
	(0.00739)	(0.00903)	(0.00809)	(0.0110)	(0.0324)	(0.0116)
$Stockratio$	0.169***	0.0808***	0.188***	0.160***	0.215**	0.150***
	(0.0381)	(0.0309)	(0.0456)	(0.0499)	(0.0969)	(0.0574)
Year FE	Yes	Yes	Yes	Yes	Yes	Yes
Firm FE	Yes	Yes	Yes	Yes	Yes	Yes
Constant	−29.03***	−34.85***	−27.05***	−60.97***	−85.23***	−55.84***
	(4.809)	(6.872)	(5.383)	(6.878)	(20.98)	(7.309)
Observations	23893	3811	20082	23893	3811	20082
R-squared	0.787	0.826	0.786	0.827	0.561	0.834

附图3所示为试点地区上市公司发明专利数量的平行趋势检验结果，可以发现在2014年之前，试点地区的上市公司专利获得数量与非试点地区的上市公司专利获得数量基本保持平行趋势，2014年政策实施之后，试点地区的发明专利数量出现了明显上升。

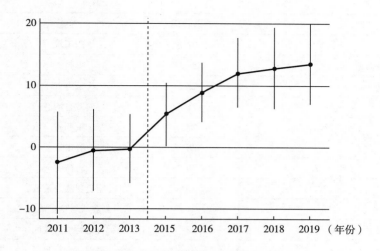

附图 3　上市公司数据的平行趋势检验

附录三　规制行业的网络传导图中代码

附表 4　省份与产业代码

产业	产业代码	省份	省份代码
农林牧渔产品和服务	01	北京市	01
煤炭采选产品	02	天津市	02
石油和天然气开采产品	03	上海市	03
金属矿采选产品	04	湖北省	04
非金属矿和其他矿采选产品	05	广东省	05
食品和烟草	06	重庆市	06
纺织品	07	吉林省	07
纺织服装鞋帽皮革羽绒及其制品	08	黑龙江省	08
木材加工品和家具	09	河北省	09
造纸印刷和文教体育用品	10	江苏省	10
石油、炼焦产品和核燃料加工品	11	浙江省	11
化学产品	12	安徽省	12
非金属矿物制品	13	福建省	13
金属冶炼和压延加工品	14	江西省	14
金属制品	15	山东省	15
通用设备	16	河南省	16
专用设备	17	山西省	17
交通运输设备	18	湖南省	18
电气机械和器材	19	内蒙古自治区	19
通信设备、计算机和其他电子设备	20	广西壮族自治区	20
仪器仪表	21	海南省	21
其他制造产品	22	辽宁省	22

产业	产业代码	省份	省份代码
废品废料	23	四川省	23
金属制品、机械和设备修理服务	24	贵州省	24
电力、热力的生产和供应	25	云南省	25
燃气生产和供应	26	西藏自治区	26
水的生产和供应	27	陕西省	27
建筑	28	甘肃省	28
批发和零售	29	青海省	29
交通运输、仓储和邮政	30	宁夏回族自治区	30
住宿和餐饮	31	新疆维吾尔自治区	31
信息传输、软件和信息技术服务	32	香港特别行政区	暂缺
金融	33	澳门特别行政区	暂缺
房地产	34	台湾省	暂缺
租赁和商务服务	35		
科学研究和技术服务	36		
水利、环境和公共设施管理	37		
居民服务、修理和其他服务	38		
教育	39		
卫生和社会工作	40		
文化、体育和娱乐	41		
公共管理、社会保障和社会组织	42		

附录四　行业出度中心度

附表5　行业的出度中心度

行业	出度中心度
化学产品	12.16704
电力、热力的生产和供应	8.297034
金属冶炼和压延加工品	8.059205
造纸印刷和文教体育用品	5.374374
石油、炼焦产品和核燃料加工品	3.235574
非金属矿物制品	2.134218

附表6　省份行业的出度中心度

省份	行业	出度中心度
广东省	造纸印刷和文教体育用品	2.76377
上海市	化学产品	2.66448
天津市	金属冶炼和压延加工品	2.4641

省份	行业	出度中心度
广东省	化学产品	2.42546
北京市	电力、热力的生产和供应	2.11835
湖北省	化学产品	1.98459
天津市	化学产品	1.94979
广东省	电力、热力的生产和供应	1.64115
重庆市	化学产品	1.58629
湖北省	金属冶炼和压延加工品	1.57519
北京市	化学产品	1.55643
广东省	金属冶炼和压延加工品	1.38659
重庆市	金属冶炼和压延加工品	1.37511
上海市	电力、热力的生产和供应	1.25735
湖北省	电力、热力的生产和供应	1.18737
天津市	电力、热力的生产和供应	1.06839
上海市	金属冶炼和压延加工品	1.05098
重庆市	电力、热力的生产和供应	1.02444
广东省	石油、炼焦产品和核燃料加工品	0.96834
天津市	石油、炼焦产品和核燃料加工品	0.78661
湖北省	造纸印刷和文教体育用品	0.63322
广东省	非金属矿物制品	0.61331
上海市	造纸印刷和文教体育用品	0.60723
北京市	石油、炼焦产品和核燃料加工品	0.59809
湖北省	非金属矿物制品	0.54859
天津市	造纸印刷和文教体育用品	0.52555
重庆市	造纸印刷和文教体育用品	0.51211
上海市	石油、炼焦产品和核燃料加工品	0.42959
湖北省	石油、炼焦产品和核燃料加工品	0.34929
北京市	造纸印刷和文教体育用品	0.33249
重庆市	非金属矿物制品	0.32143
北京市	非金属矿物制品	0.27912
上海市	非金属矿物制品	0.2113
北京市	金属冶炼和压延加工品	0.20723
天津市	非金属矿物制品	0.16046
重庆市	石油、炼焦产品和核燃料加工品	0.10365

电碳市场关联、电力市场效率与碳市场价格设计

刘自敏　李　兴　杨　丹

[摘　要] 厘清碳市场与电力市场间的关联关系与价格传导机制，通过对碳市场价格的优化设计以使电力价格包含正确的碳成本，是电力市场效率改革深化以及"双碳"目标共同实现的重要抓手。本文基于 2006~2018 年中国 100 个地级市及以上城市的平衡面板数据，在比较碳市场试点与非试点电力市场无谓损失率的基础上，将电力市场与碳市场关联，针对电力市场改革过程中存在的"降电价"与"碳上升"困境，进一步分析了碳成本对电力市场的传导机制，并对全国碳市场中碳价格机制进行优化设计。研究发现：①样本期间，非试点地区电力市场的无谓损失率更高，是碳市场试点地区的 4 倍。②市场关联下，碳市场的碳价格对居民电价的传导效应显著高于工业电价。同时，现阶段的平均传导率为 6.86%，远小于完全竞争市场的传导水平。③为了协同实现电力市场效率目标以及碳市场的碳减排目标，全国统一碳市场的平均碳价格最低为 122.3 元/吨。④在电力市场与碳市场完全关联（传导率 100%）的场景下，协同实现电力市场效率以及碳市场减排所需要的平均碳排放价格为 95.4 元/吨。因此，试点碳市场中北京碳市场的碳排放价格可以适度上调，其余碳市场试点价格均需要大幅上调。本文不仅为电力市场与碳市场关联奠定了理论基础，也为全国碳市场价格机制的优化设计提供了政策参考。

[关键词] 市场关联；电力市场效率；传导率；无谓损失率；全国碳市场；碳价格优化设计

一、导言

《巴黎协定》指出，为了加强对全球气候变化威胁的应对，各国应将平均气温较前工业化时期升幅控制在 1.5~2 摄氏度以内（Rickels et al., 2018）。为了实现控温目标，各缔约方也分别通过碳交易市场、技术创新、能源低碳转型以及立法等多种途径减少碳排放。作为碳排放大国，中国于 2016 年加入《巴黎协定》，并通过一系列低碳政策的实施积极参与全球碳减排行动，如国家发展改革委提出的"2020 年单位国内生产总值二氧化碳排放比 2015 年下降 18%"[①]、"2030 年单位国内生产总值二氧化碳排放比 2005 年下降 60% 到 65%"等的碳减排相对量政策目标，以及 2030 年"碳达峰"、2060 年实现"碳中和"（"双碳"）的碳减排绝对量目标（Zhang and Hanaoka, 2021）。同时，为了保障碳减排目标的顺利推进以及"双碳"目标的完成，中国于 2013 年开始逐步建立了 8 个碳排放权交易市场试点。随后，在 2020 年底，随着生态环境部《碳排放权交易管理办法（试行）》的颁布，以及《2019—2020 年全国碳排放权交易配额总量设定与分配实施方案（发电行

[基金项目] 本文受到国家社会科学基金一般项目"碳达峰碳中和目标下的电碳关联市场设计与资源配置机制创新研究（21BJL080）"资助。

[作者简介] 刘自敏，西南大学经济管理学院；李兴，上海财经大学财经研究所；杨丹，西南大学经济管理学院。

① 中国 2020 年碳排放强度比 2015 年下降了 18.8%，超额完成了"十三五"约束性目标（http://www.gov.cn/xinwen/2021-03/03/content_5589845.htm）。

业）》的印发，全国碳市场正式启动。

国外的电力市场市场化程度较高，并且与碳市场的关联较为密切。如经济合作与发展组织（OECD）国家中的电力市场发展完备，价格机制能够反映供需水平（Ajayi et al.，2017），居民电价与工业电价之比平均为 1.7（刘自敏，2020）；德国、荷兰、瑞典和美国等国家采用一系列政策工具鼓励使用可再生能源发电，并长期激励电力市场中相关企业进行技术研发（Gan et al.，2007）；欧盟、澳大利亚等国家电力市场与碳市场结合得十分紧密，电力价格中包含碳成本对其价格的传导（Jouvet and Solier，2013；Nelson et al.，2012）。相比之下，中国电力市场还存在许多改进之处。首先，以历史水平、社会稳定、居民承受力以及行政机制等为核心的电力价格机制的设计使电力市场中的价格被扭曲（林伯强、刘畅，2016）。中国的工、商业电价分别比美国高 31%、19%，而居民电价却比美国低 50%，存在工商业电价长期补贴居民电价的交叉补贴问题。其次，中国电力行业碳排放总量巨大。中国拥有全球最大规模的电力系统，在 2020 年的煤电装机总量达到 10.8 亿千瓦，超过所有其他国家的总和（Cui et al.，2021）。以火电为主的电力结构使电力行业成为中国温室气体排放的第一大户，电力行业碳排放量占全国总排放量的 40%（Lin et al.，2019；Wang and Zhou，2017），是我国碳减排的重点领域[①]。同时，电力市场严重的交叉补贴情况也造成了碳排放加重等在内的多重效率损失（唐要家、杨健，2014）。最后，中国电力市场未能与碳市场实现有效的关联。一方面，中国碳市场刚刚建立，政策措施并不完善，各项参数有待调整；另一方面，中国电力市场的价格主要由政府制定，市场化程度较低，价格信号无法完全反映对应的成本以及供需水平。

中国电力市场改革逐渐进入深水区。2015 年，中国电力体制改革"9 号文"指出要改革电价形成机制与推进市场化进程，同年底的中央经济工作会议也提出要降低工业企业用能成本以及推进市场化改革；2017 年，《政府工作报告》提出"三去一降一补"，其中降低工商业电价是核心内容之一；2017 年 7 月，国家发展改革委宣布"妥善处理价格市场中的交叉补贴问题"，并确定了 1 万亿元的降成本任务和目标，其中电价预计贡献 1000 亿元；同年 11 月，国家发改委发布的《关于全面深化价格机制改革的意见》明确指出要"研究逐步缩小电力交叉补贴，完善居民电价政策"；随后，2018~2021 年《政府工作报告》均提出了工商业电价的下降目标。然而，一方面，工业与居民电价的错位使单纯降低工业电价的效果有限，并且随着工业电价下降空间的压缩，电力市场改革后续乏力；另一方面，由于电力市场改革并没有与以碳市场为代表的节能减排政策很好地融合（郑新业等，2018），单纯降低工商业电价可能引致工商业用电数量增加，在能源结构未能显著改善时，会导致同期的碳排放目标难以实现，形成"降电价"与"碳上升"的两难困境（Alderson et al.，2012；Cao et al.，2021；Vithayasrichareon and MacGill，2012；Xie et al.，2021；刘自敏等，2018）。总的来说，电力市场改革是为了提升电力市场效率，然而，电力市场交叉补贴引致的无谓损失过大，使电力市场效率低下。单一的电力市场改革并不能有效降低交叉补贴以及无谓损失，从而无法充分提高电力市场的运行效率。

将能源产品市场与碳市场进行关联价格设计是当前能源规制与气候变化治理领域的前沿问题。在中国经济高质量发展以及"双碳"目标的政策背景下，将电力市场与碳市场关联考虑，有助于协同实现电力市场中减少交叉补贴的效率目标以及碳市场中碳减排的气候政策目标。对于电力市场来说，降低工业电价的效果会随着降价空间的减少而逐渐减弱，同时过快提高居民电价也会引致较强的社会阻力。而碳市场对电力市场碳成本的传导将对电力发展产生碳约束，并通过碳约束倒逼电力结构优化以扭转电力价格长期扭曲的现象，有利于在减少交叉补贴、理顺市场关系的同时实现电力合理消费与节能减排的双重目标。对于碳市场来说，电力市场存在严重的碳排放情况，并且单纯降

---

① 国家能源局，http：//www.nea.gov.cn/2012-02/10/c_131402684.htm。

低工业电价所引致的工业用电量上升会排放更多二氧化碳。但是，其对传统能源的替代（Lin and Li，2020）是我国彻底摆脱化石能源依赖、实现碳中和目标的核心举措之一[①]。因此，通过将电力市场与碳市场进行关联考虑，可以使碳市场通过价格传导机制为电力价格附加碳成本，从而对电力市场的碳排放形成管制，以更加高效地实现"双碳"目标。国家发展改革委在2021年发布的《关于"十四五"时期深化价格机制改革行动方案的通知》提出要重点围绕"碳达峰、碳中和"的目标，深化"十四五"时期重点领域价格机制改革，并针对电力价格提出了"持续深化电价改革"以及"不断完善绿色电价政策"的能源价格改革目标[②]，进一步释放了将电力市场改革与碳市场政策目标相关联的政策信号。而《2019—2020年全国碳排放权交易配额总量设定与分配实施方案（发电行业）》的实施则是对电力市场与碳市场政策目标相关联的一次有益尝试，也为本文针对电力市场与碳市场关联的研究奠定了坚实的政策基础。

本文使用中国2006～2018年100个地级市及以上城市的平衡面板数据，利用似不相关回归（SUR）以及福利分析等工具，探讨了市场关联下电力市场无谓损失率的变化以及碳价格对电力价格的传导效应，同时通过反事实场景的设计对全国统一碳市场的平均碳价格进行优化设计。本文研究的学术意义在于系统地对电力市场改革与碳市场建设中的关键参数进行分析设计，为两个或多个相互关联的市场价格联动机制设计提供了一定的方法论指导，为资源和能源类产品的优化配置提供理论框架与实证支持；现实意义在于，可有效分析"降低一般工商业电价"政策对高质量发展转型的支撑效果，为中国诸多能源资源产品（如天然气、石油等）及其引致的碳排放价格政策的制定，包括现有产品定价政策的参数优化及新能源产品定价的政策设计提供重要的理论支持。同时，对价格传导率的分析也为将来其他行业（如水泥、钢铁、石化、造纸、航空、化工、玻璃、冶炼等）纳入全国统一碳市场的价格联动机制分析提供了有益的参照，为政府决策部门提供可操作的政策选择。

本文可能的贡献主要集中于以下三个方面：第一，测算并对比分析了碳市场试点地区与非碳市场试点地区电力市场中的无谓损失率，并通过对工业以及居民电价调整不同场景的设置，进行了目标无谓损失率下的电力价格优化设计。既有文献对电力市场中的无谓损失率进行了测算，并针对目标无谓损失率进行了价格机制的优化设计（刘自敏等，2018）。本文在此文献的基础上，结合碳市场试点地区与非试点地区的异质性特征，进一步对二者的无谓损失率进行了测算、对比分析以及优化设计。第二，通过价格机制将电力市场以及碳市场进行关联考虑，并进一步研究了碳市场中碳价格对工业电力用户以及居民电力用户用电价格传导率的差异。传统文献更多评估了碳成本向电力价格的传导效率（Cong and Wei，2010；Jouvet and Solier，2013；Laing et al.，2014；Nelson et al.，2012）。本文则基于中国特殊的工业电价高于居民电价从而形成交叉补贴的特征事实，更加细化地测算了碳价格对工业电价以及居民电价的传导率。这不仅有利于中国电力市场价格改革以及交叉补贴的减弱，同时也在碳减排方面具有非常重要的理论与现实意义。第三，对电力市场中效率目标以及碳市场中碳减排目标进行协同考量，并对全国碳市场的碳价格机制进行优化设计。随着针对电力行业的全国碳市场的正式启动，本文在电力市场福利目标以及碳市场气候目标的双重约束下，基于不同的政策目标场景，对电力价格以及碳价格的联动机制进行了参数设计，以期为全国碳市场的顺利、高效运行提供政策支撑。

本文的余下结构安排如下：第二部分进行文献综述；第三部分首先对电力市场中的交叉补贴现象进行了理论分析与模型的构建和推导，在此基础上进一步将碳市场纳入统一的框架中来进行

---

① 参见全球能源互联网发展合作组织在2021年3月发布的《中国2060年前碳中和研究报告》，其中，"两个替代"包括能源开发上的"清洁替代"以及能源终端消费领域的"电能替代"。

② 国家发展改革委，https://www.ndrc.gov.cn/xxgk/zcfb/tz/202105/t20210525_1280785.html。

价格参数的理论分析；第四部分是数据说明与描述性统计；第五部分估计了碳市场试点地区与非碳市场试点地区中电力市场中的无谓损失率，同时针对目标无谓损失率进行不同场景的价格调整机制设计，并测算了不同调整场景下的碳排放；第六部分测算了碳价格对工业电价以及居民电价的传导率，并对全国碳市场的价格机制进行了优化设计；第七部分是本文的主要结论及相关政策建议。

二、文献综述

电、碳市场关联对电力市场效率的提升具有非常重要的意义，但目前并未有文章利用微观数据进行严格的经验研究。与本文相关的文献主要从电力市场与碳市场的关联与协调发展、碳价格对电力价格传导以及传导效应下的电力市场价格优化与碳市场价格设计这三个方面展开：

首先，电力市场与碳市场的关联关系与协调发展分析。国内外对电力市场与碳市场的联动机制研究存在较大差距。国外发达国家碳交易建设较早，对两者之间的关系研究较为深入，研究主题包括碳价与电价之间的非线性关联关系、不同竞争结构下发电厂的碳成本约束对电价的动态调整以及碳价格对工业与家庭能源强度的影响及其机制等。Fabra 和 Reguant（2014）基于结构计量模型对西班牙碳市场与电力市场的关系分析发现，碳市场形成后传统发电技术经济性逐步降低，现在的技术将由更清洁的技术取代。Ahamada 和 Kirat（2018）研究了碳排放价格对电力价格的非线性影响，发现德法两国的非线性影响存在国别差异。碳减排政策对家庭电费的影响主要取决于三个因素，包括免费发放配额方式与价格监管体系的关系、电力部门的能源结构和其他政策。随着中国气候变化与环境污染问题的加剧，电力市场与碳市场之间的关系逐渐引起关注（魏一鸣等，2018）。王志轩（2017）指出碳市场和电力市场应相互协调，赵长红等（2019）研究了碳市场和电力市场的耦合关系，指出碳排放外部成本内部化影响电力市场出清电价。但由于中国电价受政府管制和电厂数据的可得性问题，国内研究多集中于碳价对电力企业的影响。侯建朝和史丹（2014）从电力产业链的角度，综合考虑发电、输配电、终端消费等环节活动对电力行业碳排放变化的影响。周亚敏和冯永晟（2017）利用 36 个城市的数据，分析了电价改革与二氧化碳排放的关系，指出单纯通过解决电价交叉补贴不能有效应对气候变化的压力，必须理顺电价与碳价的关系，实现电价与碳价间的联动。蔡松锋等（2017）则基于五种场景假设，分析了不同电价管制方式和碳价收入返还方式下碳价的经济影响和减排效果。刘自敏等（2018）分析了以减少交叉补贴为目的的工业电力降费措施和碳减排目标的两难冲突，指出可通过碳市场与电力市场的关联耦合共推电力行业低碳发展，并促进电力市场运行效率的提高。

其次，碳价格对电价传导效应的理论建模与实证分析。有关电力行业碳价格传导效应的研究主要从传导理论模型构建和传导率估计两个方面展开。理论上，Weyl 和 Fabinger（2013）分析了不同产业竞争状况下的传导率变化，Chernyavs'ka 和 Gullì（2008）研究了在不完全竞争的情况下边际排放成本在电力市场中的成本传导。André 和 Boris（2013）、Nelson 等（2012）分别对欧洲与澳大利亚碳市场中碳成本对电价的传导进行了理论综述。Sijm 等（2006，2012）归纳了影响传导率（Pass-through Rate）的因素，包括供给函数是不是完全弹性、线性还是等弹性形式，以及需求函数是完全弹性或完全无弹性、线性还是等弹性形式等。Gullì 和 Chernyavs'ka（2013）还考虑了其他特征，包括如不同时段（峰时与谷时）的载荷曲线、不同类型发电原料（如煤、天然气、水、核等）的进入顺序。Ritz（2015）则理论分析了碳价上升与下降时传导效应的非对称性。Kim 和 Lim（2014）专门分析了像韩国、中国及日本这样的电价高度管制国家的价格传导问题，以及在此基础上的排放系统设计。Acworth 等（2020）发展了一个在不同规制场景（如价格控制、投资规制与行政管制等）下理解碳交易市场与电力市场交互影响的概念框架。实证上，Hintermann（2016）根据德国现货市场数据，将德国电力市场的碳排放成本传导到每小时的电价上，实现了短期成本转嫁，进而可以估计不同负荷周期的成本传导，为研究碳成本的转嫁提供了最有力的证据。Fabra 和 Reguant（2014）对西班牙电力市场的排放成本转嫁率进行了量化，通过构建简化估计模型及结构估计模型，验证了碳成本对电力价格的完全传导。Jouvet 和 Solier（2013）研究了欧盟碳市场对电力市场的传导率，发现第一阶段碳价格对电力价格的传导率为 42%。Laing 等（2014）通过进一步研究发现在欧盟碳市场中电力部门的碳价格传递率因国而异，最低的传递率为 5%，最高的传递率为 100%。Nazifi（2016）研究了澳大利亚电力市场内碳价格信号与电价之间的相互作用，发现碳成本确实会完全转嫁到批发电力现货价格上，从而导致消费者的电价上涨。Nelson 等（2012）通过具体测算，认为澳大利亚的传导率处于 17%~393%。Sijm 等（2006）认为在完全竞争的市场条件下，碳成本对电力价格的传导率是 100%，而真实的传导率取决于电力需求弹性以及碳成本。Bonacina 和 Gullì（2007）通过构建非完全竞争下的理论模型，证明了碳成本对电力价格的传导率应该小于 100%。Chernyavs'ka 和 Gullì（2008）认为在没有完全考虑市场结构之前，碳成本对电价的传递是不完全的。Cong 和 Wei（2010）认为引入碳价后电价将上涨 12%，碳价波动将向电力市场转移，使电价波动增加 4%。

最后，传导效应下的电力市场价格优化与碳市场价格设计。碳交易机制包含许多参数，如碳价格、配额分配、准入门槛、风险稳定机制等，碳价格的确定是其中的核心问题（范英，2018）。在考虑传导效应的基础上，Stern（2009）指出合理的碳排放权价格是碳交易制度发挥作用的最关键环节。Coady 等（2018）指出研究有效能源定价的定义与测量时，必须包含对碳定价的正确设定。Weitzman（2017）、Boyce（2018）从效率与公平的双重角度分析了碳定价问题，并提出满足排放目标的有效碳定价必须将价格与数量目标捆绑起来。Abeberese（2017）、Ganapati 等（2020）则基于印度电力行业及美国制造业的微观数据对碳成本对电价的传导和影响进行了企业层面的估计。由于碳市场及电力市场交易等微观数据缺乏，国内主要从理论与模拟的角度进行碳价与电价的关联分析与价格设计。何崇恺和顾阿伦（2015）以电力部门为例，分析了碳成本传递的基本原理、影响因素及对中国碳市场的启示。何姣和叶泽（2019）构建古诺均衡模型分析了不同市场结构和电力市场需求特性情况下的碳成本传导率变化。Wang 和 Zhou（2017）分析了碳排放参数如何影响碳成本的传导并最终影响电价。Zeng 等（2017）使用结构向量自回归模型分析了北京碳市场价格对宏观经济与能源价格的影响。Ju 和 Fujikawa（2019）通过中国碳市场成本传导机制模型分析得出，中国目前的碳市场平均市场价格有进一步上升至指导价格的潜力。姚昕和刘希颖（2010）测算了中国最优碳税的征收路径。陈诗一（2011）度量了中国 38 个工业两位数行业的二氧化碳边际成本。刘明磊等（2011）、崔连标等（2013）、陈德湖等（2016）测算了全国省际层面二氧化碳影子价格或边际减排成本。

综上所述，由于国外碳市场较为成熟，因此文献对碳市场的价格机制设计、碳市场与电力市场之间的关联关系以及碳成本对电力价格的传导等问题的研究较为深入。然而，由于中国碳市场起步较晚，同时电力市场价格机制的设定更多地受政府管制的影响，因此对中国碳市场、电力市场改革以及二者之间关系的讨论更多停留在理论层面。具体来说，在全球统一碳市场和强制性约束难以形成的条件下，不同国家与区域的次级碳市场的经验和参数难以供中国直接参考，在中国全国统一碳市场建设的关键阶段，需要建立符合中国国情的碳市场参数体系。最后，在中国由试点碳市场逐步转向全国统一碳市场的建设进程中，如何平稳地从试点向全国统一碳市场过渡，为将各省市独立的碳市场联合成一个高效的统一碳市场，需要设计试点省市碳市场的碳价调整策略，这是全国碳市场建设过程中的一个难题。

三、理论分析

基于以上研究背景，为了理顺电力市场与碳市场之间的关联机制，本部分通过理论模型的构建以及推导，对电力市场中的无谓损失率、电力市场与碳市场关联以及碳价格对电力市场的传导进行理论分析，同时也为后续的实证分析奠定理论基础。

（一）电力市场效率：电力交叉补贴的识别与无谓损失测度

在传统的能源管理体制下，由政府设定的能源产品价格往往难以反映生产成本和消费者偏好，使价格结构扭曲，形成某类用户支付的能源价格高于（或低于）能源供应成本，而由其他用户分担成本的现象，即为交叉补贴。中国电力市场长期以来实行电价交叉补贴的政策，通过工商业的高电价补贴居民的低电价。交叉补贴破坏了公平负担原则，也造成了能源利用效率的下降。

识别与测算交叉补贴时，首先要确定无交叉补贴时的最优价格（或理想价格）。公用事业部门的最优价格确定可以采用 Ramsey 定价法，但现实中并没有完全应用 Ramsey 定价到电力市场中的实例，且出于规制者难以获取成本数据、成本真实性难以被证实以及成本如何合理分摊等多方面原因，规制者在分析补贴和交叉补贴时往往不能获得准确的最优价格，从而限制了交叉补贴规模的测算。

鉴于此，本文借鉴 Palmer（1991，1992）对交叉补贴中独立成本（Stand-alone Cost）的上限估计思路，对我国电力结构中交叉补贴额度的下限进行估计。具体地，假设不存在交叉补贴时居民最优电价与工业最优电价分别为 p_{0h} 与 p_{0i}。由电力工业生产特征以及 OECD 国家的居民与工业电价数据可知，工业供电成本低于居民供电成本，也就意味着无交叉补贴下的电价存在着 $p_{0i} < p_{0h}$。最优价格的确定是交叉补贴研究中的核心问题和争论焦点，而本文研究并不去纠缠何为准确的 p_{0i} 与 p_{0h}，而是假设不存在交叉补贴时居民与工业用电的价格均为 p_0，此时必然存在着 $p_{0h} > p_0 > p_{0i}$ 的关系。那么，本文基于居民与工业用电的价格均为 p_0 时所做的交叉补贴估计值，事实上是中国真实居民与工业电价间交叉补贴值的下限。

随着电力体制改革的逐渐深入，当前降低交叉补贴的本质是让电力价格真实反映电力成本，其中的主要调整方向就是降低工业电价、提高居民电价。由于成本、分配方式等信息缺失限制了交叉补贴规模的测算，本文主要使用价差法（Price-Gap Approach）计算工业用户与居民用户之间的交叉补贴。如图 1 所示，假设需求曲线是线性的，D_h 是居民用户的电力需求曲线，D_i 是工业用户的电力需求曲线，p_0 为前文假设的工业与居民共同的理想价格，p_h 与 p_i 分别是现行居民与工业电价，q_{h1} 与 q_{i1} 分别是当前居民与工业用电量。那么，对受补贴方居民用户而言，单位电量所受补贴即 p_0 与 p_h 的价差，其与居民用电量的乘积即所受补贴总额（图 1 中的 A+B+E 部分）；对于补贴方工业用户而言，单位电量补贴额为 p_i 与 p_0 的价差，其与工业用电量的乘积即补贴总额（图 1 中的 F 部分）。另外，由于仅估计工业与居民间的交叉补贴，并未分析工业与居民共同享受到的外部补贴或工业与居民对其他能源的补贴等，此时居民与工业用户间存在着"居民所得的受补贴额等于工业用户提供的补贴额"（A+B+E＝F）这一简单关系。即满足：

$$(p_0 - p_h) \times q_{h1} = (p_i - p_0) \times q_{i1} \tag{1}$$

由此可得不存在交叉补贴时的价格 p_0 为：

$$p_0 = \frac{p_h \times q_{h1} + p_i \times q_{i1}}{q_{h1} + q_{i1}} \tag{2}$$

求解 p_0 之后，根据价差法的基本公式，就可以计算出中国电力结构中工业对居民用电的交叉补贴的下限。计算公式为：

$$Cross\_Sub = |\Delta p \times q| = (p_i - p_0) \times q_{i1} = (p_0 - p_h) \times q_{h1} \tag{3}$$

其中，$Cross\_Sub$ 表示交叉补贴总额，Δp 表示新场景下工业（居民）电价与现行工业（居民）电价之差，q 表示当前现行电价下工业（居民）终端电力消费量。

接下来，我们将通过分析交叉补贴引致的无谓损失构建交叉补贴无谓损失率指标。图1中，当由不存在交叉补贴情形转化为存在交叉补贴情形时，社会总福利的变化就可以表示为 $\Delta SW = \Delta SW_h + \Delta SW_i = (\Delta CS_h + \Delta PS_h) + (\Delta CS_i + \Delta PS_i)$，其中 ΔSW、ΔSW_h 及 ΔSW_i 分别是社会总福利变化量、居民用户以及工业用户的总福利变化量，ΔCS_h 与 ΔCS_i 分别是居民用户和工业用户的消费者剩余变化量，ΔPS_i 与 ΔPS_h 分别表示居民用户与工业用户的生产者剩余变化量。借鉴 Beato（2000）、Chatto-padhyay（2004）、张昕竹等（2010）、Coady 等（2015），假设电力提供者收入中性，即居民侧的生产者剩余损失通过工业部门的提价来完全补偿，此时社会总福利变化就简化为：

$$\Delta SW = \Delta SW_h + \Delta SW_i = (\Delta CS_h + \Delta PS_h) + (\Delta CS_i + \Delta PS_i) = \Delta CS_h + \Delta CS_i = (A+B) - (F+G) \tag{4}$$

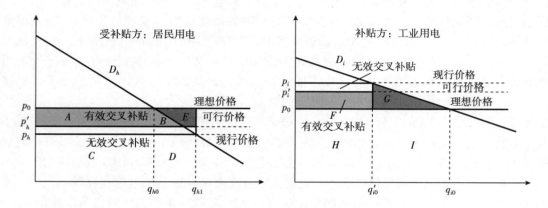

图1 居民与工业用电交叉补贴福利分析

同时，对于电力提供者，电费收入不变意味着居民电费收入的减少额等于工业电费收入的增加额，即 $A+B+E=F$。因此，最终由于交叉补贴导致的社会总福利无谓损失为：$DWL = \Delta SW = -(E+G)$，即图1中的阴影部分。由此，借鉴公共经济学中对价格扭曲系数以及公共资金影子成本的测算方法（Atkinson，1980，1984，1994，1998），构建交叉补贴无谓损失率（θ）的基本计算公式为：

$$\theta = \frac{DWL}{Cross\_Sub} = \frac{E+G}{A+B+E} = \frac{E+G}{F} \tag{5}$$

利用价格弹性及真实居民与工业价格对式（5）进行表达，在考虑交叉价格弹性的情形下，求得交叉补贴无谓损失率表达式如式（6）所示：

$$\theta_2 = \frac{\sum (DWL_i + DWL_h)}{Cross\_Sub} = -\left[\frac{\varepsilon_h \frac{(\Delta p_h)^2}{p_h} q_{h1} + \varepsilon_{hi} \frac{(\Delta p_i)^2}{p_i} q_{h1} + \varepsilon_i \frac{(\Delta p_i)^2}{p_i} q_{i1} + \varepsilon_{ih} \frac{(\Delta p_h)^2}{p_h} q_{i1}}{\Delta p_h q_{h1} + \Delta p_i q_{i1}} \right]$$

$$\tag{6}$$

需要指出的是，式（6）在现行价格与可行价格情形下均成立。其中，在真实的现行价格 p_h 与 p_i 下，$\Delta p_h = p_0 - p_h$，$\Delta p_i = p_i - p_0$；在可行价格下则只需将式（6）中的 p_h 与 p_i 更换为 p_h' 与 p_i'，即 $\Delta p_h' = p_0 - p_h'$，$\Delta p_i' = p_i' - p_0$。DWL_i、DWL_h 分别是工业侧与居民侧的价格扭曲造成的无谓损失，ε_h、ε_i 表示居民与工业用户的自价格弹性，ε_{ih}、ε_{hi} 为工业用户与居民用户间的交叉价格弹性。

（二）电力市场与碳市场关联的理论分析

以燃煤发电为主的电力行业是我国二氧化碳排放的主要来源。据统计，电力行业能源消费量占全国能源消费总量的 60% 以上，二氧化碳排放量占全国总排放量的 40% 左右。现阶段电价改革目标要求调整电价结构，电价调整必然会引起电力需求的变化。而现有技术水平下电力无法经济地大规模存储，电力供求必须保持实时平衡，用电侧的二氧化碳排放实际上也正是发电侧产生的二氧化碳，由此电力需求的变化也就导致电力生产行业碳排放量的变化。

减少交叉补贴的本质是让电力价格真实反映电力成本，其中的主要调整方向就是降低工业电价、提高居民电价。到目前为止，在国家降低工业用能成本的政策目标指引下，市场改革过多地侧重于降低工业终端用户的价格。如果单纯只考虑降电价，在价格机制的作用下将有可能破坏减排和空气质量目标，更会影响到政府摆脱过度依赖重污染行业实现经济结构转型的目标。在电力市场与碳交易市场缺失或割裂的情况下，必然造成政府在提升电力资源配置效率与追求低碳发展目标之间的"两难冲突"。我国传统管制电价下的计划电量，由于电力市场缺失电价存在刚性，从而难以满足电力市场与碳目标的双重约束；而市场化交易电量的碳成本则可以通过价格传导至市场电价[①]。一般化地，我们从理论上分析电力市场与碳市场的关联关系。

如图 2 所示，当电力行业实行碳交易机制后，碳成本将会使电力企业产生额外的碳约束。碳成本附加在电力价格上，将会影响电力用户的电力需求，从而减少碳排放。因此，如果综合考虑电力目标和碳控制目标，在电价结构调整的同时，通过设定合理的碳价格水平（对电力产品附加额外的碳成本），可以同时实现电力改革目标和碳控制目标，即实现电力市场与碳市场的协调发展。此时，附加的碳成本就对应着实现既定碳目标的碳价格。

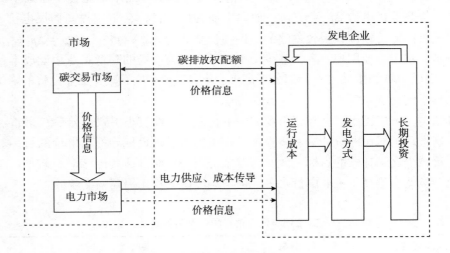

图 2　碳市场与电力市场的关联关系

具体地，基于电力市场与碳市场协调发展的关系，电价与碳价之间存在传导效应。在碳排放约束与工业电力降费的双重目标约束下，设定 p_h 与 p_i 是电力价格调整前的居民与工业用户电价，p_h' 与 p_i' 是减小交叉补贴下电力价格调整后的居民与工业用户纯电价，p_c 为碳价，ξ_h 与 ξ_i 为居民与工业

---

① 因此，在中国电力供给中计划电量与市场交易电量并存的背景下，通过分析电力市场与碳市场的关系并基于市场化交易电价与碳价分析估计得出的碳价传导效应，不但对于市场化电量的分析具有重要意义，对于计划电量开展模拟市场关联进行碳价传导设计，也具有重要的参考价值。

用户的碳价传导率，此时工业与居民用户各自的含碳总电价 p_{hc} 与 p_{ic} 为：

$$\begin{cases} p_{hc}=p_h+\Delta p_h+\xi_h p_c=p_h'+\xi_h p_c \\ p_{ic}=p_i-\Delta p_i+\xi_i p_c=p_i'+\xi_i p_c \end{cases} \tag{7}$$

对电力厂商而言，虽然在电力生产过程中并不区分工业用电和居民用电，工业电价和居民电价中都应包含碳成本，但对于工业与居民用户而言，由于不同用户的需求弹性等特征不同，碳价的传导率 ξ_h 与 ξ_i 存在差异，最终传导至工业与居民消费者上的碳成本也存在差别。式（7）的关系如图 3 所示[①]。

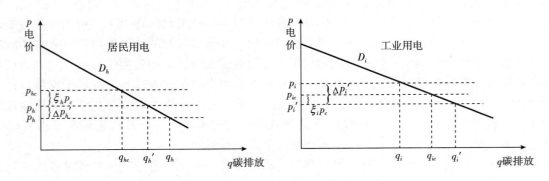

图 3　关联关系下的含碳电价分析

从图 3 中可以看出，对于居民用户，需求弹性较小，传导率较高，对于工业用户，需求弹性较大，传导率较低，因此存在 $\xi_h>\xi_i$。如图 3 中左侧所示，对于居民用户而言，在减小交叉补贴情况下的电力市场会提高居民电价 $\Delta p_h=p_h'-p_h$，而碳市场的排放目标会继续提高居民电价 $\xi_h p_c$，从而扩大了最终居民电价的提价幅度，引致最终的居民提价空间为 $\Delta p_h^{new}=p_h'-p_h+\xi_h p_c=\Delta p_h+\xi_h p_c$。同理，如图 3 中右侧所示，对于工业用户而言，减少交叉补贴下电力市场的降低工业用能成本目标会降低电价 $\Delta p_i=p_i-p_i'$，而碳市场的排放目标会部分提高工业电价 $\xi_i p_c$，从而减少工业电价的降价空间，引致最终的工业降价空间为 $\Delta p_i^{new}=p_i-p_i'+\xi_i p_c=\Delta p_i+\xi_i p_c$。

由表 1 可知，对于居民用户，在碳市场关联下，需求弹性较小引致传导率 ξ_h 较高，居民将承担较多碳成本，这推动了居民电价的进一步提高。碳市场通过碳价传导提高电价的目标与电力市场通过提高居民电价减少交叉补贴的目标一致。而对于工业用户而言，其传导率 ξ_i 较低，工业用户承担的碳成本较低，虽然也抬高了工业电价水平，但与居民用户相比提高幅度较低。

表 1　碳市场与电力市场的分割与关联关系比较

碳市场与电力市场关系	（1）分割	（2）关联	比较
居民价格水平	p_h	$p_{hc}=p_h'+\xi_h p_c$	（1）＜（2）
工业价格水平	p_i	$p_{ic}=p_i'+\xi_i p_c$	不定
居民价格提高幅度	$\Delta p_h=p_h'-p_h$	$\Delta p_h^{new}=\Delta p_h+\xi_h p_c$	（1）＜（2）
工业价格下降幅度	$\Delta p_i=p_i-p_i'$	$\Delta p_i^{new}=\Delta p_i+\xi_i p_c$	（1）＞（2）
交叉补贴减少幅度	$\Delta p_h-\Delta p_i$	$(\Delta p_h-\Delta p_i)+p_c(\xi_h-\xi_i)$	（1）＜（2）

---

①　电力价格附加碳成本后，p_c 与 Δp_i 的大小关系并不一定，如果碳目标较严格，相应的碳价格 p_c 较高将使附加碳成本也较高，此时含碳电价可能高于原工业电价，即 $p_{ic}>p_{i1}$。

比较碳市场和电力市场分割与关联关系下的交叉补贴减少幅度可知，关联关系下的交叉补贴减少幅度更大。从两个市场分割的情形下看，两个市场中存在着碳市场减碳的目标与电力市场降电价以减少交叉补贴目标的冲突。在两个市场关联关系下，碳市场的减碳目标与电力市场减少交叉补贴的目标趋于一致，可以更好地实现碳市场与电力市场的协调发展。因此，通过培育发展电力市场与碳市场，优化与设计合理的电价和碳价，可以有效实现两个市场的关联协调发展。

四、数据说明

本文的研究样本包含了2006~2018年中国100个地级市及以上的典型城市。100个样本城市中包含17个碳市场试点城市①以及83个非试点城市（见表2）。100个样本城市的地域分布中，除了西藏的数据缺失之外，每个省、市、自治区均包含2~3个样本城市，在全国的分布较为均衡。

表2　样本城市分布　　　　　　　　　　　　　　　　　单位：个

区域	城市数	碳市场试点数
东部	36	11
中部	30	5
西部	34	1
合计	100	17

本文涉及的价格数据包含电力价格与碳价格。本文所使用的电力价格数据来源于中国价格信息网②，包含了样本期内所有样本城市的工业用电月度价格以及居民用电月度价格。我们分别将工业以及居民的月度电价数据进行平均处理，以获得样本城市每年的工业以及居民用电平均价格。对于碳价格数据，我们主要从国家发展改革委主管的中国碳交易平台③进行整理。由于中国碳交易平台记录了所有碳市场试点中碳价格的日度数据，我们也对其进行平均处理以获得各个样本城市年度层面的碳价格数据。

本文的工业用电量数据与居民用电量数据均来自《中国城市统计年鉴》。其他控制变量包括城市层面的宏观经济变量，以及与工业部门、居民部门相关的变量，这些控制变量均来自历年《中国城市统计年鉴》。城市的气候数据来源于中国气象数据网。我们将电力价格、用电量、碳价格以及城市层面的宏观经济变量与天气变量进行匹配，并最终得到了1300个城市层面观察值的面板数据。各主要变量的描述性统计如表3所示。

表3　变量描述性统计

	变量	观察值	平均值	标准差	最小值	最大值
电量	工业用电（亿千瓦时）	1199	111.85	141.57	0.2197	1227.8
	居民用电（亿千瓦时）	1197	22.350	32.449	0.1184	239.98

---

①　17个碳市场试点城市包括北京市、上海市、天津市、重庆市四个直辖市，以及湖北省的武汉市、襄阳市、宜昌市、黄石市、荆门市，广东省的广州市、深圳市、惠州市、汕头市，福建省的福州市、厦门市、泉州市、三明市。

②　中国价格信息网，http://www.chinaprice.com.cn/。我们也将中国价格信息网中的电价数据与省市发改委及相关价格管理部门的调价公告进行了对比，证实了本文汇总电力价格数据的真实性。

③　中国碳交易平台，http://www.tanjiaoyi.org.cn/k/index.html。

续表

	变量	观察值	平均值	标准差	最小值	最大值
电价	工业电价（元）	1300	0.7368	0.1113	0.4439	0.9300
	其中：试点碳市场地区工业电价	221	0.7960	0.0904	0.5950	0.9300
	非碳市场工业电价	1079	0.7210	0.1113	0.4439	0.9100
	居民电价（元）	1300	0.5241	0.05668	0.3600	0.7600
	其中：试点碳市场地区居民电价	221	0.5587	0.0758	0.4450	0.7600
	非碳市场居民电价	1079	0.5166	0.0494	0.3600	0.6150
控制变量	年末户籍人口（万人）	1233	545.20	413.41	43.350	3404.0
	行政区域面积（平方公里）	1229	16639	21329	845.00	193974
	人口密度（人/平方公里）	944	500.36	406.33	4.7000	2648.1
	人均地区生产总值（元/人）	1135	38528	34582	1.4040	467749
	平均气温（0.1℃）	1255	146.70	49.325	42.000	254.00
	平均湿度（%）	1255	65.415	10.604	31.000	85.000
	第二产业从业人员比重（%）	1232	45.957	13.630	7.5300	84.400
	第二产业产值占比（%）	1136	48.239	10.250	18.270	85.640
	工业企业数（个）	1229	1864.1	2329.1	19.000	18792
	工业总产值（亿元）	1043	4433.1	5702.4	20.176	32445
	工业用水量（万吨）	1220	18863	28896	104.00	256236
	煤气工业用量（亿立方米）	1170	5.6588	17.801	-15.285	195.99
	石油气工业用量（万吨）	1190	3.4029	8.7656	0.0000	77.169
	居民储蓄（亿元）	1216	2560.3	3675.1	80.280	34019
	居民生活用水（万吨）	1220	11824	18429	126.00	166500
	煤气家庭用量（亿立方米）	1170	1.3644	3.1028	0.0001	62.148
	石油气家庭用量（万吨）	1187	3.1112	5.8694	0.0004	46.850
	在岗职工平均工资（万元/人）	1226	4.6282	2.1236	0.9236	14.984

　　从表3的变量描述性统计中可以发现，工业部门用电量的平均值为111.85亿千瓦时，是居民部门用电量的5倍。因此，在电力市场减少交叉补贴的改革中，若单纯地降低工业电价，则可能引致工业用电量以及碳排放量的增加，从而初步证实了将电力市场与碳市场目标关联考虑的合理性。另外，较大的标准差也表明各区域工业与居民用电量存在较大差异，为本文的研究提供了充足的异质性。电价方面，总的来说工业电价高于居民电价，初步证明了中国电力市场中交叉补贴的严重性。同时，无论工业电价还是居民电价，碳市场试点城市的电力价格均高于非试点地区，也初步验证了碳价格对电力市场价格的传导效应，即碳市场中对碳排放规制所产生的成本会传导至电力市场，从而引致工业用电以及居民用电价格的升高。

五、电力市场的效率评估

　　基于碳市场试点地区与非试点地区的异质性，本部分首先利用工业与居民用电的价量信息进行弹性估计，并进一步测算了两类地区的无谓损失率，比较了碳市场试点地区与非试点地区无谓损失率的差异。其次对工业电价与居民电价调整进行多种反事实场景的设计，以期通过对工业电价与居民电价的优化设计，实现既定的目标无谓损失率。最后本文对各种场景下电力价格优化后的碳排放量进行了测度，为后续对碳市场政策目标的关联考虑奠定研究基础。

（一）价格弹性估计

考虑到需要同时对工业用户与居民用户进行电力需求价格弹性的估计，本文借鉴 García-valiñas（2005）以及刘自敏（2020）的方法，采用似不相关回归（SUR）对工业用电估计方程以及居民用电估计方程进行系统估计，以期在消除两个方程残差项相关性的基础上，得到更加精准、有效的估计系数。估计模型如式（8）所示[①]。

$$\begin{cases} \ln q_{ht} = \alpha_1 + \beta_1 \ln p_{ht} + \gamma_1 \ln p_{it} + \phi_1 Z_{ht} + \mu_h + \upsilon_{1t} + \varepsilon_{ht} \\ \ln q_{it} = \alpha_2 + \beta_2 \ln p_{it} + \gamma_2 \ln p_{ht} + \phi_1 Z_{it} + \mu_i + \upsilon_{2t} + \varepsilon_{it} \end{cases} \tag{8}$$

其中，q_{ht} 与 q_{it} 为居民与工业的用电量，p_{ht} 与 p_{it} 为居民与工业用电价格，Z_{ht} 与 Z_{it} 则为表3中所示的控制变量。β_1 与 β_2 为所估计的自价格弹性系数，γ_1 与 γ_2 为所估计的交叉价格弹性系数。采用固定效应估计时，μ_h 与 μ_i 表示城市固定效应，υ_{1t} 与 υ_{2t} 表示时间固定效应。式（8）的估计结果如表4所示。

表4　碳市场试点城市与非碳市场试点城市工业与居民的价格弹性

变量	非碳市场试点		碳市场试点	
	$\ln(q_i)$	$\ln(q_h)$	$\ln(q_i)$	$\ln(q_h)$
$\ln(p_i)$	−1.5059***	−0.3467***	−4.2671***	0.0445
	(0.2830)	(0.1301)	(0.7518)	(0.4095)
$\ln(p_h)$	−1.3031***	−0.7739***	1.6107***	−0.8673***
	(0.4414)	(0.2154)	(0.4954)	(0.2813)
控制变量	Yes	Yes	Yes	Yes
城市固定效应	Yes	Yes	Yes	Yes
年份固定效应	Yes	Yes	Yes	Yes
常数项	0.0342	−10.1869***	−2.6012**	−8.4065***
	(2.8204)	(1.3935)	(1.0673)	(0.7351)
观察值	620	620	136	136
城市数	73	73	17	17
R²	0.6798	0.9050	0.8978	0.9825
B-P检验卡方	6.903***		6.837***	

注：***、**、*分别表示在1%、5%和10%的水平下显著，括号内为标准误。余表同。

表4通过系统估计方法，基于完备信息使用似不相关回归（SUR）方法对碳市场试点地区以及非试点地区的工业与居民用电自价格弹性与交叉价格弹性进行了估计。结果显示，无论碳

[①] 需要说明的是，SUR回归中的价格相对外生，正如 Taylor（1975）、郑新业等（2012）对美国、中国的阶梯水价，冯永晟等（2014）、周亚敏等（2017）对中国的阶梯电价研究所指出的，中国集中式的资源与能源管理决策机制使短期内基层（如市级层面）电价不随电力供求变化，成为相对外生的变量。而在本文的分析期内，电力价格的决策权主要是在国家层面（如国家发改委等），更高层面制定的电力指导价格较之城市层面的电力使用量具有较强的外生性。因此，在理论上，内生性是个问题，但实际上这个问题的影响较小。

市场试点城市还是非碳市场试点城市，工业与居民部门的自价格弹性都显著为负，与经济理论相符。值得注意的是，工业电力用户的自价格弹性的绝对值大于1，一方面说明我国目前工商业的用电价格过高，需要适当降低，与电力市场改革的方向相符；另一方面过高的自价格弹性系数也表明工商业电力用户用电价格的下降将促使更多的电量消耗，并进而引致电力市场更多的碳排放。

根据表4得到的价格弹性系数，我们利用式（6）中对交叉补贴无谓损失率的计算方法，进一步计算了碳市场试点地区与非试点地区的无谓损失率。结果如图4所示。

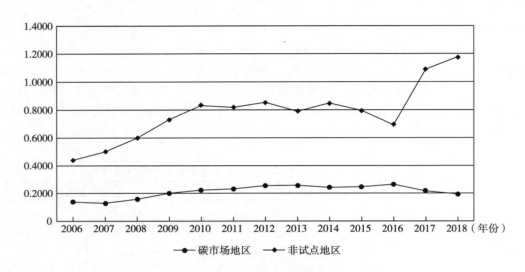

图4　碳市场地区与非试点地区无谓损失率变化

从图4可以发现，样本期间非试点地区的无谓损失率一直高于碳市场试点地区的无谓损失率，约为碳市场试点地区无谓损失率的4倍。样本期间，碳市场试点地区的无谓损失率平均为0.2120，非试点地区的无谓损失率平均为0.7816。值得一提的是，碳市场的设立以及碳价格的形成开始于2013年，所以碳市场试点地区无谓损失率在2013年之前呈现出逐年上升的趋势，但在2013年达到最大值后开始逐年下降。图4也为碳市场中碳价格影响电力市场价格改革提供了证据。

（二）目标无谓损失率下反事实场景的设计

在计算得出碳市场试点地区与非试点地区平均无谓损失率的基础上，本部分通过反事实场景的设计，以期实现无谓损失率的降低。一般来说，理想状态下最优的电力价格机制设计可以使交叉补贴无谓损失率 $\theta=0$，然而，现实中存在的多方阻力使电力价格调整不能一蹴而就，因此，本部分旨在通过反事实场景的构建以使电力市场达到相对较低的无谓损失率。图5展示了工业与居民电力用户用电价格优化前后无谓损失率的变化。

图5左侧呈现了居民电价不变、工业电价调整时的无谓损失与交叉补贴变化，居民用户的无谓损失为阴影部分的三角形 E 处，工业用户的交叉补贴得到额则为 $(p_0-p_h)q_{h1}$；当工业电价由 p_i 下降为 p_i' 时，无谓损失由阴影部分的三角形 $(G+K)$ 变化为三角形 K，交叉补贴支出额由 $(p_i-p_0)q_{i1}$ 变化为 $(p_i'-p_0)q_{i1}$。图5右侧呈现了居民电价和工业电价同时调整时的无谓损失与交叉补贴变化，无谓损失与交叉补贴的变化分析类似。以居民价格不变、工业价格调整（见图5左侧）的情境为例，

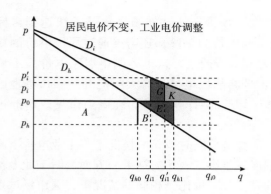 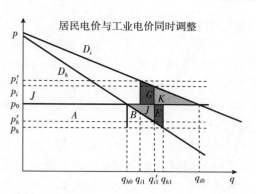

居民电价不变，工业电价调整　　居民电价与工业电价同时调整

图5　居民与工业用电价格优化设计

在考虑自价格与交叉价格弹性下，对应的电力价格调整机制为：

$$\theta_2(p'_i) = \frac{\sum (DWL_i + DWL_h)}{Cross\_Sub}$$

$$= -\left[\frac{\varepsilon_h \dfrac{(\Delta p'_h)^2}{p'_h}q_{h1} + \varepsilon_{hi} \dfrac{(\Delta p'_i)^2}{p'_i}q_{h1} + \varepsilon_i \dfrac{(\Delta p'_i)^2}{p'_i}q_{i1} + \varepsilon_{ih} \dfrac{(\Delta p'_h)^2}{p'_h}q_{i1}}{\Delta p'_h q_{h1} + \Delta p'_i q_{i1}}\right]$$

$$= -\left[\frac{\varepsilon_h \dfrac{(p'_h - p_0)^2}{p'_h}q_{h1} + \varepsilon_{hi} \dfrac{(p'_i - p_0)^2}{p'_i}q_{h1} + \varepsilon_i \dfrac{(p'_i - p_0)^2}{p'_i}q_{i1} ++ \varepsilon_{ih} \dfrac{(p'_h - p_0)^2}{p'_h}q_{i1}}{(p'_h - p_0)q_{h1} + (p'_i - p_0)q_{i1}}\right]$$

$$= \overline{\theta_2}$$

$$s.\,t.\; p'_i \leqslant p_i \tag{9}$$

其中，图5左侧的情境中，$p'_h = p_h$；$\Delta p'_h = p_0 - p'_h = 0$；$\Delta p'_i = p'_i - p_0$，通过式（9）求解满足 $\theta_2(p'_i) = \overline{\theta_2}$ 条件下的 p'_i。在政策目标（$\overline{\theta_2}$）下，政府规制者可以通过调整不同的工业或居民价格，以实现在一定的交叉补贴下最小化无谓损失额。交叉补贴要实现收入再分配、普遍服务等政策目标，需要付出一定的无谓损失，这与税收中讨论的公共资金使用的边际成本类似，因此可以借鉴现有对税收边际成本的研究作为可接受的"有效"交叉补贴无谓损失率参考值。根据刘明（2009）基于CGE模型的测算，电气水生产与供应业的公共资金边际成本为1.191元。因此我们设定电力市场改革的目标无谓损失率：$\overline{\theta_2} = 0.191$。

本文所研究的样本时间跨度为2006~2018年，2019年《政府工作报告》要求继续降低工商业电价平均水平的10%，而2020年《政府工作报告》则要求降低工商业电价水平的5%。基于上述政策目标及现阶段的价格调整状况，我们分析的价格调整机制主要包括以下四类：场景一：基准场景，即居民用电价格不变，仅调整工业电价；场景二：对照场景，即工业用电价格不变，仅调整居民电价；场景三：工业电价下降10%，同时调整居民电价；场景四：工业电价下降14.5%[①]，同时调整居民电价。

表5报告了在现存无谓损失率的情况下，碳市场试点地区与非试点地区通过四种反事实场景达到目标无谓损失率（0.191）所需要进行的价格变动。可以看出，无论碳市场还是非试点地

①　即2019年工商业电价下降10%的目标完全实现后，2020年工商业电价继续下降5%。计算公式为1-1×（1-10%）×（1-5%）=14.5%。

区，仅通过调整工业电价而不调整居民电价的方式（场景一：基准场景）是无法达到目标无谓损失率的，表明了电力市场改革并不能只以降低工业电价为手段，还需要通过居民电价的相应调整才能实现电力市场无谓损失率的降低。而对照场景（场景二），单纯调整居民电价而不调整工业电价，虽然能够实现无谓损失率的降低，但是需要将居民电价进行大幅提升（碳市场地区需要提高31.24%的居民电价，非试点地区需要提高27.14%的居民电价），在电力市场改革的过程中同样会遇到较大的阻力。

对比场景三和场景四，可以发现在工业电价与居民电价同时调整的情况下，工业电价下降的越多，达到目标无谓损失率所需要居民电价提升的幅度就越小。表5的结果一方面表明工业电价与居民电价差距的缩小可以降低无谓损失率；另一方面在工业降价比例相同的情况下，碳市场试点地区居民电价的提升比例略高于非试点地区，再一次验证了碳市场中碳价格对电力市场中工业与居民的用电价格具有传导作用。

表5 居民与工业电价的优化设计

		场景	工业电价	居民电价	工业降价比例	居民提价比例
碳市场	$\theta_2 = 0.2117$	现行平均价格	0.7988	0.5580		
	$\bar{\theta}_2 = 0.191$	仅调整工业电价，居民电价不变	无解	0.5580	—	不变
		仅调整居民电价，工业电价不变	0.7988	0.7323	不变	31.24%
		工业电价降低10%，居民电价调整	0.7189	0.6618	10%	18.60%
		工业电价降低14.5%，居民电价调整	0.6830	0.6392	14.5%	14.55%
非碳市场	$\theta_2 = 0.7813$	现行平均价格	0.7364	0.5188		
	$\bar{\theta}_2 = 0.191$	仅调整工业电价，居民电价不变	无解	0.5188	—	不变
		仅调整居民电价，工业电价不变	0.7364	0.6596	不变	27.14%
		工业电价降低10%，居民电价调整	0.6628	0.6120	10%	17.96%
		工业电价降低14.5%，居民电价调整	0.6296	0.5909	14.5%	13.90%

注：θ_2 表示样本期间平均的交叉补贴无谓损失率，$\bar{\theta}_2$ 表示目标交叉补贴无谓损失率。

在目标无谓损失率既定的前提下，本文利用生态环境部应对气候变化司发布的《中国区域电网基准线排放因子》（见附表1），对四种反事实场景下电价变动所引致用电量变化进行碳排放的转换，以估算四种场景分别导致的碳排放量变化，并为第五部分电力市场以及碳市场减排政策目标的协同分析做铺垫。

表6报告了碳市场试点地区与非试点地区四种反事实场景分别引致的碳排放量的变化。总的来说，只调整工业电价而不调整居民电价的基准场景（场景一）因无法实施而无法进行碳排放量变动的测算，而只调整居民电价的对照场景（场景二）可以通过单纯提高居民电价实现碳减排，但是这种方法与电力市场改革的宗旨不符，并且存在较大的阻力，现实情境下无法实施，本文同样不予以考虑。对比场景三与场景四的用电量变化以及碳排放量变化可以发现，在电力市场目标无谓损失率既定的情况下，工业电价的下降会引致更多的工业用电，从而排放更多的二氧化碳，而居民电力用户对碳排放变化的贡献相对较小。另外，工业电价下降相同的幅度会引致碳市场试点地区更多的碳排放。总的来说，单独实现电力市场改革的目标需要付出较大的碳排放代价，并不利于中国碳达峰以及碳中和气候政策目标的实现，需要将电力市场与碳市场进行关联考虑，而全国碳市场在电力行业的正式实施，也为本文提供了政策基础以及契机。

表6　优化电价后的电量比例及碳排放量变化

调整场景	碳市场			非碳市场		
	工业用电变化比例	居民用电变化比例	碳排放变化量（万吨）	工业用电变化比例	居民用电变化比例	碳排放变化量（万吨）
	(1)	(2)	(3)	(4)	(5)	(6)
只调整工业，居民不调整	—	—	—	—	—	—
工业不调整，只调整居民	0.0125	−0.2443	−8.0492	−0.0957	−0.2136	−13.1942
工业下降10%，居民调整	0.4342	−0.3063	80.7633	0.0874	−0.0108	7.3616
工业下降14.5%，居民调整	0.6250	−0.3564	115.1334	0.1682	0.0770	16.7913

六、市场关联下碳价传导与全国碳市场价格设计

从2017年12月全国碳排放权交易市场（发电行业）建设的启动到2021年全国碳市场（发电行业）首个履约期的正式运行，标志着电力市场中用电量变化所引致碳排放量的变化已经被纳入了碳市场的监管目标中，电力生产过程中所产生的碳成本也会通过碳市场向电力价格进行传导。总的来说，电力市场价格机制的改革受到了交叉补贴无谓损失率以及碳排放的双重约束。

本部分研究首先估计了碳市场中碳价格对电力市场中工业用电价格以及居民用电价格的平均传导效应。在此基础上，本文针对不同强度的碳减排目标，通过对全国统一碳市场价格的优化设计，以协同实现碳市场以及电力市场的政策目标。

（一）碳市场价格对电力市场价格传导率的估计

通过以上的分析可知，碳市场对电力市场用电价格具有传导效应。本文借鉴 Sijm 等（2006）以及 Fabra 和 Reguant（2014）的相关研究，利用碳市场价格数据以及电力市场价格数据，对中国碳市场与电力市场间的碳价传导率进行了有效的估计[①]。由理论分析可知，鉴于碳成本对居民用户的传导率 ξ_h 与碳价对工业用户的传导率 ξ_i 存在差异，本文在 Pless 和 van Benthem（2019）使用方法的基础上，采用联立方程对 ξ_h 与 ξ_i 进行系统估计，估计方程如式（10）所示：

$$\begin{cases} p_{hejt}=\alpha_1+\beta_1 p_{cjt}+\phi_1 Z_{hjt}+p_{hej(t-1)}+\mu_u+\upsilon_{1t}+\varepsilon_{ut} \\ p_{iejt}=\alpha_2+\beta_2 p_{cjt}+\phi_2 Z_{ijt}+p_{iej(t-1)}+\mu_v+\upsilon_{2t}+\varepsilon_{vt} \end{cases} \quad (10)$$

其中，p_{hejt} 与 p_{iejt} 为城市 i 在时期 t 的居民电价 p_{he} 与工业电价 p_{ie}，p_{ct} 为城市 i 在时期 t 的碳价格，Z_{ht} 与 Z_{it} 则为居民与工业的控制变量，包括家庭人口特征、家庭工资总额、工业企业数、工业总产值等。我们同时引入了电价滞后项 $p_{hej(t-1)}$ 与 $p_{iej(t-1)}$ 进行控制[②]。回归方程（10）中的系数 β_1 与 β_2 为所估计的碳价对居民用户的传导率 ξ_h 与碳价对工业用户的传导率 ξ_i。估计结果如表7所示。

[①]　需要说明的是，当前国内尚未出现对碳价传导率的经验估计研究。一个重要的原因是数据的可得性。本文的碳价传导率估计数据，频率为旬度，而当前国内电力市场主要通过月度竞价进行电力竞价，因此本文的数据质量可以保证。而相对应地，国外（如欧盟、美国、澳大利亚等）的电力市场为日前（Day-head）市场，因此更多地使用日度数据进行研究。

[②]　当然，我们可以引入更多期的电价滞后项作为控制变量。

表 7   市场关联下碳价格对工业电价与居民电价的传导率

	工业电价			居民电价		
	（1）	（2）	（3）	（4）	（5）	（6）
碳价	0.2341***	0.0685	0.0627*	0.1588***	0.0802***	0.0745***
	(0.0361)	(0.0422)	(0.0369)	(0.0201)	(0.0232)	(0.0229)
控制变量	未控制	控制	控制	未控制	控制	控制
城市固定效应	控制	控制	控制	控制	控制	控制
年份固定效应	控制	未控制	控制	控制	未控制	控制
常数项	0.6357***	1.1804***	1.2655***	0.5124***	0.2740	0.3938**
	(0.0100)	(0.3375)	(0.2918)	(0.0056)	(0.1716)	(0.1678)
R^2	0.2008	0.5905	0.5905	0.0474	0.4569	0.4569
观察值	1300	765	765	1300	765	765
城市数	100	87	87	100	87	87

表 7 报告了碳市场中碳价格对电力市场中工业电价与居民电价的平均传导效应，其中，第（1）、第（4）列未控制控制变量，第（2）、第（5）列未控制年份固定效应，第（3）、第（6）列同时控制了控制变量、城市固定效应与年份固定效应。可以看出，随着传导率估计模型的不断完善，碳成本对工业用电的传导率以及居民用电的传导率也逐渐趋于稳定，并且分别稳定在 0.06、0.07 附近。从第（3）、第（6）列可以看出，一方面，碳市场对工业电价的传导率为 6.27%，比对居民电价的传导率小 1.18%，并且对工业电价的传导率在 10% 的水平上显著，而对居民电价的传导率在 1% 的显著性水平上显著。可能的解释为工业电力用户较为集聚，传输线路短，用电效率高，而居民电力用户的分布较为分散，传输距离长，用电效率相对较低，因此总的表现为碳市场价格对居民电价的传导效应更加显著。另一方面，与国外碳价格对电力价格的传导率（Bonacina and Gullì，2007；Jouvet and Solier，2013；Nelson et al.，2012；Sijm et al.，2006）对比后可以发现，中国碳市场中的碳价格对工业电价以及居民电价的传导率都比较小，平均的传导率为 6.86%，可能的解释为：第一，中国的碳市场处于起步阶段，而电力市场还处于初级阶段，价格机制仍然具有较强的政府管制，因此市场机制中的价格效应并不明显；第二，现有文献对传导率的研究集中于碳成本对电力价格整体的传导效应，而本文将整体的传导效应分解为对工业电价的传导以及对居民电价的传导。

（二）不同减排政策目标下全国碳市场价格机制设计

碳市场是中国实现 2030 年碳达峰以及 2060 年碳中和政策目标最有效的手段之一。全国碳市场中价格参数的合理性不仅关系到中国双碳政策目标能否顺利实现，其在电力行业的实施也关系到电力行业改革能否顺利完成。考虑到在全国碳市场成立之前，北京、天津、重庆等碳市场试点地区的价格机制、运行方式完全不同，本文主要从国家层面对不同碳减排目标下全国碳市场的平均价格进行机制设计，以期通过对全国平均碳价格的设定，在助力电力市场改革深化的同时，实现预期的碳减排目标。借鉴戴彦德（2017）的分析，我们同样通过碳减排反事实场景的构建，求解出达到不同碳减排政策目标所需要的全国碳市场平均价格。我们主要求解了以下三种场景中碳减排目标所需要的全国平均碳价格：

场景一：碳强度下降 18%。2017 年 6 月，国家发展改革委在印发的《"十三五"控制温室气体排放工作方案》① 中提出，到 2020 年单位国内生产总值二氧化碳排放比 2015 年下降 18%。

场景二：碳强度下降 36%。国家发展改革委在 2014 年公布的《国家应对气候变化规划（2014—2020 年）》中，到 2020 年我国单位国内生产总值二氧化碳排放比 2005 年下降 40%~45% 的气候政策目标，我们进一步加强了场景一的碳强度设定，即到 2020 年单位国内生产总值二氧化碳排放比 2015 年下降 36%。

场景三：碳强度下降 65%。2015 年国家发展改革委在《强化应对气候变化行动——中国国家自主贡献》② 中提出，2030 年左右二氧化碳排放达到峰值并争取尽早达峰，单位国内生产总值二氧化碳排放比 2005 年下降 60%~65%。我们以碳强度下降 65% 为目标进行研究。由于 GDP 增速未知，我们假定 2020~2030 年中国 GDP 增速为 5.9%。

表 8 报告的结果表明，随着碳强度下降目标的不断加强，全国碳市场中的平均碳价格也不断增加，同时，电力市场中工业电价下降的幅度越大，因维持碳市场中碳排放目标而所需要增加的碳成本也就越大。总的来说，若将电力市场中工业电价下降 14.5%（电力市场改革目标顺利完成），同时碳排放强度下降 65%（碳市场目标完成，实现碳达峰），这种场景下需要全国碳市场中的平均价格达到 122.3 元/吨。需要说明的是，由于本文对电力市场目标无谓损失率的设定较为宽松，因此得到的结果均为实际结果的下限值。

表 8　基于电价调整和碳目标的碳价格机制设计

场景	碳强度下降 18%		碳强度下降 36%		碳强度下降 65%	
	需增碳成本	碳价格	需增碳成本	碳价格	需增碳成本	碳价格
	（1）	（2）	（3）	（4）	（5）	（6）
只调整工业，居民不调整	—	—	—	—	—	—
工业不调整，只调整居民	—	—	—	—	—	—
工业下降 10%，居民调整	0.0016	6.0377	0.0112	41.8338	0.0142	52.9884
工业下降 14.5%，居民调整	0.0194	73.9696	0.0292	110.8153	0.0322	122.2964

（三）不同传导率下碳价格机制设计

在 2030 年碳达峰政策目标的约束下，碳价对电价的传导效应将逐渐释放，通过传导率的提升不断助推电价的提升以及产业结构向低碳的转型发展。在碳市场的三个阶段中③，第一阶段（2021~2022 年）是市场建设阶段，由于碳成本传导能力不足，此阶段传导效应较弱；第二阶段（2023~2025 年）是市场完善阶段，电力行业成本传导能力增强，碳价传导效应开始显现；第三阶段（2026~2030 年）是减排深化阶段，此阶段严格的减排约束下碳价传导效应将逐步释放，并最终实现碳成本对电力价格的完全传导。我们针对碳市场建设的这三个阶段，分别设置碳成本对电力价格的传导率为 6.86%、50% 以及 100%。其中，第一阶段的 6.86% 是碳成本对工业电力用户与居民电力用户传导率的平均值；在第二阶段的 50% 以及第三阶段的 100% 的传导率设置过程中，碳成本对工业与居民电力用户的传导率同比例扩大。

表 9 计算了在不同电力市场改革场景以及碳减排目标场景中，不同碳市场阶段中碳成本传导率

---

① 中国政府网，http：//www.gov.cn/gongbao/content/2016/content_5139816.htm。
② 中国政府网，http：//www.gov.cn/xinwen/2015-06/30/content_2887330.htm。
③ 《碳交易市场的运行与推进节奏——碳中和系列报告（五）》，国泰君安证券，2021 年 6 月。

变化所需要的碳排放价格。在其他条件不变的情况下，随着碳市场、电力市场的完善以及二者之间关联的增强，传导率的提升使碳市场中最优碳价格不断下降。同时，无论是电力市场"降电价"目标的增强还是碳市场"碳减排"目标的深化，都会引致全国碳市场中目标碳价格的提升。总的来说，在 2030 年碳强度下降 65%、工业电价下降 14.5%、碳成本对电力价格的传导率为 100% 的情况下，实现电力市场既定无谓损失率所需要的最低碳排放价格为 95.4 元。

表 9　不同传导率下碳价格机制设计

	传导率	碳强度下降 18% （1）	碳强度下降 36% （2）	碳强度下降 65% （3）
工业下降 10%，居民调整	6.86%	6.1591	42.6747	54.0536
	50%	5.2533	36.3990	46.1045
	100%	4.7099	32.6336	41.3351
工业下降 14.5%，居民调整	6.86%	75.4565	113.0429	124.7548
	50%	64.3600	96.4190	106.4085
	100%	57.7021	86.4446	95.4007

（四）碳市场试点省市碳价格的调整策略

在本小节中，我们基于中国 8 个碳市场试点向全国统一碳市场转换的视角，并且针对全国碳市场建设的三个阶段，探讨了在电力市场中工业电价下降 14.5% 的政策目标下，为了实现电力市场既定无谓损失率，碳市场不同碳强度目标下的平均碳价格的设计。

表 10 报告了中国 8 个碳市场试点地区在向全国统一碳市场转换的过程中，碳价格的变动状况以及在全国碳市场建设的不同阶段碳价格与目标价格的差距。我们首先在表 10 的第一、第二行整理了 8 个碳市场试点地区的年平均碳价格。值得说明的是，在碳市场价格需要大幅提升的研究背景下，除了北京与上海以外，各个碳市场试点地区在 2016 年之前的碳排放平均价格高于 2018 年之前的平均价格，这意味着随着各个碳市场试点向全国碳市场的转变，碳排放价格非但没有上升，反而有所下降。所有碳市场试点地区的碳价格平均下降了 1.4217 元/吨，尤其是深圳碳市场试点碳排放价格骤降。当然，北京与上海碳市场平均价格提升幅度也非常小。

表 10　碳市场试点省市碳价格优化调整分步走策略

		北京	天津	上海	湖北	广东	重庆	深圳	福建	平均
平均碳价格（2016 年）		50.1900	23.6100	25.0000	22.4000	30.4700	22.7700	44.5100	30.1870	29.0730
平均碳价格（2018 年）		51.6577	20.0689	28.0409	20.6310	28.6262	18.2352	28.6262	25.3241	27.6513
第一阶段 （2021~ 2022 年）	场景一（元/吨）	23.7988	55.3876	47.4156	54.8255	46.8303	57.2213	46.8303	50.1324	47.8052
	变动比例（%）	46.07	275.99	169.09	265.74	163.59	313.80	163.59	197.96	172.89
	场景二（元/吨）	61.3852	92.9740	85.0020	92.4119	84.4167	94.8077	84.4167	87.7188	85.3916
	变动比例（%）	118.83	463.27	303.14	447.93	294.89	519.92	294.89	346.38	308.82
	场景三（元/吨）	73.0971	104.6859	96.7139	104.1238	96.1286	106.5196	96.1286	99.4307	97.1035
	变动比例（%）	141.50	521.63	344.90	504.70	335.81	584.14	335.81	392.63	351.17

		北京	天津	上海	湖北	广东	重庆	深圳	福建	平均
第二阶段（2023~2025年）	场景一（元/吨）	12.7023	44.2911	36.3191	43.7290	35.7338	46.1248	35.7338	39.0359	36.7087
	变动比例（%）	24.59	220.70	129.52	211.96	124.83	252.94	124.83	154.15	132.76
	场景二（元/吨）	44.7613	76.3501	68.3781	75.7880	67.7928	78.1838	67.7928	71.0949	68.7677
	变动比例（%）	86.65	380.44	243.85	367.35	236.82	428.75	236.82	280.74	248.70
	场景三（元/吨）	54.7508	86.3396	78.3676	85.7775	77.7823	88.1733	77.7823	81.0844	78.7572
	变动比例（%）	105.99	430.22	279.48	415.77	271.72	483.53	271.72	320.19	284.82
第三阶段（2026~2030年）	场景一（元/吨）	6.0444	37.6332	29.6612	37.0711	29.0759	39.4669	29.0759	32.3780	30.0508
	变动比例（%）	11.70	187.52	105.78	179.69	101.57	216.43	101.57	127.85	108.68
	场景二（元/吨）	34.7869	66.3757	58.4037	65.8136	57.8184	68.2094	57.8184	61.1205	58.7933
	变动比例（%）	67.34	330.74	208.28	319.00	201.98	374.05	201.98	241.35	212.62
	场景三（元/吨）	43.7430	75.3318	67.3598	74.7697	66.7745	77.1655	66.7745	70.0766	67.7494
	变动比例（%）	84.68	375.37	240.22	362.41	233.26	423.17	233.26	276.72	245.01
碳价格调整策略	—	适度上调	大幅上调	大幅上调	大幅上调	大幅上调	大幅上调	大幅上调	大幅上调	大幅上调

注：变量中"平均碳价格（2016年）""平均碳价格（2018年）"分别表示自各个碳市场试点运行以来到2016年、2018年所有价格参数的平均值，数据来源于"中国碳交易平台"；场景一、场景二、场景三依次对应上述三类碳减排场景。

为了实现碳市场与电力市场的关联，以及电力市场无谓损失率的降低，我们基于2018年前各个碳市场试点的平均碳价格，依据全国碳市场建立三个不同阶段，分别计算了各个碳市场在每个阶段的不同场景下所需要的最优碳价格。可以发现，在电力市场中工业电价已经下降14.5%的前提下，随着碳强度目标的加强，最优碳价格也在逐渐上升。在第一阶段碳成本对电力价格平均传导率为6.86%的情况下，若要同时实现电力市场最小无谓损失率已经碳达峰的目标（场景三），各个碳市场碳价格平均需要增加351.17%，其中北京碳时长试点价格的增加幅度最小，为141.50%；天津、湖北以及重庆碳市场试点碳价格的增加幅度均超过500%。其他碳市场试点碳价格的增加幅度在300%以上。在第二阶段，随着碳成本对电力价格传导率提升至50%，所需要的碳价格的增幅有所下降。碳价格平均增幅为284.84%。在第三阶段中，全国碳市场建设完成，碳成本对电力价格的传导率为100%的情况下，为了实现电力市场无谓损失率目标以及碳市场"碳达峰"目标，北京碳市场试点需要在目前平均碳价格的基础上加价84.68%，加价幅度是所有碳市场试点中最低的；重庆的碳价格提升幅度最高，需要在当前平均碳价格的基础上增加423.17%。其他6个碳市场试点碳价格的增加幅度均在200%~400%。总的来说，在市场关联、碳达峰的政策背景下，为了达到电力市场最优无谓损失率，除了北京碳市场试点对碳排放价格进行适度上调之外，其他7个碳市场试点都需要进行大幅上调。

七、结论与政策建议

在针对电力行业的全国碳市场正式启动的政策背景下，对电力市场与碳市场的关联考虑不仅能深化电力市场的效率体制机制改革，同时还有助于碳市场中碳减排政策目标的形成，并尽快实现"双碳"目标。本文利用2006~2018年中国100个地级市及以上城市的面板数据，利用似不相关回归模型（SUR）以及福利分析，对电力市场中的价格弹性、无谓损失率，碳市场中对电力市场价格的传导率等进行了测算，并通过电力市场与碳市场不同反事实场景的设置，对电力市场以及碳市场的价格机制进行了优化设计。

本文重要的研究结论与政策建议包括以下内容：

首先，碳市场试点地区中电力市场效率高于非试点地区。政府部门在电力市场改革的过程中需要颁布更多的相关政策与配套措施，以保障电力市场与碳市场运行机制、政策目标的紧密结合，通过碳市场助力电力市场改革。从2013年起，碳市场试点的设立降低了碳市场地区的无谓损失率，非试点地区与碳市场试点地区无谓损失率的比值从2006年的3.2增加到2018年的6.1。因此，碳市场试点地区的政府部门需要出台相关的政策及配套措施以促进电力市场与碳市场运行的相辅相成，并通过碳市场助力电力市场改革。另外，非试点地区的地方政府也需要学习碳市场试点地区的先进经验，并通过政府宏观调控、政策引导等方式尽快在全国碳市场的政策背景下实现电力市场与碳市场的有机结合，通过碳市场促进电力市场改革的效率提升。

其次，以非试点地区相比，碳市场试点地区的电力市场改革目标的达成需要付出居民提价幅度增加以及碳排放增加等更大的代价。各个地方政府需要根据当地的碳排放水平以及电力市场特征，结合宏观政策目标，因地制宜地设定电力市场合理的价格调整区间，并对电力市场改革过程中潜在的风险进行充分管控。单纯考虑电力市场政策目标的前提下，在工商业电价均下降14.5%时，为达到0.191的目标无谓损失率，碳市场试点地区中居民电力价格的提升幅度为14.55%，高出非试点地区居民电价提升幅度0.65个百分点。同时碳市场地区电力市场的改革也会促使工业用电的大幅增加，使碳排放增加量是非试点地区碳排放增加量的7倍。因此，各地方政府一方面需要根据自身的电力市场发展情况因地制宜地制定改革方案，设定合理的价格改革区间；另一方面仅考虑电力市场改革目标会付出较大的碳排放成本，地方政府在电力市场改革的过程中也需要将碳排放目标纳入统一的框架中进行协同考虑。

再次，中国碳市场对居民电价的传导率大于工业电价，但均低于国外碳成本对电力价格的传导率。政府部门一方面需要通过设计合理的居民电价机制以引导居民电力用户合理用电，另一方面需要深化电力市场的价格机制改革以及碳市场的市场机制建设。碳价格对居民用电价格的传导效应更加显著，除了居民电力用户相对分散从而造成电力运输过程中碳排放增加的原因外，另一种原因则是部分居民电价不合理所引致的居民电力用户的不合理用电。因此，地方政府部门因妥善处理居民电力价格的优化问题，具体措施包括在保证居民电力用户基本用电需求的情况下，适当增加居民阶梯电价中超额用电需求的部分。中国碳市场对电力市场的传导率远小于国外，一方面说明中国电力市场目前的价格机制设计仍然由政府部门主导，不能反映市场的供需；另一方面也说明中国碳市场仍然处于起始阶段，对碳排放的定价不能形成有效的规制。因此，政府部门要深化电力市场改革，同时完善碳市场的市场机制建设。

最后，通过对全国碳市场价格机制的设计可以同时实现电力市场改革目标以及碳市场的减排目标。中央政府应协调各个地方碳市场的运行与价格机制，以使全国碳市场的价格机制发挥更大的效用，同时，地方政府也需要在政策制定的过程中更多地对电力市场与碳市场的政策目标进行协调与统筹，以更加顺利地向全国碳市场进行转型。在同时满足电力市场工商业电价下降14.5%以及碳市场中碳强度下降65%以实现碳达峰的情况下，全国碳市场的价格下限为122.3元/吨。而在碳市场与电力市场完全关联的情况下（传导率100%），全国碳市场平均碳价格的下限也为95.4元/吨，因此需要各个碳市场试点对碳排放价格的大幅提升。由于各个地方碳市场的运行机制、管理模式等均不相同，全国统一碳价格几乎不可能实现，因此需要中央政府对各个地方进行协调管理，以使各个地方碳市场相互配合、相互协调，并最终实现全国碳市场的高效运行。全国碳市场中平均碳价格的下限高于当前碳价格水平，由于价格的调整不能一蹴而就，各地方政府也需要出台一系列产业政策以及转型措施以使地方电力市场及碳市场逐步适应碳价格的上升。

除了效率损失问题，中国电力市场运行过程中还存在较为严重的碳排放问题，并且单纯改革电力市场价格机制还会加剧碳排放，因而如何协调电力市场效率目标以及碳减排目标也成为社会各界共同关注的议题。随着中国电力体制改革的进一步深入，以及以发电行业作为规制对象的全国统一碳市场的建立，将电力市场与碳市场政策目标关联考虑也为破解"降电价"与"碳上升"的困境提供了新的思路。由于碳市场中的碳成本可以向电力市场进行传导，因而在电力市场改革深化以及碳达峰、碳中和的政策目标背景下，厘清电价与碳价的关系具有非常强的理论与现实意义，同时对全国碳市场平均碳价格的合理设计也关系到电力市场效率目标以及碳市场减排目标的协同实现。本文的研究不仅为电力市场与碳市场的关联以及价格传导奠定了研究基础，同时也为全国碳市场价格机制的确定提供了政策参考。

参考文献

[1] 白玫. 中国电力工业高质量发展：目标、机遇挑战与实现路径——壮丽 70 年新中国电力工业再出发 [J]. 价格理论与实践，2019（7）：7.

[2] 陈永伟，胡伟民. 价格扭曲、要素错配和效率损失：理论和应用 [J]. 经济学（季刊），2011（3）：22.

[3] 代红才，张运洲，李苏秀，张宁. 中国能源高质量发展内涵与路径研究 [J]. 中国电力，2019，52（6）：10.

[4] 戴彦德，康艳兵. 中国能源和碳排放情景暨能源转型与低碳发展路线图 [M]. 北京：中国环境出版社，2017.

[5] 范英. 中国碳市场顶层设计：政策目标与经济影响 [J]. 环境经济研究，2018（1）.

[6] 何崇恺，顾阿伦. 碳成本传递原理，影响因素及对中国碳市场的启示——以电力部门为例 [J]. 气候变化研究进展，2015（3）：8.

[7] 何姣，叶泽. 电力行业碳成本传导的基本原理及均衡模型 [J]. 生态经济，2019（9）：5.

[8] 金碚. 关于"高质量发展"的经济学研究 [J]. 中国工业经济，2018（4）：14.

[9] 柯善咨，向娟. 1996—2009 年中国城市固定资本存量估算 [J]. 统计研究，2018（7）：6.

[10] 李继峰，张亚雄，蔡松锋. 中国碳市场的设计与影响：理论、模型与政策 [M]. 北京：社会科学文献出版社，2017.

[11] 林伯强，刘畅. 中国能源补贴改革与有效能源补贴 [J]. 中国社会科学，2016（10）：20.

[12] 刘思东，朱帮助. 考虑碳排放权交易和电价风险的发电商优化调度 [J]. 系统工程理论与实践，2015（8）：10.

[13] 刘明. 中国公共资金边际成本估量与分析 [J]. 财经论丛，2009（6）：8.

[14] 刘思强，姚军，叶泽. 我国销售电价交叉补贴方式及改革措施——基于上海市电力户控数据的实证分析 [J]. 价格理论与实践，2015（8）：3.

[15] 刘晔，张训常. 碳排放交易制度与企业研发创新——基于三重差分模型的实证研究 [J]. 经济科学，2017（3）：13.

[16] 刘自敏等. 交叉补贴、工业电力降费与碳价机制设计 [R]. 经济学（季刊），"能源经济与政策"专题研讨会，2018.

[17] 刘自敏，杨丹，冯永晟. 递增阶梯定价政策评价与优化设计——基于充分统计量方法 [J]. 经济研究，2017，52（3）：14.

[18] 齐绍洲，林屾，崔静波. 环境权益交易市场能否诱发绿色创新？——基于我国上市公司绿色专利数据的证据 [J]. 经济研究，2018（12）：15.

[19] 阙光辉. 销售电价：交叉补贴、国际比较与改革 [J]. 电力技术经济，2003（2）：24-27.

[20] 史丹. 绿色发展与全球工业化的新阶段：中国的进展与比较 [J]. 中国工业经济，2018 (10)：14.

[21] 石敏俊等. 碳减排政策：碳税，碳交易还是两者兼之？[J]. 管理科学学报，2013，16 (9)：11.

[22] 唐要家，杨健. 销售电价隐性补贴及改革的经济影响研究 [J]. 中国工业经济，2014 (12)：5-17.

[23] 唐要家，吕萃. 差别产品寡头三级价格歧视的竞争效应及反垄断审查机制 [J]. 产经评论，2016 (1)：22-34.

[24] 田立新等. 能源价格系统分析 [M]. 北京：科学出版社，2017.

[25] 王芃，武英涛. 能源产业市场扭曲与全要素生产率 [J]. 经济研究，2014 (6)：142-155.

[26] 王俊豪，王建明. 中国垄断性产业的行政垄断及其管制政策 [J]. 中国工业经济，2007 (12)：30-37.

[27] 王鹏，曹雨洁.2018 年电力市场化改革的回顾与展望 [J]. 中国电力企业管理，2019 (13)：4.

[28] 王群伟，周德群，周鹏. 效率视角下的中国节能减排问题研究 [M]. 上海：复旦大学出版社，2013.

[29] 王志轩. 碳市场和电力市场应相互协调 [N]. 中国能源报，2017-09-21.

[30] 魏立佳，彭妍，刘潇. 碳市场的稳定机制：一项实验经济学研究 [J]. 中国工业经济，2018 (4)：19.

[31] 魏敏，李书昊. 新时代中国经济高质量发展水平的测度研究 [J]. 数量经济技术经济研究，2018，35 (11)：18.

[32] 魏一鸣等. 中国能源报告 (2018)：能源密集型部门绿色转型研究 [M]. 北京：科学出版社，2018.

[33] 赵长红，张明明，吴建军等. 碳市场和电力市场耦合研究 [J]. 中国环境管理，2019 (4)：105-112.

[34] 郑新业等. 水价提升是有效的政策工具吗？[J]. 管理世界，2012 (4)：47-59，69.

[35] 周鹏，周迅，周德群. 二氧化碳减排成本研究述评 [J]. 管理评论，2014 (11)：20-27，47.

[36] 周亚敏，冯永晟. 中国的电价改革与二氧化碳排放——来自市级层面的实证研究与政策启示 [J]. 城市与环境研究，2017 (1)：15.

[37] Abeberese A. B. Electricity Cost and Firm Performance：Evidence from India [J]. The Review of Economics and Statistics，2017 (99)：839-852.

[38] Acworth W.，de Oca M. M.，Boute A.，Piantieri C.，Matthes F. C. Emissions Trading in Regulated Electricity Markets [J]. Climate Policy，2020 (20)：60-70.

[39] Ahamada I.，Kirat D. Non-linear Pass-through of the CO_2 Emission-allowance Price onto Wholesale Electricity Prices [J]. Environmental Modeling & Assessment，2018 (23)：497-510.

[40] Ajayi V.，Weyman-Jones T.，Glass A. Cost Efficiency and Electricity Market Structure：A Case Study of OECD Countries [J]. Energy Economics，2017 (65) 283-291.

[41] Alderson H.，Cranston G. R.，Hammond G. P. Carbon and Environmental Footprinting of Low Carbon UK Electricity Futures to 2050 [J]. Energy，2012 (48)：96-107.

[42] Bonacina M.，Gullì F. Electricity Pricing under "Carbon Emissions Trading"：A Dominant

Firm with Competitive Fringe Model [J]. Energy Policy, 2007 (35): 4200-4220.

[43] Boyce J. K. Carbon Pricing: Effectiveness and Equity [J]. Ecological Economics, 2018 (150): 52-61.

[44] Cao J., Ho M. S., Ma R., Teng F. When Carbon Emission Trading Meets a Regulated Industry: Evidence from the Electricity Sector of China [J]. Journal of Public Economics, 2021 (200): 104470.

[45] Chernyavs'ka L., Gullì F. Marginal CO_2 Cost Pass-through under Imperfect Competition in Power Markets [J]. Ecological Economics, 2008 (68): 408-421.

[46] Coady D., Parry I. W. H., Shang B. Energy Price Reform: Lessons for Policymakers [J]. Review of Environmental Economics and Policy, 2018 (12): 197-219.

[47] Cong R. G., Wei Y. M. Potential Impact of (CET) Carbon Emissions Trading on China's Power Sector: A Perspective from Different Allowance Allocation Options [J]. Energy, 2010 (35): 3921-3931.

[48] Cui R. Y., Hultman N., Cui D., McJeon H., Yu S., Edwards M. R., Sen A., Song K., Bowman C., Clarke L., Kang J., Lou J., Yang F., Yuan J., Zhang W., Zhu M. A Plant-by-plant Strategy for High-ambition Coal Power Phaseout in China [J]. Nature Communications, 2021 (12): 1468.

[49] Fabra N., Reguant M. Pass-Through of Emissions Costs in Electricity Markets [J]. American Economic Review, 2014 (104): 2872-2899.

[50] Gan L., Eskeland G. S., Kolshus H. H. Green Electricity Market Development: Lessons from Europe and the US [J]. Energy Policy, 2007 (35): 144-155.

[51] Ganapati S., Shapiro J. S., Walker R. Energy Cost Pass-through in US Manufacturing: Estimates and Implications for Carbon Taxes [J]. American Economic Journal: Applied Economics, 2020 (12): 303-342.

[52] García-valiñas M. A. Efficiency and Equity in Natural Resources Pricing: A Proposal for Urban Water Distribution Service [J]. Environmental & Resource Economics, 2005 (32): 183-204.

[53] Gullì F., Chernyavs'ka L. Theory and Empirical Evidence for Carbon Cost Pass-through to Energy Prices [J]. Annual Review of Resource Economics, 2013 (5): 349-367.

[54] Hintermann B. Pass-Through of CO_2 Emission Costs to Hourly Electricity Prices in Germany [J]. Journal of the Association of Environmental and Resource Economists, 2016 (3): 857-891.

[55] Jouvet P. A., Solier B. An Overview of CO_2 Cost Pass-through to Electricity Prices in Europe [J]. Energy Policy, 2013 (61): 1370-1376.

[56] Kim Y. G., Lim J. S. An Emissions Trading Scheme Design for Power Industries Facing Price Regulation [J]. Energy Policy, 2014 (75): 84-90.

[57] Laing T., Sato M., Grubb M., Comberti C. The Effects and Side-effects of the EU Emissions Trading Scheme [J]. Wiley Interdisciplinary Reviews: Climate Change, 2014 (5): 509-519.

[58] Lin B., Li Z. Is More Use of Electricity Leading to Less Carbon Emission Growth? An Analysis with a Panel Threshold Model [J]. Energy Policy, 2020 (137): 111121.

[59] Lin J., Kahrl F., Yuan J., Chen Q., Liu X. Economic and Carbon Emission Impacts of Electricity Market Transition in China: A Case Study of Guangdong Province [J]. Applied Energy, 2019 (238): 1093-1107.

[60] Nazifi F. The Pass-through Rates of Carbon Costs on to Electricity Prices within the Australian

National Electricity Market ［J］. Environmental Economics and Policy Studies, 2016 (18): 41-62.

［61］Nelson T., Kelley S., Orton F. A Literature Review of Economic Studies on Carbon Pricing and Australian Wholesale Electricity Markets ［J］. Energy Policy, 2012 (49): 217-224.

［62］Pless J., van Benthem A. A. Pass-through as a Test for Market Power: An Application to Solar Subsidies ［J］. American Economic Journal: Applied Economics, 2019 (11): 367-401.

［63］Rickels W., Reith F., Keller D., Oschlies A., Quaas M. F. Integrated Assessment of Carbon Dioxide Removal ［J］. Earth's Future, 2018 (6): 565-582.

［64］Sijm J., Chen Y., Hobbs B. F. The Impact of Power Market Structure on CO_2 Cost Pass-through to Electricity Prices under Quantity Competition—A Theoretical Approach ［J］. Energy Economics, 2012 (34): 1143-1152.

［65］Sijm J., Neuhoff K., Chen Y. CO_2 Cost Pass-through and Windfall Profits in the Power Sector ［J］. Climate Policy, 2006 (6): 49-72.

［66］Vithayasrichareon P., MacGill I. F. A Monte Carlo Based Decision-support Tool for Assessing Generation Portfolios in Future Carbon Constrained Electricity Industries ［J］. Energy Policy, 2012 (41): 374-392.

［67］Wang M., Zhou P. Does Emission Permit Allocation Affect CO_2 Cost Pass-through? A Theoretical Analysis ［J］. Energy Economics, 2017 (66): 140-146.

［68］Wang Q., Jiang X., Li R. Comparative Decoupling Analysis of Energy-related Carbon Emission from Electric Output of Electricity Sector in Shandong Province, China ［J］. Energy, 2017 (127): 78-88.

［69］Weitzman M. L. Voting on Prices vs. Voting on Quantities in a World Climate Assembly ［J］. Research in Economics, 2017 (71): 199-211.

［70］Weyl E. G., Fabinger M. Pass-Through as an Economic Tool: Principles of Incidence under Imperfect Competition ［J］. Journal of Political Economy, 2013 (121): 528-583.

［71］Xie L., Singh C., Mitter S. K., Dahleh M. A., Oren S. S. Toward Carbon-neutral Electricity and Mobility: Is the Grid Infrastructure Ready? ［EB/OL］. https://doi.org/10.1016/j.joule, 2021-06-11.

［72］Zeng S., Nan X., Liu C., Chen J. The Response of the Beijing Carbon Emissions Allowance Price (BJC) to Macroeconomic and Energy Price Indices ［J］. Energy Policy, 2017 (106): 111-121.

［73］Zhang R., Hanaoka T. Deployment of Electric Vehicles in China to Meet the Carbon Neutral Target by 2060: Provincial Disparities in Energy Systems, CO_2 Emissions, and Cost Effectiveness ［J］. Resources, Conservation and Recycling, 2021 (170): 105622.

附　录

附表1　历年区域电网基准线排放因子　　　　　　　　单位: tCO_2/MWh

年份	2006	2007	2008	2009	2010	2011	2012	2013	2014	2015	2016	2017	2018	平均
华北区域	1.1247	1.1208	1.1169	1.0069	0.9914	0.9803	1.0021	1.0302	1.0580	1.0416	1.0000	0.9680	0.9455	1.0297
东北区域	1.2247	1.2404	1.2561	1.1293	1.1109	1.0852	1.0935	1.1120	1.1281	1.1291	1.1171	1.1082	1.0925	1.1405
华东区域	0.9286	0.9421	0.9556	0.8825	0.8592	0.8367	0.8244	0.8100	0.8095	0.8112	0.8086	0.8046	0.7937	0.8513

年份	2006	2007	2008	2009	2010	2011	2012	2013	2014	2015	2016	2017	2018	平均
华中区域	1.3015	1.2899	1.2783	1.1255	1.0871	1.0297	0.9944	0.9779	0.9724	0.9515	0.9229	0.9014	0.8770	1.0546
西北区域	1.1289	1.1257	1.1225	1.0246	0.9947	1.0001	0.9913	0.9720	0.9578	0.9457	0.9316	0.9155	0.8984	1.0007
南方区域	0.9604	1.0119	1.0634	0.9987	0.9763	0.9489	0.9344	0.9223	0.9183	0.8959	0.8676	0.8367	0.8094	0.9342
平均	1.1115	1.1218	1.1321	1.0279	1.0033	0.9802	0.9734	0.9707	0.9740	0.9625	0.9413	0.9224	0.9028	1.0018

资料来源：国家发展和改革委员会应对气候变化司（现生态环境部应对气候变化司）发布的历年《中国区域电网基准线排放因子》。

环境权益交易市场如何激励企业绿色创新

——基于清洁型企业与混合型企业专利分工的视角

袁 礼 周 正

[摘 要] 本文以二氧化硫排污交易政策试点作为环境权益交易市场的准自然实验，结合 1998~2013 年中国工业企业数据，构建多期双重差分模型，考察环境权益交易市场如何激励企业绿色创新。研究发现：二氧化硫排污权交易政策能够促进企业绿色创新，在运用一系列稳健性检验和内生性处理后结论仍然成立。而该政策激励绿色创新的核心机制是促进不同类型企业间的专利分工，其对清洁型企业的促进作用大于混合型企业，并进一步诱致清洁型企业向混合型企业转让与许可绿色专利，而知识溢出则构成该项机制有效发挥作用的重要基础。本文的研究表明环境权益交易市场可通过促进专利分工，激励企业绿色创新，为"十四五"时期进一步完善环境权益交易市场，实现绿色高质量发展提供理论依据。

[关键词] 二氧化硫排污交易政策；绿色创新；创新分工；知识溢出

一、引言

市场化机制作为一种资源配置高效、易于激发参与主体自主性的管理工具，越来越多地被用于破解环境污染困境。依赖价格机制调节的环境权益交易作为一种典型的市场化手段，汇集了水权、用能权、排污权、碳排放权等多种能源及环境政策工具，承担着中国污染减排、经济高质量发展的责任。自"十三五"规划提出建立健全环境权益交易市场以来，中国的环境权益交易价格信号愈发明晰，交易量快速上升。2020 年中国碳排放配额成交量约为 4340 万吨，相较于 2015 年的 2660 万吨增长了近 40%[①]。这表明，在加快生态文明建设的背景下，中国的环境权益交易市场正在快速发展和完善，这对于企业摆脱传统生产方式、构建基于市场导向的绿色创新体系、实现创新与可持续发展要求的高质量生产有重要作用。大量研究已经表明，环境权益交易市场对绿色创新有着或多或少的促进作用（Calel and Dechezleprêtre，2016；齐绍洲等，2018），但是其中的影响机制却并不清晰。二氧化硫排污权交易政策已经在中国运行了十几年，恰好为探究环境权益交易市场如何诱发绿色创新提供充分的历史证据。

二氧化硫排污权交易试点政策最早于 2002 年 7 月推行出台，在全国 4 个省份、3 个城市以及 1 家企业作为试点，但交易活动并不活跃，政策效应微弱。为了深入推进二氧化硫排污权交易，中国政府于 2007 年先后批复了江苏、天津、浙江、湖北、重庆、湖南、内蒙古、河北、陕西、河南、山西 11 个省份为试点，再次试行这一环境权益交易政策。由于各试点地区制定交易规则、筹备交

[基金项目] 国家社科基金青年项目"适宜性技术选择视角下我国区域全要素生产率的评估、比较与提升路径研究"（批准号 17CJY002）。

[作者简介] 袁礼，湖南师范大学商学院副教授，经济学博士；周正，湖南师范大学商学院硕士研究生。

① 数据来源于中国碳排放交易网、前瞻产业研究院。

易活动的进度并不一致，再加上企业的响应程度不同，因此二氧化硫排污权交易在各个试点省份并非同时进行。天津于 2008 年底进行了首笔交易，是最早开始进行交易的地区；次年，江苏、湖北和浙江开始交易；河南、内蒙古、重庆、陕西于第三年才开始交易；而湖南和河北在 2011 年开始进行交易；山西则于 2012 年才开始交易，是最晚开始的一个省份[①]。

为研究环境权益交易市场如何激励绿色创新，本文以中国工业企业为分析主体，在 1998～2013 年的样本期内，采用多期双重差分法（多期 DID）探究了中国 2007 年实施的二氧化硫排污权交易试点政策如何激励工业企业绿色专利研发。在经过事件研究法检验、安慰剂检验、替换被解释变量等一系列稳健性检验以及内生性处理后，本文认为排污权交易政策能够有效激励企业进行绿色创新。此外，本文发现这一政策对偏向绿色创新的清洁型企业的激励作用大于非偏向绿色创新的混合型企业[②]，这是由于排污权交易政策导致清洁型企业与混合型企业在绿色专利研发活动中形成了专业化分工，清洁型企业担任这一分工环节的"生产者"，混合型企业担任"消费者"。这种分工使清洁型企业更有动力进行绿色专利自主研发；而混合型企业只能通过绿色专利购买获得该项技术，进而表现为政策对清洁型企业的激励作用更大。更进一步地，本文研究认为，知识溢出作为一项影响企业绿色创新的因素，在排污权交易政策实施以后会被快速放大，进而带来产业集聚效应。在集聚过程中，清洁型企业和混合型企业由于长期形成的创新偏向差异，导致二者在绿色创新上的知识存量差距突出，进而带来两类企业在绿色创新上的机会成本与收益差异。偏向绿色创新的清洁型企业在绿色专利研发上的机会成本远小于收益，因此其会选择成为绿色知识的生产者，进行绿色专利自主研发；而非偏向绿色创新的混合型企业在绿色专利研发上的机会成本过大，因此其只能选择成为绿色知识的消费者，购买绿色专利，这最终形成两类企业在绿色创新上分工的现象。

本文既提供了环境权益交易市场影响绿色创新的工业企业层面证据，又从创新分工的角度补充了影响机制层面的研究，对政府健全环境权益交易市场、针对不同类型企业实施异质性规制政策有着一定参考价值。

本文后续内容安排如下：第二部分为文献综述、理论分析与假设；第三部分为样本、变量及描述性统计；第四部分为环境权益交易市场对企业绿色创新的影响；第五部分为环境权益交易市场对异质性企业绿色创新分工的影响；第六部分为结论与政策启示。

二、文献综述、理论分析与假设

（一）文献综述

关于环境权益交易市场的研究，大部分集中在对污染减排、产业结构以及能源使用结构和效率的影响等方面。在污染减排方面，新古典理论认为环境权益交易政策能够以最低成本实现环境效益（张宁和张维洁，2019；Wu et al.，2021；Li et al.，2021）；但李永友和沈坤荣（2008）利用省级层面数据却发现排污权交易政策对污染减排的效果并不如直接征收排污费。在产业结构方面，范玉波和刘小鸽（2017）发现，在发达地区面临严格的环境规制时，高污染型产业会向欠发达地区转移，使两类地区的产业结构发生变化；但也有研究认为碳交易政策对产业布局的优化作用并不明显（范庆泉，2015）。在能源使用结构和效率方面，史丹和李少林（2020）发现环境权益交易市场能够显著降低单位生产总值能耗和提高绿色全要素能源效率。这三类研究对中国高质量发展目标的实

[①] 资料来源于各试点地区环保局、排污权交易中心。
[②] 清洁型企业是指样本期内只进行绿色创新的企业，混合型企业是指样本期内既进行绿色创新也进行非绿色创新的企业，这一概念将会在异质性分析中详细说明。

现具有重大意义，而绿色创新作为影响污染减排、产业结构升级以及能源使用效率提升的重要因素（吴传清和杜宇，2018；李洪涛和王丽丽，2021；李凯杰等，2020），如何受到环境权益交易市场的驱动仍有待研究。

不同研究绿色创新的文献对这一概念的界定略有差别，但主要是指绿色技术创新。Brawn（2007）将绿色技术创新定义为那些可以降低生产能耗、减少污染物排放的技术；也有学者根据能源技术类别来区分绿色技术与非绿色技术（Noailly and Smeets，2014；Johnstone et al.，2008；Lanzi et al.，2011）；经济合作与发展组织（OECD）将对环境友好的绿色技术定义为"环境技术"，这与绿色创新的概念十分相近；此外，还有一部分研究把绿色产品创新和绿色工艺创新也归类为绿色创新（Copeland and Taylor，2003；张倩，2015）。与绿色创新相近的概念还有许多，如低碳技术（Wang，2021；Gil，2021）、环境友好型技术（孙冰等，2021）、可再生能源技术等，而这些概念都有一个共同点，就是体现对环境的友好。而最通用的绿色创新概念是世界知识产权组织（WIPO）定义的，其根据《联合国气候变化框架公约》对绿色技术专利进行了分类，并对所有绿色技术专利类别做了IPC分类的标识，使研究者可以直接根据IPC分类号筛选出绿色专利，作为绿色创新的度量指标。

在上述关于"绿色创新"的定义下，现有的大部分研究都认为环境权益交易政策能够促进绿色创新，实现"波特效应"。Liu和Sun（2021）利用省级面板数据研究发现，碳排放交易试点政策能够有效提升各试点省份的低碳技术水平，这一观点也得到了其他学者的支持（Yao et al.，2021）。相似地，刘海英和谢建政（2016）还发现排放权交易与清洁创新补贴同时使用时效果更好。然而这些研究都只关注了省级层面的绿色创新情况，未深入到微观企业层面。由于企业才是创新活动的主体，因此研究环境权益交易市场对企业绿色创新的影响就更为重要。Calel和Dechezleprêtre（2016）以及齐绍洲等（2018）则在微观企业层面研究了排污权交易政策的创新激励作用，发现该类政策能够诱导受到规制的企业进行绿色专利研发。虽然上述研究都认为环境权益交易政策对绿色创新有着促进作用，但这些研究均未分析影响渠道，即使涉及影响渠道，也仅停留在地区层面（Li et al.，2021），并未深入到微观企业。基于此，本文利用中国工业企业数据和相应的专利数据，以2007年出台的二氧化硫排污权交易试点政策为研究对象，分析了环境权益交易市场如何激励工业企业进行绿色创新。

（二）理论分析与假设

本文以"波特假说"为基础，结合国内外相关文献，从有偏型技术进步和边际成本与边际收益角度分析了环境权益交易影响企业绿色创新的原因和渠道。

新古典经济学认为，环境政策虽然减少了污染，但会提高企业的生产成本，减少企业的产出，对经济增长产生负面影响。而Porter和Van der Linde（1995）认为不能简单地从成本的角度来分析环境政策优劣性，还必须考虑环境政策对企业创新活动的影响。短期来看，环境政策的确影响了企业的产出水平，但其同时也会激励企业进行研发创新，促进企业长期生产效率的提升，提高企业竞争力，有助于经济增长（黄德春和刘志彪，2006）。根据"波特假说"，环境权益交易政策通过市场价格机制提高管制企业生产成本的同时，也给予了企业进行绿色创新的外在压力（徐佳和崔静波，2020）。具体表现为，排污权交易政策规制迫使企业购买排污配额，成本快速上升，当企业的边际成本上升至接近边际收益时，企业面临减产、绿色创新以及搬迁的抉择（齐绍洲等，2018）。由于搬迁将导致巨大的沉没成本且日后仍可能会被纳入试点范围，而减产则意味着企业将失去原有的市场份额，故很少有企业会选择这两种策略；绿色创新虽然在前期需要大量的研发投入，但其长期边际收益要远高于边际成本，届时企业不但无须购买排污权，还能将手中多余的配额出售，以换取更大利润（Antoci et al.，2020）。因此，绿色创新是企业面对环境规制时的占优策略。

此外，Acemoglu（2012）指出，生产要素的相对价格变动会引起企业创新方向的变化。企业使用非绿色技术进行生产的前提是具有充足的排污配额，但是在排污权交易政策实施以后，排污配额可以视为企业一项新的生产要素，而这种非清洁生产要素价格的相对上升将诱使企业的研发活动聚集到绿色创新领域（Acemoglu et al.，2016）。因此，面对环境权益交易市场的价格约束，企业具有绿色创新的动机。基于此，本文提出假设1。

假设1：排污权交易政策能够促进中国工业企业的绿色创新。

环境权益交易市场对具有不同创新偏向的企业可能具有不同政策效果。具有绿色创新偏向的清洁型企业长期从事绿色专利研发，有着丰富的绿色知识存量，产生了较强的绿色创新路径依赖，绿色创新的边际成本相对较低（Aghion et al.，2014）；而同时在绿色专利和非绿色专利上进行研发的混合型企业则难以具备这种成本优势。在两类企业绿色创新的边际收益相等的情况下，由于清洁型企业的绿色创新边际成本相对于混合型企业更低，在排污权交易政策的规制下，清洁型企业更容易进行绿色创新活动（Noailly and Smeets，2015）。基于此，本文提出假设2。

假设2：排污权交易政策对清洁型企业的激励作用大于混合型企业。

环境权益交易市场通过何种渠道影响企业绿色创新是本文研究的重点。根据 Klier 和 Linn（2016）的研究，企业在自主研发和创新替代活动中的选择取决于二者的机会成本与收益。当企业直接购买绿色专利的收益大于自主研发的机会成本时，企业会选择直接在专利交易市场上购买绿色专利。前文已经指出，混合型企业在绿色创新方面不具备成本优势，因此在政策实施后，这类企业更可能选择直接购买绿色专利。假设排污权交易政策对清洁型企业的激励作用大于混合型企业是成立的，清洁型企业的绿色专利数量将会大幅增长。这类企业观察到市场上存在大量潜在的绿色专利需求者，出于逐利动机，这类企业将在专利交易市场上出售绿色专利（张敏，2010；Ciaramella et al.，2017）。综上所述，由于排污权交易政策的规制，清洁型企业与污染型企业将分别成为绿色专利交易市场上的"生产者"与"消费者"，形成创新分工（Han et al.，2021）。大量研究已经证明分工会影响企业创新模式的选择（张杰等，2007；曹虹剑等，2015；张陈宇等，2020），类似地，创新分工也会影响不同企业绿色专利的获取方式。在环境政策规制下，出于逐利动机的清洁型企业依靠专利生产获取绿色专利，而出于成本规避动机的混合型企业依靠专利消费获取绿色专利，这种差异也进一步造成了假设2中环境政策对清洁型企业激励作用更大的现象。基于此，本文提出假设3。

假设3：排污权交易政策通过创新分工渠道影响企业绿色创新。

前文仅仅从机会成本与收益的角度论证了创新分工这一机制形成的必要条件，但这并不充分。知识溢出作为企业绿色创新的直接影响因素（Park et al.，2020），对于企业间创新分工的形成也有着重要影响。知识溢出是指企业的创新活动会受到其他企业研发行为的影响（Zvi Griliches，1979）。知识作为一种公共产品，会对特定企业产生溢出效应，使特定企业能够以更小的成本取得与知识生产者相似的创新成果（Jaffe，1986）。排污权交易政策导致企业生产成本上升，经营环境相对恶化，巨大的生存挑战和激烈的市场竞争使企业更加关注竞争对手或相关企业的生产及研发活动（张杰等，2017）。因此技术相对落后的企业会加快汲取领先企业溢出的绿色知识，以追求尽快达到与周边企业或是竞争对手相应的技术水平。与此同时，技术暂时领先的企业出于竞争危机意识，会将自身的技术水平提升至更高层次（Peter et al.，2020），继而相应的绿色知识会再次溢出到暂时落后的企业身上，开始新一轮的绿色创新。受到规制的企业不断交替重复这一过程，导致知识溢出效应被快速放大。巨大的知识溢出使不同企业之间产生了协同聚集效应（李君华，2009；Martin and Ottaviano，1999），在企业集聚条件下，大量拥有分散知识的主体频繁交流互动，对原有的知识系统进行联合与补充，进而汇合成知识分工网络（齐讴歌等，2012），清洁型与混合型企业之间的创新分工也在这一过程中逐渐形成，最终影响企业的绿色创新活动。基于此，本文提出假设4。

假设4：知识溢出是环境权益交易市场通过专利分工诱发企业绿色创新的重要条件。

三、样本、变量及描述性统计

（一）样本选择及处理

本文采用1998~2013年的中国工业企业数据与相对应的专利数据。工业企业数据来自中国工业企业数据库，该数据库包含全部工业企业的法人代码、企业名称以及相关反映公司特征的指标；专利数据来自中国国家知识产权局，该数据库包含所有在中国境内申请与授权的专利文本信息，而本文只选取了1998~2013年所有工业企业的发明和实用新型申请专利；稳健性检验中使用的企业排污数据来自中国工业企业污染排放数据库；内生性处理中使用的空气流通系数信息来自欧洲中期天气预报中心（ECMWF-ERA）。

关于数据的匹配与处理。首先，本文参考寇宗来和刘学悦（2020）对工业企业数据和专利数据的匹配方法，根据工业企业数据的"企业名称"和专利数据的"申请人"进行了两次精确匹配、一次模糊匹配；其次，本文删除了样本期内从未申请过专利的企业以及资产负债率不在0~1范围内的异常样本，剔除了在政策实施期间缺失数据的样本，并对所有连续型变量进行首位1%的缩尾处理，最终得到实际可用于回归的面板数据共计397113条。

（二）变量选取

本文的被解释变量是绿色创新，为了尽量消除其他可能促进企业创新但无法观测的因素，本文参考Popp（2002）的做法，用企业当年申请的绿色专利在专利申请总数中的占比（Green）衡量[1]。为了进一步考察专利类型的异质性，本文借鉴齐绍洲等（2018）的做法，同时考虑了企业当年申请的绿色发明专利在专利申请总数中的占比（FmGreen）以及绿色实用新型专利在专利申请总数中的占比（SyGreen）。

核心解释变量是2007年实施的二氧化硫排污权交易试点政策，用试点虚拟变量（Treat）与时间虚拟变量（Post）的交乘项表示，试点与非试点地区企业的Treat变量分别取值为1和0；Post变量按照各试点省份首次进行排污权交易的年份设置[2]。此外，本文还引入了一系列企业层面的控制变量：一是根据登记注册类型设置的企业所有权（Ownership）；二是企业年龄取对数（lnAge）；三是企业内源融资，参考张杰（2015）的做法采用企业净利润与固定资产的比值来衡量（Lrl）；四是企业的流动性，参考宋敏（2020）的做法采用企业流动资产与总资产的比值来衡量（Liquidity）；五是企业规模，采用企业总资产取对数来衡量（lnTassets）；六是行业竞争程度，依然是参考张杰（2015）的做法采用1减去按照二分位行业企业工业销售产值计算的赫芬达尔指数来衡量（HHI）。

（三）数据特征及描述性统计

本文首先比较了样本期内试点与非试点地区实际参与回归的工业企业绿色专利平均数量的变化趋势，图1绘制了这一变动趋势。

---

[1] 绿色专利是根据世界知识产权组织（WIPO）提供的绿色专利IPC分类号筛选获得的。

[2] 各试点地区首次进行交易的时间已在引言中汇报。

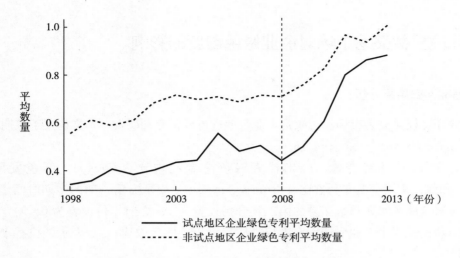

图1 试点地区与非试点地区绿色专利变动趋势

注：仅统计实际参与回归的样本。

图1中，实线表示试点地区工业企业绿色专利平均申请数量，虚线表示非试点地区工业企业绿色专利平均申请数量。在排污权交易政策实施之前，两类地区工业企业的绿色专利平均申请数量变化趋势基本一致；自试点地区首次参与二氧化硫排放配额交易以后（天津2008年12月），试点地区企业绿色专利申请速度明显快于非试点地区，且在平均数量上呈赶超趋势，这种赶超趋势很可能得益于环境权益交易市场的激励作用。

本文统计了所有被解释变量及控制变量的均值、标准误等数值特征，并将结果汇总在表1中。本文关注的3个被解释变量绿色专利占比、绿色发明专利占比、绿色实用新型专利占比的样本均值分别为0.0590、0.0244、0.0337。这表明在整个样本期内，工业企业绿色专利相对于非绿色专利规模较小，且绿色发明专利规模小于绿色实用新型专利。其余控制变量的均值和标准误等信息并不存在异常值。

表1 主要变量的描述性统计

变量名称	变量解释	样本量	均值	标准误	最小值	最大值
Green	绿色专利占比	397113	0.0590	0.2000	0.0000	1.0000
FmGreen	绿色发明专利占比	397113	0.0244	0.1266	0.0000	1.0000
SyGreen	绿色实用新型专利占比	397113	0.0337	0.1421	0.0000	1.0000
Ownership	企业所有权	397113	0.0588	0.2352	0.0000	1.0000
ln*Age*	企业年龄	397113	2.2050	0.7710	0.0000	4.0431
Lrl	企业内源融资	397113	0.6385	1.3101	0.0001	9.2150
Liquidity	企业流动性	397113	0.6023	0.2141	0.0775	0.9764
ln*Tassets*	企业规模	397113	11.1140	1.5713	7.9262	15.6580
HHI	行业竞争程度	397113	0.0093	0.0145	0.0000	0.1113

资料来源：中国工业企业数据库和中国国家知识产权局。

四、环境权益交易市场对企业绿色创新的影响

（一）基准回归结果分析

为了检验环境权益交易市场能否激励工业企业进行绿色专利研发，本文构建了多期 DID 模型：

$$Y_{it} = \beta_0 + \beta_1 Treat_r \times Post_{it-1} + \rho X_{it-1} + \gamma_i + \delta_t + \varepsilon_{irt} \tag{1}$$

其中，Y_{it} 表示被解释变量，分别代表绿色总专利占比（$Green_{it}$）、绿色发明专利占比（$FmGreen_{it}$）和绿色实用新型专利占比（$SyGreen_{it}$）；$Post_{it-1}$ 表示滞后一期的多期时间虚拟变量，该变量表示从各试点地区实际开始交易的第二年开始设置为 1，之前年份设置为 0；X_{it-1} 表示控制变量，均滞后一期；γ_i 表示企业个体固定效应；δ_t 表示年度固定效应；ε_{irt} 表示随机扰动项。回归汇报在表 2 中。

表 2 第（1）、第（3）、第（5）列表示不添加控制变量时的回归结果；第（2）、第（4）、第（6）列表示添加控制变量时的回归结果。总体来看，无论是否添加控制变量，回归结果都是一致的。前两列表示排污权交易政策对企业绿色总专利占比的平均效应，第（2）列结果显示排污权交易政策对全部绿色专利占比的回归系数为 0.0035，在 1% 水平上显著，说明中国的二氧化硫排污权交易试点政策显著提高了工业企业的绿色创新。中间两列表示排污权交易政策对绿色发明专利占比的影响效果，第（4）列结果显示回归系数为 0.0017 并在 5% 的水平上显著。最后两列表示排污权交易政策对绿色实用新型专利占比的影响效果，第（6）列表明平均效应为 0.0018，但只在 10% 的水平上显著。综合来看，这一政策对工业企业绿色专利申请具有显著的正向激励作用，然而就显著性水平而言，该政策对企业绿色实用新型专利占比的促进作用远不如对发明专利的促进作用。由于发明专利的申请要求和技术贡献都要远高于实用新型专利（王班班，2017），因此从某种程度上来说，这样的现象表明企业的绿色专利研发能力在排污权交易的规制下得到了较明显的提升。

（二）稳健性检验

（1）平行趋势检验。双重差分估计结果满足一致性的前提是处理组和对照组满足平行趋势假设，即在没有政策干预的情况下，处理组和对照组的发展趋势是一致的。上文已经从试点与非试点地区绿色专利变动趋势图上观察到，处理组和对照组之间大致是满足平行趋势假定的，这里将用更严格的事件研究法验证这一假设是否成立。参考 Jacobson 等（1993）以及张程等（2020）的模型设置方式，本文的回归模型如下：

$$Y_{it} = \beta_0 + \sum_{t=-3,\ t\neq 0}^{3} \beta_t Treat_r \times Post_{it-1} + \rho X_{it-1} + \gamma_i + \delta_t + \varepsilon_{irt} \tag{2}$$

其中，以各试点省份开始进行交易的年份为基准年，t 表示从初次交易的前 3 期到后 3 期这一时间范围，β_t 表示从初次交易的前 3 年到后 3 年的逐年政策效应；其他变量的设定与基准回归相同。

表 2　二氧化硫排污权交易政策对企业绿色创新的影响：多期 DID

因变量	(1) $Green_t$	(2) $Green_t$	(3) $FmGreen_t$	(4) $FmGreen_t$	(5) $SyGreen_t$	(6) $SyGreen_t$
$Treat_r \times Post_{it-1}$	0.0034 ***	0.0035 ***	0.0018 ***	0.0017 **	0.0016 **	0.0018 *
	(0.0010)	(0.0013)	(0.0007)	(0.0009)	(0.0007)	(0.0009)

因变量	（1） $Green_t$	（2） $Green_t$	（3） $FmGreen_t$	（4） $FmGreen_t$	（5） $SyGreen_t$	（6） $SyGreen_t$
$\ln Age_{t-1}$		0.0031***		0.0009		0.0022***
		(0.0008)		(0.0005)		(0.0006)
$\ln Tassets_{t-1}$		0.0138***		0.0068***		0.0071***
		(0.0006)		(0.0004)		(0.0005)
$Liquidity_{t-1}$		−0.0010		−0.0012		0.0002
		(0.0024)		(0.0016)		(0.0017)
$Ownership_{t-1}$		−0.0039		0.0012		−0.0051**
		(0.0028)		(0.0019)		(0.0020)
Lrl_{t-1}		0.0008**		0.0005**		0.0003
		(0.0003)		(0.0002)		(0.0002)
HHI_{t-1}		0.0478*		0.0208		0.0270
		(0.0260)		(0.0170)		(0.0187)
_cons	0.0146***	−0.1238***	0.0034***	−0.0635***	0.0111***	−0.0603***
	(0.0018)	(0.0069)	(0.0012)	(0.0045)	(0.0013)	(0.0049)
企业	是	是	是	是	是	是
年份	是	是	是	是	是	是
样本量	397113	397113	397113	397113	397113	397113
R^2	0.0010	0.0021	0.0083	0.0113	0.0075	0.0110

注：***、**、* 分别表示在1%、5%、10%的水平上显著。

图2绘制了绿色专利占比、绿色发明专利占比和绿色实用新型专利占比从政策前3期到后3期在95%置信区间下的估计结果。图2显示，三种回归的动态检验结果在政策前3期均不显著；而在实际进行排污权交易后才开始显著，且政策效应在持续增大。值得注意的是，在实际开始交易后的第一期，三类专利的涨幅均不够显著，这是因为排污权交易政策对企业绿色创新的影响存在一定滞后效应。

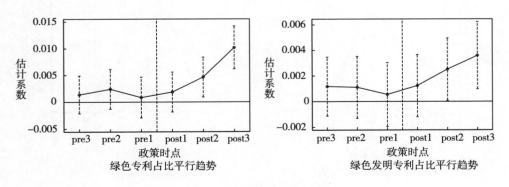

图2 平行趋势检验

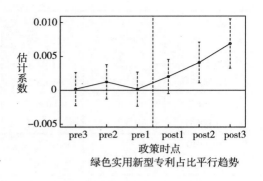

绿色实用新型专利占比平行趋势

图2　平行趋势检验（续）

（2）安慰剂检验。本文采用随机抽样检验、反事实检验和动态时间窗口检验三种方法进行安慰剂检验。其一，随机抽样检验。为进一步排除其他未知因素对试点区域选择的影响，本文参考史丹和李少林（2020）的做法，在总样本中随机抽取与真实试点地区企业数量一致的样本作为虚拟实验组，剩余样本作为虚拟对照组，按照模型（1）重新进行估计，重复上述过程1000次。将1000次估计所得的系数和 P 值绘制成核密度分布图，横轴表示估计系数，纵轴表示 P 值，如图3所示。观察发现，三个模型的估计系数大多都集中在0附近且大部分 P 值都大于0；同时，三个模型的真实估计系数（0.0035、0.0017、0.0018）明显偏离0值。随机抽样检验的结果表明，基本可以排除未知因素对本文基准回归结果的影响。其二，反事实检验。为考察估计结果是否由排污权交易政策驱动，本文参考 Hung 等（2013）的做法进行反事实检验，将政策干预时间提前，观察回归方程（1）的系数是否发生变动。具体地，本文假设政策制定年份以及各试点实际开始交易年份全部提前1~3年，观察政策平均效应的变动。附表1~附表3分别汇报了政策提前1~3年的反事实检验结果，观察发现回归结果的系数均不显著，表明在政策正式实施前，排污权交易制度对企业绿色创新并无影响。其三，动态时间窗口检验。为了检验政策前后不同时间窗口期企业绿色创新的差异，本文还进行了动态时间窗口检验。附表4~附表6分别表示时间窗宽1~3年的检验结果，总体而言，在1~3年的窗口期内估计结果都是正向显著的，并且随着时间窗口宽度的增加，模型的整体显著性水平也在上升。

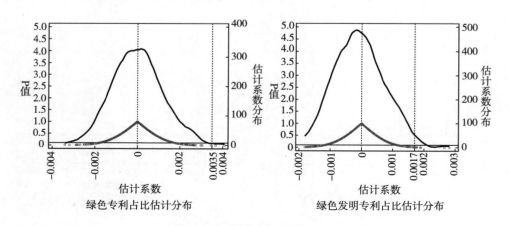

图3　安慰剂检验：随机抽样法

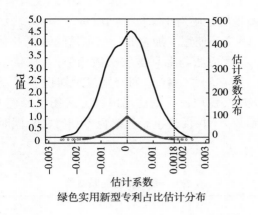

绿色实用新型专利占比估计分布

图3　安慰剂检验：随机抽样法（续）

（3）替换被解释变量。为了排除回归结果由绿色创新变量设置方式主导的可能性，本文参考李青原等（2020）对绿色创新的设定，将原被解释变量绿色专利占比、绿色发明专利占比、绿色实用新型专利占比分别替换为绿色总专利加1取对数、绿色发明专利加1取对数、绿色实用新型专利加1取对数（$\ln Green$、$\ln FmGreen$、$\ln SyGreen$），并重新估计模型（1），回归结果汇总在表3中。受制于篇幅，本文将所有的控制变量都统一用 $Control$ 表示，并用"是"或"否"来表示是否在回归中加入控制变量。表3显示，在替换被解释变量后，二氧化硫排污权交易政策对工业企业绿色创新的影响依然是正向显著的，这表明，绿色创新变量的设置方式并不会影响回归结果。

表3　替换被解释变量检验

因变量	（1） $\ln Green_t$	（2） $\ln Green_t$	（3） $\ln FmGreen_t$	（4） $\ln FmGreen_t$	（5） $\ln SyGreen_t$	（6） $\ln SyGreen_t$
$Treat_r \times Post_{it-1}$	0.0107 ***	0.0099 ***	0.0047 ***	0.0037 **	0.0060 ***	0.0063 ***
	(0.0020)	(0.0025)	(0.0013)	(0.0017)	(0.0015)	(0.0019)
$Control$	否	是	否	是	否	是
企业	是	是	是	是	是	是
年份	是	是	是	是	是	是
样本量	397113	397113	397113	397113	397113	397113
R^2	0.0404	0.0711	0.0237	0.0493	0.0307	0.0520

注：控制变量全部包括在 $Control$ 中；***、**、*分别表示在1%、5%、10%的水平上显著。

（4）专利质量检验。基准回归中已经证明了排污权交易政策对企业绿色专利数量的促进作用，然而这一政策能否对工业企业专利质量产生影响还有待验证。本文分别使用知识宽度、被引次数、权利要求数量作为衡量专利质量的指标并对核心解释变量进行回归，加以验证政策对专利质量的影响。其一，知识宽度参考张杰和郑文平（2018）的构造方法，用1减去绿色专利分类号中各大组分类号所占比重的平方和，计算公式为 $Width = 1 - \sum \alpha^2$，其中，$Width$ 表示该条绿色专利的知识宽度，α 表示该条绿色专利分类号中各大组所占的比重。企业当年绿色专利质量用当年所有绿色专利知识宽度的中位数表示。其二，本文用1加企业当年申请的绿色专利在样本期内的被引总数取对数作为企业当年专利质量的另一种衡量方式（Aghion et al，2015）。计算公式为 $Cited = \log(1 + Cation)$，其中，$Cited$ 表示用被引次数衡量的企业当年绿色专利质量，$Cation$ 表示企业当年申请的绿色专利在样本期内的被引总数。其三，本文还使用1加企业当年申请的绿色专利权利要求数量取对数作为专利质量的衡量方式（$Claim$），计算方法与专利被引次数相似。回归结果汇报在表4中。第（1）～（2）列、第（3）～（4）列、第（5）～（6）列分别表示知识宽度、被引次数和权利要求数量对排污权交易政策的回归结果。观察发现，无论使用何种方式衡量绿色专利质量，结果都是稳健的。这表明，二氧化硫排污权交易政策不仅促进了企业绿色专利研发，同时也提升了企业绿色专利质量水平。

表4　专利质量回归结果

因变量	（1） $Width_t$	（2） $Width_t$	（3） $Cited_t$	（4） $Cited_t$	（5） $Claim_t$	（6） $Claim_t$
$Treat_r \times Post_{it-1}$	0.0019***	0.0033***	0.0380***	0.0352***	0.0376***	0.0334***
	(0.0007)	(0.0009)	(0.0024)	(0.0029)	(0.0033)	(0.0040)
$Control$	否	是	否	是	否	是
企业	是	是	是	是	是	是
年份	是	是	是	是	是	是
样本量	397113	397113	397113	397113	397113	397113
R^2	0.0151	0.0258	0.0815	0.0964	0.1062	0.1218

注：控制变量全部包括在 $Control$ 中；***、**、*分别表示在1%、5%、10%的水平上显著。

（5）三重差分检验。样本期内，中国还实施了其他排污权交易政策，如2011年的碳排放交易试点政策。为了排除其他政策的干扰，本文参考任胜钢等（2019）构建了三重差分模型。首先，本文将基准回归数据与工业企业污染数据根据企业名称字段进行匹配，匹配方式和工业企业数据与专利数据的匹配步骤基本类似。其次，本文筛选出所有二氧化硫企业①，将其作为三重差分的第三个维度指标（$Group$），将二氧化硫企业的 $Group$ 变量设置为1，其余非二氧化硫企业设置为0。该种方法恰好可以剔除那些不受二氧化硫排污权交易政策影响但可能受如碳排放交易政策影响的企业（非二氧化硫企业），因此DDD的平均处理效应相对于DID，更加纯净地衡量了二氧化硫排污权政策对工业企业绿色创新的影响。回归结果整理在了表5中，其中，$Treat_r \times Post_{it-1}$、$Treat_r \times Group_p$、$Group_p \times Post_{it-1}$ 以及控制变量全部包括在 $Control$ 中，不再单独汇报。结果显示，三重差分估计下，二氧化硫排污权交易政策对企业绿色创新的影响依然是正向显著的，与基准回归结果一致。

表5　三重差分检验结果

因变量	（1） $Green_t$	（2） $Green_t$	（3） $FmGreen_t$	（4） $FmGreen_t$	（5） $SyGreen_t$	（6） $SyGreen_t$
$Treat_r \times Post_{it-1} \times Group_p$	0.0084***	0.0090***	0.0051***	0.0038***	0.0033***	0.0052***
	(0.0019)	(0.0021)	(0.0015)	(0.0015)	(0.0011)	(0.0014)
$Control$	否	是	否	是	否	是
企业	是	是	是	是	是	是

---

① 二氧化硫企业是指那些具有脱硫设施设备或者具有二氧化硫产生量或排放量数据的企业。

因变量	（1）$Green_t$	（2）$Green_t$	（3）$FmGreen_t$	（4）$FmGreen_t$	（5）$SyGreen_t$	（6）$SyGreen_t$
年份	是	是	是	是	是	是
样本量	397113	397113	397113	397113	397113	397113
R^2	0.0188	0.0188	0.0083	0.0104	0.0120	0.0094

注：$Treat_r \times Post_{it-1}$、$Treat_r \times Group_p$、$Group_p \times Post_{it-1}$ 以及控制变量全部包括在 $Control$ 中；＊＊＊、＊＊、＊分别表示在1%、5%、10%的水平上显著。

至此，本文的基准回归结果以及多项稳健性检验都表明，排污权交易政策对工业企业绿色专利研发有着显著的正向诱导作用，且对绿色发明专利的影响大于绿色实用新型专利。这表明，环境权益交易市场的确能够激励企业进行绿色创新。

（三）内生性处理

排污权交易试点的选择可能会受到无法观测的潜在因素的干扰，进而产生样本选择偏误问题。为了解决政策可能存在的内生性，本文参考沈坤荣等（2017）以及 Hering 和 Poncet（2014）的做法，选取"空气流通系数"这一指标作为工具变量，使用两阶段估计尽可能解决内生性问题。空气流通系数数据来自欧洲中期天气中心 ERA 数据库（ECMWF-ERA），该数据库以 75×75 网格（经纬度：0.75°×0.75°）为最小距离测量了全球所有地区的气象数据。空气流通系数是指 10 米风速与边界层高度的乘积（Jacobsen，2002），理论上空气流通系数越高的地区，其二氧化硫污染物的扩散速度也就越快，越不可能被选作排污权交易的试点。因此，本文认为空气流通系数满足与内生变量高度相关而与随机扰动项不相关的两个基本假设，是一个合适的工具变量。本文批量爬取了 ECMWF-ERA 的 10 米风速和边界层高度数据，并根据相应的经纬度信息在高德地图中解析出省市地址，再与基准回归数据匹配，得到可用于回归的面板数据。两阶段估计结果汇总在表 6 中。

表 6 内生性处理：工具变量法

因变量	第一阶段		第二阶段	
	（1）$Treat_r \times Post_{t-1}$	（2）$Green_t$	（3）$FmGreen_t$	（4）$FmGreen_t$
$Wind_{it-1}$	−0.0073＊＊＊			
	(0.0010)			
$Treat_r \times Post_{it-1}$		0.2937＊＊＊	0.1249＊	0.1688＊＊
		(0.1106)	(0.0697)	(0.0776)
$Control$	是	是	是	是
企业	是	是	是	是
年份	是	是	是	是
样本量	397113	397113	397113	397113
R^2	0.3602	0.0012	0.0010	0.0005

注：控制变量全部包括在 $Control$ 中；＊＊＊、＊＊、＊分别表示在1%、5%、10%的水平上显著。

第一阶段的回归结果显著为负，表明空气流通系数与排污权交易试点的选择确实存在负相关关系；第二阶段的三个回归结果全部显著为正，这表明在消除内生性问题后，排污权交易政策对企业绿色创新仍然有着显著的正向激励作用。综上所述，本文基准回归结果并不是由样本选择偏误造成的。

五、环境权益交易市场对异质性企业绿色创新分工的影响

本部分首先分析了环境权益交易市场对混合型企业、清洁型企业以及污染型企业创新的影响，并发现排污权交易政策对清洁型企业的激励作用大于混合型企业；其次验证了排污权交易政策通过创新分工诱发企业绿色创新这一假设；最后在清洁型企业与混合型企业绿色创新分工渠道成立的基础上，验证了知识溢出是绿色创新分工渠道形成的条件这一假设。

（一）异质性分析

为了进一步研究排污权交易政策对不同类型企业绿色创新的影响，本文根据企业的创新偏向将全部工业企业分成混合型企业、清洁型企业和污染型企业三类。混合型企业是指在样本期内既申请过绿色专利又申请过非绿色专利的企业；清洁型企业是指在样本期内只申请过绿色专利的企业，该类企业偏向于绿色创新；污染型企业是指在样本期内只申请过非绿色专利的企业，这类企业偏向于非绿色创新（Noailly and Smeets，2014）。创新偏向对企业的绿色研发活动有着重要影响（Aghion et al.，2016），而环境权益交易市场对具有不同创新偏向企业绿色创新的影响必然存在差异。理论分析已经指出，排污权交易政策对清洁型企业的促进作用应大于混合型企业。这是因为清洁型企业长期从事绿色技术的研发工作，在绿色知识上的存量要远大于混合型企业，而丰富的绿色知识存量会加快清洁型企业的绿色专利研发速度（Popp，2002；Acemoglu et al.，2012）。另外，虽然污染型企业不存在绿色专利，但是排污权交易政策对污染型企业的非绿色专利申请可能存在抑制作用。这是因为这类企业在受到政策规制后，难以通过成本相对高昂的绿色创新抵消政策影响，为了继续生产只能在交易市场上购买排污配额，然而购买排污权的成本将会挤出企业原本在非绿色专利上的研发费用，导致其非绿色专利数量下降。为了验证上述理论，本文进行了分样本回归。由于清洁型企业（污染型企业）的绿色总专利占比（非绿色总专利占比）恒为1，这必将导致绿色发明专利占比（非绿色发明专利占比）和绿色实用新型专利占比（非绿色实用新型专利占比）的回归系数呈现相互替代、此消彼长的现象，无法得到准确的估计结果。因此，为了避免上述影响，本文在异质性研究中，被解释变量全部替换为对数形式。表7和表8汇报了排污权交易政策对三类企业绿色专利（非绿色专利）的分样本回归结果。

表7汇报了混合型企业与清洁型企业的回归结果，前三栏表示排污权交易政策对混合型企业的影响，后三栏表示对清洁型企业的影响。观察发现，无论是绿色总专利，还是绿色发明专利、绿色实用新型专利，排污权交易政策对清洁型企业的激励作用都大于混合型企业，这表明假设2是成立的。产生这种异质性影响的原因，可能与下文将要验证的两类企业绿色创新分工有关。

表7　异质性分析：混合型企业与清洁型企业

因变量	混合型			清洁型		
	（1） $\ln Green_t$	（2） $\ln Green_t$	（3） $\ln FmGreen_t$	（4） $\ln Green_t$	（5） $\ln SyGreen_t$	（6） $\ln SyGreen_t$
$Treat_r \times Post_{it-1}$	0.0201***	0.0099***	0.0102**	0.0213**	0.0101*	0.0112**
	（0.0065）	（0.0037）	（0.0041）	（0.0108）	（0.0074）	（0.0078）

因变量	混合型			清洁型		
	（1） ln$Green_t$	（2） ln$Green_t$	（3） ln$FmGreen_t$	（4） ln$Green_t$	（5） ln$SyGreen_t$	（6） ln$SyGreen_t$
Control	是	是	是	是	是	是
企业	是	是	是	是	是	是
年份	是	是	是	是	是	是
样本量	187541	187541	187541	31376	31376	31376
R^2	0.1088	0.0793	0.0808	0.0187	0.0192	0.0086

注：控制变量全部包括在 *Control* 中。

表 8 汇报了排污权交易政策对污染型企业非绿色专利的影响。ln$nonG_t$、ln$FmnonG_t$、ln$SynonG_t$ 分别代表非绿色总专利、非绿色发明专利、非绿色实用新型专利的对数形式。观察发现，回归结果与前文的分析并不一致，排污权交易政策并未使污染型企业减少非绿色专利的研发。可能的原因是非绿色创新虽然无法扭转企业高污染、高排放的局面，但却可以提升企业生产效率，导致企业投入产出比下降，边际产出的提高使企业可以使用更少的投入生产更多的产品，所需的排污配额也随之下降，因此污染型企业的非绿色专利并未出现下降趋势。然而，企业利用非绿色创新虽然可以缓解因购买排污配额带来的成本压力，但企业的边际产出不会无限上升，当边际产出达到临界值时，非绿色创新将无法起到缓解成本压力的效果。

表 8　异质性分析：污染型企业

因变量	（1） ln$nonG_t$	（2） ln$FmnonG_t$	（3） ln$SynonG_t$
$Treat_r \times Post_{it-1}$	0.0351 （0.0341）	0.0033 （0.0352）	0.0448 （0.0360）
Control	是	是	是
企业	是	是	是
年份	是	是	是
样本量	212595	212595	212595
R^2	0.1413	0.1039	0.1079

注：控制变量全部包括在 *Control* 中。

（二）绿色创新分工渠道的验证

理论分析指出，在排污权交易政策的规制下，清洁型企业与混合型企业之间形成了绿色创新分工，清洁型企业担任绿色专利的"生产者"，混合型企业担任绿色专利的"消费者"，这种分工最终导致两类企业在绿色专利获取数量上的差异。为了验证这一假设，本文构建了创新分工的衡量指标，并将创新分工与核心解释变量作交乘，再与被解释变量进行回归，用于验证这一渠道是否存在。本文借鉴 Han 等（2021）衡量创新分工的方法，用绿色专利转让次数和绿色专利许可次数衡量绿色创新分工这一变量。专利转让是指专利权人（转让人）将专利申请权或专利所有权出让给企业或个人（受让人）的行为，用企业当年的绿色专利转让总次数加 1 取对数衡量；

专利许可是指专利权人（许可人）将专利的实施许可授予企业或个人（被许可人）的行为，用企业当年的绿色专利许可总次数加 1 取对数衡量。本文通过设置核心解释变量（Post×Treat）和创新分工（Specialization）的交乘项与企业绿色专利占比进行回归来验证影响渠道，回归结果汇报在表 9 中。

表 9 绿色创新分工渠道验证

因变量	专利转让			专利许可		
	（1） Green	（2） FmGreen	（3） SyGreen	（4） Green	（5） FmGreen	（6） SyGreen
$Treat_r \times Post_{it-1} \times Specialization_{it-1}$	0.0074 ***	0.0055 ***	0.0020 ***	0.0615 ***	0.0400 ***	0.0215 ***
	（0.0005）	（0.0003）	（0.0003）	（0.0047）	（0.0031）	（0.0034）
Control	是	是	是	是	是	是
企业	是	是	是	是	是	是
年份	是	是	是	是	是	是
样本量	397113	397113	397113	397113	397113	397113
R^2	0.0232	0.0152	0.0112	0.0220	0.0135	0.0111

注：$Treat_r \times Post_{it-1}$、$Post_{it-1} \times TechTrade_{it-1}$、$Treat_r \times TechTrade_{it-1}$ 以及控制变量全部包括在 Control 中；*** 表示在 1% 的水平上显著。

前三栏验证的是通过专利转让计算的绿色创新分工渠道，发现绿色总专利占比、绿色发明专利占比和绿色实用新型专利占比对三项交乘的回归系数都显著为正；后三栏验证的是通过专利许可计算的绿色创新分工渠道，结论与专利转让基本相同，但回归系数全部扩大了近 10 倍，这也反映出工业企业在绿色专利上的许可次数比转让次数要大得多。无论是采用哪种衡量方式，回归结果都表明排污权交易政策可以通过创新分工渠道对企业的绿色创新产生正向激励作用。

上文已经验证了绿色创新分工渠道的存在。为了进一步检验清洁型企业与混合型企业是否分别担任创新分工的"生产者"与"消费者"，本文识别了每家清洁型与混合型企业每年的绿色专利转让次数、受让次数、许可次数与被许可次数。当企业转让或许可绿色专利时，视为该企业"生产"了一项绿色专利；当企业受让或被许可绿色专利时，视为该企业"消费"了一项绿色专利。本文用企业当年绿色专利转让次数与许可次数之和加 1 取对数作为绿色专利"生产"量的指标（ProdGreen），用企业当年绿色专利受让次数与被许可次数加 1 取对数作为绿色专利"消费"量的指标（ConsGreen）。最后，分别将两类企业的 ProdGreen 与 ConsGreen 对排污权交易政策进行回归，用以识别两类企业在创新分工中的角色。回归结果整理在表 10 中。

表 10 前两栏汇报的是混合型企业的结果。观察发现，排污权交易政策对混合型企业的绿色专利生产量具有显著负向影响，对绿色专利消费量有显著正向作用，这证明了该政策使混合型企业在创新分工中承担"消费者"的假设。表 10 后两栏汇报的是清洁型企业参与分工的结果。回归结果恰好与前两栏相反，表明排污权交易政策使清洁型企业在绿色创新分工中成了"生产者"。在绿色专利分工中，清洁型企业负责专利的生产，混合型企业负责专利的消费，促进了绿色专利这一稀缺资源的优化配置。此外，正是由于绿色创新分工的存在，才产生了环境权益交易市场对清洁型企业的绿色创新相对于混合型企业影响更大的异质性。

表 10 绿色创新分工：清洁型企业与混合型企业

因变量	混合型企业		清洁型企业	
	(1) Prod$Green_t$	(2) Cons$Green_t$	(3) Prod$Green_t$	(4) Cons$Green_t$
$Treat_r \times Post_{it-1}$	-0.0029^{***} (0.0010)	0.0026^{**} (0.0011)	0.0033^{*} (0.0017)	-0.0025^{*} (0.0013)
Controls	是	是	是	是
企业	是	是	是	是
年份	是	是	是	是
样本量	187541	187541	31376	31376
R^2	0.0095	0.0050	0.0010	0.0016

注：控制变量全部包括在 Control 中；***、**、*分别表示在 1%、5%、10%的水平上显著。

（三）知识溢出对绿色创新分工渠道形成的影响

大量研究已经证明了知识溢出对企业绿色创新具有积极影响（Aghion，2016；Yi et al.，2021）。根据本文的理论分析，在环境权益交易政策的规制下，绿色知识溢出效应会因企业间的竞争被快速放大，清洁型企业与混合型企业在这一进程中产生集聚效应，进而形成绿色创新分工，最终对两类企业绿色创新产生异质性影响。在这一传导过程中，知识溢出成为绿色创新分工能否发挥作用的重要环节。本节对这一假设进行验证。

本文分别基于技术相似度权重和地理距离权重构建了衡量绿色知识溢出的指标。其一，本文参考 Jaffe（1986）的做法，以技术相似度为权重构建知识溢出指标，具体公式如下：

$$Spill_{it} = \sum_{i \neq j} TechProximity_{ijt} \times PatentStock_{jt} \tag{3}$$

$$TechProximity_{ijt} = \frac{X_{it}X'_{jt}}{(X_{it}X'_{it})^{0.5}(X_{jt}X'_{jt})^{0.5}} \tag{4}$$

$$PatentStock_{jt} = (1-\delta)PatentStock_{jt-1} + GreenPatent_{jt} \tag{5}$$

其中，式（3）是知识溢出 Spill 的计算方法，式（4）是技术相似度 TechProximity 的计算方法，式（5）是绿色专利存量 PatentStock 的计算方法。$Spill_{it}$ 表示企业 i 第 t 年受到的其他企业的知识溢出；$PatentStock_{jt}$ 表示企业 j 第 t 年的绿色知识存量，用式（5）以永续盘存法计算所得，$\delta = 15\%$ 表示折旧率，$GreenPatent_{jt}$ 表示企业 j 第 t 年的绿色专利申请数量；$TechProximity_{ijt}$ 表示企业 i 与企业 j 在第 t 年的技术相似度，采用两个企业在技术空间上的分布向量 $X_{it} = (x_{i1t}, x_{i2t}, \cdots, x_{int})$ 来衡量，x_{ikt} 表示企业 i 第 t 年第 k 类绿色专利申请数量在该企业当年绿色专利申请总量中的占比。

其二，本文以企业间的地理距离为权重，构建了另一衡量知识溢出的指标，公式如下：

$$Spill_{it} = \sum_{i \neq j} Distance_{ij} \times PatentStock_{jt} \tag{6}$$

$$Distance_{ij} = \frac{1}{d_{ij}} \tag{7}$$

其中，$Spill_{it}$ 依然表示企业 i 第 t 年受到的其他企业的知识溢出；$PatentStock_{jt}$ 表示企业 j 第 t 年的绿色知识存量；$Distance_{ij}$ 表示企业 i 与企业 j 之间的地理距离权重，用两个企业之间的距离取倒数 $1/d_{ij}$ 衡量。本文通过设置核心解释变量 Post×Treat 和知识溢出 Spill 的交乘项与企业绿色专利占比进行回归验证假设 4，回归结果汇报在表 11 中。前 3 栏汇报了以技术相似度为权重构建的知识溢出回归结果，后 3 栏汇报了以地理距离为权重构建的知识溢出回归结果。无论使用哪种方式构建知识溢出，回归系数都显著为正，这表明在环境权益交易市场上，知识溢出能够影响企业绿色创新。由于知识溢出对企业绿色创新分工有着重要激励作用（张虎等，2017），因此，本文认为知识溢出是创新分工发挥排污权交易政策影响企业绿色创新渠道作用的重要条件。

表 11　知识溢出效应

因变量	技术相似度权重			地理距离权重		
	（1）	（2）	（3）	（4）	（5）	（6）
	$Green_t$	$FmGreen_t$	$SyGreen_t$	$Green_t$	$FmGreen_t$	$SyGreen_t$
$Treat_r \times Post_{it-1} \times Spill_{it-1}$	0.0124 ***	0.0056 ***	0.0067 ***	0.0022 ***	0.0013 ***	0.0009 ***
	（0.0011）	（0.0008）	（0.0011）	（0.0005）	（0.0003）	（0.0003）
Control	是	是	是	是	是	是
企业	是	是	是	是	是	是
年份	是	是	是	是	是	是
样本量	31376	31376	31376	31376	31376	31376
R^2	0.0217	0.0093	0.0111	0.0572	0.0303	0.0332

注：$Treat_r \times Post_{it-1}$、$Post_{it-1} \times Spill_{it-1}$、$Treat_r \times Spill_{it-1}$ 以及控制变量全部包括在 Control 中；＊＊＊、＊＊、＊分别表示在 1%、5%、10%的水平上显著。

六、结论与政策启示

（一）研究结论

本文利用工业企业数据与专利数据，依靠多期双重差分法，在 1998～2013 年样本期内，以中国于 2007 年出台的二氧化硫排污权交易政策为代表，研究了环境权益交易市场对企业绿色创新的影响。在经历了包括平行趋势检验、安慰剂检验、替换被解释变量、三重差分检验这一系列稳健性检验以及内生性问题的处理后，本文得出了环境权益交易市场对中国工业企业绿色创新有着较为显著的激励作用的结论。在异质性分析中，本文发现，对于具有不同创新偏向的企业，排污权交易的政策效果也不同。环境权益交易市场能够对混合型企业和清洁型企业的绿色专利研发形成激励作用，但却无法抑制污染型企业的非绿色专利研发活动。可能的原因是污染型企业具有较强的非绿色创新偏向，而其在绿色创新上不具研发基础，长期的非绿色创新活动使其转向绿色创新的成本过高，这最终导致污染型企业只能在非绿色专利上进行研发，以最大限度地暂时降低企业的边际成本。由于边际成本不能无限降低，因此污染型企业最终将不得不进行绿色创新或退出市场。此外，本文发现清洁型企业与混合型企业之间存在着绿色创新分工，清洁型企业在分工中担任"生产者"，混合型企业担任"消费者"，二者的分工差异导致环境权益交易市场对清洁型企业绿色创新的诱导作用相对更强，这种创新分工也成为环境权益交易市场影响企业绿色专利研发的重要渠道。最后，本文证明了知识溢出是创新分工发挥渠道作用的前提条件。

（二）政策启示

根据上述研究结论，本文得出以下政策启示：第一，排污权交易政策能够激励企业绿色创新。因此，中国在"十四五"时期应该加快建立健全环境权益交易市场，全面推进水权、用能权、排污权以及碳排放权等市场的交易工作，为生态文明建设和企业高质量发展助力。第二，具有不同创新偏向的企业在排污交易政策的规制下能够形成绿色创新分工。因此，政府在分配排污权初始配额时，应充分考虑企业在创新偏向上的异质性，加速诱导清洁型企业与混合型企业创新分工的形成；同时政府还应支持与鼓励专利代理事务所这类第三方机构的发展，这类机构具有丰富的客户资源，能够快速推动绿色专利的转让与许可，实现绿色专利这一稀缺资源的优化配置。

参考文献

［1］曹虹剑，张建英，刘丹．模块化分工、协同与技术创新——基于战略性新兴产业的研究［J］．中国软科学，2015（7）：100-110.

［2］范玉波，刘小鸽．基于空间替代的环境规制产业结构效应研究［J］．中国人口·资源与环境，2017，27（10）：30-38.

［3］黄德春，刘志彪．环境规制与企业自主创新——基于波特假设的企业竞争优势构建［J］．中国工业经济，2006（3）：100-106.

［4］寇宗来，刘学悦．中国企业的专利行为：特征事实以及来自创新政策的影响［J］．经济研究，2020，55（3）：83-99.

［5］李洪涛，王丽丽．中心城市科技创新对城市群产业结构的影响［J/OL］．科学学研究：1-12［2021-08-11］．https：//doi. org/10. 16192/j. cnki. 1003-2053. 20210302. 001.

［6］李君华．学习效应、拥挤性、地区的分工和集聚［J］．经济学（季刊），2009，8（3）：787-812.

［7］李凯杰，董丹丹，韩亚峰．绿色创新的环境绩效研究——基于空间溢出和回弹效应的检验［J］．中国软科学，2020（7）：112-121.

［8］李青原，肖泽华．异质性环境规制工具与企业绿色创新激励——来自上市企业绿色专利的证据［J］．经济研究，2020，55（9）：192-208.

［9］李永友，沈坤荣．我国污染控制政策的减排效果——基于省际工业污染数据的实证分析［J］．管理世界，2008（7）：7-17.

［10］刘海英，谢建政．排污权交易与清洁技术研发补贴能提高清洁技术创新水平吗——来自工业 SO_2 排放权交易试点省份的经验证据［J］．上海财经大学学报，2016，18（5）：79-90.

［11］齐讴歌，赵勇，王满仓．城市集聚经济微观机制及其超越：从劳动分工到知识分工［J］．中国工业经济，2012（1）：36-45.

［12］齐绍洲，林屾，崔静波．环境权益交易市场能否诱发绿色创新？——基于我国上市公司绿色专利数据的证据［J］．经济研究，2018，53（12）：129-143.

［13］任胜钢，郑晶晶，刘东华，陈晓红．排污权交易机制是否提高了企业全要素生产率——来自中国上市公司的证据［J］．中国工业经济，2019（5）：5-23.

［14］孙冰，徐杨，康敏．环境规制工具对环境友好型技术创新的区域性影响——以氢燃料电池技术为例［J］．科技进步与对策：2021：1-9.

［15］史丹，李少林．排污权交易制度与能源利用效率——对地级及以上城市的测度与实证［J］．中国工业经济，2020（9）：5-23.

［16］陶锋，赵锦瑜，周浩．环境规制实现了绿色技术创新的"增量提质"吗——来自环保目标责任制的证据［J］．中国工业经济，2021（2）：136-154.

［17］沈坤荣，金刚，方娴．环境规制引起了污染就近转移吗？［J］．经济研究，2017，52（5）：44-59.

［18］王班班．环境政策与技术创新研究述评［J］．经济评论，2017（4）：131-148.

［19］吴传清，杜宇．偏向型技术进步对长江经济带全要素能源效率影响研究［J］．中国软科

学，2018（3）：110-119.

[20] 张程，曾庆生，贺惠宇. 事前披露能够降低董监高减持的获利能力吗？——基于中国"减持新规"的实证检验 [J]. 金融研究，2020（3）：189-206.

[21] 张陈宇，孙浦阳，谢娟娟. 生产链位置是否影响创新模式选择——基于微观角度的理论与实证 [J]. 管理世界，2020，36（1）：45-59.

[22] 张虎，韩爱华，杨青龙. 中国制造业与生产性服务业协同集聚的空间效应分析 [J]. 数量经济技术经济研究，2017，34（2）：3-20.

[23] 张杰，刘志彪，郑江淮. 产业链定位、分工与集聚如何影响企业创新——基于江苏省制造业企业问卷调查的实证研究 [J]. 中国工业经济，2007（7）：47-55.

[24] 张杰，郑文平. 创新追赶战略抑制了中国专利质量么？[J]. 经济研究，2018，53（5）：28-41.

[25] 张杰，郑文平，新夫. 中国的银行管制放松、结构性竞争和企业创新 [J]. 中国工业经济，2017（10）：118-136.

[26] 张敏. 美国专利交易趋向透视——从专利投机到专利投资信托 [A] //中国法学会银行法学研究会. 金融法学家（第二辑）[C]. 2010.

[27] 张宁，张维洁. 中国用能权交易可以获得经济红利与节能减排的双赢吗？[J]. 经济研究，2019，54（1）：165-181.

[28] 张倩. 环境规制对绿色技术创新影响的实证研究——基于政策差异化视角的省级面板数据分析 [J]. 工业技术经济，2015，34（7）：10-18.

[29] Acemoglu D., P. Aghion, L. Bursztyn, D. Hemous. The Environment and Directed Technical Change [J]. American Economic Review, 2012, 102（1）：131-166.

[30] Acemoglu D., U. Akcigit, D. Hanley, W. Kerr. Transition to Clean Technology [J]. Journal of Political Economy 2016, 124（1）：52-104.

[31] Aghion P., A. Dechezleprêtre, D. Hémous, R. Martin. Carbon Taxes, Path Dependency, and Directed Technical Change：Evidence from the Auto Industry [J]. 2016, 124（1）：1-51.

[32] Aghion P., U. Akcigit, A. Bergeaud, R. Blundell, D. Hemous. Innovation and Top Income Inequality [R]. NBER Working Paper, No. w21247, 2015.

[33] Antoci A., S. Borghesi, G. Iannucci, P. Russu. Emission Permits, Innovation and Sanction in an Evolutionary Game [J]. Economia Politica：Journal of Analytical and Institutional Economics, 2020, 37（2）：525-546.

[34] Brawn B., D. Wield. Regulation as a Means for the Social Control of Technology [J]. Technology Analysis & Strategic Management, 1994, 3（6）：259-272.

[35] Calel R., and A. Dechezleprêtre. Environmental Policy and Directed Technological Change：Evidence from the European Carbon Market [J]. Review of Economics and Statistics, 2016, 98（1）：173-191.

[36] Carmen E., F. Carrión, and I. Robert. Environmental Innovation and Environmental Performance [J]. Journal of Environmental Economics and Management, 2009, 59（1）：27-42.

[37] Chen Z., X. Zhang, and F. Chen. Do Carbon Emission Trading Schemes Stimulate Green Innovation in Enterprises? Evidence from China [J]. Technological Forecasting & Social Change, 2021, 168（2）：120744.

[38] Ciaramella L., C. Martínez, and Y. Ménière. Tracking Patent Transfers in Different European Countries：Methods and a First Application to Medical Technologies [J]. Scientometrics, 2017, 112

（2）：817-850.

[39] Copeland B. R. , M. S. Taylor. Trade and the Environment: Theory and Evidence [M] . Princeton: Princeton University Press, 2003.

[40] Cui J. , J. Zhang, and Y. Zheng. Carbon Pricing Induces Innovation: Evidence from China's Regional Carbon Market Pilots [J]. AEA Papers and Proceedings, 2018 (108): 453-457.

[41] Han P. , C. Liu, and X. Tian. Does Trading Spur Specialization? Evidence from Patenting [R]. China Financial Research Conference, 2021.

[42] Hering L. and S. Poncet. Environmental Policy and Exports: Evidence from Chinese Cities [J]. Journal of Environmental Economics and Management, 2014, 68 (2): 296-318.

[43] Hung M. , J. Shi, and Y. Wang. The Effect of Mandatory CSR Disclosure on Information Asymmetry: Evidence from A Quasi-Natural Experiment in China [J]. Social Science Electronic Publishing, 2013, 33 (5): 1-17.

[44] Jacobson L. S. , R. J. LaLonde, and D. G. Sullivan. Earnings Losses of Displaced Workers [J]. The American Economic Review, 1993, 83 (4): 685-709.

[45] Jacobsen M. Z. Atmospheric Pollution: History, Science and Regulation [M]. New York: Cambridge University Press, 2022.

[46] Jaffe A. B. Technological Opportunity and Spillovers of R & D: Evidence from Firms' Patents, Profits, and Market Value [J]. The American Economic Review, 1986, 76 (5): 984-1001.

[47] Johnstone N. , I. Haščič, and D. Popp. Erratum to: Renewable Energy Policies and Technological Innovation: Evidence Based on Patent Counts [J]. Environmental and Resource Economics, 2017, 68 (2): 441-444.

[48] Lanzi E. , E. Verdolini, and I. Haščič. Efficiency-improving Fossil Fuel Technologies for Electricity Generation: Data Selection and Trends [J]. Energy Policy, 2011, 39 (11): 7000-7014.

[49] Li X. The Spillover Effect Evaluation of Chinese Emissions Trading Scheme [J]. Frontiers in Energy Research, 2021-04-13.

[50] Liu B. , Z. Sun, and H. Li. Can Carbon Trading Policies Promote Regional Green Innovation Efficiency? Empirical Data from Pilot Regions in China [J]. Sustainability, 2021, 13 (5): 2891.

[51] Liu Z. , and H. Sun. Assessing the Impact of Emissions Trading Scheme on Low-carbon Technological Innovation [J]. Environmental Impact Assessment Review, 2021 (89) .

[52] Martin P. , and G. I. P. Ottaviano. Growing locations: Industry Location in a Model of Endogenous Growth [J]. European Economic Review, 1999, 43 (2): 281-302.

[53] Noailly J. , and S. Roger. Directing Technical Change from Fossil-fuel to Renewable Energy Innovation: An Application Using Firm-level Patent Data [J]. Journal of Environmental Economics and Management, 2015 (72): 15-37.

[54] Oliver G. G. , C. J. Islam, B. -O. Nazmiye, Y. Hu, V. Liz, and H. Phil. Optimising Renewable Energy Integration in new Housing Developments with Low Carbon Technologies [J]. Renewable Energy, 2021 (169): 527-540.

[55] Park G. , S. R. Shin, and M. Choy. Early Mover (Dis) advantages and Knowledge Spillover Effects on Blockchain Startups' Funding and Innovation Performance [J]. Journal of Business Research, 2020 (109): 64-75.

[56] Peter G. , B. Nicholas, S. David, B. Norbert, and T. Stephen. Network rivalry, Competition and Innovation [J]. Technological Forecasting and Social Change, 2020 (161): 120253.

［57］Popp D. Induced Innovation and Energy Prices ［J］. American Economic Review, 2002, 92 (1): 160-180.

［58］Porter M. E., and C. van der Linde. Toward a New Conception of the Environment-Competitiveness Relationship ［J］. Journal of Economic Perspectives, 1995, 9 (4): 97-118.

［59］Wang C., and J. Wu, and B. Zhang. Environmental Regulation, Emissions and Productivity: Evidence from Chinese COD-emitting Manufacturers ［J］. Journal of Environmental Economics and Management, 2018, 92 (11): 54-73.

［60］Wu Q., and T. Kanittha, and P. Pongsa. Examining the Impact and Influencing Channels of Carbon Emission Trading Pilot Markets in China ［J］. Sustainability, 2021, 13 (10): 5664-5664.

［61］Yao S., X. Yu, S. Yan, and S. Wen. Heterogeneous Emission Trading Schemes and Green Innovation ［J］. Energy Policy, 2021 (155).

［62］Yi L., Y. Wang, U. Bedanand, S. Zhao, and Y. Yin. Knowledge Spillover, Knowledge Management Capabilities, and Innovation Among Returnee Entrepreneurial Firms in Emerging Markets: Does Entrepreneurial Ecosystem Matter ［J］. Journal of Business Research, 2021 (130): 283-294.

附　录

附表 1　反事实检验：假设政策提前 1 年

因变量	(1) $Green_t$	(2) $Green_t$	(3) $FmGreen_t$	(4) $FmGreen_t$	(5) $SyGreen_t$	(6) $SyGreen_t$
$Treat_r \times Post_{it-1}$	0.0029	0.0023	0.0011	0.0012	0.0018	0.0011
	(0.0037)	(0.0028)	(0.0027)	(0.0028)	(0.0028)	(0.0026)
Control	否	是	否	是	否	是
企业	是	是	是	是	是	是
年份	是	是	是	是	是	是
样本量	397113	397113	397113	397113	397113	397113
R^2	0.0070	0.0080	0.0029	0.0063	0.0051	0.0034

注：控制变量全部包括在 Control 中。

附表 2　反事实检验：假设政策提前 2 年

因变量	(1) $Green_t$	(2) $Green_t$	(3) $FmGreen_t$	(4) $FmGreen_t$	(5) $SyGreen_t$	(6) $SyGreen_t$
$Treat_r \times Post_{it-1}$	0.0038	0.0027	0.0014	0.0013	0.0024	0.0014
	(0.0035)	(0.0029)	(0.0028)	(0.0031)	(0.0024)	(0.0020)
Control	否	是	否	是	否	是
企业	是	是	是	是	是	是
年份	是	是	是	是	是	是
样本量	397113	397113	397113	397113	397113	397113
R^2	0.0090	0.0114	0.0037	0.0075	0.0064	0.0057

注：控制变量全部包括在 Control 中。

附表3　反事实检验：假设政策提前3年

因变量	(1) $Green_t$	(2) $Green_t$	(3) $FmGreen_t$	(4) $FmGreen_t$	(5) $SyGreen_t$	(6) $SyGreen_t$
$Treat_r×Post_{it-1}$	0.0039	0.0027	0.0017	0.0017	0.0021	0.0011
	(0.0035)	(0.0030)	(0.0028)	(0.0031)	(0.0022)	(0.0019)
Control	否	是	否	是	否	是
企业	是	是	是	是	是	是
年份	是	是	是	是	是	是
样本量	397113	397113	397113	397113	397113	397113
R^2	0.0114	0.0136	0.0047	0.0086	0.0080	0.0070

注：控制变量全部包括在 Control 中。

附表4　时间窗口检验：窗口期为1年

因变量	(1) $Green_t$	(2) $Green_t$	(3) $FmGreen_t$	(4) $FmGreen_t$	(5) $SyGreen_t$	(6) $SyGreen_t$
$Treat_r×Post_{it-1}$	0.0026*	0.0051***	0.0017*	0.0027**	0.0008	0.0024*
	(0.0013)	(0.0019)	(0.0009)	(0.0013)	(0.0010)	(0.0014)
Control	否	是	否	是	否	是
企业	是	是	是	是	是	是
年份	是	是	是	是	是	是
样本量	397113	397113	397113	397113	397113	397113
R^2	0.0163	0.0216	0.0083	0.0133	0.0098	0.0110

注：控制变量全部包括在 Control 中；，＊＊＊、＊＊、＊分别表示在1%、5%、10%的水平上显著。

附表5　时间窗口检验：窗口期为2年

因变量	(1) $Green_t$	(2) $Green_t$	(3) $FmGreen_t$	(4) $FmGreen_t$	(5) $SyGreen_t$	(6) $SyGreen_t$
$Treat_r×Post_{it-1}$	0.0028**	0.0041**	0.0017**	0.0021*	0.0012	0.0020*
	(0.0012)	(0.0016)	(0.0008)	(0.0011)	(0.0009)	(0.0012)
Control	否	是	否	是	否	是
企业	是	是	是	是	是	是
年份	是	是	是	是	是	是
样本量	397113	397113	397113	397113	397113	397113
R^2	0.0162	0.0216	0.0083	0.0133	0.0098	0.0110

注：控制变量全部包括在 Control 中；＊＊、＊分别表示在5%、10%的水平上显著。

附表6　时间窗口检验：窗口期为3年

因变量	(1) $Green_t$	(2) $Green_t$	(3) $FmGreen_t$	(4) $FmGreen_t$	(5) $SyGreen_t$	(6) $SyGreen_t$
$Treat_r×Post_{it-1}$	0.0033***	0.0039**	0.0018**	0.0019*	0.0015*	0.0019*
	(0.0012)	(0.0015)	(0.0008)	(0.0010)	(0.0008)	(0.0011)
Control	否	是	否	是	否	是

续表

因变量	(1) $Green_t$	(2) $Green_t$	(3) $FmGreen_t$	(4) $FmGreen_t$	(5) $SyGreen_t$	(6) $SyGreen_t$
企业	是	是	是	是	是	是
年份	是	是	是	是	是	是
样本量	397113	397113	397113	397113	397113	397113
R^2	0.0162	0.0216	0.0083	0.0133	0.0098	0.0110

注：控制变量全部包括在 $Control$ 中；，***、**、*分别表示在1%、5%、10%的水平上显著。

开放与区域经济

生产性服务业集聚对城市就业空间
格局的重塑效应

——基于全国流动人口动态监测数据的经验研究

张明志　刘红玉　谢申祥

[摘　要] 本文在个体异质和城市异质的双异质性分析视角下，利用 2017 年全国流动人口动态监测数据（CMDS）和中国地级城市的匹配数据，借助条件 Logit 模型对生产性服务业集聚的就业空间格局重塑效应进行了检验。研究发现，城市生产性服务业集聚对吸引劳动力流入有显著促进作用，且对高端人才引入效果更优；生产性服务业集聚吸引劳动力流入存在个体和城市异质性，其中高教育水平和年龄大者更为敏感，省会、内陆和高工资水平城市更具优势；从城市规模层级角度，在 100 万~500 万人口的大城市发挥生产性服务业集聚对劳动力的引流作用"性价比"更高，其次是巨大城市和中小城市，整体效应呈倒"V"形规律变化。本文的研究结论对新型城镇化进程中的生产性服务业集聚的作用认识大有裨益，也为城市管理者进行生产性服务业管理方面的城市治理提供了有益启示。

[关键词] 生产性服务业集聚；就业空间格局；新型城镇化；高素质人才

一、引言

党的十九届五中全会提出"推动生产性服务业向专业化和价值链高端延伸"，生产性服务业已经成为现代服务业形成发展的排头兵。生产性服务业不仅可以为制造业高效率生产提供重要便捷服务，而且可以对城市经济增长质量起到提升效果（Francois and Woerz，2008；曾艺等，2019；韩峰、阳立高，2020）。从产业纵向关联来看，生产性服务业从制造业析出而来，延长了产业链、价值链、供应链，多链合一效果更加凸显；从产业横向发展来看，生产性服务业对服务业的扁平化、多类别、高质量发展起到重要推动作用，现代服务业因增添了生产性服务业而充满生机，也自然成为新的经济增长点。不言而喻，生产性服务业对现代化产业体系的构建和经济体系优化升级十分必要和关键，且成为我国未来一段时期经济实现高质量发展的重要新动能。

生产性服务业往往集聚于城市，这主要缘于其以各类高端要素密集为特点，而城市恰恰是高端要素聚集的重要载体（李平等，2017）。生产性服务业具备集聚的倾向。一方面，"马歇尔效应"

[基金项目] 国家社会科学基金重点项目"'逆全球化'的政治经济学分析与中国的应对方案研究"（18AG101）；国家自然科学基金项目"全球价值链视角下中国增加值出口贸易的就业效应研究"（71703066）。

[作者简介] 张明志，男，博士，山东财经大学经济学院副院长、副教授、硕士生导师，人口与经济发展研究所所长，山东大学规划与战略研究中心特邀研究员，山东省反垄断与规制经济学重点研究基地研究员，山东省发改委政策咨询专家顾问；刘红玉，山东财经大学经济学院硕士研究生；谢申祥，男，博士，二级教授，博士生（后）指导教师，山东财经大学经济学院院长，教育部长江学者青年专家，享受国务院政府特殊津贴专家、国家高层次人才特殊支持计划哲学社会科学领军人才、全国文化名家暨"四个一批"人才、山东省首批泰山学者青年专家、山东省有突出贡献的中青年专家、山东省优秀研究生指导教师。

形成的集聚基础溢出效应令生产性服务业集聚十分必要（Marshall，1890）；另一方面，生产性服务业特有的人才集聚特征可创造良好学习和创新环境（Keeble and Nachum，2002）。可以说，生产性服务业集聚既具备理论之基，又饱含现实之义。值得注意的是，生产性服务业集聚在对产业发展形成具有重要作用的同时，也在无形之中对人口流动形成牵引，继而对我国新型城镇化的顺利推进起到重要作用。正是生产性服务业集聚的良好作用，近年来推进生产性服务业集聚也成为地方政府推进城镇化和产业升级的重要抓手。比如，以工业园区为中心，配套性地建设生产性服务业集聚园区已成为通用做法。实际上，有研究发现制造业散布周围、生产性服务业集聚中心的"新中心—边缘"结构在部分地区已经形成（Qi and Liu，2015；刘奕等，2017）。

然而，生产性服务业集聚作为一项空间产业集聚现象，对就业空间格局变化如何作用于学术界尚未进行多维明晰考量。劳动力流动是新型城镇化推进尤其是城市化发展的最重要基本动力，生产性服务业集聚在促进产业升级的同时会自然产生劳动力流动的间接效应。这一效应总体是什么倾向？对不同类型的人才有何差异化表现？不同类型、不同规模城市又有何区别？这些问题的回答对于进一步深入准确认识生产性服务业集聚在城市化进程中起到的作用十分关键。当下，一些城市正处于从大城市向国家中心城市迈进的关键时期，如何能最大程度减缓人才流失是需要预防的。显然，研究生产性服务业集聚的人口流动作用机制不仅必要，而且紧迫。

在建立生产性服务业集聚作用人口流动的理论分析框架基础上，本文拟通过劳动力微观数据与城市宏观数据匹配进行实证检验，着重解决生产性服务业集聚对城市化进程推进如何在人口流动中得到体现。生产性服务业集聚与其他产业集聚存有重大差别，尤其是它区分于制造业和生活性服务业，兼具吸引高端要素和高效生产的特征，这一差异化特征的深挖将在本文中得到重点体现。以差异化的集聚效应分析为基础，构建作用于人口流动的理论框架，其中重点解决生产性服务业集聚对人口流动的城市规模差异化效应。另外，生产性服务业集聚对高端人才的吸引是非常重要的，这一点也需要着重进行事实和机制检验。高端人才的吸引对于城市化进程至关重要，如果形成不当流失或可阻滞城市化的阶段性发展。同时，本文将进一步讨论生产性服务业集聚的"服务效率溢价"，从现实层面将生产性服务业集聚产生的效率加速效果具体化、形象化，从而可供城市管理者根据集聚现状和目标发展的差距进行精准发力，形成现实意义明显的政策建议。

二、文献评述

已有文献基本可以从劳动力流动的影响因素、生产性服务业集聚与劳动力流动、劳动力流动与城镇化进程三个方面展开评述。

（一）劳动力流动的影响因素

劳动力流动决策本质上是流动个体比较成本收益作出的满足个人效用的最优选择。迁移者选择流入某个城市时，首先会考虑影响个人效用的因素，这些因素既有推力也有拉力（Bagne，1969），即劳动者会根据流入城市给自己所能带来的收益、生活成本以及舒适性作出选择。结合已有文献，影响劳动力个体效用的因素大致可分为个人层面因素、城市层面因素和中间障碍因素三部分。

一般而言，当劳动个体面对众多备选城市进行抉择时，城市层面的经济因素对迁移者影响最为突出，劳动力为了获得更高的收入和就业机会，更偏向于流入收入水平高（钟笑寒，2006）、失业率低和人口规模大的城市等（Pissarides and Mcmaster，1990；Jackman and Savouri，1992）。近年来，随着平均受教育水平的逐渐提高，人们越来越重视人力资本外部性的作用，人力资本外部性意味着存在更多提高个人技能水平的学习机会，而人口越密集的地区越容易形成"劳动力蓄水池"，有利于劳动力技能匹配，引致人口更愿意流入平均受教育年限高和人口规模大的城市（王桂新等，

2012）。在劳动力流动过程中，房价也呈现类似倒"U"型（张莉等，2017）。

除了城市经济特征影响因素，城市的社会特征因素也对劳动力决策有着重要影响。近年来，人们对美好生活的诉求日益强烈，除了工资、就业机会等，目标城市所能带来的生活舒适度也成为流动权衡的因素，比如城市环境和公共服务。高教育水平劳动力对于未来收入有更高的预期，相较于低教育水平者似乎对生活舒适度更为敏感。城市良好的生态环境有助于居住人口获得更为健康的身体和心态，提高劳动供给水平，直接或间接地影响劳动力个人收入水平（张海峰等，2019；孙伟增等，2019）。除此之外，劳动力还会为了享受城市基础教育和医疗服务等公共服务而流动（夏怡然、陆铭，2015），但户籍制度的存在使外来劳动力无法平等享受与本地居民相同的公共服务。户籍制度带来的社会保障和就业问题，严重阻碍了劳动力自由流动（孙三百等，2012；梁琦等，2013）。虽然近几年由于户籍制度改革使户籍问题有所宽松，但是其苛刻的附带条件使短期内户籍制度对人口流动影响的成效十分有限（孙文凯等，2011）。

Lee（1966）在人口迁移模型的基础上加入了中间障碍因素和个人因素，在此基础上已有文献在个体特征对人口迁移的异质性影响方面进行了细致的研究，主要集中在年龄、性别、教育、婚姻、家庭收入、信息网络、子女数量等方面（赵耀辉，1997；盛来运，2007；戚晶晶、许琪，2013）。考虑到人口流动决策时可能存在信息不对称，导致流入后产生不必要的成本花费和心理落差，社会资本禀赋，如社会关系网络在解决劳动力迁移过程中信息不对称问题中起着关键作用（Roberts，2000），迁移者可以通过亲戚、朋友获得更为丰富、详细的迁入地信息（Du，2000）。同时由于地区之间文化的差异性，方言相似便于加强流动人口的社会网络，使其更快地融入迁移城市（马双、赵文博，2019），即方言对人口流动具有促进作用（刘毓芸等，2015）。进一步地，相较于低学历流动人口，高学历流动者表现出更强的流动意愿，更为年轻化的年龄结构，且不易受制于障碍因素的影响（杨雪、魏洪英，2017）。

（二）生产性服务业集聚与劳动力流动

目前直接探讨生产性服务业集聚对人口流动影响的文献尚不多见，与本文相关的已有文献大致可以分为两类：第一类是产业集聚通过人力资本外部性影响人口流动机理；第二类是生产性服务业集聚影响制造业升级的内在机理。

随着社会平均受教育水平的提高，城市产业集聚的外部经济和规模效应对劳动力转移就业的拉动效应日益突显，城市产业集聚区的建设逐渐成为迁移者权衡的重要因素。生产性服务业集聚影响人口流动最重要的内在机理在于生产性服务业独特的人力资本外部性对迁移者收入的影响。产业集聚吸引人口集聚的机理在于保持工资和收入水平对人口流动的高度弹性和敏感（范剑勇等，2014），其知识外溢特性有利于人力资源开发并促进人力资源向人力资本转变，使人力资本在运动过程中实现价值增值，从而获得更高的预期收益（孙健、尤雯，2008）。因此，同一产业或相似产业的集聚往往可引致人力资本向该地区迁移，高人力资本劳动力往往也会被具有高人力资本存量的地区吸引（Lucas，1988），形成人才的集聚。产业集聚与人才集聚之间相互作用产生的技术外部性，激发了整个城市经济部门的发展活力（陈建军等，2009），作用于城市化进程。此外，生产性服务业集聚发展促进城市向更高端迈进的同时，也催生了更多低端服务业就业机会，如大型集聚区周围往往带有配套的餐饮店、健身房、电影院等文娱场所。之前相关研究表明，生产性服务业集聚为人才提供了良好的学习和创新环境从而产生人力资本溢出效应：一方面，员工之间通过正式或非正式的交流促进了知识的学习和个人能力的提高；另一方面，人才集聚的地方必然存在竞争，同事或同行之间的竞争压力迫使劳动力不断汲取知识提高个人技能水平。个人技能水平的提高意味着劳动者生产效率的提高，引导技术工人增加有效供给，这最终转嫁到劳动者个人收入水平上，工资作为人才供求价格信号，从而引致了更多的人口流入。为此，国内外学者做了许多相关研究，刘生龙（2014）利用省级面板数据发现人力资本的直接效应和溢出效应对全要素生产率具有显著的提高作用。Moretti（2004）发现在高技术行业存在这样一种效应，大学生占人口比例上升更快的城市，企业的产出增长更快。孙三百（2016）利用中国家庭微观调查数据创新性地从中观视角分析人口流动前后城市人力资本外部性对移民收入的影响，他认为良好的竞争环境能够促进劳动力学习更多的知识，促进人力资本的积累，提高劳动生产率，验证了城市人力资本外部性对居民收入的正向促进作用，具体而言，市外迁移者流入城市和流出城市人力资本存量的比值每增加1%，迁移者的年收入约增长0.2%。

生产性服务业作为制造高级中间投入要素，在促进制造业转型升级等方面同样也扮演着重要角色。制造业结构升级意味着低技术含量行业向高技术含量行业的转变，即高生产率和高技术含量的行业占比提高，技术替代便促进制造业更高的就业质量，留住更多的高技术工人（张明志等，2021）。制造业结构升级的根本动力在于技术进步（易信、刘凤良，2015；杨智峰等，2016），生产性服务业通过其集聚产生强大的知识溢出效应和规模经济效应作用于技术创新机制，提高全要素生产率，从而促进制造业价值链攀升（韩峰、阳立高，2020）。生产性服务业集聚促进制造业就业质量提升的同时，也加速了制造业企业的萌生和发展，创造了更多的就业岗位。同时，由于本地市场效应的作用，更多的厂商为了节省运输成本，形成规模经济，更愿意在产业集中的地区聚集（Davis and Weinstein，1996），生产性服务业集聚带来的规模经济效应，有利于下游厂商降低交易成本和生产成本（冯泰文，2009），进一步促进生产性服务业与其他产业的协同集聚，驱动城市经济增长和城市化进程。厂商的集聚一方面意味着更多的就业机会和工作岗位；另一方面产业集聚区增加了差异产品的可获得性，消费者实际效用的提高促进了该地区工资水平的提高，对流动人口形成了吸引。唐颂和黄亮雄（2013）从新经济地理学理论基础上，利用全国人口微观普查数据进行实证回归，发现劳动力愿意享受产业集聚所提供的多样化的消费品和节约的运输费用，且随着时间推移这种集聚力量进一步加强。刘奕等（2017）利用城市面板数据，发现社会创新体系、综合交易成本和需求规模等作为中介关联因素，搭建了生产性服务业集聚促进制造业升级的桥梁。高康和原毅军（2020）同样利用城市面板数据，发现生产性服务业集聚对制造业升级呈现"倒U"型。这是因为，服务业的集聚效应并不是无限正向，随着服务业集聚水平的不断攀升，其带来的"拥塞成本"进一步影响从业者身心健康导致服务效率低下，并影响到产业链其他产业（张明志、余东华，2018）；同时，过度的集聚产生"拥挤效应"，造成交通、环境等成本的上升，改变经济活动的均衡分布，逐渐削弱集聚经济带来的正向作用，抑制知识溢出和技术扩散，从而阻碍制造业技术创新（原毅军、郭然，2018）。

（三）劳动力流动与城镇化进程

城镇化是推进我国实现现代化的必经之路，也是破除城乡二元结构的重要依托（韩峰等，2014），而对于正在发展中的经济体而言，城乡人口流动便是城镇化提高的重要来源（殷江滨、李郇，2012）。生产性服务业作为产业链的最高端，是增加就业和吸纳人口的重要推动力，在城市化过程中有着激发人口城市化的巨大潜力。因此，本文在建立生产性服务业集聚作用人口流动的理论分析框架基础上，着重解决生产性服务业集聚对城市化进程推进如何在人口流动中得到体现。

与现有文献相比，本文可能的边际贡献在于：第一，本文首次提出了一个将生产性服务业集聚、劳动力空间流动有机结合的理论框架，对生产性服务业集聚在吸引劳动力流动中如何推进新型城镇化进程进行了深入检验，并验证了生产性服务业集聚对人才的吸引作用，补充了相关研究的不足；第二，之前关于生产性服务业集聚相关研究，对于集聚指标的构建只涉及单一方面，本文使用多元化的生产性服务业集聚指数，为更全面、深入地研究生产性服务业集聚对人口流动的真实影响提供更可靠的依据；第三，本文以效用理论为基础，使用个体微观数据与城市层面宏观数据相匹配，准确识别了城市生产性服务业集聚对劳动力流动的真实影响，并进一步讨论其生产性服务业集聚的"服务效率溢价"，同时对不同的微观个体和城市特征进行异质性分析为流动人口选址研究提供了新的经验证据。总体来看，本文为地方政府通过加强生产性服务业集聚区建设引致人才流入的政策制定以及城市规划建设提供了经验证据。

三、理论分析与研究假设

本部分首先从集聚的知识外溢效应、规模经济效应和拥挤效应三个方面分析生产性服务业集聚对人口流动的影响机理，具体如图1所示。生产性服务业集聚可以通过就业机会增多这一直接效应提升个人效用，也可以通过人力资本积累、制造业升级与发展推动就业质量提高，进一步增加潜在收入，个人效用也因而上升。个人效用的上升是劳动力流入的唯一驱动因素。当然，生产性服务业集聚在过度集聚或无序集聚的情形下也会产生拥挤效应，阻碍个人效用提高，进而抑制劳动力流入。下面，我们进一步通过个人效用函数模型化形式来推演这一关联性。

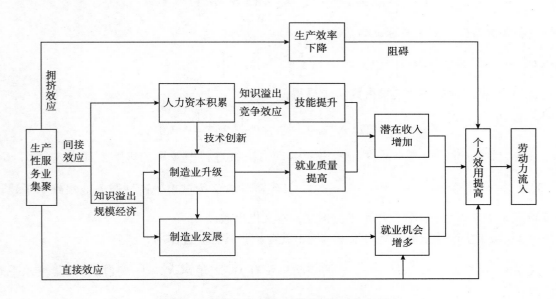

图1　生产性服务业影响劳动力流动作用机理

劳动力城市流动选择主要是根据目标城市所带来的期望效用进行判断（Harris and Todaro，1970）。对于个体 i 来说，如果选择城市 j 的期望效用大于选择城市 k 的期望效用，即 $E[U_{ij}] > E[U_{ik}]$，则会选择迁移到城市 j，反之则会选择城市 k。而个体选择城市的期望效用受流入后的预期可支配收入影响，但劳动者由于信息不完全无法知悉流入备选城市后所能获得的实际收入，只能根据预期平均工资 w 进行判断，收入水平围绕预期平均工资上下浮动。生产性服务业集聚水平主要从两个方面影响个体流入后的实际收入：

第一，通过人力资本外部性影响可支配收入。生产性服务业集聚通过人力资本外部性作用于个人潜在学习机会和成本进而影响个人价值提升效用。生产性服务业集聚水平提升能够改善学习和创新环境，高人力资本间的竞争与交流带来的潜在学习机会作为个人价值提升的加速器，减少了额外提升技能所需花费的时间和成本，提高了他们的个人实际效用水平。生产性服务业集聚将有利于个人获得更多的学习机会，降低为此所付出的潜在学习成本，进而增加流入后的可支配收入。所以，假定流入城市 j 的个人学习成本为 s_j，城市生产性服务业集聚水平为 p_j（p_j 越大，表示城市生产性服务业集聚程度越高），当城市工资确定时，劳动者的可支配收入均值应为 $w-(1-p_j)s_j$。

第二，生产效率也成为重要作用机制。生产性服务业集聚水平低直接导致劳动者潜在学习机会减少，技能水平提升相对较慢，进而生产效率会降低。同时，生产性服务业会驱动制造业技术水平提升，如果过低则无法形成制造业技术水平的高驱动效应。生产性服务业集聚水平高的城市还意味着更多的就业机会和就业岗位，劳动力和工作岗位可以更有效地实现匹配，获得预期收入，且对预期收入判断更为准确。

根据以上假定可知：$y \sim N[w-(1-p_j)s_j, (1-p_j)\sigma^2]$，其中 σ^2 为常数。我们设定个体风险厌恶，使用常数绝对风险厌恶系数为 α 的效用函数，即 $\alpha = -\dfrac{\mathrm{d}^2 U/\mathrm{d}y^2}{\mathrm{d}U/\mathrm{d}y}$。根据风险厌恶系数可求得解析式 $U(y) = -\dfrac{c_1}{\alpha}\exp(-\alpha y) + c_2$，为方便计算，将效用函数化简为 $U(y) = -C\exp(-\alpha y)$，其中 C 为常数。在控制其他城市信息 Z 的情况下，积分可求得条件期望函数：

$$E(U_{ij} \mid p_j, w, Z) = -C\exp\left\{-\alpha\left[w-(1-p_j)s_j\right] + \frac{1}{2}\alpha^2(1-p_j)\sigma^2\right\} \tag{1}$$

控制各备选城市工资水平后 w 为常数：

$$E(U_{ij} \mid p_j, w, Z) = -C\exp\left[\alpha\left[(1-p_j)s_j\right] + \frac{1}{2}\alpha^2(1-p_j)\sigma^2\right] \tag{2}$$

式（2）对生产性服务业集聚指数 p_j 求导得：

$$\frac{\partial E(U_{ij} \mid p_j, w, Z)}{\partial p_j} = C\exp\left[\alpha(1-p_j)s_j + \frac{1}{2}\alpha^2(1-p_j)\sigma^2\right]\left(\alpha s_j + \frac{1}{2}\alpha^2\sigma^2\right) \tag{3}$$

式（3）反映了生产性服务业集聚水平对劳动力决策过程中效用的影响。其中，$\alpha > 0$，$C > 0$，$p_j \in [0, 1]$，可推导出 $\dfrac{\partial E(U_{ij} \mid p_j, w, Z)}{\partial p_j} > 0$，其经济学含义为城市生产性服务业集聚水平建设的完善有利于提高劳动力个体的效用水平。据此，本文提出假设1：

假设1：城市生产性服务业集聚水平对城市就业扩张具有促进作用。

由式（3）可知，$\dfrac{\partial E(U_{ij} \mid p_j, w, Z)}{\partial p_j}$ 的变动与 α 有关，α 值越大，生产性服务业集聚水平对劳动者个人效用影响越大。其中，风险厌恶系数 $\alpha\left(\alpha = -\dfrac{\mathrm{d}^2 U/\mathrm{d}y^2}{\mathrm{d}U/\mathrm{d}y}\right)$ 可以解释为：随着个人收入的上升，劳动者的边际效用呈现递减趋势。由此可推断，当个人收入越高时，收入的边际效用下降得越多，风险厌恶系数 α 越大，$\dfrac{\partial E(U_{ij} \mid p_j, w, Z)}{\partial p_j}$ 越大，即高收入水平的劳动力（抑或随着个人收入不断提升），城市生产性服务业集聚水平对其个人效用影响更大。假定个人收入和生产性服务业集聚水平给劳动者带来的效用满足边际效用递减规律，那么，在收入水平较低时，收入增加所能带来的效用远高于生产性服务业集聚水平提高带来的效用，增加一单位收入给劳动者带来的效用更大，人口流动决策时更为注重城市收入水平的高低；在收入水平较高时，高收入水平劳动力对收入水平的敏感度降低，城市生产性服务业集聚水平提高带来的效用逐渐超过收入增加带来的效用。由此可以引申出，高端劳动力比低端劳动力更为注重城市生产性服务业集聚水平的建设，其在流动决策时对城市生产性服务业集聚水平更为敏感。其中高端劳动力主要包括掌握高技术水平、收入水平高和受教育水平高的劳动力。据此，本文提出假设2：

假设2：生产性服务业集聚对城市就业的高端人力资本引入效果更优。

四、模型选择与数据来源

（一）模型设定

劳动者在进行流动决策时，面临着一系列备选流入城市，结合效用最大化原则，最终迁移的城市是劳动者在根据自身条件和流入城市特征情况下进行的最大效用的选择。假设劳动者选择流入备选城市的效用函数如式（4）所示，其效用取决于劳动者个人流动偏好和流入城市条件。

$$U_{ij} = \alpha Prsa_{ij} + \beta wage_{ij} + \pi W_{ij} + \theta Z_{ij} + \varepsilon_{ij} (j = 1, 2, \cdots, J; i = 1, 2, \cdots, N) \tag{4}$$

其中，i 表示劳动力个体，j 表示个体可选择的流入城市。$Prsa_{ij}$ 表示劳动者 i 选择的流入城市 j 的生产性服务业集聚指数，$wage_{ij}$ 表示劳动者 i 选择的流入城市 j 的工资水平，W_{ij} 表示劳动者 i 选择的流入城市 j 的其他特征向量，Z_{ij} 表示劳动者 i 选择的流入城市 j 的个人信息，ε_{ij} 表示未观测因素。劳动力个体在 J 个备选城市中选择迁移到 j 城市满足以下条件：

$$choice_{ij} = \begin{cases} 1, & \forall k \neq j E[U_{ij}] > E[U_{ik}] \\ 0, & \exists k \neq j E[U_{ij}] \leqslant E[U_{ik}] \end{cases} \tag{5}$$

其中，$E[U_{ij}]$、$E[U_{ik}]$ 分别为个体 i 选择城市 j、k 的期望效用；当 $E[U_{ij}] > E[U_{ik}]$ 时，劳动者 i 选择流入城市 j，$choice_{ij}$ 取值为 1；反之取值为 0。劳动者选择流入 j 城市的概率为：

$$\text{Prob}(choice_{ij} = 1) = \frac{\exp(\alpha Prsa_{ij} + \beta wage_{ij} + \pi W_{ij} + \theta Z_{ij})}{\sum_{j=1}^{J} \exp(\alpha Prsa_{ij} + \beta wage_{ij} + \pi W_{ij} + \theta Z_{ij})} \tag{6}$$

迁移者在流动决策时面临着许多个备选城市，在 J 个潜在选择城市集合下，实际观测数量为个体和选择城市数量的乘积。参考 McFadden（1974）估计式（6）中城市参数值 α、β、π、θ 来进行相应设定，数值越大代表城市被选择流入的概率越高。

（二）数据与变量说明

1. 核心解释变量

本文的核心解释变量是生产性服务业集聚指数，生产性服务业集聚指数数据综合了历年《中国城市统计年鉴》和《中国统计年鉴》两个来源。考虑到生产性服务业通过其专业性和多样化集聚能够形成一定规模效应和就业吸纳作用的特点，本文选取了生产性服务业专业化集聚、生产性服务业多样化集聚、生产性服务业规模繁荣度以及生产性服务业与制造业融合程度 4 个指标综合衡量生产性服务业的集聚水平，先对各指标进行无量纲化处理，然后通过主成分分析法确定各指标权重。为了更好地反映生产性服务业集聚对劳动力流动的真实影响，本文对 2015~2017 年的集聚数据进行均值处理，同时考虑到数据的可操作性，选取了生产性服务业集聚指数排名靠前的 150 个城市，通过人工手动收集所需数据。本文参考刘奕等（2017）的研究，界定"交通运输""金融业""仓储和邮政业""租赁和商业服务业""科学研究和技术服务业""信息传输、计算机服务和软件业" 6 个行业为生产性服务业。其中，专业化集聚指数和多样化指数指标构建方法参考韩峰和阳立高（2020）的研究。

生产性服务业专业化集聚指数（SP）的表达式如下：

$$SP_j = \frac{\overline{E_{j,s}}/E_j}{\overline{E_s}/E} \tag{7}$$

其中，SP_j 为城市 j 生产性服务业总体的专业化集聚水平，$\overline{E_{j,s}}$ 表示城市 j 生产性服务业整体的就业人数，E_j 表示城市 j 总就业人数，$\bar{E}_s$ 表示全国生产性服务业总体的就业人数，E 表示全国总就业人数。

生产性服务业多样化集聚指数（DV）的表达式如下：

$$DV_j = \sum_s \frac{E_{js}}{E_j} \left[\frac{1 \Big/ \sum_{s'=1,\ s'\neq s}^{n} \left[E_{js}'/(E_j - E_{js})^2 \right]}{1 \Big/ \sum_{s'=1,\ s'\neq s}^{n} \left[E_s'/(E - E_s)^2 \right]} \right] \tag{8}$$

其中，E_{js}' 表示城市 j 中除行业 s 外的某个生产性服务行业 s' 的就业人数，E_j 为城市 j 总就业人数，E_{js} 为城市 j 中生产性服务业行业 s 的就业人数，E_s' 表示除行业 s 外的全国生产性服务行业 s' 的就业人数；E_s 代表全国生产性服务行业 s 的就业人数。

生产性服务业规模繁荣度选取城市 j 生产性服务业就业人数与服务业就业人数比值；生产性服务业融合度选取城市 j 生产性服务业就业人数与第二产业就业人数比值。

2. 其他变量说明

影响人口流动的因素包括个体和城市两个层面，本文通过匹配人口流动微观数据与城市宏观特征数据对模型进行估计。其中，人口流动个体数据来源于 2017 年全国流动人口动态监测数据（CMDS），包含了家庭与人口基本情况、就业与收支情况、基本公共卫生服务和基本医疗服务等内容。全国流动人口动态监测数据统计是以被调查者为出发点的家庭统计数据，为了使数据更符合研究，本文对劳动力个体样本进行了 3 次筛选：①流动样本筛选，由于除被调查者本人外其他家庭成员的个人信息存在缺失，我们仅保留被调查者个人作为样本；②流动范围筛选，参照 CMDS 对流动人口的定义，本文将流动样本保留在跨市级层面；③流动个体筛选，将年龄控制在 15~64 岁。需要说明的是，是否带有随迁子女变量，我们通过筛选被调查者家庭成员是否有 15 岁以下的儿子或女儿再确定。最后对数据进行清理并将人口流动数据与城市数据相匹配，最终识别出 5658 个人口流动样本，包含 106 个城市。整理出年龄、性别、受教育水平、婚姻状况等流动人口的个人特征信息，具体的统计性描述如表 1 所示。

表 1 个人特征的描述性统计

变量	样本量	平均值	标准差	最小值	最大值
年龄	684618	32.9600	10.8000	15.0000	64.0000
性别	684618	0.5490	0.4980	0.0000	1.0000
受教育水平	684618	10.0600	3.0690	0.0000	19.0000
婚姻状况	684618	0.2880	0.4530	0.0000	1.0000
政治面貌	684618	0.0341	0.1810	0.0000	1.0000
随迁子女	684618	0.2030	0.4020	0.0000	1.0000

注：性别变量设定男性为 1，女性为 0；本文使用受教育年限反映调查对象受教育水平，对应关系如下：未上过学 = 0 年，小学 = 6 年，中学 = 9 年，高中 = 12 年，大学专科 = 14 年，大学本科 = 16 年，研究生 = 19 年；婚姻变量设定未婚为 1，其他情况为 0；政治面貌变量设定党员为 1，其他情况为 0；随迁子女变量设定有随迁子女为 1，无随迁子女为 0，并将子女年龄限制在 15 岁以内。

城市层面的数据综合了历年《中国城市统计年鉴》和《中国统计年鉴》两个来源。本文对涉及的经济变量均作了平减处理，为了更好地反映城市特征信息带来的影响同时避免数据存在缺失值导致样本量减少，涉及的城市变量为 2015~2017 年的均值。结合已有文献，城市特征信息数据主要包括人均 GDP、人口规模、基础教育、医疗服务、产业结构、房价、投资水平、是否同省流动等控制变量。表 2 报告了本文影响人口流动决策的城市特征信息描述性统计。

表 2   城市特征变量的描述性统计

变量	测算方法及单位	样本量	均值	标准差	最小值	最大值
集聚指数	4 个指标加权计算所得	106	0.2994	0.0862	0.1921	0.7755
人均 GDP	年末人均 GDP（万元）	106	7.4850	15.9800	1.6840	179.2000
人口规模	年末城区常住人口数（百万人）	106	1.8710	3.1880	0.1370	24.1800
基础教育	小学教师数/在校小学生人数	106	0.0581	0.0108	0.0389	0.1090
医疗服务	医院数/人口规模（万人）	106	0.7040	0.5160	0.2270	3.8410
失业率	登记失业人数/（登记失业人数+在岗职工人数）	106	0.0579	0.0440	0.0043	0.3600
产业结构	第三产业值/第二产业值	106	1.3970	0.8090	0.4370	4.7160
省会	省会为1；其他为0	106	0.2480	0.4320	0.0000	1.0000
沿海城市	沿海为1；其他为0	106	0.2230	0.4160	0.0000	1.0000
投资水平	固定资产投资额（百亿元）	106	26.1000	25.5500	1.3640	172.0000
房价	千元	106	6.4980	4.6280	2.8460	34.6000
流动距离	流入地与户口地距离（百万米）	649528	1.1410	0.6510	0.0000	3.8950
是否同省流动	流入地与户口地是同省份为1；其他为0	649528	0.3610	0.4800	0.0000	1.0000

注：①对经济变量进行平减处理；②利用流入地与流出地的经纬度信息计算两者之间的距离；③由于存在流动者的个体差异，流动距离、是否同省流动两个变量的观测值为个体样本量×备选城市数量。

五、实证结果及分析

（一）基准回归

对于劳动力流向决策的影响因素，现有文献多从流入地特征入手，缺乏对劳动力个体异质性的分析。因此，基准回归首先用人口流动全样本进行分析，其次再将人口流动样本分为高技能劳动力和低技能劳动力样本进行实证检验。表 3 报告了使用条件 Logit 模型分析生产性服务业集聚对劳动力流入地选择影响的基本回归结果，回归结果用平均概率弹性来表示。模型 1 仅考虑了生产性服务业集聚水平对劳动力流向决策影响的作用，结果显示生产性服务业集聚对劳动力个体流入城市有显著的正向促进作用，假设 1 得到验证。为了考察生产性服务业集聚水平对异质劳动力的影响，将劳动力分样本进行回归，模型 2 和模型 3 为分样本回归，结果显示异质劳动力对于生产性服务业集聚影响其流动的概率弹性存在差异，相比于低技能劳动力，高技能劳动力流向城市更受生产性服务业集聚水平的影响，这意味着生产性服务业集聚具有一定的人才吸引作用，假设 2 得到验证。模型 4 在模型 1 的基础上控制了与工资和就业机会有关的城市变量，包括人均 GDP、失业率、产业结构、固定资产投资额和是否省会城市，结果发现生产性服务业集聚对人口流动的正向作用依然显著，概率弹性稍微降低。除了考虑就业之外，劳动力个体在流动选择时也会考虑到迁移的心理成本和交通成本，因此模型 5 在模型 4 的基础上加入是否同省流动和流动距离两个变量，同时为了减少各地区之间影响人口流动的不可衡量的差异，加入了流入地省份固定效应，以及影响人口流动的其他城市特征变量，包括房价、基础教育和医疗服务。结果显示加入个人和城市特征变量后，核心解释变量的系数仍然为正，平均概率弹性增大，即生产性服务业集聚指数上升 1 个百分点，备选城市被选择的概率提高 2.22 个百分点。为了观测生产性服务业集聚水平与城市特征对人口流动的相对作用大小，需要对变量进行标准化处理，模型 6 报告了标准化后的检验结果，表明城市生产性服务业集聚指数平均每增加一个标准差，该城市被选择的概率提升 1.2588 倍。

表3 基本回归结果

变量	模型1（全样本）	模型2（高端）	模型3（低端）	模型4（全样本）	模型5（全样本）	模型6（全样本）
集聚指数	5.1136***（0.0921）	5.4175***（0.2117）	5.0457***（0.1022）	2.4256***（0.0992）	2.2243***（0.4945）	1.2588***（0.3103）
城市层面	否	否	否	是	是	是
个人层面	否	否	否	否	是	是
省份固定效应	否	否	否	否	是	是
Chi²	2159.1395	449.4687	1712.1269	6596.5049	15844.3751	15672.2959
Pseudo R²	0.0419	0.0495	0.0404	0.1281	0.3077	0.3084
样本容量	649528	114466	535062	649528	649528	636840
城市数量	106	106	106	106	106	106
个人数量	5658	5658	5658	5658	5658	5658

注：括号内为稳健标准误，***、**、*分别表示在1%、5%和10%的置信水平下显著，括号中是系数的标准误差，Chi²为卡方值，Pseudo R²是方程回归总体的拟合优度。余表同。

（二）双异质性分析

1. 个体异质性分析

上述研究均建立在劳动者对城市生产性服务业集聚和城市特征具有相同偏好的基础之上，使用条件Logit得出的结果是生产性服务业集聚等城市特征影响劳动力决策的一个平均效应，而实际上不同的劳动者对生产性服务业集聚等城市特征可能会有不同的需求。因此，这一部分我们将具有个体差异的劳动者进行异质性分析，分别从个体的教育背景、政治面貌、随迁情况、性别、年龄阶层、婚姻状况考察异质性效应。

本文参考夏怡然和陆铭（2015）的处理方法，通过在条件Logit模型中加入生产性服务业集聚与个体特征变量的交互项，利用交互项系数反映影响劳动力决策的异质效应。表4中的模型7至模型12分别报告了6个个体特征的异质性回归结果。模型7报告了不同受教育的劳动者在选择流向时对生产性服务业集聚的不同态度，交互项系数显著为正，说明与低教育水平劳动者相比，高教育水平劳动者在流动过程中会更加注重城市生产性服务业集聚发展给自身带来的影响，与假设2完全吻合，假设2进一步得到验证。

表4 个体异质性分析

变量	模型7 教育	模型8 年龄	模型9 随迁子女	模型10 政治面貌	模型11 性别	模型12 婚姻
集聚指数	1.3350**（0.5543）	1.3787**（0.5415）	2.2576***（0.4959）	2.2072***（0.4948）	2.2275***（0.5012）	2.2576***（0.4970）
交互项	0.0642***（0.0173）	0.0191***（0.0047）	-0.1223（0.1393）	0.3565（0.2864）	-0.0044（0.1110）	-0.0797（0.1222）
控制变量	是	是	是	是	是	是
省份固定效应	是	是	是	是	是	是
Chi²	15858.2139	15860.3811	15845.1548	15845.8601	15844.3766	15844.8027

变量	模型 7 教育	模型 8 年龄	模型 9 随迁子女	模型 10 政治面貌	模型 11 性别	模型 12 婚姻
Pseudo R²	0.3080	0.3080	0.3077	0.3078	0.3077	0.3077
样本容量	649528	649528	649528	649528	649528	649528
城市数量	106	106	106	106	106	106
个人数量	5658	5658	5658	5658	5658	5658

这不难理解，生产性服务业作为具有高人力资本、高附加值的知识密集型产业，其发展高度依赖知识和技能。一般而言，高教育水平劳动者具备更为丰富的知识和专业化的技能，且对未来收入有较高的预期，更容易被生产性服务业集聚度高的高人力资本地区所吸引，而低教育水平劳动者其现有知识、技能难以与生产性服务业劳动需求相匹配，且对预期收入期望不高，缺乏外出打工的动力。

模型 8 报告了不同年龄阶层的劳动者在选择流动时对生产性服务业集聚的异质性反应，交互项系数显著为正，说明随着年龄增大在人口流动决策时更加重视城市生产性服务业集聚水平。这可能是因为：作为年轻一代劳动力，其选择流动时更为重视城市能够带来的个人效益和生活舒适度，对个人就业机会及前景抱有向上态度，反而对个人工作和生活环境层面有更高的要求；较为年长的劳动者具有更丰富的阅历以及环境适应能力，相比于其他城市特征，他们对生产性服务业集聚所能创造的就业吸纳力更为重视。

本文也试图针对劳动者是否有随迁子女、劳动者是否为中共党员以及性别和是否结婚进行异质性分析，但从模型 9 至模型 12 的交互项系数来看均不显著。模型 9 报告了劳动力是否携带随迁子女在选择流向时对生产性服务业集聚水平的不同态度，交互项系数为负，说明没有随迁子女的流动者更受生产性服务业集聚水平的影响，没有子女跟随意味着迁移者很少因为子女就学等公共服务流动，更多的是为了就业，因而对生产性服务业集聚更为敏感。模型 10 报告了不同政治面貌的流动者在选择流向时对生产性服务业集聚的不同态度，交互项系数为正，说明党员在流动选择时更注重生产性服务业集聚水平，可能的解释是：党员一般都具备较高的教育理论修养，在学习知识、技能方面有一定的优势和需求，因而流动时更为重视高度依赖知识和技能的生产性服务业的集聚水平。模型 11 和模型 12 报告了不同年龄阶层和婚姻状况的劳动者在流动过程中对生产性服务业集聚水平的异质性反应，交互项系数均为负，说明女性和已婚的劳动者对城市生产性服务业集聚水平更敏感，这可能是因为相比于男性和未婚劳动力，女性和已婚劳动力对就业问题更为敏感。

2. 城市异质性分析

下面我们将城市分为沿海和内陆城市、省会和非省会城市，并考察具备不同工资水平的城市对人口流动的异质效应。表 5 中模型 13 至模型 15 分别报告了城市特征的异质性回归结果。模型 13 报告了沿海和内陆城市的异质性影响结果，可以看到交互项系数显著为负，说明流入内陆城市的劳动力对城市生产性服务业集聚度更为敏感。其中的原因可能是：大城市多集中于内陆，其集聚带来的正向作用大于拥挤效应产生的负向作用。模型 14 报告了流动城市是否省会城市的异质性影响结果，交互项系数显著为正，说明省会城市的劳动力在流动过程中更容易受城市生产性服务业集聚水平的影响。这可能是因为，省会城市作为一省的政治、经济、文化中心，是大城市化发展的重点，也是吸引资源的"排头兵"，凭借其政治、经济地位的优势对流动人口形成吸引，且省会城市具备更强的生产性服务业集聚外溢效应，从而更容易引致人才集聚。可以看到，生产性服务业集聚水平在内陆城市和省会城市吸引劳动力流入的过程中起到了显著促进作用，政府可以对这些城市的生产性服务业集聚水平提出更高的标准。城市的工资水平作为影响人口流动决策的重要因素，与劳动者的预期个人收入直接相关,本文对不同工资水平的城市进行异质性检验,分析城市工资水平和生产性服务业集聚水平对人口流动的交互影响。模型 15 显示城市工资水平与生产性服务业集聚水平交互项系数显著为正,说明随着工资水平的提高,城市生产性服务业集聚水平对人口流动决策的影响更为突出。一种可能的解释是,工资水平高的城市相对经济发展水平较高,而生产性服务业较强的集聚能力和技术进步水平,在推进城市化和促进城市经济增长方面具有举足轻重的作用,因此流入工资水平较高城市的劳动力对生产性服务业集聚水平更为敏感。

表 5 城市异质性分析

变量	模型 13 沿海内陆	模型 14 是否省会	模型 15 工资水平
集聚水平	2.5947*** (0.5129)	0.3558 (0.5897)	−0.6223 (0.7743)
交互项	−0.4372*** (0.1474)	2.4716*** (0.3692)	0.2398*** (0.0465)
控制变量	是	是	是
省份固定效应	是	是	是
Chi^2	15853.1456	15889.8635	15871.6059
$Pseudo\ R^2$	0.3079	0.3086	0.3083
样本容量	649528	649528	649528
城市数量	106	106	106
个体数量	5658	5658	5658

六、进一步分析:新型城镇化进程中的障碍逾越策略

(一)倒"V"形变动规律

生产性服务业作为经济发展的黏合剂处于价值链的顶端,其集聚发展对城市规模具有较强的依赖性(Winters et al.,2014;于斌斌,2019),特别是以大城市为载体的现代服务业集聚群,人才、资本等要素集聚的竞争与合作机制见证了更多的创新行为,对城市化进程具有推动作用(曹聪丽、陈宪,2018)。因此,考察生产性服务业集聚对流动人口选址决策的影响是否因城市规模层级差异而产生不同十分必要。2014 年,国务院发布《国务院关于调整城市规模划分标准的通知》,明确以城区常住人口为统计口径,将城市规模按照常住人口数量划分为五类七档,即超大城市、特大城市、Ⅰ型大城市、Ⅱ型大城市、中等城市、Ⅰ型小城市、Ⅱ型小城市。考虑到数据可得性和可靠性,本文采用《中国城市建设统计年鉴》中的城区人口数作为划分城市规模层级的标准,并将中等城市和小城市合并,Ⅰ型大城市与Ⅱ型大城市合并为大城市,超大城市与特大城市合并为巨大城市,即分为三档进行考察。

回归结果如表 6 所示,如果将这一结果呈现在图中,即如图 2 所示。显然,生产性服务业集聚的劳动力流入影响效应从小变大再变小,呈现一种倒"V"形变化规律。

表6 生产性服务业集聚对城市人口流动影响的规模异质效应

变量	模型 16 中小城市 （100 万人以下）	模型 17 大城市 （100 万~500 万人）	模型 18 巨大城市 （500 万人以上）
集聚指数	3.3712 *** （1.2248）	14.6733 *** （1.4754）	9.0079 *** （1.2727）
控制变量	是	是	是
省份固定效应	是	是	是
Chi^2	617.6906	6122.7212	2457.1051
$Pseudo\ R^2$	0.3161	0.2559	0.1827
样本容量	27860	134442	15921
城市数量	56	41	9
个体数量	5658	5658	5658

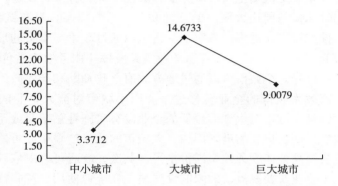

图2 不同规模城市生产性服务业集聚对人口流动影响系数变动趋势

对于中小城市，系数虽然高度正向显著，但其系数值与大城市相比仍处劣势。显然，当城市较小时，生产性服务业集聚对劳动力聚合作用不高，其中的原因可能是中小城市本身经济发展和就业机会难以与大城市匹敌，而从事生产性服务业工作的多为受教育水平较高的高端人才，较低的工资水平和发展机遇不足以吸引人才内流。同时对中小城市而言，其人口规模处于较低状态，整体生产性服务业难以发挥集聚带来的规模经济优势，高技能人才从中获益不足；同时城市规模较小，需求结构与产业结构不匹配无法形成有效的市场需求，且过少的人力资本和信息网络与相关制度的不完善，导致生产性服务业集聚对制造业效率的提升作用可能不如大城市，就业创造作用不显著。当城市规模迈入大城市行列时，大城市更高的工资水平、潜在的就业机会和公共服务水平带来的舒适度会对人口流动形成正向促进作用。而且大城市往往集聚更多的生产性服务业，在城市规模的引导下，人力资本的积累、制度的完善以及发达的信息网络使生产性服务业集聚产生的规模经济效益和人力资本外部性发挥的作用达到极致，况且高技能劳动力作为专业性较强的人力资本，除了高工资收入他们更注重职业发展前景及行业学习效应，无论是大城市的城市特征还是对于个人效用的追求均得到实现，这同时也验证了王小鲁和夏小林（1999）关于 100 万~400 万人口城市集聚收益较高的研究观点。同时城市人口规模的增加会不断地创造出新的就业机会（陆铭等，2012），吸引着更多劳动力流入。然而当城市规模继续扩大时，即使巨大城市的经济特征对劳动力具有足够的吸引，但是城市规模以及生产性服务业过多的集聚会造成交通拥堵、住房成本上升、环境污染加剧等现象，产生拥挤效应，"城市病"现象严重，且巨大城市残酷的竞争对人才流入也形成了一定的进入壁垒。当拥挤效应大于城市规模和生产性服务业集聚带来的集聚效应时，将会对劳动力产生"驱逐"。大城市系数高于巨大城市，一方面，大城市有一定的城市规模以支撑生产性服务业集聚发挥出其规模经济效应，且经济租金相对较低；另一方面，大城市资源相对巨大城市而言略为匮乏，生产性服务业集聚产生的引流作用更大。巨大城市本身极为丰富的经济、社会资源在一定程度上掩盖了生产性服务业集聚对劳动力流入的吸引力，且集聚产生的"拥挤效应"对人口流入产生负向影响。生产性服务业集聚对人口流动的促进作用随城市规模的变大先增后减，总体呈提高态势，为新一轮城市人才竞争的城市产业布局提供了重要政策含义。

因此，在大城市（100万~500万人口）发挥生产性服务业集聚对人口流动的引流作用"性价比"最高。上述分析对如何通过生产性服务业集聚与人口流动破除城市化进程中存在的障碍提供了一定的依据。下面我们从城市规模如何影响生产性服务业集聚"服务效率溢价"角度分析新型城镇化进程中的障碍逾越策略。

小城市因自身规模限制，难以充分发挥集聚溢出效应以及规模经济，虽然其服务业空间集聚产生的服务业生产效率溢价较低，但并不代表在溢价方面无所作为。因此，小城市可以以生产性服务业集聚区建设为切入点，尤其是低端生产性服务业，加强专业化分工，促进产业结构升级，吸引劳动密集型企业集聚；同时加强与周边大城市的互动联系，不断提高自身在城市层级体系中的地位，吸引人口和企业流入，推进城市化进程。事实上，也可以通过政策与集聚的形式形成一个新的政策组合（陈强远等，2021），推动小城市生产性服务业集聚发挥"服务效率溢价"。

一个可能的策略是：首先，小城市可以通过地方政府财政补贴和产业政策等竞争手段，吸引大城市中生产性服务业生产效率较低的企业转移过来。当小城市对流入企业的激励，如增加转移补贴、税收补贴等足够大，且大城市对生产率较低的企业没有实施补贴政策或予以疏散时，那么加之大城市市场竞争更为激烈，存在更高的进入门槛，大城市的低生产率企业可能会流入小城市。随着流入小城市企业增多将会提高整体服务效率溢价水平。其次，政府可以采取政策尽可能地降低服务业产品的贸易成本，减少企业及要素流动的限制性壁垒，在土地使用、税收优惠以及融资等方面向生产性服务业倾斜，为生产性服务业集聚发展提供良好的环境。同时，对于已存在小城市的高生产率企业可以进行一定的补贴，保持高生产率企业在本地区的地位；考虑到地方政府财政实力，也可以不予补贴，因为高生产率企业多为本地区龙头企业，其较高的地位带来的执行力以及与政府官员更多的接触机会，可以获得更多的额外收益，从而减少了转移的目的。这样，地方政府实施政策吸引企业转移集聚，从而形成人口集聚，充分发挥生产性服务业集聚对人口的吸引，一方面，生产性服务业集聚可以直接作用于新型城镇化进程；另一方面，生产性服务业集聚通过人口集聚间接推动新型城镇化进程。但这并不是鼓励政府利用补贴政策吸引企业流入，而忽略城市生产性服务业其自身发展，政府应避免对产业集聚过度干预造成的低质和同质产业集聚现象。

城市规模升级路径。对于大城市和巨大城市而言，其得天独厚的经济和技术优势自然吸引着小城市的企业和劳动力集聚，生产性服务业集聚的生产效率溢价作用显著。大城市应重点发展高端生产性服务业集聚区建设，促进中低端生产性服务业向高端生产性服务业迈进，逐渐向高端服务业城市转型。通过高端生产性服务业集聚的溢出效应推动上下游企业资源配置的优化和升级，并鼓励生产性服务业多样化集聚，从而提升本地区的全要素生产率，充分发挥大城市生产性服务业集聚溢价对企业和高技能人才的引流作用，从生产性服务业集聚角度推动大城市向巨大城市跨越。对于巨大城市而言，尽管生产性服务业集聚的生产率溢价作用显著，但仍然出现了"拥挤"问题。应避免过度强调集聚效应导致对企业及劳动力生产率溢价造成高估，而忽略过度集聚造成的城市拥挤及一系列问题。巨大城市在提升产品技术含量、保持生产性服务业平稳发展的同时，应通过生态环境建设和提高公共服务水平减少过度集聚造成的负向影响，进一步吸引高技能人才和高效率企业流入，推动新型城镇化进程。

（二）空间分布差异

总体来看，我国生产性服务业集聚度和城市流入人数的空间分布都呈现出空间非均衡特征，但不论是生产性服务业集聚度还是城市流入人口数，直辖市和省会城市都占有绝对优势。生产性服务业集聚分布差异明显，北京市、上海市等城市位于前列，直辖市和大部分省会城市的生产性服务业集聚度明显高于其他城市。流入人口多集中于直辖市、省会城市以及东部沿海地区。

结合表6，观察巨大城市我们可以看出，北京市生产性服务业集聚水平远超其他城市，但其突出的生产性服务业集聚水平吸引的人口并未与其他城市拉开巨大差距；成都、武汉和重庆三个城市生产性服务业集聚水平略落后于其他巨大城市甚至是部分大城市，相应地，成都市、武汉市对人口的吸引也低于其他巨大城市，但重庆市却吸引了大量人口流入，广州市流入人口较少。我们将巨大城市中北京市和广州市相应数据删掉进行回归，系数显著增加。因此，北京市和广州市应适当地降低生产性服务业集聚水平（或许存在过度集聚的情形），而成都市、武汉市应适当提高其生产性服务业集聚程度。观察大城市，省会城市的生产性服务业集聚水平和流入人数明显高于其他城市，但存在这样一种现象，如东北部地区、内蒙古自治区和海南的省会虽然有较高的生产性服务业集聚水平，但其流入人口数低于其他省会城市或东部部分城市，因此这部分地区城市应从加强经济水平建设入手，因地制宜地发展城市文化，同时也加强生产性服务业集聚水平，弥补人们区位选择思想的影响。其他城市应适当提高生产性服务业集聚水平，特别是郑州市、杭州市、福州市、长沙市等省会城市，充分发挥生产性服务业集聚对人口的引流作用。观察中小城市，安徽省、福建省、河北省和东部地区的部分小城市生产性服务业集聚水平相对较高，但其流入人口数都处于较低水平，与前面所述结论一致。因此，中小城市应重点以提高经济水平为核心，集中资源培育当地特色生产性服务业专业化发展，不断提高自身在城市层级体系中的地位，吸引企业和人口流入。对于有良好成长性的中小城市，政府也应给予政策倾斜，推动中小城市向大城市迈进。

（三）稳健性检验

1. 滞后一期回归

考虑到劳动力流入城市后可能会影响城市生产性服务业的集聚发展，产生由双向因果带来的内生性问题。因此，为避免反向因果带来的估计偏误，本文借鉴夏怡然和陆铭（2015）的处理方法，对解释变量进行前定变量处理，将城市变量和控制变量采用滞后一期进行回归，进一步将个体变量与城市变量进行匹配。表7模型19给出变量处理后的回归结果，核心解释变量的系数大小与基准回归结果大体一致，说明反向因果带来的内生性作用较小，基准回归的结果仍然稳健。

表7　稳健性检验

变量	模型 19 滞后一期	模型 20 区分动机	模型 21 剔除特殊样本
集聚指数	1.6098 *** （0.4216）	1.9968 *** （0.5176）	2.2145 *** （0.4953）
城市层面	是	是	是
个人层面	是	是	是
省份固定效应	是	是	是
Chi^2	15267.5070	14198.2676	12197.8900
Pseudo R^2	0.3139	0.3095	0.3001

变量	模型 19 滞后一期	模型 20 区分动机	模型 21 剔除特殊样本
样本容量	589490	578743	499239
城市数量	106	106	102
个人数量	5658	5658	4557

2. 区分样本流动动机

根据本文的研究目的，结合 2017 年 CMDS 问卷调查人口流动原因，本文将有关工作和经商流动动机的样本区分出来，共包含了 5061 个流动样本，相比而言更能体现出劳动力在流动选择时对备选城市收益和风险的权衡。劳动力由于其他动机流动，如家属随迁、婚姻嫁娶和学习培训等更容易受非自身特殊因素的影响，难免会使城市特征影响人口流动决策的真实结果产生一定的偏误，因此将其剔除。回归结果如表 7 模型 20 所示，核心解释变量估计系数仍然为正且略大于基准回归估计系数，这表明生产性服务业集聚水平对因就业而流动的劳动力的影响更为明显。

3. 剔除特殊样本

由于特殊的行政地位使直辖市与普通地级市在经济等方面有着巨大的差异，难以在各城市之间作出公平的比较，从而对本文的研究结果产生偏误。因此，这里删除北京市、上海市、天津市和重庆市四个流入地城市样本数据，使用剩余的 499239 个样本进行稳健性检验。回归结果如表 7 模型 21 所示，剔除直辖市数据后，检验结果仍然显著稳健。

七、结论与政策建议

新型城镇化的精髓是以人为核心，而产业协作效率的提升正是让人们更好地获得生产生活体验的关键。作为现代服务业的重要组成部分，生产性服务业日益成为产业深度融合的重要代表。在其发挥不可忽视的要素流动作用的同时，是否可以对新型城镇化的加速推进起到更好的作用迫切需要得到研究。本文在构建生产性服务业集聚对人口流动作用的理论模型的基础上，借助 2017 年全国流动人口动态监测数据（CMDS）和中国地级城市面板数据相匹配的经验数据，基于条件 Logit 模型，从微观个体流动决策角度考察生产性服务业集聚对人口流动的影响，进而掌握新型城镇化进程中的生产性服务业集聚管理思路。本文得到三个主要结论：第一，城市生产性服务业集聚对劳动力个体流入城市有显著的正向促进作用，且生产性服务业集聚会形成高端人才的"聚合效应"。第二，城市生产性服务业集聚产生的劳动力流动效应存在较强的个体异质性。不同年龄和受教育程度劳动力的流动决策具有异质性，高教育水平和年龄大的劳动力在选择城市流入时更容易受生产性服务业集聚水平的影响。从城市异质性角度看，内陆城市、省会城市以及高工资水平城市生产性服务业集聚水平对人口流动的吸引作用更明显，这些城市的生产性服务业集聚建设力度需要加强。第三，城市生产性服务业集聚对人口流动的影响存在显著区域差异，总体呈现中小城市—大城市—巨大城市规模演进中的倒"V"形反转，且人口规模在 100 万~500 万的大城市作用效应最高。另外对于中小城市，可以从服务业溢价角度采取政策和集聚相结合的策略推进中小城市对人口引流作用；大城市可以重点发展高端生产性服务业集聚区建设，逐渐向高端服务业城市转型；巨大城市可以通过生态环境建设和提高公共服务水平减少过度集聚对人口流动造成的负向影响。

本文验证了生产性服务业集聚在新型城镇化进程中吸引人口流动的内在动力，为地方政府利用城市生产性服务业集聚建设吸引高质量人才、优化就业结构、推进新型城镇化进程提供了若干启示。基于上述研究结论，本文提出以下政策建议：

第一，在新一轮城市人才争夺战中，将生产性服务业重要集聚区建设作为人才聚合的重要路径。生产性服务业集聚具有显著的人才引入效应，且越高端人才聚合力量越强，因此对生产性服务业的园区聚集式建设就显得尤为重要。根据城市工业生产类型和结构，匹配式地形成相应生产性服务业园区建设。尝试形成工业园区、生产性服务业园区的"双园区"配套模式，实现高端人力要素的互引，加速区域产业链、供应链、价值链的多链合一形成进程。尽量形成生产性服务业集聚的单中心，减小企业和人员流动过程中无谓成本的出现。

第二，城市管理者宜放大产业规划的空间辐射范围，借力邻近区域先进制造业布局生产性服务业集聚区。减少企业及要素流动的限制性壁垒和地方保护主义行为，加强城市间的联系，形成有序的合作分工格局，为生产性服务业集聚发展提供良好的环境，加快形成区域生产性服务业经济一体化市场，实现区域间产业协同发展。大城市在增强自身辐射力的同时，带动周边小城市的生产性服务业发展，也可将部分低端生产性服务业转移至小城市，缓解自身压力。中小城市利用大城市优质的资源，弥补对要素资源以及中高端生产性服务业的需求。

第三，通过生产性服务业集聚的有效利用，助力中小城市在"新型城镇化"道路上的顺利跨越。巨大城市应适度控制城市内的生产性服务业发展，推动生产性服务业的有序高效集聚，增加公共服务的供给以缓解巨大城市人口流入压力。大城市应在保证生产性服务业专业化集聚的同时，促进生产性服务业集聚的多样化发展，构建产业间协同共进、模式多元化的生产性服务业集聚区，促进中低端生产性服务业集聚向高端生产性服务业集聚迈进，进一步激发城市活力，吸引高质量人才流入。中小城市发展生产性服务业应注重专业化集聚发展，以发展低端生产性服务业为契机，结合资源优势通过发展当地特色生产性服务业以及与当地优势制造业相匹配的生产性服务业，不断调整产业结构，打造专业化的生产性服务业集聚区，以期吸引人口流入，但也应避免低水平的重复性建设。在中小城市迈步进入大城市的"新型城镇化"道路上，要充分借力生产性服务业的人才聚合力量，为培育更多高质量发展城市而发挥自身的产业价值。

参考文献

[1] 曹聪丽，陈宪. 生产性服务业集聚、城市规模与经济绩效提升：基于空间计量的实证研究 [J]. 中国经济问题，2018（2）：34-45.

[2] 陈建军，陈国亮，黄洁. 新经济地理学视角下的生产性服务业集聚及其影响因素研究：来自中国222个城市的经验证据 [J]. 管理世界，2009（4）：83-95.

[3] 陈强远，江飞涛，李晓萍. 服务业空间集聚的生产率溢价：机制与分解 [J]. 经济学（季刊），2021（1）：23-50.

[4] 范剑勇，冯猛，李方文. 产业集聚与企业全要素生产率 [J]. 世界经济，2014（5）：51-73.

[5] 冯泰文. 生产性服务业的发展对制造业效率的影响：以交易成本和制造成本为中介变量 [J]. 数量经济技术经济研究，2009（3）：56-65.

[6] 高康，原毅军. 生产性服务业空间集聚如何推动制造业升级？[J]. 经济评论，2020（4）：20-36.

[7] 韩峰，洪联英，文映. 生产性服务业集聚推进城市化了吗？[J]. 数量经济技术经济研究，2014（12）：3-21.

[8] 韩峰，阳立高. 生产性服务业集聚如何影响制造业结构升级？：一个集聚经济与熊彼特内生增长理论的综合框架 [J]. 管理世界，2020（2）：72-94，219.

[9] 李平，付一夫，张艳芳. 生产性服务业能成为中国经济高质量增长新动能吗 [J]. 中国工业经济，2017（12）：5-21.

[10] 梁琦，陈强远，王如玉．户籍改革、劳动力流动与城市层级体系优化 [J]．中国社会科学，2013（12）：36-59，205.

[11] 刘生龙．人力资本的溢出效应分析 [J]．经济科学，2014（2）：79-90.

[12] 刘奕，夏杰长，李垚．生产性服务业集聚与制造业升级 [J]．中国工业经济，2017（7）：24-42.

[13] 刘毓芸，徐现祥，肖泽凯．劳动力跨方言流动的倒 U 型模式 [J]．经济研究，2015（10）：134-146，162.

[14] 陆铭，高虹，佐藤宏．城市规模与包容性就业 [J]．中国社会科学，2012（10）：47-66，206.

[15] 马双，赵文博．方言多样性与流动人口收入：基于 CHFS 的实证研究 [J]．经济学（季刊），2019（1）：393-414.

[16] 戚晶晶，许琪．农村劳动力跨省流动与流入省吸引力的分析：基于传统劳动力迁移、人力资本、新劳动力迁移与制度变迁理论 [J]．人口与经济，2013（3）：53-61.

[17] 盛来运．中国农村劳动力外出的影响因素分析 [J]．中国农村观察，2007（3）：2-15，80.

[18] 孙健，尤雯．人才集聚与产业集聚的互动关系研究 [J]．管理世界，2008（3）：177-178.

[19] 孙三百，黄薇，洪俊杰．劳动力自由迁移为何如此重要？：基于代际收入流动的视角 [J]．经济研究，2012（5）：147-159.

[20] 孙三百．城市移民收入增长的源泉：基于人力资本外部性的新解释 [J]．世界经济，2016（4）：170-192.

[21] 孙伟增，张晓楠，郑思齐．空气污染与劳动力的空间流动：基于流动人口就业选址行为的研究 [J]．经济研究，2019（11）：102-117.

[22] 孙文凯，白重恩，谢沛初．户籍制度改革对中国农村劳动力流动的影响 [J]．经济研究，2011（1）：28-41.

[23] 唐颂，黄亮雄．新经济地理学视角下的劳动力转移机制及其实证分析 [J]．产业经济研究，2013（2）：1-9，84.

[24] 王桂新，潘泽瀚，陆燕秋．中国省际人口迁移区域模式变化及其影响因素：基于 2000 和 2010 年人口普查资料的分析 [J]．中国人口科学，2012（5）：2-13，111.

[25] 王小鲁，夏小林．优化城市规模推动经济增长 [J]．经济研究，1999（9）：22-29.

[26] 夏怡然，陆铭．城市间的"孟母三迁"：公共服务影响劳动力流向的经验研究 [J]．管理世界，2015（10）：78-90.

[27] 杨雪，魏洪英．流动人口长期居留意愿的新特征及影响机制 [J]．人口研究，2017（5）：63-73.

[28] 杨智峰，汪伟，吴化斌．技术进步与中国工业结构升级 [J]．财经研究，2016（11）：44-59.

[29] 易信，刘凤良．金融发展、技术创新与产业结构转型：多部门内生增长理论分析框架 [J]．管理世界，2015（10）：24-39，90.

[30] 殷江滨，李郇．中国人口流动与城镇化进程的回顾与展望 [J]．城市问题，2012（12）：23-29.

[31] 于斌斌．生产性服务业集聚如何促进产业结构升级？：基于集聚外部性与城市规模约束的实证分析 [J]．经济社会体制比较，2019（2）：30-43.

[32] 原毅军，郭然．生产性服务业集聚、制造业集聚与技术创新：基于省级面板数据的实证

研究 [J]. 经济学家, 2018 (5): 23-31.

[33] 曾艺, 韩峰, 刘俊峰. 生产性服务业集聚提升城市经济增长质量了吗? [J]. 数量经济技术经济研究, 2019 (5): 83-100.

[34] 张海峰, 林细细, 梁若冰, 等. 城市生态文明建设与新一代劳动力流动: 劳动力资源竞争的新视角 [J]. 中国工业经济, 2019 (4): 81-97.

[35] 张莉, 何晶, 马润泓. 房价如何影响劳动力流动? [J]. 经济研究, 2017 (8): 155-170.

[36] 张明志, 李兆丞, 刘红玉. 创新驱动下的新二元经济形成及解构 [J]. 科学学研究, 2021, 39 (11): 12.

[37] 张明志, 余东华. 服务业集聚对城市生产率的贡献存在拐点吗?: 来自中国 275 个地级及以上城市的证据 [J]. 经济评论, 2018 (6): 15-27.

[38] 赵耀辉. 中国农村劳动力流动及教育在其中的作用: 以四川省为基础的研究 [J]. 经济研究, 1997 (2): 37-42, 73.

[39] 钟笑寒. 劳动力流动与工资差异 [J]. 中国社会科学, 2006 (1): 34-46, 206.

[40] Bagne D. J. Principle of Demography [J]. Journal of the Royal Statistical Society, 1969, 19 (4): 410.

[41] Davis D., Weinstein D. Does Economic Geography Matter for International Specialization? [R]. NBER Working Papers, No. 5706, 1996.

[42] Du Y. Rural Labor Migration in Contemporary China: An Analysis of Its Features and the Macro Context [M] //Rural Labor Flows In China. Berkeley: Institute of East Asian Studies, University of California, 2000.

[43] Francois J., Woerz J. Producer Services, Manufacturing Linkages, and Trade [J]. Social Science Electronic Publishing, 2008, 8 (3-4): 199-229.

[44] Harris J. R., Todaro M. P. Migration, Unemployment and Development: A Two-Sector Analysis [J]. American Economic Review, 1970, 60 (1): 126-142.

[45] Jackman R., Savouri S. Regional Migration in Britain: An Analysis of Gross Flows Using Nhs Central Register Data [J]. Economic Journal, 1992, 102 (415): 1433-1450.

[46] Keeble D., Nachum L. Why Do Business Services Cluster? Small Consultancies, Clustering and Decentralization in London and Southern England [J]. Transactions of the Institute of British Geographers, 2002, 27 (1): 67-90.

[47] Lee E. S. A Theory of Migration [J]. Demography, 1966, 3 (1): 47-57.

[48] Lucas R. On The Mechanisms of Economics Development [J]. Journal of Monetary Economics, 1988, 22 (3): 3-42.

[49] Marshall A. Principles of Economics: An Introductory Volume [M]. London: Macmillan, 1890.

[50] Mcfadden D. L. Conditional Logit Analysis of Qualitative Choice Behavior [M]. Frontiers in Econometrics, New York: Academic Press, 1974.

[51] Moretti E. Workers' Education, Spillovers, and Productivity: Evidence from Plant-Level Production Functions [J]. The American Economic Review, 2004, 94 (3): 656-690.

[52] Pissarides C. A., Mcmaster I. Regional Migration, Wages and Unemployment: Empirical Evidence and Implications For Policy [J]. Oxford Economic Papers, 1990, 42 (4): 812-831.

[53] Qi Y., Liu Y. Industrial Spatial Structure and Evolution of Producer Services and Manufacturing [J]. Metallurgical and Mining Industry, 2015, 7 (3): 127-135.

［54］Roberts K. Chinese Labor Migration：Insights from Mexican Undocumented Migration to the U-nited States ［M］//Rural Labor Flows in China. Berkeley：Institute of East Asian Studies，University of California，2000.

［55］Winters M. S.，Karim A. G.，Martawardya B. Public Service Provision Under Conditions of Insufficient Citizen Demand：Insights from the Urban Sanitation Sector in Indonesia ［J］. World Development，2014（60）：31-42.

中国工业全球价值链嵌入位置对能源偏向型技术进步的影响

杨 博 王林辉

[摘 要] 本文将全球价值链理论与技术进步理论纳入统一框架，测算中国工业全球价值链嵌入位置与技术进步能源偏向性指数，探讨全球价值链嵌入位置对能源偏向型技术进步的影响及其作用机制。结果表明，中国工业技术进步大体朝能源节约方向发展，绝大多数行业参与全球价值链的方式为浅度跨境分工，简单嵌入位置高于复杂嵌入位置，在全球价值链中物理位置较高但经济位置较低；全球价值链嵌入位置与能源偏向型技术进步呈现倒"U"型曲线关系，只有进入拐点右侧，向全球价值链高端攀升才会促进节能型技术进步发展，且嵌入方式、嵌入方向与嵌入位置的影响效应存在异质性，复杂嵌入方式、前向嵌入方向与经济嵌入位置促进技术偏向于节能；全球价值链嵌入位置演变产生的技术溢出、市场竞争、路径依赖与污染转移效应四种作用机制相互抗衡，相互制约，共同决定中国工业技术进步方向。

[关键词] 能源偏向型技术进步；全球价值链嵌入位置；技术溢出；市场竞争；路径依赖；污染转移

一、引言

经济增长往往伴随着能源资源约束与环境污染问题，一味追求经济增长而不考虑资源与环境约束会对一国长期可持续发展带来负面效应。虽然清洁能源技术蓬勃发展，世界能源使用中绝大多数比例仍为污染性能源，2019 年全球一次能源消费中，石油占 34%、天然气占 24%、煤炭占 27%、核能占 4%、水电占 7%，风能等可再生能源在全球能源消费中的比重仅为 4%。传统化石能源的使用引发了严重的气候问题，全球气温上升、海平面上移、欧洲热浪、飓风肆虐等环境气候问题反复出现，不利于地球生态平衡与人类生存环境的改善（Stott et al.，2004；Landsea，2005；Nicholls and Lowe，2006）。中国具有巨大的人口规模、雄厚的产业基础与密集的交通网络，工业发展方式呈现能源高消耗与高外部依赖特征，面临生态环境恶化、能源资源约束趋紧、能源安全形势严峻等多重压力。

节能技术进步是解决经济增长与能源消耗间矛盾冲突的良药。前沿文献强调单一环境政策在治理环境污染方面的有效性，却普遍忽视技术进步方向对节能减排与产业升级的关键作用。Solow（1956）新古典经济增长模型默认技术进步同比例作用于劳动力与资本，即技术具有无偏性，符合早期卡尔多事实内容，但无偏中性技术假设不能解释广泛存在的要素使用效率差异与要素投入比变化问题。Acemoglu（2002）基于诱致性技术创新假说对技术进步方向做出定义，提出若技术进步提高 Z 要素的相对边际产出，则为偏向于 Z 要素。技术进步依照偏向能源使用或能源节约方向可以分

[作者简介] 杨博，上海社会科学院应用经济研究所助理研究员，经济学博士；王林辉，华东师范大学经济学院教授，博士生导师，经济学博士。

为节能技术进步与耗能技术进步，其中节能技术进步不仅是经济增长的主要动力，且其中蕴含的能源偏向属性可以改变生产中能源消耗占比，对资源进行重新配置，进而实现产业结构优化与可持续发展。

能源偏向型技术进步形成原因为何？现有文献普遍承认要素禀赋结构、要素相对价格、自主研发方向与政策引导等国内因素对技术进步方向形成的重要性（王林辉等，2019，2020；戴天仕和徐现祥，2010；宋冬林等，2011），较少涉及国际范畴，从全球价值链嵌入角度考察技术进步方向形成原因更是十分匮乏。事实上，各国中间品在全球价值链中的序贯贸易会对技术进步方向产生影响，且存在多种作用机制。全球价值链嵌入引起的高质量和多种类中间品贸易是研发资本存量从发达国家向发展中国家跨国流动的重要载体和形式（Coe and Helpman，1995；Long and Wong，1997），中间品中蕴含的技术进步与国内劳动力技能近似构成一个互补关系（Hendricks，2000），两者相互结合能够促进国内劳动技能提升。Connolly（2003）使用 1965～1990 年 75 个国家数据发现，进口高科技中间品对发展中国家具有技术溢出效应。Lawrence 和 Weinstein（1999）使用行业数据发现，20 世纪 80 年代美国全要素生产率增长的 80% 由进口贸易引起的市场竞争效应和产业结构变化所贡献。Bloch 和 Olive（2001）也发现中间品贸易带来的竞争效应提升了澳大利亚制造业企业的生产及配置效率。然而，全球价值链嵌入也可能会加深发展中国家对耗能技术的路径依赖效应。Acemoglu 等（2012，2016）认为，若初始耗能技术水平高于节能技术，企业后期想要使节能技术水平追赶上耗能技术需投入更大研发资源并花费更大成本，因此企业转变技术方向动力不足，易对耗能技术形成路径依赖，需要合理而及时的政府税收与补贴政策加以引导，小型专业化企业更易受政府政策与研发环境影响而转变技术研发方向（Noailly and Smeets，2013）。若要素间替代弹性足够大，完全可以使技术进步由耗能方向转向节能，若替代弹性小于 1，则需要牺牲长期经济增长利益才能避免环境灾难。Popp（2002）、Aghion 等（2016）发现 1970～1994 年美国技术进步向能源节约方向发展是价格效应与生产率效应双重叠加结果，政府通过制定碳税政策以提高能源相对价格可以诱致节能技术研发，而生产率效应加剧了技术进步沿初始偏向延伸的路径依赖特征。Copeland 和 Taylor（1994）认为环境规制强度的区域性差异引致耗能型"肮脏"产业通过全球价值链产生区域转移，诱使发展中国家耗能技术进步。

综上所述，中国工业沿全球价值链向高端位置攀升过程中，技术溢出、市场竞争、路径依赖和污染转移效应相互制约、相互抗衡，共同决定了中国工业技术进步方向。2020 年 7 月 22 日，习近平总书记在企业家座谈会上对中国经济长期趋势做出"从长远看，经济全球化仍是历史潮流，各国分工合作、互利共赢是长期趋势"的重大判断。在新技术革命冲击、全球贸易保护主义盛行与新冠肺炎疫情蔓延等多重因素叠加下，全球价值链重构呈现出常态化、复杂化与多变性趋势，如何在全球价值链断裂与延伸中攀登至更高位置，并利用全球价值链嵌入促进节能技术进步，形成经济增长与可持续发展的良性循环极具现实意义。

基于此，本文对中国工业及其子行业全球价值链嵌入位置与能源偏向型技术进步进行了测算，实证研究了全球价值链嵌入位置对能源偏向型技术进步影响及其作用机制，探究全球价值链嵌入方式、嵌入方向以及嵌入市场异质性对技术进步方向的作用差异。本文边际贡献主要体现在三个方面：其一，以技术进步方向视角研究节能减排与能源效率问题，考虑节能技术进步从生产投入与资源整合方面对节能减排与环境保护的影响。现有文献多考察环境规制与财政政策等对节能减排的直接作用，将环境保护作为单一政策目标，难以减轻单一政策面临的多目标困境和政策负担。本文将能源要素纳入偏向型技术进步理论范畴，设计技术进步能源偏向性指数对中国工业技术进步方向进行测量，为实现节能减排目标提供新思路。其二，从全球价值链嵌入位置视角解释能源偏向型技术进步的形成原因，探究技术进步方向演变规律。以往文献多在封闭条件下研究要素禀赋、要素价格与技术研发等国内因素对技术进步方向的作用，开放条件下的研究也仅涉及国际贸易与外商直接投资等影响，全球价值链嵌入对技术进步方向引导作用的研究仍处于初步探索阶段。其三，在识别全球价值链嵌入位置变化对能源偏向型技术进步影响基础上，从技术溢出、市场竞争、路径依赖与污染转移效应方面检验其作用机理，并细致刻画全球价值链嵌入的物理位置与经济位置，简单与复杂嵌入方式，前向与后向嵌入方向，以及嵌入不同市场的作用差异，丰富了现有研究内容与研究结论。

二、理论分析与研究假设

除要素禀赋与自主研发等国内因素外，一些研究已证实开放经济条件下国际贸易与FDI对技术进步方向的作用（王林辉等，2019a，2019b），但从全球价值链嵌入角度的研究仍处于初级探索阶段。全球价值链嵌入位置与技术进步能源偏向性的曲线关系与"微笑曲线"类似①，当全球价值链嵌入位置较低时，行业在全球价值链中增值能力较弱，在垂直分工中主要依赖丰裕的能源要素禀赋承担一些耗能型生产任务，且在此阶段国内技术与世界领先技术差距较大，对先进节能技术吸收能力较弱（宋跃刚和郑磊，2020；杨蕙馨和张红霞，2020），节能技术难以向国内溢出，国内企业仍遵循耗能型生产方式实现出口中间品国际份额的上升，技术进步能源偏向性增强。在资源约束趋紧、生态环境受损、环境恢复成本上升与生产废弃物治理技术相对落后形势下，这种价值链攀升方式将会长期阻碍中国生态环境优化、产业转型升级与经济稳定增长。随着行业在全球价值链中向更高端位置攀升，国内生产技术与国外先进技术差距缩小，生产条件与先进技术适宜性与匹配度提高，更易于先进节能技术通过全球价值链溢出。另外，处于全球价值链更高端位置的中间品生产技术复杂度提升，节能环保标准更加严格，在世界市场中参与的更多为质量竞争而不是数量竞争，促进了国内技术进步节能属性增强，进入价值增值与节能生产的良性循环。据此，我们提出假设1：

假设1：全球价值链嵌入位置与能源偏向型技术进步呈现出非线性的倒"U"形曲线关系。

全球价值链嵌入是重要的技术溢出方式，随着部门在全球价值链中嵌入位置变动，与不同国家形成上下游关联，中间品在上下游国家间的序贯贸易会使蕴含在中间品中的技术发生跨国溢出，技术进步的能源偏向属性也会随之传递。全球价值链嵌入位置的技术溢出效应主要体现在：第一，参与全球价值生产的"干中学"效应（姚洋和张晔，2008），国内企业使用进口中间品作为投入品，向中间品中注入本国增加值后销往国外，形成完整生产链条。随着一国向全球价值链高端位置攀升，所承担的国际分工任务相应改变，对生产人员技术水平要求更高，而对能源要素投入绝对数量需求减少，技术节能属性更强，加工人员需不断提高技能以适应新的生产工序，技术进步偏向于节能。第二，对进口中间品进行"逆工程化"生产也可以实现技术溢出（张杰等，2007），全球价值链高端位置面临环保标准更严格，所涉及中间品节能属性更强，各国基于成本—利润考量，优先进口质优价低的中间品，将蕴含先进技术的中间品进行拆分、测绘和重造，通过逆工程化改造促进模仿创新，实现节能技术的跨国溢出。第三，一些技术水平较高企业基于对最终产品质量与能源含量的控制，与上下游国家合作生产时会派高技术工程人员进行跨国交流，将先进生产技术与管理经验通过跨国人员流动方式溢出，促进上下游国家节能技术发展（张三峰，2020）。据此，我们提出假设2：

假设2：全球价值链嵌入位置提升通过技术溢出效应使技术进步方向偏向于节能。

国内企业参与全球价值链相当于进入更广阔的商品与服务市场，在向高端位置攀升过程中，市

---

① "微笑曲线"理论由施振荣在1992年提出，认为在价值链的"研发设计—生产制造—品牌营销"流程中，越靠近价值链的前端与末端，其生产环节所创造的增加值越高，而处于链条中部的生产环节所创造的增加值最低，所获利润也更少。

场竞争效应会改变技术进步能源偏向性。第一，全球价值链高端位置的企业竞争更多是产品质量竞争与科技竞争而非数量竞争，进口中间品带来的替代效应与竞争效应改变了国内中间品的价格需求弹性（Slaughter，2001），使需求方对于中间品价格变化更敏感，企业为获得更广阔的国内外市场竞相提高生产率，改进能源使用效率，降低对能源依赖性，提高产品附加值与科技含量，技术进步方向随之改变。第二，企业承担能源节约与环境保护等社会责任是维持良好企业形象与竞争优势的重要组成部分，企业在全球价值链中地位提升，所需承担的社会责任也相应增大（李伟阳和肖红军，2010），加之国外消费者具有较强节能意识与公众环保诉求，技术进步节能属性成为企业市场竞争力的重要评价指标，只有能源使用效率较高企业才能够在激烈的市场竞争中占据优势。第三，国内企业越靠近全球价值链高端位置，其在世界市场所面临的产品质量与环境管理标准更为严苛（刘志彪和张杰，2007），企业遵循耗能型与污染型生产方式可能被国外进口商列入黑名单，甚至面临处罚风险，倒逼国内企业研发节能型生产技术（许和连和邓玉萍，2012）。据此，我们提出假设3：

假设3：全球价值链嵌入位置提升通过市场竞争效应使技术进步方向偏向于节能。

全球价值链将产品生产链条在世界范围内打散，各国利用自身不同的要素禀赋优势在国际产品生产链条中承担部分环节，全球价值链嵌入可能加深发展中国家对能源要素依赖程度。一方面，发展中国家在国际垂直分工中一般利用本国能源要素丰裕的比较优势承担耗能型生产任务，而发达国家在高新技术与管理经验方面占据优势，承担资本与技术密集型生产工序，随着全球价值生产分工的日益细化与深化，各国难以突破原有的国际分工布局，虽然发展中国家在全球价值生产中附加值增大，地位提升，但更易形成高能源依赖的经济发展惯性，产生自我强化倾向（邵帅等，2019）。另一方面，企业生产方式从粗放型到集约型转变需要进行自主研发或购买先进技术设备，并对从业人员重新培训，前期成本投入大且收益风险不确定，企业不具有足够动力进行技术更新换代。Acemoglu 等（2012，2016）证实了耗能技术进步的路径依赖效应，若初始耗能技术水平高于节能技术，企业需投入更大研发资源来使节能技术水平追赶上耗能技术，在缺少政策干预情况下易对耗能技术形成路径依赖，若要素间替代弹性足够大，合理而及时的政府税收与补贴政策可以使技术进步由耗能方向转向节能，若替代弹性小于1，则需要牺牲长期经济增长利益才能避免环境灾难。据此，我们提出假设4：

假设4：全球价值链嵌入位置提升通过路径依赖效应使技术进步方向偏向于耗能。

全球价值链嵌入会引起发达国家向发展中国家的污染转移效应。Water 和 Ugelow 在 1973 年提出的污染天堂假说认为，由于发达国家与发展中国家环境规制强度的区域性差异，污染企业更倾向于在发展中国家设厂。一般而言，发达国家节能技术水平较高，产品研发与设计能力较强，具有比较优势的多为节能型清洁品，在产品生产中，将各生产工序通过全球价值链分散在世界各地，将产品研发与售后服务等价值增值较大且盈利性强的核心任务保留在国内，而将污染性和能耗性生产工序交至后发国家进行（涂正革，2008）。发展中国家迫于经济发展的巨大压力与本国高端科技薄弱的现状，只能依靠国内丰裕的要素禀赋优势与低廉的生产要素成本，在国际垂直分工中主动或被动承担污染型生产工序，诱使企业研发耗能型技术进步，导致国内环境进一步恶化（李锴和齐绍洲，2011）。在中国改革开放 40 多年进程中，环境规制标准一直处于较低水平，加之中国出口导向型发展模式，在全球价值链中优势产业仍为耗能型产业，急需技术升级与经济转型。据此，我们提出假设5：

假设5：全球价值链嵌入位置提升通过污染转移效应使技术进步方向偏向于耗能。

三、指标测度与计量模型设定

（一）变量测度

1. 被解释变量

能源偏向型技术进步（tb）。本文借鉴 Acemoglu（2002）对技术进步方向的定义设定技术进步能源偏向性指数，将三要素双层嵌套生产函数模型设定如下：

$$Y_t = \left\{ \alpha (A_t L_t)^{\frac{\sigma-1}{\sigma}} + (1-\alpha) \left[\beta (B_t E_t)^{\frac{\varepsilon-1}{\varepsilon}} + (1-\beta)(C_t K_t)^{\frac{\varepsilon-1}{\varepsilon}} \right]^{\frac{(\sigma-1)/\sigma}{(\varepsilon-1)/\varepsilon}} \right\}^{\frac{\sigma}{\sigma-1}} \tag{1}$$

其中，L 为劳动要素投入，E 为能源要素投入，K 为资本要素投入，A_t、B_t 和 C_t 分别表示劳动、能源与资本的生产效率，α 为劳动所占份额，β 为能源所占份额，ε 为能源与资本的替代弹性，σ 表示资本与能源聚合后与劳动之间的替代弹性。

不变条件下能源与资本要素投入引发的要素相对边际产出比为：

$$TRSL = \frac{\partial Y_t}{\partial E} \bigg/ \frac{\partial Y_t}{\partial K} \tag{2}$$

若 $TRSL>1$，那么技术进步偏向于能源，若 $TRSL<1$，则技术进步偏向于资本。

为此，将技术进步能源偏向性定义为：

$$tb = \frac{1}{TRSL} \frac{\partial TRSL}{\partial (B/C)} \times \frac{\mathrm{d}(B/C)}{\mathrm{d}t} \tag{3}$$

若 $tb>0$，则技术进步偏向于能源，其值越大，表明技术进步偏向于能源的程度越高，即技术进步更能促进能源的边际产出；若 $tb<0$，则技术进步偏向于资本，其值越小，表明技术进步偏向于资本的程度越高，即技术进步更能促进资本的边际产出；若 $tb=0$，则技术进步在资本与能源间具有无偏性。

由式（1）得出能源与资本要素的边际产出分别为：

$$MP_E = \partial Y_t / \partial E = (1-\alpha) \beta Y_t^{1-\rho} H_t^{\rho-\theta} B_t^\theta E_t^{\theta-1}$$

$$MP_K = \partial Y_t / \partial K = (1-\alpha) \beta Y_t^{1-\rho} H_t^{\rho-\theta} C_t^\theta K_t^{\theta-1}$$

其中，$\rho = \frac{\sigma-1}{\sigma}$，$\theta = \frac{\varepsilon-1}{\varepsilon}$，$H_t = [\beta (B_t E_t)^\theta + (1-\beta)(C_t K_t)^\theta]$。

假设经济处于完全竞争市场条件下，能源与资本的边际报酬之比即等于其边际产出之比为：

$$\frac{w_{Et}}{w_{Kt}} = \frac{MP_E}{MP_K} = \left(\frac{\beta}{1-\beta}\right) \left(\frac{B_t}{C_t}\right)^\theta \left(\frac{E_t}{K_t}\right)^{\theta-1} \tag{4}$$

得到技术进步能源偏向性指数：

$$tb_{it} = \theta \left(\frac{A_E}{A_K}\right)^{-1} \frac{\mathrm{d}(A_E/A_K)}{\mathrm{d}t} \tag{5}$$

由式（5）可知，技术进步能源偏向性指数取决于能源与资本的生产效率及能源与资本间替代弹性。利用标准化系统方程，运用广义非线性最小二乘估计法估算各要素替代弹性，进而测算技术进步能源偏向性指数。

计算技术进步能源偏向性涉及指标有工业各行业产出 Y、能源要素投入 E、劳动要素投入 L、资本要素投入 K、能源要素报酬 hE、劳动要素报酬 wL 和资本要素报酬 rK。其中，行业产出 Y 由各行业工业增加值减税金总额的差表示，缺失数据使用工业净产值与工业总产值数据，与工业增加值按平均比例计算得到，再使用工业生产者出厂价格指数平减，数据来源于《中国工业经济统计年鉴》；分行业能源要素投入 E 使用能源消费总量表示，数据来源于《中国能源统计年鉴》；劳动要素投入 L 使用行业从业人员年平均数，数据来源于《中国工业经济统计年鉴》；资本要素投入 K 使用永续盘存法计算资本存量得到；能源要素报酬 hE 使用上述能源要素投入与能源价格的乘积表示，其中能源价格计算较为复杂，由于各行业能源使用结构差别较大，若简单地使用燃料、动力类购进价格指数替代能源价格将忽略行业异质性问题，造成能源价格偏离实际值，因此本文借鉴杨冕等（2018）、王玉霞和傲日格乐（2019）的方法，使用 2014 年各类能源价格乘以各行业 2014 年各类能源消费量，得到 2014 年各行业能源消费总额，再除以各行业 2014 年能源消耗总量，得到 2014 年各行业能源价格，使用历年各行业燃料、动力类购进价格指数倒推出 2000～2013 年各行业能源价格，其中，原油价格使用大庆油田 2014 年中质原油价格表示；汽油价格使用金投网统计的 2014 年初与年末 90#、93# 和 97# 汽油平均价格表示；煤炭、焦炭、柴油、燃料油、煤油价格使用金投网与化工产品网公布的各地 2014 年初与年末价格的平均值表示，天然气价格依照 1375 立方米/吨将液化天然气价格换算为元/亿立方米；电力价格使用 2014 年各省上网电价的平均值表示；劳动要素报酬 wL 使用职工工资总额与社会保险基金之和表示，其中各行业社会保险基金由社会保险基金总额按各行业工资比例折算；资本要素报酬 rK 使用固定资产折旧与营业利润之和表示。

2. 自变量

（1）核心解释变量为全球价值链嵌入位置（*position*）。

借助行业平衡条件与行业间投入产出关系，一国总产出可以表示为：

$$X^c = A^{cc}X^c + \sum_{c \neq d}^{G} A^{cd}X^d + Y^{cc} + \sum_{c \neq d}^{G} Y^{cd} = A^{cc}X^c + Y^{cc} + \sum_{c \neq d}^{G} E^{cd} \tag{6}$$

其中，X^c 表示 c 国总产出，A^{cc} 表示 c 国国内消耗系数矩阵，A^{cd} 表示 d 国对 c 国消耗系数矩阵，E^{cd} 表示 c 国向 d 国总出口。

列昂惕夫逆矩阵 $R^{cc} = (I - A^{cc})^{-1}$，使用 R^{cc} 表示为：

$$X^c = (I - A^{cc})Y^{cc} + (I - A^{cc})\sum_{c \neq d}^{G} E^{cd} = R^{cc}Y^{cc} + R^{cc}\sum_{c \neq d}^{G} E^{cd} = R^{cc}\left(Y^{cc} + \sum_{c \neq d}^{G} E^{cd}\right) \tag{7}$$

c 国行业部门增加值可分解为：

$$(Va^c)' = \hat{V}^c R^{cc} Y^{cc} + \hat{V}^c R^{cc} E^{c*} =$$

$$\underbrace{\hat{V}^c R^{cc} Y^{cc}}_{①V\_D} + \underbrace{\hat{V}^c R^{cc} \sum_{c \neq d}^{G} Y^{cd}}_{②V\_RT} + \underbrace{\hat{V}^c R^{cc} \sum_{c \neq d} A^{cd} R^{dd} Y^{dd}}_{③V\_GVC\_R} + \underbrace{\hat{V}^c R^{cc} \sum_{c \neq d} A^{cd} \sum_{h}^{G} (R^{dh} Y^{hk})}_{④V\_GVC\_D} +$$

$$\underbrace{\left[\hat{V}^c R^{cc} \sum_{c \neq d} A^{cd} \sum_{h}^{G} \left(R^{dh} \sum_{k \neq c}^{G} Y^{hk}\right) - \hat{V}^c R^{cc} \sum_{c \neq d} A^{cd} R^{dd} Y^{dd}\right]}_{⑤V\_GVC\_F} \tag{8}$$

其中，$\hat{V}^c$ 为 c 国增加值矩阵，$(Va^c)'$ 为 c 国增加值列向量，①V_D 为在国内生产并作为最终品满足国内需求的增加值；②V_RT 为在国内生产并作为最终品满足国外需求的增加值；③V_GVC_R，被进口国作为中间投入品用以生产最终品并被该进口国吸收的国内增加值，该部分增加值只跨境一次，没有间接出口至第三国；④V_GVC_D，被进口国作为中间品进行中间品与最终品生产后又重新流回出口国，并被出口国作为最终品吸收的国内增加值，该部分增加值跨境两次；⑤V_GVC_F，被进口国作为中间品进行生产后出口至第三国，第三国将其作为中间品生产最终品而直接吸收，或返回该进口国被吸收。

与增加值分解类似，最终品也可以分解为 5 部分：

$$u'\hat{Y} = \underbrace{V'^c R^{cc} \hat{Y}^{cc}}_{①Y\_D} + \underbrace{V'^c R^{cc} \sum_{c \neq d} \hat{Y}^{cd}}_{②Y\_RT} + \underbrace{\sum_{c \neq d} V'^c R^{cc} A^{cd} R^{dd} Y^{dd}}_{③Y\_GVC\_R} + \underbrace{V'^c \left(\sum_{c \neq d} B^{cd} A^{dc} R^{dd}\right)\hat{Y}^d}_{④Y\_GVC\_D} +$$

$$\underbrace{\left[\sum_{c \neq d} V'^c \left(\sum_{h \neq d}^{G} B^{ch} A^{hd} R^{dd}\right)\hat{Y}^d - \sum_{c \neq d} V'^c R^{cc} A^{cd} R^{dd} \hat{Y}^{dd}\right]}_{⑤Y\_GVC\_F} \tag{9}$$

Wang 等（2017）将生产长度定义为在序贯生产过程中雇佣要素创造的增加值被计算为总产出的平均次数，指价值链中产品生产阶段的数目，即从一国某一部门的初始投入到另一国某一部门的最终产出之间的生产阶段数目，可以反映该产品生产的复杂程度，对比一国或某一部门在全球价值链中上下游生产长度可以更直观反映出该国或部门在全球价值链中的嵌入位置。

将生产链长度作为权重赋予到每个生产阶段中，得到总产出公式为：

$$\hat{V}\hat{Y}+2\hat{V}A\hat{Y}+3\hat{V}A\hat{Y}+\cdots=\hat{V}BB\hat{Y}$$

其中，$B=(I-A)^{-1}$。

将式（8）中后三项使用生产链长度作为权重，可计算出各部分生产长度：

$$V_{GVC}=\hat{V}^cR^{cc}\sum_{c\neq d}A^{cd}R^{dd}Y^{dd}+\hat{V}^cR^{cc}\sum_{c\neq d}A^{cd}\sum_h^G(B^{dh}Y^{hc})+$$

$$\left[\hat{V}^cR^{cc}\sum_{c\neq d}A^{cd}\sum_h^G(B^{dh}\sum_{k\neq c}^GY^{hk})-\hat{V}^cR^{cc}\sum_{c\neq d}A^{cd}R^{dd}Y^{dd}\right] \tag{10}$$

将生产链长度作为权重，c 国到 d 国出口中间品中国内增加值引致的 c 国总产出为：

$$Xvd_{GVC}=\hat{V}R^{cc}R^{cc}\sum_{c\neq d}^GA^{cd}\sum_k^GB^{dh}\sum_k^GY^{hk}=$$

$$\underbrace{\hat{V}R^{cc}R^{cc}\sum_{c\neq d}^GA^{cd}R^{cc}Y^{cc}}_{①Xvd\_GVC\_R}+\underbrace{\hat{V}R^{cc}R^{cc}\sum_{c\neq d}^GA^{cd}\sum_h^G(B^{dh}Y^{hc})}_{②Xvd\_GVC\_D}+$$

$$\underbrace{\left[\hat{V}R^{cc}R^{cc}\sum_{c\neq d}^GA^{cd}\sum_h^GB^{dh}\sum_{k\neq c}^GY^{hk}-\hat{V}R^{cc}R^{cc}\sum_{c\neq d}^GA^{cd}R^{cc}Y^{cc}\right]}_{③Xvd\_GVC\_F} \tag{11}$$

同理，c 国到 d 国出口中间品中国内增加值引致的国外总产出为：

$$Xvi_{GVC}=\underbrace{\hat{V}^cR^{cc}\sum_{c\neq d}^GA^{cd}R^{cc}R^{cc}Y^{cc}}_{①Xvi\_GVC\_R}+\underbrace{\hat{V}R^{cc}R^{cc}\sum_{c\neq d}^GA^{cd}\sum_h^G(B^{dh}Y^{hc})}_{②Xvi\_GVC\_D}+$$

$$\underbrace{\left[\hat{V}R^{cc}R^{cc}\sum_{c\neq d}^GA^{cd}\sum_h^GB^{dh}\sum_{k\neq c}^GY^{hk}-\hat{V}^cR^{cc}\sum_{c\neq d}^GA^{cd}R^{cc}Y^{cc}\right]}_{③Xvi\_GVC\_F} \tag{12}$$

c 国到 d 国出口中间品中国内增加值基于前向生产联系的生产长度为：

$$PLv_{GVC}=\frac{Xvd_{GVC}+Xvi_{GVC}}{V\_GVC} \tag{13}$$

将式（9）中后三项使用生产链长度作为权重，可计算出各部分生产长度：

$$Xyd_{GVC}=\sum_c^GV^c\sum_{h\neq c}^GB^{dh}A^{hc}R^{cc}R^{cc}\sum_k^G\hat{Y}^{ck}=$$

$$\underbrace{\sum_{c\neq d}^GV^cR^{cc}A^{cd}R^{dd}R^{dd}\hat{Y}^{dd}}_{①Xyd\_GVC\_R}+\underbrace{V^c\sum_{h\neq c}^GB^{ch}A^{hc}R^{cc}R^{cc}\sum_h^G\hat{Y}^{ck}}_{②Xyd\_GVC\_D}+$$

$$\underbrace{\sum_{c\neq d}^GV^d\left[\sum_{h\neq c}^GB^{dh}A^{hc}R^{cc}R^{cc}\sum_k^G\hat{Y}^{ck}-R^{dd}A^{dc}R^{cc}R^{cc}Y^{cc}\right]}_{③Xyd\_GVC\_F} \tag{14}$$

$$Xyi_{GVC}=\sum_d^GV^d\sum_h^GB^{dh}\sum_{k\neq c}^GB^{hk}A^{kc}R^{cc}\sum_k^G\hat{Y}^{ck}=$$

$$\underbrace{\sum_{c\neq d}^GV^cR^{cc}R^{cc}A^{cd}R^{dd}\hat{Y}^{dd}}_{①Xyi\_GVC\_R}+\underbrace{V^c\sum_k^GB^{ck}\sum_{h\neq c}^GB^{kh}A^{hc}R^{dd}\sum_h^G\hat{Y}^{ck}}_{②Xyi\_GVC\_D}+$$

$$\underbrace{\sum_{c\neq d}^GV^d\left[\sum_{h\neq c}^GB^{dh}A^{hc}R^{cc}\sum_k^G\hat{Y}^{ck}-R^{dd}R^{dd}A^{dc}R^{cc}\hat{Y}^{cc}\right]}_{③Xyi\_GVC\_F} \tag{15}$$

c 国到 d 国出口中间品中国内增加值基于后向生产联系的生产长度为：

$$PLY_{GVC}=\frac{Xyd_{GVC}+Xyi_{GVC}}{Y\_GVC} \tag{16}$$

某国某一部门在全球价值链中基于前向生产联系的生产长度越大，则该部门在全球价值链中越处于高端位置，反之，当其在全球价值链中基于后向生产联系的生产长度越大，则该部门在全球价值链中越处于低端位置。因此，部门全球价值链嵌入位置指标设计为：

$$P = \frac{PLv\_GVC}{(PLy\_GVC)'} \tag{17}$$

（2）本文还将全球价值链嵌入位置按照嵌入方式分为简单嵌入位置（PS）与复杂嵌入位置（PC）进行细化研究。

根据参与跨境次数，将式（8）中后三项全球价值链增加值分为只跨境一次的增加值③V_GVC_R，也即简单嵌入全球价值链部分，与跨境一次上的增加值④V_GVC_D 和⑤V_GVC_F，也即复杂嵌入全球价值链部分。

由此，基于前向联系的简单嵌入全球价值链长度为：

$$Plv_{GVC}S = \frac{Xvd\_GVC\_R + Xvi\_GVC\_R}{V\_GVC} \tag{18}$$

同理，基于后向联系的简单嵌入全球价值链长度为：

$$Ply_{GVC}S = \frac{Xyd\_GVC\_R + Xyi\_GVC\_R}{Y\_GVC} \tag{19}$$

因此，全球价值链简单嵌入位置为：

$$PS = \frac{Plv\_GVCS}{[Ply\_GVCS]'} \tag{20}$$

基于前向联系的复杂嵌入全球价值链长度为：

$$Plv_{GVC}C = \frac{Xvd_{GVC_D} + Xvd_{GVC_F} + Xvi_{GVC_D} + Xvi\_GVC\_F}{V\_GVC} \tag{21}$$

同理，基于后向联系的复杂嵌入全球价值链长度为：

$$Ply_{GVC}C = \frac{Xyd_{GVC_D} + Xyd_{GVC_F} + Xyi_{GVC_D} + Xyi\_GVC\_F}{Y\_GVC} \tag{22}$$

因此，全球价值链复杂嵌入位置为：

$$PC = \frac{Plv\_GVCC}{[Ply\_GVCC]'} \tag{23}$$

（3）本文还将全球价值链嵌入位置按照嵌入方向分为前向嵌入位置（PF）与后向嵌入位置（PB）进行细化研究。

前向嵌入位置使用前向全球价值链生产长度表示：

$$PF = Plv\_GVC \tag{24}$$

后向嵌入位置使用后向全球价值链生产长度表示：

$$PF = Ply\_GVC \tag{25}$$

（4）本文还将全球价值链嵌入位置按照不同类型嵌入位置分为物理嵌入位置（PP）、经济嵌入位置（PE）与经济—物理嵌入位置（PPE）进行细化研究。以往文献使用不同方法测算的全球价值链嵌入位置结果不一致，究其原因，不同指标经济含义差异性较大。Koopman 等（2010）方法注重部门增加值大小，经济含义较为明显，使用出口增加值中被进口国生产加工后再出口至第三国的部分占比，减去部门出口中隐含的国外增加值部分占比的差表示。使用总生产长度 TPL 指标表示某一部门在全球价值链中嵌入位置，表示产品从初始到最终部门所经历的总生产阶段数，其计算结果相对稳定，不易受部门增加值影响。Wang 等（2017）的方法能够较好结合全球价值链的物理位置与经济位置，其值既取决于部门在投入产出表中的上游度，又取决于部门创造增加值大小。因此，将全球价值链物理嵌入位置、经济嵌入位置与经济—物理嵌入位置设定为：

$$PP = TPL = \frac{RR}{R} \tag{26}$$

$$PE = \ln\left(1 + \frac{IV_{ic}}{E_{ic}}\right) - \ln\left(1 + \frac{FV_{ic}}{E_{ic}}\right) \tag{27}$$

其中，IV_{ic} 表示 c 国 i 部门出口增加值中被进口国生产加工后再出口至第三国的增加值，FV_{ic} 表示 c 国 i 部门出口中隐含的国外增加值部分，E_{ic} 表示 c 国 i 部门出口贸易额。

$$PPE = P \tag{28}$$

以上全球价值链嵌入位置数据来源于世界银行全球范围投入产出表（WIOT）。

3. 控制变量

控制变量包括以下几方面：能源投入 e，由分行业能源消费总量表示，各行业能源消费总量，数据来源于《中国能源统计年鉴》；研发水平 rd，由工业行业 R&D 人员数表征，数据来源于《中国科技统计年鉴》；行业发展水平 id，由各行业工业增加值减税金总额的差表示，缺失年份数据按与工业增加值平均比例计算得到，再使用工业生产者出厂价格指数平减，数据来源于《中国工业经济统计年鉴》；外商直接投资 fdi，由各行业实际利用外商直接投资金额表示，数据来源于《中国工业经济统计年鉴》。

（二）测算结果

1. 行业匹配

本文对 2011 年《国民经济行业分类》（GB/T4754-2011）中 38 个工业行业与 WIOD 的世界投入产出表中 22 个工业进行删减与匹配，最终确定 20 个工业行业，匹配结果如表 1 所示。

表 1　行业匹配

编号	行业匹配结果	世界投入产出表行业分类	国民经济行业分类
1	采矿业	采矿和采石业	煤炭开采和洗选业
			石油和天然气开采业
			黑色金属矿采选业
			有色金属矿采选业
			非金属矿采选业
2	食品、饮料、烟草制品制造业	食品、饮料、烟草制造业	食品制造业
			酒、饮料和精制茶制造业
			烟草制品业
3	纺织、服装、皮革制品制造业	纺织、服装、皮革制品制造业	皮革、毛皮、羽毛及其制品和制鞋业
			纺织业
			纺织服装、服饰业
4	木材加工和木、竹、藤、棕、草制品业	木材和软木制品业（家具除外）、稻草和编织材料制品制造业	木材加工和木、竹、藤、棕、草制品业
5	造纸及纸制品业	纸张及纸制品制造业	造纸及纸制品业
6	印刷和记录媒介复制业	印刷和记录媒介复制业	印刷和记录媒介复制业
7	石油加工、炼焦和核燃料加工业	焦炭、成品油生产	石油加工、炼焦和核燃料加工业
8	化工及化工产品制造业	化工及化工产品制造业	化学原料和化学制品制造业
			化学纤维制造业

编号	行业匹配结果	世界投入产出表行业分类	国民经济行业分类
9	医药制造业	基本医药品和制剂制造业	医药制造业
10	橡胶和塑料制品业	橡胶和塑料制品制造业	橡胶和塑料制品业
11	非金属矿物制品业	非金属矿产品制造业	非金属矿物制品业
12	基本金属制造业	基本金属制造业	黑色金属冶炼和压延加工业
			有色金属冶炼和压延加工业
13	金属制品业	金属制品制造业（机械设备除外）	金属制品业
14	计算机、电子、光学产品制造业	计算机、电子、光学产品制造业	计算机、通信和其他电子设备制造业
			仪器仪表制造业
15	电气设备制造业	电气设备制造业	电气机械和器材制造业
16	机械设备制造业	机械设备制造业	通用设备制造业
			专用设备制造业
17	交通运输设备制造业	汽车、挂车、半挂车制造业	交通运输设备制造业
		其他运输设备制造业	
18	家具制造业与其他制造业	家具制造业；其他制造业	家具制造业
			其他制造业
19	电力、燃气、热力生产和供应业	电力、煤气、蒸汽和空调供应业	电力、热力生产和供应业
			燃气生产和供应业
20	水的生产和供应业	水的收集、处理和供应业	水的生产和供应业

2. 测算结果

（1）中国工业分行业全球价值链增加值。

中国抓住世界产业结构调整机遇，在加入 WTO 以后全球价值链嵌入广度与深度均大幅提升，同时扮演"世界工厂"与"世界市场"角色，成为全球价值链上核心环节。但总体而言，中国工业参与的国际生产链条结构复杂度不足。将分行业全球价值链增加值依照式（8）分解（见图 1），发现 2000~2014 年，绝大多数工业部门参与全球价值链的方式为浅度跨境分工，10 橡胶与塑料制品业浅度跨境分工占比达 70.76%，仅有 13 金属制品业的复杂全球价值链增加值超过简单全球价值链增加值，表明中国工业在全球价值链中仍承担着大量劳动密集型的加工组装和成品储运等技术含量较小的生产任务，属于全球价值链的中下游生产环节，将零部件简单加工组装之后出口，剩余生产工序较少，进口国进行简单的收尾环节即可将该中间品吸收。整体而言，中国工业参与跨境生产较多的仍为化石能源与矿产资源密集型行业，全球价值链增加值最多的行业为 7 石油加工、炼焦和核燃料加工业，11 非金属矿物制品业和 13 金属制品业，而 9 医药制造业，14 计算机、电子、光学产品制造业，15 电气设备制造业，16 机械设备制造业等高技术型行业全球价值链增加值具有较大提升空间。当前，光刻机、高端芯片与航空轮胎等"卡脖子"技术是掣肘中国全球价值链自主可控能力的主要环节，这些高技术型行业突破核心技术将会推动全球价值链重构，通过产业关联带动国内生产性服务业迅速增长，增强中国在全球生产布局中核心定位。

（2）中国工业分行业全球价值链简单嵌入与复杂嵌入位置

根据式（17）、式（20）和式（23），测算出中国工业各行业全球价值链嵌入位置 P 及简单全球价值链嵌入位置 PS 和复杂全球价值链嵌入位置 PC，结果如图 2 所示。

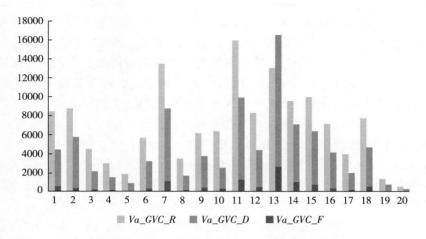

图1　2000~2014年中国工业20个分行业全球价值链增加值均值

图例：■ Va_GVC_R　■ Va_GVC_D　■ Va_GVC_F

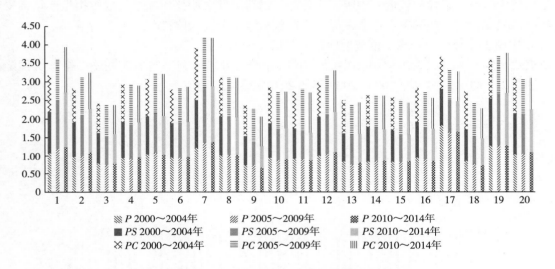

图例：
▨ P 2000~2004年　　▧ P 2005~2009年　　▨ P 2010~2014年
■ PS 2000~2004年　　■ PS 2005~2009年　　▨ PS 2010~2014年
⊠ PC 2000~2004年　　▤ PC 2005~2009年　　‖ PC 2010~2014年

图2　各行业全球价值链简单嵌入与复杂嵌入位置

　　由图2可以看出，中国工业各行业全球价值链嵌入位置 P、简单全球价值链嵌入位置 PS 和复杂全球价值链嵌入位置 PC 在2000~2004年、2005~2009年和2010~2014年三个阶段基本呈相同变动趋势。其中，1采矿业，2食品、饮料、烟草制品制造业，7石油加工、炼焦和核燃料加工业，12基本金属制造业和19电力、燃气、热力生产和供应业有明显上升趋势，表明其在全球价值链中增值能力和生产复杂程度增大，与其他国家和部门联系更加紧密。然而，这些行业主要为资源与能源密集型行业，说明中国自加入WTO以来，虽积极融入世界市场，但由于自主创新能力较弱，创新机制有待完善，产业结构发展不均衡，在国际分工中主要依赖丰裕的资源与能源禀赋生产能源消耗量较大、技术门槛较低的资源与能源产品，依靠规模与价格优势承担附加值较低的原料供应功能，虽实现了全球价值链嵌入位置的攀升，但易引起一系列生态环境问题，面临巨大转型升级压力。为实现产业升级，从"量"的优势转化为"质"的提高，需要发展光伏、风电等战略性新兴能源产业，从原料供应、机器设备、工艺精进、技术标准等多方面完善新能源产业自主创新能力，促进产业高级化与合理化。11非金属矿物制品业的全球价值链复杂嵌入位置 PC 具有向高端位置上升趋势，但其全球价值链总位置 P 和简单全球价值链嵌入位置 PS 却具有向低端位置下降趋势。在世界范围内，非金属矿物制品业属于复杂全球价值链活动占比低于40%的、价值链特征不明显的行业

（黄鹏等，2008），而根据本文测算结果，中国非金属矿物制品业复杂全球价值链嵌入位置高于简单嵌入位置，是中国基础性行业，广泛应用于化工、机械、能源、汽车、轻工、食品加工、冶金、建材等传统产业以及航空航天、电子信息、新材料等为代表的高新技术产业和环境保护生态建设等领域。中国非金属矿产资源丰富、种类齐全、质量优良，非金属矿物采选技术水平处于世界领先水平，纳米技术与石墨烯材料的研发都提高了中国非金属矿物制品业国际竞争力，该产业在全球价值生产中由原料供应为主向复合深加工转变，复杂嵌入位置提升。

大部分行业全球价值链简单嵌入位置高于复杂嵌入，20 个行业中有 15 个行业 PS 值大于 PC 值，包括行业 1 采矿业，2 食品、饮料、烟草制品制造业，3 纺织、服装、皮革制品制造业，5 造纸及纸制品业，6 印刷和记录媒介复制业，7 石油加工、炼焦和核燃料加工业，8 化工及化工产品制造业、10 橡胶和塑料制品业，12 基本金属制造业，13 金属制品业，14 计算机、电子、光学产品制造业，16 机械设备制造业，17 交通运输设备制造业，19 电力、燃气、热力生产和供应业，20 水的生产和供应业，其余 5 个行业 PC 值大于 PS 值。整体而言，中国参与的全球价值生产活动链条较短，生产工艺较为简单，附加值较低，中国工业各部门仍需提升生产技术水平，以承担生产结构复杂度与生产迂回程度较高的国际生产任务，提升全球价值链复杂嵌入位置。

（3）中国工业分行业全球价值链前向嵌入与后向嵌入位置。

依据式（24）和式（25）计算出中国工业 20 个分行业基于前向与后向联系的全球价值链嵌入位置，图 3 为 2000~2004 年、2005~2009 年和 2010~2014 年均值。

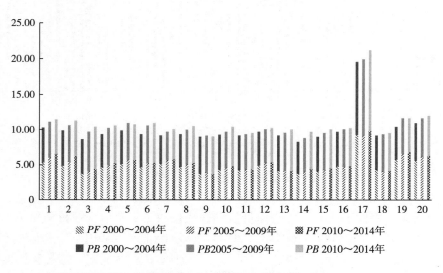

图 3　2000~2014 年中国工业各行业全球价值链生产长度

根据图 3 结果，中国工业全球价值链生产长度大体都具有生产长度延长的趋势，除 14 计算机、电子、光学产品制造业和 18 家具制造业与其他制造业的前向嵌入位置 PF 有所下降以外，18 个行业的全球价值链前向与后向嵌入位置均有所提升，表明中国工业在国际贸易规模增大的同时，其生产能力增强，参与全球价值链深度也在加深，在国际分工中生产跨度拓宽，能够跨行业生产更多种类的中间品进行出口，且由于生产工艺的精细化与复杂化加深，行业内生产链条也有所延长，因此绝大多数行业基于前向与后向联系的全球价值链嵌入位置具有提升趋势。

（4）中国工业分行业全球价值链物理嵌入、经济嵌入与经济—物理嵌入位置。

依照式（26）~式（28）测算的全球价值链嵌入物理嵌入位置 PP、经济嵌入位置 PE 与经济—物理嵌入位置 PPE 结果，如图 4 所示。

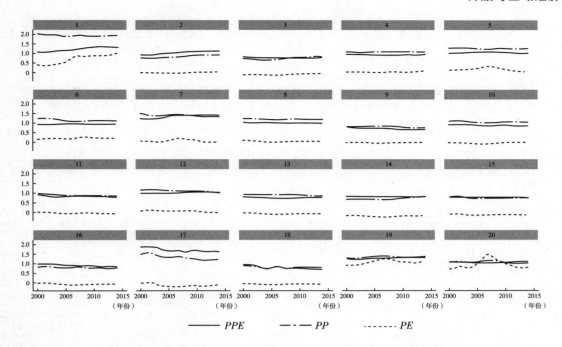

图4 中国工业行业在各市场价值链中嵌入位置变化趋势

由图4可知，20个行业 PE 曲线均处于 PP 下方，且 PE 曲线基本处于最下位置。全球价值链流程较长，产品从研发到最终消费或回收需要经历研发设计—产品开发—生产制造—营销—售后服务—回收利用等各个环节，中国在全球价值链中主要输出粮食、油料作物、能源与原材料等初级产品，虽然参与国际分工的部门在全球价值链中物理位置较高，大致处于生产制造环节的前部，但出口品附加值与获利能力较低，在整个价值链中经济位置较低。有12个行业的物理—经济位置 PPE 处于经济位置 PE 和物理位置 PP 之间，包括1采矿业，4木材加工和木、竹、藤、棕、草制品业，5造纸及纸制品业，6印刷和记录媒介复制业，8化工及化工产品制造业，9医药制造业，10橡胶和塑料制品业，11非金属矿物制品业，12基本金属制造业，13金属制品业，18家具制造业与其他制造业，19电力、燃气、热力生产和供应业。这12个行业在全球价值链中物理位置较高，而经济位置较低，PPE 更能综合反映部门在国际分工中的产业竞争力。有6个行业的 PPE 在 PP 之上，包括2食品、饮料、烟草制品制造业，3纺织、服装、皮革制品制造业，14计算机、电子、光学产品制造业，15电气设备制造业，16机械设备制造业，17交通运输设备制造业。这些行业的物理—经济位置较高，在全球价值链中具有绝对优势。中国农产品种类繁多、产量丰厚，凭借丰裕的自然资源与优良的食品制造和加工技术，在世界范围内一直是重要的食品、饮料与烟草制品供给国。低劳动成本优势与集聚经济发展促进中国成为纺织业第一加工大国，且向"创新驱动型技术产业、文化驱动型时尚产业、责任导向型绿色产业"转型升级。中国拥有最先进的公路和铁路建造技术以及先进现代化装备，列车控制技术、牵引供电技术与运营管理技术处于世界顶尖水平，近年来火电设备与光伏设备生产技术大幅提升，为电气设备制造业注入新活力，机械设备制造业持续加强产品技术创新，实现智能制造，其中2020年全球起重机械制造商20强中，中国占4个，人工智能技术突破促进了计算机行业迅猛发展。

（5）中国工业分行业能源偏向型技术进步

2000～2014年中国工业各行业技术进步能源偏向性测算结果如表2所示。

表2　中国工业各行业能源偏向型技术进步测算结果

编号	行业	2000 年	2005 年	2010 年	2014 年	均值
1	采矿业	-0.1985	-0.1872	-0.0953	0.0469	-0.1285
2	食品、饮料、烟草制品制造业	-0.0503	-0.0573	-0.0628	-0.0666	-0.0592
3	纺织、服装、皮革制品制造业	-0.0062	-0.0526	-0.1243	-0.1999	-0.0878
4	木材加工和木、竹、藤、棕、草制品业	-0.0875	-0.1277	-0.1495	-0.1102	-0.1264
5	造纸及纸制品业	-0.0519	-0.0663	-0.0754	-0.0789	-0.0686
6	印刷和记录媒介复制业	0.0092	0.0049	-0.0627	-0.2127	-0.0452
7	石油加工、炼焦和核燃料加工业	0.0692	0.0659	0.0636	0.0621	0.0652
8	化工及化工产品制造业	0.0609	-0.0194	-0.0767	-0.1128	-0.0375
9	医药制造业	-0.1261	-0.1400	-0.0868	0.0350	-0.0976
10	橡胶和塑料制品业	-0.0615	-0.0641	-0.0661	-0.0674	-0.0648
11	非金属矿物制品业	0.0225	0.0508	-0.0431	-0.4343	-0.0480
12	基本金属制造业	-0.0323	-0.0569	-0.0756	-0.0881	-0.0632
13	金属制品业	0.0208	-0.0419	-0.1478	-0.2689	-0.0960
14	计算机、电子、光学产品制造业	-0.0466	-0.0464	-0.0490	-0.0527	-0.0481
15	电气设备制造业	-0.0588	-0.0703	-0.0797	-0.0862	-0.0736
16	机械设备制造业	-0.0479	-0.0775	-0.1090	-0.1351	-0.0905
17	交通运输设备制造业	-0.0815	-0.0727	-0.0301	0.2347	-0.0232
18	家具制造业与其他制造业	-0.0011	-0.0004	0.0002	0.0006	-0.0002
19	电力、燃气、热力生产和供应业	0.0349	0.0319	0.0300	0.0288	0.0314
20	水的生产和供应业	-0.0052	0.0064	0.0194	0.0305	0.0119

资料来源：笔者计算。

由表2可以看出，中国工业绝大多数行业技术进步方向偏向于资本，20个工业行业2000~2014年技术进步能源偏向性均值为-0.0525。从2000~2014年技术进步方向变化趋势来看，20个行业中有15个行业技术进步方向逐渐偏向于资本，仅有1采矿业，9医药制造业，17交通运输设备制造业，18家具制造业与其他制造业，20水的生产和供应业5个行业技术进步方向由2000年偏向于资本而逐渐转变为偏向于能源。这表明随着技术优化与产业升级进程，中国工业发展对能源依赖性逐渐降低，更加重视能源效率的提升，在工业生产中以资本要素替代能源要素，技术进步方向随之偏向于资本。在改革开放初期，中国工业对能源的稀缺性与战略性没有足够的认识，为满足国内外市场迅速扩大的能源需求，能源要素承担着经济发展与国家安全的重任，中国成为世界主要产油国。中国煤炭资源居世界第三位，而石油和天然气储量不足，"富煤缺油少气"的能源结构促使中国加强与世界各国的能源交易与技术交流，能源对外依存度不断提高，2014年中国石油对外依存度接近60%。鉴于过高的能源对外依存度可能危及国家安全，且较低的能源使用效率引起严重的水体污染、雾霾笼罩和地质结构改变等环境问题，中国由依赖能源数量指标转向优化能源结构与提升能源使用效率。"十一五"规划纲要强调了在工业生产中要以节约能源为重要目标，依靠国内丰富的煤炭资源，将能源使用结构调整为以煤炭为主，降低能源对外依存度，提升生产技术与能源使用效率，构筑稳定、经济、清洁、安全的能源供应体系。随后，中国还出台了《中国应对气候变化国家方案》《可再生能源法》《节约能源法》《循环经济促进法》等，并取得良好效果，2010年中国单位GDP能源消耗减少为2005年的60.61%。由2000~2014年中国工业技术进步能源偏向性测算结果来看，中国能源政策取得了良好效果，绝大多数行业技术进步能源偏向性逐渐减弱，而资本偏向性逐渐增强，不仅缓解了国内能源危机与环境压力，也承担了减缓全球气候变暖的国际责任。

四、经验分析

中国工业沿全球价值链攀升过程中，全球价值链嵌入位置变动会对行业技术进步方向造成影响。为直观看出全球价值链嵌入位置与中国工业技术进步能源偏向性的关系，以使计量模型设定更加准确，使用 Stata15 软件绘制出两者控制其他自变量的偏回归图（见图 5）。

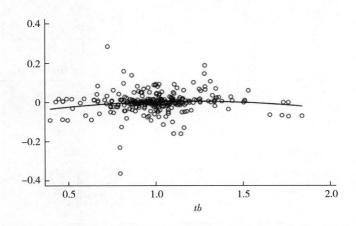

图 5　中国工业全球价值链嵌入位置与技术进步能源偏向性指数偏回归

由图 5 可知，中国工业全球价值链嵌入位置 P 与技术进步能源偏向性指数 tb 呈现出倒 "U" 型曲线，当行业在全球价值链低端位置时，其技术进步方向更偏向于资本要素，随着嵌入位置的攀升，技术进步方向越来越偏向于能源，超过某一临界值以后，技术进步方向开始转变，越来越偏向于资本方向。值得一提的是，从图 5 可以看出，中国工业在全球价值链中嵌入位置大体上处于向能源要素方向拉动技术进步的阶段，位于二次曲线右端部分点较少，大部分行业仍处于二次曲线的左端。表明中国工业沿全球价值链向高端位置攀升过程中，生产环节对能源要素需求量较大，技术进步方向更倾向于能源，引起能源消耗量增多，且易造成环境污染问题。中国工业各行业应继续提升产品技术含量与国际竞争力，实现技术进步，以跨越全球价值链嵌入位置门槛值，向附加值更高、盈利能力更强和技术更清洁节能的位置攀升。

（一）模型设定

为检验全球价值链嵌入位置对能源偏向型技术进步作用，建立如下计量回归模型：

$$tb = \alpha_0 + \alpha_1 \times P + \alpha_2 \times P^2 + \alpha_i \times X + \varepsilon$$

其中，tb 为各行业技术进步能源偏向性指数，由上文计算方法所得；P 为上文计算所得各行业全球价值链嵌入位置指数，P^2 为其平方项；X 为控制变量，包括能源投入 e、研发水平 rd、行业发展水平 id 和外商直接投资 fdi。选取 2000~2014 年中国工业 20 个子行业数据为样本进行回归分析。由于样本在多数条件下都不满足最小二乘法全部假设条件，因此仅使用 OLS 回归方法可能无法满足回归结果的无偏性或一致性，FGLS 方法将各截面残差项代入各自协方差矩阵中估算系数值，可以消除可能存在的异方差、序列相关与同期相关问题。回归结果如表 3 所示。

表3　全球价值链嵌入位置对能源偏向型技术进步影响

	（1）	（2）	（3）	（4）
P	0.3248***	0.2488***	0.2683***	0.2653***
	（0.0021）	（0.0021）	（0.0023）	（0.0026）
P^2	-0.0986***	-0.0665***	-0.0753***	-0.0739***
	（0.0010）	（0.0011）	（0.0011）	（0.0013）
e		1.0830***	1.0952***	1.1287***
		（0.0166）	（0.0172）	（0.0231）
id		-1.0173***	-0.9955***	-0.9707***
		（0.0027）	（0.0037）	（0.0052）
fdi			0.3596***	0.4383***
			（0.0051）	（0.0121）
rd				-0.3239***
				（0.0335）
Constant	-0.2731***	-0.2159***	-0.2302***	-0.2287***
	（0.0010）	（0.0011）	（0.0013）	（0.0014）
Wald Chi^2	245796.09	556336.30	1085715	558306.43
样本数	300	300	300	300
行业数	20	20	20	20

注：括号中数据为标准误，***、**、*分别表示在1%、5%、10%的显著性水平下显著。

　　由表3可知，与图5中偏回归图相一致，全球价值链嵌入位置的二次项P^2系数在全部模型中均为负，且在（1）列至（4）列中系数在1%水平下显著，表明中国工业全球价值链嵌入位置与技术进步能源偏向性指数呈现出倒"U"形曲线关系。通过对表3各列P^2和P系数的计算，发现只有17交通运输设备制造业的全球价值链嵌入位置指数处于二次曲线拐点的右侧，绝大多数行业都未突破二次曲线临界值，处于耗能型技术进步发展阶段。长期以来中国工业发展的高增长都建立在高能耗与高污染的粗放型生产方式条件下，依靠能源等要素的大量投入实现出口中间品国际份额与国际地位的上升，产品的高能源含量促使中国工业迅速发展，沿全球价值链向高端位置不断迈进。但现阶段在中国及世界范围内都面临资源约束趋紧、生态环境受损、环境恢复成本上升与生产废弃物治理技术相对落后的形势，这种价值链攀升方式将会长期影响中国生态环境优化、产业转型升级与经济稳定增长。（2）列加入能源投入要素e与行业发展水平id，e系数显著为正，生产中能源要素投入越多，越促进耗能技术进步；行业发展水平越高，企业更有资本着眼长远发展，并拥有充裕的资金研发与使用节能技术。（3）列加入fdi变量，其系数显著为正，外商直接投资促进了耗能技术发展，说明中国在国际分工中仍承担了一些发达国家转移至国内的耗能产业与生产任务。（4）列rd系数为负，表明现阶段研发强度越大，技术进步越偏向于节能，虽然节能技术研发周期较长，前期投入成本较大，但可以使企业长期获益。在第七十五届联合国大会上，中国承诺力争在2030年前实现碳达峰，努力争取2060年前达到碳中和，现阶段制造业生产需要抛弃"末端治理"方式转而寻求"源头控制"，全力以赴进行节能技术开发。

（二）内生性问题

　　一国在全球价值链中嵌入位置会影响其技术进步向节能或耗能方向转变，而技术进步方向又会决定该国贸易比较优势，从而决定其中间品贸易的商品类别和数量，进而影响该国在全球价值链中嵌入位置，两者可能存在双向因果关系。为此，使用 Koopman 等（2010）方法测算的全球价值链嵌入位置 *P_Koopman* 与滞后一期全球价值链嵌入位置 *LP* 作为工具变量，使用 2SLS 方法与 GMM 方法分别进行工具变量回归。

对工具变量进行外生性检验。借鉴张三峰和魏下海（2019）对工具变量外生性检验方法，先使用全球价值链嵌入位置对技术进步方向进行回归，再分别使用两个工具变量对技术进步方向进行回归，最后同时将全球价值链嵌入位置与工具变量加入回归模型，回归结果如表 4 所示。

表 4   工具变量外生性检验

	（1） *tb*	（2） *P*	（3） *tb*	（4） *P*	（5） *tb*
P	0.0876*** （0.0130）		0.0694*** （0.0012）		−0.0707*** （0.0064）
P_Koopman		0.2710*** （0.0135）	0.0474 （0.0395）		
LP				1.0089*** （0.0069）	0.1101 （0.1520）
其他变量	控制	控制	控制	控制	控制
Wald	265.61	1299.16	205689.26	30104.24	67312.69
样本数	300	300	300	300	300
N	20	20	20	20	20

注：括号中数据为标准误，***、**、* 分别表示在 1%、5%、10% 的显著性水平下显著。

表 4 对于工具变量的外生性检验结果显示，当分别使用全球价值链嵌入位置 *P* 与两个工具变量 *P_Koopman* 和 *LP* 进行回归时，三者在（1）列、（2）列和（4）列中作用系数均显著，而将全球价值链嵌入位置 *P* 分别与两个工具变量同时进行回归时，（3）列和（5）列中全球价值链嵌入位置 *P* 系数显著而两个工具变量不显著。说明两个工具变量均不直接影响中国工业技术进步能源偏向性 *tb*，而仅通过作用于全球价值链嵌入位置 *P* 而对技术进步方向产生影响，工具变量均通过外生性检验。

使用 2SLS 方法与 GMM 方法的工具变量回归结果如表 5 所示：

表 5   工具变量方法回归结果

工具变量	*P_Koopman*		*LP*	
解释变量	（1） 2SLS	（2） GMM	（3） 2SLS	（4） GMM
P	0.8807*** （0.2842）	1.8023** （0.8359）	0.4283*** （0.1619）	0.9544* （0.5048）
P^2	−0.3274*** （0.1171）	−0.4712** （0.2196）	−0.1413** （0.0669）	−0.3509* （0.1918）
e	−0.0193 （0.7784）	−0.6250 （2.2528）	0.8523 （0.6182）	−0.9258 （1.8441）

续表

工具变量	P_Koopman		LP	
解释变量	（1） 2SLS	（2） GMM	（3） 2SLS	（4） GMM
rd	5.5593 (5.3414)	−10.1846 (15.6643)	2.8533 (4.9805)	8.8733 (8.4284)
id	−0.9536*** (0.2945)	0.4403 (0.6477)	−1.0412*** (0.2809)	−0.2719 (0.6995)
fdi	0.5208 (0.4711)	2.4800** (1.2088)	0.3508 (0.4469)	1.5486** (0.6501)
$Constant$	−0.5763*** (0.1610)		−0.3205*** (0.0920)	
Wald	68.70		70.49	
R−squared	0.1217		0.1824	
F				5.28
不可识别检验		4.99		20.24
弱工具变量检验		9.50		99.80
样本数	300	300	300	300
行业数	20	20	20	20

注：括号中数据为标准误，***、**、*分别表示在1%、5%、10%的显著性水平下显著。

表5回归结果与表3类似，且两种工具变量均通过了不可识别检验和弱工具变量检验。在消除内生性影响之后，全球价值链嵌入位置P与中国工业技术进步能源偏向性tb仍显著表现出倒"U"型曲线关系。

（三）异质性分析

（1）全球价值链嵌入方式的异质性分析。全球价值链嵌入方式可以分为简单嵌入与复杂嵌入两种，可能会对中国工业技术进步能源偏向性产生相异的结果。简单全球价值链嵌入是指中间品在出口至某一国家之后，直接在进口国作为生产最终品的原料或者作为最终品被消耗，并不再出口至第三国；复杂全球价值链嵌入是指中间品在出口至某一国家之后，进口国将其作为进一步生产加工的原料，并且将生产加工之后的产品再出口至第三国的生产方式。全球价值链简单嵌入方式所涉及的生产链条较短，技术复杂度不高，生产方式以大量投入生产要素为主，在生产中更倾向于使用耗能技术，依靠简单嵌入方式实现全球价值链位置攀升需要投入大量生产要素，产品质量与产品技术含量提升幅度不大。复杂全球价值链嵌入方式的生产链条较长，同一生产链条中参与的国家与部门较多，相对而言对于出口中间品的技术含量与产品质量要求更高，具有更严格的环保标准，因此一般而言复杂全球价值链嵌入更有助于促进节能技术发展。

（2）全球价值链嵌入方向的异质性分析。全球价值链嵌入方向可以分为前向嵌入与后向嵌入两种。前向嵌入越深，越靠近核心生产技术的研发环节，处于价值链上游，相对而言利润丰厚，具有较高进入壁垒，依靠大量投入生产要素的耗能型技术进步无法满足生产与竞争需要，因此前向嵌入越深，越促进节能技术发展。当前高端芯片与光刻机等中国"卡脖子"技术研发需要融合数学、光学、流体力学等多个领域的顶尖技术成果，应用范围广泛，其下游生产链条较长，该领域技术突破能够通过产业关联促进中国整体技术转型升级，淘汰相对落后的耗能型技术。后向嵌入越深，多承担生产链条中技术含量较低的加工组装环节，在多次中间品进出口流程中，其他国家选择从事相对清洁节能且对技术水平要求较高的生产工序，而将能耗较大的生产工序转移至中国，不利于节能技术发展。

（3）全球价值链嵌入位置的异质性分析。全球价值链的物理嵌入位置表示该行业在产品生产链条上的相对位置，能够反映行业上游度，其结果相对稳定，不易受初始效应与行业规模的影响，也不反映行业在全球价值链生产中的获利能力，而全球价值链的经济位置使用行业产品增加值中蕴含的向全球价值链下游输送的本国增加值减去其中蕴含的全球价值链上游国家增加值之差表示，能够反映该行业在单位产品生产中的增值与获利能力，体现其在全球价值链中经济地位。中国工业在全球价值链物理位置的上游多为原材料与能源的采掘与供应业，因此行业越靠近物理位置上游，越促进耗能技术进步，获利能力较低，而在全球价值链经济位置提升，表明其生产效率与盈利水平得以提升，生产企业拥有足够资本与风险承受能力进行节能技术研发，从而进入良性循环，实现生产方式节能性与盈利性的双赢。

将全球价值链嵌入方式分为简单嵌入与复杂嵌入，将全球价值链嵌入方向分为前向嵌入与后向嵌入，将全球价值链嵌入位置分为物理位置与经济位置进行异质性分析，回归结果如表6所示。

表6　全球价值链嵌入方式对中国工业技术进步方向的异质性影响

	嵌入方式		嵌入方向		嵌入位置	
	简单 （1）	复杂 （2）	前向 （3）	后向 （4）	物理 （5）	经济 （6）
p	0.1405*** （0.0007）	-0.0280*** （0.0011）	-0.1532*** （0.0032）	0.2623*** （0.0017）	0.0570*** （0.0007）	-0.0439*** （0.0006）
e	0.3382*** （0.0261）	0.3755*** （0.0282）	2.5863*** （0.0257）	2.5254*** （0.0208）	0.0737*** （0.0008）	0.0178 （0.5339）
rd	0.2005*** （0.0196）	0.1561*** （0.0189）	-0.1304*** （0.0325）	-1.1668*** （0.0355）	2.4246*** （0.0319）	1.4584 （2.3254）
id	-0.6005*** （0.0067）	-1.2137*** （0.0104）	-1.1031*** （0.0049）	-1.2778*** （0.0041）	8.1716*** （0.1418）	-0.5010*** （0.1487）
fdi	0.6786*** （0.0097）	0.6282*** （0.0068）	0.8812*** （0.0182）	-0.4726*** （0.0142）	-1.3827*** （0.0087）	0.1752 （0.1359）
$Constant$	-0.1809*** （0.0007）	-0.1663*** （0.0008）	-0.0308*** （0.0002）	-0.0780*** （0.0003）	0.9576*** （0.0056）	-0.0529*** （0.0037）
Wald Chi^2	134603.43	213097.91	104107.86	1008706	431433.37	103020.75
样本数	300	300	300	300	300	300
行业数	20	20	20	20	20	20

注：括号中数据为标准误，***、**、*分别表示在1%、5%、10%的显著性水平下显著。

如表6所示，（1）列中简单全球价值链嵌入位置系数在1%水平下显著为正，（2）列全球价值链复杂嵌入位置系数为负。这表明中国工业沿价值链位置向高端位置攀升过程中，以简单嵌入方式参与全球价值链会拉动技术进步方向偏向于能源使用方向，而复杂嵌入方式对节能型技术进步促进作用更大。中国具有劳动与能源要素禀赋丰裕特点，在简单全球价值生产中从事大量初级生产制造环节，能源密集产品市场份额增大，虽然实现了全球价值链中位置和地位的攀升，但由于对能源要素依赖加深，技术进步更加偏向于耗能方向。复杂价值链生产环节较多，对技术水平与产品质量要求较高，所涉及技术多为节能型技术，促进技术进步方向偏向于节能。（3）列全球价值链前向嵌入系数显著为负，而（4）列后向嵌入系数为正，行业全球价值链前向嵌入越深，越有助于技术由耗能型升级为节能型，而越靠近下游位置，需要承担更多能耗型与劳动密集型生产工序，不利于节能技术发展。随着居民环保意识的提升和公众环保诉求的增强，消费者对最终品的节能属性要求变高，中国工业需要根据市场需求及时调整生产策略，发展节能型技术进步。（5）列全球价值链物理嵌入位置系数为正，而（6）列经济位置系数为负。表明若仅追求中国工业在全球价值链中物理上游度的提升，并不能促进技术由耗能型转为节能型，只有增值和盈利能力的提升才有充足的资本进行节能技术研发，使行业实现节能环保与价值增值的双赢。

五、作用机制：中介效应模型

全球价值链嵌入位置演变对能源偏向型技术进步可能存在多种作用机制，在参与全球价值生产过程中，技术溢出效应、市场竞争效应、路径依赖效应与污染转移效应都会使中国工业技术进步方向在不同程度上偏向于耗能或节能。在多种机制作用下，全球价值链嵌入位置与技术进步能源偏向性呈现出倒"U"形曲线关系，即与节能型技术进步呈现出类似"微笑曲线"的关系。

为检验全球价值链嵌入位置对中国工业能源偏向型技术进步的作用机制，使用中介效应模型进行检验。中介效应模型优化了传统计量模型对自变量 X 与因变量 Y 的直接"因果链"的作用方式，加入了中介变量这种间接作用方式来对进行自变量与因变量的关系进行说明。一般使用如下方程表示中介效应模型中自变量、中介变量与因变量间作用关系：

$$Y = cX + e_1 \tag{29}$$
$$M = aX + e_2 \tag{30}$$
$$Y = c'X + bM + e_3 \tag{31}$$

将全球价值链嵌入位置与技术进步能源偏向性的中介效应模型设定为：

$$tb = \alpha_0 + \alpha_1 \times P + \alpha_i \times X + \varepsilon$$
$$M = \beta_0 + \beta_1 \times P + \beta_i \times X + \mu$$
$$tb = \gamma_0 + \gamma_1 \times P + \gamma_2 \times M + \gamma_i \times X + e$$

其中，变量 M 分别为技术溢出 tech、市场竞争 compe、路径依赖 depen 与污染转移 pollution 效应，所用指标分别为使用 DEA 方法测算的行业全要素生产率、各行业中企业个数与工业生产总值的比值、能源收入份额占总产出比重与各行业"三废"排放量表示，数据来源于历年《中国统计年鉴》《中国工业统计年鉴》《中国能源统计年鉴》等。中介效应回归结果如表 7 所示。

表 7　全球价值链嵌入位置对能源偏向型技术进步作用机制

被解释变量	(1) tb	(2) tech	(3) tb	(4) compe	(5) tb
P	0.0882***	0.2596***	0.0836***	0.0163***	0.0987***
	(0.0004)	(0.0104)	(0.0007)	(0.0007)	(0.0009)
tech			−0.0191***		
			(0.0001)		
compe					−0.6588***
					(0.0048)

被解释变量	（1） tb	（2） tech	（3） tb	（4） compe	（5） tb
e	1.4712***	8.8994***	1.6243***	−0.8630***	0.8827***
	(0.0259)	(0.3053)	(0.0409)	(0.2826)	(0.0428)
rd	0.7154***	177.1669***	4.1430***	−1.6256***	−0.4660*
	(0.0715)	(4.0180)	(0.1061)	(0.0248)	(0.2472)
id	−1.0995***	36.6365***	−0.3954***	0.6106***	−0.6903***
	(0.0063)	(0.2453)	(0.0090)	(0.0188)	(0.0169)
fdi	0.2127***	8.4633***	0.3717***	−0.8921***	−0.3783***
	(0.0041)	(0.1845)	(0.0113)	(0.0188)	(0.0137)
Constant	−0.1294***	6.2020***	−0.0113***	0.0508***	−0.0957***
	(0.0004)	(0.0165)	(0.0009)	(0.0011)	(0.0010)
R²	0.2354	0.7926	0.2687	0.1259	0.4568
Wald	20.04	642.77	33.68	37.74	47.84
样本数	300	300	300	300	300
行业数	20	20	20	20	20

被解释变量	（6） tb	（7） depen	（8） tb	（9） pollution	（10） tb
P	0.0882***	0.0129***	0.0863***	0.0366***	0.0829***
	(0.0004)	(0.0009)	(0.0010)	(0.0007)	(0.0007)
depen			0.0704***		
			(0.0020)		
pollution					0.1401***
					(0.0001)
e	1.4712***	−0.9616***	1.5448***	2.2134***	1.1459***
	(0.0259)	(0.0557)	(0.0354)	(0.0424)	(0.0409)
rd	0.7154***	−4.7398***	1.0155***	−19.5379***	3.6645***
	(0.0715)	(0.4166)	(0.1323)	(0.4608)	(0.1061)
id	−1.0995***	−0.7777***	−1.0399***	1.0391***	−1.2538***
	(0.0063)	(0.0326)	(0.0101)	(0.0219)	(0.0090)
fdi	0.2127***	−2.3967***	0.3854***	−0.3438***	0.2648***
	(0.0041)	(0.0349)	(0.0116)	(0.0147)	(0.0113)
Constant	−0.1294***	0.0806***	−0.1344***	−0.0141***	−0.1273***
	(0.0004)	(0.0013)	(0.0010)	(0.0007)	(0.0009)
R²	0.2354	0.0936	0.2621	0.2090	0.1110
Wald	20.04	1.14	21.92	73.44	24.62
样本数	300	300	300	300	300
行业数	20	20	20	20	20

注：括号中数据为标准误，***、**、*分别表示在1%、5%、10%的显著性水平下显著。

由表 7 可以看出，（1）列中 P 系数显著为正，（2）列中 P 对技术溢出 $tech$ 作用系数显著为正，（3）列中 P 与技术溢出 $tech$ 作用系数均在 1% 显著性水平下显著，P 系数为正，而技术溢出 $tech$ 作用系数为负，技术溢出的遮掩效应成立，全球价值链嵌入位置提升可以通过促进技术溢出来使中国工业技术进步偏向于节能。技术溢出效应可能通过多种方式进行：第一，随着中国工业在全球价值链中位置演进，所涉及生产工序更加复杂，对出口中间品技术含量的更高标准倒逼企业提高生产效率与增值能力，效率提升所获得的多余利润投入于国内科技创新与技术研发项目，促进中国工业节能技术发展；第二，全球价值链更高端位置所涉及机器设备与中间品科技含量与环保标准更高，可以通过模仿创新的形式生产出同类型中间品，以更低廉的研发投入成本与试错成本促进节能技术进步；第三，技术领先国一般具有较严格的技术专利保护政策，在与上下游国家合作时进行产品生产流程演示，并开展必要的人员培训工作，将产品生产要求、技术诀窍与设备使用方法通过培训与交流进行传播，以保证最终品质量与性能良好，发达国家先进的节能技术会传递至发展中国家，促使发展中国家技术进步偏向于节能。

（4）列中 P 对市场竞争 $compe$ 作用系数显著为正，（5）列中 P 与市场竞争 $compe$ 作用系数均在 1% 显著性水平下显著，P 系数为正，而市场竞争 $compe$ 作用系数为负，市场竞争的遮掩效应成立，全球价值链嵌入位置提升可以通过促进市场竞争来使中国工业技术进步偏向于节能。企业在沿全球价值链向高端位置攀升过程中，世界市场对产品质量与能源含量标准更加严格，企业倾向于进行质量竞争，难以使用大量生产来占据更高市场份额，只有能源使用效率较高的企业才能获得出口机会，企业为获得更广阔的国际市场竞相提高生产率，改进能源使用效率，技术进步方向随之改变。另外，进口中间品带来的替代效应与竞争效应改变了国内中间品的价格需求弹性，中间品需求方对价格变化更敏感，导致产品生产率更高和质量更好的中间品厂商才可以存留下来，通过市场的优胜劣汰机制将生产率不足和能源使用效率过低的中间品厂商淘汰，从而提高整个行业的生产率与能源使用效率，使中间品生产技术的能源偏向性减弱。

（7）列中 P 对路径依赖 $depen$ 作用系数显著为正，（8）列中 P 与路径依赖 $depen$ 作用系数均在 1% 显著性水平下为正，路径依赖的遮掩效应成立，全球价值链嵌入位置提升可以通过促进路径依赖来使中国工业技术进步偏向于耗能。全球价值链将产品生产链条在世界范围内打散，各国利用不同的要素禀赋优势，在国际分工格局中承担产品生产链条的某一环节，各司其职，既相互竞争又相互依赖。路径依赖效应体现在以下两方面：一方面，中国等发展中国家在国际垂直分工中一般利用本国能源要素丰裕的比较优势承担耗能型生产任务，随着全球价值生产分工的日益细化与深化，各国难以突破原有的国际分工布局，长期对大量投入能源这种粗放型生产方式的依赖形成经济发展的惯性，放大了初始国际垂直分工选择，对能源占比较大的要素投入结构产生依赖。另一方面，无论是自主研发还是直接购买先进技能技术，从粗放型生产方式到集约型生产方式转变需要投入大量前期成本，对从业人员重新培训，且需要较长时间才能获得技术精进的益处，企业不具有足够的动力进行技术与设备的更新换代，造成对能耗型技术使用的依赖性，不利于解决能源危机与环境污染问题。

（9）列中 P 对污染转移 $pollution$ 作用系数显著为正，（10）列中 P 与污染转移 $pollution$ 作用系数均在 1% 显著性水平下为正，污染转移的遮掩效应成立，全球价值链嵌入位置提升可以通过促进污染转移来使中国工业技术进步偏向于耗能。在中国改革开放 40 多年进程中，中国的环境规制标准一直处于较低水平，极低的环境规制标准与丰裕的能源要素禀赋优势使中国承担了大量先发国家转移出的污染密集型生产工序，工业急需技术升级与经济转型。中国在世界市场中份额提升是以遭受严重的环境污染与空气污染为代价的，出口中间品是环境污染问题的重要原因。中国工业污染气体排放中，有 15% 的 PM2.5、21% 的二氧化硫、23% 的氮氧化物与 21% 的挥发性有机化合物是由于生产用于出口的能耗型产品造成的。中国向美国、日本及欧洲国家出口能耗型产品，就 PM2.5 排放数据来看，美国消费端 27% 的 PM2.5 在中国国内产生并排放，日本这一数字为 29%，欧洲为 26%，发达国家将大量能耗型产品的生产工序放在发展中国家，诱使发展中国家工业技术进步方向偏向于耗能。

六、结论与政策启示

中国改革开放 40 余年历程本质上是不断融入全球价值链的过程。在中国工业沿全球价值链向高端位置攀升过程中，能源偏向型技术进步将如何发展？技术进步能源偏向属性是否会受到全球价值链嵌入位置变化的影响？全球价值链嵌入位置对技术进步方向的作用机制如何？在不同嵌入方式、嵌入方向与嵌入位置下，作用效果有何不同？本文着眼于上述问题，测算中国工业全球价值链异质性嵌入位置与技术进步能源偏向性指数，验证了全球价值链嵌入位置对能源偏向型技术进步的影响及其作用机制。具体得到如下结论：第一，中国工业技术进步大体朝能源节约方向发展，且基于全球价值链前向与后向联系的生产链条均有所延长，但全球价值链中嵌入位置提升的行业仍然是能源消耗量较大、环境污染后果较严重、技术要求较低的资源与能源密集型行业，绝大多数工业部门参与全球价值链的方式为浅度跨境分工，简单嵌入位置高于复杂嵌入位置，生产链条结构复杂度不足，且在全球价值链中物理位置较高但经济位置较低。第二，中国工业全球价值链嵌入位置与技术进步能源偏向性指数呈现出倒"U"形曲线关系，当行业在全球价值链相对低端位置时，其沿全球价值链向高端位置攀升会引致技术进步偏向于耗能方向，只有进入拐点右侧，其位置攀升才会促进节能型技术进步发展。异质性分析结果显示，复杂嵌入方式、前向嵌入方向与经济嵌入位置促进节能技术发展，而简单嵌入方式、后向嵌入方向与物理嵌入位置促进技术偏向于耗能。第三，全球价值链嵌入位置演变产生的技术溢出效应与市场竞争效应促进节能技术发展，而路径依赖效应与污染转移效应使中国工业技术进步方向偏向于耗能，各种作用机制相互抗衡，相互制约，共同决定了中国工业技术进步方向。

本文的主要启示：第一，虽然现阶段受部分发达国家制造业回流与新冠肺炎疫情等影响，全球价值链面临重构风险，但经济全球化仍符合长期趋势，中国工业应以更开放姿态积极融入全球价值链，充分利用全球价值生产的技术溢出效应与市场竞争效应驱动自身节能技术创新能力提升，进而实现经济增长与环境保护双赢。第二，发展中国家嵌入全球价值链也要注意规避其负向影响，在承担国际分工时既要考虑与本国要素禀赋结构匹配度与适宜性，同时也要规避发达国家转移至国内的污染型生产任务，降低对能源投入依赖性并防止成为"污染天堂"。第三，优化产业结构，大力发展低能耗的先进制造业、高新技术产业与现代服务业，提升中国工业嵌入全球价值链的经济位置与利润的可持续性，综合运用大数据、云计算和物联网等先进平台，建立技术交流合作对接长效机制，促进"卡脖子"技术的攻关克难，为经济高质量发展提供内生动力。

参考文献

［1］戴天仕，徐现祥．中国的技术进步方向［J］．世界经济，2010，33（11）：54-70.

［2］黄鹏，汪建新，孟雪．经济全球化再平衡与中美贸易摩擦［J］．中国工业经济，2018（10）：156-174.

［3］李锴，齐绍洲．贸易开放、经济增长与中国二氧化碳排放［J］．经济研究，2011，46（11）：60-72，102.

［4］李伟阳，肖红军．全面社会责任管理：新的企业管理模式［J］．中国工业经济，2010（1）：114-123.

［5］刘志彪，张杰．全球代工体系下发展中国家俘获型网络的形成、突破与对策：基于 GVC

与 NVC 的比较视角 [J]. 中国工业经济, 2007 (5): 39-47.

[6] 邵帅, 张可, 豆建民. 经济集聚的节能减排效应: 理论与中国经验 [J]. 管理世界, 2019, 35 (1): 36-60, 226.

[7] 宋冬林, 王林辉, 董直庆. 资本体现式技术进步及其对经济增长的贡献率 (1981—2007) [J]. 中国社会科学, 2011 (2): 91-106, 222.

[8] 宋跃刚, 郑磊. 中间品进口、自主创新与中国制造业企业出口产品质量升级 [J]. 世界经济研究, 2020 (11): 26-44, 135.

[9] 涂正革. 环境、资源与工业增长的协调性 [J]. 经济研究, 2008 (2): 93-105.

[10] 王林辉, 江雪萍, 杨博. 异质性 FDI 技术溢出和技术进步偏向性跨国传递: 来自中美的经验证据 [J]. 华东师范大学学报 (哲学社会科学版), 2019b, 51 (2): 136-151, 187-188.

[11] 王林辉, 王辉, 董直庆. 经济增长和环境质量相容性政策条件: 环境技术进步方向视角下的政策偏向效应检验 [J]. 管理世界, 2020, 36 (3): 39-60.

[12] 王林辉, 杨博, 董直庆. 技术进步偏向性跨国传递和不同传递路径异质性效应检验 [J]. 数量经济技术经济研究, 2019a, 36 (4): 82-100.

[13] 许和连, 邓玉萍. 外商直接投资导致了中国的环境污染吗?: 基于中国省际面板数据的空间计量研究 [J]. 管理世界, 2012 (2): 30-43.

[14] 杨蕙馨, 张红霞. 全球价值链嵌入与技术创新: 基于生产分解模型的分析 [J]. 统计研究, 2020, 37 (10): 66-78.

[15] 姚洋, 张晔. 中国出口品国内技术含量升级的动态研究: 来自全国及江苏省、广东省的证据 [J]. 中国社会科学, 2008 (2): 67-82, 205-206.

[16] 张杰, 刘志彪, 郑江淮. 中国制造业企业创新活动的关键影响因素研究: 基于江苏省制造业企业问卷的分析 [J]. 管理世界, 2007 (6): 64-74.

[17] 张三峰. 中国私营企业治污投资与生产性投资研究 [J]. 数量经济技术经济研究, 2020, 37 (9): 141-159.

[18] Acemoglu D., Aghion P., Bursztyn L., et al. The Environment and Directed Technical Change [J]. American Economic Review, 2012, 102 (1): 131-166.

[19] Acemoglu D., Akcigit U., Hanley D., et al. Transition to Clean Technology [J]. Journal of Political Economy, 2016, 124 (1): 52-103.

[20] Acemoglu D. Technical Change, Inequality and the Labor Market [J]. Journal of Economic Literature, 2002, 40 (1): 7-72.

[21] Aghion P., Dechezle P. A., Hemous D., et al. Carbon Taxes, Path Dependency and Directed Technical Change: Evidence from the Auto Industry [J]. Journal of Political Economy, 2016, 124 (1): 1-51.

[22] Bloch H., Olive M. Import Competition and Labor Productivity [J]. Journal of Industry, Competition and Trade, 2001, 1 (3): 301-319.

[23] Coe D., Helpman E. International R&D Spillovers [J]. European Economic Review, 1995, 39 (5): 859-887.

[24] Connolly M. The Dual Nature of Trade: Measuring Its Impact on Imitation and Growth. Journal of Development Economics, 2003, 72 (1): 31-55.

[25] Copeland E. R., Taylor M. S. North-South Trade and the Environment [J]. The Quarterly Journal of Economics, 1994, 109 (3): 755-787.

[26] Dietzenbacher E., Romero I., Bosma N. Using Average Propagation Lengths to Identify Pro-

duction Chains in the Andalusian Economy [J]. Estudios De Economía Aplicada, 2005 (23): 405-422.

[27] Emannuel K. Increased Destructiveness of Tropical Cyclones over the Past 30 Years [J]. Nature, 2005 (436): 686-688.

[28] Hendricks L. Equipment Investment and Growth in Developing Countries [J]. Journal of Development Economics, 2000, 61 (2): 335-364.

[29] Koopman R., Powers W., Wang Z., et al. Give Credit Where Credit is Due: Tracing Value Added in Global Production Chains [R]. NBER Working Paper, No. 16426, 2010.

[30] Landsea C. Atlantic Hurricanes and Global Warming [J]. Nature, 2005 (438): E11-E12.

[31] Lawrence R. Z., Weinstein D. E. Trade and Growth: Import-Led or Export-Led? Evidence from Japan and Korea [R]. NBER Working Paper, No. w7264, 1999.

[32] Long N. V., Wong K. Endogenous Growth and International Trade: A Survey [M]. Michigan: University of Michigan Press, 1997.

[33] Nicholls R. J., Lowe J. A. Climate Stabilisation and Impacts of Sea-Level Rise [M]. MA: Avoiding Dangerous Climate Change, Cambridge, 2006.

[34] Noailly J., Smeets R. Directing Technical Change from Fossil-Fuel to Renewable Energy Innovation: An Application Using Firm-Level Patent Data [J]. Journal of Environmental Economics and Management, 2013 (72): 15-37.

[35] North D. C. Institution, Institutional Change and Economic Performance [M]. Cambridge: Cambridge University Press, 1990.

[36] Popp D. Induced Innovation and Energy Prices [J]. American Economic Review, 2002 (92): 160-180.

[37] Slaughter M. International Trade and Labor-Demand Elasticities [J]. Journal of International Economics, 2001 (54): 27-56.

[38] Solow R. M. A Contribution to the Theory of Economic Growth [J]. The Quarterly Journal of Economics, 1956, 70 (1): 65-94.

[39] Stott P., Stone A., Allen M. R. Human Contribution to the European Heatwave of 2003 [J]. Nature, 2004 (423): 610-614.

[40] Wang Z., Wei S., Yu X., et al. Characterizing Global Value Chains: Production Length and Up-Streamness [R]. NBER Working Paper, No. 23261, 2017.

民间借贷、非正规金融与民营企业对外直接投资

金祥义　张文菲

[摘　要] 非正规金融是中国二元金融结构的核心组成部分，民间借贷作为非正规金融发展的重要方式，对民营企业，尤其是对中小微企业的融资有着非凡意义，构成了民营企业对外直接投资（OFDI）发展的关键模块。由此，本文对民间借贷与民营企业 OFDI 之间的关系展开系统分析，研究发现，大量民营企业面临着严峻的融资约束，民间借贷成为民营企业获取外部融资的重要途径。民间借贷能够促进民营企业的 OFDI 行为，这一作用就不同样本分类存在着异质性。机制研究表明，信息成本和融资约束是民间借贷影响民营企业 OFDI 的作用渠道。进一步研究发现，民间借贷与正规金融之间存在显著的替代效应。同时，在考虑经济发展政策、行业样本选取、宏观金融环境冲击、模型设定等多方面的稳健性检验，并通过倾向得分匹配、安慰剂检验、工具变量回归来解决各类内生性问题后，民间借贷发展产生的 OFDI 促进效应稳健存在。本文研究为民营企业 OFDI 发展提供了新的思考路径，有力支持了中国二元金融结构运行的合理性。

[关键词] 民间借贷；非正规金融；对外直接投资；中小微民营企业；融资约束

一、引言

在 2000 年党的十五届五中全会上，"走出去"战略被正式列入中国"十五计划建议"之中，上升为国家战略层面的重要发展要领。自此之后，中国企业"走出去"的步伐不断加快，对外直接投资（Outward Foreign Direct Investment，OFDI）规模维持了十多年的高速发展，中国 OFDI 发展取得的瞩目成绩，成功引起了国内外大量学者对此的广泛关注（Zhang and Yang，2020；王自锋和白玥明，2017）。商务部等官方机构对外公布的《2019 年度中国对外直接投资统计公报》显示，中国 OFDI 流量为 1369.1 亿美元，维持着全球第二的位置。进一步的数据表明，在对外直接投资者的构成上，民营企业为主体部分，在企业注册类型中大致占比 80.3%[①]，对 OFDI 流量发展具有重大贡献，这也反映了非公有经济控股在非金融类 OFDI 流量上远高于公有经济控股，成为中国 OFDI 增长的核心生力军，因此重视民营企业 OFDI 的发展具有重大的战略意义。同时需要注意的是，中国 OFDI 发展上还呈现出一个重要特点，即中小微企业肩负着 OFDI 未来发展的伟大使命。中国国际贸易促进委员会发布的 2019 年《中国企业对外投资现状及意向调查报告》表明，在"走出去"的企业中，73.4% 的主体是中小微企业，是民营企业的主要来源，在 OFDI 规模中占较大比例，对中国 OFDI 的未来发展有着不可忽视的作用。但是，与中小微企业重大贡献形成鲜明对比的是，该类企业往往难以从正规金融体系中获得充足的外部融资，融资难、融资贵的恶疾仍隐隐作痛（张一林等，2019），成为企业"走出去"过程中主要的绊脚石。调查数据进一步显示，融资困难是企业进

[作者简介] 金祥义，兰州大学经济学院副教授，主要研究方向为企业金融、企业贸易、企业对外直接投资；张文菲，兰州大学经济学院讲师，主要研究方向为企业金融、企业贸易、企业对外直接投资。

① 此处民营企业在类型统计上主要包括有限责任公司、股份有限公司、私营企业、个体经营四类。

行 OFDI 最担心的问题，有 39.7% 的企业存在资金周转不足，需要外部融资的扶持，并且 43.9% 的企业希望政府能够加大对外投资的信贷支持。事实上，融资约束的存在将严重掣肘企业 OFDI 的行为（Buch et al.，2014），因此若民营企业受到正规金融体系排斥的窘况无法解决，这将为中国未来 OFDI 的发展埋下隐患，更不利于党的十九届五中全会提出的"建设更高水平开放型经济新体制，全面提高对外开放水平"这一理念的践行。

金融体系发展对企业进行 OFDI 具有重要的意义，有序运转的金融体系能够为企业进行 OFDI 提供充足的外部资金支持（Desbordes and Wei，2017）。对于中国而言，金融体系发展存在着明显的二元金融结构特征，即正规金融和非正规金融两大体系共生共长（潘彬和金雯雯，2017）。非正规金融在发展上以民间借贷、小额贷款公司、商业信用等方式为主要形式，在中国以往经济高速发展的历史进程中，非正规金融对"中国经济增长之谜"的奇迹有着重要的解释作用（Allen et al.，2005），这离不开非正规金融对民营企业发展的巨大支撑。诚然，非正规金融最主要的组成部分是民间借贷（廖冠民和宋蕾蕾，2020；邓路等，2014），民间借贷在发展上呈现出地域覆盖广、形式种类杂的分布特征，普遍存在于中国各地非正规金融市场之中，具有庞大的交易规模，是受正规金融排斥的民营企业获取外部融资的重要渠道（Ayyagari et al.，2010）。民间借贷以个体之间的社会关系网络、商业关系网络和血缘人缘地缘关系作为联系纽带，基于内部团体社会成本的强制约束，能够有效缓解企业与信贷提供方之间存在的信息摩擦（Lee and Persson，2016；马光荣和杨恩艳，2011），促进信贷交易的开展。中国作为典型的关系型社交国家（Chen and Chen，2004），基于社会关系网络的民间借贷更能发挥重要的融资作用。对于民营企业，尤其是中小微企业而言，由于企业与银行等金融机构之间存在着明显的信息摩擦，银行这类正规金融体系更偏向于通过财务报表、抵押资产规模等"硬信息"内容来评估企业的信贷资格状况，进而导致这类民营企业面临着严峻的融资约束（Degryse et al.，2016）。民间借贷的出现为民营企业寻求外部融资开启了另一扇窗，民间借贷凭借个体之间独有的信息获取优势，为信贷提供方获取并处理企业经营能力等"软信息"方面的内容提供了便捷服务，进而有效缓解了企业与信贷提供方之间存在的信息扭曲程度，并且相比于传统正规金融而言，民间借贷这类非正规金融方式具有更高的信息监督、履约效率和合同执行能力（Allen et al.，2019；林毅夫和孙希芳，2005）。有趣的是，这一类非正规金融的发展方式，即使在金融体系高度市场化的美国也存在，是中小微企业获取金融服务支持的普遍方式（Garmaise and Moskowitz，2003），能够有效降低企业获取外部融资的难度，提高企业进行 OFDI 所需的外部信贷规模。至此，一个重要且有趣的问题自然会产生，民间借贷既然能够改善民营企业面临的融资约束，缓解外部信息扭曲的困境，那么民间借贷是否能够助力民营企业实现大规模的 OFDI 进程？李克强曾在公开场合多次提出"金融活水论"的重要理念，强调了金融服务实体发展的基本责任，而习近平总书记也多次强调"金融活，经济活"的重要思想，因此对于本文该问题的回答，不仅能够更好理解中国二元金融结构下民间借贷这种非正规金融方式对实体经济的作用，尤其是对中小微民营企业 OFDI 的意义，而且是实现"十四五"时期构建中国高水平开放型经济新体制、形成中国内外双循环伟大格局的重要一环，在理论和现实层面兼具深入研究的意义。

在现有文献研究中，金融影响 OFDI 一直是国际经济研究领域的一个经典命题，大量国内外学者在研究过程中得出了富有成果的结论，理论层面，企业出口和企业 OFDI 行为都是企业国际化的一种重要形式，因此研究的理论基础与企业出口较为类似，以 Helpman 等（2004）为重要代表，后续学者将金融因素纳入整个分析框架之中，包括 Chaney（2016）、Feenstra 等（2014）、Manova（2013）这类学者的研究。实证层面，相关研究主要从国家宏观层面和企业微观层面展开分析，探讨金融发展对本土 OFDI 的实际效果，秉承的逻辑在于一国金融发展产生的比较优势，能够提高外部融资依赖度更高部门的发展（Rajan and Zingales，1998），并且在研究内容上集中于银行金融机构和资本市场发展对一国或企业 OFDI 的作用（余静文等，2021；Zhang and Yang，2020；Kandilov et al., 2017；Desbordes and Wei，2017；蒋冠宏和张馨月，2016；刘莉亚等，2015；李磊和包群，2015；Buch et al.，2009；Di Giovanni，2005；Klein et al.，2002），结论基本均证实了上述两者之间的正向关联。此外，与本文研究最为相关的一个文献是余官胜（2015），该作者在宏观层面上检验了民间借贷对各省 OFDI 流量的影响，但是民间借贷指标在衡量上采用地区短期贷款数据进行间接推导，这难免会造成数据衡量上的偏差。与此不同，本文研究样本集中于微观层面，并且研究数据中直接给出了企业民间借贷的指标，因此能够真实反映企业民间借贷的规模，同时微观层面数据的研究能够解决宏观层面数据加总的偏误，进而得到更为细致的研究结论。

事实上，上述现有文献在研究 OFDI 过程中仍存在着两方面的明显不足：第一，较少文献关注到非正规金融发展对 OFDI 的效果，基本研究内容局限于银行等金融机构与资本市场这类正规金融发展对 OFDI 的作用，尤其未充分挖掘民间借贷这一非正规金融发展产生的 OFDI 效应，对其中的作用机制更是语焉不详，这与中国二元金融结构的发展特征是不相符的，无法刻画非正规金融对民营企业 OFDI 的真实影响。第二，现有文献在研究样本选取上较少关注中小微民营企业 OFDI 的发展特征，大量研究中的样本以中国工业企业数据库、上市公司数据库和中国对外直接投资企业名录为合并基础（余静文等，2021；Fan et al.，2018；蒋冠宏和蒋殿春，2017；王自锋和白玥明，2017；李磊等，2016；Chen and Tang，2014），而工业企业数据库暗含规模以上的统计标准以及上市公司对企业上市的基本要求，这将导致大量中小微企业样本被排除在研究数据集之外，进而无法对中小微企业 OFDI 动态进行精确评估，这与当下中小微民营企业肩负中国未来 OFDI 发展重任的特征是相违背的，无法深入刻画金融发展对民营企业，尤其是中小微民营企业 OFDI 的影响。

综上，与现有文献相比，本文研究可能的边际贡献在于以下三个方面：首先，在研究视角上。本文从微观企业数据入手，系统研究民间借贷这一非正规金融方式对企业 OFDI 的具体作用，区别于现有文献大量集中于研究正规金融发展产生的 OFDI 促进效应，提供了微观层面民间借贷对企业 OFDI 影响的直观证据，细化了以往宏观层面研究能够得出的结论，有效拓宽了金融发展和 OFDI 增长两大领域的研究内容。其次，在研究样本上。本文研究样本紧扣中小微民营企业数据，主要数据来源于中国私营企业调查数据库，同时本文结合统计局对大中小微企业分类的准则，对数据中企业的具体类型进行划分，最终数据样本显示中小微企业占比在 97% 以上，为本文研究中小微民营企业进行 OFDI 的动因提供了理想的数据样本基础，需要注意的是，在中小微民营企业对中国经济各方面影响日趋重要的当下时代中，系统评估中小微企业 OFDI 发展的演化特征和预定有效的政策引导方案，具有显著的现实意义，更契合时代发展的现实背景，尤其是在西方经典金融制度理论难以解释中国经济腾飞的背景下（Allen et al.，2005），从中国二元金融结构的事实特征出发，以民间借贷这一非正规金融视角对中小微民营企业 OFDI 行为进行剖析，是一次结合中国特色的有益研究尝试。最后，在研究设计上。本文不仅就民间借贷发展对企业 OFDI 的实际影响进行研究，分析民间借贷发挥作用的具体渠道，同时还对该作用展开样本分类下的异质性检验，较为全面且系统地探究了民间借贷这一非正规金融方式产生的 OFDI 效应，并通过多种内生性检验的方式对相关结论进行稳健性检验，这将为本文研究结论的合理性及丰富性提供有效的保证，还能为政府部门制定相关政策方案提供富有意义的借鉴作用。

二、文献综述和理论分析

（一）金融发展与企业 OFDI

金融发展能够为企业提供海外扩张所需的外部资金，是企业出口或 OFDI 等国际化行为的重要影响因素（Helpman et al.，2004）。相比于出口企业而言，企业进行 OFDI 时面临着更高的固定成本和更强的外部融资约束，由于 OFDI 行为一般涉及在东道国建立或购买厂房设备，这需要企业在决策前期投入更大规模的资金，因此对外部融资的需求更大（Desbordes and Wei，2017），这意味着金融发展能够为企业 OFDI 提供外源资金，进而促进企业 OFDI 的可能性。诚然，新新贸易理论对企业出口或企业 OFDI 决策展开了较为细致的刻画，但理论起初认为企业不存在信贷市场的摩擦，即企业可以从金融市场取得足额的外源融资，然而在现实中，企业从金融市场进行融资时，往往存在着信贷摩擦，因此后续学者将金融因素纳入到企业国际化行为决策之中，使融资约束成为影响企业出口或 OFDI 等国际化行为的重要方面（Chaney，2016；Buch et al.，2014；Manova，2013）。事实上，Klein 等（2002）较早在理论层面证明了金融发展缺陷将遏制企业 OFDI 的行为，提出了颇具影响的"相对信贷便利"假说（Relative Access to Credit），并通过数据探讨了日本企业 20 世纪 90 年代对美国资本投资锐减的原因，发现金融危机导致的信贷便利不足是日本企业 OFDI 规模下降的主要动因。这一理论的提出有力地支持了金融发展与企业 OFDI 之间的正向关系，也为后续学者在实证方面的检验奠定了较好的基础（张友棠和杨柳，2020；Erel et al.，2012；Agbloyor et al.，2012）。相关检验均发现了金融发展对企业 OFDI 行为的积极作用。

（二）民间借贷与非正规金融

相比于国有企业而言，民营企业面临着更为广泛的金融排斥现象，这对中小微民营企业而言尤为明显（De Maeseneire and Claeys，2012；Brandt and Li，2003）。由于这类企业存在较大的收入不确定性，与银行等金融机构之间存在明显的信息不对称，并且难以提供用以获取融资的抵押资产，因此正规金融部门往往将其拒之门外，导致企业无法从正规金融体系中获取足额融资（Hou et al.，2020；罗伟和吕越，2015），这迫使企业寻求其他可得的外部融资方式，非正规金融由此应运而生（林毅夫和孙希芳，2005）。在非正规金融发展上，民间借贷是其发展的主要形式，并在中国各个地区广泛分布，具有源远流长的历史特征（廖冠民和宋蕾蕾，2020；邓路等，2014）。民间借贷的兴起和发展，离不开其独有的信贷优势，民间借贷主要基于企业与信贷提供方之间的血缘关系、人缘关系和地缘关系，以广泛的社交关系网络、文化认同和信贷双方相互之间的信任为基础，发挥了信息监督和合同履行的优势作用（Allen et al.，2019；Lee and Persson，2016），进而有效提高了民间借贷方式在获取企业"软信息"内容上的能力，缓解了信息扭曲导致的信贷资源错配问题（Degryse et al.，2016）。民间借贷依赖的社交网络关系、文化认同和双向信任等非正式制度因素，对企业获取外部融资乃至企业对外发展均有着重要的影响（张博和范辰辰，2018；李新春和肖宵，2017），这类非正式制度因素在中国能够发挥出更强的作用（Chen and Chen，2004），进而推动了民间借贷这一非正规金融方式的进一步发展和繁荣，成为众多中小微民营企业的重要融资渠道。需要注意的是，法律制度的保障往往是一种金融体系赖以生存和长久发展的根本条件，这对于民间借贷而言同样重要，2015 年最高人民法院对外颁布的《最高人民法院关于审理民间借贷案件适用法律若干问题的规定》，正式确立了民间借贷这一非正规金融发展方式的合法性，保障了信贷双方的合法权益，这也为推进中小微民营企业多途径的融资方式奠定了法条上的基础，在获取法律认可的地位后，民间借贷才能够为民营企业实施 OFDI 决策提供合法的外部资金保障。

（三）民间借贷如何影响民营企业 OFDI

民营企业进行 OFDI 离不开外部金融环境的支持，但是新兴经济体的市场发展水平一般并不完善，中介组织的发育程度较低，产生了明显的制度约束现象，导致正规金融服务难以覆盖大量民营企业，尤其是造成中小微企业面临严峻的融资障碍（Zhang and Yang，2020；李新春和肖宵，2017），这为民间借贷服务民营企业 OFDI 提供了良好的现实契机。进一步地，民间借贷发展产生的企业 OFDI 效应可以通过以下两个方面发挥积极作用：

一方面，民间借贷能够降低民营企业融资的信息成本。银行等正规金融部门在提供信贷配给前需要搜集企业财务报表等传递信号的"硬信息"，以降低信贷过程可能发生的道德风险和逆向选择问题（Allen et al.，2019；Stiglitz and Weiss，1981）。但是对于广大民营企业而言，他们往往难以提供合规的财务信息和充足的抵押资产，更缺乏传递有效信号的能力，因此在开展 OFDI 决策时，一般难以获得有效融资。同时，民营企业 OFDI 会涉及海外投资项目的设立，而海外投资项目具有较长的投资周期和较高的收益不确定性，正规金融部门难以实时了解并监督民营企业在海外投资的情况，导致企业 OFDI 行为受到正规金融的融资排斥（De Maeseneire and Claeys，2012）。与此不同，民间借贷在信息获取和信息扭曲缓解上具有独特的优势，凭借社交网络和血缘人缘地缘等内在的信息搜集途径，能够有效解决正规金融部门在搜集企业信息时的高成本问题，降低企业融资时面临的信息成本，缓解外部信息扭曲导致的信贷配给受限，在企业信息监督和合同履约方面有着更好的效果（Ayyagari et al.，2010；林毅夫和孙希芳，2005），进而能够为民营企业提供充足的外源资金补给，推动企业 OFDI 的开展。

另一方面，民间借贷能够降低民营企业的融资约束。中国二元金融结构的运行特征意味着非正规金融与正规金融是并行存在的（潘彬和金雯雯，2017），民营企业除了能够从银行金融机构等正规金融渠道获取外部融资外，还能从民间借贷等非正规金融渠道进行资金融通。民间借贷这一非正规金融方式的出现，有效拓宽了民营企业潜在的外部融资渠道，这对于需要进行 OFDI 的民营企业而言至关重要，尤其是中小微企业，外源资金是企业有序开展 OFDI 的重要一环（Hu et al.，2020；王碧珺等，2015），但中小微企业仍面临着特定群体的金融排斥问题（Mckillop et al.，2007），融资难的顽疾难以根除。值得欣慰的是，民间借贷的出现无疑给民营企业寻求外源资金开辟了一条新的道路，民间借贷一般无须企业提供额外的资信证明，这极大提高了企业外源融资的规模，有效降低了企业面临的融资约束问题，是企业重要的外部资金来源（邓路等，2014），最终促进了民营企业进行 OFDI 的行为（Desbordes and Wei，2017；Buch et al.，2014）。

三、研究方法与模型设定

（一）数据说明和处理

本文所用数据来源于中国私营企业调查数据库，是由中共中央统战部、中华全国工商业联合会、国家市场监督管理总局、中国民（私）营经济研究会四家官方机构联合组成的全国性民（私）营企业调查课题组，该调查数据以民营企业发展基本情况和发展过程中遇到的难题为出发点，并根据我国不同省份、自治区、直辖市的民营企业分布数量，以总数 1‰ 的比例进行随机的样本调查，最终组成历次调查的样本数据。该调查数据每两年在全国范围内进行一次统计，并以调查数据的结果作为向党中央和政府部门提交政策建议的依据，由于该数据具有较强的权威性和完整性，因此被广大学者用以研究我国民营企业经营发展相关的问题之中（武力超等，2020；何轩和马骏，2018；辛宇等，2016；邓路等，2014）。本文研究亦基于该数据库，该数据主要包括企业经营发展与企业家层面的指标数据，如企业雇员、资本、信贷、成立时间和企业家背景身份等信息。本文研究所用样本时期为 2002~2012 年，首先将不同年份的数据进行合并处理，其次根据本文研究选用的变量，将相关变量的缺失值进行剔除，最后得到本文进行研究分析的数据样本集。

（二）计量模型设计和指标构建

本文研究目的主要是考察民间借贷对民营企业 OFDI 行为的影响，并就其中的作用机制展开分析，我们关注的是企业是否进行 OFDI，因此被解释变量为虚拟变量，故本文采取二元选择 Probit 模型对上述关系进行检验，具体计量模型如下所示：

$$Probit(ofdi_{it}=1)=\alpha+\beta\ln lending_{it}+\gamma Ctrl+\delta_t+\delta_j+\delta_k+\varepsilon_{it} \tag{1}$$

式（1）中，i、t 分别表示企业和年份。$ofdi_{it}$ 为本文的被解释变量，表示企业 i 在 t 年是否进行 OFDI 行为，当企业存在 OFDI 时赋值为 1；$\ln lending_{it}$ 为本文核心解释变量，衡量企业 i 在 t 年的民间借贷规模，以该数值加 1 后取对数进行表示；$Ctrl$ 为本文回归方程中的控制变量组，主要是企业和企业家层面的控制因素，包括以下内容：①企业年龄 $firmage$，用企业当年年份减去成立年份的差值表示；②企业规模 $size$，用企业雇员总人数的对数形式表示；③企业盈利能力 nsr，用企业的销售净利率表示，企业销售净利率在财务上可以衡量一段时间内企业盈利能力的变化，其数值越大，表示企业盈利能力越强；④企业家年龄 age，以当年年份减去企业家出生年份的差值表示；⑤企业家性别 $gender$，根据企业家性别的不同，当企业家为女性时，赋值为 1，否则赋值为 0；⑥企业家受教育程度 $education$，该变量衡量企业家最高的文化程度，依次分为小学及以下、初中、高中或中专、大专、大学、研究生这几个类别，数值越大表示企业家受教育程度越高；⑦企业家党员信息 $party$，该变量衡量企业家是否为党员，当企业家为党员时，对该变量赋值为 1，否则赋值为 0；⑧垄断水平 HHI，以赫芬达尔指数表示企业在所属行业中的垄断水平，该指标越大表示企业市场占有率越高，垄断水平越强。此外，本文还在回归方程中加入了年份固定效应 δ_t、省份固定效应 δ_j 和行业固定效应 δ_k，用于控制年份、地区、行业层面非观测的因素对本文回归结果的可能干扰；ε_{it} 表示计量回归结果的随机误差项。具体地，本文相关变量的描述性统计结果如表 1 所示。

表 1　描述性统计

变量	观测值	均值	标准差	最小值	最大值
$ofdi$	13103	0.1210	0.1433	0	1
$lnlending$	13103	0.8022	1.8267	0	10.8198
$firmage$	13103	7.9795	4.7421	0	28
$size$	13103	3.9340	1.5128	0.6931	10.8781
nsr	13103	0.1048	0.1528	0	1
age	13103	45.1521	8.4858	7	93
$gender$	13103	0.1393	0.3463	0	1
$education$	13103	3.5444	1.1191	1	6
$party$	13103	0.3550	0.4785	0	1
HHI	13103	0.0084	0.0466	0	1

（三）数据特征化事实总结

首先，本文对民营企业外部融资来源的情况进行统计，并对比民营企业非正规金融借贷和正规金融借贷方面的差异性，以及民营企业民间借贷在非正规金融借贷中的比重。在规模统计上，借鉴已有文献，非正规金融在衡量上主要包括民间借贷、商业信用、小额贷款公司贷款、信用社贷款；正规金融在衡量上以银行金融机构信贷为主，具体包括本地商业银行贷款、城市商业银行贷款、境外银行贷款（Hou et al.，2020；Degryse et al.，2016）。基于此，本文将所有民营企业外部融资的情况分为四类：仅通过非正规金融进行融资（$informal\_only$），仅通过正规金融进行融资（$formal\_$

only），同时通过正规、非正规金融进行融资（co-funding），无法获取外部融资（no_funding）。然后根据该分类标准，并结合国家统计局颁布的《统计上大中小微型企业划分办法》，本文进一步将企业划分为大、中、小、微四类样本，由此深入对比不同企业外部融资的情况，具体结果如表2所示。

表2　企业外部融资情况　　　　　　　　　　　　　　　单位：%

	informal_only	formal_only	co-funding	no_funding	s_ratio	ratio
全样本	19.74	20.17	23.46	36.63	—	85.71
大企业	8.13	40.00	32.49	19.38	2.44	83.63
中企业	13.95	32.06	32.51	21.48	20.57	85.81
小企业	21.10	19.66	25.88	33.36	49.19	85.53
微企业	22.65	10.54	11.69	55.12	27.80	86.17

注：s_ratio 表示各分类样本占总样本的比例；ratio 表示民间借贷在非正规金融中的占比均值。

通过观察表2的结果可以发现以下几点重要结论：第一，本文数据样本中大部分民营企业为中小微企业，小企业在全样本中的比重最大，为49.19%；微企业次之，占比27.80%；中企业再次之，占比20.57%，大企业占比最小，为2.44%；同时，中小微企业占总样本的比例高达97.56%，这为本文研究民间借贷对民营企业OFDI，尤其是对中小微民营企业OFDI提供了优质的数据基础。第二，不同类型企业在外部融资可得性上存在明显差异，在整体样本中，存在36.63%的企业无法获取外部融资；微企业最难获取外部融资，无法获取外部融资的比例为55.12%；大企业最容易获取外部融资，无法获取外部融资的比例为19.38%；同时，相对于中小微企业，大企业更容易获取外部融资，这一现象与中小微企业融资难的客观现实相一致（张一林等，2019），即中小微企业面临更强的融资约束。第三，不同类型企业通过正规金融和非正规金融获取外部融资的情况存在差异，在大企业样本中，仅通过正规金融进行外部融资的比例最大，数值为40%，仅通过非正规金融进行外部融资的比例最小，数值为8.13%；在微企业样本中，仅通过正规金融进行外部融资的比例最小，数值为10.54%，仅通过非正规金融进行外部融资的比例最大，数值为22.65%；同时，随着企业类型从大企业向微企业进行递进后，企业仅通过非正规金融获取外部融资的比例呈现出递增的趋势，这意味着相比于大企业而言，中小微企业更倾向于通过非正规金融方式进行外部融资，这一结论也从侧面映射出非正规金融对中小微企业融资的重要性。第四，民间借贷是非正规金融的主要形式，本文对不同类型企业存在民间借贷时的占比规模进行统计，以民间借贷与非正规金融借贷规模的比值（ratio）来表示，结果发现，就样本整体而言，民间借贷规模为非正规金融借贷的85.71%；在不同类型企业中，民间借贷占非正规金融的比值均保持在83%以上，从而证明了民间借贷是非正规金融的主要形式，其能较好反映非正规金融的发展，这也与现有文献将民间借贷作为非正规金融发展主体的假定相一致（廖冠民和宋蕾蕾，2020；邓路等，2014）。综上可知，非正规金融对于中小微民营企业进行外部融资具有重要的作用，并且民间借贷是非正规金融的主要形式，在非正规金融发展中具有重要地位，因此本文以民间借贷视角来研究民营企业OFDI变化具有合理的事实数据依据，这将为本文后续实证检验提供有力的数据保障。

其次，在正式回归分析之前，简单分析民间借贷与民营企业OFDI之间的关系，将有助于我们初步理解民间借贷对企业OFDI的潜在作用，对此本文将企业进行OFDI的数量和民间借贷的规模汇总至省份层面，并在上述数据样本基础上绘制了民间借贷与 OFDI 数量的散点拟合图，具体结果如图 1 所示。分析图 1 可知，散点拟合图中的拟合线朝右上方倾斜，这意味着拟合回归的系数为正，表明随着民间借贷规模的提高，OFDI 的数量呈现出递增的趋势，暗喻民间借贷对企业 OFDI 行为的正向作用，由此初步证明了本文提出的核心观点，即民间借贷是影响民营企业 OFDI 的重要因素。为了更加严谨地分析民间借贷对企业 OFDI 的实际效果，下文将通过构建计量回归模型，并控制相关影响因素后，就民间借贷发展产生的企业 OFDI 效应展开科学的分析。

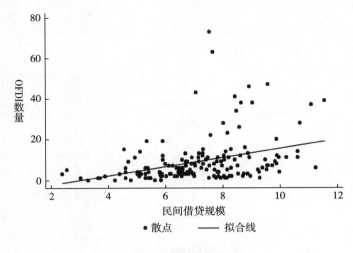

图 1　散点拟合图

四、基本实证结果与分析

（一）基准回归

本文对民间借贷发展与民营企业 OFDI 行为之间的关系展开基准回归分析，具体结果汇报在表 3 中。首先，（1）列回归结果仅考虑民间借贷对企业 OFDI 的作用，从分析结果可以看出，民间借贷的系数在 1% 的检验水平上显著为正，表明民间借贷发展能够显著促进企业 OFDI，初步证明了本文强调的基本观点。其次，（2）列在此基础上加入了其他控制变量，分析该列结果能够发现，民间借贷对企业 OFDI 的积极作用并未发生明显的变化。再次，考虑到各类非观测的因素可能干扰民间借贷对企业 OFDI 的真实影响，我们在（3）列加入了各类固定效应，并在此基础上仅考虑民间借贷发挥的作用，结果显示，民间借贷的系数显著为正，这表明随着民间借贷规模的增加，企业 OFDI 的可能性逐渐增强，初步证实了民间借贷发展产生的企业 OFDI 促进效应。最后，（4）列回归结果进一步加入了其他控制变量，分析该结果可知，民间借贷的系数依旧显著为正，并且通过了 1%水平的显著性检验，表明在控制了各种非观测的固定效应和其他可能影响因素后，民间借贷发展能够促进企业开展 OFDI 的决策，这一结果较好证实了 Allen 等（2005）的基本观点，非正规金融是影响中国民营企业成长的关键因素，也是解释"中国经济增长之谜"的重要原因。此外，控制变量结果表明企业年龄、企业家受教育程度、企业家党员身份、企业垄断水平对企业 OFDI 具有积极的作用，而企业家女性性别的特征不利于企业进行 OFDI 行为。

表3 基准回归结果

变量	(1)	(2)	(3)	(4)
lnlending	0.0767***	0.0671***	0.0949***	0.0898***
	(6.4165)	(5.5179)	(6.9075)	(6.4568)
firmage		0.0100*		0.0160***
		(1.8750)		(2.7629)
size		0.0456***		0.0066
		(2.7742)		(0.3623)
nsr		0.0002		0.0001
		(1.1541)		(0.9172)
age		−0.0006		−0.0005
		(−0.1828)		(−0.1302)
gender		−0.2414***		−0.1617*
		(−2.5963)		(−1.6965)
education		0.0904***		0.1409***
		(3.5180)		(5.1058)
party		0.1497***		0.1226**
		(2.8084)		(2.1920)
HHI		1.6962***		2.3391***
		(6.3249)		(7.1707)
Constant	−2.1187***	−2.5220***	−1.8625***	−2.5327***
	(−70.6163)	(−13.8180)	(−10.8483)	(−9.4054)
Year	No	No	Yes	Yes
Province	No	No	Yes	Yes
Industry	No	No	Yes	Yes
N	13103	13103	12762	12762
Pseudo R^2	0.0179	0.0495	0.0656	0.1001
Likelihood	−1310.7307	−1268.6421	−1233.1001	−1187.5831

注：①Year、Province、Industry 分别表示年份、省份、行业固定效应。②括号内数值为修正了异方差后的 t 统计值。③Likelihood 表示回归结果的对数似然值。④***、**、*分别表示1%、5%和10%的显著性水平。余表相同。

（二）样本异质性分析

在得出民间借贷对民营企业 OFDI 的积极影响后，本文研究感兴趣的另一个问题是民间借贷这一作用是否存在异质性？为了回答上述问题，本文将通过样本的不同分类方式，就民间借贷与民营企业 OFDI 之间的关系展开更为细致的检验，这将为我们深入理解民间借贷对企业 OFDI 的作用逻辑提供有益帮助，还能进一步检验本文基本面结论的稳健性。据此，本文主要进行以下几方面的异质性分析：

（1）企业大小的差异。本文根据国家统计局对大中小微企业的划分标准，将企业类型分为大企业和中小微企业，当企业属于中小微企业时，对变量 Var 赋值为1，否则赋值为0，具体回归结果如表4（1）列所示。从（1）列结果可以看出，回归中交互项的系数显著为正，由此表明相对于大型民营企业而言，民间借贷发展更能提高中小微民营企业 OFDI 的行为，仔细思考不难理解其背后的逻辑。中小微企业与银行等正规金融部门之间存在着较高的信息不对称，难以提供信贷审核过程所需的"硬信息"，导致中小微企业广泛受到正规金融的排斥，但民间借贷这一非正规金融的发展方式能够有效降低中小微企业融资时的信息成本，发挥出搜集企业"软信息"内容的优势（林毅夫和孙希芳，2005），进而提高了中小微企业可得的外源融资规模，促进了企业 OFDI 的行为，因此对中小微企业 OFDI 的促进效果更大。

表4　异质性回归结果

变量	企业大小 （1）	地区位置 （2）	海外经历 （3）	公益服务 （4）	注册类型 （5）	企业家地位 （6）
ln*lending*	0.0786***	0.0963***	0.0801***	−0.0595	0.1336***	0.1136***
	（5.3848）	（4.0956）	（5.5692）	（−1.0701）	（5.3750）	（7.8963）
ln*lending*×*Var*	0.1161***	−0.0495***	0.1374***	0.1607***	−0.0522**	−0.1352***
	（3.7917）	（−3.3508）	（3.5516）	（2.8861）	（−2.0296）	（−4.1242）
firmage	0.0161***	0.0159***	0.0158***	0.0152***	0.0161***	0.0154***
	（2.7841）	（2.7501）	（2.7301）	（2.6081）	（2.7673）	（2.6441）
size	0.0024	0.0066	0.0064	0.0049	0.0066	0.0059
	（0.1339）	（0.3641）	（0.3502）	（0.2723）	（0.3625）	（0.3266）
nsr	0.0001	0.0001	0.0001	0.0001	0.0001	0.0001
	（0.9281）	（0.9177）	（0.9543）	（0.9747）	（0.8986）	（0.9800）
age	−0.0006	−0.0004	−0.0007	−0.0002	−0.0005	−0.0005
	（−0.1718）	（−0.1255）	（−0.1994）	（−0.0543）	（−0.1515）	（−0.1333）
gender	−0.1619*	−0.1626*	−0.1672*	−0.1636*	−0.1634*	−0.1496
	（−1.6981）	（−1.7103）	（−1.7490）	（−1.7130）	（−1.7133）	（−1.5626）
education	0.1401***	0.1408***	0.1368***	0.1412***	0.1400***	0.1406***
	（5.0685）	（5.1042）	（4.9567）	（5.0722）	（5.0587）	（5.0883）
party	0.1228**	0.1227**	0.1269**	0.1165**	0.1171**	0.1242**
	（2.1889）	（2.1934）	（2.2729）	（2.0746）	（2.0885）	（2.2023）
HHI	2.2482***	2.3384***	2.3293***	2.3016***	2.3306***	2.3240***
	（6.9748）	（7.1680）	（7.0995）	（7.0952）	（7.1656）	（7.0743）
Constant	−2.5584***	−2.5268***	−2.5155***	−2.5458***	−2.5395***	−2.5251***
	（−9.4337）	（−9.3835）	（−9.3427）	（−9.3552）	（−9.3800）	（−9.3335）
Year	Yes	Yes	Yes	Yes	Yes	Yes
Province	Yes	Yes	Yes	Yes	Yes	Yes
Industry	Yes	Yes	Yes	Yes	Yes	Yes
N	12762	12762	12762	12762	12762	12762
Pseudo R^2	0.1044	0.1002	0.1041	0.1058	0.1016	0.1093
Likelihood	−1181.9346	−1187.5088	−1182.2336	−1180.0871	−1185.5988	−1175.4843

（2）企业所处地区位置的差异。本文根据企业所处地区位置的不同，将样本分为中西部地区和东部地区，当样本企业位于东部地区时，对变量 *Var* 赋值为1，否则赋值为0，具体回归结果如表4

（2）列所示。通过分析（2）列回归结果可以发现，交互项的系数在1%的检验水平上显著为负，这表明相对于位于东部地区的民营企业而言，民间借贷对位于中西部地区的民营企业具有更高的OFDI促进作用，其蕴含的经济学理论容易理解。中国是一个地大物博的国家，不同地区经济发展水平和金融发展水平大相径庭，这意味着企业区位的差异将影响企业潜在的外部信贷资源，相对而言，中西部地区比东部地区在经济发展和金融发展上更为落后，因此位于该地区的民营企业从正规金融部门获取的信贷资源相对有限，此时民间借贷这类非正规金融就起到了较好的补充作用，有效缓解了民营企业面临的融资约束，因此对中西部地区企业OFDI行为的提升效果更为明显。

（3）企业家海外经历的差异。本文此处根据企业家是否具有海外留学或海外工作的经历，将数据分为具有海外经历的企业家样本和不具有海外经历的企业家样本，当企业家具有海外经历时，对变量Var赋值为1，否则赋值为0，具体回归结果如表4（3）列所示。结果显示，分类变量Var的交互项系数显著为正，说明相对于不具有海外经历的企业家而言，具有海外经历的企业家受到民间借贷发展产生的OFDI促进效应更大，这与经济学直觉较为相符。原因在于，若企业家存在海外经历，则企业家一般拥有更丰富的人脉资源和更广的社交关系网络，我们知道民间借贷发挥作用的一个重要基础是信贷双方之间的关系网络，这能够有效降低信贷双方之间的信息不对称，进而推动民间借贷发挥更好的作用，因此对具有海外经历企业家所在企业的OFDI促进作用更大。

（4）企业公益服务行为的差异。此处分析根据企业是否存在公益事业捐赠的行为，将样本分为存在公益服务的企业和不存在公益服务的企业，当样本属于存在公益服务的企业时，对变量Var赋值为1，否则赋值为0，具体回归结果如表4（4）列所示。观察（4）列结果可以得知，回归中交互项的系数为正，且通过了1%水平上的显著性检验，这意味着相对于不存在公益捐赠行为的企业而言，民间借贷对存在公益捐赠行为的企业的OFDI促进效应更大，这背后的经济学逻辑不难理解。由于公益捐赠是企业履行社会责任的表现，公益捐赠能够提高企业的社会声誉，增强企业的社会影响力，扩大企业现有的社交关系网络（山立威等，2008），这无疑有利于企业与不同经济个体之间建立潜在的双边关系，而关系纽带是影响民间借贷开展的重要因素，能够改善企业融资的信息成本，因此民间借贷对存在公益捐赠行为的企业具有更强的作用，更能促进该类企业的OFDI行为。

（5）企业注册类型的差异。此处回归根据企业注册类型的不同，将企业样本分为股份有限公司和非股份有限公司，当企业属于股份有限公司时，对变量Var赋值为1，否则赋值为0，具体回归结果如表4（5）列所示。根据该列回归结果不难发现，回归结果中交互项的系数显著为负，这说明相对于非股份有限公司而言，民间借贷对股份有限公司的OFDI促进作用更微弱，反言之，非股份有限公司受到民间借贷发展产生的OFDI促进作用更大，这结果也符合经济学的逻辑。由于股份有限公司存在着股票公开发行这一潜在的融资渠道，当公司日常经营累积的内源资金不足其进行OFDI发展时，股份有限公司可以凭借股票发行的方式进行融资，因此面临相对较低的融资约束水平，这表明当民间借贷发展为企业带来额外的融资渠道后，更能够降低非股份有限公司面临的融资约束，进而对非股份有限公司OFDI的促进效果更佳。

（6）企业家经济地位的不同。本文以调查数据库中提供的企业家自我经济地位评价的数值为基础，根据样本内该指标的均值，将整个样本划分为高经济地位的企业家和低经济地位的企业家，当企业属于高经济地位的企业家时，对变量Var赋值为1，否则赋值为0，具体回归结果如表4第（6）列所示。通过观察（6）列的回归结果能够得知，交互项的系数在1%的检验水平上显著为负，这意味着相对于低经济地位的企业家而言，民间借贷对高经济地位企业家所在企业的OFDI促进效应更低。究其原因在于，高经济地位企业家一般拥有更多的私有资产，个人收入水平相对而言更高，因此当企业需要进行OFDI决策而缺乏充足资金时，高经济地位企业家可以向企业注入个人的资金，从而增加企业可得的内源资金规模，因此该类企业面临着相对更低的融资约束，对外部资金的需求更低，反言之，低经济地位企业家面临更高的融资约束和资金需求。因此，当民间借贷进一步发展后，对低经济地位企业家融资约束的缓解作用更大，进而更能促进低经济地位企业家所在企业的 OFDI 行为，这在回归结果中将表现为交互项系数显著为负。

综上分析，我们通过不同样本分类的方式，对民间借贷产生的企业 OFDI 效应进行异质性检验，均能发现民间借贷产生的 OFDI 效应存在于不同的样本分类中，较好证明了本文基本面结论的稳健性；同时，我们还在不同分类结果中发现了信息成本和融资约束两个潜在的作用渠道，下文将对民间借贷这两方面的作用机制进行更为直接的检验。

（三）机制检验

上文分析表明，民间借贷能够有效提高民营企业 OFDI 的决策，促进民营企业 OFDI 的可能性，并且这一效果在不同样本分类下存在着异质性，较好证明了民间借贷这一非正规金融方式是影响民营企业 OFDI 的重要因素，也支持了我国二元金融结构并行格局的合理性。但是行文至此，我们还未对民间借贷产生的企业 OFDI 促进效应的具体作用机制进行检验，根据本文理论分析部分的阐述，我们知道信息成本和融资约束可能是民间借贷影响企业 OFDI 的两个潜在渠道，为了对上述作用渠道进行真实性的识别，本文根据马述忠和张洪胜（2017）对机制检验的方式，采用交互项的形式检验民间借贷发挥作用的具体机制。具体而言，一方面，在民营企业融资的信息成本（inf）衡量上，本文根据调查数据中关于民营企业获得银行贷款的主要困难进行设定，若企业存在"公开财务信息要求过高""信用等级评定过严""贷款担保抵押条件太严"的回答，则对信息成本变量赋值为 1，否则赋值为 0，由此构造信息成本这一核心变量。另一方面，在融资约束变量（fc）衡量上，本文参考许和连和王海成（2018）的做法，以企业对外应收账款占销售收入的比值作为融资约束的替代变量，由于应收账款反映了企业流动资产被他人占用的情况，应收账款占比水平越高，表明企业自身面对的资金周转周期越长，能够用于流动的资金越少，因此融资约束水平越高。

完成上述变量构造后，本文通过交互项的形式对民间借贷的两个作用机制进行检验，具体回归结果如表 5 所示。其中，（1）列和（2）列是信息成本渠道的检验结果；（3）列和（4）列是融资约束渠道的检验结果。首先，（1）列回归加入了各类非观测的固定效应，并仅考虑核心解释变量及其交互项的作用，观察结果可以发现，信息成本变量（inf）交互项的系数在 5% 的检验水平上显著为正，这意味着当民营企业存在信息成本时，民间借贷对民营企业 OFDI 的促进作用更大，初步证明了民间借贷能够缓解民营企业融资时面临的信息成本，进而提高企业 OFDI 的可能性。其次，（2）列在此基础上进一步加入了其他控制变量，结果显示，交互项系数的方向和显著性并未发生明显的变化，较好证明了信息成本渠道的存在性，即民间借贷能够通过降低企业面临的信息成本，进而推动企业 OFDI 的行为。再次，（3）列回归结果对融资约束渠道进行检验，根据回归结果可知，融资约束变量（fc）交互项的系数显著为正，这说明随着民营企业融资约束水平的提高，民间借贷对企业 OFDI 的促进作用逐渐增加，初步证明了民间借贷能够通过缓解企业面临的融资约束，进而对企业 OFDI 行为产生积极的作用。最后，（4）列结果在此基础上考虑了其他控制变量的影响，分析结果可以发现，在控制了各类非观测的固定效应和其他可能的影响因素后，交互项的系数依然在 5% 检验水平上维持着正显著，较好证明了融资约束渠道的存在，即民间借贷能够通过缓解民营企业面临的融资约束问题，进而提高了民营企业 OFDI 的可能性。

表 5   作用机制检验

变量	信息成本渠道		融资约束渠道	
	（1）	（2）	（3）	（4）
$\ln lending$	0.0558 **	0.0556 **	0.0775 ***	0.0728 ***
	（2.4051）	（2.3831）	（4.7230）	（4.4705）

变量	信息成本渠道		融资约束渠道	
	(1)	(2)	(3)	(4)
lnlending×inf	0.0550**	0.0484**		
	(2.2146)	(1.9605)		
lnlending×fc			0.0191**	0.0184**
			(2.2057)	(2.0385)
firmage		0.0160***		0.0168***
		(2.7596)		(2.8973)
size		0.0067		−0.0044
		(0.3704)		(−0.2343)
nsr		0.0001		0.0001
		(0.8934)		(0.8539)
age		−0.0006		−0.0008
		(−0.1622)		(−0.2296)
gender		−0.1624*		−0.1636*
		(−1.7018)		(−1.6826)
education		0.1401***		0.1418***
		(5.0651)		(5.0037)
party		0.1229**		0.1439**
		(2.1928)		(2.5349)
HHI		2.3207***		2.3848***
		(7.1298)		(6.9671)
Constant	−1.8433***	−2.5082***	−1.8572***	−2.5374***
	(−10.7801)	(−9.2980)	(−10.6144)	(−9.1920)
Year	Yes	Yes	Yes	Yes
Province	Yes	Yes	Yes	Yes
Industry	Yes	Yes	Yes	Yes
N	12762	12762	12409	12409
Pseudo R^2	0.0677	0.1017	0.0660	0.1019
Likelihood	−1230.3882	−1185.5269	−1186.1445	−1140.5649

综上，本文通过交互项机制检验的方式，证明了前文理论部分阐述的民间借贷发挥作用的基本逻辑，即信息成本和融资约束是民间借贷影响民营企业 OFDI 的两个重要机制，这为我们深入理解民间借贷对民营企业 OFDI 的作用提供了直观的解释。

五、进一步稳健性分析

（一）各方面的稳健性考虑

其一，在城市经济体量和城市发展政策方面。考虑到直辖市具有较为特殊的政策扶持优势，而一线城市拥有更多的经济发展资源，具有得天独厚的发展优势，这两类城市的经济体量往往较大，民营企业在这类城市中可以接触到更多的金融资源，进而可能影响民间借贷对企业 OFDI 的真实效果，干扰回归结论的真实性。对此，本文对现有样本进行重新整理，剔除了属于直辖市和一线城市的样本，具体包括北京、天津、上海、重庆、深圳、广州。在此处理基础上，本文就剩余数据样本进行重新回归分析，具体结果如表 6（1）列所示。根据（1）列回归结果可以看出，民间借贷的系数在 1% 水平上显著为正，这意味着排除城市经济体量和城市发展政策方面的影响后，民间借贷对民营企业 OFDI 仍有着明显的促进作用，即本文基本面的结论保持稳健。

表 6　稳健性检验

变量	经济体量政策 （7）	非融资特征 （1）	仅制造业 （2）	金融危机 （3）	Logit 模型 （4）	OFDI 规模 （5）	非正规金融 （6）
lnlending	0.0830 ***	0.0825 ***	0.0888 ***	0.0835 ***	0.2147 ***	0.1730 ***	0.1170 ***
	（5.0717）	（5.7157）	（4.5984）	（3.6783）	（6.5887）	（5.4912）	（9.7346）
firmage	0.0176 ***	0.0162 ***	0.0136	0.0261 ***	0.0397 ***	0.0456 ***	0.0144 **
	（2.5809）	（2.7200）	（1.5944）	（2.8922）	（2.8799）	（3.6331）	（2.3692）
size	−0.0028	0.0098	−0.0298	0.0559 **	0.0189	0.0362	0.0073
	（−0.1254）	（0.5222）	（−1.1349）	（2.1989）	（0.4301）	（0.8412）	（0.3995）
nsr	0.0001	0.0001	0.0001	−0.1296 ***	0.0002	0.1193	0.0001
	（0.9356）	（0.9581）	（0.8432）	（−3.6979）	（0.7243）	（0.6501）	（0.7653）
age	0.0015	−0.0016	−0.0054	−0.0016	0.0002	0.0025	−0.0015
	（0.3626）	（−0.4408）	（−1.2343）	（−0.3110）	（0.0235）	（0.3046）	（−0.3952）
gender	−0.0889	−0.1578	−0.1867	−0.1548	−0.3831	−0.4883 *	−0.1328
	（−0.8332）	（−1.6063）	（−1.2815）	（−1.1108）	（−1.5569）	（−1.7387）	（−1.3510）
education	0.1407 ***	0.1382 ***	0.1342 ***	0.2859 ***	0.3549 ***	0.3134 ***	0.1304 ***
	（4.1928）	（4.8138）	（3.5355）	（6.5463）	（5.2212）	（4.5146）	（4.5593）
party	0.1315 **	0.1295 **	0.1180	0.1909 **	0.2687 **	0.3588 ***	0.0880
	（2.0434）	（2.2428）	（1.5537）	（2.3745）	（2.0383）	（2.8499）	（1.5354）
HHI	2.6876 ***	2.6880 ***	20.2576 *	2.6853 ***	4.5379 ***	4.0768 ***	2.1906 ***
	（6.2288）	（6.6190）	（1.9170）	（4.4571）	（7.5329）	（7.7909）	（6.6337）
Constant	−2.9340 ***	−2.5272 ***	−2.2705 ***	−3.6501 ***	−5.2166 ***	−4.2602 ***	−2.6187 ***
	（−9.5390）	（−8.7645）	（−4.5700）	（−8.5291）	（−8.1667）	（−8.2176）	（−9.2655）
Year	Yes	Yes	Yes	Yes	Yes	Yes	Yes
Province	Yes	Yes	Yes	Yes	Yes	Yes	Yes
Industry	Yes	Yes	Yes	Yes	Yes	Yes	Yes
N	9663	11992	5002	4595	12762	12762	12762
Pseudo R^2	0.0997	0.0988	0.0891	0.1222	0.1014	0.1206	0.1392
Likelihood	−879.8885	−1122.629	−635.7589	−577.1174	−1185.8549	−3963.0999	−1135.9609

其二，在行业选取方面。一方面，由于金融类行业、租赁类行业、房地产类行业具有较为明显的金融融资特征，这将会影响民间借贷发挥对民营企业的融资效应，并由此干扰民间借贷发展产生的 OFDI 作用。另一方面，《2019 年度中国对外直接投资统计公报》数据显示，中国境内投资者行业构成中比重最大的是制造业，这表明制造业是中国 OFDI 的主体行业，我们应该对制造业 OFDI 的

变化情况给予更多考虑。根据上述分析思路，该部分主要进行以下两方面的处理：第一，剔除样本中具有融资特征的行业样本；第二，仅考虑制造业的行业样本。最终上述结果如表 6（2）列和（3）列所示。首先，观察（2）列回归结果容易得知，民间借贷对民营企业 OFDI 的促进作用并未发生明显的变化，从而证明了剔除具有融资特征的行业样本后，民间借贷发展依然能够推动民营企业 OFDI 的行为。其次，分析（3）列回归结果可以发现，作为中国 OFDI 的主体行业，民间借贷发展能够显著提高制造业民营企业 OFDI 的可能性，较好证明了民间借贷这一非正规金融方式是影响中国 OFDI 发展的重要因素。

其三，在宏观金融环境冲击方面。由于 2008 年发生了全球金融危机，这次危机对中国宏观金融环境造成了较大的冲击，并改变了此后企业进行对外发展的外部环境，进而可能影响民间借贷与民营企业 OFDI 之间的关系。因此，该部分着重考虑金融危机爆发之前的样本数据，并就民间借贷产生的影响进行重新检验，具体结果如表 6（4）列所示。结果表明，在排除金融危机导致的金融环境冲击影响后，民间借贷发展产生的企业 OFDI 促进效应依然存在，从而较好证明了随着民间借贷的发展，民营企业 OFDI 的行为呈现出递增的趋势，有效证明了民间借贷这一作用的稳健性。

其四，在其他计量模型设定方面。本文基本面回归结论均基于 Probit 模型，为了进一步检验回归结果的稳健性，此处采用二元选择 Logit 模型对回归结论进行检验，具体结果如表 6（5）列所示。分析该列回归结果容易发现，在 Logit 计量模型估计下，民间借贷的系数依旧保持正显著，即民间借贷对民营企业 OFDI 具有显著的促进作用，因此在排除计量模型设定的影响后，本文基本面的结论并未发生明显变化。

其五，在民营企业 OFDI 规模方面。根据前文分析，我们知道民间借贷能够显著提高民营企业 OFDI 的可能性，但是并未对企业 OFDI 规模的变化进行分析，事实上，OFDI 规模的变化对评估民间借贷发展的作用有着重要意义，也是本文感兴趣的另一个问题。为了进一步证明民间借贷发展不仅能够提高民营企业 OFDI 的可能性，还能促进民营企业 OFDI 规模的增长，我们对民间借贷与企业 OFDI 规模之间的关系进行分析，同时检验民间借贷发展产生的企业 OFDI 效应是否稳健。考虑到样本数据中存在大量零数值的 OFDI 样本，因此本文拟采用泊松伪最大似然估计（PPML）模型进行估计，PPML 模型能够有效解决零样本导致的回归系数偏误（Silva and Tenreyro，2006），具体结果如表 6 第（6）列所示。从结果中可以看出，民间借贷的系数在 1% 检验水平上显著为正，证明了在控制其他各类影响因素后，民间借贷发展能够提高民营企业 OFDI 的规模，这不仅证明了本文基本面结论的稳健性，也对民间借贷发展产生的 OFDI 效应进行了有益扩充，即民间借贷能够同时影响民营企业 OFDI 的可能性和发展规模。

其六，在民间借贷指标稳健性方面。为了进一步检验替换本文核心解释变量后回归结论的稳健性，我们将非正规金融借贷规模作为民间借贷的替代变量，在此基础上进行基准回归的再检验，具体结果如表 6（7）列所示。观察该列回归结果能够得知，民间借贷发展产生的企业 OFDI 促进效应并未发生明显的变化，从而证明了本文基本面的回归结论不随核心解释变量的替换而发生改变，即具有一定程度的稳健性。

（二）民间借贷与正规金融：替代为主还是互补为主

民间借贷与正规金融的交互效应是本文需要关注的一个研究重点，也是检验本文核心结论稳健性和完善本文研究内容的重要一步。诚然，大量学者就非正规金融与正规金融之间的交互效应展开了激烈的讨论。部分学者认为正规金融发展与非正规金融发展之间存在着互补作用，由于正规金融和非正规金融在信贷提供上各具优势，两个市场能够互相扶持，依赖各自优势迎来双赢局面，因此两者的发展能够起到较好的互补作用（Hou et al.，2020；Ayyagari et al.，2010）；另一些学者发现，非正规金融与正规金融市场是存在重叠的，正规金融发展较好的地方，企业将更偏向于通过正规金融进行融资，因此非正规金融与正规金融之间存在明显的替代作用（Allen et al.，2019；潘彬和金雯雯，2017；杨坤等，2015）。因此，检验民间借贷与正规金融之间的关系将有着重要的意义，其不仅能够以本文样本论证非正规金融与正规金融之间的具体交互效应，为已有研究的争论提供新的参考作用，还能进一步检验本文民间借贷对民营企业 OFDI 作用的稳健性。据此，本文构造以下计量回归方程，对民间借贷与正规金融之间的交互效应展开系统的分析：

$$Probit(ofdi_{it}=1)=\alpha+\beta\ln lending_{it}+\mu\ln lending_{it}\times\ln formal_{it}+\gamma\ln formal_{it}+\xi Ctrl+\delta_t+\delta_j+\delta_k+\varepsilon_{it} \tag{2}$$

式（2）中，$\ln formal$ 表示正规金融变量，该变量的衡量范围与本文数据特征化事实部分的定义一致，以正规金融数值加 1 后取对数进行表示。其他变量设定与前文保持一致。在式（2）分析中，我们感兴趣的是民间借贷与正规金融交互项的系数 μ，若 μ 显著为正，则表明民间借贷与正规金融之间存在互补作用；若 μ 显著为负，则表明两者之间存在替代作用。因此，回归结果中系数 μ 的方向和显著性将成为本文重点关注的内容。根据上述方程设定，回归结果如表 7 所示。其中，（1）列和（2）列是以民间借贷作为核心解释变量的回归结果；（3）列和（4）列是将非正规金融作为民间借贷替代变量的回归结果。首先，观察（1）列回归结果可以发现，在控制了各类非观测的固定效应之后，民间借贷、正规金融各自系数显著为正，同时民间借贷与正规金融交互项的系数在 5% 的检验水平上显著为负，这支持了以下两方面的结论：一方面，民间借贷这一非正规金融方式与正规金融均能影响民营企业 OFDI 的行为，较好证明了中国二元金融结构运行的合理性，在一定程度上也证明了本文基本面结论的稳健性；另一方面，民间借贷与正规金融发展之间存在着明显的替代作用，其经济学含义是，在正规金融发展不足或较为落后的地区，民间借贷能够成为弥补正规金融服务不足的另一种外部融资方式，能够提高民营企业外源融资的可得性，进而促进民营企业 OFDI 的行为。其次，（2）列在此基础上加入了其他控制变量，结果进一步表明，在控制各类非观测的固定效应和其他影响因素后，交互项的系数仍在 5% 检验水平上保持负显著，说明民间借贷与正规金融之间的替代效应是存在的，较好支持了 Allen 等（2019）、潘彬和金雯雯（2017）、杨坤等（2015）的研究，这意味着在正规金融发展不完全的地区，民间借贷这种非正规金融方式能够起到有效的金融支撑作用。最后，分析（3）列和（4）列回归结果可以得到类似的结论，本文对此不再赘述。

表 7　民间借贷与正规金融的交互效应

变量	（1）	（2）	（3）	（4）
lnlending	0.0559**	0.0509*	0.0452**	0.0399*
	（2.0135）	（1.8952）	（1.9972）	（1.8484）
lnlending×lnformal	−0.0109**	−0.0100**	−0.0073*	−0.0070*
	（−2.1975）	（−2.1009）	（−1.8643）	（−1.9050）
lnformal	0.0757***	0.0625***	0.0818***	0.0695***
	（6.5361）	（5.4751）	（5.9086）	（5.1284）
firmage		0.0113*		0.0114*
		（1.7043）		（1.7201）
size		0.0230		0.0213
		（1.1518）		（1.0688）
nsr		0.3497*		0.3611*
		（1.6853）		（1.7138）
age		−0.0019		−0.0020
		（−0.4438）		（−0.4669）

续表

变量	(1)	(2)	(3)	(4)
gender		−0.1673		−0.1632
		(−1.5090)		(−1.4716)
education		0.1214***		0.1213***
		(3.7274)		(3.7166)
party		0.0830		0.0803
		(1.3116)		(1.2738)
HHI		1.4206***		1.4574***
		(3.7416)		(3.7838)
Constant	−2.1208***	−2.5897***	−2.1724***	−2.6337***
	(−9.8886)	(−7.8589)	(−9.9740)	(−7.9187)
Year	Yes	Yes	Yes	Yes
Province	Yes	Yes	Yes	Yes
Industry	Yes	Yes	Yes	Yes
N	12762	12762	12762	12762
Pseudo R^2	0.0803	0.1003	0.0803	0.1004
Likelihood	−904.8744	−885.1851	−904.8838	−885.1424

（三）自选择偏误的考虑

自选择偏误是造成内生性的重要原因之一，也是本文回归中可能存在的一个问题。对于本文而言，若通过民间借贷获取外部融资的民营企业本身存在着更强的 OFDI 能力和意愿，则民间借贷发挥的作用可能是企业自我意识的选择结果。为了解决自选择偏误导致的内生性问题，本文参考 Allen 等（2019）的方式，采用倾向得分匹配分析（PSM 分析）来解决回归结论中潜在的自选择偏误。具体地，我们将存在民间借贷的民营企业样本视为处理组，通过 1∶1 近邻匹配的方式，在不存在民间借贷的民营企业样本中筛选出与处理组得分相近的对照组，然后通过对比处理组和对照组样本 OFDI 行为的差异，即民间借贷对民营企业 OFDI 的平均处理效应（Average Treatment for the Treated，ATT），该 ATT 效应能够真实反映在有效解决自选择偏误问题后，民间借贷对企业 OFDI 的真实作用。

根据上述思路，我们首先以基准回归方程中的控制变量作为处理组和对照组的匹配依据，对处理组样本进行匹配，来寻找合适的对照组。然后计算不同样本的倾向得分数值，将与处理组倾向得分最相近的民营企业样本作为对照组。需要注意的是，在估计 ATT 效应前应该对数据进行平衡性检验，以确保处理组和对照组之间没有系统性的差异，据此本文先汇报该过程平衡性检验的结果，具体如表 8 所示。

表 8　平衡性检验

变量	处理	均值		标准偏差（%）	t 统计量	相伴概率
		处理组	对照组			
firmage	匹配前	8.0746	7.7928	6.0	3.37	0.001
	匹配后	8.0746	8.1201	−1.0	−0.50	0.616

变量	处理	均值		标准偏差（%）	t统计量	相伴概率
		处理组	对照组			
size	匹配前	4.1007	3.8218	19.4	10.25	0.000
	匹配后	4.1007	4.1455	−3.1	−1.56	0.119
nsr	匹配前	0.0909	0.1176	−17.7	−9.33	0.000
	匹配后	0.0909	0.0874	2.3	1.34	0.17.9
age	匹配前	45.480	44.786	8.2	4.59	0.000
	匹配后	45.480	45.539	−0.7	−0.36	0.716
gender	匹配前	0.1093	0.1651	−16.3	−9.02	0.000
	匹配后	0.1093	0.1085	0.2	0.12	0.902
education	匹配前	3.5385	3.5601	−1.9	−1.08	0.280
	匹配后	3.5385	3.5391	−0.1	−0.03	0.980
party	匹配前	0.3781	0.3246	11.2	6.30	0.000
	匹配后	0.3781	0.3836	−1.2	−0.59	0.554
HHI	匹配前	0.0075	0.0092	−3.7	−2.08	0.038
	匹配后	0.0075	0.0070	0.9	0.56	0.576

观察表8可以发现，各变量匹配之后的相伴概率均大于10%，这意味着匹配后的样本均无法拒绝处理组与对照组之间不存在差异的原假设，表明本文匹配结果较为理想。同时，Rosenbaum和Rubin（1985）指出匹配后样本的标准偏差的绝对值如果小于20%，则匹配结果比较完美，本文所有匹配后样本的标准偏差的绝对值均小于5%，进一步表明本文匹配结果是合理的。此外，我们还绘制了对照组与处理组匹配后倾向得分的核密度图，以证明匹配结果符合平衡性检验的标准，具体如图2所示。观察图2可知，处理组与对照组倾向得分的概率分布形状几乎相同，这表明对照组与处理组之间的倾向得分十分接近，再次表明本文匹配结果较为理想。因此，本文进行ATT效应估计前的数据样本符合平衡性检验的标准。

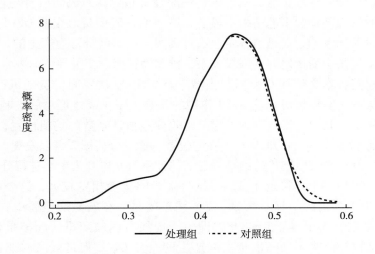

图2 处理组和对照组的倾向得分核密度

在完成处理组与对照组的样本匹配后，我们将进一步估计民间借贷对民营企业OFDI具体ATT

效应的大小，相关结果如表 9 所示。仔细分析表 9 可以得出以下结论：首先，在对样本进行匹配之前，存在民间借贷的民营企业（处理组）OFDI 均值为 0.1304，不存在民间借贷的民营企业（对照组）OFDI 均值为 0.1140，相应的 ATT 数值为 0.0164，这表明存在民间借贷的民营企业具有更高的 OFDI 可能性，并且 ATT 数值在 1%检验水平上显著为正，初步证明了民间借贷对民营企业 OFDI 的促进作用。其次，在对样本进行匹配后，进一步观察结果可以发现，ATT 数值大小为 0.0150，并且通过了 1%水平上的显著性检验，这表明处理组样本比对照组样本具有更高的 OFDI 可能性，即在通过 PSM 方法解决自选择偏误导致的潜在内生性问题后，民间借贷依然能促进民营企业 OFDI 的行为，因此本文基本面的结论具有较强的稳健性。

表 9 ATT 效应结果

	处理组	对照组	ATT	标准差	t 值
匹配前	0.1304	0.1140	0.0164	0.0025	6.5603***
匹配后	0.1304	0.1154	0.0150	0.0029	5.1724***

（四）安慰剂检验

遗漏变量造成的内生性是本文需要关注的一个问题，本文在计量模型估计上虽然控制了各类非观测的固定效应和其他影响因素，并采用了多种稳健性方法对民间借贷发展产生的 OFDI 效应进行检验，但仍可能无法排除其他非观测的、随时间推移而变化的因素对民营企业 OFDI 的影响，这将干扰本文对民间借贷真实作用的估计效果。为了解决这一内生性问题，本文借鉴 Hu 等（2020）的做法，采用安慰剂的检验方式对民间借贷与民营企业 OFDI 之间的因果效应进行真实辨别，该方法能够有效排除民间借贷发挥的作用是源于遗漏重要变量导致的，其核心逻辑可以归纳为：若民营企业 OFDI 可能性的增加的确是源于民间借贷规模的提高，而不是来自其他遗漏或非观测变量的影响，那么只有当样本企业真实发生既定规模的民间借贷后，企业相应的 OFDI 可能性才会提高。这为我们通过安慰剂方式检验遗漏变量导致的内生性问题提供了一个有效的思路，若我们保持每个企业获取民间借贷规模的真实数值不变，但是随意打乱民间借贷规模与不同企业之间的匹配关系，由此构造出不同企业伪民间借贷的指标，然后基于该伪民间借贷指标，对民间借贷与企业 OFDI 之间的关系进行检验，若此时安慰剂检验下的结果不显著，则表明民间借贷对企业 OFDI 的促进作用不是因为遗漏或非观测变量所导致的，而是由各企业通过真实的民间借贷行为产生的，即安慰剂检验可以较为准确地识别出上述两个变量之间的因果关系，排除潜在遗漏变量导致的内生性问题。

根据上述设定思路，本文依照基准回归模型进行了 1000 次民间借贷随机匹配的安慰剂检验，记录下每次回归结果中民间借贷对企业 OFDI 作用的系数大小，最终汇总后绘制出估计系数的核密度图，具体如图 3 所示。其中，实线表示安慰剂检验样本估计系数的均值位置；虚线表示本文表 3（4）列基准回归中系数 β 大小（0.0898）所在的位置。通过分析图 3 可以发现，与虚线中估计系数 β 所在的位置相比，1000 次安慰剂检验的结果显示估计系数 β 以 0 为中心进行分布，并且该实线所在位置的数值为 −0.0039，十分接近于 0，明显与虚线的位置相差较远，这表明安慰剂检验估计系数结果的均值远小于真实的估计系数 β，需要注意的是，在安慰剂检验中，只有 0.1%次随机匹配结果中的估计系数 β 大于等于 0.0898，即位于虚线右侧的随机匹配结果仅占全部安慰剂检验次数的 0.1%，这较好证明了民间借贷发展产生的企业 OFDI 促进效应并非源于可能的遗漏变量。因此，民间借贷能够真实促进民营企业 OFDI 的行为，证明了本文核心结论具有一定的稳健性。

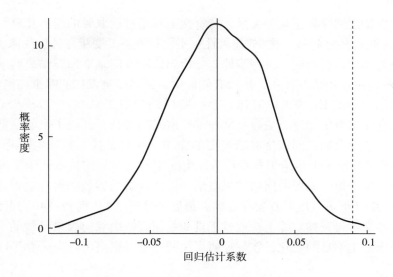

图3 安慰剂检验下估计系数的核密度

(五) 双向因果的内生性考虑

双向因果是本文可能存在的一个内生性问题。因为进行 OFDI 的民营企业可能更需要借助民间借贷来获取外源资金,这意味着本文回归结论中难以排除双向因果导致的内生性问题,若不处理该内生性问题,本文对民间借贷与民营企业 OFDI 之间的估计结果可能存在偏差。在该内生性问题处理上,我们通过工具变量回归的方式予以解决。具体地,在工具变量选择上,本文以企业注册时是否有资金来源于民间借贷 (*est_origin*) 和企业家是否拥有宗教信仰 (*religion*) 这两个变量分别作为工具变量进行回归分析。

首先,对于企业注册时是否有资金来源于民间借贷这一工具变量的合理性在于:一方面,该变量符合工具变量相关性的要求。如果企业家通过民间借贷获取企业注册时的部分资金,这意味着民间借贷是企业进行外部融资的一种重要渠道,那么企业在需要外部融资时更有可能采取民间借贷这种方式,这表明工具变量与企业民间借贷存在着明显的正相关。另一方面,该变量符合工具变量外生性的要求。因为企业注册时是否有资金来源于民间借贷这一行为存在于企业过去的历史中,我们很难有直观的逻辑认为该工具变量会与民营企业当下 OFDI 行为之间存在联系,即当期 OFDI 行为不大会影响企业过去注册时的行为。

其次,对于企业家是否拥有宗教信仰这一工具变量的逻辑在于:一方面,该变量符合工具变量相关性的要求。宗教信仰作为一种典型的非正式制度文化,对企业寻求外部融资具有重要作用,相似的宗教信仰文化能够拉近企业与信贷提供者之间的距离,增加双方之间的信任,有利于企业获取民间借贷等非正规金融的资源 (张博和范辰辰,2018),因此该工具变量与民间借贷之间存在着正相关的关系。另一方面,该变量符合工具变量外生性的要求。由于企业家的宗教信仰文化一般受到父母长辈和区域宗教传统的影响,在企业家较早年龄时便已形成,因此很难说企业当期 OFDI 的行为能够影响企业家的宗教信仰,这表明宗教信仰与企业当下 OFDI 之间并未存在直观的联系,因此满足工具变量外生性这一条件。

据此,本文构建上述两个工具变量,并采用工具变量回归模型对基准回归进行检验,具体结果如表10所示。其中,(1) 列和 (2) 列是以民间借贷作为核心解释变量的回归结果;(3) 列和 (4) 列是将非正规金融作为民间借贷替代变量的回归结果。首先,分析 (1) 列回归结果可以得知,第一阶段回归中工具变量 (*est_origin*) 的系数显著为正,表明企业注册时是否有资金来源于民间借贷与企业民间借贷之间存在正相关关系，与本文工具变量选取时的逻辑相符，并且工具变量外生性的 Wald 检验结果数值为 4.43，在 1% 显著性水平上拒绝工具变量非外生的原假设，从而较好证明了本文工具变量的选取是有效的。进一步地，分析第二阶段的基准回归结果容易发现，民间借贷对民营企业 OFDI 的促进作用依然存在，从而有效证明了民间借贷发展能够推动民营企业 OFDI 的行为。其次，观察（2）列回归结果可以看出，第一阶段回归中工具变量（religion）的系数显著为正，这表明企业家存在宗教信仰时，更容易从外部获取民间借贷，证明了宗教信仰作为非正式制度文化的一种形式，对企业获取民间借贷有着重要的作用，同时工具变量外生性的 Wald 检验结果数值为 5.54，在 1% 显著性水平上拒绝工具变量非外生的原假设，从而较好证明了本文工具变量的选取是有效的。进一步地，第二阶段的回归结果显示，民间借贷的系数仍保持着正显著，表明民间借贷发展产生的企业 OFDI 促进效应是真实存在的。最后，分析（3）列和（4）列回归结果可以得到类似的结论，对此本文不再赘述。综上，通过工具变量回归解决双向因果导致的内生性问题后，本文基本面的结论并未发生明显的变化，较好证明了民间借贷对提高民营企业 OFDI 的核心作用。

表 10　工具变量回归结果①

变量	（1）	（2）	（3）	（4）
lnlending	0.1852 **	0.5152 ***	0.1435 **	0.4254 ***
	(2.3687)	(10.7284)	(2.0601)	(10.0322)
firmage	0.0154 **	−0.0098	0.0138 **	−0.0105
	(2.4879)	(−1.5295)	(2.0638)	(−1.4759)
size	0.0037	−0.0235	0.0064	−0.0300
	(0.2268)	(−1.0343)	(0.3833)	(−1.3452)
nsr	0.0001	0.0038 **	0.0001	0.0045 **
	(0.0466)	(2.1373)	(0.0544)	(2.1012)
age	−0.0012	−0.0023	−0.0017	−0.0031
	(−0.3354)	(−0.6526)	(−0.4660)	(−0.8334)
gender	−0.1390	0.0906	−0.1213	0.0990
	(−1.4076)	(0.9278)	(−1.1516)	(0.9553)
education	0.1380 ***	−0.0370 *	0.1277 ***	−0.0305
	(5.3309)	(−1.6533)	(4.6073)	(−1.2374)
party	0.1095 *	−0.0380	0.0788	−0.0803
	(1.8825)	(−0.5616)	(1.2292)	(−1.0661)
HHI	2.2187 ***	0.3894 ***	2.1156 ***	0.5866 ***
	(5.6594)	(3.3239)	(4.7406)	(3.4575)
Constant	−2.5887 ***	−1.7279 **	−2.6536 ***	−1.6686 **
	(−9.9627)	(−2.1550)	(−9.4765)	(−2.0666)
First Stage Regression				
est_origin	0.7007 ***		0.8432 ***	
	(3.4866)		(3.2133)	

① Controls 表示第一阶段回归中的控制变量。

变量	(1)	(2)	(3)	(4)
First Stage Regression				
religion		0.1410*		0.2035**
		(1.8095)		(2.1260)
Controls	Yes	Yes	Yes	Yes
Year	Yes	Yes	Yes	Yes
Province	Yes	Yes	Yes	Yes
Industry	Yes	Yes	Yes	Yes
Wald Exogeneity Test	4.43***	5.54***	4.14***	5.42***
N	12762	4812	12762	4812
Likelihood	−25812.485	−10375.619	−30345.721	−11357.794

六、结论与政策建议

在中国对外开放的发展进程中，我国 OFDI 增长速度取得了全球瞩目的优异成绩，民营企业，尤其是中小微民营企业逐渐成为我国未来 OFDI 发展的中坚力量。然而，中小微民营企业在融资方面处处碰壁，难以从正规金融体系中获取外部融资，民间借贷这一非正规金融方式由此应运而生。据此，本文研究了民间借贷对民营企业 OFDI 行为的影响，得到了多方面的丰富结论：其一，大量民营企业面临着严峻的外部融资约束，尤其是中小微民营企业，它们比大型民营企业更难从外部进行融资。其二，民间借贷是非正规金融的主要组成部分，是众多中小微民营企业的重要融资方式。其三，民间借贷发展推动了民营企业 OFDI 的行为，相对于大型民营企业、东部地区民营企业、不具有海外经历的企业家、未进行公益捐赠服务的企业、股份有限公司、高经济地位的企业家而言，民间借贷对中小微民营企业、中西部地区民营企业、具有海外经历的企业家、进行公益捐赠服务的企业、非股份有限公司、低经济地位企业家所在企业的 OFDI 促进作用更强。其四，民间借贷主要通过降低民营企业面临的信息成本和缓解融资约束水平来推动企业 OFDI 的行为。其五，民间借贷发展产生的企业 OFDI 促进作用在一系列稳健性检验后依然存在，包括城市经济体量和发展政策、行业异质性、宏观金融环境冲击、计量模型设定、核心指标替换等方面。其六，民间借贷发展不仅促进了民营企业 OFDI 的可能性，还提高了民营企业 OFDI 的增长规模。其七，民间借贷与正规金融之间存在着明显的替代效应，能够支撑正规金融发展不足地区的企业外部融资。其八，在考虑回归结果潜在的自选择偏误、遗漏变量、双向因果导致的内生性问题后，民间借贷发展依然能够对民营企业 OFDI 起到积极的作用。因此，推动民间借贷这一非正规金融方式的发展，将有利于提高我国 OFDI 主力军民营企业的对外发展。

结合本文研究发现，我们为相关政府部门和政策当局推动我国未来 OFDI 发展给出以下几方面的政策提议：

首先，重视民营企业在中国 OFDI 发展中所处的关键地位。21 世纪初，我国 OFDI 发展的主体还是以国有企业为主，公有经济控股在非金融类 OFDI 流量的发展上还处于遥遥领先的地位，但是随着近年来我国民营企业"走出去"步伐的加速，民营企业已经成为我国 OFDI 流量增长的主要力量，无论是在对外直接投资者还是在非金融类 OFDI 流量的构成中，OFDI 发展的大旗已然由国有企业转交至民营企业手中，因此重视民营企业发展对我国未来 OFDI 的增长具有不可忽视的战略意义，相关政府部门应当以民营企业为中心来布局我国未来 OFDI 发展的大局，培养民营企业在对外经济发展中的竞争硬实力。

其次，推动民间借贷等非正规金融方式的发展。中国是一个典型的二元金融结构并行的国家，在以往数十年中国经济飞速增长的历史长河中，非正规金融体系扮演了促进中国经济增长奇迹实现的重要角色（Allen et al.，2005），是民营企业获取外部融资不可或缺的一部分，也是实现"金融活水论"理念的必行之路，政府部门和政策当局可以在把握金融体系稳定的基础上，加大对民间借贷等非正规金融方式的支持，推动民间借贷从量的增长向质的飞跃迈进，构建更为现代化的中国二元金融结构体系。

最后，解决中小微企业发展中"久拖不办"的顽疾。中小微企业占我国企业总数的 90% 以上，贡献了 80% 以上的城镇劳动就业，推动了 70% 以上的技术创新研发，组成了 GDP 总量的 60% 以上部分，提供了 50% 以上的税收来源，因此中小微企业具有明显的"九八七六五"特征，无疑是实现中国特色社会主义建设道路上的未来中流砥柱，也是广大民营企业队伍中的主体部分，但是中小微企业在发展中面临着十分严峻的融资难、融资贵问题，企业发展受限于外部融资环境，"久拖不办"的融资顽疾难以根除，因此相关政府部门应该把握中小微企业发展生存中的重点，认清中小微企业经营成长中的痛点，解决中小微企业在经济政策扶持上的难点，只有贯彻"三点合一"的重要理念，才能推进中小微企业更好地发展，促进经济建设主力军规模的壮大，为实现我国未来 OFDI 的持久发展注入不竭的增长动力。

参考文献

[1] 邓路，谢志华，李思飞．民间金融、制度环境与地区经济增长 [J]．管理世界，2014（3）：31-40，187．

[2] 何轩，马骏．被动还是主动的社会行动者？：中国民营企业参与社会治理的经验性研究 [J]．管理世界，2018，34（2）：34-48．

[3] 蒋冠宏，蒋殿春．绿地投资还是跨国并购：中国企业对外直接投资方式的选择 [J]．世界经济，2017，40（7）：126-146．

[4] 蒋冠宏，张馨月．金融发展与对外直接投资：来自跨国的证据 [J]．国际贸易问题，2016（1）：166-176．

[5] 李磊，包群．融资约束制约了中国工业企业的对外直接投资吗？[J]．财经研究，2015（6）：121-132．

[6] 李磊，白道欢，冼国明．对外直接投资如何影响了母国就业？：基于中国微观企业数据的研究 [J]．经济研究，2016，51（8）：144-158．

[7] 李新春，肖宵．制度逃离还是创新驱动？：制度约束与民营企业的对外直接投资 [J]．管理世界，2017（10）：99-112，129，188．

[8] 廖冠民，宋蕾蕾．非正规金融与资源配置效率 [J]．经济科学，2020，237（3）：62-74．

[9] 林毅夫，孙希芳．信息、非正规金融与中小企业融资 [J]．经济研究，2005（7）：35-44．

[10] 刘莉亚，何彦林，王照飞，等．融资约束会影响中国企业对外直接投资吗？：基于微观视角的理论和实证分析 [J]．金融研究，2015（8）：124-140．

[11] 罗伟，吕越．金融市场分割、信贷失衡与中国制造业出口：基于效率和融资能力双重异质性视角的研究 [J]．经济研究，2015，50（10）：49-63，133．

[12] 马光荣，杨恩艳．社会网络、非正规金融与创业 [J]．经济研究，2011（3）：83-94．

[13] 马述忠，张洪胜．集群商业信用与企业出口：对中国出口扩张奇迹的一种解释 [J]．经济研究，2017（1）：15-29．

［14］潘彬，金雯雯．货币政策对民间借贷利率的作用机制与实施效果［J］．经济研究，2017，52（8）：78-93.

［15］山立威，甘犁，郑涛．公司捐款与经济动机：汶川地震后中国上市公司捐款的实证研究［J］．经济研究，2008，43（11）：51-61.

［16］王碧珺，谭语嫣，余淼杰，黄益平．融资约束是否抑制了中国民营企业对外直接投资［J］．世界经济，2015，38（12）：54-78.

［17］王自锋，白玥明．产能过剩引致对外直接投资吗？：2005～2007 年中国的经验研究［J］．管理世界，2017（8）：27-35，63.

［18］武力超，陈凤兰，林奇炼．正规与非正规金融对异质性企业技术创新的影响研究［J］．经济科学，2020（5）：59-71.

［19］辛宇，李新春，徐莉萍．地区宗教传统与民营企业创始资金来源［J］．经济研究，2016（4）：161-173.

［20］许和连，王海成．简政放权改革会改善企业出口绩效吗？：基于出口退（免）税审批权下放的准自然试验［J］．经济研究，2018，53（3）：157-170.

［21］杨坤，曹晖，孙宁华．非正规金融、利率双轨制与信贷政策效果：基于新凯恩斯动态随机一般均衡模型的分析［J］．管理世界，2015（5）：41-51.

［22］余官胜．民间借贷与企业对外直接投资：理论机理与实证检验［J］．统计与信息论坛，2015，30（10）：51-57.

［23］余静文，惠天宇，矫欣蕊．银行业"松绑"与企业"走出去"：基于中国工业企业数据的分析［J］．统计研究，2021，38（4）：89-102.

［24］张博，范辰辰．文化多样性与民间金融：基于方言视角的经验研究［J］．金融研究，2018，457（7）：73-93.

［25］张一林，林毅夫，龚强．企业规模、银行规模与最优银行业结构——基于新结构经济学的视角［J］．管理世界，2019，35（3）：31-47，206.

［26］张友棠，杨柳．"一带一路"国家金融发展与中国对外直接投资效率——基于随机前沿模型的实证分析［J］．数量经济技术经济研究，2020，37（2）：109-124.

［27］Agbloyor E. K., Abor J., Adjasi C. K., et al. Domestic Banking Sector Development and Cross Border Mergers and Acquisitions in Africa［J］. Review of Development Finance, 2012, 2（1）：32-42.

［28］Allen F., Qian J., Qian M. Law, Finance, and Economic Growth in China［J］. Journal of Financial Economics, 2005, 77（1）：57-116.

［29］Allen F., Qian M., Xie J. Understanding Informal Financing［J］. Journal of Financial Intermediation, 2019（39）：19-33.

［30］Ayyagari M., Demirgüç-Kunt A., Maksimovic V. Formal versus Informal Finance：Evidence from China［J］. The Review of Financial Studies, 2010, 23（8）：3048-3097.

［31］Brandt L., Li H. Bank Discrimination in Transition Economies：Ideology, Information, or Incentives?［J］. Journal of Comparative Economics, 2003, 31（3）：387-413.

［32］Buch C. M., Kesternich I., Lipponer A., et al. Financial Constraints and Foreign Direct Investment：Firm-level Evidence［J］. Review of World Economics, 2014, 150（2）：393-420.

［33］Buch C., Kesternich I., Lipponer A. Financial Constraints and the Margins of FDI（No. 54）［Z］. 2009.

［34］Chaney T. Liquidity Constrained Exporters［J］. Journal of Economic Dynamics and Control,

2016, 72: 141-154.

[35] Chen W. , Tang H. The Dragon is Flying West: Micro-level Evidence of Chinese Outward Direct Investment [J]. Asian Development Review, 2014, 31 (2): 109-140.

[36] Chen X. P. , Chen C. C. On the Intricacies of the Chinese Guanxi: A Process Model of Guanxi Development [J]. Asia Pacific Journal of Management, 2004, 21 (3): 305-324.

[37] De Maeseneire W. , Claeys T. SMEs, Foreign Direct Investment and Financial Constraints: The Case of Belgium [J]. International Business Review, 2012, 21 (3): 408-424.

[38] Degryse H. , Lu L. , Ongena S. Informal or Formal Financing? Evidence on the Co-funding of Chinese Firms [J]. Journal of Financial Intermediation, 2016 (27): 31-50.

[39] Desbordes R. , Wei S. J. The Effects of Financial Development on Foreign Direct Investment [J]. Journal of Development Economics, 2017, 127 (C): 153-168.

[40] Di Giovanni J. What Drives Capital Flows? The Case of Cross-border M&A Activity and Financial Deepening [J]. Journal of International Economics, 2005, 65 (1): 127-149.

[41] Erel I. , Liao R. C. , Weisbach M. S. Determinants of Cross-border Mergers and Acquisitions [J]. The Journal of Finance, 2012, 67 (3): 1045-1082.

[42] Fan H. , Lin F. , Tang L. Minimum Wage and Outward FDI from China [J]. Journal of Development Economics, 2018 (135): 1-19.

[43] Feenstra R. C. , Li Z. , Yu M. Exports and Credit Constraints under Incomplete Information: Theory and Evidence from China [J]. Review of Economics and Statistics, 2014, 96 (4): 729-744.

[44] Garmaise M. J. , Moskowitz T. J. Informal Financial Networks: Theory and Evidence [J]. The Review of Financial Studies, 2003, 16 (4): 1007-1040.

[45] Helpman E. , Melitz M. J. , Yeaple S. R. Export versus FDI with Heterogeneous Firms [J]. American Economic Review, 2004, 94 (1): 300-316.

[46] Hou L. , Hsueh S. C. , Zhang S. Does Formal Financial Development Crowd in Informal Financing? Evidence from Chinese Private Enterprises [J]. Economic Modelling, 2020 (90): 288-301.

[47] Hu Y. , Li C. , Qin C. The Impact of Regional Financial Depth on Outbound Cross-border Mergers and acquisitions [J]. Journal of International Money and Finance, 2020 (104): 102181.

[48] Kandilov I. T. , Leblebicioĝlu A. , Petkova N. Cross-border Mergers and Acquisitions: The Importance of Local Credit and Source Country Finance [J]. Journal of International Money and Finance, 2017 (70): 288-318.

[49] Klein M. W. , Peek J. , Rosengren E. S. Troubled Banks, Impaired Foreign Direct Investment: The Role of Relative Access to Credit [J]. American Economic Review, 2002, 92 (3): 664-682.

[50] Lee S. , Persson P. Financing from Family and Friends [J]. The Review of Financial Studies, 2016, 29 (9): 2341-2386.

[51] Manova K. Credit Constraints, Heterogeneous Firms, and International Trade [J]. Review of Economic Studies, 2013, 80 (2): 711-744.

[52] Mckillop D. , Ward A. M. , Wilson J. O. The Development of Credit Unions and Their Role in Tackling Financial Exclusion [J]. Public Money & Management, 2007, 27 (1): 37-44.

[53] Rajan R. G. , Zingales L. Financial Dependence and Growth [J]. The American Economic Review, 1998, 88 (3): 559.

[54] Rosenbaum P. R. , Rubin D. B. Constructing a Control Group Using Multivariate Matched Sam-

pling Methods that Incorporate the Propensity score [J]. The American Statistician, 1985, 39 (1):
33-38.

[55] Silva J. S., Tenreyro S. The Log of Gravity [J]. The Review of Economics and Statistics,
2006, 88 (4): 641-658.

[56] Stiglitz J. E., Weiss A. Credit Rationing in Markets with Imperfect Information [J]. The American Economic Review, 1981, 71 (3): 393-410.

[57] Zhang F., Yang L. Financing Constraints and ODI Margins: Evidence from China
[J]. Economic Systems, 2020, 44 (1): 100741.

国际金融垄断资本对全球产业价值链的影响探究

齐 兰 王 旦

[摘 要] 本文聚焦于国际金融垄断资本对全球产业价值链的影响，讨论了国际金融垄断资本与全球产业价值链关联及新动向，理论并实证分析国际金融垄断资本对全球产业价值链的影响内在机制和影响效应，并探讨其对中国产业发展及产业价值链的影响及应对之策。研究表明，国际金融垄断资本通过金融机构海外布局、跨国公司国际直接投资、国际资本市场三个机制控制全球产业价值链。进一步，本文运用美国银行控股公司和美国制造业细分行业全球价值链数据，实证检验了金融垄断资本通过资本市场影响全球产业价值链的效应，研究发现金融垄断资本更倾向于通过证券投资、风险投资等非传统信贷业务控制制造业细分行业的全球价值链分工位置和获利能力，并且证券投资、风险投资等资本市场投资与资产管理行为对高技术行业影响显著为正。

[关键词] 国际金融垄断资本；全球产业价值链；内在机制

一、引言

长期以来，金融资本与产业资本的关系一直是马克思主义学者研究的重点，资本形态经过商业资本、产业资本到金融资本和国际金融资本的形态转变，同时在空间上经历了由一国范围内向全球范围的扩展。自 20 世纪 80 年代以来，国际金融垄断资本实力日益增强，对全球产业及实体经济的支配与控制也日益增强。本文主要是讨论当今世界大变局背景下，国际金融垄断资本对全球产业价值链的理论与实践。

二、文献综述

（一）国际金融垄断资本的研究综述

有关国际金融垄断资本的相关研究需要追踪到马克思主义垄断资本理论和金融资本理论。从文献来看，国外有关金融资本的概念最早可以追溯到马克思和恩格斯（1865）的理论著作中所提到的"货币资本"，而其形成规律也通过对货币经营资本产生规律的揭示得以间接诠释。进入 20 世纪，资本主义由自由竞争阶段转向垄断阶段，一批马克思主义学者将金融资本定义为由"银行资本与工业资本的融合发展而来"，尤其是"银行垄断资本与工业垄断资本的融合"，金融资本既可以以银行垄断资本为中心组成，也可以以工业垄断资本为中心组成，还可以通过银行与生产性资本之间相互

[基金项目] 国家社会科学基金青年项目"高质量发展目标约束下资源型城市制造业绿色转型的机制与对策研究"（批准号：19CJL039）。

[作者简介] 齐兰，女，辽宁大连人，中央财经大学经济学院教授，博士生导师；王旦，女，湖南衡阳人，中央财经大学经济学院博士研究生，广西财经学院陆海经济一体化协同创新中心副教授。

收购，或者工业垄断资本企业创建经营性银行等多种方式形成，由此建立了金融资本理论（Foster et al., 2011）。20世纪60年代，巴兰和斯威齐合著的《垄断资本》一书中，讨论资本主义经济剩余流入FIRE（金融、保险、房地产）部门的现象，并认为"垄断资本"可以更清楚地诠释列宁"金融资本"概念的实质，可代替"金融资本"概念。自20世纪70年代末世界进入所谓的新自由主义时期，开始实施自由化、私有化和放松管制政策，资本主义金融化得以快速发展，金融部门的力量迅速提升，金融化成为垄断资本主义最显著的特征，这一时期有关金融化和垄断资本问题的研究大量出现，部分学者研究发现，自20世纪70年代以来，随着生产率不断下行，在福特制的发展下，凯恩斯理论主导下的经济转向金融主导的增长机制（Boyer，2000）。

金融资本具有垄断性和食利性，一方面，金融资本是一种垄断资本，涉及货币资本所有权垄断、价格垄断、技术垄断、市场垄断、土地垄断等；另一方面，金融资本是一种食利资本，包含生产性积累和非生产性积累两个方面，是产业资本所有权和虚拟经济控制权的统一。进入21世纪以来，资本主义发达国家经济金融化程度日益加深，金融膨胀现象愈发明显。尤其是2008年美国金融危机爆发，使马克思主义学派和左翼学者乃至西方其他学派及学者开始反思金融化问题，并针对金融化现象及其与资本积累、经济发展、金融危机等的关系展开讨论，其中以福斯特为代表的垄断资本学派将金融化与垄断资本和资本积累结合起来研究，认为资本主义金融化即为资本主义经济活动重心从产业部门转向金融部门，资本主义经济形态发展为垄断资本之后，垄断资本对金融部门的依赖日益增强，逐渐形成垄断金融资本（Foster，2007），经济活动的利润来源日益依赖于金融渠道而非贸易和商品生产（Krippner，2005）。与此同时，金融资本在全球范围内进行财富积累，推动资本主义经济的全球化，沙奈（2001）认为当今资本主义进入金融全球化时期，金融占统治地位的全球化积累制度得以建立，生产资本与金融资本有机连接，金融资本由国家垄断资本主义进入"全球金融垄断资本主义阶段"，金融与生产的相关过程也成为"世界化"过程，金融垄断资本具有全球化扩张的内在动力（臧秀玲和杨帆，2014）。资本由商业资本、产业资本到金融资本，并从金融资本进行垄断性积累的特殊积累方式出发，从资本主义国家区域性空间向全球空间拓展，金融资本依托跨国公司、世界财团等载体转变为国际金融资本，建成了一个从属于金融资本国际积累的世界经济体系，20世纪七八十年代，金融资本转化为国际金融资本，由此金融资本在全世界范围内积累循环。由于金融资本的垄断性与食利性特征，国际金融资本不断集中积累形成国际金融垄断资本，与国际产业垄断资本相对应。

国际金融垄断资本由金融垄断资本在全球范围内积累循环产生，既具有金融垄断资本的特征，又反映资本主义金融全球化过程中西方国家金融资本积累的支配和统治地位。因此，我们将国际金融垄断资本看作为在全球范围内受金融垄断资本主导和控制，其主体由代表金融寡头及其集团利益的跨国公司、世界财团、跨国金融机构和金融服务企业等组成。这些国际金融垄断资本集团是金融垄断资本开拓全球市场、实施全球化及金融控制的重要载体和工具，具有如下特征：

第一，国际金融垄断资本的主体往往是代表着金融寡头利益的超级巨无霸企业，这些跨国金融垄断资本集团的资本规模巨大，许多公司的财富甚至超过了他们所投资的国家。资料显示，截至2017年9月30日，全球前20大综合资产管理公司的资产管理规模达到40.78万亿美元，是2017年全球贸易总额的1.15倍，相当于2017年美国GDP的2.08倍，德国GDP的11.33倍，其资产规模管理之大能够影响全球金融市场。以美国黑岩集团（又称贝莱德集团）为例，截至2017年9月30日，其资产管理规模占据全球第一，达5.977万亿美元，是当年美国GDP的30.56%，是德国GDP的1.66倍，是荷兰GDP的7.3倍，其资产规模富可敌国，足以与一个中等发达国家的金融实力相匹配，紧紧握着曼哈顿金融市场的权利，更对全球金融市场特别是全球外汇市场、原油与黄金市场等均可以产生巨大的影响。

第二，国际金融垄断资本主体不仅从事传统金融机构的国际借贷业务，而且更多的是通过跨国公司直接投资和跨国并购或国际投资市场和国际金融市场等方式开展业务，投资获利动机由传统发放贷款获得利息收入转向投资股票债券、买卖金融证券等复杂的金融投资组合以获取投机收入，以及处理金融交易和管理他人资产获得经纪佣金费用等派生收入，大量国际金融资本涌向证券市场，投机取代投资成为创造财富、促进经济增长的主要方式，金融部门的利润来源由传统的利息收入向高风险的非利息收入转变，特别是依靠"金融创新"产生派生收入来获得利润，为更稳定地占有利润，金融资本往往通过控制证券市场，以控制产业链的核心环节，开拓并垄断全球市场（特别是金融市场）和技术，兼并企业，控制产业、原材料、能源和资源，传播西方价值观，掌控他国精英阶层，甚至参与颠覆他国政权。

第三，国际金融垄断资本集团往往高度集权、对世界整体影响巨大。自 20 世纪 80 年代以来，国际金融资本建成了一个从属于金融资本国际积累的世界经济体系，并占据着全球的产业利润。King 在比较《财富》杂志 2014 年世界上最大的公司利润率时指出，"帝国主义巨头跨国公司的平均资产回报率是中国垄断企业的 12 倍"。同时，当前国际金融垄断资本往往是以美国为主的西方霸权国家占主导，以美国为首的几个中心国家的一小撮金融财团构成了全球财富权力金字塔的塔顶，它们利用金融资本不仅渗透控制着本国的产业和金融部门，还在全球范围内控制着许多国家的产业和金融部门，甚至操作着国际金融市场和世界经济，单单一个索罗斯的量子基金就能制造一场东南亚金融风暴，使这些国家濒于破产。

（二）全球产业价值链研究综述

全球产业价值链的研究最早可以追踪到有关专业化生产过程的"全球化"研究，早在列宁时代，个体企业或托拉斯往往就拥有了垂直垄断，独立公司通过在一个行业中执行不同阶段的劳动过程来完成原材料加工最终形成产品，许多最赚钱的公司在整体劳动分工中专门从事特定的劳动过程。之后，为研究商品如何在复杂的全球生产网络中生产，全球范围内的垂直生产碎片化催生了"全球商品链（GCC）"和"全球价值链（GVC）"等概念（Gereffi and Korzeniewicz，1994；Gereffi and Kaplinsky，2001）。有关全球产业价值链的研究主要可以概括为两大方面：

1. 全球价值链的测度及产业全球价值链分布特征

如何准确刻画不同产业全球价值链分布特征关键在于有效测算全球价值链，当前全球价值链的测度主要通过测度一国或行业在全球价值链的地位展开，具体测度方法主要有两种：一是基于企业层面数据进行微观考察。研究常用的指标包括企业出口国内增加值、出口国内增加值率、出口技术复杂度等（Upward et al.，2013；Chor et al.，2014；Kee and Tang，2016；唐宜红和张鹏杨，2018）。二是基于多区域投入产出模型进行宏观考察。这一类主要是采用增加值贸易测算法，将增加值分解到国家来源及行业来源。常用的核算方法包括：垂直专业化法（Vertical Specialization，VS）、VAX Ratio 法（即增加值出口率）、KWW 法、WWZ 法及 KPWW 法等（Hummels et al.，2001；Koopman et al.，2010，2014；Wang et al.，2013；Antras and Chor，2012；Wang et al.，2017a，2017b），并由此构建了全球价值链参与程度和分工地位指数、全球价值链位置的上游度和下游度指数、产业前向垂直专业化（VS1）和后向垂直专业化（VS）指标、全球价值链生产长度等综合指标。

基于全球价值链的测算，当前学者对各国或各国某行业在全球价值链所处的位置和获利能力有所判断，最为典型的判断即随着国际分工模式由产品分工转向要素分工，全球产业形成了著名的"微笑曲线"，即全球产业链在实力雄厚的跨国公司主导下，发达经济体凭借资本、技术、知识、管理和营销网络等优势，占据着分布在价值链两端的高附加值环节，而发展中国家则凭借原材料、劳动力等要素，承接跨国公司外包和对外直接投资等方式处于分布在价值链底端的低附加值环节，即发达经济体往往依托其跨国公司对全球价值链进行主导和控制（张二震，2003；曹明福和李树民，

2005）。同时，随着经济全球化深入发展，全球价值链深入演化在国家层面上形成产业集聚、产业迁移等现象，由此，发展中经济体不断增强融入全球价值链分工的能力，但发达经济体对技术和关键资源垄断，抑制了发展经济体由低端附加值环节向高端附加值环节转移（吕越等，2017）。此外，从不同类型产业层面来看，全球价值链利益分配格局一般表现为资本密集型、技术密集型企业由于控制技术研发和品牌营销等战略环节获得高附加值，而劳动密集型企业获得较低附加值（Henderson，1998）。从主要国家层面来看，美国处于全球创新链最高端，通过产业外包将生产制造低附加值环节转移至中国、韩国和日本等国家；日本、德国处于全球创新链高端，通过"生产+创新"占据了全球价值链高附加值环节；意大利侧重发展劳动密集型行业，但占据了纺织服装业和家具制造业的研发设计、品牌影响等核心环节；中国处于全球价值链的中间位置，拥有劳动密集型行业成本优势，且依靠"大进大出"的加工贸易提升了创新密集型行业贸易值（张其仔和许明，2020），但各国行业在全球价值链利益分配不均。

2. 产业全球价值链影响因素与驱动路径研究

各国在全球产业价值链的分工地位直接影响到利益分配与治理结构，不少学者开展了对全球价值链影响因素和驱动路径的研究。对影响全球产业价值链因素的研究主要从对外经济开放外部因素、国内市场禀赋和体制内部因素视角两方面来考察：一是基于对外经济开放视角发现外商投资进入程度（罗伟和吕越，2019）、对外直接投资（刘斌等，2015；杨连星和罗玉辉，2017）、贸易自由化（王孝松等，2017；刘斌和杨晓斐，2020）等；二是基于国内市场禀赋和体制视角发现金融发展（Rajan and Zingales，1998；Beck，2003；Manova and Yu，2012；）、要素禀赋（涉及要素禀赋供给和要素市场扭曲）（Helleiner，1973；Sanyal and Jones，1982；Dixit and Grossman，1982；徐康宁和王剑，2006；鞠建东和余心玎，2014；倪红福等，2016）、政策及制度环境（Grossman and Hart，1986；张杰等，2010）、本土市场规模（戴翔等，2017）和劳动生产率等，这些因素带来融资约束减缓、交易成本下降、技术进步和规模经济等。

基于全球产业价值链影响因素分析，不少学者探究产业全球价值链的动力机制，具有代表性的是按照对产业的全球价值链治理主导权的企业类型，其可以分为生产者驱动、购买者驱动和"隐性冠军"驱动三种机制。其中，生产者驱动机制强调生产者主体在全球生产网络中的驱动作用，其主要战略环节在研发和生产领域，生产企业因拥有核心技术优势而促使全球价值链的增值部分流向生产领域，而购买者驱动强调大型零售商、品牌授权公司等跨国公司在全球生产网络中的驱动作用，企业因拥有掌握较大国际市场份额的优势促使价值增值流向流通领域（Gereffi，1999；Henderson，1998）。"隐形冠军"驱动路径则是指一些优秀中小企业由于其将产品趋于集中化、专业化，且高度瞄准单一的产品/服务市场，通过"聚焦"战略，逐步形成在全球价值链中某个关键环节的控制权力，从而享有全球价值链的增值部分（黄群慧和倪红福，2020），这些动力机制有可能同时存在形成混合型驱动机制，如计算机产业（张辉，2006）。然而对于一个具体企业而言，其在全球价值链地位的攀升路径包括流程或工序升级、产品升级、企业功能升级或价值链环节攀升以及价值链跃迁或者跨产业升级（毛蕴诗，2017；黄群慧和倪红福，2020）。

此外，与价值链密切相关包括产业链、供应链等概念，价值链侧重生产价值生成与增值视角描述不同生产环节与工序之间的链条式关联关系和分布格局；供应链侧重从生产和流通视角描述产品和服务提供企业或实体之间的上下游关系和时空分布；产业链侧重从经济或产业布局的角度考察相互关联的不同产品之间链条式关系，比价值链、供应链涉及的范围更广、更全面。由于全球价值链是全球产业链的微观基础，目前有关全球产业链的研究文献主要借助价值链理论进行分析，因此本文所研究的全球产业价值链是基于全球价值链理论视角，既包含在全球生产网络体系下，围绕相互关联的不同产品生产，将企业研发、设计、制造、销售和服务等环节布局全球形成的产业全球价值增值链条，还包括由此形成的产业全球价值链分工体系、全球价值链治理体系等，而这些又决定一个国家或地区的产业形成与发展，进而影响一国或地区在全球中的经济地位（Johnson，2014；Gereffi and Fernandez，2016；黄群慧和倪红福，2020）。在本文具体表现为国际金融垄断资本对产业全球价值链中研发、设计、制造、销售和服务等具体环节，以及对构建全球价值链中相应国家或地区的治理能力和控制能力的影响，呈现出"在全球价值链环节上，发达经济体占据高附加值环节，发展中经济体占据低附加值环节；在利润分配上，发达经济体利润高，发展中经济体利润低"特征。

（三）国际金融垄断资本与全球产业价值链关系研究新进展

20世纪70年代以来资本主义经济发展新阶段最重要的变化发生在金融资本之中，最明显的特征就是金融垄断资本相对于产业垄断资本来说，其主导支配地位明显增强，甚至在全球范围内对剩余价值的生产在时间和空间上实现全面、持续、有效的控制与主导。有关国际金融垄断资本与全球产业价值链关系研究新进展主要包括三方面：

1. 从资本积累视角探讨金融资本与产业资本的关系

传统马克思主义视角下，资本积累是生产资本剩余价值的资本化，但到20世纪70年代早期，资本主义积累结构发生系统性的金融化转型，以金融主导的增长体制取代了旧的资本积累体制，形成了以金融资本积累为主导的"双重资本积累体制"，即资本积累包括"产业资本的积累"和"货币资本的积累"（Foster，2010），由此揭示金融垄断资本为主导的资本主义积累制度的变化情况。当金融市场发展成熟，资本主义发展到垄断资本主义阶段，金融资本的逻辑（福斯特称"投机金融"）展开将会与生产资本周期发展形成独立的积累过程，现代信用体制的兴起使实体资本积累越来越从属于虚拟资本的积累。这一观点同样被西方其他左翼学者如克里普纳（Kripper）、汉森（Hansen）等所赞同。国内学者宋朝龙和张习康（2020）归纳总结得出金融资本积累有着三个逻辑，包括生产性积累、非生产性积累以及金融资本越来越从生产性积累向非生产性积累偏移。而美国主导的金融垄断资本在全球构建积累体系，进而形成了以美国金融资本为主导的全球产业链分工体系（李策划和李臻，2020）。

2. 金融资本对产业及实体经济的影响效应及作用途径

基于马克思和恩格斯有关金融资本的分析脉络，不少学者展开金融资本对产业及实体经济影响的研究，主要关注金融资本在全球范围内对产业的控制主体和控制环节。帕利（2010）指出金融资本通过企业、市场和政府经济政策三个渠道主导和控制产业资本及产业发展。William Milberg（2008）指出金融化进一步推进了垂直和国际化的生产重组，创建了全球生产网络，在提高股东价值的同时为开展金融活动减少了生产性投资。垄断资本通常通过跨国并购形成更大的跨国公司，然后通过跨国公司对全球价值链复杂结构的资产、销售额、就业等因素来控制和集中财富，进而控制着更为广泛的世界市场份额，与此同时，由银行组成的卡特尔联盟将通过允许或限制银行业务，从贷款和资本处置到公共资本公司的股票价值来控制经济进程（Hilferding，1981）。还有学者指出全球积累的"制高点"已经转移到"高科技部门，以及一系列商业服务（管理、法律、会计、工程、咨询和金融）"等，通过持续和系统的高端研究和开发来实现对最高劳动生产率的垄断，进而通过垄断最高劳动力的再生产来影响生产变革。在这些渠道作用下，产业及实体经济越来越受控于金融资本。

3. 国际资本流动对产业发展与布局的影响效应

国际金融资本作为重要的国际资本，有关其资本流动导致产业发展与布局的研究大多包含在国际资本流动理论与实践研究之中。国际资本流动本身是一种国际间要素的资源配置，促进产业资本跨国流动并整合利用，特别是促进国家之间的产业资本、金融资本之间，以及产业资本和金融资本融合，从而对实体产业产生影响，具体表现在对产业结构、产业布局、产业转移的影响。自20世纪 90 年代以来，以虚拟资本"价值关系"为导向的全球化已成为国际经济活动的主导力量，超过贸易、实物投资等物质关系的地位。发达国家通过其在世界范围虚拟经济中的主导地位，一方面，通过国际金融活动和产业资本虚拟化控制全球产业链的高附加值环节，阻碍发展中国家制造业内生性发展，制约其产业结构优化和升级。另一方面，以美元等世界货币支配其他货币，不仅在金融活动中获得巨额收益，而且以"金融"创新促进经济更加虚拟化，以实现对发展中国家的经济掠夺（叶祥松和晏宗新，2012）。同时，国际金融资本的主要载体外资银行进入新兴市场国家或转型经济体，打破原有垄断格局，降低了银行类金融机构的集中度，进而促使金融部门业绩提升。甚至有学者认为当前以资本为载体的生产要素的全球投资超越贸易决定了世界经济的发展，而跨国公司是要素流动的组织者，而要素流动性规律对国际产业布局有着决定性作用（张幼文，2015）。

三、国际金融垄断资本与全球产业价值链关联及新动向

国际金融垄断资本对全球产业价值链的影响基础在于金融资本的国际循环。在开放条件下，金融资本的逐利性促使其突破国界限制，在不同国家之间进行资本循环，由此形成产业资本与金融资本的国际结合，即金融资本的国际循环，即一国的金融资本通过金融市场参与到国外真实经济部门和虚拟经济部门，并借此实现价值增值的过程，对于资本供给方通过对外投资过程实现金融资本增值，资本需求方则通过对外融资（利用国际金融资本）过程促进本国发展。王小华和王定祥（2013）指出金融资本国际循环途径包括国际直接投资、国际证券投资和国际信贷投资三种形式，其中国际直接投资主要是由跨国公司和世界财团通过直接投资享有公司所有权和控制权，而国际证券投资和国际信贷投资主要是通过国际金融市场进行投融资。因此，下文对国际金融垄断资本与全球价值链关联及新动向、内在机理和实证分析主要是从这三个途径展开。

进入 21 世纪以来，随着国际金融垄断资本对全球产业价值链的控制日益增强，国际金融垄断资本与全球产业价值链的关系主要表现在以下四个方面：

（1）金融垄断资本集团是控制全球价值链并攫取利润的主体。Suwandi 等（2019）在其所著书籍《价值链：新经济帝国主义》中揭示了主要位于全球北部的跨国公司利用全球劳动力套利，创造"全球劳动力价值链"从全球南部获取价值的具体过程，并指出控制价值链、吸走利润的主体主要是拥有巨大经济和政治权利的金融利益集团。以美国为代表的跨国金融垄断集团运用"财技术"在全球范围内金融垄断超额利润（刘元琪，2014；马锦生，2015）。

（2）产业全球价值链、商品链是金融集团对全球制造业活动整合的结果。两次世界大战彻底打破了全球国家间条块分割的市场壁垒，垄断资本得以空间扩展，金融资本统治与世界地理空间逐步实现了一体化，发达国家的金融资本主导国际分工体系和重构全球产业链，使制造业在金融资本推动下开展全球生产布局，原来在欧美主要发达资本主义国家形成金融垄断资本也发展为跨国金融垄断资本，原来以民族国家为依托的生产发展为跨国生产，由此，金融资本不仅支配了社会生产和再生产的体系，也能在全球范围内布局产业链，控制产业调整，从而支配社会再生产中的产业链、流通链和信用链，以及支配参与全球产业链协作（宋朝龙，2018；王俊，2018；魏南枝，2018；程恩富等，2019），甚至有学者指出"全球商品链可以被看作是金融集团对全球空间与制造业活动的整合"。

（3）金融资本通过自身规模的扩大不断强化其在全球价值链的地位。一方面，金融资本通过市盈率原则、股东价值文化、企业市值准则等金融资本积累方式重新塑造了全球产业模式和产业分工体系（向松祚，2015）。Serfati（2008）将跨国公司看作为金融资本的组织形式，并通过金融活动和规模的扩大、无形资产的大幅度增长促使其在全球价值链中的地位得以改变，增加了对全球价值链中价值的占有。李国平和周宏（2014）认为在金融资本主义制度下，金融资本通过金融系统进行

的货币财富积累凌驾于产品生产过程之上。另一方面，金融资本以产业资本所有权的形式掌握着全球产业链中的高端环节，如核心技术、知识产权和销售网络（武海宝，2019），而将非核心业务进行商业外包（Bhattacharya and Seda-Irizarry，2018）。尤其是国际超级金融垄断资本具有"垄断最先进的技术，并与虚拟资本紧密结合，强化金融的流动性与连锁性"，能"通过跨国公司组织推进实体产业转移，以新形式垄断国际商品市场与技术市场""以虚拟经济支撑军事优势抢占战略资源地域"，从而主导国内与世界经济（杨承训，2010），由此可见，金融垄断资本在不断壮大自身规模实现资本积累的同时，通过控制全球产业链的核心环节以获得超额利润，通过虚拟资本支配和控制全球产业协作（李策划和李臻，2020）。

（4）国际金融资本活动将对发达国家和新兴市场经济体产业变动以及全球产业布局产生影响。一般来说，贸易结构和专业化分工模式影响着国际资本流动，进而影响全球产业布局，全球经济不再以国家主导或作为中心，而是资金驱动和私人购买（Carroll and Jarris，2014），由此，一个跨国金融机构操纵控制的全球生产网络逐步形成，即发达国家制造业的低端环节逐步向发展中国家尤其是新兴经济体转移，而全球产业链中的高端环节则长期被发达国家占据（武海宝，2019）。

金融资本对全球价值链的控制还可以从宏观数据上看出。金融资本国际流动，其规模、流向和流动形式等直接影响着全球产业价值链的布局与调整。国际资本在国家间转移流动包括直接投资（FDI）和金融投资（FFI）两大类[①]，前者表现为由跨国公司和世界财团等为主导的私人直接投资，即国际直接投资，一般享有被投公司所有权和控制经营管理权；后者是依据股票和债券市场私人金融的"组合投资"，以及国际间的援助产生的公共资金和技术资源的转移，具体表现为国际证券投资和国际其他投资。[②] 20世纪七八十年代以来，国际资本流动规模、国际直接投资规模、金融投资规模和全球价值链发生了极大的变化。特别是2008年的金融危机导致国际资本流动规模断崖式下降，全球产业价值链迅速萎缩。由图1可知，国际资本流动规模趋势与全球产业价值链发展有明显的正相关关系，证实了国际资本流动对全球产业价值链的影响。2008年金融危机以前，伴随着全球跨境资本流动规模持续扩大，产业向外进行全球布局，全球产业价值链持续扩张，这一时期，相对于金融投资的迅速扩张，FDI流量扩张较为平稳，国际金融资本为获得资产价格上涨带来的稳定垄断利润，利用虚拟资本的高流动性和高杠杆率增强对全球产业链的控制。2008年金融危机之后，全球国际资本流动规模迅速萎缩并呈波动变化，由此带来全球产业价值链的波动放缓，这一时期，FDI流动规模波动变化，金融资本投资相对缓慢，但国际金融资本仍利用资产价格下跌对全球廉价资产收购，挤压中小资本直接投资并强化垄断，继续增强对全球产业价值链的支配与主导能力，由此，全球产业协作由一国范围内工业垄断资本与银行垄断资本结合形成的金融资本支配，参与全球产业链协作的所有国家的工厂、产业和产业链都失去独立性，由国际金融资本依托跨国公司、世界财团等载体进行支配。

---

① 这里为进行统一描述，借鉴俞业夔和洪昊（2019）将国际资本流动划分为直接投资（FDI）和金融投资（FFI）两大类。详见：俞业夔，洪昊．国际资本跨区域双向流动的理论和实证分析［J］．南方金融，2019（12）：54-64.

② 王小华和王定祥（2013）指出金融资本在全球范围内积累循环的主要形式包括国际直接投资（对外直接投资FDI和外商直接投资OFDI）、国际证券投资和国际信贷投资三种方式。托达罗和史密斯等（2009）将金融资本的全球流动形式分为：一是主要由跨国公司主导的私人直接投资，又称国际直接投资；二是依托股票和债券市场的私人金融的"组合投资"；三是以双边和多边外国援助形式出现的公共资金和技术资源的流动；四是以非政府组织外援项目给予最贫困的欠发达国家的私人资金和技术援助。详见：王小华，王定祥．金融资本跨境流动及其效应研究［J］．金融理论与实践，2013（1）：1-6；［美］托达罗，史密斯．发展经济学（第9版）［M］．余向华，陈雪娟，译．北京：机械工业出版社，2009：432.

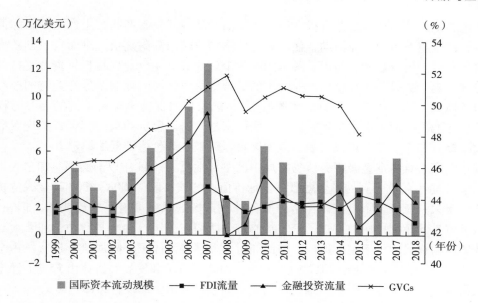

图 1　全球国际资本流动规模、FDI 流量、金融投资流量和 GVCs 的变化趋势

注：金融投资流量＝证券投资流量＋其他投资流量。

资料来源：根据《世界经济展望》和《世界投资报告》数据整理，其中流量数据以 2010 年为基期。

四、国际金融垄断资本影响全球产业价值链的内在机制

国际金融垄断资本控制全球产业价值链的内在机理，主要是探讨国际金融垄断资本通过什么渠道，经过什么环节以及相互之间关系来影响全球产业价值链。本文认为国际金融垄断资本主体（即国际金融垄断资本集团）通过海外设立分支与战略合作，或通过影响跨国公司对外直接投资，或通过国际金融市场的股票、债券等工具操作等来对母国或东道国乃至相应区域的生产性企业及实体产业产生影响，进而控制地区和全球产业价值链发展，即两者内在关联，主要是通过三个渠道连接起来的，具体表现为三个机制：

（一）机制一：通过金融机构海外布局控制全球产业价值链

即是国际金融垄断资本通过在外直接投资设立机构经营，包括设立代表处、外商银行分行、外商独立银行和合资银行等，为东道国或母国所在企业提供生产投资资本，进而控制全球产业价值链。

国际金融垄断资本在外直接投资设立机构经营和战略合作控制全球产业价值链的逻辑机理至少存在两个渠道：一是跨国金融机构为母国生产性跨国公司提供资金要素、贸易结算、资本输出、跨境金融等业务支持，降低了企业运营成本和交易成本，有助于母国产品生产能力和产品竞争力的提升，进而增强原本处于全球产业链高端环节的国家（地区）对全球产业链不同环节、不同生产要素交易网络的控制，确保母国全球价值链的高参与程度和高附加值环节的主导地位。二是国际金融垄断资本集团通过参资参股东道国银行等金融机构形成股权层面上的战略合作，共同影响全球产业发展。跨国金融集团利用管理模式、资金优势、网络水平以及技术手段等多方优势与东道国银行开展全方位战略合作，包括合资共建证券公司、保险控股公司，进而在全球范围内开展生产性金融服务活动，如通过在岸业务和跨境业务（包括由境内募资投向海外的跨境业务和由海外募资投向境内的跨境业务）对全球产业发展提供资金支持，直接影响到相应被投国家或地区产业通过引进新技术、

创新生产工艺和生产技术得以工艺升级，通过改造旧产品、开发新产品，生产更高附加值的产品得以产品升级，甚至重新组合产业活动，使产业由低附加值转向高附加值，进而自主创新得以实现功能升级和链条升级。更有甚者，跨国金融集团在为全球优势产业企业项目提供资金支持的同时，还注重投后管理，提升被投公司在全球产业链中的综合竞争力，同时控制全球产业链的核心环节以巩固其在价值链地位，即"固链"，具体表现为：发达国家依然保持全球价值链的高参与程度和高附加值环节的主导地位，而发展中国家和新兴市场国家尽管得以融资约束缓解和资源配置效率改善使产业生产效率提升和瓶颈产业得以发展，但始终难以突破全球价值链低端锁定。

欧美发达国家一直占据金融服务贸易格局中的主导地位。2008年以前美国、加拿大、瑞士和欧盟等欧美国家（地区）就一直处于金融服务全球价值链的核心区，2008~2009年金融危机爆发，日本、俄罗斯、澳大利亚等多个经济体在金融服务外包市场的低谷期有所崭露头角，但在2010年之后，金融服务贸易的规则再次被发达国家重新修订，欧盟与美国、瑞士与欧盟、加拿大与美国依然在金融服务贸易的格局中位于主导地位。与此同时，发达经济体国外附加值（FVA）占全球贸易的比重指标由2010年的31%增加至2017年的32%，而新兴市场和发展经济体由25%上涨至28%，尽管上涨幅度超过发达经济体，但依然难以超越发达国家（WIR，2012，2018）。

由此可见，国际金融垄断资本对外直接投资设立分支机构和战略合作影响全球产业价值链逻辑框架如图2所示。

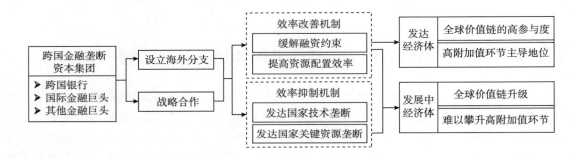

图2　国际金融垄断资本通过海外设立分支与战略合作影响全球产业价值链逻辑框架

（二）机制二：通过跨国公司国际直接投资控制全球产业价值链

即国际金融垄断资本通过影响跨国公司全球对外直接投资，具体包括以下方面：①通过影响跨国公司离岸、外包、长期合同等业务、生产供应链的全球采购战略等以及为跨国公司的研发、设计、销售等核心业务提供资金；②通过对跨国公司金融控股支配更多资本要素进而对全球产业链进行主导；③通过参与跨国公司跨国并购重组、为被并购同类工业企业或有着前后关联的相关企业等提供咨询服务、过桥贷款等业务影响全球产业价值链。

跨国公司的国际直接投资对全球产业链布局有着举足轻重的作用。国际金融垄断资本通过影响跨国公司的国际直接投资，旨在利用东道国的要素结构、市场规模和技术水平等重构全球产业价值链的关键环节获得高附加值，其逻辑机理主要包括三个方面：

一是发达经济体拥有强大的金融资本背景的跨国公司对发展经济体企业开展离岸、外包和长期合同等业务，将非核心、低附加值的生产环节转移至国外，使母国能更专注于研发设计、品牌销售等高附加值环节，从而提升自身核心竞争力，促使母国全球产业价值链升级。发展中国家尽管可以通过承接外包的中低端生产环节提升其全球产业价值链的参与程度，通过技术外溢和技术传递提高生产效率，通过规模经济效应提高利润水平，但由于生产性的加工组装环节包含附加值较低、缺乏核心基础技术等，而陷入"贫困化增长困境"、在全球产业链中的地位也被固化在中低端的位置，难以超越发达经济体。根据联合国工业发展组织（UNIDO）统计数据（见表1），在世界制造业增加值分布中，工业化国家占比由2005年的69.6%下降到2017年的55.3%，新兴工业化国家占比则仅由2005年的16%波动变化至2017年的16.3%，尽管工业化国家制造业增加值占比逐渐下降，但其在世界产业链和供应链中依然占主导地位。

表 1　全球制造业增加值分布趋势　　　　　　单位:%

国家类型	2005 年	2010 年	2015 年	2016 年	2017 年
工业化国家	69.6	61.8	56.8	56	55.3
新兴工业化国家	16	16.6	16.5	16.4	16.3
中国	11.6	18.5	23.3	24.1	24.8
其他发展中国家	2.3	2.5	2.7	2.8	2.8
最不发达国家	0.5	0.6	0.7	0.7	0.8

资料来源：联合国工业发展组织（UNIDO）。

究其原因，一方面，国际金融垄断资本集团为跨国公司向产业价值链高端环节提供资金支持。一般来说，为获得更高收益，跨国公司会沿着由"低价值环节→高价值环节""由生产环节→研发设计和自主营销环节""由全球采购和委托加工（OEM）→研发设计制造（ODM）→原始品牌制造商"等路径促使产业价值链攀升，成为全球产业价值链的控制者，而这些产业价值链攀升过程无一不需要强大的金融资本做后盾。根据欧盟委员会公布的《2018 年欧盟工业研发投资排名》，三星、谷歌母公司 Alphabet 和大众分别以 134.37 亿欧元、133.88 亿欧元和 131.35 亿欧元排名前三，而究其原因是来自其背后的国际金融资本集团的支持。其中，三星集团股份主要持有者包括世界级投行摩根士丹利、花旗银行等华尔街金融资本巨头等，持有外资股份达 50% 以上。美国谷歌母公司 Alphabet 公司最大的股东包括领航集团、富达集团和贝莱德公司等机构投资者；大众集团作为欧洲最大的工业企业，其主要股东包括家族（甲壳虫发明者的继承人）、战略性国家资本（德国下萨克森州政府基金）、工会和投资基金结盟（比如挪威银行投资管理公司或者卡塔尔主权基金）以及以黑岩和安联为代表的资产管理商。这些跨国金融集团凭借资本所有权，由控制产业资本转向控制全球价值链中的关键技术、最终销售终端等高端环节，并以租金和专利权使用费的形式分享产业资本创造的丰厚利润；新兴市场经济国家工业发展主要集聚在产业链的原材料供应、制造等低端环节，依然是以廉价劳工获得微薄收益。据一家专门研究专利估值的专业律师事务所——Envision IP 在 2018 年 1 月的分布式账本空间中分析专利申请时发现，作为高新技术产业集聚硅谷的专利申请数量已被银行和其他金融服务公司超越。特别是美国区块链相关的专利申请中，美国银行、万事达、富达投资和道明投资等金融公司拥有了大约 1/5 的专利所有权，仅排在区块链公司——加密货币交易所 Coinbase 之后，而传统的技术公司只申请 13% 的专利[①]。

另一方面，国际金融垄断资本支持跨国公司开展离岸、外包、长期合同等业务、影响跨国公司的生产供应链的全球采购战略等。众所周知，当跨国公司利用其强大的原始品牌和市场需求规模等占据某一产业（产品）或某些产业（产品）的关键地位，其生产供应链的全球采购战略会直接影响到关联国家的相关产业发展，一般来说，参与全球采购战略的目标国家企业由于规模经济效应，

---

① 金融服务公司与传统技术公司就申请区块链相关专利展开竞争［EB/OL］.［2018-02-01］. https://www.cebnet.com.cn/20180201/102463399.html.

产业价值链战略环节得以巩固或升级，而出局的国家企业价值链则短期内受到明显冲击。以苹果公司为例，其依靠强大的全球化生产采购系统实现无工厂制造商或 OEM 模式①为主导的新兴全球产业分工体系，其生产采购网络遍及全球各地。2019 年苹果公布的 200 家核心供应商名单中，包括了中国（含中国台湾与中国香港）企业 86 家、美国企业 38 家、日本企业 38 家、欧洲企业 18 家、韩国企业 11 家等，这 200 家核心供应商的采购额大约占苹果采购支出的 98%，这些供应商在全球开设了 802 家工厂，中国占比 48%。② 供应商通过签订生产合同为苹果核心产品完成从关键芯片、核心零件组、普通零组件生产和整机组装等业务环节，促使供应商所在国相关零部件产业的生产工序和环节发展，形成产业集群，如在中国形成了以中国台湾鸿海精密富士康等公司为代表开展芯片、电路板等生产以及产品组装的苹果产品零部件产业链，这使相应国家能参与到全球产业价值链分工体系中，但同样让这些代工厂面临风险。由于每一个环节和工序都有多家供应商，苹果公司可以依据产品涉及需求随时更改（出局/新进）供应商，这就使相应规模庞大的供应商所在国容易受到变更供应商造成的就业、产量等冲击。③ 同时苹果公司基于研发设计、品牌优势、销售渠道和售后服务等高附加值环节的把控，获得大部分产品收益，根据麦肯锡对 iPhone X 的价值构成分析，一部 iPhone，其物料成本仅占美国零售价的 26%，苹果公司获得利润占比达 58.5%，而中国（不含中国台湾）劳工只获得 1.8% 的工资利益。④ 苹果公司在全球范围能通过国际操作和运用战略控制生产供应链来攫取高收益的主要原因是其背后有强大的投资基金及战略联盟推动，有数据显示，苹果的十大股东都来自投资机构和基金公司，排名前五的股东分别是 Vanguard 集团、贝莱德集团、美国道富、巴菲特旗下的伯克希尔-哈撒韦公司和富达基金管理公司，持股比例分别为 6.7%、4.46%、4.11%、3.26% 和 2.26%⑤。

二是国际金融垄断资本通过对跨国公司金融控股影响控制全球产业价值链。跨国金融集团通过"母公司"对"子公司"的控股，以及各个子公司再以相同方式控股，从而支配更多资本要素进而对全球产业链进行主导。有研究证实，为数不多的跨国银行几乎支配了全球经济，在全球 43060 家跨国公司中，它们股份关系相互交织，位于顶端的 737 家跨国公司控制了全球 80% 的产值，其中最核心的 147 家跨国公司控制了近 40% 的经济价值，而这 147 家公司有 3/4 是金融中介机构。国际金融资本集团相互参股渗透并联合控制产业资本已屡见不鲜，如美国黑岩资产管理公司在德国持有德意志银行 6.2% 的股份和安联保险公司 5.4% 股份，在瑞士持有瑞士再保险公司 4% 的股份和嘉能可公司 7.5% 的股份，在奥地利持有奥地利第一银行 4% 的股权，在美国持有摩根大通银行 6.6% 的股份、道富集团 5.1% 的股份和普信集团 5.9% 的股份。全球金融资本通过互相参股形成的金融密网，进一步控制全球生产网络中的原材料、能源等市场。正如雅各布斯（2019）研究得出，全球最大的 5 家资产管理公司（黑岩、先锋、道富、富达投资、资本集团）对世界商品市场的控制力非常强大，大多数情况下，这 5 家公司在每一个市场的参股总和是该市场 4 家最大企业市值之和的 10%，如餐饮业（19.5%）、媒体（18%）、航空业（17.1%）、技术行业（16.8%）、化学

---

① OEM 即定点生产，俗称代工（生产），基本含义为品牌生产者不直接生产产品，而是利用自己掌握的关键核心技术负责设计和开发新产品，控制销售渠道。

② 2018—2019 年苹果产业链分析报告 [EB/OL]．[2019-09-16]．http：//www.sohu.com/a/341137847_609238.

③ 有数据显示，2019 年较 2018 年供应商，约有 25 家供应商发生变动，处于价值链高端的供应商分支数量在中国和美国明显缩减，日本和韩国较为稳定。处于价值链中低端的供应商分支机构趋向中国（不含中国台湾）集中，并且印度、越南以及巴西等地成为新的中低端价值链环节的转移承接地。详见：康江江，张凡，宁越敏．苹果手机零部件全球价值链的价值分配与中国角色演变 [J]．地理科学进展，2019，38（3）：395-406.

④ 美国跨国企业是中美产业链最大受益者：以苹果手机收益全球分配测算为例 [EB/OL]．[2019-10-12]．https：//xueqiu.com/5592868104/133929789.

⑤ 苹果公司股权分散，并且大股东都是机构投资者，这导致苹果公司没有世界超级富豪 [EB/OL]．[2018-07-02]．https：//www.yinhang123.net/kejishenghuo/1181931.html.

（14.9%）、消费品（14.4%）、物流行业（13.5%）及零售业（12%），而这些行业也恰是全球产业链的重要组成部分。

三是通过跨国公司跨国并购重组、为被并购同类工业企业或有着前后关联的相关企业等提供咨询服务、过桥贷款等业务，促进这些同类或相关企业在全球范围内完成技术、市场以及网络创新的获取，促使产业发展和产业链整合。传统来说，企业的收购与兼并主要是由产业资本进行，而20世纪后半期，国际金融资本开始主导着全球的跨国兼并和收购活动，国际金融资本依靠雄厚的资金优势利用私募股权与对冲基金形式为跨国实体企业的兼并收购行为提供资金，并在收购兼并的关联企业中停留一段时间，参与或主导关联企业的技术创新、市场拓展和网络创新等战略的决策与执行，既降低了融资成本和企业间交易成本，又发挥其信息优势、监督管理等优势与工业企业形成互补效应，有效提高企业生产效率，提升产品整体质量，或开发新产品、新模式获取范围经济，巩固高端生产环节垄断地位，加速企业在全球价值链位置中攀升。

金融资本主导全球跨国兼并收购，其中最具有代表性的就是私募股权基金与对冲基金作为典型的国际金融资本越来越参与到全球跨国并购活动中，根据贸发会议历年《世界投资报告》数据整理（见表2）得出，1996~2014年全球私募股权基金完成的跨国并购交易总额占全球跨国并购总量的比重出现先下降后上升，再下降再上升的波动趋势，即由1996年的16%下降至2000年的6%，随后不断上升并在2008年达到31%的最大值，2008年金融危机之后有所下降，但在2012年又恢复到23%，倘若加上对冲基金完成的跨国并购，该比例会更高。这一作用机理同样可以从微观案例中得以观察，如2016年德国化工制药巨头拜耳（Bayer）公司以每股128美元的全现金交易收购美国主营农业生物科技业务孟山都公司（Monsanto），其背后原因在于两家公司有着共同的国际金融集团股东，还得到了其他国际金融集团提供的过桥贷款①。除此之外，国际金融资本通过参与跨国并购后企业的发展决策影响全球产业、产业链发展。2015年黑岩在一定程度上促成了美国两大化工界巨头陶氏化学公司和杜邦公司合并成陶氏杜邦公司，成为仅次于巴斯夫的第二大化工企业，并超越孟山都成为全球最大的种子和农药公司。随后又促使合并的陶氏杜邦公司拆分为3家独立的上市公司，分别专注于农业、材料科学和特色产品，成为引领市场和产业标准的企业，由此促进形成或巩固该行业产业链的龙头地位，并通过产业链关联效应、市场内部化效应影响相应工业企业巨头在全球价值链分工中的地位。

表2 1996~2014年全球私募股权基金完成（主导或参与）的跨国并购情况

年份	交易数量（个）	交易数量占比（%）	交易总金额（十亿美元）	交易总金额占比（%）	净值（十亿美元）	净值占比（%）
1996	970	16	43	16	18	12
1997	1057	15	58	15	18	10
1998	1228	15	62	9	28	8
1999	1451	15	80	9	27	5
2000	1457	14	82	6	30	3
2001	1435	17	82	11	34	8

① 黑岩、先锋、拜耳分别是这两家公司的三大股东，黑岩分别是拜耳公司和孟山都的第一大股东（7%）和第二大股东（5.8%）；先锋集团分别是孟山都公司和拜耳的第一大股东（7%）和第四大股东。该并购案中，美银美林、瑞士信贷、高盛、汇丰银行和摩根大通等提供过桥贷款。

续表

年份	交易数量（个）	交易数量占比（%）	交易总金额（十亿美元）	交易总金额占比（%）	净值（十亿美元）	净值占比（%）
2002	1281	19	71	14	13	5
2003	1555	23	91	23	31	19
2004	1675	22	134	25	62	31
2005	1842	20	202	22	103	19
2006	1859	18	259	23	115	18
2007	2046	17	528	30	279	27
2008	1946	18	437	31	103	17
2009	2083	24	105	17	62	22
2010	2195	22	144	19	66	19
2011	1953	19	155	15	66	12
2012	2209	23	188	23	63	19
2013	1964	23	169	23	82	26
2014	2358	24	200	17	85	21

资料来源：UNCTAD Gross-border M&A database；United Nations Conference on Trade and Development（UNCATD），World Investment Report，2015。

由此可见，国际金融垄断资本通过跨国公司渠道影响全球产业价值链逻辑框架，具体如图 3 所示。

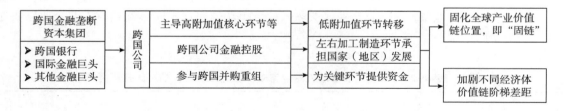

图 3 国际金融垄断资本通过跨国公司渠道影响全球产业价值链逻辑框架

（三）机制三：通过国际资本市场控制全球产业价值链

即国际金融垄断资本通过国际金融市场进行国际证券包括股票、债券等有价证券的投资买卖，从而影响产业资本输入与输出，或者利用股票、证券、期货等金融工具的流动性强、杠杆率高的特性以少量自有资本操控数十倍甚至数百倍的社会资本，不断扩大对全球产业链协作的主导与支配，或通过风险资本投资抢占全球产业价值链高附加值环节，支持高技术行业发展，从而主导控制全球产业价值链。

国际金融垄断资本通过国际金融市场影响与主导全球产业价值链的逻辑机理表现在四个方面：一是国际金融资本通过金融市场开展股票、债券等有价证券的投资买卖，刺激产业资本的输入与输出，从而控制全球产业价值链发展。以 OECD 国家为例，自 20 世纪 80 年代以来，FDI 净流出规模与反映国际证券市场发展程度指标的国内上市公司市值与股票交易额规模保持同步波动增长趋势（见图4）。经济发展繁荣时期，OECD国家金融资本的证券化投资发展程度高，伴随着OECD国家大规模向外输出产业资本，FDI净流出规模增大，产业向外进行全球布局，全球产业链扩张，国际金融资本利用虚拟资本的高流动性和高杠杆率增强对全球产业链的控制，并且通过资产价格上涨赚取超额垄断利润。经济发展萧条时期，OECD国家金融资本的证券化投资发展缓慢，OECD国家减少大产业资本输出，FDI净流出规模减小，股票市场交易缓慢，但此时，与金融体系相联系的金融资本和大产业垄断资本仍可利用资产价格崩溃的有利时机收购或兼并全球廉价资产，排挤中小资本并强化垄断地位，对全球产业供应链的支配能力在危机中继续增强。

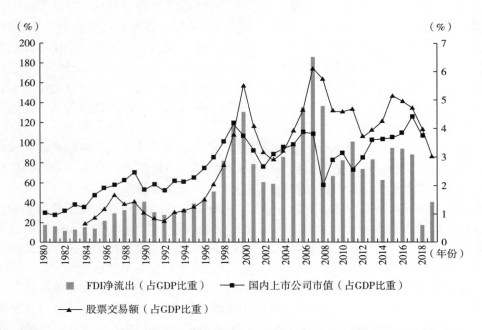

图4　1980~2019年OECD国家FDI净流出、国内上市公司市值和股票交易额情况
资料来源：世界银行WDI数据库。

二是国际金融垄断资本通过证券化资产业务交易操纵和控制跨国公司的生产过程，从而支配和主导全球产业价值链发展。一方面，国际金融资本通过证券市场有价证券的买卖，拥有跨国公司的所有权凭证，控制着全球产业链的核心所有权，支配企业生产的国家协作。如美国黑岩公司几乎在世界上所有重要的大企业里都有参股，在国际前500强的企业拜耳（7.0%）、戴姆勒（5.2%）、巴斯夫（6.2%）、大众（近4.0%）和西门子（5.6%）等公司持有决定性的股份[1]，在美国国内持有苹果公司（5.75%）、微软（5.8%）、埃克森美孚石油（6.0%）和通用电气（5.7%）等大公司的股份，甚至与各国金融资本集团相互参股在瑞士股市和奥地利股市的所有企业，以及在德国达克斯股市指数成分最大的30家公司中都持有股份，甚至在4/5的达克斯上市公司中，黑岩是前三名股东之一，持有10.7%达克斯股份，这些被持股公司产业涉及高分子、医疗保健、化工、汽车、电气

---

[1] 拜耳公司，总部位于德国的勒沃库森，在六大洲的200个地点建有750家生产厂；拥有120000名员工及350家分支机构，几乎遍布世界各国。高分子、医药保健、化工以及农业是公司的四大支柱产业。戴姆勒股份公司（Daimler AG），总部位于德国斯图加特，是全球最大的商用车制造商，全球第一大豪华车生产商、第二大卡车生产商。公司旗下包括梅赛德斯-奔驰汽车、梅赛德斯-奔驰轻型商用车、戴姆勒载重车和戴姆勒金融服务四大业务单元。巴斯夫股份公司（BASF SE），是一家德国的化工企业，也是世界最大的化工厂。大众汽车是一家总部位于德国沃尔夫斯堡的汽车制造公司，也是世界四大汽车生产商之一的大众集团的核心企业。

等核心工业产业。除了通过持有大型跨国工业企业的股份占据全球产业链的核心环节，还通过被控股公司控制全球产品市场、原材料市场等，如美国黑岩公司持有 5% 股份的嘉能可公司，其控制着 60% 的世界原料贸易，由此，美国黑岩集团拥有了前所未有的社会生产力，对关键资源和技术建立了更大规模的垄断，全球生产对以美国黑岩为首的跨国金融垄断资本的依赖度不断提高。

另一方面，通过有价证券在资本市场的运作，剥夺中小投资者的货币资本，从而影响全球产业价值链的布局。具体表现在生产者驱动和消费者两个层面：在生产者驱动层面，金融资本证券化的高利润率，使过去以生产为核心的企业管理模式逐步被以股票价格为核心的企业管理模式所替代，吸引生产性企业增加持有股票、债券等金融资产，缩减企业生产性投资，尤其是挤压中小企业生产性投资，造成国内或区域内产业"空心化"，影响全球产业链发展与布局；在消费者驱动层面，家庭部门获得收入财富后不再直接投资于生产活动，而是投资于各种形式的资产，从股票、房地产、矿物资源、石油及其他商品期货到艺术品，更关心市盈率、股价、市值等，期望从虚拟经济投机性活动中获得更多收益，而不是关注长期性、整体性、能掌握较大国际市场份额的优势生产性活动发展，甚至高度依赖对廉价金融资源的占有来维持其过度消费，由此，实体经济的正常运行和社会各阶层的正常生活受到破坏，产业资本更加依附于国际金融资本，全球产业链受制于国际金融资本流动，国际金融资本全面控制社会再生产过程。

三是国际金融垄断资本在资本市场上利用股票、债券、期货等金融工具的流动性强、杠杆率高的特性以少量自有资本操控数十倍甚至数百倍的社会资本，不断扩大对全球产业链协作的主导与支配。生产性企业，尤其是跨国公司股权结构高度分散，金融垄断资本仅以不多的资本就能够成为跨国公司的大股东，进而操控数十倍甚至数百倍的产业资本。金融垄断资本除了获取参股企业的未来收益以外，还可以代表资本行使投票权，尤其是以"积极股东"的身份注入现代化的企业管理模式、经营机制和内外部资源配置，控制企业的发展方向和生产过程。如此一来，公司管理者的"代理"身份也直接转移到金融市场的投资管理者身上，金融垄断资本集团也便于利用"全球价值链"这一新的产业组织形式进行扩大再生产，如利用组合投资对工业企业实现"集群化""联盟化"，一方面，不同风险投资机构共同投资同一家企业或者同行业的一系列企业，为同一家企业或该行业的同类企业保驾护航，促进行业竞争力提升。另一方面，同一家风险投资公司投资同一类或紧密关联的技术企业，对紧密关联的同类或上下游企业进行影响与控制。有数据显示，截至 2014 年，从以高新技术企业为主的纳斯达克市场上市公司数量来看，凯鹏华盈（KPCB 公司）投资了该市场上市排名前 100 名公司的 10%；红杉资本投资的公司占了纳斯达克上市公司总数的 20% 以上。

四是金融垄断资本通过风险投资方式发展高技术行业等核心行业，抢占全球产业价值链高端环节，从而影响产业，尤其是高技术产业的全球布局。当前，风险投资（VC）和私募股权投资（PE）成为创新新兴产业和重塑传统产业的急先锋和中坚力量。依靠技术研发和创新的高科技企业在初创时期需要大量的预付资本，同时也具有较高的风险，而一旦成功则可凭借其关键技术获得产业和产业价值链的垄断地位。因此，热衷于赌博的金融垄断资本即风险资本通过风险投资和私募股权投资方式投资于科技企业的初创和成长期，一旦被投企业技术得以研发和创新，成为制定产业规则的核心企业，风险资本往往会选择变成企业股权，金融垄断资本集团则在被投企业中执行决策、管理等职能，影响和控制核心企业的发展，进而在分享其在全球价值链中垄断利润的同时，也支配着核心企业发展。相关数据显示，风险投资机构往往偏向于投资最前沿、最先进的技术，如互联网产业、健康医疗、移动支付、移动手机等，这一投资行业特征同样可以在国际层面观察到。自 21 世纪以来，风险投资机构在美国更关注于软件、生物技术、IT 服务和金融服务等行业，2016 年这四个行业投资额占比达 79.97%（其中软件和生物技术投资占比达 68.84%）。风险投资机构在中国主要关注软件信息服务、文化娱乐、硬件、电子商务和医疗健康等领域，2017 年前五大行业投资占比达到54.02%①，这些风险投资规模集中的行业也正是美国和中国具有突出优势的产业。除此之外，金融资本还影响着某些产业在全球范围内的主导与支配地位，以互联网行业为例，美国凭借其在互联网领域中的技术主导者和国际货币发行的资本控制者的优势，以跨国投行及互联网风险投资巨头做代理，推进互联网产业全球化，并通过外资直接投资、运作互联网企业国外上市、"协议控制（VIE）"②等方式控制中国等其他国家的互联网产业链，包括即时通信、搜索引擎、门户网站等（任丽梅，2012）。风险投资地理布局上的集中也促使产业集聚，进而影响产业的全球价值链布局，如硅谷在形成完善的创投生态系统的基础上，不断产生新的产业形态、新的产业机制和新的产业模式，引领着世界信息科技产业发展的潮流，主导着全球智能制造全球产业链网。

综上所述，国际金融垄断资本通过国际资本市场渠道影响全球产业价值链逻辑框架，如图5所示。

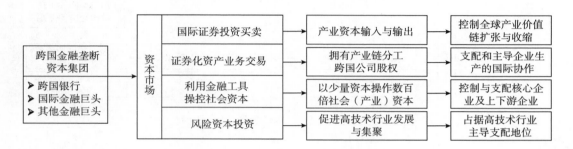

图5 国际金融资本通过国际资本市场渠道影响全球产业价值链逻辑框架

总体而言，以上国际金融垄断资本通过金融机构海外布局、跨国公司全球国际直接投资以及国际资本市场三个渠道控制全球产业价值链，所对应的环节和要素不是单一孤立各自并行，而是相互联系、相互交叉、相辅相成、有机统一的，并且构成了国际金融垄断资本控制全球产业价值链的作用机理框架。由此可见，国际金融垄断资本对全球产业链的作用机理是一个复杂的有机体。从总体框架来看，国际金融垄断资本主体（主要是跨国金融垄断集团）通过对外设立分支机构与战略合作、跨国公司全球国际直接投资以及国际资本市场三个渠道，基于不同研究视角或作用路径，对全球产业链布局及国际分工体系影响效应。从效应机理看，不同渠道对全球产业链布局与国际分工体系发挥着不同的效应，有促进效应，也有消极效应，这些效应和影响机理相互作用，互为补充，使全球产业价值链布局存在不确定性，但以美国为主导的发达国家国际金融垄断资本始终占据支配和控制地位，其具体分析框架如图6所示。

五、国际金融垄断资本与全球产业价值链：美国的实证

由前文分析可知，美国作为典型的国际金融垄断资本高度发达的国家，在全球范围内利用其金融资本垄断地位控制全球价值链，因此本文采用美国制造业全球价值链分工位置的数据，考察其金融垄断资本通过资本市场机制的不同途径对制造业不同行业的全球价值链分工地位的影响差异。由于金融垄断资本难以刻画，本文利用美国银行控股公司（Bank Holding Company，BHC）可统计数

---

① 资料来源：美国的数据来自 Wind 数据库；中国的数据来自 IT 桔子官网。

② "协议控制"（VIE）是指离岸公司通过外商独资企业，与内资公司签订一系列协议来成为内资公司业务的实际收益人和资产控制人，以规避《外商投资产业指导目录》对于限制类和禁止类行业限制外资进入的规定，其是指境外资本通过持股、协议或其他安排成为实际控制人。由于这一直是行业内的潜规则，所以不为外界所知。

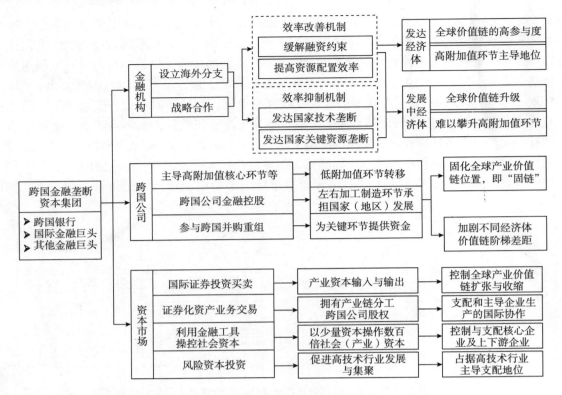

图6 国际金融垄断资本影响全球产业价值链的内在机制

据进行分析。银行控股公司指的是控制一家或两家以上银行或其他银行控股公司的金融企业[①]，美国银行控股公司在一定程度上能代表美国金融垄断资本的主体，其行为不仅包括利用它们所支配的资本通过发放贷款、投资股票债券、买卖金融证券、进行风险投资等获取利息收入和投机收入，还包括通过处理金融交易和管理他人资产时获得经纪佣金与费用等派生收入，其投机收入和派生收入一起组成了非利息收入，在金融化过程中显得尤为重要。不论是利息收入，还是非利息收入，其本质上都是金融部门分享生产领域新价值的不同方式。根据前文分析得出，越来越多的金融垄断资本主体通过证券投资、风险投资、资产管理等方式来控制制造业全球产业价值链，因此本文在实证检验金融垄断资本主体的行为如何影响该国产业在全球价值链中的分工地位、获利能力和参与程度。

（一）计量模型

由于金融垄断资本主体行为对不同行业的影响作用存在差异。往往外部融资依赖程度高的行业，更容易受金融垄断资本主体行为的影响，因此本文借鉴了 Rajan 和 Zingales（1998）的做法，引入金融垄断资本主体行为与行业特征的交互项来研究，以考察金融垄断资本主体行为对美国制造业各行业全球价值链的影响。具体而言，构建如下计量分析模型：

$$GVC_{j,t+1} = \beta_0 + \beta_1 \times \ln(finbeh_t) + \beta_2 \times \ln(finbeh_t) \times dep_j + \beta_3 \times kint_{j,t+1} + \beta_3 \times sva_{j,t+1} + \gamma_j + \delta_t + \varepsilon_{j,t} \qquad (1)$$

其中，j 和 t 分别表示制造业行业和年份；$GVC_{j,t+1}$ 是核心被解释变量，表示美国行业 j 年度 t 的全球价值链分工地位。$finbeh_t = (lobeh_t, invbeh_t)$ 表示年度 t 的金融垄断资本主体（在此是指美国银

[①] 大部分银行控股公司都拥有这些银行100%的股份。详见：艾伦·伯格，王宇. 美国金融机构的分类与监管［J］. 金融发展研究，2018（5）：41-43.

行控股公司）行为，包括利息收入行为、非利息收入行为（包括投机收入行为和派生收入行为）[①]，dep_j 表示行业 j 外部融资依赖度，$\ln(finbeh_t)\times dep_j$ 是本文的核心解释变量。$sva_{j,t+1}$ 表示年度 t 行业 j 基于前向关联的增加值规模。γ_j、δ_t 分别表示国家、行业和时间效应，$\varepsilon_{j,t}$ 表示随机扰动项。β_2 是本文最核心的估计系数，表示美国金融垄断资本主体对具有不同外部融资依赖度的行业全球价值链分工地位的影响效应。

（二）变量说明与数据来源

1. 变量与指标选取

（1）被解释变量。黄繁华和洪银兴（2020）认为应该从一国制造业在全球价值链中的分工位置、获得的出口国内增加值率以及参与全球价值链分工的前向参与度、后向参与度四个不同维度来考察制造业全球价值链分工地位，考虑到制造业细分行业全球价值链的发展趋势各有不同，因此参考上述研究从四个维度来综合反映一国制造业细分行业的全球价值链分工地位。具体如下：

1）全球价值链分工地位：分工位置维度（GVCL）。该指标利用行业 j 在参与全球价值链分工体系和环节中所处的"空间"位置来评估其参与全球价值链的分工地位，这也是学术界分析全球价值链分工地位最早采用的做法。其依据是：在制造业全球价值链分工环节中，越是靠近研发、关键零部件设计等上游位置的国家，其制造业在全球价值链分工体系中的主导性和抗风险能力往往就越强，或者说是占据着更高的全球价值链分工地位。本文借鉴 Wang 等（2017b）提出的有关测算方法，利用一国制造业细分行业参与全球价值链分工环节的前向生产长度与后向生产长度的比值，从而得到美国制造业细分行业参与全球价值链分工位置指数。具体计算公式如下：

$$GVCL_{j,t}=\frac{Plv\_GVC_{j,t}}{Ply\_GVC_{j,t}} \tag{2}$$

其中，$GVCL_{j,t}$ 表示美国行业 j 年度 t 参与全球价值链分工位置指数，该值越大，代表该行业参与全球价值链分工越靠近有利的上游位置。$Plv\_GVC_{j,t}$ 和 $Ply\_GVC_{j,t}$ 分别表示美国行业 j 年度 t 参与全球价值链分工的前向长度和后向长度。

2）全球价值链分工地位：出口国内增加值维度（GVCD）。一般来说，各国参与全球价值链分工的根本动因是获取预期经济利益，而出口所创造的国内增加值可以表示其在全球价值链分工体系中获得的经济利益，因此可以选择出口国内增加值率作为衡量其参与全球价值链分工地位的指标，该指标不仅反映制造业行业的全球价值链的分工地位，还刻画了行业参与全球价值链分工体系的价值创造与获利能力。具体公式如下：

$$GVCD_{j,t}=\frac{DVA_{j,t}}{Esr_{j,t}} \tag{3}$$

其中，$GVCD_{j,t}$ 表示美国制造业细分行业 j 年度 t 参与全球价值链分工的出口国内增加值率，$DVA_{j,t}$ 表示行业 j 年度 t 出口所创造的国内增加值，$Esr_{j,t}$ 表示出口额，该指标值越大反映行业创造价值能力越强，即从获利能力维度该行业所处的全球价值链分工地位越高。

3）全球价值链分工地位：前向参与度（GVC_Pat_f）和后向参与度（GVC_Pat_b）维度。当前，学术界对于全球价值链参与度的内涵和测算并没有达成共识，本文借鉴 Wang 等（2017a）对

[①] 本文参考谢富胜和匡晓璐（2019）研究得出金融部门利息的具体形式，包括利息收入、投机收入和派生收入，进而将金融主体的行为界定为利息收入行为、投机收入行为和派生收入行为，其中利息收入行为是指金融主体发放贷款、持有金融证券等能获得贷款利息、债券利息、股票利息等的行为；投机收入行为是指金融主体开展证券投资、风险投资、资产证券化等能获得收入的行为；派生收入行为主要是指金融主体处理金融交易和管理他人资产等获得经纪佣金和费用等派生收入的行为，一般包括：证券承销与发行、财务顾问和代理、资产管理、做市商行为等。详见：谢富胜，匡晓璐. 金融部门的利润来源探究［J］. 马克思主义研究，2019，228（6）：60-72。

全球价值链参与度的内涵和测算，Wang 等（2017a）基于生产活动分解，构建了"国家—行业—年份"三维数据，并由此构建了全球价值链的前向参与指标和后向参与指标，本文中将前向参与度指标定义为在一国中间品出口中的国内增加值占总增加值的比重，后向参与度则是指一国中间品进口增加值占国内相关最终产品总产出的比重，具体计算公式如下：

$$GVC\_Pat\_f_{j,t} = \frac{V\_GVC_{j,t}}{(VA)'_{j,t}} \tag{4}$$

$$GVC\_Pat\_b_{j,t} = \frac{Y\_GVC_{j,t}}{(Y)'_{j,t}} \tag{5}$$

其中，GVC_Pat_f 表示全球价值链的前向参与度，该值越大代表参与全球价值链分工的程度越深，参与分工环节的增值能力越强；V_GVC 表示一国中间品出口中的国内增加值，VA 表示一国生产创造的总增加值；GVC_Pat_b 表示全球价值链的后向参与度，该值越大，表示在一国制造业最终产品的总产出中进口中间品的占比越大，参与全球价值链分工体系的程度越高，Y_GVC 表示一国中间品的增加值，Y' 表示有关最终产品的总产出。这里定义中，前向参与度和后向参与度皆为正向指标，即值越大表示参与全球价值链分工体系的程度越高。

（2）核心解释变量，本文的核心解释变量 $\ln(finbeh_t) \times dep_j$ 由两部分组成。

1）金融垄断资本主体行为（$finbeh$）。金融垄断资本主体开展业务时旨在最大化地获取利润，因此通过金融垄断资本主体的利润收入来源来刻画金融垄断资本主体行为可行。20 世纪 80 年代后期，金融监管的放松促使美国银行业的混业经营，银行控股公司的业务范围也由传统的信贷中介转向证券业、保险业和金融投资业扩展，成为美国金融部门收入来源转变的一个缩影（艾伦·伯格和王宇，2018），更是成为美国金融垄断资本集团的典型代表，因此本文利用美国银行控股公司的收入来源刻画金融垄断资本主体的行为，从而反映美国金融垄断资本集团的行为。金融资本主体收入来源主要包括三种形式：一是利息收入，即金融主体开展信贷业务获得的贷款利息、债券利息、股票股息、金融租赁利息等；二是投机收入，即投资股票债券、买卖金融证券、进行风险投资等获风险投资收入、证券投资和其他资产销售损益（包括贷款和房地产等）；三是派生收入即处理金融交易和管理他人资产时获得资产管理费用、证券化收入、保险费、咨询费以及其他各种佣金、手续费和服务费。其中投机收入和派生收入构成了非利息收入（谢富胜和匡晓璐，2019）。考虑本文研究的必要性，本文用美国银行控股公司（Bank Holding Company，BHC）来刻画美国的金融垄断资本集团，其利息收入和非利息收入作为金融垄断资本主体不同行为的代理变量，即 $finbeh_t = (lobeh_t, invbeh_t)$，其中，$lobeh_t$ 表示 t 年度美国金融垄断资本集团经营存贷款业务、持有金融证券等获得的利息收入占总收入比重，$invbeh_t$ 表示 t 年度美国金融垄断资本集团因证券投资、风险投资和管理资产等业务获得的非利息收入占总收入的比重，等于投机收入与派生收入之和与总收入的比重①。通过两类收入来刻画金融垄断资本主体行为。

2）外部融资依赖度（dep）。dep_j 表示 j 行业的外部融资依赖程度。Rajan 和 Zingales（1998）最早提出行业的外部融资依赖度，并提出不同行业由于行业特征不同，对外部资金的依赖程度也会有所不同。② Rajan 和 Zingales（1998）考虑到美国资本市场相对发达，能够给企业提供无摩擦的融资环境，能够充分反映产业发展对外部资金的内在需求，使用美国上市公司的数据计算了行业外部融资依赖程度，结果比较稳定，且被多数研究成果运用和验证，本文也采用该数据度量美国行业外部

---

① 谢富胜，匡晓璐. 金融部门的利润来源探究 [J]. 马克思主义研究，2019，228（6）：60-72.

② 根据 Rajan 和 Zingales（1998）的定义：企业外部金融依赖度 =（企业资本支出 - 企业运营现金流）/企业资本支出 = 企业所需外部融资/企业资本支出，将计算企业外部融资依赖度汇总到行业层面，得到各行业的外部融资依赖度。

融资依赖依赖程度。① 由于 Rajan 和 Zingales（1998）采用的是 ISIC Rev. 2 三分位行业分类（部分行业采用了四分位行业分类）②，而本文采用的是 WIOD2016 行业分类，因此本文先利用联合国统计署提供的 ISIC Rev. 2 和 ISIC Rev. 3 和 ISIC Rev. 4 行业分类标准进行行业转化和匹配，然后再将 ISIC Rev. 4 行业分类与 WIOD2016 行业分类相匹配，得到按照 WIOD2016 行业分类的外部融资依赖度③，部分行业的外部融资依赖度通过取算术平均值计算得出。

（3）控制变量。考虑不同行业的全球价值链分工还受行业资本密集度（kint）和行业规模（sva）的影响。因此本文选取的控制变量包括：

1）行业资本密集度（kint），利用 NBER-CES 制造业数据计算④，等于"行业全部实际资本（cap）/行业总就业人数（emp）"。在一国资本禀赋既定的情况下，行业资本密集度越高，其行业发展越受到金融垄断资本行为的影响，按照要素禀赋理论，高资本行业密集度的行业往往在资本要素充裕情况下发展得更好。因此，对于资本市场高度发达的美国，产业更容易获得外部资金，因此有助于提升行业的全球价值链分工地位。

2）行业规模（sva），制造业行业发展一般具有规模经济效应，因此引入制造业细分行业的行业增加值规模作为控制变量。

2. 数据来源

本章相关数据来源具体说明如下：美国制造业细分行业全球价值链测算数据来自全球投入产出表（WIOD2016）、UIBE 全球价值链指数数据库等，最终数据由本文计算得出，时间跨度为 2000~2014 年。美国银行控股公司利润来源的原始数据来自芝加哥联邦储备银行（Federal Reserve Bank of Chicago）的 FRY-9C 报告提供了 1986~2017 年银行控股公司（BHC）的合并财务报表，最终处理数据模仿并借鉴了谢富胜和匡晓璐（2019）对美国银行控股公司利润来源的计算⑤。外部融资依赖度数据来自 Rajan 和 Zingales（1998）。行业资本密集度原始数据来自 NBER-CES 制造业数据库。行业规模原始数据来自 UIBE GVCs 数据库，最终数据本文计算得出。为消除单位不统一，对解释变量和控制变量采取了取对数处理。此外，基于数据的可得性，本文的样本范围为 2000~2014 年，所有解释变量均在 1% 和 99% 处缩尾处理，主要变量的描述性统计如表 3 所示。

---

① 尽管 Rajan 和 Zingales（1998）使用的是 1980 年的数据，但 Cetorelli 和 Strahan（2006）使用 1980~1997 年数据，而 Haltenhof 等（2014）采用 1990~2011 年数据得到的外部融资依赖度在行业排序没有发生实质性的变化，即行业的外部金融依赖度随时间的推移是不变的。故本文同多数研究成果一样运用 Rajan 和 Zingales（1998）测度的细分行业外部融资依赖度数据。详见：Cetorelli N, Strahan P E. Finance as a Barrier to Entry：Bank Competition and Industry Structure in Local U. S. Markets [J]. The Journal of Finance, 2006, 61（1）：437-461；Haltenhof S, Lee S J, Stebunovs V. The Credit Crunch and Fall in Employment During the Great Recession [J]. Journal of Economic Dynamics & Control, 2014, 43（6）：31-57.

② Rajan 和 Zingales（1998）涉及 27 个三分位行业和 9 个四分位行业。

③ 经调整匹配后，制造业细分行业包括 18 个行业，即属于 WIOD2016 数据库 c05~c22 行业编码，具体包括：食品、饮料及烟草业（C05），纺织业、服装及皮革制造业（C06），木材、木材制品和软木制造业（家具除外）、草编制品及编织材料物品业（C07），造纸及纸制品业（C08），印刷、记录媒介复制业（C09），焦炭和精炼石油产品制造业（C10），化学品及化学制品制造业（C11），基本药物及药物制剂制造业（C12），橡胶和塑料制品制造业（C13），其他非金属矿物制品制造业（C14），基本金属制造业（C15），金属制品（机械设备除外）制造业（C16），计算机、电子产品和光学产品制造业（C17），电力设备制造业（C18），未另分类的机械和设备制造业（C19），汽车、挂车和半挂车制造业（C20），其他运输设备制造业（C21），家具及其他制造业（C22）。

④ NBER-CES 制造业数据库统计指标采用 NAICS 2012 行业统计，本文依然利用四分位行业分类标准进行匹配，得到与 WIOD2016 数据库的行业划分标准，数据根据行业调整进行相应计算。

⑤ 谢富胜，匡晓璐. 金融部门的利润来源探究 [J]. 马克思主义研究, 2019, 228（6）：60-72. 文章指出，通过对美国银行控股公司利润来源的分析发现，自 1986 年以来，美国银行控股公司越来越依靠非利息收入，尤其是派生收入获取利润，表明金融资本参与价值分配的方式正在发生转型。

表 3 主要变量的描述性统计

变量	样本数	均值	标准差	最小值	最大值
GVCL	270	0.923	0.121	0.756	1.337
GVCD	270	0.735	0.084	0.552	0.901
GVC_Pat_f	270	0.146	0.062	0.022	0.302
GVC_Pat_b	270	0.155	0.052	0.072	0.343
lobeh	15	0.624	0.076	0.502	0.767
invbeh	15	0.376	0.076	0.233	0.498
dep	18	0.386	0.377	-0.079	1.49
kint	270	237.536	300.428	44.326	1904.361
sva	270	99655.44	63228.03	21012.63	270000

（三）实证结果分析

1. 基准结果分析

考虑到金融垄断资本主体行为，尤其是投机与派生行为与当期生产联系较小，本文参考现有文献的做法，同时为减少内生性问题，对所有解释变量取一阶滞后（Rajan and Zingales，1998；Hsu et al.，2014）。使用 Stata15.0 软件对基本模型进行回归，结果如表 4 所示。

表 4 金融垄断资本对全球价值链的影响：基准模型

	（1） *GVCL*	（2） *GVCD*	（3） *GVC_Pat_f*	（4） *GVC_Pat_b*	（5） *GVCL*	（6） *GVCD*	（7） *GVC_Pat_f*	（8） *GVC_Pat_b*
L. ln*lobeh*	0.106	1.698	2.774***	2.787***	0.590	-0.846	2.418***	3.753***
	(0.994)	(1.090)	(0.729)	(0.869)	(1.200)	(1.610)	(0.814)	(1.017)
L. ln*invbeh*	-0.199	1.523	2.698***	2.796***	0.304	-0.622	2.324***	3.802***
	(0.860)	(0.966)	(0.649)	(0.762)	(1.110)	(1.489)	(0.769)	(0.937)
L. ln（*lobeh×dep*）	0.405	0.588	0.300	0.389*	0.414	0.525	0.346	0.373*
	(0.293)	(0.498)	(0.353)	(0.210)	(0.295)	(0.452)	(0.360)	(0.179)
L. ln（*invbeh×dep*）	0.308*	0.501	0.226	0.265**	0.322*	0.487*	0.257	0.266**
	(0.169)	(0.289)	(0.199)	(0.106)	(0.168)	(0.276)	(0.207)	(0.102)
ln*kint*					-0.0276	0.0190	0.0185	-0.0538*
					(0.038)	(0.038)	(0.032)	(0.028)
ln*sva*					-0.00261	-0.0347***	0.00875	-0.00970
					(0.013)	(0.012)	(0.012)	(0.013)
常数项	0.824	1.539	-2.137***	-2.193***	0.596	1.477	-2.051***	-2.595***
	(0.742)	(1.102)	(0.556)	(0.646)	(0.774)	(1.091)	(0.580)	(0.780)
行业效应	Y	Y	Y	Y	Y	Y	Y	Y
年度效应	Y	Y	Y	Y	Y	Y	Y	Y
样本量	252	252	252	252	252	252	252	252
adj. R^2	0.5586	0.3719	0.6693	0.6643	0.5637	0.4497	0.6715	0.6889

注：①括号里为稳健标准误。②＊、＊＊、＊＊＊分别表示在10%、5%、1%的显著性水平下通过了系数显著性检验。③其中第（2）列中，L. ln（*invbeh×dep*）对 *GVCD* 的回归显著性水平 P＝0.101，说明其在15%的显著性水平下影响为正。

表 4 中的第（1）～（4）列报告了仅控制行业固定效应和年份固定效应的回归结果，第（5）～（8）列报告了同时控制行业固定效应和年份固定效应的回归结果，回归结果没有发生本质变化。本文将第（5）～（8）列结果视为基准回归结果，基准结果显示：第一，由第（5）列和第（6）列可知，金融垄断资本主体（美国银行控股公司）的利息收入行为（lobeh）和非利息收入行为（invbeh）对制造业全球价值链分工位置指数（GVCL）和出口国内增加值率（GVCD）没有直接效应，这可能是由于行业本身异质性造成的，部分行业垄断程度较高，内部现金流较多而无须外部融资（如烟草行业外部资金依赖度为负）。考虑到行业异质性，非利息收入与外部融资依赖度交互项（invbeh×dep）对制造业细分行业的全球价值链分工位置指数（GVCL）和出口国内增加值率（GVCD）影响显著为正，而利息收入与外部融资依赖度交互项（lobeh×dep）对制造业行业的 GVCL 和 GVCD 影响为正但不显著，说明金融垄断资本主体（美国银行控股公司）的投机和派生业务显著地促进了美国制造业各行业在全球价值链中的分工位置和获利能力，而发放贷款、持有金融证券等利息收入行为影响不显著。

第二，由第（7）列和第（8）列可知，金融垄断资本主体（美国银行控股公司）的利息收入行为（lobeh）和非利息收入行为（invbeh）显著地提升了美国制造业全球价值链的前向参与度（GVC_Pat_f）和后向参与度（GVC_Pat_b），且利息收入行为对前向参与度的影响大于非利息收入行为（2.418>2.324），利息收入行为对后向参与度的影响小于非利息收入行为（3.802>3.753）。同时，考虑到行业的异质性，金融垄断资本主体（美国银行控股公司）的利息收入与外部融资依赖度交互项（lobeh×dep）和非利息收入与外部融资依赖度交互项（invbeh×dep）对前向参与度（GVC_Pat_f）影响为正但不显著，对后向参与度（GVC_Pat_b）影响显著为正。

在控制变量中，行业资本密集度（kint）与制造业各行业全球价值链后向参与度（GVC_Pat_b）的回归系数显著为负，这说明在一国资本禀赋既定情况下，行业资本密集度越高的行业会倾向于需求更多的资金，从而对行业的对外直接投资产生挤出效应，进而阻碍行业的全球价值链分工地位。行业规模（sva）与全球价值链出口国内增加值率（GVCD）显著负相关，这也表明，在当前制造业全球价值链分工体系中，高端业务纷纷向以美国为首的发达国家集中，但规模庞大的组装、加工等低端业务则向发展中国家转移（黄繁华和洪银兴，2020）。

2. 行业异质性分析

前文已经分析美国金融垄断资本主体（美国银行控股公司）的利息收入行为和非利息收入行为对其制造业各行业在全球价值链分工地位的影响，但尚未区分对不同特征的行业影响差异，接下来，对存在的行业异质性进行深入分析。

由于制造业各行业间技术水平存在较大差异，由此带来各行业在全球价值链分工体系中获利能力和获利空间存在巨大差异，而金融垄断资本倾向于在全球范围内控制中高技术产业和产业的中高端环节，因此金融垄断资本主体的利息收入行为和非利息收入行为对不同行业的全球价值链分工地位的影响也存在差异。为此，本章参照经济合作与发展组织（OECD）、吕越等（2018）对于制造业技术类别的划分方法，将 WIOD2016 投入产出表中 18 个制造业行业分为高技术行业和中低技术行业两组，高技术行业包括化学品及化学制品制造业（C11），基本药物及药物制剂制造业（C12），计算机、电子产品和光学产品制造业（C17），电力设备制造业（C18），未另分类的机械和设备制造业（C19），汽车、挂车和半挂车制造业（C20），其他运输设备制造业（C21）等，其余行业归为中低技术产业①，并分别回归，结果如表 5 所示。

---

① 具体表现为：中技术产业包括焦炭和精炼石油产品制造业（C10）、橡胶和塑料制品制造业（C13）、其他非金属矿物制品制造业（C14）、基本金属制造业（C15）、金属制品（机械设备除外）制造业（C16）等；低技术产业包括食品、饮料及烟草业（C05）、纺织业、服装及皮革制造业（C06）、木材、木材制品和软木制品制造业（家具除外）、草编制品及编织材料物品业（C07）、造纸及纸制品业（C08）、印刷、记录媒介复制业（C09）、家具及其他制造业（C22）等。

表5 金融垄断资本对全球价值链的影响：行业异质性

变量	高技术产业				中低技术产业			
	(1) GVCL	(2) GVCD	(3) GVC_Pat_f	(4) GVC_Pat_b	(5) GVCL	(6) GVCD	(7) GVC_Pat_f	(8) GVC_Pat_b
L. ln*lobeh*	−1.260	2.488	2.577**	0.992	−0.174	1.180	3.185***	5.988***
	(0.757)	(2.178)	(0.794)	(1.344)	(1.515)	(1.522)	(0.951)	(1.452)
L. ln*invbeh*	−1.216	2.154	2.455**	1.304	−0.287	0.968	2.918**	5.726***
	(0.742)	(2.100)	(0.871)	(1.251)	(1.424)	(1.386)	(0.932)	(1.349)
L. ln（*lobeh×dep*）	0.680**	0.603	0.122	0.494	4.171	−5.822**	−1.125	−1.933**
	(0.259)	(0.494)	(0.287)	(0.281)	(3.778)	(1.982)	(2.511)	(0.728)
L. ln（*invbeh×dep*）	0.499***	0.554*	0.128	0.270*	3.243	−4.623**	−0.857	−1.548**
	(0.109)	(0.278)	(0.131)	(0.136)	(3.009)	(1.532)	(1.994)	(0.552)
ln*kint*	−0.00607	−0.00412	−0.00371	−0.0518	−0.0552	0.0531	0.0429	−0.0736**
	(0.035)	(0.095)	(0.067)	(0.078)	(0.048)	(0.032)	(0.031)	(0.024)
ln*sva*	−0.00733	−0.0148	0.00419	−0.0523*	−0.00945	−0.0397**	0.0194*	0.0127**
	(0.013)	(0.027)	(0.020)	(0.022)	(0.014)	(0.014)	(0.009)	(0.005)
_cons	1.643***	−0.971	−1.943**	−0.938	0.962	0.823	−2.615***	−4.059***
	(0.391)	(1.250)	(0.759)	(0.857)	(0.904)	(1.409)	(0.801)	(1.047)
行业效应	Y	Y	Y	Y	Y	Y	Y	Y
年度效应	Y	Y	Y	Y	Y	Y	Y	Y
样本量	98	98	98	98	140	140	140	140
adj. R^2	0.5454	0.3029	0.5601	0.5638	0.6281	0.6363	0.7464	0.7943

注：①括号里为稳健标准误；②*、**、***分别表示在10%、5%、1%的显著性水平下通过了显著性检验。

由表5可知，金融垄断资本主体（美国银行控股公司）行为对美国制造业不同技术类型的行业影响存在差异。第一，由第（1）列和第（5）列可知，金融垄断资本主体（美国银行控股公司）的利息收入与外部融资依赖度交互项（*lobeh×dep*）和非利息收入与外部融资依赖度交互项（*invbeh×dep*）对美国高技术行业的全球价值链分工位置指数（GVCL）的影响显著为正，对美国中低技术行业的全球价值链分工位置指数（GVCL）的影响为正但是不显著。第二，由第（2）列和第（6）列可知，金融垄断资本主体（美国银行控股公司）的利息收入与外部融资依赖度交互项（*lobeh×dep*）和非利息收入与外部融资依赖度交互项（*invbeh×dep*）对美国高技术行业的全球价值链出口国内增加值率（GVCD）影响为正，尤其是投机与派生行为所产生的影响通过了10%的显著性水平检验；交互项（*lobeh×dep*）和（*invbeh×dep*）对美国低技术行业的全球价值链出口国内增加值率（GVCD）影响系数均显著为负，从而说明较之于中低技术行业，金融垄断资本主体（美国银行控股公司）更倾向于控制在全球价值链获利能力更强的高技术行业。第三，由第（3）列、第（4）列、第（7）列、第（8）列可知，金融垄断资本主体（美国银行控股公司）的非利息收入与外部融资依赖度交互项（*invbeh×dep*）对美国高技术行业的后向参与度（GVC_Pat_b）具有显著的正向关系，但交互项（*lobeh×dep*）和（*invbeh×dep*）对美国低技术行业的后向参与度（GVC_Pat_b）具有显著的负向影响，且利息收入与外部融资依赖度交互项（*lobeh×dep*）的回归系数大于非利息收入与外部融资依赖度交互项（*invbeh×dep*）的回归系数。这从侧面反映金融垄断资本主体（美国银行控股公司）的行为促进美国高技术行业参与全球价值链分工，全球价值链分工体系中的高端业务纷纷集中，而规模庞大、技术含量低的中低技术行业则转出美国。

由此可见，利用美国银行控股公司利息收入和非利息收入，以及行业外部融资依赖度和美国制造业细分行业数据的实证分析得以验证本文所论证的资本市场机制，即金融垄断资本更倾向于通过证券投资、风险投资等非传统信贷业务控制制造业细分行业的全球价值链分工位置和获利能力，并且证券投资、风险投资等行为对高技术行业影响尤为明显。这也从侧面印证了机制分析。

六、对中国产业发展及产业全球价值链的影响及应对之策

（一）对中国产业发展及产业全球价值链的影响

以美国为首的国际金融垄断资本企图把世界各国都纳入其构建的全球积累体系中，中国成为其首当其冲遏制的国家。中国拥有着全球完整、规模最大现代工业体系，是唯一能够生产联合国工业目录大类所有产品的国家，因此国际金融垄断资本迫切追求控制中国的产业及产业价值链发展，具体表现在以下三个方面：

1. 通过调整国际投资促使全球产业链布局"中国化"

由于中美两国博弈加剧并存在脱钩危险，加之一方面强制干预要求其他国选边站，另一方面美国从中国撤资撤场等如高端制造业从中国撤出回流发达国家，中低端制造业分流至中国周边国家印度、越南、柬埔寨等，则全球产业链的布局越来越显示出"去中国化"态势。一方面，自2008年金融危机以来，以美国为首的发达国家意识到本国制造业"空心化"现象，开始实施"再制造业化"政策，加速中高端制造业向国内回流，目前已出现一批中高端技术和资源密集型产业如大型机械设备制造商卡特彼勒、通用电气麾下家电生产部门以及福特公司麾下2.0升Eco-Boost引擎制造业等回归，同时部分制造业转移到东南亚等地区。近期OECD一项研究表明，尽管回流未能取代外包成为全球产业价值链分工的主要方式，但随着新兴科技与工业革命的蓬勃兴起，制造业向着数字化、智能化、绿色化和服务化方向发展，催生了新产业和新模式，使像纺织服装、化工建材等传统行业部分回流到发达国家的概率增大（黄群慧和倪红福，2020）。

另一方面，出于国家安全政治动因和经济动因叠加的考虑，各国意识到外部冲击对复杂产业链和供应链的约束与影响，从行业来看，往往全球化程度高、产业链长、进出口份额大的行业如计算机、电子、光学、机器设备、电器设备、化工产品等受影响更大[1]。中国当下的产业结构是以电子、汽车、机械等产业为主，这就使中国的产业链同时面临国内制造业供应链断链以及全球供应链产业外移的调整与风险。同时，近年来，全球范围内"逆全球化"暗流潮涌，单边主义盛行，加之受新冠肺炎疫情影响，强化了欧美企业和政策制定者对调整"以中国为中心的全球供应链体系"的主张和决心（黄群慧和倪红福，2020），以美国为首的发达经济体成为全球保护主义措施的主要推手，开始伺机实施以美国主导的全球产业链重整、"遏制中国"的战略[2]，美国甚至联合澳大利亚、印度、日本、新西兰、韩国、越南等"值得信任的伙伴"构建"经济繁荣网络"的排他性国际产业联盟，矛头直指中国，推动各国减轻对华产业链依赖，甚至还协商协调形成共同针对来自中国投资

---

① 王一鸣：全球供应链会进一步缩短［EB/OL］．［2020-06-18］．https：//finance．sina．com．cn/china/gncj/2020-06-18/doc-iircuyvi9133882．shtml．

② 曹朝龙．价值观产业链联盟注定失败［N］．环球时报，2020-10-27．

的政策,① 日本则为迁出中国的企业提供"搬家费"。②

此外,一些国家和地区配合美国主导的"去中国化"战略,如"重组供应链:促进理念相近伙伴间之韧性论坛"在 2020 年 9 月 4 日召开,强调未来将强化理念相近区域在供应链重组及韧性的咨商与合作。同一时期,澳大利亚、印度和日本三国贸易部长召开虚拟会议,决定启动所谓的"供应链韧性倡议(三边供应链复苏倡议)"(SCRI),并在 2020 年底前建立供应链合作框架,实现印太地区的供应链韧性,降低甚至全面摆脱对中国供应链的依赖。尽管最近 15 个国家(东盟 10 国、中国、日本、韩国、澳大利亚和新西兰)签署了全球最大自贸协定即区域全面经济伙伴关系协定(RCEP),有助于多边主义、区域和全球合作,在一定区域内缓解地缘政治、贸易冲突等带来的风险,但由于全球产业链中美洲和欧洲等跨国公司份额较大,因此全球产业链"去中国化"趋势依然会继续存在。

2. 要警惕国际金融垄断资本通过垄断核心生产环节和高技术打压中国高技术产业发展

在以美国为代表的金融垄断资本构建的全球产业链分工中,长期以来中国处于中低端环节,是国际产业链分工的外围国家,产业发展与产业价值链攀升受美国等核心国家制定的产业规则和生产工艺制约。近年来,中国在加入 WTO,参与全球产业链分工的进一步深入,承接发达经济体大量核心企业的生产外包,迅速成为"世界工厂",并通过"干中学"获取技术溢出,拥有一定的技术积累和人才资源储备,中国产业尤其是加工制造业不断发展。2010 年中国制造业总产值占世界制造业总产值的 19.8%,首度超过美国成为世界第一制造业大国,2015 年制造业的占比高达 22%,稳居世界第一。这使发达经济体担心其在全球价值链中的核心地位,并展开一系列影响中国产业及产业价值链发展的行动,如美国以"危害美国国家安全"为由对中国输美产品大规模加税,美国所加征关税的产品清单包括航空航天、信息和通信技术以及高端机械产品。自 2018 年以来,美国先后对中兴通讯公司、华为科技有限公司等高科技企业进行制裁,甚至要求有关国家共同加入抵制行列中(吴茜,2020)。此外,由于高科技企业在初创成长期往往需要投入大量的资金,尤其需要国际金融垄断资本的支持,这使以互联网平台为代表的高技术产业往往受到国际金融垄断资本的过度追捧,在我国的互联网平台企业中也频繁出现大型国际金融巨头的身影,同时,高技术产业往往是信息数据的集中地,因此要警惕国际金融垄断资本对我国高技术产业的渗透,造成巨大损失。除了对关键技术研发的垄断之外,外资参股控制国内汽车销售渠道,导致汽车行业供应链和后市场的垄断,间接导致价值链的分割。

3. 通过鼓励中国全面开放金融业加强国际金融垄断资本对产业及产业链的控制

改革开放以来,中国金融业通过循序渐进的开放,金融行业开放程度不断提高,如近年来中国取消银行和金融资产管理公司的外资持股比例限制,取消证券公司的持股比例限制,不再对合资券商的业务范围单独设限,内外资一致等。但金融业的全面开放同样存在风险,倘若金融实力不强,过度开放则会给国际金融垄断资本控制与支配我国产业及产业价值链发展带来机会,同样存在极大的风险,甚至出现墨西哥式危机。正如萨米尔·阿明所言,中国解除对银行金融的国家控制,将无异于在经济上解除武装,只不过是把摧毁中国发展模式的武器交给这个帝国主义的世界资本中心(Samir Amin,2018)。因此,要警惕国际金融垄断资本在我国对关键行业如医疗、

① Humeyra Pamuk and Andrea Shalal. Trump Administration Pushing to Rip Global Supply Chains From China:Officials [N]. Reuters,2020-05-04.

② 正常情况下,中国是日本最大的贸易伙伴,但 2 月日本从中国的进口下降了近一半,原因是疫情导致工厂关闭,进而使日本制造商无法获得必要的零部件。这再次引发了有关日本企业减少对中国作为制造基地依赖的讨论。政府的未来投资小组讨论了将高附加值产品的生产转移回日本,以及将其他产品的生产在整个东南亚实现多样化的必要性。该委员会编制的数据显示,日本向中国出口的零部件和部分制成品的比例远高于其他主要工业国家。东京商科研究有限公司(Tokyo Shoko Research Ltd.)2 月的一项调查显示,在应对冠状病毒危机的 2600 多家公司中,37%的公司从中国以外的地方采购。

供水等的股权投资。

（二）中国的应对之策

1. 短期应急之策

短期之内，安全第一，我们要将安全摆在最为重要的地位，要特别注重产业要素、产业经济等安全，乃至政治制定主权探讨需增加一个安全因素。近期我们要采取的应急之策如下：

第一，要全力确保外商投资的稳定，确保跨国公司在中国产业链的稳定。确保外商投资稳定，在于促进营商环境不断优化。具体包括，一是维持国内经济稳定，为外商投资、跨国公司生产提供稳定的环境。二是改善制度环境，改进政府职责短板，放宽跨国企业经营发展制度性约束，减少企业要素成本、税负等负担，以及出台有利于跨国公司生存发展的政策与保障措施。三是持续改善服务能力。通过为外资和民营企业提供更强大的专业化服务，提升对外资的吸引力，扩大外资规模的同时提升外资利用质量。

第二，积极应对国内制造业供应链的风险和全球产业链外移的风险。世界大变局加速产业链本土化和区域化，势必会导致全球产业链外移和国内制造业供应链的风险，而解决对策在于继续发挥完整产业链的优势，加快构建以中国跨国公司主导的跨境产业链，加强产业链合作交流。具体包括，一方面，在国内补足产业链的断点和堵点，加速发展产业链薄弱环节，形成能自主创新发展的完整产业链。另一方面，在国外，主动推进产业链全球化，在各国综合考虑安全、市场、成本等因素缩短全球产业链的同时，乘势开展"产业链外交"。在全力维护原有产业链的持续运转与完善的基础上，通过跨国企业对外直接投资、低端产业转移等方式在"一带一路"等周边国家和地区等近岸区域构建国际生产经营网络，打造前后向关联、竞争合作的全产业链，从而提高我国在全球产业链、价值链中的地位。

第三，做好极端情况下产业链、供应链稳定安全的应对预案，考虑拓宽本土供应商和可替代供应链，并注重加强区域产业链合作等，充分发挥国内市场大循环的力量，一方面利用大市场来鼓励创新，培育产业企业竞争力；另一方面广泛吸收国际先进生产要素开展创新创业，形成以国内大循环为主体、国内国际双循环相互促进的新发展格局。

2. 中长期战略之策

立足于世界大变革的背景下，基于我国实现中华民族伟大复兴的战略布局，以及根据我国现有基础条件，我国提出了形成以国内大循环为主体、国内国际双循环相互促进的新发展格局，在双循环的格局下应构建金融与产业国际国内双循环，即在大的经济双循环背景下进一步深化细化"金融与产业国际国内双循环"的具体层面、具体要素。

第一，构建金融—产业国内循环，即内循环。金融—产业国内循环，既不是金融业自循环，也不是制造业自循环，而是在国内市场、国内范围、国内金融与产业两者配合相互促进的循环，包括金融的国内自循环，又包括制造业前后向关联产业链、产业国内分工体系等自循环，还包括金融支持产业发展，以及产业发展反哺金融发展的国内循环。具体措施如下：

一是畅通"金融→产业"渠道。完善互联网金融、金融科技等新金融业态，推进资本市场发展，拓宽中小微企业融资渠道，创新金融机构产品和服务，提升金融服务实体经济的效能。利用金融的科技化，发挥 PE、VC 等金融业态在化解产能过剩，培育高端制造业、高科技企业、战略性新兴产业等，以及现代服务业的支持作用，利用金融的集聚资金、资源配置、防控风险等功能为企业自主创新核心技术、开拓市场等高端环节提供强有力的资金支持，并持续优化金融服务，以通过金融支持产业发展，补全国内产业链的短板，巩固我国产业在全球产业链的核心地位。

二是畅通"产业→金融"渠道。在金融服务实体经济发展的同时，以产业升级创新为导向，为满足服务经济发展要求，通过市场的力量，促使实体经济引导金融体系改革、金融市场和资本市场建立完善、金融服务能力提升、金融风险防控能力增强，进而由产业带动金融行业综合竞争力的提高，进一步发挥金融市场机制在产业资源配置中的决定性作用，激发金融活力，也带动产业活动，提升产业竞争力。

第二，构建金融—产业国际循环，即外循环。这主要涉及金融与产业在国际资本市场、国际商品市场等，以及国际分工体系和全球产业链布局等有关金融开放与全球产业链发展的双循环，其要求扩大金融对外开放，加强国际金融合作。具体措施如下：

一是持续开放国内金融市场。一方面，吸引更多外资银行、机构投资者、资本投资者，集聚更多金融资源，为企业技术研发和市场拓展提供资金，促进瓶颈产业发展，支撑和发展制造业或相关产业链短板；另一方面，由外资带动或引领产业或企业"走出去"，参与国际竞争，参与国际分工体系，通过学习效应和溢出效应获取价值链高端技术，既提升中低端产业效率，又利用外资提高中高端环节附加值比重，提高本国提升产业国际竞争力。

二是加大产业与金融结合力度。加强金融与产业配合，形成产融集团、金融集团，积极主动"走出去"，投资和并购或在国际金融市场上运作，进行全球产业链、价值链、供应链布局；回头带动国内产业和企业的生产质量和效率，提升产业链高端化和现代化水平，获取主动权，获得更多的收益和资金，增强金融实力，提升金融国际地位和影响力，进而实现金融—产业双循环的良性互动。

参考文献

［1］［德］汉斯-尤根·雅各布斯．谁拥有世界：全球资本主义的权力结构［M］．北京：中信出版集团，2020.

［2］［美］托达罗，史密斯．发展经济学（第9版）［M］．余向华，陈雪娟，译．北京：机械工业出版社，2009.

［3］艾伦·伯格，王宇．美国金融机构的分类与监管［J］．金融发展研究，2018（5）：41-43.

［4］保罗·斯威齐．资本主义发展论［M］．北京：商务印书馆，2006：294

［5］曹朝龙．价值观产业链联盟注定失败［N］．环球时报，2020-10-27.

［6］曹明福，李树民．全球价值链分工的利益来源：比较优势、规模优势和价格倾斜优势［J］．中国工业经济，2005，10（10）：20.

［7］陈人江．危机之后：重归产业资本主义？：对一种金融资本观的质疑［J］．国外理论动态，2018（1）：68-79.

［8］程恩富，鲁保林，俞使超．论新帝国主义的五大特征和特性：以列宁的帝国主义理论为基础［J］．马克思主义研究，2019（5）：49-55.

［9］大卫·哈维．新自由主义简史［M］．王钦，译．上海：上海译文出版社，2016.

［10］戴翔，刘梦，张为付．本土市场规模扩张如何引领价值链攀升［J］．世界经济，2017，40（9）：27-50.

［11］弗朗索瓦·沙奈．金融全球化［M］．北京：中央编译出版社，2001.

［12］哈达斯·蒂尔，车艳秋，张蕙莹．大衰退十年之后［J］．国外理论动态，2019（12）：32-39.

［13］汉斯-尤根·雅各布斯．谁改变了世界：全球资本主义的权力结构（二）［J］．经济导刊，2019（5）：76-89.

［14］汉斯-尤根·雅各布斯．谁改变了世界：全球资本主义的权力结构（一）［J］．经济导刊，2019（4）：68-80.

［15］黄繁华，洪银兴．生产性服务业对我国参与国际循环的影响：基于制造业全球价值链分

工地位的研究［J］. 经济学动态，2020，718（12）：15-27.

［16］黄河. 跨国公司与发展中国家［M］. 上海：上海人民出版社，2012.

［17］黄蕙萍，缪子菊，袁野，等. 生产性服务业的全球价值链及其中国参与度［J］. 管理世界，2020，36（9）：82-97.

［18］黄群慧，倪红福. 基于价值链理论的产业基础能力与产业链水平提升研究［J］. 经济体制改革，2020（5）：11-21.

［19］鞠建东，余心玎. 全球价值链研究及国际贸易格局分析［J］. 经济学报，2014，1（2）：126-149.

［20］康江江，张凡，宁越敏. 苹果手机零部件全球价值链的价值分配与中国角色演变［J］. 地理科学进展，2019，38（3）：395-406.

［21］李策划，李臻. 美国金融垄断资本全球积累逻辑下贸易战的本质：兼论经济全球化转向［J］. 当代经济研究，2020（5）：66-76.

［22］李国平，周宏. 金融资本主义全球化：实质及应对［J］. 马克思主义研究，2014（5）：53-60.

［23］李其庆. 当代资本主义新变化——法国学者让·克洛德·德洛奈访谈［J］. 国外理论动态，2005（9）：1-5.

［24］列宁. 列宁全集（27卷）：帝国主义是资本主义的最高阶段［M］. 北京：人民出版社，1963.

［25］刘斌，王杰，魏倩. 对外直接投资与价值链参与：分工地位与升级模式［J］. 数量经济技术经济研究，2015，32（12）：39-56.

［26］刘斌，赵晓斐. 制造业投入服务化、服务贸易壁垒与全球价值链分工［J］. 经济研究，2020，55（7）：159-174.

［27］刘元琪. 金融资本的新发展与当代资本主义经济的金融化［J］. 当代世界与社会主义，2014（1）：114-122.

［28］鲁道夫·希法亭. 金融资本［M］. 北京：商务印书馆，1997.

［29］陆夏. 当代国际垄断资本的形态演化与技术全球垄断新战略［J］. 马克思主义研究，2016（11）：56-65.

［30］罗伟，吕越. 外商直接投资对中国参与全球价值链分工的影响［J］. 世界经济，2019，42（5）：49-73.

［31］吕越，陈帅，盛斌. 嵌入全球价值链会导致中国制造的"低端锁定"吗？［J］. 管理世界，2018（8）：11-29.

［32］吕越，黄艳希，陈勇兵. 全球价值链嵌入的生产率效应：影响与机制分析［J］. 世界经济，2017，40（7）：28-51.

［33］马锦生. 金融垄断资本的演进逻辑：论金融垄断资本主义的特征［J］. 武汉科技大学学报（社会科学版），2015（3）：88-95.

［34］马克思，恩格斯. 马克思恩格斯全集（第24、25卷）［M］. 北京：人民出版社，1973：68，496，499.

［35］毛蕴诗. 重构全球价值链——中国企业升级理论与实践［M］. 北京：清华大学出版社，2017.

［36］倪红福，龚六堂，夏杰长. 生产分割的演进路径及其影响因素：基于生产阶段数的考察［J］. 管理世界，2016（4）：10-23，187.

［37］欧阳彬. 当代资本主义日常生活金融化批判［J］. 马克思主义研究，2018（5）：72-82.

[38] 任丽梅. 金融"巧实力"对互联网产业及文化主导权的影响 [J]. 马克思主义研究, 2012 (7): 80-85.

[39] 宋朝龙, 张习康. 金融资本的寄生性积累与世界乱局的根源 [J]. 理论月刊, 2020 (7): 48-56.

[40] 宋朝龙. 金融资本全球化的限度与21世纪马克思主义的复兴: 第二届世界马克思主义大会专题评析 [J]. 马克思主义研究, 2018 (11): 143-149.

[41] 宋朝龙. 马克思主义在当代的范式转型 [M]. 广州: 世界图书出版社, 2013.

[42] 唐宜红, 张鹏杨. 中国企业嵌入全球生产链的位置及变动机制研究 [J]. 管理世界, 2018 (5): 28-46.

[43] 托马斯·I. 帕利. 金融化: 涵义和影响 [J]. 房广顺, 等译. 国外理论动态, 2010 (8): 8-20.

[44] 王俊. 论西方国家经济过度金融化及其对我国的启示: 基于国际垄断资本主义全球产业链协作的视角 [J]. 当代经济研究, 2018 (9): 38-46.

[45] 王小华, 王定祥. 金融资本跨境流动及其效应研究 [J]. 金融理论与实践, 2013 (1): 1-6.

[46] 王孝松, 吕越, 赵春明. 贸易壁垒与全球价值链嵌入: 以中国遭遇反倾销为例 [J]. 中国社会科学, 2017 (1): 108-124, 206-207.

[47] 魏南枝. 客观看待所谓"全球贸易新格局"[J]. 红旗文稿, 2018 (17): 3.

[48] 吴军. 硅谷之谜 [M]. 北京: 人民邮电出版社, 2015.

[49] 吴茜. 现代金融垄断资本主义的危机及其制度转型 [J]. 马克思主义研究, 2020 (6): 1146-1154.

[50] 武海宝. 金融资本全球积累视角下的当代国际关系: 兼论马克思主义国际关系理论构建的根基 [J]. 教学与研究, 2019 (4): 59-69.

[51] 武海宝. 资本与国家关系演变的历史逻辑 [J]. 马克思主义研究, 2017 (9): 51-63, 159-160.

[52] 向松祚. 新资本论: 全球金融资本主义的十二个特征事实 [M]. 北京: 中信出版社, 2015.

[53] 谢富胜, 匡晓璐. 金融部门的利润来源探究 [J]. 马克思主义研究, 2019, 228 (6): 60-72.

[54] 徐康宁, 王剑. 要素禀赋、地理因素与新国际分工 [J]. 中国社会科学, 2006 (6): 65-77+204-205.

[55] 杨承训. 国际超级金融垄断资本主义新特征 [J]. 马克思主义研究, 2010 (10): 157-158.

[56] 杨慧玲, 甘路有. 国际垄断资本积累逻辑中的美国对华"贸易争端"[J]. 政治经济学评论, 2019, 10 (2): 144-163.

[57] 杨连星, 罗玉辉. 中国对外直接投资与全球价值链升级 [J]. 数量经济技术经济研究, 2017, 34 (6): 54-70.

[58] 叶祥松, 晏宗新. 当代虚拟经济与实体经济的互动——基于国际产业转移的视角 [J]. 中国社会科学, 2012 (9): 63-91, 207.

[59] 俞业夔, 洪昊. 国际资本跨区域双向流动的理论和实证分析 [J]. 南方金融, 2019 (12): 54-64.

[60] 约翰·B. 福斯特. 垄断资本的新发展: 垄断金融资本 [J]. 国外理论动态, 2007 (3):

7-12.

［61］臧秀玲，杨帆．金融垄断资本全球扩张的动因和影响［J］．山东大学学报（哲学社会科学版），2014（1）：8-19.

［62］张二震．国际贸易分工理论演变与发展述评［J］．南京大学学报（哲学·人文科学·社会科学版），2003（1）：67-75.

［63］张辉．全球价值链动力机制与产业发展策略［J］．中国工业经济，2006（1）：40-48.

［64］张杰，李勇，刘志彪．制度对中国地区间出口差异的影响：来自中国省际层面4分位行业的经验证据［J］．世界经济，2010，33（2）：83-103.

［65］张其仔，许明．中国参与全球价值链与创新链、产业链的协同升级［J］．改革，2020（6）：58-70.

［66］张幼文．生产要素的国际流动与全球化经济的运行机制——世界经济学的分析起点与理论主线［J］．世界经济研究，2015（12）：3-11+124.

［67］郑健雄，方兴起．新冠疫情影响下全球产业链重构与中国应对［J］．华南师范大学学报（社会科学版），2020（1）：1-11.

［68］庄起善，张广婷．国际资本流动与金融稳定性研究：基于中东欧和独联体国家的比较［J］．复旦大学学报（社会科学版），2013（5）：100-113+163-164.

［69］Antras P., Chor D., Fall Y. T., et al. Measuring the Upstreamness of Production and Trade Flows［J］. American Economic Review, 2012, 102（3）：412-416.

［70］Beck T. Financial Dependence and International Trade［J］. Review of International Economics, 2003, 11（2）：296-316.

［71］Boyer Robert. Is a Finance-led Growth Regime a Viable Alternative to Fordism? A Preliminary Analysis［J］. Economy & Society, 2000, 29（1）：111-145.

［72］Carroll T., Jarvis D. S. L. Introduction：Financialisation and Development in Asia under Late Capitalism［J］. Asian Studies Review, 2014, 38（4）：533-543.

［73］Chesnais F. La Mondialisation Financière：Genèse, Coût, Enjeux［M］. Paris：Syros, 1996.

［74］Chor D., Manova K., Yu Z. The Global Production Line Position of Chinese Firms［R］. Working Paper, 2014.

［75］Dixit A. K., Grossman G. M. Trade and Protection with Multistage Production［J］. Review of Economic Studies, 1982, 49（4）：583-594.

［76］Foster J. B., Mcchesney R. W., Jonna R. J. The Internationalization of Monopoly Capital［J］. Monthly Review, 2011, 63（2）：1.

［77］Foster J. B. The Financialization of Accumulation［J］. Monthly Review, 2010, 62（5）：1-17.

［78］Foster J. B. The Financialization of Capitalism［J］. Monthly Review, 2007, 58（11）：1-12.

［79］Foster, John Bellamy. The Theory of Monopoly Capitalism［M］. New York：Monthly Review, 1986.

［80］Gereffi G. International Trade and Industrial Upgrading in the Apparel Commodity Chain［J］. Journal of International Economics, 1999（48）：37-70.

［81］Gereffi G., Fernandez-Stark K. Global Value Chain Analysis：A Primer［R］. Center on Globalization, Governance & Competitiveness, Duke University, 2016.

［82］Gereffi G., Kaplinsky R. Introduction：Globalisation, Value Chains and Development［J］. IDS Bulletin, 2001, 32（3）：1-8.

［83］Gereffi G. , Korzeniewicz M. Commodity Chains and Global Capitalism ［M］. Westport, CT: Praeger Publishers, 1994.

［84］Grossman S. J. and O. D. Hart. The Costs and Benefits of Ownership: A Theory of Vertical and Lateral Integration ［J］. Journal of Political Economy, 1986, 94 (4): 691-719.

［85］Hansen P. H. From Finance Capitalism to Financialization: A Cultural and Narrative Perspective on 150 Years of Financial History ［J］. Enterprise & Society, 2014, 15 (4): 605-642.

［86］Helleiner G. K. Manufactured Exports From Less Developed Countries and Multinational Firms ［J］. Economic Journal, March, 1973, 83 (329): 21-47.

［87］Henderson J. Change and Opportunity in the Asia-Pacific ［C］. Thompson G. Economic Dynamism in the Asia-pacific. London: Routledge, 1998.

［88］Hilferding R. , Finance Capital. A Study of the Latest Phase of Capitalist Development ［M］. London: Routledge & Kegan Paul, 1981.

［89］Hsu P. H. , Tian X. , Xu Y. Financial Development and Innovation: Cross-country Evidence ［J］. Journal of Financial Economics, 2014 (112): 116-135.

［90］Hummels D. , J. Ishii, M. Yi. The Nature and Growth of Vertical Specialization in World Trade ［J］. Journal of International Economics, 2001, 54 (1): 75-96.

［91］Johnson R. C. Five Facts about Value-Added Exports and Implications for Macroeconomics and Trade Research ［J］. Journal of Economic Perspectives, 2014, 28 (2): 119-142.

［92］Kee H. L. , Tang H. Domestic Value Added in Exports: Theory and Firm Evidence from China ［J］. American Economic Review, 2016, 106 (6): 1402-1436.

［93］Koopman R. , Powers W. , Wang Z. , et al. Give Credit Where Credit is Due: Tracing Value Added in Global Production Chains ［R］. NBER Working Paper, No. 16426, 2010.

［94］Koopman R. , Wang Z. , Wei S. J. Tracing Value-Added and Double Counting in Gross Exports ［J］. The American Economic Review, 2014, 104 (2): 459-494.

［95］Krippner G. R. The Financialization of the American Economy ［J］. Sociol-Economic Review, 2005 (2): 173-208.

［96］Manova K. , Yu Z. Firms and Credit Constraints Along the Global Value Chain: Processing Trade in China ［R］. NBER Working Paper, No. 18561, 2012.

［97］Paul A. Baran, Paul M. Sweezy. Monopoly Capital: An Essay on the American Economic and Social Order ［M］. New York: Monthly Review Press, 1966.

［98］Rajan R. G. , Zingales L. Financial Dependence and Growth ［J］. The American Economic Review, 1998, 88 (3): 559-586.

［99］Rajesh Bhattacharya, Ian J. Seda-Irizarry. Problematizing the Global Economy: Financialization and the "Feudalization" of Capital ［M］ //T A Burczak, R F Gar-nett Jr. , R. McI ntyre (eds.). Knowledge, Class and Economics: Marxism without Guarantees, London and New York: Routledge, 2018: 329-345.

［100］Samir Amin. Marx and Living Marxism Are More Relevant than Ever ［C］. Beijing: Tsinghua University, 2018.

［101］Sanyal K. K. , Jones R. W. The Theory of Trade in Middle Products ［J］. American Economic Review, 1982 (72): 16-31.

［102］Serfati C. Financial Dimensions of Transnational Corporations, Global Value Chain and Technological Innovation ［J］. Journal of Innovation Economics, 2008, 2 (2): 35-61.

［103］ Suwandi I. , Jonna R. J. , Foster J. B. Global Commodity Chains and the New Imperialism ［J］. Monthly Review, 2019, 70 (10): 1-4.

［104］ Thomas Palley. From Financial Crisis to Stagnation: The Destruction of Shared Prosperity and the Role of Economics ［M］. Cambridge: Cambridge University Press, 2012.

［105］ Upward R. , Wang Z. , Zheng J. Weighing China's Export Basket: The Domestic Content and Technology Intensity of Chinese Exports ［J］. Journal of Comparative Economics, 2013, 41 (2): 527-543.

［106］ Wang Z. , Wei S. J. , Yu X. , et al. Characterizing Global Value Chains: Production Length and Upstreamness ［R］. NBER Working Paper, No. w2361, 2017.

［107］ Wang Z. , Wei S. J. , Zhu K F. Measures of Participation in Global Value Chains and Global Business Cycles ［R］. NBER Working Paper, No. 23222, 2017.

［108］ Wang Z. , Wei S. J. , Zhu K. F. Quantifying International Production Sharing at the Bilateral and Sector Level ［R］. NBER Working Paper, No. 19677, 2013.

［109］ William Milberg. Shifting Sources and Uses of Profits: Sustaining US Financialization with Global Value Chains ［J］. Economy and Society, 2008, 37 (3): 420-451.

全球价值链视域下汇率政策的国际协调研究

严佳佳　陈芳倩　许莉莉

[摘　要] 加强汇率政策国际协调是当前全球治理结构和宏观政策协调的重要组成部分。基于全球价值链的汇率不完全传递现象为各国避免以邻为壑的汇率政策、建立合作共赢的国际经贸新秩序提供了全新的协调思路。如何围绕重塑全球价值链发展形态，更加有效实施汇率政策国际协调具有重要的理论意义和现实价值。本文以全球价值链为切入点，研究多国汇率政策的国际协调问题。通过构建一个嵌套着两国不完全信息静态博弈模型的三国不完全信息动态博弈模型，推演得出不同条件下的博弈均衡解，结合不同全球价值链发展情势下中国与美国、中国与日本、中国与东盟之间的国际协调案例对博弈结果加以论证。研究发现：以中间品贸易为核心的全球价值链建立起汇率变动对出口贸易的前向联系和后向联系，在一定程度上对冲了传统汇率传递的以邻为壑效应。但是，无论中国在 2008 年国际金融危机爆发时对冷漠主导国美国 QE3 的追随，还是在新冠肺炎疫情防控期间对抗冷漠主导国美国无限 QE 的汇率政策，都无法达成共赢的协调解；中国和冷漠中间国日本形成的区域内不对称协调解，也无法达成美、日、中三国全球博弈的均衡解；只有善意中间国和东盟形成的区域内对称协调解才是共赢均衡解的实例，进一步说明了只有主导国、中间国和追随国同步达成对称性国际协调才能实现帕累托最优。基于此，本文提出促进中国实现全球价值链攀升、推动国际汇率协调体系改革的政策建议。

[关键词] 汇率政策；国际协调；全球价值链

一、引言

自 2008 年全球金融危机以来，逆全球化思潮持续发酵，主要发达国家因全球化红利分配不平衡而转向贸易保护主义。暴发于 2020 年的新冠肺炎疫情更是加剧了逆全球化的蔓延，其不仅在地理空间上阻隔了国际分工体系的有序开展，更是在意识形态上分化了国际社会对全球化的共识。美国、日本等作为全球价值链主要参与者，一面持续出台政策吸引制造业向国内回流、收缩跨国企业的全球化产业布局，另一面重启大规模的量化宽松政策以加剧汇率震荡、恶化国际贸易条件。以产品内分工为基础建立的全球化生产体系向着本土化的逆全球化方向重构，全球价值链遭遇脱钩与断链风险。这些国家各自为政、以邻为壑的危机应对方式充分暴露出民族主义、保护主义的负面效应，从而使世界经济缺乏增长动力而面临长期性停滞的困境。习近平在二十国集团领导人应对新冠肺炎疫情特别峰会中强调，各国要加强国际宏观经济政策协调、促进各国货币汇率基本稳定、共同维护全球产业链供应链稳定。汇率作为影响全球资源配置和贸易流动的重要因素，各国推动汇率政策国际协调的进程也是重塑全球价值链发展形态、重构经济全球化格局的过程。但是，当前国际汇

[基金项目] 国家社会科学基金一般项目"金融扩大开放格局下货币政策与宏观审慎政策有效协调研究"（批准号 20BJY234）。
[作者简介] 严佳佳（通讯作者），福州大学经济与管理学院教授，博士生导师，经济学博士；陈芳倩，福州大学经济与管理学院博士研究生；许莉莉，中国建设银行福建省分行，硕士。

率运行机制处于以发达国家汇率为基准，发展中国家锚定美元、欧元、日元等发达国家汇率的框架中，存在不平等的"发达国家优先、发展中国家被边缘化"的现象。为了促进全球经济失衡的有序调整和维护和平稳定国际秩序，各国只有加强汇率政策合作、推动国际经济政策的全面协调，才是应对全球性危机、化解经济政策负面溢出效应、避免国际冲突的唯一出路，也是实现经济政策预期效果、推动世界经济持续健康发展的有效途径，更是完善全球价值链发展、推动经济全球化进程的必要条件。

基于此，本文创新性地以全球价值链为切入点，从全球价值链汇率传递的前向联系和后向联系两个角度研究多国汇率政策国际协调问题，通过构建一个嵌套着两国不完全信息静态博弈模型的三国不完全信息动态博弈模型，得出不同条件下的均衡解。结合不同全球价值链发展情势下中国与美国、中国与日本和中国与东盟之间的国际协调案例，进一步论证只有主导国、中间国和追随国之间形成对称性的共赢协调解，即主导国考虑其他国家利益、其他国家追随主导国政策、中间国顾及追随国的利益、追随国乐观判断中间国行动，各国汇率政策的国际协调才能达成帕累托最优，进而得出中国参与国际协调、促进全球价值链地位攀升的现实启示和政策建议。

二、文献综述

开放条件下各国经济存在相互依存性，由此产生的溢出效应和反馈效应会影响汇率政策实现内外部均衡目标的实际效果，使政策有效性受损（蒙代尔，2003）。因此，汇率政策的国际协调在当前国际货币体系改革方案尚未得到普遍认同的情况下成为增进福利的重要手段和途径，其代表着国际货币体系的发展方向（Karras，1999；李天德和刘爱民，2000；Isik et al，2005；裴平等，2006）。虽然发达国家之间、发展中国家之间、发达与发展中国家之间的汇率政策协调目前还远不能够令人满意，但是金融危机已经迫使各国朝正确的方向发展（Eichengreen，1999）。

国内学界参与汇率政策国际协调的广泛研究始于1997年亚洲金融危机。东亚地区内各国（地区）普遍盯住美元具有脆弱性，各自为政执行不同的汇率制度导致相互之间缺乏必要的合作与协调，这不仅是危机持续恶化的主因，更将制约区域经济的长远稳定发展（Williamson，2002；李平、刘沛志，2003；王雪磊，2003）。抵御危机蔓延的关键在于中国和日本的汇率政策协调（麦金农，1999），然而学者们对于协调机制却形成了两种观点。一方观点认为必须建立以人民币和日元为货币锚的双层框架区域汇率协调机制，过渡阶段仍以美元为关键货币确定中心汇率，待该机制顺利整合后逐步形成对美元的排斥性（刘沛志和周佩衡，2003；冉生欣，2005；麦金农，2005；刘晓鑫和项卫星，2006）。另一方观点则认为盯住共同货币篮子才是东亚区域货币金融合作和区域一体化的最优选择，能够有效推动区域成员经济体之间非货币汇率竞争性政策的形成，提升汇率政策共同应对外部冲击的反应力（Berg et al，2000；王聪和喻国平，2006；唐文琳和范祚军，2006）。2008年国际金融危机的爆发进一步推动了汇率政策国际协调的实践发展，研究重点也随即转向利用博弈理论分析中美汇率政策协调问题。李成等（2008）指出中国对美国的贸易顺差是两国汇率政策博弈的焦点，单纯运用汇率工具调节两国贸易会形成双方谈判力量的"掠夺性"均衡，汇率和贸易政策的搭配调节也会因为政策效果抵消而失效。孙国锋等（2017）证明相比于斯塔克伯格博弈的结果，一国货币当局进行汇率政策国际协调可以使本国福利达到最优水平，因此大型开放经济体货币当局应当基于全局最优视角将其他经济体汇率政策对本国带来的外部性纳入考量。

从传统经济学视角出发，汇率政策国际协调的有效性根源于汇率完全传递理论。一国汇率变动对以外币表示的出口商品价格是完全传递的，本币贬值引起出口商品价格同比例地下降进而提高本国商品的国际竞争力，但是竞相贬值会产生以邻为壑的恶性循环，因此需要依靠汇率政策国际协调形成共赢局面。但是，全球价值链的发展形成了以中间品为核心的国际贸易形式，中间品传递过程中呈现出汇率不完全传递的特征，造成汇率变动的实际效果与基于马歇尔—勒纳条件计算的贸易量相去甚远，开创了汇率政策国际协调的全新研究视域，被称为"汇率调整之谜"（黄志刚，2009；钟慧中和 Lin Zhong，2013；Ollivaud et al，2015；田侃等，2019；宁密密和綦建红，2021）。从微观层面出发，张明志和季克佳（2018）利用 2000~2006 年中国工业企业数据和海关产品层面数据，证明中国企业垂直专业化分工参与程度的提高会压缩进口中间投入品的成本和降低企业加成率，从而扩大人民币汇率升值条件下出口价格的下降幅度。鲁晓东等（2019）通过构造进口密集度变量研究 2000~2007 年中国异质性出口企业应对汇率冲击的方式，发现出口商的中间品投入模式能够使进口和出口两端的汇率波动效应相互抵消，进而弱化汇率对最终品出口价格的传递效果，这在一定程度上形成汇率免疫。从宏观层面出发，印梅和张艳艳（2019）发现全球价值链通过后向参与的对冲效应与前向参与的竞争效应来削弱出口汇率弹性，削弱程度不仅与全球价值链参与程度成正比，还受到进口投入来源分布与出口市场分布契合情况的影响。许雪晨等（2021）使用 WIOD 数据库 2000~2014 年全球 43 个国家（地区）的投入产出数据，证实中间品贸易是汇率影响核心 CPI 的主要传导途径，这种基于生产成本的间接传导渠道比进口商品的直接消费更为重要，中国超过 60% 的汇率传递就来自于进口投入的使用。可见，在考虑全球价值链的条件下，汇率贬值无法成为改善一国贸易收支的有效手段，各国政策重点转变为提升全球价值链地位和促进汇率政策国际协调（张天顶和唐夙，2018）。程惠芳和成蓉（2018）指出从发达国家经验看，适当升值能够倒逼企业技术创新、产生生产率改进效应，由此带来的出口增加值的提升有利于中国在全球价值链中获取更好的国际分工利益格局。张会清和翟孝强（2019）则认为中国与多数新兴经济体在低贸易弹性的电子信息业和装备制造业有着紧密的全球价值链联系，与发达经济体的贸易联系偏重于高弹性的纺织服装、食品饮料和家具制造等行业，因此维护相对稳定的汇率环境能够为实现价值链提升与促进产业结构转型升级产生积极影响。

综上所述，全球价值链联系的行业差异和国别差异会使汇率变动对贸易的影响呈现鲜明的行业特征和国别特征，处于全球价值链不同位置的国家可以基于各自的发展状况和国家战略目标进行汇率政策的差异化选择，因此，如何避免竞相采取以邻为壑的汇率政策就为国际协调提供了全新课题和研究领域。然而，已有文献对此问题的分析尚处于起步阶段，还未形成完整的研究体系。基于此，本文的创新点在于以全球价值链为切入视角，结合中国参与全球价值链的现状，从全球价值链汇率传递的前向联系和后向联系两个角度展开分析，为汇率政策的国际协调提供以合作共赢为原则的理论机制和以促进价值链攀升为目标的协调方案。本文在回顾已有文献的基础上，构建一个嵌套着两国不完全信息静态博弈模型的三国不完全信息动态博弈模型，通过分析不同价值链发展形势下中国与美国、中国与日本和中国与东盟之间的国际协调案例对博弈结果加以论证，为本文提供具有现实性和说服力的事实论据，提升研究的科学性与严谨性。本文的研究成果对政策当局在经济全球化背景下提升中国全球价值链地位、提高汇率政策有效性、实现合作共赢国际经济协调秩序和构建人类命运共同体具有重要的理论意义和现实价值。

三、全球价值链的发展现状与中国的地位

全球价值链（Global Value Chain，GVC）是指为实现商品或服务价值而连接生产、销售、回收处理等过程的全球性跨企业网络组织，涉及从原料采购和运输，半成品和成品的生产和分销，直至最终消费和回收处理的整个过程。世界银行《2020 年世界发展报告》指出，全球价值链的形成使跨国公司间建立长期稳固的合作关系，有助于沿价值链的技术扩散以及资本和生产要素的获取，实现生产的高度专业化和规模效应，通过促进收入和就业增长来削减贫困。一国在长期的全球价值链参与率每增加 1%，人均收入增长将超过 1%，远高于传统国际贸易带来的 0.2% 收入增长。在全球

价值链体系下，经济禀赋决定了各国价值链形态（刘梦和胡汉辉，2019）。发达经济体依靠其科技实力和服务业优势，占据着"微笑曲线"两端位置攫取高附加值收益。发展中国家则凭借劳动力、资源等要素的低成本优势，以加工贸易的方式嵌入由发达国家主导的全球价值链。在全球价值链体系下，处于不同经济发展水平的国家以互补性优势参与国际专业化分工，获得新的经济增长点，促进以中间品贸易为显著特征的全球经贸发展。

以美国为代表的发达国家，通过垄断高科技核心技术而占据价值链最高端，出口具有高附加值的高科技中间投入品再进口相关最终品和具有低附加值的低科技水平最终品，由此主导了全球价值链体系。虽然美国在全球化分工中收割了价值链的超额利润，但是将中下游生产制造过程外包给具备配套产业链的生产型经济体的行为使制造业逐步走向空心化。2008年国际金融危机充分暴露了美国自身制度缺陷，但是美国政府却将由此激化的国内矛盾归咎于外部环境，采取逆全球化的贸易保护政策。一方面在加快高端制造业本土化的同时推动中低端制造业向北美地区甚至是国内回流，以期通过实现"再工业化"重建美国经济；另一方面挑起并且升级对华贸易摩擦，全面遏制中国在高新技术产业的崛起以维持其在全球价值链中的领导地位。根据刘志彪等（2020）的估算，2018年中国输美产品加征关税打击了50%~60%的外资企业，中美贸易摩擦在某种意义上就是价值链之战，美国政府希冀将价值链打出中国，中国部分产业加速迁往东南亚地区以及部分跨国公司回归一体化治理模式①就是例证。

自改革开放以来，中国凭借成本优势以低端要素从事加工、制造、装配等低附加值的生产活动融入全球价值链。加入WTO之后，中国在承接上游发达国家产业转移的同时积极实现产业转型和结构升级，已经成为世界第一大贸易国、第一大外汇储备国和世界第二大经济体，在全球价值链中占据重要地位。就整体而言，中国当前在全球价值链的中低端并处于不断向上游攀升的进程中，既表现为加工贸易和外包依旧是企业参与全球价值链的主要方式，又表现为在电子、电器、化学、金属、机械、交通运输等以资本密集型为代表的高附加值产业参与度显著高于食品、纺织、皮革鞋类、木材、造纸等以劳动密集型为代表的低附加值产业参与度，亦表现为在价值链供给端对发达国家进口依赖度大和在需求端出口依赖度大并存。虽然中美贸易摩擦升级和新冠肺炎疫情叠加引发了部分学者对全球价值链断裂的担忧，但是笔者认为，鉴于中国是全球唯一拥有联合国产业分类中全部工业门类国家的现实，再考虑到超大规模市场做后盾，中国经济不仅具备自我抗压能力，还兼具化解外部风险、弥合经贸冲突的能力，并不会在未来可能发生的特定形式重组中被快速替代。

综上，在比较优势机制不断强化一国优势产业同时挤出弱势产业的双重作用下，各国经济发展在全球价值链中呈现出不同形态。一方面，发展中国家由于知识型制造业缺乏创新技术而陷入"低端锁定"困境，出现依附性经济与贫困式增长；另一方面，发达国家始终控制技术研发创新等高端环节，外包生产制造环节导致制造业空心化和资本外流等一系列问题。这就形成了以制造业要素为载体的全球价值链典型特征，一端是以美国为代表的上游先进制造业国家，另一端是以中国为代表的中下游生产制造业国家。在这一架构中，美国基于核心技术创新升级带来的技术优势掌控全球产业超额收益，形成全球价值链的"利益中心"，并且通过遏制中国技术追赶维护垄断地位；中国依靠规模经济、要素优势、国内市场支撑以及完善的产业配套体系，成为全球价值链的"生产中心"，但是同时面临着发达国家"高端回流"和发展中国家"中低端分流"的双重压力。在中美主导的全球价值链中，日本等发达国家通过"生产+创新"二元模式同时参与基础生产制造体系和先进制造体系，占据着全球价值链高附加值环节；越南等东南亚国家依靠更低的劳动力、资源等要素成本参与中低端制造业，跻身成为新的"国际代工厂"。

---

① 一体化治理模式的回归意味着跨国公司将原先外包业务重新收回企业内部生产，此做法被普遍认为可以有效降低跨国投资风险。

四、全球价值链影响下汇率传递效应的变化

根据传统的汇率传递效应理论，一国汇率变动与出口贸易应当呈现显著的相关性。但是，2015年国际货币基金组织和世界银行研究表明，"贬值对贸易的影响远不如从前，在有些国家的影响力较 20 年前下降了 30%"。典型的事实证据就是 2008 年国际金融危机爆发之后，美欧日等大型经济体的汇率贬值政策在刺激出口方面收效甚微，而人民币升值与贸易顺差长期共存。可见，全球宏观经济层面存在的"出口汇率不相关之谜"（Obstfeld and Rogoff，2000；赵勇和雷达，2013；赵仲匡等，2016），与传统汇率传递效应产生的"汇率升值抑制出口、贬值促进出口"结论相悖。

上述现象发生的根源在于全球价值链对汇率传递效应的影响。传统的汇率传递效应理论以汇率完全传递为前提，强调各贸易国之间需求侧的联系。一般假设每个国家只出口最终产品，并且出口商品的全部生产过程都在本国内完成，没有进口中间投入，边际成本不受汇率影响，故一国汇率变动可以完全传递至出口价格。各国政策制定者推动汇率变动的逻辑在于：本币贬值将提高以本币计价的进口品价格同时降低以外币计价的出口品价格，本国产品具有更强的国际竞争力进而促进出口。但是，全球价值链改变了以全产品为中心的国际竞争态势，建立起以供给侧中间投入联系机制为核心的国际贸易形式。当世界各国通过全球价值链进行国际生产的垂直整合时，一件商品的生产过程不再局限于一国内部，"用进口品来生产出口品"的现象普遍存在。生产者在价值链序列生产过程中附加价值，以中间品形式传递到下一个生产者，经过多阶段生产和多次跨境交易，最后到达需求者（许雪晨等，2021）。此时，货币敞口不仅限于最终品的出口贸易环节，还扩展到中间投入品的进口贸易环节，汇率变动对贸易收支不再是简单的单向影响。汇率变动对中间投入进口与出口影响的对冲性使贸易价格或者贸易流对汇率变动的反应有所钝化（印梅和张艳艳，2019），导致汇率的不完全传递。可见，在全球价值链背景下，中间品贸易带来的供给侧联系将建立与仅考虑需求侧联系的支出转移效应不同的理论逻辑，使汇率变动对进出口的影响变得复杂。一国货币贬值虽然使本国出口产品以外币表示的价格相对下降，但是也同时抬升中间品的进口价格，中间品进口必将抑制汇率对出口价格的传导进而削弱货币贬值的出口效应。同理，若一国货币升值引起出口价格抬升导致需求下降，那么本国货币升值也相应降低中间投入进口的价格，出口企业能够承受更多的升值成本以部分抵消货币升值所导致的需求下降（Ahmed，2009）。

与上文全球价值链发展现状相对应，本文假设存在 A、B、C、D 四个国家。其中，A 国为价值链上游国家，B 国参与全球价值链高附加值环节的生产，C 国处于全球价值链的中低端并且不断向上游攀升，D 国参与全球价值链低附加值环节的生产。在该设置中，A 国以前向联系的方式参与全球价值链，B 国既涉及全球价值链的前向参与也涉及后向参与，C 国、D 国以后向参与的方式融入全球价值链。在全球价值链背景下汇率变动对出口贸易的影响可从两个方面来考虑，一是上游发达国家货币贬值将提升下游国家出口竞争力而形成上下游国家出口贸易的联动效应，即前向效应；二是中下游国家货币升值使中间投入进口成本的减少将对由升值引起出口价格的增加产生对冲效应，即后向效应。以 A 国汇率贬值为例分析 GVC 前向联系的作用机制，结果如图 1 所示。仅从需求侧来看，在传统的最终产品定价机制影响下，A 国货币贬值在降低本国产品出口价格的同时会削弱外国产品的出口竞争力，促进本国产品出口增加而抑制 B、C、D 三国向 A 国的出口，有利于 A 国发挥支出转移效应抢占贸易顺差。但是在引入全球价值链的供给侧联系后，中间品传递的过程也是价格传递的过程，汇率对价格的传递效应会随着中间品在价值链上的移动而削弱。具体地，A 国货币贬值也将同时降低 B、C、D 三国从 A 国进口中间投入的成本，缩减跨国企业产品供应链的整合成本，有利于三国提升最终品的出口价格竞争力。以 C 国汇率升值为例分析 GVC 后向联系的作用机制，结果如图 2 所示。C 国货币升值会使 A 国把更多的消费支出转向 B 国、D 国，尤其体现为 C 国

低科技产品的出口需求下降。但是，存在中间品进口的情况下，C 国货币升值带来的中间投入进口成本的减少将部分对冲出口面临的升值成本的增加，因而在高科技产品最终品的出口上，C 国将保持与 B 国、D 国的出口价格竞争力。可见，全球价值链参与通过以中间品贸易为核心的前向效应与后向效应使汇率对进出口的影响存在复杂的对冲机制，在一定程度上扭曲了货币政策的"以邻为壑"效应。各国对汇率政策与贸易战略目标的选择高度依赖上下游国家的政策权衡，因此，通过国际协调加强全球价值链中各国的经贸联系、优化国际经贸环境，对全球价值链影响下提升汇率政策有效性、创建合作共赢的全球化发展环境具有重要意义。

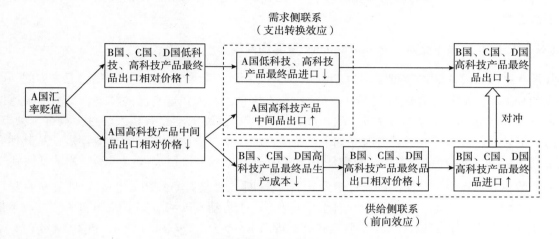

图 1　GVC 前向联系的汇率传递效应

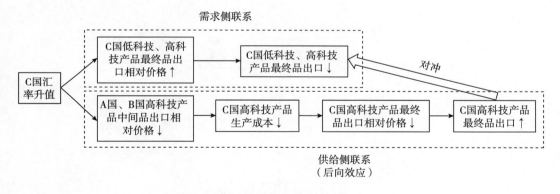

图 2　GVC 后向联系的汇率传递效应

五、全球价值链视域下汇率政策国际协调的博弈分析

为了深入论证全球价值链视角下汇率政策国际协调的收益，本文根据现实情形构建一个全球价值链参与国（A 国、B 国、C 国、D 国）进行国际协调的宏观博弈模型，在一般约束条件下寻找模型的博弈均衡解。假定各参与国均满足理性人假设，在进行政策博弈时以本国利益最大化为原则，即各国拥有各自的汇率政策，实施国际协调是需要考量的。A 国具备庞大的货币市场体量，在全球经济格局中占据领导地位，能够凭借货币霸权地位对其他经济体货币政策走向施加关键性甚至主导性外部影响，为汇率政策国际协调的先行动者。B 国、C 国、D 国在不同程度上受 A 国货币政策的

影响，为汇率政策国际协调的后行动者。先行动者的政策选择是类型依存的，每个政策选择都传递着有关自己类型的某种信息，所以在考虑到自己的政策选择将成为后行动者的行动依据时，先行动者会谨慎行动，释放对自己有利的信号，因而选择一个最优的类型依存信号政策。后行动者知道先行动者的政策信号是在给定类型和考虑信息效应情况下的最优策略，因此可以通过观察先行动者的政策信号来推断其类型或者修正对其类型的先验信念，然后确定自己最优的政策选择。假定不同政策选择下的收益是高度抽象的。令 A 国为主导国，B 国、C 国、D 国为追随国且统称为 X 国。因此，A 国和 X 国间构成不完全信息情况下的斯坦克尔伯格（Stackelberg）博弈即信号传递博弈；X 国在考虑和 A 国进行博弈的同时，内部 B 国、C 国、D 国之间也存在一定的政策博弈，构成不完全信息下静态博弈。

（一）A 国和 X 国不完全信息 Stackelberg 博弈均衡解

如图 3 所示，设 A 国的类型空间为 $T=\{t_1, t_2\}=\{善意，冷漠\}$，即 A 国包括善意主导国和冷漠主导国两种类型。A 国的类型 $t_k \epsilon T(k=1, 2)$ 是私人信息，A 国知道自己的类型，X 国不知道但是持有对类型 t_k 的信念（先验概率）$p_k=P(t_k)>0$，$p_1+p_2=1$。X 国不具有私人信息，只有一种类型。按照海萨尼转换，信号博弈的动态时序如下：A 国在观察到"自然"选择的类型 t_k 后，从其拥有的行动空间 $M=\{m_1, m_2\}=\{不考虑，考虑\}$①中选择并且发出一个信号 $m_j(j=1, 2)$；X 国观察到 A 国发出的政策信号，运用贝叶斯法则通过信念 p_k 形成推断（后验概率）$\overline{P}(t_k \mid m_j)$，然后从自身拥有的可行动空间 $N=\{n_1, n\}=\{不追随，追随\}$②中选择一个行动 $n_i(i=1, 2)$。A 国和 X 国的收益依赖于 A 国的类型与政策选择以及 X 国的政策选择，即有 $u_A=u_A(t_k, m_j, n_i)$ 和 $u_X=u_X(t_k, m_j, n_i)$。A 国的策略 s_A 是依赖于类型 t_k 的政策选择，即 s_A 是 T 到 M 上的映射，$s_A(t_k)=m_j$；X 国的策略 s_X 依赖于信号 m_j 的政策选择，即 s_X 是 M 到 N 上的映射，$s_X(m_j)=n_i$。

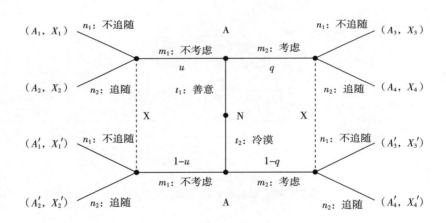

图 3　A 国和 X 国不完全信息 Stackelberg 博弈

设 $\mu=P(t_1 \mid m_1)$，$1-\mu=P(t_2 \mid m_1)$，即 X 国左侧信息集上的推断为 $p_左=(\mu, 1-\mu)$；设 $q=P(t_1 \mid m_2)$，$1-q=P(t_1 \mid m_2)$，即 X 国右侧信息集上的推断为 $p_右=(q, 1-q)$。在假定收益 A_j 和 X_i 的大小关系下，对上述博弈模型求均衡解。假设 1：$A_4>A_1$，$A_4'>A_1'$，$X_4>X_1$，$X_4'>X_1'$。相较于各国只关注汇率政策的国内均衡，溢出效应和反馈效应的存在使 A 国和 X 国可以通过汇率政策的对称性国际

---

① A 国在进行汇率政策国际协调时可选择的政策取向为（不考虑 X 国利益，考虑 X 国利益），简写为（不考虑，考虑）。

② X 国可选择的政策为（不追随 A 国的政策，追随 A 国的政策），简写为（不追随，追随）。

协调来获得国际合作带来的收益增进。假设2：$A_3>A_1$，$A_4>A_2$，当 A 国是善意主导国时，认为"考虑其他国家的利益"相较于"不考虑其他国家的利益"能够带来积极的反馈效应；$A_1'>A_3'$，$A_2'>A_4'$，当 A 国是冷漠主导国时，认为只关心本国的内部均衡比利他地考虑他国的利益更能带来收益。

根据 X_1 与 X_2、X_1' 与 X_2' 的关系，分成两大类情况讨论。

（1）$X_1<X_2$、$X_1'<X_2'$，当 A 国不考虑 X 国的利益时，X 国选择不追随 A 国的汇率政策获得的收益大于选择追随 A 国的汇率政策获得的收益。

当 $X_3>X_4$，$X_3'>X_4'$ 时。第一步，对于 A 国发送出的信号 $m_j \in M$ 以及形成的推断 $\overline{P}(t_k \mid m_j)$，X 国选择的最优政策 $n^*(m_j)$ 要能使其自身的期望收益最大化，即 $n^*(m_j)$ 应为下述最优化问题的解：

$$\max_{n_i \in N} \sum_{t_k \in T} \overline{P}(t_k \mid m_j) u_X(t_k, m_j, n_i) = \max \overline{P}(t_1 \mid m_j) \times u_X(t_k, m_j, n_i) + \overline{P}(t_2 \mid m_j) \times u_X(t_k, m_j, n_i)$$

当 A 国发送"不考虑"信号时，如果 X 国选择"不追随"的政策，这时最优化问题的目标函数值为：

$$\overline{P}(t_1 \mid m_1) \times u_X(t_1, m_1, n_1) + \overline{P}(t_2 \mid m_1) \times u_X(t_2, m_1, n_1) = \mu \times X_1 + (1-\mu) \times X_1' \tag{1}$$

如果 X 国选择"追随"的政策，这时最优化问题的目标函数值为：

$$\overline{P}(t_1 \mid m_1) \times u_X(t_1, m_1, n_2) + \overline{P}(t_2 \mid m_1) \times u_X(t_2, m_1, n_2) = \mu \times X_2 + (1-\mu) \times X_2' \tag{2}$$

比较式（1）和式（2），对 $X_1<X_2$、$X_1'<X_2'$，总有 $\mu \times X_1 + (1-\mu) \times X_1' < \mu \times X_2 + (1-\mu) \times X_2'$。因此，这时 X 国的最优政策选择应为 $n^*(m_1) = n_1 = $ 不追随。类似地，当 A 国发送"考虑"信号时，X 国的最优政策选择为 $n^*(m_2) = n_1 = $ 不追随。

第二步，对于类型空间中 T 中的每一类型，在给定 X 国的最优政策选择 $n^*(m_j)$，A 国选择最优信号 $m^*(t_k)$ 应使其自身收益最大化，即 $m^*(t_k)$ 应为下述最优化问题的解：

$$\max_{m_j \in M} u_A(t_k, m_j, n^*(m_j))$$

由第一步结果，总有 $n^*(m_1) = n^*(m_2) = n_1 = $ 不追随。当 A 国是善意主导国时，如果 A 国选择发送"不考虑"信号，这时最优化问题的目标函数值为 $u_A(t_1, m_1, n_1) = A_1$；如果 A 国选择发送"考虑"信号，这时最优化问题的目标函数值为 $u_A(t_1, m_2, n_1) = A_3$。由于 $A_3>A_1$，得到 A 国的最优信号政策为 $m^*(t_1) = m_2 = $ 考虑。类似地，当 A 国是冷漠主导国时，其最优信号政策为 $m^*(t_2) = m_1 = $ 不考虑。据此，生成 A 国依赖推断与类型的最优策略为：

$$m_j^*(t_k) = \begin{cases} \text{考虑,} & t_k = t_1 = \text{善意} \\ \text{不考虑,} & t_k = t_2 = \text{冷漠} \end{cases}$$

第三步，对于信号空间 M 中的任一信号 m_j，如果在 T 中存在 t_k 使 $m^*(t_k) = m_j$，那么在信号 m_j 之后的 X 国的信息集处于均衡路径之上，X 国关于 T 中类型 t_k 的推断由贝叶斯法则和 A 国的均衡信号政策 m^* 得到，即 $\overline{P}(t_1 \mid m_1) = \dfrac{p(t_k)}{\sum_{t_k \in T} p(t_k)}$，$t_k \in T$。关于 A 国最优化问题的解（考虑，不考虑）是一个最优分离策略，且总有 $n^*(m_1) = n^*(m_2) = n_1 = $ 不追随，这时 X 国的两个信息集都处在均衡路径之上，在观察到 A 国发出信号"考虑"或者"不考虑"之后，产生的均衡推断（后验概率）$\overline{P}(t_2 \mid m_1) = 1$，$\overline{P}(t_1 \mid m_1) = 1$，即 $\mu = 0$，$q = 1$。这样就求得一个由 A 国最优分离策略（考虑，不考虑）构成的精炼贝叶斯均衡——分离均衡：

$$(m_j^*(t_k), n^*(m_j), \overline{p}_{左}, \overline{p}_{右}) = ((\text{考虑, 不考虑}), (\text{不追随, 不追随}), (0, 1), (1, 0))$$

这表明，在分离策略中，A 国的信号完全准确地表现出它的类型，X 国完全可以通过接收到的信号判断出 A 国的类型。

当 $X_3 < X_4$、$X_3' < X_4'$ 时。同理，由第一步求 X 国的依赖推断与信号的最优政策选择为 $n^*(m_1) =$ $n_1 =$ 不追随，$n^*(m_2) = n_2 =$ 追随；由第二步生成 A 国依赖推断与类型的最优策略为 $m_j^*(t_k) =$ $\begin{cases} \text{考虑,} & t_k = t_1 = \text{善意} \\ \text{考虑,} & t_k = t_2 = \text{冷漠} \end{cases}$ 第三步，关于 A 国的最优化问题的解（考虑，考虑）是一个最优共用策略，且有 $n^*(m_1) = n_1 =$ 不追随，$n^*(m_2) = n_2 =$ 追随，这时 X 右侧的信息集处于均衡路径之上，左侧的信息集处于非均衡路径之上。X 国的推断由贝叶斯法则和可能的均衡战略来确定。在共用战略中，对每一种类型的均衡推断（后验概率）等于先验概率，即 $\overline{P}(t_k \mid m_j) = P(t_k)$。这样就求得一个由 A 国最优分离策略（考虑，考虑）构成的精炼贝叶斯均衡——共用均衡：

$$(m_j^*(t_k), \ n^*(m_j), \ \overline{p}_{\text{左}}, \ \overline{p}_{\text{右}}) = ((\text{考虑, 考虑}), \ (\text{不追随, 追随}), \ (\mu, \ 1-\mu), \ (q, \ 1-q))$$

这表明，在共用策略中，由于此时 X 国接收到的是同一个信号，对 A 国类型的判断没有提供帮助。

（2）$X_1 > X_2$、$X_1' > X_2'$，当 A 国不考虑 X 国的利益时，X 国选择追随 A 国的汇率政策获得的收益大于选择不追随 A 国的汇率政策获得的收益。

当 $X_3 > X_4$、$X_3' > X_4'$ 时。同理，由第一步求得 X 国依赖推断与信号的最优政策选择为 $n^*(m_1) =$ $n_2 =$ 追随，$n^*(m_2) = n_1 =$ 不追随。由第二步生成 A 国依赖推断与类型的最优策略为 $m_j^*(t_k) =$ $\begin{cases} \text{考虑,} & t_k = t_1 = \text{善意} \\ \text{不考虑,} & t_k = t_2 = \text{冷漠} \end{cases}$ 且 $A_2 < A_1$ 或 $m_j^*(t_k) = \begin{cases} \text{不考虑,} & t_k = t_1 = \text{善意} \\ \text{不考虑,} & t_k = t_2 = \text{冷漠} \end{cases}$ 且 $A_2 > A_1$。第三步，根据第二步的结果可由 A_2 和 A_1 的大小关系形成两个策略，分别为（考虑，不考虑）和（不考虑，不考虑）。当 $A_2 < A_1$ 时，关于 A 国的最优化问题的解（考虑，不考虑）是一个最优分离策略，且有 $n^*(m_1) =$ $n_2 =$ 追随，$n^*(m_2) = n_1 =$ 不追随，这时 X 国的两个信息集都处在均衡路径之上，在观察到 A 国发出信号"不考虑"或者"考虑"之后，产生的均衡推断（后验概率）$\overline{P}(t_2 \mid m_1) = 1$，$\overline{P}(t_1 \mid m_2) = 1$，即 $\mu = 0$，$q = 1$。这样就求得一个由 A 国最优分离策略（考虑，不考虑）构成的精炼贝叶斯均衡——分离均衡：

$$(m_j^*(t_k), \ n^*(m_j), \ \overline{p}_{\text{左}}, \ \overline{p}_{\text{右}}) = ((\text{考虑, 不考虑}), \ (\text{追随, 不追随}), \ (0, \ 1), \ (1, \ 0))$$

在该分离策略中，A 国的政策信号将自身类型完全传递给了 X 国。

当 $A_2 > A_1$ 时，关于 A 国的最优化问题的解（不考虑，不考虑）是一个最优共用策略，且有 $n^*(m_1) = n_2 =$ 追随，$n^*(m_2) = n_1 =$ 不追随，这时 X 左侧的信息集处于均衡路径之上，右侧的信息集处于非均衡路径之上。在共用战略中，由于无法通过信号来明确类型，则对每一种类型的均衡推断（后验概率）等于先验概率，即 $\overline{P}(t_k \mid m_j) = P(t_k)$。这样就求得一个由 A 国最优共用策略（不考虑，不考虑）构成的精炼贝叶斯均衡——共用均衡：

$$(m_j^*(t_k), \ n^*(m_j), \ \overline{p}_{\text{左}}, \ \overline{p}_{\text{右}}) = ((\text{不考虑, 不考虑}), \ (\text{追随, 不追随}), \ (\mu, \ 1-\mu), \ (q, \ 1-q))$$

在该共用策略中，X 国无法通过相同的政策信号来判断 A 国的类型。

当 $X_3 < X_4$、$X_3' < X_4'$ 时。同理，由第一步求得 X 国依赖推断与信号的最优政策选择为 $n^*(m_1) =$ $n_2 =$ 追随，$n^*(m_2) = n_2 =$ 追随。由第二步生成 A 国依赖推断与类型的最优策略为 $m_j^*(t_k) =$ $\begin{cases} \text{考虑,} & t_k = t_1 = \text{善意} \\ \text{不考虑,} & t_k = t_2 = \text{冷漠} \end{cases}$ 第三步，关于 A 国的最优化问题的解（考虑，不考虑）是一个最优分离策略，且有 $n^*(m_1) = n_2 =$ 追随，$n^*(m_2) = n_2 =$ 追随，这时 X 国的两个信息集都处在均衡路径之上。X 国的推断由贝叶斯法则和均衡战略来确定。在观察到 A 国发出信号"考虑"或者"不考虑"之后，产生的均衡推断（后验概率）$\overline{P}(t_2 \mid m_1) = 1$，$\overline{P}(t_1 \mid m_2) = 1$，即 $\mu = 0$，$q = 1$。这样就求得一个由 A 国最优分离策略（考虑，不考虑）构成的精炼贝叶斯均衡——分离均衡：

$(m_j^*(t_k), n^*(m_j), \bar{p}_左, \bar{p}_右) = ((考虑, 不考虑), (追随, 追随), (0, 1), (1, 0))$

在该分离策略中，X 国能够通过 A 国分离的政策信号准确判断 A 国的类型。

（二）X 国内部不完全信息静态博弈均衡解

在 X 国和 A 国进行政策博弈的同时，X 国内部也存在一定的政策博弈。由于 C 国当前处于全球价值链中低端并不断向上攀升的进程中，所以同时面临和全球价值链上游国家与下游国家的博弈。一方面，C 国在高端制造业的发展由于自身技术创新的掣肘仍依赖于发达国家垄断性技术和高附加值中间品的输出，在承接上游国家产业转移的同时面临"高端回流"的压力，因此形成 C 国和主要以高附加值生产环节参与全球价值链的 B 国之间的博弈。再考虑到 B 国相对于 C 国拥有在全球价值链上的优势地位，B 国把握博弈的相对主导权，所以在 B 国和 C 国的博弈中，令 B 国为中间国而 C 国为追随国。另一方面，C 国的劳动密集型等低附加值产业依旧是具有比较优势的主要领域，但是其他发展中国家低端要素成本对 C 国产生"中低端分流"压力，因此形成 C 国和完全以低附加值生产环节参与全球价值链的 D 国之间的博弈。此时 C 国具有相对较强的综合实力在博弈中为中间国，而 D 国以完全被动的方式嵌入价值链而缺乏主导权所以为追随国。由于篇幅限制，以下仅对中间国 B 国和追随国 C 国之间的博弈进行分析，而中间国 C 国和追随国 D 国的博弈分析过程与结果同理可得。

在该博弈中，B 国和 C 国同时行动，但 B 国的类型是私人信息，且 B 国的政策选择是依赖于它的类型。因此设 B 国的类型空间 $\theta = \{\theta_1, \theta_2\} = \{善意, 冷漠\}$，可行行动空间 $V = \{v_1, v_2\} = \{不顾及, 顾及\}$①。C 国不知道 B 国的类型但具有对类型 θ_i 的信念，即 θ_i 的概率分布是共同知识，设 C 国认为 B 国是善意中间国的概率为 p，冷漠中间国的概率为 $1-p$。C 国只有一种类型，其行动空间 $w = \{w_1, w_2\} = \{悲判, 乐判\}$②。因此，B 国和 C 国间构成不完全信息静态博弈。B 国和 C 国的收益函数 u_i 是两国行动组合的函数，即 $u_i = u_i(v_1, v_2, w_1, w_2)$，而又因为 B 国的行动空间是类型依存的，所以 B 国的收益函数可记为 $u_B = u_B(v_1, v_2, w_1, w_2; \theta_i)$。由于 C 国持有对 B 国类型的先验概率，所以 C 国知道 B 国的收益函数如何依赖于它们的类型 θ_i。具体的收益如表 1 所示。

表1 X 国内部不完全信息静态博弈策略收益表

善意中间国			冷漠中间国		
C 国 ＼ B 国	悲判	乐判	C 国 ＼ B 国	悲判	乐判
不顾及	B_1, C_1	B_2, C_2	不顾及	B_1', C_1'	B_2', C_2'
顾及	B_3, C_3	B_4, C_4	顾及	B_3', C_3'	B_4', C_4'

对于 B 国来说，其均衡策略 $v^*(\theta_i)$ 应是下述最优化问题的解：

$$\max_{\theta_i \in \theta} u_B(v(\theta_i), v^*(\theta_{-i}); w^*; \theta_i)$$

假设 1：$B_4 > B_1$、$B_4' > B_1'$、$C_4 > C_1$、$C_4' > C_1'$。对于 B 国和 C 国来说，双方形成对称性政策协调比只关心本国内部均衡更好。假设 2：$B_3 > B_1$、$B_4 > B_2$，当 A 国是善意中间国时，则对自身"顾及其他国家的利益"这一策略带来的收益更有自信，认为只要利他地考虑他国利益就会给本国带来收益；$B_1' > B_3'$、$B_2' > B_4'$，当 A 国是冷漠中间国时，认为只关心本国的内部均衡比利他地考虑他国的利益更

---

① B 国在进行汇率政策国际协调时可选择的政策取向为（不顾及 C 国利益，顾及 C 国利益），简写为（不顾及，顾及）。

② C 国可选择的政策为（悲观判断 B 国的政策，乐观判断 B 国的政策），简写为（悲判，乐判）。

能带来收益。在该假设前提下，"顾及"是善意 B 国的严格占优策略，而"不顾及"成为冷漠 B 国的严格占优策略。对于 C 国来说，其均衡策略 w^* 应是下述最优化问题的解：

$$\max \sum P(\theta_i) u_C(v^*(\theta_i), v^*(\theta_{-i}); w; \theta_i)$$

若"悲判"是追随国 C 国的最优策略，那么其期望收益 $E_1 = p \times C_3 + (1-p) \times C_1'$；若"乐判"是追随国 C 国的最优策略，那么其期望收益 $E_2 = p \times C_4 + (1-p) \times C_2'$。

根据 C_1' 与 C_2' 的关系，分为两大类情况讨论。

$C_1' < C_2'$，当 B 国不顾及 C 国的利益时，C 国乐观判断 B 国行动带来的收益小于 C 国悲观判断 B 国行动。

（1）当 $C_3 > C_4$ 时，$E_1 > E_2$，"悲判"是 C 国的最优选择，得到贝叶斯均衡解为（善意顾及，冷漠不顾及，悲判）。

（2）当 $C_3 < C_4$ 时，E_1 和 E_2 的大小关系取决于 p 的数值。

当 $p = 0$ 时，不完全信息静态博弈退化为完全信息静态博弈。B 国只有冷漠中间国一种类型，因此得到纳什均衡解为（不顾及，悲判）；当 $0 < p < \dfrac{c_2' - c_4'}{c_2' - c_4' + C_3 - C_4}$ 时，$E_1 > E_2$，"悲判"是 C 国的最优选择，得到贝叶斯均衡解为（善意顾及，冷漠不顾及，悲判）；当 $p = \dfrac{c_2' - c_4'}{c_2' - c_4' + C_3 - C_4}$ 时，$E_1 = E_2$，C 国的行为无差异，形成混同均衡（善意顾及，冷漠不顾及，悲判与乐判之间无差异）；当 $\dfrac{c_2' - c_4'}{c_2' - c_4' + C_3 - C_4} < p < 1$ 时，"乐判"是 C 国的最优选择，得到贝叶斯均衡解为（善意顾及，冷漠不顾及，乐判）；当 $p = 1$ 时，不完全信息静态博弈退化为完全信息静态博弈。B 国只有善意中间国一种类型，因此得到纳什均衡解为（顾及，乐判）。

$C_1' > C_2'$，当 B 国不顾及 C 国的利益时，C 国乐观判断 B 国行动带来的收益大于 C 国悲观判断 B 国行动。

（1）当 $C_3 < C_4$ 时，$E_1 < E_2$，"乐判"是 C 国的最优选择，得到贝叶斯均衡解为（善意顾及，冷漠不顾及，乐判）。

（2）当 $C_3 > C_4$ 时，E_1 和 E_2 的大小关系取决于 p 的数值。

当 $p = 0$ 时，不完全信息静态博弈退化为完全信息静态博弈。B 国只有冷漠中间国一种类型，因此得到纳什均衡解为（不顾及，乐判）；当 $0 < p < \dfrac{c_2' - c_4'}{c_2' - c_4' + C_3 - C_4}$ 时，$E_1 < E_2$，"乐判"是 C 国的最优选择，得到贝叶斯均衡解为（善意顾及，冷漠不顾及，乐判）；当 $p = \dfrac{c_2' - c_4'}{c_2' - c_4' + C_3 - C_4}$ 时，$E_1 = E_2$，C 国的行为无差异，形成混同均衡（善意顾及，冷漠不顾及，悲判与乐判之间无差异）；当 $\dfrac{c_2' - c_4'}{c_2' - c_4' + C_3 - C_4} < p < 1$ 时，"悲判"是 C 国的最优选择，得到贝叶斯均衡解为（善意顾及，冷漠不顾及，悲判）；当 $p = 1$ 时，不完全信息静态博弈退化为完全信息静态博弈。B 国只有善意中间国一种类型，因此得到纳什均衡解为（顾及，乐判）。

综上所述，模型均衡解整合如表 2 所示。情形一为类型导向的目光狭隘解。主导国是类型导向型，善意类型则考虑其他国家的利益，冷漠类型则不考虑其他国家利益；其他国家 X 国不追随主导国策略。中间国和追随国博弈中的策略也具有明显的类型导向特征，若为善意类型则顾及追随国的利益，若为冷漠类型则不顾及追随国利益。追随国在和主导国政策博弈采取不追随策略，和中间国的政策博弈采取悲观判断的策略。情形二为共赢协调解。在主导国和其他国家博弈中，不论类型主导国采取"考虑"策略都是最优选择，因而 X 国将会采取"追随"策略，是较为明显的互利共赢结果，称为共赢解。同时 X 国中中间国在和追随国博弈中根据对中间国类型判断的信念差异，形成不同均衡解：第一种为囚徒困境解、第二种和第四种成为半对称协调解、第三种为无差异解、第五种为对称性协调解。情形三为非对称协调解。对其他国家 X 国来说，主导国"不考虑"时，采取"追随"策略，主导国"考虑"时则采取"不追随"策略，称为非对称解。同样地，X 国中中间国在和追随国博弈中根据对中间国类型判断的信念差异，形成不同均衡解：第一种和第五种为不对称协调解、第二种和第四种为半对称协调解、第三种为无差异解。情形四为类型导向非对称的乐观解。同情形一类似，区别在于其他国家 X 国在和主导国的博弈选择中具有非对称性，即主导国"不考虑"时，采取"追随"策略，主导国"考虑"时则采取"不追随"策略；追随国会乐观判断中间国行动。

表 2　A 国和 X 国、X 国内部博弈模型均衡解

条件 1	条件 2	不完全信息动态模型均衡解 （A 国、X 国）	不完全信息静态模型均衡解 （中间国、追随国）	均衡解的名称
$X_1>X_2$, $X_1'>X_2'$, $C_1'>C_2'$	情形一： $X_3>X_4$, $X_3'>X_4'$ $C_3>C_4$	（（考虑，不考虑），（不追随，不追随），（0，1），（1，0））	（善意顾及，冷漠不顾及，悲判）	类型导向的目光狭隘解
	情形二： $X_3<X_4$, $X_3'<X_4'$ $C_3<C_4$	（（考虑，考虑），（不追随，追随），（μ，1-μ），（q，1-q））	（不顾及，悲判）	共赢之囚徒困境解
			（善意顾及，冷漠不顾及，悲判）	共赢之半对称协调解
			（善意顾及，冷漠不顾及，无差异）	共赢之无差异解
			（善意顾及，冷漠不顾及，乐判）	共赢之半对称协调解
			（顾及，乐判）	共赢之对称性协调解
$X_1<X_2$, $X_1'<X_2'$, $C_2'>C_1'$	情形三： $X_3>X_4$, $X_3'>X_4'$ $C_3>C_4$	（（考虑，不考虑），（追随，不追随），（0，1），（1，0））或（（不考虑，不考虑），（追随，不追随），（μ，1-μ），（q，1-q））	（不顾及，乐判）	非对称之不对称协调解
			（善意顾及，冷漠不顾及，乐判）	非对称之半对称协调解
			（善意顾及，冷漠不顾及，无差异）	非对称之无差异解
			（善意顾及，冷漠不顾及，悲判）	非对称之半对称协调解
			（顾及，悲判）	非对称之不对称协调解
	情形四： $X_3<X_4$, $X_3'<X_4'$ $C_3<C_4$	（（考虑，不考虑），（追随，追随），（0，1），（1，0））	（善意顾及，冷漠不顾及，乐判）	类型导向非对称的乐观解

六、全球价值链视角下汇率政策国际协调的案例分析

（一）美国与中国汇率政策协调的案例

在早期的全球价值链分工体系中，技术创新和要素禀赋的差异决定了美国在价值链顶端的主导地位和中国在价值链低端的下游位置，中国和美国在全球价值链上的互补关系为两国密切的贸易往来和长期繁荣稳定的关系奠定了基础。美国参与全球价值链的方式主要是输出高科技和高附加值产品，由此形成了国内高度服务业化和制造业空心化的产业结构。中国以具有明显比较优势的劳动密集型产业嵌入全球价值链，在高端制造业的核心技术及零部件等高附加值中间品上依赖美国等发达

国家的供给。在承接上游国家制造业转移的过程中，中国通过全产业链布局和技术变革在成为"世界工厂"的同时也积极实现产业转型升级。中国逐步摆脱"低端锁定"的被动处境实现向价值链中上游的攀升。美国则开启再工业化进程重塑制造业比较优势，一方面对中国的制造业实施技术进步压制牵引中国向价值链中高端攀升，另一方面制造与中国贸易摩擦打击中国出口以期缩小对华贸易逆差。中美由此在全球价值链上展开全面博弈，而汇率政策的调整甚至逆转正是博弈的焦点。美国通过发行超额美元使人民币汇率被动面临升值压力，削弱中国的出口竞争力以期达到恶化中国贸易环境和打击中国制造业的目标；中国则逐步摆脱绑定美元的人民币发行制度而选择更灵活的人民币汇率形成机制，适时调整汇率政策抵御美元霸权的威胁。根据不同的外部环境和自身发展阶段，中美汇率政策调整的案例达成了对应上述博弈模型中不同类型的非对称协调解。

1. 全球价值链前向联系视角下中国追随美国 QE3 的非对称协调解

为了应对 2008 年全球金融危机，美国先后进行三次大规模的资产购买操作以实施量化宽松货币政策（简称 QE）。2008 年 11 月，美联储首次启用 QE（即 QE1），通过购买 6000 亿美元的抵押贷款支持证券以及大量银行贷款和美国国债，直接向金融机构提供流动性支持，GDP 从 2008 年底的负增长增加到 2010 年第一季度 2.3% 的增长率。2010 年 11 月，欧洲主权债务危机触发 QE2，美联储直接向市场投放 6000 亿美元的超额基础货币，按每个月 750 亿美元的规模持续购买长期债券至 2011 年第二季度，但是失业率仍高于美国 5% 的理想水平。2012 年 9 月中旬，美联储推出 QE3 使得资产负债表从危机前的不足 1 万亿美元扩张到 2014 年 10 月的 4.5 万亿美元，在缓解流动性危机的同时大规模增加美元供给。6 年间三轮 QE 一共印发 3 万亿美元，是美国从建国到 2008 年总印钞量的 3 倍。美元的过剩供给导致美元指数持续走低，仅 2008 年 12 月一个月的跌幅就超过 6%，而美元对人民币汇率在维持两年的稳定浮动之后，从 2010 年下半年的 6.7825 起便呈现出一路微量小幅下跌的走势，直到 2013 年底的 6.0540 才收住连续走低的趋势。

QE 的实施充分表明美国将内部均衡作为首要调控目标，放任美元自由贬值的汇率政策向其他国家释放着明显信号——"不考虑其他国家的利益"是其最优政策选择。从全球价值链的需求侧角度看，美元对其他货币汇率的大幅贬值将使美国进口产品面临较高相对价格，美国国内总需求萎缩意味着贸易伙伴出口锐减，或最终导致各国货币竞争性贬值的恶性循环。从全球价值链的供给侧角度看，美元贬值能够降低从美国进口中间投入品的生产成本，发挥全球价值链的前向效应对冲各贸易伙伴的出口减少。然而，对冲效果受限于美元作为大宗商品计价货币的中心地位。2012 年，法国兴业银行研究表明，2009~2012 年标普 500 指数以及 CRB 价格伴随着美国前两轮 QE 的推行而大幅度上涨，引发全球性的成本推动型通货膨胀，推高产品供应链的整合成本并且抬高贸易伙伴最终品的出口价格，进一步造成全球福利损失。可见，量化宽松货币政策的实施加剧了全球资本流动的无序性，严重冲击了全球价值链需求端和供给端的稳定性。其他国家在此信号下能够较为准确地判断美国冷漠主导国的类型，在满足上述博弈模型 "$A_1' > A_3'$, $A_2' > A_4'$" 的假设下，基于自身情形对 "$X_1' > X_2'$" 还是 "$X_1' < X_2'$" 的获益类别进行识别，从而做出 "不追随美国汇率政策" 或者 "追随美国汇率政策" 的政策选择。

考虑到中国对美国高度的出口依赖和美元结算计价的特殊地位，美元持续贬值的汇率政策将会通过强化需求侧联系的负向影响和弱化供给侧联系的正向影响冲击中国对美贸易。在需求端方面，中国深受美国外需萎缩的打击，美元弱势调整使中国在全球价值链需求端的出口严重压缩。在供给端方面，国际能源价格指数、食品价格指数和金属价格指数伴随着美元指数持续走弱而呈现急剧上扬态势，中国作为能源进口大国及粮食消耗大国，国际市场价格波动通过成本推动渠道对中国价格水平产生影响，输入型通货膨胀尤其对中国劳动密集型行业具有显著的负向冲击（刘晓兰和赖明勇，2014）。这意味着以加工贸易为主的劳动密集型出口企业由于中间品进口价格上升而被动推高生产成本，导致美元贬值的前向效应无法发挥应有的对冲作用。为此，中国人民银行在出手干预人民币过快升值的同时，选择被动增持美国国债换取对美消费品输出。中国于 2008 年一年内增持 2186 亿美元的美国国债，超过日本成为美国最大的债权国。此举导致中国的资源和货币财富在中美之间"商品—货币（美元）—资本（美债）—货币（美元）—商品"的循环机制中持续向美国输出，不得不面临着外汇储备资产潜在损失的巨额风险。可见，中国接受了以人民币发行绑定美元为基础的汇率妥协来顺应中国外贸扩张和产业崛起的发展趋势，巩固其在全球价值链中下游的稳固地位，即满足上述博弈模型中"$X_1' < X_2'$"的描述。

在此博弈中，美国为冷漠主导国，中国则是追随国，"不考虑"和"追随"是双方各自的最优战略。美国在高附加值产业凭借技术创新占据全球价值链的顶端攫取垄断利润，国内消费则高度依赖中国在低附加值产业的持续输出，流动性增加导致的美元贬值更起到稀释美国巨额外债的作用，加大了持有美元资产债权人的损失。中国虽然依靠完备的产业体系和传统的低端要素投入在低附加值产业与美国形成互补性优势，但是被迫增持的美债导致超额资金供给析出实体经济进入虚拟经济。可见，"非对称协调解"在博弈关系中显现出不平等协调和主导国的霸权特性，难以形成共赢局面。

2. 全球价值链后向联系视角下中国对抗美国无限 QE 的非对称协调解

2020 年 3 月，为了应对新冠肺炎疫情冲击下资本恐慌性抛售以维护金融稳定，美联储宣布实施开放式资产购买计划（即无限 QE），重启救市操作。从 2020 年 3 月 19 日到 5 月 13 日，美联储总共购买约 1.5 万亿美元的美国国债，并且通过提供高达 3000 亿美元的融资支持信贷向雇主、消费者和企业的流动。2020 年 4 月 9 日，美联储公布总计 2.3 万亿美元的资助计划，宣称将直接购买企业债的规模从初期的 2000 亿美元增加到 7500 亿美元，亦下调最低购买债券评级。2020 年，美国流通中的货币数量以"二战"以来的最快速度飙升，年底流通中的货币总额飙升至 2.07 万亿美元。此举在全球主要经济体争相施行量化宽松货币政策的背景下使美元指数面临更大的下行压力，从 2020 年上半年的 98.2606 一路滑坡至年底的 89.9600，美元对人民币汇率相应出现断崖式下跌。可见，美国再次向其他国家传递着"不考虑其他国家的利益"的汇率政策信号。与 2008 年国际金融危机的应对措施类似，美国应对危机的主要手段依旧是通过印钞和货币放水的方式维护金融稳定，无法从根本上解决在外部冲击下暴露的国家内部运行机制的缺陷，高度依赖业已成熟的实体经济部门在全球范围内通过产业链的不断延长和深化来带动经济增长。考虑到当前美联储政策空间基本耗尽，持续不断的疫情冲击可能会使全球价值链分工更加不堪一击，甚至引发一个较长周期的经济衰退（李晓和陈煜，2020）。基于 2008 年国际金融危机时美国依靠无限印钞复苏经济再向全球转嫁过剩流动性以及退出 QE 时收缩流动性对新兴市场进行价格收割的先例，中国在本轮美国释放的政策信号下自然形成对美国是冷漠主导国（0，1）的后验概率。

为对抗美元持续"大放水"带来的输入型通货膨胀，2021 年 5 月，中国人民银行宣布深化汇率市场化改革，人民币将放弃汇率目标，未来走势将在更大程度上取决于市场供求和国际金融市场变化。对比 2008 年全球金融危机时期中国选择追随美国不断扩表的宽松汇率政策，此次中国的策略是基于对自身经济和国际环境的判断，认为"不追随美国汇率政策"的收益大于"追随美国汇率政策"的收益。得益于良好的疫情防控体系和庞大且完备的产业体系，中国有效应对了疫情冲击下在全球价值链需求端和供给端的困局。从需求侧联系看，虽然人民币升值在一定程度上会影响对中国商品的出口需求，但是由于其他国家的生产受阻，中国已实现全面复工复产，暂时没有一个制造业国家能替代中国在全球价值链上的位置，全球范围内形成对中国产品的高度依赖，其他国家缺乏对中国最终品的进口需求弹性。此外，不同于上一轮危机期间中国在需求端对美国市场的出口依赖，中国在现阶段已经形成一定规模的买方市场，具备在国际贸易中的议价能力，从而部分抵消由于人民币升值带来的出口减少。2021 年第一季度，中国货物贸易进出口总值 8.47 万亿元人民币，比 2020 年同期增长 29.2%。其中，出口 4.61 万亿元，增长 38.7%；贸易顺差 7592.9 亿元，扩大

690.6%。从供给侧联系看，以全要素生产率的分解指数来看当前中国的产业技术效率，中国制造业已经迈过"工业升级"与"产品升级"两个产业升级的初步阶段，稳步迈向"功能升级"和"链条升级"两个产业升级的高级阶段[①]，成熟的资源配置能力和对先进技术的学习和创新能力实质性地扭转了中国制造业在全球产业链"低端锁定"的被动局面（李宏等，2021）。此时人民币升值，一方面能够在以中间品贸易为核心建立起的高端制造业中获取更为可观的成本节约利得，化解因人民币升值对此类商品出口价格和出口规模的负面冲击（沈国兵和张鑫，2015）；另一方面会使中国在国际市场上购买有色金属、铁矿石、石油等原材料的价格相对下降，进口中间投入品的生产企业能够承受更多的升值成本，全球价值链后向效应对冲机制的充分发挥使美国通过操纵国际原材料价格狙击中国的效果会大打折扣。更重要的是，人民币的适当升值以及更灵活的人民币汇率形成机制有利于中国吸纳国际投资、扩张人民币的全球外汇储备，在全球价值链中获取更好的国际分工利益格局。这是因为汇率波动存在一定的生产率改进效应，全要素生产率在汇率影响贸易的传导机制中发挥中介调节效应，人民币实际升值通过倒逼企业技术创新，提高了生产率和贸易竞争力，间接地提升了出口增加值进而促进贸易转型（程惠芳和成蓉，2018）。

在此博弈中，"不考虑"和"不追随"是美国和中国各自的最优战略。美元滥发虽然可能带来美国经济在短时间内得以复苏，但是从长期看美元持续贬值将提高美国人民的生活成本，导致美国国内贫富差距扩大，进一步激化社会矛盾。2021年5月美国PPI和CPI同比增速已经分别达到了6.6%和5%，均创下了2008年以来的新高。与之形成鲜明对比的是，中国对高端制造业的大力发展和在全球价值链逐步掌握的主动权，人民币汇率的主动升值会通过弱化需求侧联系的负向影响和强化供给侧联系的正向影响进一步改善中国的经常账户。但是整体而言，新冠肺炎疫情的暴发充分暴露了全球价值链贸易的脆弱性，增加了全球贸易在生产分布与价值分布维度的不确定性，该均衡解也无法达成双赢的博弈结果，并非帕累托最优解。

（二）中国与日本汇率政策协调的案例：全球价值链前向联系视角下中日区域内博弈的不对称均衡解

20世纪八九十年代，为应对广场协议引发的日元过度升值，日本政府连续大幅降息向市场注入流动性，由此造成的房地产市场和股市泡沫破裂使日本经济进入"失去的三十年"。2001年日本将量化宽松货币政策与零利率政策并行实施，在长期内维持货币政策的宽松环境和低利率水平。2013年日本央行进一步实施量化和质化货币宽松政策（简称QQE），并在2016年推出负利率政策以期达到2%的通胀目标。面对新冠肺炎疫情暴发以及疫苗接种迟缓的困局，2021年6月日本央行通过了资产购买计划指引，将日本房地产投资信托基金（J-REITs）和交易所交易基金（ETF）的年度购买额始终保持在1800亿日元和12万亿日元的高水平上限，继续实施QQE维持收益率曲线短期利率在-0.1%，10年期债券收益率为0%的控制目标；同时将持续投放基础货币以期保持CPI的增长率在2%的水平之上。在日本货币政策持续超宽松的基调下，日元对人民币汇率从1995年的0.0877下跌至2021年6月的0.0581，贬值幅度超过33%。鉴于日本通胀率仍远低于2%的目标和经济结构性问题难以在短期内解决，即使美联储发出加息的强硬信号，日本央行仍然坚持超宽松的货币政策框架，并且强调将在必要时毫不犹豫地采取额外的宽松措施。可见，日本经济的重振高度依赖QQE的实施，并且将在短期和长期内保持日元汇率的贬值趋势，表明冷漠中间国日本采取"不顾及他国利益"是其最优的政策选择，中国对日本是冷漠类型形成的先验概率为（0，1）。

[①] 以2018年GVC上游参与度与2008年数值之差值衡量各国的GVC上游参与程度，美国为-3.869，中国为2.195，充分说明2008年以后中国GVC上游参与度得到逆势提升（牛志伟等，2020），尤其在高科技制造行业出口国内增加值率一直保持上升趋势（郑玉，2020），对处于价值链顶端的美国形成了一定威胁。

中国完备的工业体系和日本成熟的先进制造产业使中日两国在全球价值链中占有重要地位，并且发展成为东亚生产网络的双核心。根据传统经济理论，日元持续贬值的汇率政策将会给日本带来显著的出口价格优势，但是在全球价值链视角下政策效果值得商榷。从需求侧联系看，中国连续14年保持日本第一大贸易伙伴的地位并且在2019年超过美国成为日本第一大出口市场，尤其在日本具有分工优势的机电产品、运输设备和化工产品等方面较明显地表现出汇率贬值的出口效应。但是，人民币相对升值对中国商品出口的冲击相对有限，原因在于中国对日出口产品主要集中于纺织品及其原料等具有规模优势和较大需求弹性的劳动密集型产品，面对日本市场的强竞争结构，出口企业会更多考虑压缩出口价格的涨价空间以维持在日本的市场份额（胡冬梅和袁君宇，2019）。从供给侧来看，中国与日本在全球价值链上的紧密联系使日元贬值的前向效应得以有效发挥。作为中国进口中间品的最大来源地，日元贬值大幅降低了中国出口产品的中间生产成本，从而使中国因日元贬值带来的出口损失被价值链体系中汇率不完全传递的前向效应予以抵消，中国在中间品进口端的价格红利传递到最终品的出口端形成了中国出口的国际竞争力。可见，日元贬值所引发的人民币被动升值并未妨碍中国出口，反而促进了中国出口的增长，并且这种正向作用具有持久性（张会清，2018）。此外，由于中国对美国出口的最终品里也包含大量进口自日本的中间品，再加上中国和日本在价值链上错位的分工优势使两国对美具有不完全相同的出口产品结构，所以日元汇率贬值并未对中国向美国的出口造成不利影响，这与王雪等（2016）发现中国出口贸易中存在第三国汇率效应的研究结论一致。由此可见，日元贬值的前向效应充分对冲了可能引起的中国出口下降的风险。因此，追随国中国会采取"乐判"策略，与冷漠中间国日本形成区域内的不对称均衡解（不顾及，乐判），显然无法形成美、日、中三国全球博弈的均衡解。

值得注意的是，未来中日在全球价值链中的竞争态势将有进一步强化的趋势。在2008年国际金融危机之后，中国制造业出口产品结构出现较为显著的变化。虽然中间产品出口的国内增加值占比仍相对较小，但是总体呈现出不断上升趋势，特别是以中间产品出口到第三国的国内增加值占比的大幅上升（尹伟华，2016）。这表明中国依靠推动技术创新而实现对价值链参与方式的逐步转变，制造业正经历从"以最终产品为主"向"最终产品和中间产品并重"的调整过程。反观日本制造业虽然依旧占据GVC中上游位置，但是制造业位置度的"全线下滑"非常明显，特别是在中低和中高技术端优势地位已然不再（张彦，2019）。可见，中国制造业的发展正对日本中高端制造业的优势地位施加压力和威胁，同时也加剧了中日两国在东亚生产网络的主导权之争和对美出口贸易的份额之争，"攀升"与"反攀升"成为在以美国为主导的全球价值链背景下以中日为核心构建的区域价值链体系博弈的主旋律。近年来日本响应美国制定实体清单实施对中国"后向断供"的政策，限制日本国内高科技中间品对中国的输出以此来打压中国的高科技产业就是有力的例证。

（三）中国与东盟汇率政策协调的案例：中国与东盟国家构建区域价值链的共赢协调解

2021年，各国为了应对公共卫生危机导致的全球经济持续性衰退，纷纷推出大规模刺激政策，由此引发了新一轮竞争性货币贬值。但是，中国以负责任大国态度，坚持稳健货币政策取向，坚持短期逆周期调节与长期跨周期引导，既精准施策平抑短期波动，又果断加大逆周期调节力度，使人民币汇率保持双向波动、在合理均衡水平上呈总体稳定、略微升值的态势。虽然根据传统经济学理论，人民币升值会恶化中国的贸易收支，但是大量研究表明人民币的小幅升值会促进中国转向自主性高科技产品以及高附加值劳动密集型产品对东盟的出口（范祚军和陆晓琴，2013）。此外，在美元弱势调整下中国对美产品出口占比渐失的份额会向东盟国家产生同类产品的出口偏转，同期东盟国家也将明显增加向中国的出口份额（沈国兵和张鑫，2015）。这充分说明中国—东盟自贸区平台对促进中国出口的支撑弥补了人民币升值对中国暂时性的出口抑制。因此，人民币汇率升值有利于减少区域性贸易摩擦、避免"以邻为壑"的汇率政策，同时也符合中国向价值链中高端攀升的长期战略目标。更重要的是，维持人民币汇率稳定对增强中国同东盟国家之间的战略互信、推动区域汇率政策协调机制建设、加快人民币国际化进程具有重要意义。中国保持人民币汇率稳步升值彰显了强烈的协调共赢的大国担当，为维护区域经济稳定和构建开放包容的地区架构注入中国动力。可见，中国在作为中间国和作为追随国的东盟国家进行博弈时，"顾及他国利益"成为中国最优的政策选择。正如习近平在第十七届中国—东盟博览会上强调，"中国—东盟关系成为亚太区域合作中最为成功和最具活力的典范，成为推动构建人类命运共同体的生动例证。新形势下，中方视东盟为周边外交优先方向和高质量共建'一带一路'重点地区，中方愿同东盟方携手推动双方产业链、供应链、价值链深度融合。"中国在坚持与东盟互利合作、共同发展之路上秉承的大国使命感和责任感向追随国释放其善意的信号，东盟形成对中国是善意主导国（1，0）的先验概率。

得益于美国等上游国家对东盟的产业转移和以中日美为代表的区域外大国在东南亚的产业布局博弈，东盟的制造业全球价值链参与程度和地位指数近几年得到显著提升，主要以低端和中低端制造业作为比较优势高度嵌入全球价值链分工体系。显示性比较优势指数（RCA）显示，东盟制造业中具有国际竞争力的产业集中在木材制品、精炼石油、橡胶和塑料等资源密集型产业与皮革和鞋类、食品、饮料、烟草、纺织品等劳动密集型产业，呈现单一并且低端化的结构特征（张彦，2020）。虽然东盟在皮革和鞋类、纺织品等低端制造业领域面临与中国产业结构相似的竞争，但是双方在高科技产品的加工装配价值链环节的竞争随着中国布局收缩而有所弱化。可见，双方的贸易伙伴关系依托全球价值链的发展得以强化，中国在东盟各国出口的国外附加值中占比超过10%，表明以中国为中心的东盟制造业生产网络和市场网络日渐成熟。从需求端看，随着中国国内消费需求的迅速扩张以及区域自由贸易的推进，人民币升值将为东盟各国的最终消费品开拓在华市场；在东盟与中国存在竞争关系和替代关系的低端产业上，东盟国家能够抓住人民币升值的契机抢占在欧美的市场份额，巩固传统产业的国际竞争力优势。从供给端看，中国与多个东盟国家之间签署的双边本币互换协议在很大程度上有利于消除双边贸易结算中的汇率波动风险，缓冲人民币升值对东盟负向的全球价值链前向联系，区域内贸易自由化水平的提升亦有助于维持中国对东盟附加值的稳定输出和保持东盟最终品出口的价格竞争力。人民币汇率升值能够强化东盟在需求侧的出口效应，而中国和东盟特殊的区域合作关系又削弱了人民币升值在供给端的前向影响。因此，追随国东盟会"乐判"善意中国的政策选择，双方形成区域内的共赢协调解（顾及，乐判）。

在该博弈中，双方合作的收益远大于竞争。中国和东盟的制造业在全球价值链分工体系中的低端产业虽然存在重合与竞争，但是在中低和中高端领域更具突出的层次互补性，更在中国中高端制造业发展战略的动力牵引下，未来双边制造业的互补性将不断增大。东盟国家的"低端分流"将成为中国逐步转移国内低端产业、实现产业转型升级、构建以中国为主的区域价值链的战略基础。区域价值链的构建一方面能为中国摆脱美国等发达国家在战略、规则、技术、市场的全方位压制，为实现价值链攀升提供持续动力，另一方面能够使由于发达经济体"高端回流"而面临在价值链分工体系中被边缘化的东盟国家找到新的经济增长点。最为关键的是，中国与东盟国家所形成的经贸合作关系，是通过技术溢出、扩大投资来推动东盟各国的发展和繁荣，从而带动中国自身的经济转型和区域发展再平衡，是一种基于互补共赢来开拓区域价值链的局面，这与以往东盟国家参与以发达国家为主导的传统价值链而陷入"低端锁定"困境存在着本质的区别。

（四）现实启示

通过对上述国际协调案例的分析可知，各自为政的汇率政策将产生负外部性加剧世界经贸动荡，只有加强汇率政策国际协调才能够形成帕累托均衡。现行的国际汇率运行机制处于以发达国家汇率为基准、发展中国家锚定发达国家汇率的框架中，发展中国家往往处于边缘化地位，是国际汇率政策协调结果的被动接受者。因此，如果主导国美国能够充分认识到依赖单边主义应对外部冲击的局限性和全球经贸复苏的现实困境，在实现国内均衡的同时积极承担复苏和稳定世界经贸发展的义务，那么其传递出"考虑其他国家利益"的政策信号必然会引发他国采取"追随主导国政策"的策略，达成不完全信息动态博弈模型中情形二的精炼贝叶斯共用均衡。同时，如果中间国日本能够妥善处理同他国的贸易产业结构性分歧与冲突，通过汇率政策协调挖掘全球价值链变革环境下区域经贸合作的巨大潜力，那么其"顾及他国利益"的政策取向会和追随国之间达成不完全信息静态博弈模型中的均衡解（顾及，乐判）。最终，主导国、中间国和追随国就能够实现博弈模型中共赢之对称性协调解的帕累托最优。

虽然汇率政策国际协调要达到完美的协调状态还只是远景、愿景，但是依旧能够为当前的国际形势提供现实启示。"美国优先"是现阶段美国经济政策内倾化的利益价值诉求，其"以邻为壑"的汇率政策取向给国际贸易体系、双多边投资体系以及全球价值链发展都带来了极大的风险和不确定性。作为 X 国一员的中国要保持汇率政策充分的灵活性，既要考虑美国汇率政策对中国经贸发展的溢出效应，又要尊重中国自身发展的相对特殊性和独立性。对于同样是 X 国的日本来说，持续的低利率和超宽松政策已经基本耗尽刺激性汇率政策操作空间，汇率政策必须服务于深化区域经贸合作的发展趋势，找到同时实现国内均衡与区域协调的平衡点。东盟国家的汇率政策具有摇摆特征，既要审时度势抓住大国博弈的契机为自身发展创造机遇期，又要加强区域一体化机制建设提升面对危机的主动性。因此，多方汇率政策博弈的结果若想要满足模型的假设并且达到国际协调的理想情形，需要各国共同努力管控分歧形成初步共识以提升全球价值链的互补性、依存性和互惠互利性。反观现实，贸易保护、单边主义的霸权思想和新冠肺炎疫情的巨大冲击影响了很多国家的价值取向，阻碍了全球化进程的顺利推进。中美贸易摩擦使以 WTO 为代表的多边经贸协商机制难以正常运转，美国通过固化底层规则对其他国家产业升级进行全方位打压，疫情又使全球经贸秩序遭遇外生性中断，全球价值链被迫在一定程度上朝着逆全球化方向发展。价值链脱钩与断裂意味着现有国际分工体系基础的毁坏和全球经贸水平的倒退，进一步摇动各国支持全球化的政策基础和政治互信。作为应对，中国继续深化人民币汇率形成制度改革，有效避免了人民币汇率无序调整造成的冲击和与主要货币的竞争性贬值，特别是在疫情防控期间仍然坚持执行稳健的货币政策，保持足够政策定力积极应对美国持续大放水的政策取向，在一定程度上为稳定陷入逐渐混乱的世界经贸秩序贡献了中国力量。同时，中国提出加快推动形成以国内大循环为主体、国内国际双循环相互促进的新发展格局，依托国内超大的市场规模逐步建立以东部沿海地区带动东北经济圈、中西部地区共同发展的国内价值链，以紧密的国内经济联系和经济循环改变外向型的价值链嵌入方式为基于内需构建的全球价值链战略模式，这一重大举措是中国发挥独特市场和制度优势，提高抵御全球性经济风险水平，实现国内经济高质量发展与国际政策协调的中国方案。中国在推进"一带一路"倡议的同时，还积极深化中国—东盟自贸区建设和加快中日韩自由贸易区落地，推动构建以中国为核心的区域供应链和价值链体系以顺应全球价值链碎片化和区域化的发展趋势。这些举措均体现了在全球经济持续低迷、全球价值链面临重构挑战的框架下，中国为稳定和升级全球价值链形态、推动多边经贸关系再平衡贡献的中国智慧，也为国际社会实现有效国际协调、寻求突破经济长期性停滞困境提供了宝贵经验。

七、政策建议

本文基于开放条件下的政策溢出效应，以全球价值链为切入点，通过构建一个嵌套着两国不完全信息静态博弈模型的三国不完全信息动态博弈模型，分析多国汇率政策国际协调的收益，得到只有对称性协调解才是帕累托最优解的结论。结合中国参与全球价值链的现状，从价值链汇率传递的前向联系和后向联系两个角度分析不同全球价值链发展情势下中国与美国、中国与日本、中国与东盟之间的国际协调案例，进一步说明只有合作共赢的国际协调机制才是推动全球经贸稳定发展的关键。在中国深度嵌入全球价值链实现高水平对外开放的进程中要将汇率政策作为国际协调的重点内容，通过积极的国际协调有效对抗全球性危机和逆全球化思潮，巩固中国在全球价值链的稳定地位和实现向价值链中高端攀升，为全球价值链分工体系历史性变革创造良好的国际发展环境。

第一，中国重塑全球价值链发展形态的路径基础在于形成对国际分工体系发展困境的清晰认识和对全球价值链重构方向的前瞻性判断。美国凭借以汇率政策为核心的规则霸权工具筑起了逆全球化高墙，使国际分工格局从以生产效率和要素资源为标准到以社会成本为标准推动产业布局，引发了全球贸易秩序和地缘政治秩序的混乱。再加上新冠肺炎疫情冲击加速全球价值链碎片化、区域化、内向化的趋势，各国关于全球化意识理念的分化和冲突进一步暴露出现行国际分工方式和收益分配的内在风险。以发达国家垄断价值链上游而主导的全球化发展已经开始退潮，以中国为代表的发展中国家将凭借着在制造业的技术崛起和产能优势以及全球治理能力的提升继续支持着全球化的发展，说明未来的全球化将在多方力量的博弈和权衡中寻找到新的发展稳态。中国要在顺应全球发展趋势的同时主动寻求突破逆全球化发展困境的中国方案和建立双边、多边和区域合作共赢的协调机制。一是加快构筑"双循环"新发展格局，为推动技术变革和产业结构升级提供持续的内在动力。以畅通国内大循环为核心，大力推动科技创新和技术升级，实现对关键核心技术的突破以摆脱被发达国家"卡脖子"的困局。依托国内强大的产业韧性与消费韧性，完善国内价值链条、充分挖掘内需潜能，强化产业链供给端和需求端的稳定性以有效对抗全球价值链"断链"风险对国内生产和消费的冲击。二是搭建多层次、全方位的区域合作平台，完善区域价值链体系建设。在推动"一带一路"高质量发展的合作框架下，加快中日韩自由贸易协定的谈判进程与稳步推进区域经济伙伴关系和中国—东盟自由贸易协定升级版等多边自贸协定的实施进程。在维护以 WTO 为代表的多边经贸体制的前提下，完善区域自由贸易区网络，与沿线国家实现互补性产业合作和推动创新资源共享，带动区域内国家与全球价值链的融合进程，共享经济全球化红利，积极探索建立中国主导的国际产业分工格局和次循环体系。

第二，坚持人民币汇率形成机制改革是中国在全球价值链攀升过程中以高水平对外开放的姿态参与汇率政策国际协调的重要路径。全球化分工方式在一定程度上平抑了汇率冲击下的贸易波动，使人民币贬值对出口的刺激作用逐渐被削弱。与此同时，汇率的传递效应在全球价值链参与的作用下表现出新的形态，体现为人民币升值对出口市场结构的高级化调整和产业结构的转型升级发挥着积极的作用，尤其值得汇率政策制定者给予特别关注。一是要深化汇率市场化改革，增强人民币汇率弹性。在风险可控的条件下，发挥市场对汇率的主导作用，逐渐适应和接受汇率波动的新常态，提高市场微观主体的汇率风险意识，避免非市场行为引致的出口扭曲。二是要坚持强势人民币理念，促进出口结构的优化调整。坚持人民币汇率走势跟随中国的宏观经济基本面，在长期内保持人民币升值预期，为国内制造业企业向价值链上游的结构性调整提供外在动力。不仅如此，深化人民币汇率机制市场化改革，是推动中国与全球经济金融体系深度融合、形成对外开放新格局的内在要求，体现了中国以更灵活、更主动的汇率制度参与国际协调的大国担当。

第三，作为宏观政策协调和全球治理体系的重要组成部分，各国的汇率政策协调要以为贸易和经济稳定发展提供必要条件为主要目标，共同推动当前汇率协调体系向着促进世界经济平衡发展的方向上改革，避免以邻为壑的汇率政策混乱世界经济金融秩序。一是要完善以 IMF 等具有公信力的国际组织为主的汇率协调机制，由世界性组织按照统一协定以维护各国的共同利益，特别是要考虑到发展中国家发展的实际情况和现实需求进行汇率调整的统筹安排。各国要致力于提高汇率政策透明度，避免发达国家占据汇率调整的主导权侵蚀发展中国家利益，实现全球利益最大化。二是汇率政策的国际协调要充分尊重各国的经济状况和发展水平的差异，完善对汇率协调具体条件、合理对象和内容的规定，对符合规定的情况给予相关国家必要的汇率保护，对汇率纠纷的发生给予合理的协调。三是健全区域汇率政策协调机制作为对国际汇率协调机制的重要补充，利用区域内国家相近的地理距离和相似的资源禀赋，加大货币互换力度为区域性货币的逐步创立提供良好的条件，提高区域贸易自由水平避免竞争性汇率政策，维护区域内汇率水平的大体稳定，推动汇率政策国际协调的多层次发展。对于中国来说，还要凭借中国在世界舞台中的大国身份，充分发挥在推动国际汇率政策协调中的重要作用。一方面加强多边和双边的国际汇率政策协调机制和平台建设，提升同美国、日本、欧盟等主要贸易竞争对手的战略互信，在为中国贸易和经济发展营造良好国际环境的同时也能为更多的国家创造全球经济开放带来的机会。另一方面要代表发展中国家参与国际汇率协调机制的规则制定，实现从规则被动接受者到规则制定者的转变，对扩大发展中国家在国际协调平台中的话语权和主动权贡献中国力量。

参考文献

[1] 岑丽君，程惠芳．中美货币政策国际协调的福利收益：基于 NOEM 框架的分析 [J]．数量经济技术经济研究，2012，29（6）：33-47.

[2] 程惠芳，成蓉．全球价值链中的汇率价格传递效应、生产率调节效应与贸易增长：基于 WIOD 和 PWT 匹配数据的研究 [J]．国际贸易问题，2018（5）：78-91.

[3] 范祚军，陆晓琴．人民币汇率变动对中国：东盟的贸易效应的实证检验 [J]．国际贸易问题，2013（9）：164-176.

[4] 胡冬梅，袁君宇．我国出口汇率传递的非对称性：来自中日贸易的证据 [J]．南方经济，2019（11）：94-112.

[5] 黄志刚．加工贸易经济中的汇率传递：一个 DSGE 模型分析 [J]．金融研究，2009（11）：32-48.

[6] 李成，姚洁强，王超．基于博弈理论对中美汇率政策的解析 [J]．国际金融研究，2008（7）：12-17.

[7] 李宏，牛志伟，邹昭晞．双循环新发展格局与中国制造业增长效率：基于全球价值链的分析 [J]．财经问题研究，2021（3）：38-48.

[8] 李平，刘沛志．东亚地区货币合作过渡阶段的基本构想：东亚地区汇率协调机制 [J]．世界经济与政治，2003（12）：70-74，7.

[9] 李天德，刘爱民．世纪之交国际汇率体系的发展方向：灵活的汇率约定与政策协调 [J]．世界经济，2000，23（10）：36-40.

[10] 李晓，陈煜．疫情冲击下的世界经济与中国对策 [J]．东北亚论坛，2020，29（3）：43-57，127.

[11] 刘梦，胡汉辉．价值链形态如何影响经济的"充分—平衡"发展？：来自全球 41 个国家产业价值链结构的经验证据 [J]．南京财经大学学报，2019（6）：85-96.

[12] 刘沛志，周佩衡．东亚地区汇率协调机制与美国的利益关系 [J]．南开经济研究，2003（2）：71-74.

[13] 刘晓兰，赖明勇．美国量化宽松货币政策对中国溢出效应研究：基于贸易渠道分析 [J]．财经理论与实践，2014（5）：2-7.

[14] 刘晓鑫，项卫星．论东亚汇率合作的制度协调 [J]．世界经济研究，2006（8）：51-55+50.

[15] 刘志彪，姚志勇，吴乐珍．巩固中国在全球产业链重组过程中的分工地位研究 [J]．经济学家，2020（11）：51-57.

[16] 鲁晓东，刘京军，陈芷君．出口商如何对冲汇率风险：一个价值链整合的视角 [J]．管

理世界，2019，35（5）：92-105，125.

[17] 麦金农. 汇率政策协调：战胜东亚货币危机的策略 [J]. 金融研究，1999（1）：8-15，81.

[18] 麦金农. 落入国际美元本位制陷阱 [J]. 新金融，2005（7）：3-7.

[19] 蒙代尔. 汇率与最优货币区 [M]. 北京：中国金融出版社，2003.

[20] 宁密密，綦建红. 企业全球价值链位置与"汇率不相关之谜"：基于汇率传递效应的视角 [J]. 国际金融研究，2021（3）：87-96.

[21] 牛志伟，邹昭晞，卫平东. 全球价值链的发展变化与中国产业国内国际双循环战略选择 [J]. 改革，2020（12）：28-47.

[22] 裴平，熊鹏，朱永利. 经济开放度对中国货币政策有效性的影响：基于1985-2004年交叉数据的分析 [J]. 世界经济，2006（5）：47-5.

[23] 冉生欣. 人民币管理浮动后的东亚汇率协调 [J]. 国际金融研究，2005（11）：55-61.

[24] 沈国兵，张鑫. 美元弱势调整会造成中国对东盟国家贸易偏转吗？[J]. 南开经济研究，2015（3）：19-37.

[25] 孙国峰，尹航，柴航. 全局最优视角下的货币政策国际协调 [J]. 金融研究，2017（3）：54-71.

[26] 唐文琳，范祚军. CAFTA 成员国汇率政策协调的理论分析 [J]. 管理世界，2006（4）：140-141.

[27] 田侃，倪红福，倪江飞. 人民币实际有效汇率对中美贸易的影响：基于全球价值链视角的分析 [J]. 经济学动态，2019（1）：92-102.

[28] 王聪，喻国平. 东亚区域经济体货币汇率政策协调的理论探讨 [J]. 国际经贸探索，2006（4）：70-74.

[29] 王雪，胡未名，杨海生. 汇率波动与我国双边出口贸易：存在第三国汇率效应吗？[J]. 金融研究，2016（7）：1-16.

[30] 王雪磊. 试论东亚汇率制度协调 [J]. 国际金融研究，2003（12）：27-32.

[31] 许雪晨，田侃，倪红福. 汇率传递效应研究：基于全球价值链的视角 [J]. 财贸经济，2021，42（3）：128-144.

[32] 尹伟华. 中日制造业参与全球价值链分工模式及地位分析：基于世界投入产出表 [J]. 经济理论与经济管理，2016（5）：100-112.

[33] 印梅，张艳艳. 全球价值链、汇率变动与出口贸易：基于双边视角的分析 [J]. 国际商务（对外经济贸易大学学报），2019（4）：129-142.

[34] 张会清. 主要货币汇率非对称变动对贸易的影响：基于全球向量自回归模型的研究 [J]. 国际贸易问题，2018（12）：135-148.

[35] 张会清，翟孝强. 全球价值链、汇率传递与出口贸易弹性 [J]. 世界经济研究，2019（2）：85-98，137.

[36] 张明志，季克佳. 人民币汇率变动对企业出口价格的影响机制：基于垂直专业化的视角 [J]. 厦门大学学报（哲学社会科学版），2018（6）：51-61.

[37] 张天顶，唐夙. 汇率变动、全球价值链与出口贸易竞争力 [J]. 国际商务（对外经济贸易大学学报），2018（1）：38-49.

[38] 张彦. 中美日制造业在全球价值链体系的国际竞争力变迁与博弈研究：基于中间品和增加值的视角 [J]. 经济问题探索，2019（5）：107-118.

[39] 张彦. 全球价值链调整下的东盟制造业发展 [J]. 东南亚研究，2020（2）：16-39，153-154.

［40］赵勇，雷达．金融发展、出口边际与"汇率不相关之谜"［J］．世界经济，2013（10）：3-26．

［41］赵仲匡，李殊琦，杨汝岱．金融约束、对冲与出口汇率弹性［J］．管理世界，2016（6）：40-50．

［42］郑玉．中国产业国际分工地位演化及国际比较［J］．数量经济技术经济研究，2020，37（3）：67-85．

［43］钟慧中，Lin Zhong．汇率的不完全价格传递及政策协调［J］．国际贸易问题，2013（11）：155-165．

［44］Ahmed S. Are Chinese Exports Sensitive to Changes in the Exchange Rate？［J］. International Finance Discussion Papers, 2009（987）．

［45］Berg A., P. Mauro, M. Mussa, et al. Exchange Rate Regimes in an Increasingly Integrated World Economy［R］. Imf Occasional Papers, 2000.

［46］Eichengreen B. Kicking the Habit: Moving from Pegged Rates to Greater Exchange Rate Flexibility［J］. The Economic Journal, 1999, 109（454）：1-14.

［47］Isik N., M. Acar, H. B. Isik. Openness and the Effects of Monetary Policy on the Exchange Rates［J］. An Empirical Analysis, 2005, 20（1）：52-67.

［48］Karras G. Openness and the Effects of Monetary Policy［J］. Journal of International Money & Finance, 1999（18）：13-26.

［49］Obstfeld M., Rogoff K. The Six Major Puzzles in International Macroeconomics: Is There a Common Cause？［R］. Center for International and Development Economics Research, Working Paper Series, 2000.

［50］Ollivaud P., E. Rusticelli, C. Schwellnus. The Changing Role of the Exchange Rate for Macroeconomic Adjustment［R］. Oecd Economics Department Working Papers, 2015.

［51］Williamson J. The Evolution of Thought on Intermediate Exchange Rate Regimes［J］. Annals of the American Academy of Political and Social Science, 2002（579）：73-86.